미국의
정치와 기독교

조지 워싱턴에서 버락 오바마까지

지은이 닐스 닐슨(Niels C. Nielsen)

미국의 저명한 종교역사가 중 한 사람이다. 특별히 그는 미국과 유럽, 더 나아가 아시아의 여러 정치가들의 종교와 권력 사이의 관계와, 그 상호간 영향력을 심도 있고 예리하게 통찰한 학자로서, 그의 수많은 저서가 미국 출판계에 'first rate selling books'로 정평이 나 있다.

경력 미국 Yale University 박사(Ph.. D.)
    Yale University 강사 역임
    Rice University 교수 역임(종교학)
    연합 감리교회(United Methodist Church) 목사
저서 God in the Obama Era
    Religions of the World
    Revolutions in Eastern Europe
    The Religion of President Carter
    Fundamentalism and Women in World Religion
    Solzhenitsyn's Religion
    Piety and Power 외 다수

옮긴이 한귀란

서울대학교(B.M.), 미국 McMurry College, Southern California Baptist College & Seminary(M.A., Ph. D.)를 졸업하고 남아공의 University of the Free State의 Post Doctorate 과정에서 한아(韓亞) 공동 수탁 프로젝트를 연구하였으며, 미국 Yale University 객원연구원, Houston Graduate School of Theology 객원 교수, 한국기독교 어문학회 부회장 및 이사, 전국대학 여자교수대표 포럼(NWPF) 성회원 등을 역임하였고, 현재 칼빈대학교에서 교수로 재식중이다.

저서 및 역서로는 『Hebraism과 Hellenism 비교연구』, 『Rene Descartes의 Cogito Ergo Sum의 자아의식 연구』, 『번역의 과정에서 일어나는 철학의 어의 변용: Being and Non-Being의 번역을 중심으로』, 『S. Evans, 실존주의 철학 평가』, 『Modern Theological English』, 『언어와 정신분석』, 『좀 더 천천히 말씀해 주시겠어요?』, 『동서언어철학의 비교』, 『성경실용영어』, 『종교 근본주의 무엇이 문제인가』, 『서양철학과 자유주의 신학』, 『선교영어회화』 등이 있다.

미국의 정치와 기독교
: 조지 워싱턴에서 버락 오바마까지

© 글로벌콘텐츠, 2015

1판 1쇄 인쇄_2015년 11월 01일
1판 1쇄 발행_2015년 11월 10일

지은이_닐스 닐슨(Niels C. Nielsen)
옮긴이_한귀란
펴낸이_홍정표
펴낸곳_글로벌콘텐츠
    등록_제25100-2008-24호
    이메일_edit@gcbook.co.kr

공급처_(주)글로벌콘텐츠출판그룹
    대표_홍정표
    편집_김현열 송은주　디자인_김미미　기획·마케팅_노경민　경영지원_안선영
    주소_서울특별시 강동구 천중로 196 정일빌딩 401호
    전화_02) 488-3280　팩스_02) 488-3281
    홈페이지_http://www.gcbook.co.kr

값 22,000원
ISBN 979-11-5852-062-5 03300

GOD IN THE OBAMA ERA

Presidents' Religion and Ethics from George Washington to Barack Obama

미국의
정치와 기독교

—— 조지 워싱턴에서 버락 오바마까지 ——

닐스 C. 닐슨 지음 | 한귀란 옮김

글로벌콘텐츠

미국의 정치와 대통령에 대하여 분석 비판하고자 할 때, 대부분의 학자들이나 언론은 주로 정치, 경제, 사회 또는 국제외교 분야에 치중하여 왔다. 이 책은 미국의 저명한 종교역사가 닐슨(Niels C. Nielsen) 교수가 그 모든 분야의 중차대한 결정에 대하여 심층적인 원인을 제공하는 것은 결국, 대통령 개인의 종교와 윤리 의식이라고 보고, 그들의 성장배경과 인성(人性)을 신앙적으로 분석하였다. 즉, 미국 대통령에 있어서 종교의 역할이 어떠했는가를 검토하고 있다.

닐슨 교수는 텍사스 주, 휴스턴에 위치한 라이스 대학(Rice University)에서 종교철학과의 수장(首長)을 맡으면서 수많은 저서들을 통하여 기독교가 유럽, 그리고 미국의 역사와 어떻게 긴밀한 관계를 가지면서 영향을 끼치고 있는가에 탁견(卓見)을 지닌 학자이며 동시에 감리교 목사이다.

역자는 영광스럽게도 닐슨 교수와의 친분을 가지고 있다. 휴스턴 종교대학원(Houston Graduate School of Theology) 객원 교수 시절, 그와 함께 일하면서 그의 소탈하고 겸손한 인품이 그 어떤 카리스마적 리더십보다 역자를 압도하였던 인상이 새롭다.

이 책은 역대 대통령들의 업적과 더불어 그들의 윤리의식과 종교를 심도 있게 분석하면서 동시에 미국 역사에 흥미로운 접근을 할 수 있도록 유도하여 준다. 날카로운 통찰력을 제공하지만 그럼에도 불구하고, 이 책의 진행은 교리적(敎理的)이 아니라 서술적이며 연대기적이다. 가치 판단에 있어서 대통령 개인의 종교 윤리관이 얼마나 결정적인가를 각 사례를 들어 열거하였다. 지나치게 학술적이지도 않고 그렇다고 대중적인 식견에 머물지도 않았다.

명백히 미국은 종교와 국가의 분리 원칙을 헌법에 명시하고 있지만 여전히 미국의 정치는 대통령의 신앙적 확신이 강력한 사상적 힘의 원천으로 남아 있다는 사실을 잘 보여 주고 있다. 책의 원제목이 '오바마 시대의 하나님'이라고 명명된 이유는 저자의 각별한 오바마 지지에 기인한다. 번역하는 와중에도 오바마의 재선을 축하한다는 메시지가 날아왔다. 오바마의 기독교 신앙은 저자가 분석하듯이 신비주의적이고 실존적이며 관념적인 신앙이 아니다. 그것은 오히려 사회복음주의(social gospel)에 가까운 것이며 그러므로 미국의 사회적, 국가적 책임을 강조하는 신앙이다. 미국의 헌법에서 교회와 국가의 분리를 명시하고 있지만 그것은 결코 대통령의 신앙과 정치의 분리를 의미하는 것이 아니다.

강의와 학생지도로 인하여 바쁜 역자의 생활을 이해하며, 지연되던 번역 작업을 말없이 기다려 주고 격려해 준 닐슨 교수님께 감사드리며, 부족한 저서와 역서들을 늘 환영하며 출판지원을 아끼지 않는 글로벌콘텐츠 홍정표 사장님, 그리고 역자의 연구생활로 인하여 늘 소외되어 온 가족에게 심심한 감사를 드린다. 더불어 본 번역서에 미흡한 부분이 있다면 그것은 전적으로 역자의 책임이다.

칼빈대학교 연구실에서
한귀란

Contents

어떤 결과가 나타났을까…

· 영국의 조지 3세(George III) 국왕이 좀 더 자비로운 통치를 했었더라면, 그리하여 미국 식민지 반란이 일어나지 않았더라면?

· 만일 조지 워싱턴(George Washington)이 영국에 대항한 혁명전쟁(the Revolutionary War)에서 승전한 이후에 버몬트 산(Mount Vermon)에 있는 자기 고향집에 돌아가지 않고 정권을 추구하였었더라면?

· 만일 토마스 제퍼슨(Thomas Jefferson)이 종교적 관용과 예배의 자유를 이끌지 않았더라면?

· 만일 알렉산더 해밀턴(Alexander Hamilton)이 아론 버(Aaron Burr)와 결투하지 않았더라면?

· 만일 남과 북이 화해하여서 노예제도가 남북전쟁 없이 폐지되었더라면?

· 만일 아브라함 링컨(Abraham Lincoln)—미국 대통령들 중에서 가장 종교적으로 추앙받는—이 암살당하지 않아서 계속 재건(Reconstruction) 당시까지 살아남았더라면?

· 만일 링컨의 뒤를 이은 앤드류 존슨(Andrew Johnson) 대통령이 더 지혜롭고, 유능한 종교주의자이며 그의 웅변에 있어서 덜 관념적이었더라면?

· 만일 우드로우 윌슨(Woodrow Wilson)이 그가 미합중국을 국제 연맹(the League of Nations)의 회원으로 들어가게 하기 위하여 좀 덜 절대주의적인 종교적인 관점에서 사고하고, "민주주의 정착을 위하여 안전하게 만들기"를 추구하였더라면?

· 만일 윌슨(Wilson)의 국제 평화를 지속시키기 위한 계획들이 미국 상원 위원회에서 수용되어졌더라면?

· 만일 프랭클린 루스벨트(Franklin Roosevelt)가 (그가 마이애미에서 거의 당할 뻔하였던 것처럼) 집무에 임하기 전에 암살당하였더라면?

· 만일 프랭클린 루스벨트가 뉴딜 정책(the New Deal)을 제창하지 않고 세계적으로 종교의 자유를 이끌지 않았더라면?

· 만일 해리 트루먼(Harry Truman) 대신에, 헨리 월러스(Henry Wallace)가 프랭클린 루스벨트의 뒤를 이었더라면?

· 만일 존 F. 케네디(John F. Kennedy)가 암살당하지 않았더라면? 그는 제2차 바티칸공회 (the Second Vatican Council) 기간 중에 가톨릭교에 영향을 받아 국가윤리에 긍정적인 사회적·종교적 통찰력을 가져다줄 수 있었을까?

· 만일 (퀘이커 교도(Quaker) 전통을 강하게 주장한) 리처드 닉슨(Richard Nixon)이 워터게이트(Watergate) 사건에서 도덕적으로 무너지지 않았더라면?

· 만일 (하나님은 자유의 편에 서 계신다고 하는 신앙에 감명받은) 로널드 레이건(Ronald Reagan)이 고르바초프(Gorbachev)와 협상하는 기회를 잃어버려서 냉전을 종식시키지 못하였더라면?

· 만일 조지 부쉬(George H. W. Bush)가 이라크 1차 침공 때 미군 부대가 바그다드를 공격토록 명령하지 않았더라면?

· 만일 빌 클린턴(Bill Clinton)이 그 자신의 남침례교 가르침에 좀 더 충실해서 모니카게이트 (Monicagate) 부정사건을 범하지 않았더라면? 그리고 그가 회개하여 대통령직을 사임하였더라면?

· 만일 힐러리 클린턴(Hillary Clinton)이 남편의 부정행위 때문에 이혼하였더라면? 만일 그녀가 2008 대통령 선거를 위하여 정치 캠페인을 좀 더 성공적으로 조직하였더라면?

· 만일 조지 부쉬(George W. Bush)가 그의 교단인 감리교 감독과 주교의 충고를 따라 이라크 침공을 지시하지 않았더라면?

· 만일 버락 오바마(Barack Obama)가 기독교로 입교하지 않았더라면?

버락 오바마(Barack Obama)는 대통령 업무를 수행함에 있어서 종교와 윤리에 대하여 역사적 변화를 가져다주었다. 그것은 부분적으로 그가 첫 번째 백악관을 점령한 아프리카계 미국인이기 때문에 그럴 수도 있다. 이 책은 좌파·우파 그 어떠한 양극도 회피하도록 노력할 것이다. 그것은 더욱 더 객관적으로 오바마 현상을 파악하기 위해서, 그리고 역사적 접근을 통한 관점을 이해하기 위해서이다. 종교란 분파적인 문제만이 아닌 전 문화적인 양상이다. 종교는 미국에서 정치적으로, 그리고 또한 문화적으로 점점 더 그 영향력을 증대시켜가고 있다. 좋던 나쁘던 간에 말이다. 오바마에 관한 이야기는 종교를 빼 놓고는 완성되지 않는다. 만일 누군가가 그의 대통령직이 급진적으로 세속화되기를 바란다면, 그것은 불완전하고 미흡한 생각에 지나지 않게 될 것이다.

이 책은 한 야망 넘치는 새 지도자가 무엇을 이룩하였는가, 또한 광범위하고 앞으로 일할 기간이 더 많이 남아 있는 그의 대통령직 수행 기간 동안에 무엇을 이룩할 것인가에 대하여 평가하고자 하는 사람들을 위해서 쓰였다. 각 장이 시작되는 부분에 필자는 이 제44대 대통령과 그의 선임 대통령들 중 한 사람씩과 비교하며 서로 서로 각각 그 유사성과 상이성에 대하여 평하였다. 필자의 접근 방법은 교의적(敎義的)이 아니라 서술적이며 연대기적이다. 필자 자신의 전문 영역이 종교역사와 철학이기 때문이다. 필자가 관심 갖고 있는 부분은 장기적 도덕 가치와 유권자와 공직자 양측 모두에게 동기를 부여하는 종교적 상징들이다. 물론 필자는 진리란 양분된 선거 양상에서 항상 어느 한쪽 편에 서 있으리라고 생각할 정도로 단순하지는 않다. 확실히 미국의 헌법은 예배의 자유와 동시에 특정한 국교(國敎)를 정하지 않는 것을 보장하고 있다. 그러나 신앙의 확신은 미국 정치 내에서 막강한 사상적 힘으로 남아 있게 된다.

영자(英字) 주간지인 *The Economist*는 2008년의 대통령 경선을 "종교에 흠뻑 젖어 있는(religion soaked)" 것으로 묘사하였다. 예일(Yale) 대학교 법대 교수인 스테펜 카터(Stephen Carter)는 오늘날 미국의 정치적 양상을 종교적 질문들을 제외하고 상상하는 일이 사실상 불가능하다고 강조하였다. 필자는 이에 대하여 역사에 호소함으로써 현재 정치 상황에 대하여 수사학적 논평적 차원을 더 넘어 가고자 한다. 이 책을 평가함에 있어서 이것이 서술적인 시대 구분이라고 하는 점이 중요하다. 국제적으로, 이 최대의 북미 국가는 그 어느 때보다도 후 현대 시대에서 훨씬 더 복잡한 일련의 문제들에 봉착하였다.

대통령직이란 최고 행정가로서, 긍정적이든 부정적이든 그의 신앙을 실현할 기회를 제공받고 있다. 라인홀드 니버(Reinhold Niebuhr)는 인간의 정의에 대한 능력이 민주주의를 가능하게 하고 인간이 불의에 치우치는 경향이 있기 때문에 민주주의를 절실하게 요구한다고 역설하였다. 그러한 니버의 도덕적 인간과 부도덕한 사회에 대한 분별은 여전히 정당성이 있다. 지속되는 문제는 개인의 덕목—물론 그것도 중요하지만—에만 국한된 것이 아니라 어떻게 권력을 책임 있게 사용하는가에 달려 있다.

버클리(Berkely) 대학에서 교회사를 가르쳤던 필자의 한 친구는 때때로 그의 학생들에게 각각의 다양한 종교 인물들의 복장을 입게 하는 과감함을 드러내었다. 즉, 아퀴나스(Aquinas), 루터(Luther), 웨슬리(Wesley) 등인데, 그렇게 하면서 그들 중에 일어날 수 있는 대화를 유도하였다. 필자가 묻고 싶은 것은 이 제44대 대통령이 제퍼슨(Jefferson)이나 링컨(Lincoln), 또는 윌슨(Wilson)에게 신앙의 문제에 관하여 무엇을 말할 것이며 오늘날 어떤 대화로 나타낼 수 있을까 하는 점이다. 물론 어떤 질문들보다 우선하는 문제는 워싱턴(Washington), 제퍼슨, 링컨, 윌슨, 카터(Carter), 그리고 레이건

(Reagan) 등 다른 대통령들이 무엇을 과연 믿었고 실행하였는가에 있다. 어떻게 그들의 생활철학과 연관된 윤리가 현재 살아 있는 동시대인들과 진정한 교감을 나눌 수 있는가를 고려해 보아야만 한다. 오바마 대통령의 경우, 그는 그의 종교적 배경을 『내 아버지의 꿈』 Dreams of My Father과 『담대한 희망』 The Audacity of Hope이라는 책을 통하여 소개하고 있다.

이 서언에서 이 책의 주제에 관한 필자의 관심을 좀 더 설명할 필요가 있다. 지미 카터(Jimmy Carter) 대통령 재직 시, 그의 목사는 필자가 종교철학, 종교사를 가르치고 있던 대학에 와서 과거 대통령들의 종교에 대하여 특강을 하였다. 그리고 필자는 이 책을 출간하기 위하여 역사적인 자료들을 수집하기 시작하였다. 사실 필자는 백악관에서의 카터 대통령 초임 시절에 그의 거듭 난 신앙(born-again faith)에 대하여 나름대로 간략한 책자를 썼다. 그리고 그 책은 독일어와 화란어(네델란드어)로 번역됐다. 필자가 봉직하던 라이스 대학(Rice University)은 교회나 국가의 후원이 없는 세속적 일반 사립대학이다. 그리고 필자 또한 초 교파적이다. 필자는 이전에도 그리고 현재에도, 정의(正義)란 백악관의 그 어떤 지도자도 그 자신의 시대에만 국한되는 믿음과 사상만으로는 이루어질 수 없는 것이라고 생각하고 있다.

또 한 가지 다른 동기가 있다. 필자의 아내는 오스트리아 시민인데 고국에서 수여하는 대통령 명예훈장을 받은 바 있다. 거의 삼십 년 동안, 아내는 휴스턴 대학(the University of Houston)에서 가르쳤고, 우리는 오스트리아에서 결혼한 이래로 여름이 올 때마다, 그곳에서 시간을 보냈다. 필자의 딸 역시 비엔나 대학(the University of Vienna)에서 가르치고 있고, 그녀의 과(科)에서 유일한 외국인 교수이다. 딸 역시 그녀의 학생들에게 오바마 현상(Obama phenomenon)을 열심히 강의하고 있다. 그 학생들 중 몇 명은 단기간이나마 미국에 와서 공부하였다. 특별히 북미의 종교는 그들에게 이상하게 보였다. 아직도 그들은 왜 부쉬 2세(Bush II) 대통령 이래, 그와 다른 아주 이질적인 대통령이 나오는가, 그 과도기에 대하여 큰 흥미를 갖고 있다. 어떻게 미국의 통치권 변화에서 일어나는 일들을 유럽인들에게 잘 설명할 수 있을까? 그들은 사실상 대부분의 국제 문화 교류에 대하여 TV나 컴퓨터를 통해서만 알고 있다.

이 책을 읽는 나의 독자들, 라이스 대학(Rice University)의 역사학 담당 블레이크 엘리스(Blake Ellis), 페퍼다인 대학(Pepperdine University)의 종교학 교수인 론 하이필드(Ron Highfield), 휴스턴 대학(University of Houston)의 역사학 교수, 스탠리 시걸(Stanley Siegel), 그리고 남감리교 대학(Southern Methodist University)과 퍼킨스 신학교(Perkins School of Theology)의 신학과 교수이며 목사인 조지 앳킨슨(Re. George Atkinson)에게 감사드린다. 그들의 논평과 비판이 필자의 이해를 풍성하게 하여 주었다. 필자가 쓴 이 책의 내용에 대하여 그들은 책임이 없다. 그 비판은 모두 필자의 몫이다. 또한 이 책을 쓰기 위하여 비엔나 대학(University of Vienna)에 재직 중인 필자의 딸, 카밀라 닐슨(Camilla Regina Nielsen)과 나눈 대화에도 감사한 마음을 전한다.

대통령의
종교

오바마(OBAMA) 지지자들, 그를 칭송하다

버락 오바마(Barack Obama) 대통령은 그가 상류 사회 백인 교사들로부터 전수받은 신앙이 아니라 밑바닥 흑인 교회에서 그의 신앙을 형성 했다는 점에서 그의 모든 선임자 대통령들과 구별된다. 몇 가지 점에서 그의 희망의 대담성은 억압 가운데서 피어오르는 신앙과 용기에 대한 성경적 요청과 부응한다. 그는 옳고 그름에 대하여 그리고 하나님의 권능과 임재에 대한 믿음 안에서 약해지거나 타협함이 없이 실제적이며 또한 관대하다. 전문적인 기량을 가지고 그는 대통령의 리더십이 지니고 있는 복잡한 문제들에 대하여 책임을 통감하며 또한 분별력 있고 영리한 하버드(Harvard) 대학, 시카고 출신의 법률가로서의 면모를 유감없이 발휘하였다. 이 책은 그의 생애와 직무가 그의 세계관과 삶에 있어서 그의 종교적인

14

요인이 없이는 결코 완성될 수 없으리란 전제하에 쓰여졌다. 이러한 일들은 그의 캠페인에서 나타난 수사학적 웅변보다 사실 더 복잡하다.

U2의 리드 싱어이며 'The ONE Campaign'의 공동 설립자인 보노(Bono)는 이 제44대 대통령을 칭송함에 있어서 야단법석을 떨었다. 그는 지성과 직관이 함께 어우러져 그토록 아름답고 완벽한 조화를 이루는 사람을 거의 만나기 어렵다고 주장하였다. 그는 또한 "나는 하버드(Harvard) 동산에서, 그리고 미합중국 상원에서 기반을 닦은 당신의 지성을 압니다… 그것은 데이터로 나타났고 현재 미국의 깃발이 펄럭이지 않고 있는 장소에서도 유효한 도움을 주는 것으로서 변화하는 권력의 양상이라고 분석되고 있습니다"라고 천명하였다. 보노는 훗날에 잠재적인 적들에 항거하는 것보다 그들과 화친(和親)하는 것이 훨씬 더 수월하다고 굳게 믿고 있었다. 보노는 그가 기도하는 가운데 오바마의 본능과 지성이 그의 임기를 수행하는 동안에 대통령직의 어려운 책임을 감당함에 있어서 내내 조화를 이루게 될 것이라고 말하였다.[1]

조지 부쉬(George W. Bush) 행정부에서 〈신앙기반 공동체 기획부(Faith- Based and Community Initiative)〉의 첫 번째 책임자였고 프린스턴 대학(Princeton University)의 공공 정책 담당 교수였던 존 딜루리오(John J. Dilulio Jr.)는 그가 백악관을 종교 공동체에 연결시키는 일에 있어서 겪은 힘들었던 경험에 대하여 논한 바 있다. 그는 현대의 모든 대통령들에게 가장 어려운 일은 그들 집무실에 매일 쏟아져 들어오는 실제적인 방송 매체와 날마다 불어 닥치는 광풍 속에서 그들이 침착하고 자제력을 가진 자세를 유지하는 것이라고 판단하였다. 방송 매체는 복잡한 질문에 대한 복잡한 답을 대수롭지 않게 다루고 있다. 대통령의 본능과 지성이 조화로운 상태를 유지하는 것이 절대적이다. "만일 당신이, 그 어느 다른 특성보다도 오직 지적인 엄격함과 혹독함을 유지할 수 있다면 당신은 위대한 대통령이 될 것입니다… 그것이 당신을 백악관 집무실, 오벌 오피스(Oval Office)에, 그리고 역사책에 영원히 기록되게 할 것입니다."[2]

오바마가 백악관에 입성하였기 때문에 오바마 접근 방식에 있어서 그 주장에 중요한 변화가 있을 것임이 확실하다. 그가 앞길을 예상하는 데 있어서 그는 이전보다 그리 낙관적이지 못하다. 직무를 감당하는데 싸워 나아가야 할 과정들이 너무 험난하기 때문이다. 분명히 지지자들이 계속해서 "우리는 할 수 있습니다(Yes, we can)"라는 구호를 외칠 때 그는 재정적 위기의 전면적인 위험성에 대한 대책을 세울 수 있을 만큼 다 준비되지 못하였었다. 매일 아침 백악관 집무실에서 그는 그의 참모들로부터 세계정세와 경제에 관하여 일급비밀의 보고들을 받는다. 그러나 그는 위축되지 않는다. 그는 용감하게 말하고 어려움과 희망에 관하여 탁 터놓고 이야기하면서 자신 있고 당당한 태도로 처신한다. 즉, '경제는 회복될 것이고, 번영이 다시 올 것이라고… 건강 복지가 연장되고 개혁될 것이라고… 그리고 테러리스트들은 패배할 것이다'라고! 2월 25일, 그가 취임하고 3주 후에 그는 국회 연속회기 중 연설하였는데 그의 행정부 정책에 관하여 역설하였다. 그는 자신을 믿고 또한 하나님을 믿는 지도자였다!

미래 역사가들이 과연 오바마 시대의 종교적 윤리를 미합중국 대통령직을 계승하는 다른 시대 대통령들과 어떻게 비교 평가할 수 있을까? 우리는 그의 전임 대통령들의 신념과 관련하여 그의 확신을 어떻게 이해하여야 할 것인가? 어떤 대통령들은 다른 대통령들보다 더욱 열렬하게 하나님에 대한 신앙을 고백하기도 하였다. 때때로 그들 중 몇몇은 정치권력을 얻는 수단으로서 종교를 들먹였다는 사실도 부인하기 힘들다. 어떤 대통령들은 다른 대통령들보다 더 정통성이 있었다. 예를 들면, 우드로우 윌슨(Woodrow Wilson)과 로널드 레이건(Ronald Reagan)이 그러하였다. 또 다른 이들은 좀 회의적(懷疑的)이었다. 말하자면 제퍼슨(Jefferson)과 링컨(Lincoln)이 그런 경우이다. 남북전쟁 이전에 백악관을 차지하였던 자들의 마음속에서 종교는 노예를 위한 변호(辯護)로서의 구실을 하였다. 그것은 또한 개혁을 위한 동기 부여자(motivator) 역할을 감당하기도 하였다. 예를 들면 프랭클린 루스벨트(Franklin Roosevelt)와 지미 카터(Jimmy Carter)의 경우이다. 신앙은 여러 시대를 통하여 확신과 진보를 가져다주었다. 또 어떤 사람들에게는, 현재의 상황을 달래기 위한 작은 선물이기도 하였다. 빈번히 미국적 구도 안에서 그것은 관용함을 가져다주었다. 그러나 또 다른 상황에서는 그것은 혁신의 의지를 꺾기도 하였다. 오바마 대통령 시대에는 어떠할까?

종교란 협의적인 의미에서는 어느 특정 전통과 공동체의 집착으로 해석될 수도 있고 더 포괄적인 의미에서는 좀 더 보편적인 인간의 현상으로 여겨질 수 있다. 의심할 바 없이, 세속적 시대에는 많은 국가들이 종교의 타당성과 그 궁극적 의미를 부인(否認)하고 있다. 다양한 세계 종교가 세상에서 서로 경쟁하고 있으며, 예측하건대 장래에는 더욱 더 대립 경쟁하게 될 것이다. 민주적 전통에서는, 어느 정도 차이는 있을지라도 교회와 국가는 분리되어 왔다. 신정(神政)체제에서는 종교적 신념이 정치적으로 지배권을 지니고 있다. 문화적으로 종교는 음악, 문학, 건축, 법률, 그리고 전쟁과 평화로 표출된다.

우리가 내리고자 하는 대통령의 종교와 윤리에 대한 해설은 독단론과 불가지론 둘 다를 피해가고자 한다. 그것은 세계 역사란 세계를 비판하는 것이기 때문이다. 대통령의 역사를 말함이란 대통령을 판단함을 의미한다. 평가에 앞서서 이해의 과정이 필요하다. 정치가들은 그들이 위험에 처할 때 종교적 신앙을 간과(看過)한다. 우리는 역사적으로 대통령들이 무엇을 말하였고 행하였는가를 이해하려고 할 것이다. 좀 더 조심스럽게 말한다면, 환원주의적 접근을 피하려고 한다. 그 대신, 현상학적 접근을 시도할 것이다. 종교란 문화, 신조(信條), 공동체, 그리고 행위라는 의미로 사회학적으로 그 정체성을 드러낸다. 그것은 단순히 교회학으로 끝나는 것이 아니다! 종교는 그것 자체의 경계 안에서, 그렇다고 그 경계를 떠나서 존재하는 것이 아닌 복합적이고 다양한 현상인 것이다.

진정 오바마는 대통령으로서 무엇을 달성할 수 있을 것인가?

전임 대통령이 백악관을 떠난 이후에 백악관에서 그가 취합하여야 할 분열된 문제들이 오바마 행정부가 출범할 당시 남아 있었다고 하는 점은 분명한 사실이었다. 후보자로서 버락 오바마(Barack Obama)는 그의 두 권의 베스트셀러와 그 책에 나오는 개인적 이야기 『내 아버지의 꿈』 *Dreams of My Father* 그리고 『담대한 희망』 *The Audacity of Hope* 을 통해서 그의 확신과 소임을 밝힌 바 있다. 그는 자신을 케냐(Kenya) 출신인 아프리카 흑인의 아버지와 캔자스 지방과 하와이에서 살았던 백인 어머니의 중간적 존재라고 서술하였다. 그의 인간성은 그러한 개인적인 정체성에 대한 실존적인 갈등으로 점철되어 있었다고 술회하고 있다. 결국, 하나님을 믿는 신앙심이 그의 성장 발달에 있어서 중요한 요인이 되었다고 한다. 그가 사회적인 결속감을 확고하게 다지고 종교적 생활의 의미를 발견한 것은 그가 다니던 흑인 교회를 통해서 형성되었다. 동시에, 정치적 지도자로서, 그는 정교(政敎)분리의 필연성에 대하여서 그 입장이 매우 분명하다. 비록 그가 저교회파 복음주의(low church evangelical) 신앙을 유지하고 있으나, 그는 매우 냉철하고 결단력이 강하다. 그는 이 미국의 꿈이 국가역사 대부분을 통해서 미국의 흑인들에게는 그렇게 유효하지 않았다는 것을 깊이 깨닫고 있었다. 그럼에도 불구하고 그는 백악관을 향해서 나아가는 계속적인 선거운동에서 미국의 꿈에 대하여 종종 역설하였다.

모든 혹독한 비판과 폄하에도 불구하고, 오바마의 기독교 신앙의 독실함은 분명하였고 그것에 대하여 특별히 해명돼야 한다. 왜냐하면 그가 회교도(Muslim)라는 주장이 널리 퍼져 있어 대중적인 소문이 나 있었기 때문이다. 그러나 그가 죄에 대한 용서와 영원한 구원에 대하여 예수 그리스도를 신앙하고 있음은 분명한 사실이었다. "종교적"이라는 말은 때때로 일반적인 일종의 분류로서 인식되어진다. 이에 대하여 좀 더 명료한 정체성 해명이 필요하다. 오바마는 더 구체적으로 말하면 유일신 성경적 전통(Biblical tradition of monotheism)을 따른다. 유일신 하나님에 대한 신앙이다. 아프리카계 미국인 교회를 다녔으며 단순한 크리스천이 아니라 특수한 사회 환경 출신이다. 흑인 영가(靈歌)와 설교는 독실한 신앙심을 표출하는데, 그것은 북 아메리카 백인의 전통과는 사뭇 다른 것이다. 차별에 대한 생생한 기억과 수백 년 간 지속된 노예 시대의 아픔은 여전히 살아 있다. 마틴 루터 킹 목사(Martin Luther King Jr.)는 국가적 영웅이다. 이러한 특수한 구조가 오바마의 윤리를 형성시켰고 조성하였다. 그의 생애와 직무에 대한 깊은 이해는 그의 세계관과 도덕을 뒷받침하고 있는 종교적 근거에 대한 고려 없이는 불완전한 것이 될 것이라는 점이 우리들의 논점이다.

2009년 1월 20일 그가 대통령직 선서를 했을 때 미국의 제44대 대통령이었던 그는 두 가지 국제적 위기에 직면하였다. 백악관에서 그의 임무를 막 시작하려고 하던 그때였다. 바로 재정적인 위기와 군사적인 위기가 다가온 것이었다. 존스 홉킨스 대학(John's Hopkins University)의 국제 정치 경제학 교수인 프랜시스 후쿠야마(Francis Fukuyama)는 그 암울한 전망에 대하여 다음과 같이 정리하였다. 주요 은행들이 흔들리고 있는 가운데 증권시장에서 하루에 1조 달러 이상이 손실되고 있다는 사실이다. 그리고 미국의 납세자들은 7천억 달러를 체납하고 있는 상태였다는 것이다. 월 스트리트(the Wall Street)는 엄청나게 무너지고 있었다. 재정적 붕괴에 대하여 피부로 느낄 수 있었던 위험성은 미국의 "상품가치"가 사실상 위태로운 상태로 빠져들어 가고 있었다는 점이라고 후쿠야마는 결론지었다.3)

후쿠야마는 "상품가치(brand)"라는 말을 세계관과 신앙을 가리키기 위하여 언급한 것 같다. 정부와 국민이 위기를 잘 받아들이는 법을 배우려함에 따라 진정 정치적 재정적 이슈들이 뜨겁게 논쟁되었다. 동시에, 그 배후에는 윤리적, 종교적 문제들이 있었는데 그 대부분은 연달아 일어나는 문제들이었다. 과거 국가의 역사 전반을 통하여 침체되는 상황들이 있었다. 그러나 이번의 상황은 세계적인 것이었다. 그것으로 말미암아 미합중국의 2008년도 대통령 선거의 결과가 결정된 것이었다.

미국의 유권자들이 최초로 국가의 지도자를 아프리카계 미국인으로 선출함에 따라온 세계 사람들이 그 상황을 숨죽이고 바라보았다. 백악관을 장악함으로써, 여러 가지 면에서 버락 오바마는 세계 그 어느 사람보다 더 큰 권력을 손에 쥐게 되었다. 존 케네디(John F. Kennedy)의 동생인 로버트 케네디(Robert Kennedy)는 그가 암살되기 전에, 40년 안에 미국은 흑인 대통령을 가지게 될 것이라고 예견하였다. 2008년도에 이르기까지 딱 40년이 걸렸다.4) 오래된 금기사항은 모든 면에서 깨져버렸다. 여성과 흑인들이 후보들의 성(性)과 인종이라는 차원과 관련하여 그 권력을 추구하는 데 있어서 이전의 미국에서 불평등하였던 대접과는 달리 그 분수령을 장식하게 된 선거에서 혁신적인 역할을 담당하였다.

민주당 집권을 위하여 출마하면서, 그 아프리카계 미국인은 공화당 후보였던 아리조나 주(州)의 존 메케인(John McCain)과 맞붙었다. 그는 베트남 전쟁의 영웅으로서, 전쟁 포로로서 하노이(Hanoi)에서 6년 이상 수감되었었고, 고문을 당하였었다. 선거전(選擧戰) 초반에 오바마는 일리노이(Illinois) 출신의 젊은 상원의원이었는데, 그의 정당 지명에서 힐러리 클린턴(Hillary Clinton) 상원의원을 따돌리고 승리하였다. 그녀는 백악관을 차지하는데 그 누구보다 더 근접하였던 최초의 여성이었다. 오바마는 후에 그녀를 국무장관으로 선택하였다. 대통령 선거 캠페인을 하는 동안에 몇 가지 쟁점들이 논란의 대상이 되었다. 잠정적 적국(敵國)에 대한 선제공격의 선택권, 지구 온난화, 국경지역 이민의 단속, 사회보장에 대한 혁신, 그리고 국가 차원의 지원으로 시행되는 보편적 의료보험 혜택의 문제와 같은 것들이다.

그런데 9월 후반 갑자기 11월 선거 약 한 달 반 전에, 백악관 경쟁의 방향을 바꿔버린 새로운 폭풍이 들이 닥쳤다. 국가의 경제가 붕괴되어 가고 있었고, 여전히 통치권자로 재임 중인 대통령이 주창하여 양측 후보들이 워싱턴(Washington D.C.)에 소집하였는데 그것은 재정 기관의 붕괴를 막기 위하여 법안을 제정하기 위함이었다. 세계 최고 권력자가 그 자신 이 스스로 원인을 만들며 세계 기업의 구조를 위태롭게 하고 있었다. 조지 윌(George Will) 비평가는 당시 경제적 상황은 벼랑 끝에 서 있는 것과 같은 것이었다

고 비유하였다. 국가의 경제는 심연의 나락으로 빠져들고 있었다.5)

미합중국의 재무장관과 함께 연방준비은행(the Federal Reserve system)은 즉 각적인 방지 안을 요청하였는데, 그것은 몇 주나 몇 달이 아닌, 단 며칠 내에 이루어져야만 하는 것이었다. 왜냐하면 미국 자본의 유통이 거의 종식 될 판이었기 때문이다. 그들은 경기침체가 아닌 세계 경제의 위협에 대처하 기 위하여 7천억 달러의 비자금을 요청하였다. 전국적 선거 캠페인에서 지 배적인 이슈는 갑자기 경제 문제로 변하여 버렸다. 도덕성과 세계관, 그리고 사실상 종교에 대한 문제들을 피해 나갈 수가 없었다.

어떻게 그런 일이 그렇게 갑자기 일어날 수 있었을까? 서버(Server)와 슬 로운(Sloan)은 다음과 같이 답한다. "그것을 자금회수로 생각하라."6) 규정에 대하여 걱정할 필요가 없었다. 곧 논쟁에 빠지게 되었다. 신용부도 스와프 (credit default swaps)가 모든 위기를 감소시키는 듯 보였다. 탐욕과 무지함이 월가(街)와 메인가(街)에서 날마다 자리 잡아 가고 있었다. 비평가들은 다음 과 같이 결론짓는다. "탐욕이 두려움마저 내어 쫓을 때, 문제가 발생하게 된다… 새로운 부가 축적되었고 새로운 오만이 따라왔다."7)

"오만"이란 때때로 종교적 의미로 "하나님을 기만하려는" 시도로서 만용 과 거만함을 뜻한다. 기독교인들과 마찬가지로 회교 신학자들은 수 세기 동안 고리대금업을 비난해 왔다. 미국에서 연방정부가 진 수천억 달러로 추정되는 악성 부채 때문에 계속되는 구조적 문제들을 해결하는 데 역부족 이었다. 그러한 부담이 백악관의 새로 부임한 자의 재량권을 제한하게 되 었다. 사실상, 은행과 투자 산업의 급진적인 탈 민영화가 일어나고 있었다. 레이건 대통령 시대 이래로 쭉, 공공 여론은 국가의 규제를 반대하여 왔다. 이제 은행과 다른 재정기관들은 말 그대로 연방정부의 관할로 넘어가게 되었다. 새 대통령은 이제 국내에서 이쪽이냐 저쪽이냐를 추궁당할 뿐 아 니라, 국제적으로도 어떤 문명의 지표를 취하게 될 것인가를 대답하여야 했다. 오랜 시간 미국인들이 고립적 상태로 머무르게 되었다.

전쟁

　이라크와 아프가니스탄의 지속적인 전쟁이 또 하나의 다른 지배적 위기가 되었다. 백악관의 새 지도자인 오바마는 그가 정치 생애를 시작할 무렵부터, 이라크 침공을 반대하는 입장을 취하였다. 조지 W. 부쉬 대통령의 대량 살상 무기에 대한 잘못된 주장은 UN에서 별로 설득력이 없는 주장으로 남아 있었다. 이라크 전쟁은 쓸모없는 짓이 되었고 정당화 될 수 없었다고 오바마는 확신하였다. 미국 군대가 정당한 방법으로 철수하는 것이 상식적인 일일 뿐만 아니라 윤리적으로도 옳은 일이었다. 그는 대통령에 당선된다면 가능한 한 빨리 그렇게 하겠다고 약속하였다.

　점령하고 있는 국가를 진정시키려는 모든 노력에도 불구하고, 수니파와 시아파 회교도 사이의 종교적 분쟁은 종식되지 않았다. 후보로 있는 동안에, 민주당원이었던 그는 아프가니스탄에서 미국의 군사력을 강화하겠다고 약속하였다. 파키스탄 산악지대에 테러 지도자인 오사마 빈 라덴(Osama bin Laden)이 은닉하여 있다고 믿어짐에 따라, 테러 문제로 상황은 더욱 복잡하게 되었다. 이란의 이스라엘 위협에 대하여 무엇을 할 수 있었겠는가? 이란은 시테(Shi'ite) 국가로서 핵무기를 보유하고 있었기 때문이다. 여기에 또한, 국가 경제 문제가 있었는데 새 대통령은 전임자의 파괴적인 유업(遺業)으로 인하여 기량을 제대로 발휘할 수 없었다. 도덕적이고 종교적인 사안들이 국제적으로도 기피할 수 없는 문제들이 되었다.

　뉴욕과 워싱턴 D.C.에 대한 전례 없는 테러로 인하여 부쉬 2세 행정부의 위기가 초반부터 극적으로 고조되었다. 1812년 전쟁 이래로 북 아메리카에 이런 일은 한 번도 일어나지 않았다. 2001년 9월 11일, 백악관에서 그가 집무를 시작하던 초기에, 미합중국의 새 공화당 대통령과 그가 다스리고 있는 국가, 미국 본토가 급작스럽고 전례 없는 공격에 직면하게 되었다. 뉴욕과 워싱턴 D.C.에 비행기 자살 폭탄을 가져다준 종교 광신주의로 인한 폭력이 자행된 것이다. 맨하탄 남쪽에 위치한 세계 무역센터(World Trade Center)가 화염에 휩싸였다. 믿기지 않게, 차례차례로 그 도시의 스카이라인을 뚫고 위용을 자랑하며 부와 번영의 상징으로 존속되었던 쌍둥이 빌딩은 땅위의 잿더미로 무너져 내리고 말았다. 3,000명에 가까운 희생자들이 목숨을 잃었다.

"누가 우리의 적인가?" 미국인들은 묻기 시작하였다. 그 공격은 회교 근본주의자들의 소행이었다. 물론 대부분의 세계 회교 공동체는 아니었다. 한편으로는 민주주의를 받아들이고 현대사회와 기꺼이 화합하려고 하는 회교도들이 있고, 또 다른 한편으로는 세계문명의 그늘진 곳의 독재자들 밑에서 안정을 찾으려고 하는 공포에 질린 회교도들이 있다. 관용주의 회교도들과 근본주의 회교도들 사이의 분쟁은 오래되었고 힘겨운 것이었다.[8] 911사태 이후에 그러한 상황은 더욱 더 심각하여졌고 미국은 아프가니스탄과 이라크에서 지루하게 계속되는 전쟁에 참여하게 되었다.

상징적으로, 2001년 9월11일에 일어났던 일은 또 다른 분수령이 된 공격 사건과 비교될 수 있다. 예를 들면, A.D. 410년에 반달족(Vandals)이 로마시(Rome)를 침략하고 약탈한 사건이었다. 그 제국의 도시는 오랫동안 문명의 중심지로서 난공불락(難攻不落)으로 보였던 도시였다. 훨씬 더 파괴적인 일은 1258년에 몽고가 바그다드(Baghdad)를 점령한 사건이었는데 그 사건은 로마의 경우보다 더 광대한 지형적 경계를 가지고 있었던 세계적인 회교 제국을 종식 시킨 사건이었다. 그러한 역사적 분기점은 다음과 같은 표현으로 압축된다. "문명이란 결코 반복되지 않는다!" 뉴욕 무역센터 쌍둥이 빌딩에 대한 공격을 확인함으로써, 그 한 가지 결정적인 이유 때문에 확연한 차이가 나타났다! 같은 날 세계적으로 그 사건이 방영되었다.

역사적인 관점에서 볼 때, 미국뿐만 아니라 전 인류가 동유럽의 이전 공산주의 제국을 포함하여 무언가 다른 시대에 돌입하였다고 하는 사실이다. 회교세계 전역을 통하여 저개발 상태와 빈곤이 널리 퍼져 있다. 반면, 엄청난 석유 재벌도 공존하였다. 단검과 소검으로 무장한 채, 테러 분자들은 세계 그 어느 나라보다 더 강력한 지배적 최고 권력에 도전하였다. 시카고 대학의 회교 역사가인 마샬 호지슨(Marshall Hodgson)이 "서양의 대 변환(the

Great Western Transmutation)"9)이라고 천명한 현대 기술혁신의 시대가 도래하였다. 그러한 대 변환은 자동차, 비행기에서뿐만 아니라, TV, 컴퓨터, 인터넷, 그리고 원자탄과 수소탄, 유전공학, 더 나아가서 생물학적 전쟁의 가능성까지 열어 놓았다. 러시아와 미국이 핵무기 보유에 있어서 우월한 입장을 고수하고 있지만, 지금 인류 전체는 과학적 발견과 연구의 열매를 함께 누리며 긴밀하게 연계되어 있는 것이다.

코끼리와 벼룩에 대한 비유가 뉴욕 쌍둥이 빌딩 파괴 사건에 해당되는 것 같다. 다수의 민주적 삶과 개인적인 자유가 극히 소수인 광신자들에 의해서 위협 당했다. 신종 전사(戰士)들이 국외로부터 유입되었다. 알 카에다(Al-Qaeda)는 많은 곳에 그들 조직을 가지고 있으며, 그들 국경을 넘어서 뻗어 나가고 있다. 종교적인 동기가 사건 양면의 중심에 있었다. 부쉬 대통령의 대응은 정치적일 뿐만 아니라 군사적인 내용과 함께 도덕적 종교적 문제들을 다루게 되었다. 그는 그들의 숙명(宿命)과 하나님에 대한 신앙을 언급하였다. 곧바로 그 43대 대통령은 중동에 대하여 적대국이라 명명하는 중대 결정을 내리게 되었고 "테러와의 전쟁(War on Terrorism)"을 선포하며 전투를 확장하였다. 결국, 이라크의 종교적 내전에 침투된 미군은 교착상태에 빠지게 되었다.

오바마가 미합중국의 제44대 대통령으로 선출되었다—흑인으로서 처음 백악관에 입성하게 되었고—그는 새로운 국가로 쇄신할 것을 약속하였다. 그의 카리스마는 종종 대중 관중들로부터 거의 구세주에 가까운 반응을 얻게 되었다. 새로운 희망의 시대가 도래 할 것이라고 그는 선언하였다. 미국 시민들은 공통적 문제들에 직면할 것이며, 더 이상 부정적인 삶을 정당화하지 않고 이기적인 정당 이익과 승리만을 추구하게 되지 않을 것이라고 말하였다. 국제적으로, 그의 지도하에서, 그는 세계 평화를 증진시킬 것이다. 이라크 전쟁은 종식될 것이고, 정치범들은 더 이상 괴롭힘을 당하지 않을 것이며 그들 인권 차원에서 공정하게 판단받을 것이다. 새로운 경제적 정책이 때를 맞추어 번영을 회복시킬 것이다. 의료보험이 빈곤층으로 확대될 것이며, 좀 더 잘 사는 계층에만 그 혜택이 국한되지 않게 될 것이다. 또한 지구 온난화 문제가 국제적으로 공략받게 될 것이다.

희망의 약속들! 간단히 말하면, 오바마 대통령 시대는 단순한 과도기적 정부가 아니라 일대 전환을 이루는 정부가 될 것이다. 그러나 현실적으로 그가 재임한 이후에 얼마나 심도 있게 이러한 목표들이 인식되어질 수 있을까 지켜보아야 할 것이다. 새로운 국제적 리더십, 쇄신된 경제 정책은 그의 담대한 약속들과 함께 나타났다. 이 시점에서, 희망이 그 주제다. 새로운 시대의 목표들을 떠받치는 종교 신화적 기대에 준하는 그러한 주제가 된 것이다. 천국은 안 될 것이지만 사태는 훨씬 더 좋아질 것이다! 백악관 주인으로 선출되면서, 그 새 지도자는 당파적 정치 현실에 직면하였다. 경쟁하는 정당들을 연합시키기란 그리 쉽지 않을 것이다.

오바마의 개인적 종교 순례: 그 서언(序言)

새로운 계파 간 갈등의 시대를 넘어 희망을 제공함으로써, 44대 대통령은 자기 자신의 과거 삶을 이야기하였다. 그는 누구였던가? 그는 자신의 개인적 역사, 그가 겪었던 각종 사건과 직업적인 경력, 그리고 실존적이고 내면적인 "영혼의 삶"을 회고하였다. 그것은 그의 자서전이었다. 리사 밀러(Lisa Miller)와 리처드 볼프(Richard Wolffe)는 다음과 같이 회고한다. "뉴욕 콜럼비아 대학(Columbia University)에서 20세 된 버락 오바마는 천 갈래 만 갈래 갈등하는 학생이었다. 그것은 젊음과 성숙함 사이에서 흑백 문제로, 해안기질과 대륙기질로, 그리고 경이로움과 비통함 사이를 오고 가는 갈등이었다."10)

후에, 오바마는 그러한 환경 속에서 그가 매우 절제된 삶을 살았다고 설명하였다. 영적 탐험을 항해하는 가운데 고의적으로 세상을 멀리하며 살게 되었다. 간단히 말하면 그는 종교를 건성으로 대한 사람이 아니었다! 심지어 그는 금식도 하면서 며칠 동안 누구와도 말하지 않았던 적도 있었다. 그가 어거스틴(Augustine)을 읽고, 영국인 로만 가톨릭 소설가 그래함 그린

(Graham Greene), 그리고 독일 철학자 니체(Nietzsche)를 탐독하던 때가 바로 그때였다. 때때로 일요일에 그는 할렘가(Harlem)에 있는 아비시니아 침례교회(Abyssinian Baptist Church)에 출석하곤 하였다. 뒷자리에 앉아서 그는 성가대와 설교말씀을 들었다. 종종 그는 음악을 듣고 눈물을 흘렸으며 안도감을 찾기도 하였다.

밀러와 볼프는 오바마의 종교적 순례의 역사가 온전히 미국적인 이야기라고 말한다. 그들은 그의 이야기를 한 인간 탐구자로서, 그리고 무궁무진한 영향력으로부터 종교적 정체성을 함께 만들어 가는 지적 호기심에 가득 찬 한 젊은이로 나타내고 있다. 늘 인생의 큰 문제에 직면하면서, 오바마는 초월하기 위한 그의 갈망으로 그의 이성적인 면을 조화시키려고 영적인 추구에 봉착하였다. 결국, 그는 그리스도를 만난다. 그러나 그렇다고 해서 그가 회의(懷疑)를 멈춘 것은 아니다. "나는 나의 신앙의 순례를 계속하고 있고, 여전히 갈망하고 있다"고 술회한다. 또한 그는 "내가 전적으로 틀렸다고 하는 가능성을 남겨두고 있다"고 말하였다.

이러한 인간적 대통령은 조부모 밑에서 성장하였는데, 그 둘은 별로 독실하지 않은 크리스천으로서, 한 사람은 감리교 신자였고 다른 사람은 침례 교인이었다. 그는 조부모를 많이 사랑하였는데, 그들의 신앙은 그의 종교적 욕구를 충족시키기에는 부족한 것이었다. 그의 어머니 앤(Ann)은 종종 인도네시아로 나가곤 하였는데 그것은 인류학 연구를 하기 위해서였다고 한다. 지적 탐구 생활 속에서 그녀는 다양한 세계종교에 많은 영향을 받았다고는 하나, 그 어느 것에도 특별히 개입하기를 거부하였다고 한다. 그녀는 자유주의 미국의 종교역사가이며 가장 추앙을 많이 받았던 조셉 캠벨(Joseph Campbell)의 작품들을 읽었다. 어머니는 세계 각국을 여행하고 체류하면서 모든 세계종교들에 접하게 되었으나 그 아무 것에도 물들지 않았다고 한다.

가끔, 그의 어머니 앤은 오바마와 이복 누이동생을 호놀룰루에 위치한 개혁 회중 크리스천 교회(the Protestant Congregational Christian Church)의 가톨릭 미사에 데려가곤 하였다. 그녀가 인도네시아에서 두 번째 남편과 살고 있을 때, 그녀는 오바마와 그의 이복 누이동생인 마야 소에토로(Maya Soetoro-Ng)를 보로부두르(Borobudur)에 소재한 세계적으로 유명한 불교 사원에 데리고 갔다. 그러한 경험은 그들 아동기 성장 과정에서는 당연한 일들이었으며, 그것은 또한 중요한 사건이기도 하였다고 마야는 고백한다. 왜냐하면 그들이 그 종교적 행사에 참여하였기 때문이다. 이러한 방식으로 그녀는 아들에게 포용과 관용을 위한 지속적인 감각을 제공하였다.

이 44대 대통령은 그의 어머니를 불가지론자로 묘사하였다. "그녀는 그저, 초능력을 믿은 것 같다"고 말한다. 즉, 그녀는 "우주의 기본적 질서와 선함"을 믿었던 것이다. 최소한, 어머니는 하나님은 주사위를 던지지 않는다고 하는 아인슈타인의 신조에 공감한 것이라고 말하였다. 동시에, 그녀는 어떤 특수하게 조직화된 종교가 인간의 삶과 운명에 대하여 궁극적인 진리를 주장함에 대하여 의구심을 지니고 있었다. 오바마는 그의 케냐인 회교도 아버지를 "무신론자로 자처하는" 사람으로 알고 있었는데 그것은 그가 종교를 "허튼소리, 미신(mumbo jumbo)"으로 이해하였기 때문이다(그의 아버지는 오바마가 두 살 때 가출하였다).

그가 인도네시아에 있었던 수년 동안, 그는 가톨릭계 학교를 다녔다. 그리고 공립 초등학교를 다녔는데 거기에서 회교에 대한 주간 종교 교육수업을 받았다. 그의 어머니는 재혼하였고, 계부는 롤로(Lolo)라는 이름의 사람이었는데 "대다수의 인도네시아 사람들처럼… 그는 더 고대적인 정령신앙과 힌두종교를 용인하는 이슬람 가치를 따랐다"고 그의 책 『내 아버지의 꿈』 *Dreams of My Father*에서 술회하였다. 롤로는 "인간은 무엇을 먹든지 그로부터 능력을 얻는다"고 말하였다고 한다. 그리하여 그 아버지는 오바마에게 개고기, 뱀고기, 그리고 구운 메뚜기에 대하여 말해 주었다고 한다. 인도네시아에서 회교도인들 이웃과 살았을 때에 오바마는 이슬람 머리쓰개를 쓰거나 또는 쓰지 않고도 크리스천들과 편안하게 어울렸던 한 회교도 여인을 목격하였다. 그 당시의 경험이 그로 하여금 "이슬람도 현대세계와 잘 어울려 살 수 있다"는 결론을 갖게 하였다.

밀러(Miller)와 울프(Wolffe)는 젊은 시절 오바마의 삶에 대한 추구가 두 가지 주요 충격에 사로 잡혀 있었던 것으로 이해하고 있다. 오바마에게는 그의 영적인 고향이라고 부를 수 있는 공동체 같은 거처가 필요하였다. 그의 양성(兩性) 인종의 부모 사이를 이동해 다니는 어린 시절이 그에게 어떤 뿌리 없는 허탈감을 안겨 주었을 것이다. 그런 상황에서 흑인 교회에 다녔던 사실 은 이러한 공허감을 해결해 주는 역할을 하였을 것이다. "흑인 미국 교회 전통은 아주 특별한 면이 있었는데 그것은 나에게 아주 강력한 것이었다"고 그는 회고한다. 밀러와 울프는 "생동감 넘치는 예배, 가족적인 분위기, 그리 고 아비시니아인(Abyssinian) 스타일의 선지자적 설교가 비슷한 생각을 하며 살았던 그 젊은이에게 상당한 호소력이 있었을 것"이라고 결론 짓는다.11) 그의 주요 정책적 관심은 시민 인권운동이었다. 그는 독서를 통하여 사회 능동주의에 대처하여 변화하는 권력에 대한 확신을 갖게 되었다. 특별히, 그것이 종교 문제와 함께 대두될 때 그러하였다. 그리하여 마틴 루터 킹 (Martin Luther King, Jr.)과 같은 인물의 종교와 윤리를 공유하게 되었다. 그는 테일러 브랜취(Taylor Branch)의 시민 인권운동을 다룬 『바다를 가르며』 *Parting the Waters*, 그리고 킹 목사의 자서전을 관심 깊게 읽었다.

뉴욕시에 소재한 콜럼비아 대학(Columbia University)을 졸업하고 시카고로 오면서 그 젊은이는 자기 자신의 길을 걷게 된다. 제럴드 켈만(Gerald Kellman)이 그를 지역사회 조직원으로 채용하였다. 거기에서 그는 라인홀드 니버(Reinhold Niebuhr)와 폴 틸리히(Paul Tillich)의 책을 연구하는 독실한 크 리스천들과 접촉하게 되었다. 로마 가톨릭 차원에서 그들은 또한 어거스틴 (Augustine)을 탐독하기도 하였다. 심지어 그들은 해방신학을 실천하려고 시 도하였다. 활동하던 중 결국 오바마는 로마 가톨릭 지원금을 따 내기도 하 였다.

이러한 구도 속에서 기독교는 개인의 고립된 희망과 확신만이 아닌 사회 공동체적인 것으로서 인식되었다. 그러한 신앙은 인간의 불완전과 원죄에 대한 의식으로부터 비롯되었다. 죄악으로 가득 찬 세상에서, 신앙은 행위를 요구하였다. 예수의 온전함에 대한 가르침은 세상 끝 날에 가서야 완전히 깨닫게 되는 일이 될 것이다. 현 세상에서 인간은 구원을 찾아 간다. 마태복음 25장 "이 지극히 작은 자 하나에게 하지 아니한 것이 곧 내게 하지 아니한 것이니라." 오바마는 다음과 같이 술회한다. "내 신앙에 진실하기를 바라는 일은 내게는 힘든 일이다. 나 자신을 뛰어넘어 생각하기, 다른 사람들에게 무엇이 유익한가를 생각하기, 그리고 도덕적, 윤리적으로 행동하기를 생각함은 다 내게는 힘든 일이었다."

결국, 오바마는 이에 대한 생각과 감정에 북받쳤다. 그 구도자는 기독교를 받아들였고 세례를 받았다. "나는 하나님의 영이 나를 손짓하며 부르시는 것을 느꼈다. 나는 그의 뜻에 나를 맡겼다. 그리고 하나님의 진리를 깨닫는데 나 자신을 헌신하였다." 후에 오바마는 그러나 예수가 나타나는 경험은 없었다고 설명하였다. 마른하늘에서 큰 천둥소리, 번개가 나타나는 일도 없었고, "아하!"하는 체험도 없었다고 한다. "나의 인생에서 발견된 것은 무언가 점진적인 과정이었다—나에게 가장 중요한 가치, 내가 가졌던 경이로운 감정, 또한 비통함—이러한 모든 것들이 기독교 이야기 속에 고스란히 잡혀 있었다"고 술회한다. 그리하여 공동체의 한 부분이 되고 공적으로 그의 신앙을 확인 하는 것이 중요한 일이 되었다. 오바마가 세례를 받은 이후에, 그는 한 재능 있는 교사와 함께 성경공부를 하게 되었는데 그는 그러한 기회를 통하여 "내 신앙에 대하여 미약하나마 비판하게 되었다"고 말하였다.

오바마는 확실히 보통 신자는 아니었다. 후에, 그가 정치적인 명성을 얻은 이후, 빌리 그래함(Billy Graham)의 아들인 프랭클린 그래함(Franklin Graham)이 이 카리스마 넘치는 정치 지도자에게 다음과 같은 사실을 물어보았다. 즉, 그것은 어떻게 그가 크리스천으로서 구원은 오직 그리스도를 통해서 성취된다는 신약의 주장을 다원주의와 다양성을 포용해야 하는 선거운동과 조화시킬 수 있을까 하는 문제였다. 그 대통령 후보는 구원이 그리스도를 통해서 온다는 기독교 신앙의 가르침은 인정하였다. 그러나 또한 황금율(the Golden Rule)을 '크게 믿는자(a big believer)'로서 자신의 신앙과 가치만이, 그리고 이 땅위에서 그의 이상과 경험만이 아닌 기독교적 윤리 또한 신앙생활에 있어서 꼭 필요한 기둥이라고 이해하였다. "나는 이전에도 말하였다. 그리고 나는 내가 아는 한 절대로 공식적으로 기독교를 포용한 적이 없는 나의 어머니가… 지옥에 가셨다고 믿지 않는다."

선거를 치르는 동안에 그 후보자는 매일 기도하였다고 한다. "나의 허다한 죄와 흠결에 대한 용서, 그리고 가족을 보호해 주시고, 하나님의 뜻을 수행할 것, 거창한 방법이 아닌 간결한 방법으로, 그리고 하나님이 원하시는 것과 나의 행동 사이에 존재하는 고통"에 대하여 기도하였다. 때때로 그는 저녁 시간에 성경을 읽었다. 그 시간은 "매일매일의 생활 속에서 나를 이끌어내어 생각하는 시간으로 인도되었다." 후보자로서, 그는 자신을 위하여 기도하고 매일 묵상할 수 있는 성경구절을 전송해 주는 많은 성직자들과 친구들을 가지고 있었다. 그런데 그는 포켓에 성모 마리아와 요셉의 상, 그리고 힌두교 원숭이 신(神)인 하누만(Hanuman)을 지니고 다녔다고 한다.

어떻게 공직에서의 오바마를 평가할 수 있을까? 확실히 그는 건국 조상들의 전통 안에서 자유와 민주주의를 확신하고 있으며 그와 마찬가지로 링컨과 마틴 루터 킹 목사의 자유 민주주의도 따르고 있다. 그는 실용주의 지만 상대주의자는 아니다. 흑인교회는 수 백 년 동안 노예 생활과 차별을 받고 살면서, 현대 세속주의에 물들지도 않았고 그렇다고 해서 주류 종교 계층에 속하지도 않았다. 오바마의 입장은 좀 더 전통적인 중립을 유지하였다. 단순히 자유주의도 아니고 근본주의도 아니며, 현대 용어로 말한다면 좌익도 우익도 아니다. 그 대신에 그것은 현실적으로 사는 삶의 입장이다. 그러나 늘 희망을 지닌 삶이다. 확실히 그의 노력 안에는 문화를 새롭게 하고 정치에 화합을 가져다주기 위한 강한 종교적 영향력과 동기가 내재되어 있다. 그는 냉소적이 아니라 현실주의자이다.

과거 대통령들의 성공과 실패

각기 다른 상황 안에 처하였던 전임 대통령들의 성공과 실패를 역사적으로 비교함에 있어서 무엇을 언급하여야 할까—미국의 문화 정치적 구조 속에서 그들의 야망과 희망은 무엇이었을까? 프랭클린 루스벨트(Franklin Roosevelt) 시대로부터 클린턴(Clinton) 시대 초기까지 정치학자이자, 백악관의 신중한 옵서버였던 막스 러너(Max Lerner)는 그가 대통력 권력의 위험성에 대한 연구저서를 쓰면서 그러한 문제들에 대하여 숙고하였다.12) 러너는 1992년에 작고하였는데, 그때는 클린턴이 막 워싱턴 D.C. 집무실로 들어가려던 즈음이었다.—그는 그의 소위 "윤리적 현실주의(Ethical Realism)"라고 부르는 명맥 속에서 최고 지도자들의 특성과 업적을 평가하는 몇 가지 기준을 제시하였다. 자서전들과 최근 대통령들의 역사를 회고하면서, 그는 몇몇 대통령들을 "가라앉은 타이탄 배"라고 평가하였다.

사회학자의 한 사람으로서, 러너는 무엇보다도 먼저 대권자(大權者)의 생활 속에서 현실적 원리에 직면하고자 하는 그들의 의지를 주목하여 보았다—도전에 직면하고 응전하는데 충분히 강한 정신력이 있는가에 집중하였다. 그의 첫 번째 특징들을 확대하여 보면, 러너는 통치력을 이야기하고 있는데, 그것은 즉, 위기의 시간에 대처하는 능력과 결단력과 판단을 위한 이미지를 나타내야 한다는 점이다! 루스벨트(Roosevelt)와 트루먼(Truman)의 실례(實例)가 있다—그리고 그의 칭송자인 로널드 레이건(Ronald Reagan)의 경우는 다소 상대적인 것으로 보여진다. 두 번째 현대 3인조에서 러너는 성격 그 자체만으로 평가를 시작하였고 "도덕적인 면이 아닌 소용돌이치는 인생 속에서 각 개인들이 형성한 가치관"에 주목하였다. 그의 분석은 신뢰성을 묻는 정도까지 진행되었다. 그 신뢰성은 "찬성을 얻어내고 정치하기 위하여 필요한 합의를 이끌어 내는데 대한 지도자의 자신감을 나타내는 것"이라고 하였다. 그리고 마침내 이러한 특징들이 있는 그룹들 사이에서 국민과 상호 작용하는 능력인 "의사소통 기술"을 발견하였다. 아이젠하워(Eisenhower)와 지미 카터(Jimmy Carter) 초기가 그 좋은 예이다.

러너의 마지막 3인조에 대한 분석은 20세기 말에 상대적인 것으로 남아 있다. 그는—시대에 맞는 사고(思考)능력과 역사 안에서 국가와 자기 자신을 통찰하는 능력을 적시(摘示)하였다. 성숙한 대통령은 그가 국가를 평형상태로 유지시킬 수 있다는 자신감이 충만해야 한다. 결국 러너는 그러한 성숙함을 예로 들었다—움터서 나오는 열매 같은 성숙함 말이다. 대통령이 은퇴할 때 그는 확신과 희망을 가지고 떠날 수 있을 것인가? 그가 생각했던 것보다 더 눈에 띠게 나아져 있을 것인가? 사실상, 명성을 잃어버리는 고통 없이 백악관에서 임기를 마치는 최고 지도자는 최근에는 거의 찾아볼 수 없다. 린든 존슨(Lyndon Johnson)의 베트남 전쟁, 닉슨(Nixon)의 워터게이트 사건, 레이건(Reagan)의 이란게이트, 그리고 클린턴(Clinton)의 모니카게이트 사건을 보라. 그리고 재선(再選)에서 참패한 카터(Carter)와 아버지 부쉬(Bush Sr.)를 보라.

물론, 러너가 밝힌 특성들은 20세기에만 국한된 것이 아니다. 그것들은 워싱턴(Washington), 제퍼슨(Jefferson), 그리고 링컨(Lincoln)의 결과로 간주되기도 한다. 그러나 러너가 내린 역사적 결론은 대부분의 최근 대통령들은 "파손된 타이탄 호(號)"로서 백악관을 떠났다는 것이다. 진정 승리감을 가지고 퇴임한 대통령은 거의 없다. 대신에, 그들은 집무 상 가지는 압박감과 긴장감으로 지칠 대로 지쳐 있었다. 러너는 미국 고국을 침공한 테러 공격을 보지 못하고 그 이후에 나타난 아들 부쉬(Bush II) 대통령 시대도, 또한 오바마 현상도 맞이하지 못하고 죽었다. 오바마의 경우, 그가 미합중국 대통령직을 수행하고 지지를 받기 위하여 요청한 윤리적 종교적 전통을 밝히는 일이 중요하다. 국가의 가치관과 이상적 확신에 대하여 뚜렷하게 나타난 것은 무엇인가? 제44대 대통령이 인권과 민주주의를 주장한다는 것은 그저 말로만 하는 뻔한 소리가 아니다. 1830년대에 미국을 여행하였던 소설가 알렉시스 토크빌(Alexis de Tocqueville)는 귀국하면서 다음과 같은 글을 남겼다.

미국 땅에 내가 도착하였을 때, 첫 번째로 나의 관심을 집중시켰던 것은 그 나라의 종교적 양상이었다. 그리고 더 오래 체류하면 할수록 그러한 종교적 양상이 대단한 정치적 결과를 초래한다고 하는 사실을 감지할 수 있었는데, 그것은 나에게는 매우 생소한 일이었다. 프랑스에서는 종교정신과 자유의 정신은 서로 서로 반대되는 것으로서 180도 전혀 다르게 진행되고 있음을 숙지하고 있었기 때문이다. 그러나 미국에서는 그 둘이 아주 긴밀하게 연합되었고 국가를 경영하는데 함께 통치하고 있음을 알게 되었다.

미국에서 종교란 사회와 정부에 직접적으로 관여하는 것은 아니다. 그러나 그럼에도 불구하고 미국에서는 종교가 가장 선호하는 정치적 기관으로서 인식되어지고 있다. 왜냐하면 종교가 자유의 개념을 전달해 주어야 자유로운 기관들이 그 개념을 가지고 용이하게 나아갈 것이기 때문이다… 물론 모든 미국인들이 독실한 신앙을 갖고 있는지는 모른다. 누가 사람의 마음을 알겠는가? 그러나 확신하건대 미국은 공화국을 유지하는 데 있어서 종교가 필수 불가결하다는 생각을 가지고 있음은 확실하다.13)

토크빌르의 해석은 그러한 신생국가, 미국이 이미 종교적 자유에 대한 그들만의 뚜렷한 윤리관을 전개시켜 주고 있었음을 밝혀 주고 있다. 왕권과 교권의 천년 기독교 연맹은 신생국 미국에서는 버려지고 "비신화화"되었다. 그 연합은 대영제국에 대항한 미국의 항쟁 안에서 이루어진 왕권의 전복(顚覆) 이후에 더 이상 연합을 이루지 못하였다. 그 변화는 급진적인 것이었고 미국 건국 시대에 미국이 다원주의에 대한 국가적 제재를 의미하는 것 그 이상의 것이었다. 특별히 종교에 있어서 그 변화는 혁명적인 것이었다! 미합중국 헌법의 제1 개정안에 명시된 교회와 국가의 완전한 분리는 여러 가지 면에서, 조오지 왕 3세(King George Ⅲ)의 권위와 영국 왕권에 대한 제도적인 거부보다 훨씬 더 광범위한 것이었다.

종교란 윤리처럼, 복잡하고 다면적인 현상이다. 그리고 개인과 사회와 많은 다양한 면에서 상호작용하고 있다. 국가적 지배에서 이것을 제한한다는 것은 신앙문제에 대한 논쟁을 가중시킬 뿐이다. 오히려 그러한 전략은 논란을 불러일으킬 것이다. 정치적으로 분명히 다음과 같이 말할 수 있다. 종교는(도덕을 포함하여) 북미공화국에서 삶을 유지하는 데 있어서 소멸되지 않는다. 실질적 의미에서, 비록 이러한 언급이 폭 넓게 논쟁이 되어 왔지만 미합중국은 세계에서 가장 종교적인 국가 중 하나다. 신앙을 공격하는 그 어떤 후보도 백악관을 차지할 수 없다.

종교 보수주의자들은 세슘주의의 정반대 쪽에 서 있는 것으로 인식돼 있고—좌파라기보다는 우파이다. "우리는 하나님을 믿는다"라고 그들은 선언한다. "종교란 편협함과 박해를 의미한다"라고 성상파괴자들은 응수한다. 어떤 정치여론 조사자들은 그 어느 당의 지명자들도 하나님에 대한 독실한 개인적 신앙이 없이는 승리할 수 없다고까지 단언한다. 종교는 최근의 연속적인 대통령 선거에서 매우 중요한 역할을 해 왔다. 카터, 레이건, 클린턴, 부쉬 부자(父子)의 경우에서 볼 수 있는 것처럼 말이다. 덧붙여 말하자면, 과거 대통령들이 부름받게 된 더 오래된 역사적 기원으로 거슬러 올라갈 수 있다. 의심할 바 없이, 건국 조상들의 교회와 국가의 분리법은 혁신적인 것이었다. 그러나 그 어느 누구도 불란서 혁명으로부터 발전되었던 종교적 상징주의와 유산을 외면하는 종교사항 금지를 주장한 자는 찾아볼 수 없었다.

국가 기원의 상징

국가의 기원에 대하여 기술한 앤토니 스미스(Anthony D. Smith)는 설화와 상징주의의 힘에 대하여 성찰한다. 그것은 일부 사회학자들이 "시민 종교(civil religion)"라고 명명한 것으로서 어느 특수한 세계 종교와 구별되는 것이었다. "성공적인 국가들은 대단히 중요한 공통 문화와 언어, 그리고 어느 정도 통일된 관습과, 종교, 같은 것들을 요구한다."14) 그는 그것이 각 국가의 기원과 후손에 대하여 다양한 국가들이 가지고 있는 유사성과 상이성을 이해하는 관건이라고 설명하고 있다. 차이가 있음에도 불구하고, 그는 존중받는 설화들에 대한 잠재된 자료뭉치들을 발견한다. 그 자료들이란 그들이 기념하는 사건들과 그들이 전하는 건국에 얽힌 이야기들을 말한다. 스미스(Smith)가 후자를 "신화"라고 명명할 때, 그는 사회 과학자로서, 그 용어를 전설이나 진실이 아닌 이야기들로부터 문화적 전통을 구별하기 위하여 사용한다. 그 대신에, 그것은 한 국가의 독자적 역사에서의 삶의 의미를 거듭 말하고 있는 상징적인 방법이다. 예를 들면, 조지 워싱턴(George Washington)과 아브라함 링컨(Abraham Lincoln)의 이야기에 나타나는 형태들이다. 미국의 건국 시조들은 그들의 상징을 그리스, 로마의 건국설화, 또한 성경과 계몽주의에서도 차용하였다. 스미스의 주제 목록은 다음과 같은 것들을 포함한다.

1. 시간의 기원에 관한 신화, 예; 언제 그 공동체가 "탄생"하였는가,
2. 우주의 기원에 관한 신화, 예; 어디에서 그 공동체가 "태어났는가",
3. 조상에 관한 신화, 예; 누가 우리들을 낳았는가, 그리고 그 조상으로부터 어떻게 우리들이 그 후손이 되었는가,
4. 이주에 관한 신화, 예; 우리들이 방랑한 장소,
5. 자유에 관한 신화, 예; 어떻게 우리가 자유하게 되었는가,
6. 황금 시대에 관한 신화, 예; 어떻게 우리가 위대해지고 영웅시되었는가,
7. 쇠퇴에 관한 신화, 예; 어떻게 우리가 쇠퇴하고 정복당하고 방랑하게 되었는가,
8. 환생에 관한 신화, 예; 어떻게 우리가 이전의 영광으로 회복될 것인가,

미국 역사 전반을 통하여, 이러한 이야기들은 (특히 '시민종교'에 나오는) 전쟁과 평화 시대에 나타나는 애국자들의 희생으로 확인돼 왔다. 과거와 미래에 대한 소통은—그 중요성과 가치에 있어서—그 설화적 의미의 핵심이 없이 공허하고 불완전한 상태로 남아 있다.

선과 악에 대한 대통령의 판단에 대한 대중적 의식, 그리고 인간의 숙명

은 대통령 개인에 기초한 감정과 느낌, 그리고 그의 상징성에 의해서 조성되어진다. "어떻게 대통령이 우리들 각자의 생활 속에서 전문가들이 꿈도 꾸지 못하는 방법으로 관여하며 영향을 줄 수 있는가? 대통령의 행동은 그를 지지하는 사람들의 마음속에 억누를 수 없는 감동으로 휘몰아친다. 그는 우리들의 마음속에 살아 있다. 우리들은 그를 내보낼 수 없다. 그렇기 때문에 우리들은 그와 항쟁하고 때때로 증오하기도 하고… 혹은 그의 업적이 우리들의 것인 양 착각하기도 한다."[15]

명예와 불명예 둘 다가 그의 손 안에 있다. 이상적으로 말하면, 대통령은 국가적 양심인 국가가 가장 절실하게 느끼는 도덕적 신념을 내면화하여야 한다. 모스크바에서 전송된 화면이 TV에 방영되었고 그것은 동시에 대통령이 미국 정책에 대하여 설명할 때, 워싱턴, 카이로, 베이징에 있는 다른 사람들을 동시에 방영하였다. 모든 사람들은 다 세계가 위험한 정도로 축소된 것을 생생하게 증언하였다. 해외 사건에 대한 지도자의 영향력이란 아마도 그 자신의 나라에서보다 더 큰 것일 수 있다.

이미 우리가 지적하였듯이, 모든 대통령들이 각자, 다양한 윤리적 종교적 상징적 모델들을 가지고 있다. 어떤 이들은 더욱 더 원시안적(遠視眼的) 이고 예언적인 탁견을 가지고 있다. 소수의 예를 들자면, 부캐넌(Buchanan)과 링컨, 윌슨과 하딩(Harding), 그리고 닉슨과 카터의 경우의 중대한 차이를 생각하여 보라. 역사적으로 볼 때, 종교를 공동의 광장으로 끌어들일 때 좋은 소식도 있지만 나쁜 면도 있다. 그것은 도덕적 기준에 따라서 평가할 때 그렇다. 과거에는 종교가 농노제도와 노예제를 지지하는 것으로 사용되기도 하였다. 그러나 그것은 또한 예언적이며 혁신적인 역할도 한다. 마틴 루터 2세(Martin Luther Jr.)가 정치가, 순교자로서 보여 준 예가 그 뚜렷한 예이다. 헌법 제정자들은 옳고 그름의 문제가 인권을 중요시하는 다원적 민주 사회에서는 개방적으로 논쟁돼야 한다는 사실을 주지시켰다. 그들의 주장은 양심은 무시될 수 없고 침묵할 수 없는 것임을 말한다.

오바마는 제퍼슨(Jefferson)과 링컨, 더 나아가 마틴 루터 킹 2세를 정치가가 아닌 설교자로서의 대중 인물로 생각하고, 또한 침례 교인인 지미 카터에 대한 영감(靈感)을 고취시키고 있다. 킹 목사는 얼마나 심각한 공동체적 악(惡)이 우리 인간 삶에 깊게 뿌리 내리고 있는가를 알고 있었다. 북부에 소재한 보스턴 대학교(Boston University)에서 교육받은 남부(南部) 출신, 킹 목사는 사회정의에 대한 요구가 끓어오르는 적시(適時)에 나타나게 되었다. 그는 노예제에 대한 법적 폐지가 미국에 잔존하는 흑인 억압에 종결을 가져온 것이 아니었음을 잘 깨닫고 있었다. 그가 순교 당하자 그의 영향력은 더욱 확대되었고, 오히려 그 사건이 그에게 지속적으로 윤리적이요 종교적인 모델이 되는 자리를 부여하게 되었다. 킹(King)의 변화 방법은 천국 하나님에 대한 예수의 가르침에 기초한 그리스도인이 되는 것이고, 확신하건대 그는 무저항주의에 관한 마하트마 간디(Mahatma Gandhi)의 통찰력을 이어받았던 것이다. 그의 도덕적 모델은 증오의 전략이 아니라 폭력을 거부하는 용서와 힘에 근거한 것이었다.

그의 헌신과 실제 사례들, 그리고 설교와 교회, 그리고 공적인 기관들을 통해서, 그는 노예제 시대와 남북전쟁 이후로 대부분의 미국 크리스천들이 무시해 왔던 윤리적 문제들을 제기하였다. 인종차별을 자행하는 악(惡)이 사회 관습으로 굳어지게 되었고 심지어는 종교적인 제재까지 미국 내에서 특히, 남부지방에서 일어나게 되었다. 그 문제는 단지 개인적인 관계나 선의(善意)에 관한 것이 아니라 법의 지지를 받는 사회적 형태에 관한 문제였다. 킹 목사는 정부 조직을 통한 기독교적 도덕성의 이행을 촉구하였다. 그는 그때가 하나님의 가장 적절한 시간이라고 판단하였다. 그것은 바로 사악한 현실에 예언적으로 대처하는 시간이었다. 최선의 의미로 그것은 정치로 이행하는 종교였다. 킹의 호소는 북부의 양심을 흔들었고, 백인 종교 지도자들, 유태인, 그리고 크리스천들이 킹(King)의 대열에 참여하게 되었다. 그는 현 상황에 대한 방어기제로서만, 그리고 저 세상적인 개인적 구원으로만 물들어 있는 잘못 받아들여진 기독교에 대하여 강한 도덕적 시정을 요구하고 나섰다. 요약하면, 킹은 개인 구원만이 아닌, 문화의 개종(改宗),

문화와 정치를 변화시키는 것을 위하여 전력투구하였다. 물론, 그는 찬송과 설교로 점철된 활력 있는 흑인 신앙을 소유한 자였다.

대통령직과 성직(聖職)에 대한 경외심

오바마는 독특한 카리스마를 지닌 자다. 그에 앞선 존 케네디(John F. Kennedy)만이 그의 라이벌이 되는 수준에서 젊은 유권자들의 열렬한 지지를 받았다. 당시에 부통령이었던 닉슨(Richard Nixon)이 국가의 최고직을 향하여 출마를 고려하고 있었던 즈음에 그의 고문이었던 레이 프라이스(Ray Price)는 그 공화당 유력자에게 다음과 같은 메모를 보냈다. "대통령을 선택하는 일은 신앙행위여야만 한다. 그 신앙심은 이성으로 이루어지는 것이 아니다. 그것은 카리스마에 의해서 이루어지는 것이고 논쟁하거나 합리화될 수 없는 믿음에 의한 것이다. 그것은 말로 할 수 없는 침묵 속에서 발생한다."16)

수백만의 미국인들이 그 상원의원과 함께 믿음과 희망을 나누었고 그를 백악관으로 나아가게 하였다.

그의 고문 레이 프라이스는 국민들이 그 어느 다른 인물들보다 대통령과 함께하고 싶어 한다는 사실을 확인하였다. 미국의 최고직을 향하는 후보자들은 "지도자, 하나님, 아버지, 영웅, 교황, 왕의 상징성을 아우르는 이상(理想)으로 평가된다. 그들은 분노하는 복수심을 품고 있을 수도 있다. 그들은 대통령이란 직책이 그 어느 인생보다 더 위대하길 바라고, 살아 있는 전설이 되기를 바라고, 그러나 한편으로는 그가 철저히 인간적이길 원한다." 그 자리와 그 자리를 유지하는 자들은—40인 이상의 사람들의 승계로 이어져 왔는데—그들 자신의 인성(人性)과 신조(信條)에 따라 차별적인 각 시대들의 윤리를 반영하고 상징화한다. 워싱턴, 제퍼슨, 잭슨, 링컨, 윌슨, 그리고 프랭클린 루스벨트가 그러하였다.

요약한다면, 건국시초부터 미국의 대통령들은 막중한 상징적 책무와 종교적인 중요성을 수행하여 왔고 이것은 오늘날까지 계속되고 있다. 조지 워싱턴은 그가 취임선서에서 성경 위에 손을 얹고 서약한 이후에 다음과 같은 말을 남기면서 그러한 현실을 확인하였다. "하나님이여 도우소서." 위기의 시대에—패배와 비극의 시대에서와 마찬가지로—미국 국민들은 일제히 대통령에게 집중한다. 그를 비난하거나 찬양하거나 둘 중에 하나이다. 그는 국민들의 가장 깊은 곳에서 우러나는 희망이거나 또는 두려움의 상징인 것이다.

대통령들이 그 직임을 승계할 때, 신앙적인 상상력이 그들 인격 속에 전체적인 긍정적 상징들을 부여한다. 워싱턴의 경우, 그것은 체리 나무 사건을 의미한다—"나는 거짓말을 할 수 없어요!"—그 내용은 파슨 윔(Parson Weem)의 노래로 퍼져 나갔다. 포지 계곡(Valley Forge)의 눈 덮인 산 중에서 그 장군이 기도하였다는 일은 학자들의 연구에 의하면 사실이 아닌 것으로 나타난다.

링컨은 통나무로 가로대를 만드는 사람(rail-splitter)으로 알려졌고 또한 아마도 그의 인생 자체보다 더 신앙심이 좋은 사람으로 알려져 있을 것이다. 그의 법률 자문이었던 윌리암 헨돈(William Herndon)은 적어도 그렇게 믿었다. 대통령들이 거룩한 순교자적 영웅으로 그리고 영원한 의미로 판단되는 것은 암살이라는 급작스런 죽음에서 연유한 것일지도 모른다. 특히, 아브라함 링컨과 존 F. 케네디의 경우가 그렇다. 로널드 레이건(Ronald Reagan)의 위상은 그가 운 좋게 암살 시도에서 살아남게 되었을 때 더 큰 입지를 확보하였다.

그러므로 결국, 무엇이 대통령을 성공시키는가? 거대한 장애물들과 위험에 직면하면서 오바마가 갖는 기회들은 무엇인가? 로마 가톨릭 신학자인 마이클 노박(Michael Novak)은 성공과 실패를 가르는 차이에 대한 8가지 대통령의 자질에 대하여 언급한다. 실천력, 정직성, 선함, 자제력, 진실성, 행정력, 결단력, 그리고 그 외에 클린턴 로시터(Clinton Rossiter)가 "개인적 자유와 공적(公的) 도덕성에 대한 웅장하고 지속적인 형태"라고 명명한 미국적 특징인 목적과 수단에 대하여 능숙하게 다룰 수 있는 타고난 소질을 들었다. 현대적 구조 속에서, 국민들은 그것들이 세속국가에 속하여 있는 것일 뿐만 아니라 준 종교적 덕목이라고 평가한다.

우드로우 윌슨(Woodrow Wilson)은 최고 행정가는 그들이 국가의 믿음의 주된 흐름과 연결될 때 최고로 성공한다고 이해하였다. 백악관을 차지한 사람이 그렇게 하는 것을 실패할 것인가, 그리하면 거대한 권력 부재(不在)가 그 자신의 당과 반대당으로부터 일어날 것이고 또한 급진전하게 될 것이다. 국민들의 상상은 빌 클린턴의 경우에서와 같이 대통령의 잘못과 성적(性的) 스캔들에 대하여 아주 부정적인 환상을 갖게 될 것이다.

미국 역사의 다양한 시대마다 달라지는 주도적인 종교와 윤리의 양태, 그리고 구조적인 다양성을 인식하는 일은 중요하다. 대통령의 입지적, 정치적, 사회적 모델(예를 들면, 노예제 찬성이냐, 반대냐 같은)은 그 시대의 신념과 도덕적, 종교적 윤리와 상호 연관된다. 전쟁과 평화, 기술력, 사회적 실천력 등이 그것이다. 윤리나 종교는 단순히 정체적인 것이 아니다. 함께 양자가 다 서로 역동적인 관계이다. 여러 대통령들이 가지고 있던 정치와 종교의 상호 관계성은 그 직무를 연속적으로 이행하는데 따라서 각각 다른 형태의 틀로 나타난다. 즉, 미국인들의 신앙은 모든 시대, 모든 지역에서 항상 같은 것이 아니었다.

더 장기적인 역사적 관점에서 볼 때, 미국에서 종교(그리고 그것이 함유하고 있는 도덕성)는 3중 폐지를 겪어 나갔다. 처음에 그것은 헌법 제1차 수정안으로 나타났는데, 그것은 국가적 교회 사상의 거부로 나타났다. 두 번째로 1차 대전 이후에 좀 덜 공식적인 입장으로 나타난 것으로 진화론과 고등비평주의가 "비종파적 개신교(non-sectarian Protestantism)"에서 말하는 하나님의 자연은총과 계시의 이중성을 주장하는 주도적 입장을 파괴시킨 것이다. 요약하면, 계시와 과학의 두 가지 사상의 조화, 즉 아이삭 뉴턴 경(Sir Issac Newton) 이래로 지배적이었던 그 사상이 해체된 것이다. 자연은 더 이상 계몽주의 이성적 형태 위에서 구축된 것으로 생각되지 않았다. 문화적 개신교 신앙은 그 변증적 능력을 상실하였다. 세 번째 해체가 2차 대전과 함께 나타났다. 그것은 대법원이 교회와 국가의 완전한 분리를 주장하고부터다. 예를 들면, 공립학교에서의 기도 순서의 폐지와 같은 문제다.

시카고 대학의 교회 역사학자인 마틴 마티(Martin Marty)는 "질서를 잡는 신앙"과 "구원하는 신앙"의 의미를 구별한다. 후자의 역사(役事)는 "영혼을 구원하고 심령을 기쁘게 하고, 사람들에게 건전함을 제공하고 그리고 그들에게 바른 정체성을 부여하며 그들이 갈망하는 소속감을 제공하는" 것이다.17) 토크빌르(de Tocqueville)가 지적한 바에 의하면 그것은 대통령의 주된 책임이 아니다. 오히려 그 프랑스인 방문가가 판단하기로는 대통령의 임무는 비종파적이며, 정합적이며, 비교회적 신앙(즉, 시민종교)에 있는데 그것은 각각 다른 교리들로 구성된 다양한 고백들을 서로 이어주는 다리와 같은 기능을 담당하는 것이다. 마티는 다음과 같이 기술한다. "건국시조들의 양면적 상황이 여전히 미국적 제안의 중심에 자리 잡고 있다. 그것은 다양한 종교를 가진 사회에서 야기되는 정부 차원의 교회와 국가의 분리를 말한다… 그러나 문화적으로 종교와 사회는 분리될 수 없는 공적(公的) 덕성(德性)을 아우르는데 유효한 의견의 일치를 이끌어 낸다."

"하나님이여 미국을 축복하소서(God bless America)"는 주요 양대 정당의 정치가들이 많이 사용하는 구절이다. 미국의 화폐가 "우리는 하나님을 믿는다(In God We Trust)"라고 하는 지표를 가지고 있고 연방정부의 전통 속에도 그것은 표현되어 있다. 그리고 1905년에 데오도르 루스벨트(Theodore Roosevelt) 대통령이 순전히 미적(美的) 감각을 저해한다는 이유로 주장한 바에 따라, 새로 나온 1전짜리에 10불짜리 20불짜리 금 조각에 오랫동안 쓰였던 말—"폭풍이 일어났다(a violent storm broke out)"의 표현을 삭제시킬 것을 승인하였다—그것은 실상, 무신론적 동전 디자인을 반대하는 것이었다! 의회는 곧 그 법안을 가결시켰다. 아마도 루스벨트는 안도하였을 것이다. 불행하게도 공립학교에서 행해지는 기도와 성경공부에 반대하는 대법원 금지 법안에 대한 논쟁은 그리 쉽게 해결되지 않았다.

건국시조들의 입장에 대한 것을 요약하면서, 캘리포니아 대학의 사회학자인 로버트 벨라(Robert Bellah)는 다음과 같이 논한다. "헌법을 초월하여 대통령들의 책무는 국민들에게 뿐만이 아니라 하나님에게도 연장된다… 국민의 뜻 그 자체가 옳고 그름의 범주가 아니다." 대신에 그 기준이 판단 받을 수 있는 더 높은 단계의 기준이 있어야 한다. 쉽게 말하자면, 국민은 옳지 않을 수 있다! 대통령의 의무는 더 높은 규범에 관한 것이어야 한다.18) 사회 과학자로서 벨라는 그것을 "종교적인 것들에 대한 신조, 상징 그리고 의식(儀式)의 총체라고 규정하며 동시에 그것은 기독교와 반명제적인 것이 아니고 진정 많은 것을 공유하는 것이며 그럼에도 불구하고 어느 특정한 교파나 특수한 의미에서의 기독교를 의미하는 것은 아니다"라고 규정하고 있다. 건국 시조들의 신앙은 주로 개신교 기독교와 계몽사상이었다. 초월적이면서 동시에 내재적인 인격적 하나님에 대한 신앙은 조지 워싱턴(George Washington)의 이임사, 아브라함 링컨(Abraham Lincoln)의 게티스버그 연설문, 그리고 존 에프 케네디(John F. Kennedy)의 취임사에서 명쾌하게 나타났다. 그러나 그 연설문들은 복음주의적인 것이 아니라 "시민 종교 (civil religion)" 차원의 것이었다.

벨라의 지적에 따르면 미국에서 약 200년 이상 동안 "건국 시조들이 종교심과 애국심이 뒤엉킨 심성을 주도해 왔을 것"이라고 한다. 오바마는 그러한 "시민 종교"를 공유하고 있으며, 그의 미국적 꿈의 양태는 그것을 구체화시키고 있다.

전임자들과 오바마 시대: 연대기

1. 연방주의(Federalism). 특별계시(special revelation)가 아닌 이성(理性)이 건국 시조들의 계몽사상을 지배하였다. 여전히 종교란 대중의 덕목을 지지하는 데 필수 불가결한 것이라고 믿어졌다.

2. 제퍼슨의 국교폐지론(Jeffersonian Disestablishment). 교회와 국가의 분리 장벽이 제3대 대통령인 제퍼슨에 의해서 요구되었다. 그는 자유주의적 유니테리안(liberal Unitarian) 교인으로 추정되었고 국가가 신장 발전

함에 따라서 그 법안은 통과되었다. 그 대신, 개척자(frontier) 라이벌 형태의 각성이 고조되고 우세하게 되었다.

3. 잭슨(Jackson) 시대. 잭슨 스타일 대중 민주주의가 국가적 기풍을 지배하였다. 뉴 올리언스 전쟁(the Battle of New Orleans)의 영웅인 개척자 대통령으로서 그 자신은 노예 소유자이었으며 개인적으로 경건파였던 그는 "미국의 명백한 운명(American Manifest Destiny)"—즉, 미국의 영토를 확장하여 미국 팽창주의를 정당화한 말—의 이름으로 서부 개척을 주도하였다.

4. 남북전쟁(the Civil War). 노예제도에 대한 논쟁이 링컨 바로 직전의 시기를 물들이다. 그 논쟁은 결코 타협의 기미를 보이지 않았고 윤리적인 동시에 종교적 사안이 되었다. 전쟁의 결과는 국가의 역사에서 유례없는 도덕적 분수령이 되었다.

5. 남북전쟁 이후(Post-Civil War). 전쟁 이후의 도금(鍍金) 시대(the Gilded Age)에 문화 형태에 있어서 중대한 변화가 일어났다. 남부는 대통령의 통치권 상실을 맞이하면서 방어적으로 종교적으로 되어갔다. 북부는 진화론에 대한 믿음과 세속주의 동반이 일어나게 되었다. 이민(移民)은 종교 다원주의의 성장을 가져오게 되었다. 흑인들은 그들이 약속받았던 인권을 보장받기 위해서 1세기를 더 기다려야 할 것 같았다!

6. 개혁 시대(The Era of Reform). 개혁은, 데오도르 루스벨트(Theodore Roosevelt)와 우드로우 윌슨(Woodrwo Wilson) 둘 다 '문화 개신교도(culture Protestant)'들이라고 불렸는데, 그것은 그들이 정권을 잡고 난 이후 새롭게 발흥된 부(富)의 배경과 그들 대통령직의 취약성에 대항하는 것을 말한다. 포퓰리즘은 개혁을 증진시키는 주요 요인이었는데 윌리암 제닝스 브라이언(William Jennings Bryan)과 같은 지도자는 강한 종교적 근원을 갖고 있었다.

7. 1차 세계대전(The First World War). 국제적 개입이 종교적 도덕적 분위기에 분수령을 이루는 변화를 가져왔다. 윌슨은 무장 전투를—하나님

의 이름으로!—민주주의를 위하여 세계 평화를 조성하는 종교 행위로 간주하였다.

8. 프랭클린 루스벨트(Franklin Roosevelt)의 뉴딜(the New Deal) 시대와 2차 세계대전. 대통령은 기독교 사회 복음주의로부터 도덕적 이상(理想)을 차용하였고 또한 로마 가톨릭이나 유태인들을 그의 고문으로 임명하였다. 그는 윌슨(Wilson) 대통령만큼 신학적인 차원에서 종교를 수행하지는 않았다. 사실상 그는 종교 자유주의자였다.

9. 공산주의에 대항한 냉전 시대. 루스벨트 대통령의 사망 직후, 일련의 사건의 연속이 그 투쟁의 강도를 더 명백하게 하였는데 그것은 앞으로 다가 올 전체주의에 대하여 반대하는 물결이었다. 시민 종교—로만 가톨릭, 개신교, 그리고 유대교—가 미국인들과 연합하게 되었다. 이 모두가 공통적 신앙이 되었다. 대통령 직 안에 반영된 미국적 이상이 도덕적으로나 종교적으로 감화를 주게 되었다. 주목할 만한 사실은 공산주의자들이 기본 인권을 부정하면서 무신론적 박해 운동을 수행하였다는 점이다.

10. 미·소 양대 권력 대치의 종말과 철의 장막의 붕괴. 도덕적, 종교적 이슈들과 인권문제나 평화문제 같은 논제들이 중동지역에서 그리고 이전 유고슬라비아 체제에서, 소비에트 연방국 체제에서 또한 아시아에서 문젯거리가 되고 있었다. 전투적 회교도에 대한 투쟁이 중동지역에서 테러에 대한 반동으로 강하게 일어났다.

좀 더 장기적인 역사적 관점

종교적 자유를 향한 미국 국민들의 뿌리는 독립전쟁보다 훨씬 앞서는 초기 식민지 시대까지 거슬러 올라간다. 심지어 영국의 신조(信條)에 입각한 전투와 그 박해 시대까지 연결된다. 뉴잉글랜드 전역을 통해서 청교도 식민지 주민들은 그들이 심판의 때에 이스라엘이 부르짖는 선택된 국민의 모델을 따라가고 있다고 믿고 있었다. 하나님 한 분만이 그들의 절대 주권자였다. 지상의 왕권은—인간의 약함과 죄악의 허물로 인하여—결국 이스라엘에서 성공하지 못하는 것으로 끝났고, 그러한 사실은 바벨론 유수 사건이 일어난 것으로도 알 수 있다. 새로운 이스라엘은 아모스(Amos), 호세아(Hosea), 이사야(Isaiah), 그리고 예레미야(Jeremiah)와 같은 선지자들의 메시지에 주목하고 그것을 성취시켜야만 했다. 기독교인들은 그들이 뒤늦게 정착된 종교라는 점에서 하나님 뜻에 대한 충성심을 그들 나름대로 주장하였다.

기독교가 국가의 종교로 인정되었던 수백 년 동안, 제퍼슨(Jefferson)과 메디슨(Madison)은 박해로 인하여 핏빛으로 물드는 일들이 일어나고 있음을 확인하였다. 그것은 그것들은 신생국가 미국에서 꼭 그렇게 하여야 하겠다는 종교적 편협성에서 발생된 결과였다. 대영제국이 탄생하기도 전에 이미, 영국 식민지에서 교단적 다원주의가 막강하게 발전하였다. 개척자들이 개방한 새 땅의 고무적인 분위기도 이에 한몫하였다. 제퍼슨과 메디슨은 장로교 평신도들, 침례교도들과 연합하였고 퀘이커 교도들도 버지니아 주까지 확장하여 나아갔으며 결국은 새 미국 땅 전역으로 확대되었다. 새롭게 건국된 공화국에서, 종교 연맹은 밑바닥으로부터 결성되어지는 것 같았다. 수십 년 동안, 너무나 폭 넓은 다양성으로 인해, 신생국 미국은 그 어느 방법으로도 그 다양성을 정리해 나갈 수 없었다. 국교가 심지어 독립전쟁을 불러올 수도 있었기 때문이다.

역사적으로 이것은 중요한 일이다. 미국적 공화국 형태의 삶과 정부는 오랫동안 지속되어 오는 왕권과 교권 연합의 반정립(antithesis)이며 국가와 교회의 연합적 구도이다. 그러한 구도가 기독교에 대하여 종교적 전투와 박해를 조장하는 정부형태를 발생시켰다. A. D. 313년에 로마제국의 황제 콘스탄틴(Constantine)이 기독교로 개종한 이후에, 그는 국교의 수립과 더불어 제국적인 로마 전통을 계속하기로 마음먹었다. 양심의 자유가 곧 제한받게 되었고 황제의 칙령이 그의 왕권에 부여되었다. 개인적인 신앙이 대폭적으로 정당의 신조로 대체되었다.

콘스탄틴이 처음으로 가톨릭 기독교를 용인하였고 또한 국교로 승인하였다. A.D. 313년에 그가 결정적인 군사적 승리를 이루기 전에 그는 하늘에 있는 십자가의 비전을 보았다고 한다. 그리고 그는 "이 표시로 정복하라"라는 말을 들었고 그것을 신성한 명령으로 받아들였다. 위로부터 내린 종교의 수립과 구축—콘스탄틴의 결정(심지어 개신교 종교 개혁의 초반기 동안에도 강압적으로 계속되었는데)—그것은 천년 이후의 계몽 시대에서 보다 더 강력한 효과를 발휘하였다. 그 지배적인 신조는 다음과 같은 것이었다. 즉, 국교 승인이라는 국가적 지원이 없이는 도덕성과 일상생활은 분열될 것이라는 생각이었다. 회교에 대한 확산된 공포가 종교 개혁 이후 유럽에서 지속적인 파장을 불러일으키고 있었다. 1683년 말에 터키군이 비엔나 문 앞에까지 쳐들어 올 기세였다. 신대륙 미국에는 그러한 회교의 위협은 없었다.

1797년에 존 아담스(John Adams) 대통령이 트리폴리(Tripoli) 회교 도시와 평화조약을 맺었을 때 그는 다음과 같이 진술한 바 있다.

미합중국의 정부가 어떤 의미에서도 기독교로 건국되지 않았고 법이나, 회교종교의 평온함에 대하여서도 적대감을 가지지 않았고 또한 미국이 전쟁상태에 들어간 적도 없었고 마호메트 국가들에 대항하여 적대시하는 행위를 한 적이 없었기 때문에 종교적 견해로부터 발생되는 어떠한 명분도 두 국가 간에 존재하는 화합의 분위기를 결코 방해하지 않을 것이다.19)

『종교조항, 미국회교 이야기, 세대정신에 대한 투쟁』*Acts of Faith, The Story of an American Muslim, the Struggle for the Soul of a Generation*의 저자인 에부 파텔(Eboo Patel)은 21세기에는 종교적 갈등이 세계의 지배적인 도전이 될 것이라고 논구하고 있다. "미국은 세계에서 종교적으로 가장 다양한 국가이고 서양에서 종교적으로 가장 독실한 나라"라고 말한다. 파텔은 다음과 같이 믿는다. 즉, 버락 오바마는 이러한 미국의 종교적 다양성을 미국의 시민사회를 강화하고 미국의 외교력을 변화시키며 지구촌의 안정성에 기여하는 다원주의로 변종시킬 수 있는 기회를 가졌다는 것이다. "차기 행정부는 미국의 종교 공동체를 지원하고 종파를 초월하는 예배를 확대함으로써 종교 간 사이를 이어주는 교량 역할을 해야만 한다"는 것이다.20)

조지 W. 부쉬(George W. Bush) 대통령은 미국에 대한 911 공격이 있은 이후에 미국은 회교도들과 전쟁상태에 있지 않다고 선언함으로써 아담스(Adams)의 역사적 선례를 충실히 따르고 있었다. 자살 폭탄 테러리스트들은 그들 자신이 공언한 종교의 도덕성을 스스로 배반하였다. 그리고 그 종교를 진정성 있게 나타내지 못하였다. 물론 자살 폭탄자들은 (비록 그들이 북미 민주주의와 아주 다른 종교적 배경의 출신이었으나) 그들 자신들의 전통을 따르는 지도자들로부터 저주를 받은 것이다. 회교의 역사는 (더 풍요한 것으로서) 미국대륙의 발견보다 훨씬 더 앞선다. 역사적으로 회교 통치자들은—1258년까지—아프리카에서부터 가장 긴 역사를 지닌 인도에 이르기까지 세계를 주관하였다. 그들의 수도인 바그다드(Baghdad)가 몽고 대군에 의해서 점령되고 파괴된 이후에 회교의 통치권은 투르크인(1453년에 콘스탄티노플을 점령한)과 이란인, 그리고 인디안 모굴인들(Indian Moguls)로 분열되었다. 현대에 이르러, 특히 나폴레옹의 이집트 침략으로 말미암아 상당수의 회교도들이 식민지 제국의 희생 제물로 전락하게 되었다. 역사적으로 회교는 유럽 계몽시대처럼 정교(政敎)분리가 이루어지지 않았다. 그러한 형태는 현재까지 그 추종자들 사이에서 논란의 대상이 되어오고 있다.

오바마가 권력을 잡게 되자 국제적으로 종교간 관계를 재평가할 수 있는 새로운 기회를 제공하게 되었다. 그가 내건 공약은 시카고 소재의 노스 파크 신학대학(North Park Theological Seminary) 교수인 나순찬(Soon-Chan Rah)이 작성한 것이다. 그는 『미국의 얼굴』 *The Face of America*에서 다음과 같이 술회하고 있다. "나도 역시 이민자의 자녀이다. 그리고 또한 우습게 들리는 이름을 갖고 있다. 그리고 사람들이 전형적인 백인 복음주의 교회에서 벗어났다고 생각하는 교회에서 크리스천이 되었다." 나 교수는 그가 방문하였던 백인 복음주의 교회에서 그가 믿을 만한 사람으로 받아들여지지 않았다는 사실에 어안이 벙벙하였다고 한다. 그는 오바마가 믿기로 작정한 데 대한 간증의 내용이 최고로 복음주의적인 것이라고 믿고 있었다. 그러나 그는 다음과 같이 결론짓는다. 미국이 변한다고 하는 사실이다. 다인종적 미래가 있을 뿐만 아니라, 다인종적 현재가 존재한다는 사실이다. 오바마는 이례적인 미국인으로서, 그리고 비(非)백인 복음주의 크리스천으로서, 그 자신이 미합중국의 인종적 문화적 다양성을 상징하는 정치 지도자가 될 것이라고 생각하였다. "나는 우스운 이름을 가지고 또한 상이한 인종 배경을 가진 사람들을 위하여 자리가 마련되어 있음을 믿는다."21)

1) Bono, *Sojourners*, January 2009.

2) John J. Dululio, Jr., "Keep Rigor and Vigor", *Sojourners*, January 2009.

3) Francis Fukuyama, *Newsweek*, October 13, 2008, p. 29.

4) Cf., Thurston Clarke, *Robert Kneenedy and the 82 Days that Inspired America*, New York: Holt, 2008.

5) George Will, "Like Lemmings Toward a Cliff", September 24, 2008, Townhall.com.

6) Andy Server and Allan Sloan, "The Price of Greed", *Time*, September 29, 2008

7) Ibid.

8) Cf., Marshall G. S. Hodgson, *The Venture of Islam, Conscience and History in a World Civilization*, Chicago: University of Chicago Press, 1974.

9) Ibid.

10) Lisa Miller and Richard Wolffe, "Finding His Faith", *Newsweek*, July 21, 2008.

11) Ibid.

12) Max Lerner, *Wounded Titans, American Presidents and the Perils of Power*, New York: Arcade, 1996.

13) Cf., *The Toqueville Reader*, Malden: Oxford, 2002.

14) Anthony D. Smith, *Myths and Memories of Nations*, New York: Oxford, 1999.

15) Michael Novak, *Choosing Presidents: Symbols of Political Leadership*, New Brunswick, N.J.: Transaction Publishers, 1992, p. 44 et seq.

16) Ibid.

17) Cf., Martin Matry, *Religion and republic, the American circumstance*, Boston: Beacon, 1987.

18) Robert Bellah, "Civil Religion", Daedalus, Winter 1967.

19) David McCullough, *John Adams*, New York: Simon and Schuster, 2001.

20) Eboo Patel, *Sojourners*, January 2009.

21) Soon-Chan Rah, *Sojourners*, January 2009.

대통령의
윤리

　"사람들이 처한 그 자리에서 우리가 진정 그들과 관련하여 우리의 희망과 가치를 말하고자 한다면, 그리고 진보하기를 원한다면, 우리는 종교적 내용을 차치(且置)할 수 없다… 왜냐하면 좋은 크리스천이 되고, 좋은 모슬렘이 되고, 또한 좋은 유태인이 되는 것에 대한 논쟁을 무시할 때, 그리고 우리가 종교를 서로에 대한 의무를 가르친다는 긍정적 차원에서 논하지 않고 오히려 그런 종교들이 언제 그리고 어떻게 실행되어서는 안 된다고 하는 부정적인 의미에서만 이야기할 때… 다른 이들이 그 틈새를 공략하게 될 것이기 때문이다. 그리고 그들은 종교적으로 가장 편협하고 배타적일 것이며 종교를 편파적인 결말을 정당화시키는 방법으로 냉소적으로 사용하게 될 것이다."[1] 이것은 버락 오바마가 '쇄신을 위한 연설'

내용에서 말한 내용이다.

오바마 이전 시대의 패기(覇氣) – 파니 류 해머(Fannie Lou Hamer)

성숙한 신앙과 그 특질을 잘 나타내는 주목할 만한 정치적 사건이 있는데 그것은 오바마 이전 마틴 루터 킹(Martin Luther King Jr.) 목사가 인종 차별에 관하여 투쟁하는 일련의 사건들이라 할 수 있다. 파니 루 해머는 독실한 흑인 복음주의자 크리스천으로서, 또한 미시시피 자유민주당(MFDP: Mississippi Freedom Democratic Party)을 창당한 자였다. 갑자기 그녀는 국가적 권력을 가진 자리에 오르게 되었음을 깨닫게 되었다. 린든 존슨(Lyndon Johnson)이 1964년에 생전 처음으로 대통령직에 자력으로 도전하고자 하였을 때, 인종 차별에 반대하는 캠페인을 당당하게 벌이기 위하여 그는 그녀의 지지가 필요하다는 것을 어렴풋이 깨닫고 있었다.

존슨 대통령이 당면한 문제는 그가 민주당 지명 대회에서 어떤 분열도 일어나지 않도록 하는 것이었다. 그는 곧 어려운 딜레마에 빠지게 되었다. 왜냐하면 해머 여사의 MFDP(미시시피 자유민주)가 민주당 전당대회에서 전적으로 백인 위주로 되어 있는 미시시피 대표단의 혹평에 맞서서 자신의 신임을 물어야 했기 때문이다. 그녀는 그 항거를 철회할 수 있게 하는 타협안에 도달할 수 있었을까? 해머여사 자신은 한때 유권자로서 등록하려 하였고 그 결과로 미시시피 감옥에서 구타와 고문을 당하게 되었다. 존슨 대통령은 당적(黨的) 차원의 갈등을 피하기 위하여 협상 차 허버트 험프리(Hubert Humphrey)를 남부로 파견하였다. 그는 험프리에게 아프리카계 미국 여성의 지원을 따 내는 임무를 부여하였는데, 그것은 일종의 유효한 타협안으로서 아프리카계 미국인들에게 굉장한 혜택을 가져다주는 일이었다. 최소한 정치인들에 의하면 그러하였다.

험프리가 미시시피 현장에 도착하였을 때, 그는 해머여사에게 무엇을 원하는가 물었고 그녀는 험프리에게 신약성경에 있는 말로 대답하였다. "이 땅에 임한 새 왕국은… 험프리 의원님, 나는 유권자 등록을 하려고 직장을 잃어버린 많은 사람들을 알고 있습니다. 나는 선 플라워지역(Sunflower County)에서 내가 일했던 농장을 떠나야만 했습니다. 당신이 옳은 일을 하기 때문에, 그리고 MFDP를 돕기 때문에 부통령직을 잃게 된다면, 물론 모든 일이 다 잘될 것이고, 하나님이 당신을 돌보실 것이지만… 그러나 당신이 부통령 지명을 이런 식으로 하신다면, 당신은 민권을 위해, 가난한 자들을 위해, 그리고 당신이 주장하는 평화나 그 어떤 것에 대해서도 아무것도 하지 못할 것입니다. 험프리 의원님, 나는 당신을 위해 예수님께 기도할 것입니다."[2]

해머여사에게 하나님을 믿는 신앙이란 다른 부분과 격리된 생활의 한 양상이 아니라 모든 분야와 관련된 그러한 것이었다. 요약한다면 그녀는 하나님의 나라를 원했고 그저 자유주의적인 사회 변화를 원하였던 것은 아니었다. 그녀가 원했던 것은 궁극적인 것이었고, 하나의 방편이 아니었다. 예일(Yale) 대학교 법대의 스테판 L. 카터(Stephen L. Carter) 교수는 자신의 이야기와 관련해 다음과 같이 말하고 있다. "사실상, 반미국적이거나, 비민주적인 것, 또는 심지어 종교 행동주의, 그리고 정치에서 사용하는 종교 언어들에 대해서 이상하게 생각하는 일 따위는 없다." 해머 여사는 그녀 나름대로 정교분리(政敎分離) 문제에 대하여 개인적인 견해를 술회하고 있었다. 수백만 명의 다른 시민들처럼, 그녀도 전적으로 세속적인 영역에서 살기를 원하지 않았다. 그들은 종교를 외면한 군중들이었다. 그녀에게, 성스러운 세계는 생생하고 능력 있는 것이었기 때문이다. 그리고 그녀의 경우—수백만의 그녀 동료 시민들처럼-그녀에게 투표하기를 원하는 그 누구든지 그녀에게 종교적 확신을 말해 주었을 것이다. 그녀는 국가 정치에 있어서 이상적일 뿐만 아니라 현실적이었다.

이런 경우에, 우리들은 비단, 이성주의 철학(계몽주의에서와 마찬가지로)만 다루고 있는 것이 아니라 구체적 고백적 증언을 다루고 있는 것이다. 진정, 전반적인 이슈들이 해머 여사가 험프리 의원한테 대답한 내용에 모두 다 포함되어 있다. 신약성경에서 의미하는바, 하나님 왕국의 선포는 무엇을 뜻하는가? 확실한 신앙을 가진 크리스천 신자의 정권(政權)—대통령직에 구체적으로 형상화된—이 가지는 책임은 무엇인가? 어떻게 우리는 악을 대처할 수 있는가? 하나의 방편으로서 어느 정도까지 타협을 할 수 있는가? 만약의 경우에 목적이 수단을 정당화할 수 있는가? 요약해서 말한다면, 세속적인 의미가 아닌 종교적인 차원에서의 옳고 그름은 무엇인가? 결국 두 가지 접근 방법은 겹쳐지기 마련이겠지만 말이다.

해머 여사에게 윤리적 실재론에 대한 요구는 도덕성에 대한 긍정적인 확신과 선거 캠페인에서 말하는 단순성과 편견으로부터 발생되는 선과 악의 공존을 분별하는 것으로서, 그것은 하나님 나라에 대한 신앙으로부터 유래하는 것이다. 캠페인이란 "진리에 대한 가식적 능력의 승리, 정의에 대한 감성의 승리, 그리고 확신에 대한 위선적 발언, 상투적 발언, 공치사의 승리 같은 것"으로서 그것은 전당대회에서 그리고 연이어지는 선거 공약에서 너무나도 자명하게 나타난다. 해머 여사는 이러한 일을 확실하게 인지하고 있었다. 그리하여 해머는 존슨 대통령의 요청을 거절하였고 부통령 허버트 험프리의 요구도 거부하였다! 파울러(Fowler)의 관점에서 볼 때, 해머 여사는 성숙한 신앙을 갖고 있었던 것이다.

예일 대학교 법학대학의 아프리카계 미국인이며, 성공회 신자인 스테펜 카터(Stephen L. Carter)는 그의 저서 『하나님의 이름을 망령되게 일컫다; 정치학에서의 종교적 옳고 그름』 *God's Name in Vain, The Wrongs and Rights of Religion in Politics*에서 해머 여사의 이야기를 다루고 있다. "미국 역사가 정치를 계속하고 있는 한, 종교란 미국 정치와 불가분의 관계에 있다. 그리고 미국은 계속해서 종교적인 나라가 될 것이다." 그러나 모든 세대에 걸쳐서 국민 생활에 있어서 그 타당성과 권력에 놀라움을 금치 못하는 논평자들이 존재해 왔다. "권력자들이 조금만 더 깊이 팠더라면, 역사적으로 조금만 더 깊게 성찰하였더라면, 그들은 현재 어떻게 하는 것이 더 나을 것이라는 것을 잘 알게 되었을 것이다! 1950년대에 아이젠하워(Dwight Eisenhower) 대통령은 하나님에 대한 믿음이 미국정신의 첫 번째 원리라고 세계만방에 선언하였다… 만일 기자들이… 이백 년 전, 제퍼슨 대통령(Thomas Jefferson)의 캠페인을 알고 있었다면 그들은 다음과 같은 사실을 인정하지 않을 수 없었을 것이다. 그것은 그의 연설 대부분에서 그가 무신론자인 것을 부인하고 있음을 역설하였다는 사실이다!"3) 물론, 제퍼슨 대통령은 종교가 윤리적으로 오용(誤用)되고 있음도 인정하였다.

자연법 윤리학

루이스(C. S. Lewis)는 자연법 개념에 대하여 공공 정의를 내렸다. 그 보편성을 지적하기 위하여 그는 그가 도덕(道德)이라고 부르는 중국어 Tao(道)가 단순히 길(the Way)을 뜻하는 것이라고 명명하였다. 루이스는 개인과 문화를 초월하는 윤리적 규범들이 존재한다고 설파한다.4) 그는 그러한 윤리적 규범들이 고대 이집트, 바벨론, 히브리, 중국, 노르웨이, 인도, 그리스, 그리고 앵글로 색슨과 미국 문헌 속에서 반복적으로 나타난다는 사실에 주목하였다. 종합한다면 다음과 같다.

1. 인애(仁愛)의 법. 이 법은 친절함의 중요성을 인식시키는데 그것은 사회를 위하여 착한 마음을 베푸는 것을 의미한다. 예를 들면, 살인하지 말라, 압제하지 말라, 거짓 증언하지 말라, 미워하지 말라와 같은 것이다.
2. 가족에 대한 의무.
3. 정의(正義)에 대한 법. 그것은 법 앞에서 치우치지 않음과 공평한 마음을 독려하는 것을 의미한다. "당신이 아는 자들과, 알지 못하는 자들을 공평하게 생각하라."
4. 좋은 믿음과 진실성에 대한 법.
5. 자비의 법.
6. 관용의 법. 고대인들에게는 죽음보다 더 괴로운 일들이 있었다. 그것은 배반, 살인, 배신, 그리고 타인들을 고문하는 일들이었다.5) 이 여섯 가지가 일종의 상식적인 윤리 실재주의를 구성하고 있다. 그들의 현실은 그저 상

상적인 것이 아니라, 무언가 객관적인 실재론을 구성하고 있다.

전통적 도덕성에서 볼 때, 이러한 요구들은 양심의 문제에 기여하였다. 그것들은 인간 안에 내재하는 하나님의 형상과 관련이 있다. 역사적으로, 율법과 금기사항들은 성직자들이나 예언자들에 의해서 형성되었고 국가기관에 의해서 시행되었다. 그것들은 (불란서 혁명에서 보는 바와 같이) 신생 북아메리카공화국이 건국 되었을 때에도 폐기되지 않았다. 캘리포니아 대학의 사회학자, 로버트 벨라(Robert Bellah)는 미국의 윤리와 종교를 "마음속의 관습"6)의 견지에서 설명하고 있다. 그러한 관습은 전통적으로 공동체 안에서, 가족 안에서, 그리고 사회와 국가 안에서 영향받은 것이라고 설명한다. 초기의 사회화는 때때로 격리된 개인주의와 상대주의로 대치되었다. 전쟁의 와중에서 그리고 급변하는 사회적 변화 속에서 오랫동안에 걸친 영향력은 쇠퇴하였다. 많은 국민들이 그들의 과거로부터 격리되었고 또한 미래에 대한 확신도 잃어버렸다.

벨라는 미국의 윤리적 관행과 (풍습)들은 역사적으로 성경적이고 국가적인 유산으로 조성되었다고 강조한다. 오늘날 이러한 유산들은 종종 세속화로 압박받고 있으나 도덕적 권위의 수행자로서 그 자리를 메꿀 수 있는 뾰족한 대안은 찾아보기 힘들다. 대부분의 미국 역사에 있어서 '명백한 사명설(使命說, Manifest Destiny)'과 신성(神性)에 대한 믿음으로 견지된 낙관적이면서 동시에 개척정신에 근거한 도덕관이 존속되었다. 이제 공산주의와 각축하던 시대를 지나서, 철학적 종교적 진공 상태 속에서 도덕적 기반이 약화된데 대하여 비판하는 냉소적 견해에 맞서 그것을 방어하는 반응이 나오게 마련이다.

긍정적으로 볼 때, 사회학적 관점에서 발생한 벨라의 주장은 국민들이 역사적이고 문화적인 가치 전통 속에 살고 있다는 것이다. 이러한 일들은 그 어느 때보다 더 유동적인 상황에 처해 있다. 오랫동안 지속돼 온 규범들은 심지어 국민 생활의 이면으로부터 얻어진 경우에도 강력한 것으로 남아 있게 되었다. 오늘날 그것들은 경계선이 없는 "실체론적 개인주의 (ontological individualism)"에 의해서 위협받고 있다. 이러한 현상은 대통령직 에서까지 나타난다. 확실히 그것은 닉슨 대통령 임기 후반에 실제로 나타 났다. 많은 미국인들이 닉슨 대통령의 경우에서 볼 수 있는 것처럼 권력과 "업무수행"의 관점에서만 문제를 삼고 "무엇을 위하여 일하고 있는가"는 더 이상 묻지 않고 있다고 벨라는 지적한다. 그러나 실용성과 효용성, 실용 주의와 공리주의만으로 더 이상 바른 공동체적 정체성이나 장기적인 만족 이 생기는 것은 아니다. 그것들이 국민에게 진정 그들이 누구인지 또는 어 떻게 살아야 하는지를 가르쳐 주지 않기 때문이다.

전통적인 지도자들의 도덕성

이탈리아 시에나(Siena)의 오래된 시청 벽에는 아직도 14세기 화가 로렌 조(Lorezo)가 그린 두 개의 벽화가 걸려 있다. 좋은 정부가 한쪽에 그려져 있고 다른 한쪽에는 나쁜 정부가 그려져 있다. 그 둘 다 시사하는 바가 크 다.7)

위엄 있는 통치자의 모습은—침착하고 검소하며 흰 수염을 길렀는데— 선한 정부를 상징한다. 그리고 여섯 가지 민간 덕목이 나타난다. 정의, 절 제, 관용, 신중함, 불굴의 용기, 그리고 평화이다. 이러한 덕목의 실행으로 부터 흘러나오는 유익함이 그 멋진 공공건물에 (시에나 성당을 포함하여) 후 광으로 잘 드러나 있다. 그 벽화는 또한 편안한 개인 집, 잘 가꾸어진 감람 나무 정원, 포도원, 밀밭, 그리고 거리에서 춤추는 시민들을 그리고 있다. 전체 장면은 안전을 보장받고 활력이 넘치는 것이었으며 하늘은 나는 날개 달린 형상들도 그려져 있다. 그 밑으로 다니는 관광객들에게는 그림이 보 이지 않는데 그것은 안전과 보안이 우선이기 때문이다.

사악한 정부는 시청 반대편 벽에 그려져 있다. 그것은 뿔이 나고 송곳니 같은 형상을 가지고 있다. 이 형상은 검(劍)을 가지고 있고 작은 쇠사슬을 엮어 만든 옷을 입고 앉아 있으며 잔인함, 배신, 속임, 분노, 불화, 그리고 전쟁이라는 왕관을 쓰고 또한 위쪽에는 헛된 영광, 탐욕, 독재가 나타나 있다.

정의는 밑에 쇠사슬 안에 묶여 있었다. 사악한 정부의 결과가 온통 그려져 있는 것이다. 한때는 웅장한 궁궐들이 지금은 폐허로 남아 있다. 폭력, 살인, 그리고 강간이 임박해 있다. 말 위에 사악해 보이는 무장한 군인들이 타고 있으며 그들은 안전이 아닌 테러로 다스려지는 황폐한 마을에서 새로운 희생자를 찾아 헤매고 있다.

로렌조 화가는 시에나의 시민들처럼 선한 정부의 결과는 나쁜 정부의 행적과 다르다는 것을 믿었다. 선한 정부는 잘 경작된 밭과 풍성한 수확을 의미하고, 사악한 정부는 시민 생활의 무질서와 물리적 황폐함을 의미하였다. 공공의 덕목과 도덕성은 필연적인 결과를 가져다준다.

물론, 전통적으로 '덕(德)'이라는 용어는 가족의 도덕성을 의미하는 말로 그치지 않는다. 단순 정의를 내리자면 덕이란 사람들이 옳은 일들을 하는 것을 습관적으로 인지하는 삶의 질이다. 희랍인들에게는 바람직한 삶의 질은(고전적 덕목으로) 불굴의 용기였다. 즉, 곤경에 직면하여 인내하는 강한 마음과 용기였다. 절제-자기 훈련, 자제할 수 없는 인간 욕정과 식탐의 조절, 신중함-특정한 상황에서 바른 선택을 할 수 있는 능력, 그리고 정의-공평함, 정직성, 법을 잘 준수함, 그리고 개인의 약속을 잘 지키는 능력과 같은 것들이다.

희랍인들의 용기, 절제, 신중함, 정의에 기독교 교회는 믿음, 소망, 사랑의 덕목을 더하였다.

미합중국 대통령들의 덕성은 그 이전 시대의 왕정 통치자들과 어떤 면에서 다를까? 물론, 거기에는 현격한 차이가 있다. 그러나 그들을 도덕적 무관심주의의 지경으로까지 과장시킬 필요는 없다. 현재까지—옳고 그름에 대한 기준의 문제가—미국의 윤리와 규범을 심층적으로 파헤치고 있다. 대통령이 총사령관처럼 "지옥의 문(the gate to hell)" 가까이에 버티고 서 있다. 예를 들면 베트남 전쟁을 치르는 동안에 존슨 대통령(Lyndon Johnson)은 전쟁에서 원자탄과 수소폭탄을 사용하는 러시아와 중국을 적수(敵手)로 삼고 거대한 적대감과 깊어지는 공포로 악몽에 시달려야 했다. 그는 계속해서 전략을 바꾸었다. 실책에도 불구하고 회상해 보건대, 그는 냉전 시대에 미국인들과 공산주의자들 사이에 엄청난 차이가 있음을 깨달았다고 하는데 그것은 분명 올바른 판단이었다. 맑스주의자들은 도덕과 종교 두 가지를 경제와 정치 같은 것을 완전히 다른 기준으로 설명하는 일이라 생각하였고 그것은 일종의 부수적 현상이라고 판단하였다. 종교를 박해하지 않는 민주주의는 그러한 사실이 그들 자신의 진정한 진리 주장을 하는 것으로서, 더욱 더 긍정적인 것으로 이해되었다. 그러나 실제로, 냉전의 종식이 온 세계의 민주주의와 인권을 지지하는 도덕적 원리에 대한 요구들을 만족시키지는 못하였다.

우리는 과연, 어떤 결과를 가져다주는 선과 악, 그리고 영원히 지속되는 덕목과 부도덕, 그러한 것들을 가지고 있을까? 요약해서 말한다면, 여전히 진정한 "객관적 가치"를 지닌 그 무엇이 있는 것일까? 그렇지 않으면 세상에서 일어나는 모든 일들이 오로지 상대적이고 주관적인 것일까? 더 정확하게 말한다면 사실과 가치의 구별은 우리가 대답을 얻는데 아주 중요한 것이다. 철학적 환원주의(philosophical reductionism)는 자주 비평가들이 자연주의적 오류라고 판단하는 두 가지, 즉 사실과 가치를 동등하게 취급한다. 일반적으로 신학자들은 그 첫 번째 전제를 부정하는데 그것은 지적 성찰에 있어서, 또한 실제적으로 그러한 윤리적인 가치가 현재의 사실들로 축소돼서는 안 된다고 하는 사실이다. 기독교인이 아니었던 아리스토텔레스(Aristotle)나 칸트(Kant), 그와 같은 전통적 철학자들은 어거스틴(Augstine)이나 루터(Luther), 그리고 본 훼퍼(Bonhoeffer)와 같은 교회 신학자들과 함께 신성(神性)에 근거한 객관적 가치를 확인하는 입장에 그들의 윤리적 기초를 구축하였다.

역사적으로, 종교적으로 승인된 윤리의 도입이 공공 사회로 흘러들어간 것은 그것이 인권을 존중했느냐 아니냐에 따라서 좋은 것일 수도 있고 나쁜 것일 수도 있다. 그 결과는 항상 긍정적인 것은 아니었다. 하나님에 대한 믿음이 농노제도에 대한 지지대로 또는 때때로 노예제를 부추기는 것으로 악용되기도 하였다. 그럼에도 불구하고 마틴 루터 킹 2세와 같은 뛰어난 순교자 정치가가 있었다는 것은 예언적이고 혁신적인 일이었다. 물론, 우리는 순간적인 생각만 가지고 평화와 번영이 현대세계에서 단순히 위로부터 내려지는 통치자의 명령으로 구축될 수 있는 것이 아니라는 것을 안다. 미합중국 헌법을 입안한 자들은 옳고 그름의 문제가 종교적 관용에 입각한 다원주의 국가에서 공적으로 토론될 것을 알고 있었다. 그들이 전제한 것은 양심은 타협할 수 없는 것이고 또한 침묵을 지키는 것이 아니라는 것이다.

대통령직에서 나타난 부정적(否定的)인 도덕 모델에서 배우기

외교부분에서 나타나는 도덕적 위기가 그 한 가지 예가 될 것이다. 전 국방부장관 로버트 맥나마라(Robert McNamara)는 그의 저서 『베트남전의 비극과 교훈』 *The Tragedy and Lessons of Vietnam*에서 베트남 전쟁 중에 얼마나 많은 도덕적 진공상태가 나타냈는가에 대해 주목하였다. 맥나마라는 다음과 같이 술회한다.

우리는 동남아시아에서 우리들의 행위를 분석하고 논구하는데 실패하였다… 우리들의 목표, 그들을 다루는데 대한 대안, 그리고 실패가 확실해졌을 때 계획을 바꾸는 일에 대한 필요성 같은 것 말이다… 우리는 미국 국민이나 지도자들이 전능자가 아님을 인식하지 못하였다… 우리는 모든 나라들을 우리들 자신의 형상대로 그리고 우리가 선택하는 대로 만드는 권리를 하나님으로부터 받은 것이라고 생각해서는 안 된다.[8]

데오도르 화이트(Theodore H. White)는 1956년 아이젠하워(Eisenhower) 선거 때부터 1980년 레이건(Reagan)에 이르기까지 모든 대통령 선거 캠페인을 지켜보면서 다음과 같이 말하였다. 즉, "모든 문명은 신화에 근거한다"는 것이다. 혹자는 그것을 '모델들' 또는 '도덕적 패러다임'이라고 말할 것이다. 화이트는 그것은 미국적 표현에서는 특별한 의미가 있다고 말한다. 그는 그것이 "어떤 시대에도 그러하였듯이 인생의 생생하고 모순적인 증거들을 함께 다루는 일이라고 묘사하고 있다. 그것은 살아 있는 상징들로서, 대통령 업무에 계파적 방법으로서가 아닌 어떤 종교를 연계시키고자 하는 일이었다.

미국을 함께 묶어주는 신화, 또는 (모델)은… 미국 생활 어딘가에 법을 나타내는 최소한의 한 사람이 있는데 그가 대통령이라는 것이다. 그 신앙은 매일매일의 냉소주의와 몇 명의 지도자들의 그릇된 행동들의 증거와 혐의, 전적부패, 모든 속되고 더러운 것, 그리고 매일매일 싸우고 욕망하는데 대한 추한 타협들을 극복하게 해 준다. 그 신앙은 모든 사람은 법 앞에 평등하고 법에 의해서 보호받는다고 하는 것이다. 그리고 그밖에 믿음을 배신한다 하더라도 대통령의 직무와 정의(正義)는 편견을 넘어서, 원한을 넘어서, 집착의 가능성을 넘어서 반드시 실현될 것이다.9)

이미 주목하여 본 바와 같이, '신화(myth)'라고 하는 용어의 사용은 그것이 대중적인 용례와 다르기 때문에 혼란스러워질 수 있다. 많은 정치학자들은 오히려 그것은 국가의 '신앙 상징(faith symbols)'과 전통이라고 말하고 싶을 것이다. 신화라고 하는 용어는 심리학자들이나 사회학자들이 사고패턴을 형성시키는 모델들 또는 패러다임이라는 의미로 더욱 조심스럽게 사용하게 되었다. 신화가 전설 속에서, 공통적인 경험들을 요약한다는 측면에서, 그 의미들은 자의적(恣意的)이거나 정당성은 없다 할지라도 양심과 신앙의 체험으로부터 성장한 것이라고 볼 수 있다. 그러한 상징들은 더 확대된 형태로 사람들이 자신의 삶을 잘 영위할 수 있도록 한다. 이러한 경우가 바로 대통령의 직무라고 화이트는 말한다. 그 모델들은 도덕적이고 또한 건국시조들이나 링컨 대통령의 '시민종교'의 의미에서 볼 때 종교적이다.
미국의 주된 신화들(때때로 공동신앙, common faith라고 불리어졌던)을 빼어

버린다고 치자. 그렇다면 오직 수많은 갈등의 표현으로 점철된 슬픈 상황, 즉 인종갈등, 종교 갈등, 그리고 경제적 갈등만이 존재할 것이라고 화이트는 주장한다. 건국 당시, 독립선언문과 헌법에서 평등과 정의가 약속되었다. 거기에서 파생된 신화는 대통령이 누구이든 그 직무를 담당할 때 그것들은 다 숭고하게 이루어질 것이라는 믿음이었다. 그것은 대통령이 그 모든 찌꺼기들을 정화시켜 줄 것이라고 믿는 것이었다고 화이트는 말한다.

그러한 신화는 거의 200년 동안이나 계속되었다. 경험이 거의 없었던 조지 워싱턴 대통령도 거의 마술적으로 위대한 창조적 정치를 구축한 자로 변화되었고… 일리노이 주 출신의 야망 있는 정치인 아브라함 링컨은 대통령직이라는 호된 시련을 통해서 고상한 목적에 도달할 수 있었으며 또한 연민의 정으로 그 이름이 존경받을 수 있었다. 신사인 척 하는 프랭클린 루스벨트와 그의 선교사 아내, 엘레나(Eleanor)는 그들 자신이 조국에 온정과 인간애, 그리고 세계적인 자비와 강함의 상징으로 변화되면서 자선을 베푸는 자로 인정받게 되었다.10)

그러한 신화는 워터게이트 사건(the Watergate scandal)에서 여지없이 무너진다고 화이트는 주장하는데 그로 인하여 미국은 다시금 회의와 허무주의에 시달리게 된다. 그럼에도 불구하고 닉슨 대통령은 스스로 워터게이트 사건을 단순히 "정상적인 정치행위(normal politics)"의 연속으로 본다고 말함으로써 도덕성에 대한 공적 기대감에 못 미치는 유일한 대통령이 되어 버렸다.

민주주의 정치에서 종교가 대통령의 비전과 윤리에 기여할 수 있는 점은 무엇인가? 확신하건대, 그것은 허무주의에 반대되는 절대적 의미가 있다는 데 그 근거가 있다. 하나님을 믿는다는 것은 일종의 유한성과 상대성에 대한 깨달음을 갖게 해 준다. 즉, 역사와 보이는 세계는 실재의 전부가 아닌 것이다. 하나님의 영원성 앞에서 이 세대는 한밤중의 시계처럼 오고 갈 뿐이다. 도덕성이란 그것이 단순히 정적(靜的)이고 완벽주의적인 의미에서가 아닌 하나님의 심판과 섭리에 관련된 역동적인 관계 속에서 이해될 때 훨씬 더 명확해지고 풍성해진다. 가끔, 종교적인 사람들은 양심을 떠나서 오직 동기와 의도가 문제가 된다고 잘못 생각할 수 있다. 교부 철학자인 어거스틴(Augustine)은 도덕 지향적 모델과 대조되는 것을 말하였는데 그것은 "지옥으로 가는 도로는 온갖 좋은 의도로 포장되어 있다(The road to hell is paved with good intentions)"고 피력한 바 있다. 실상 품성과 덕목은 그 의도와 행위가 최고선을 지향하여 있는가 아니면 그로부터 멀리 떨어져 있는가에 달려 있다. 대부분의 경우에 어느 특별한 정책과 행위의 결과나 효과를 미리 예견하기는 불가능하다. 국가들이나 통치자들은 개인들과 마찬가지로 원리에 입각하여 위기를 대처해야 한다. 그것은 신앙, 즉 "궁극적 관심(ultimate concern)"에서 나오는 옳고 그름에 관한 것이다.

하나님, 자유, 그리고 부도덕성에 관한 계몽주의 신앙은 건국 시조들—워싱턴, 제퍼슨, 메디슨과 같은—의 사상에서 매우 중요한 문제였다. 이러한 기본적 전제는 독일 철학자 임마누엘 칸트(Immanuel Kant)의 『계몽사상이란 무엇인가』 *What is Enlightenment?*라는 책에 간단명료하게 잘 정리돼 있다.11) 역사 전반을 통해서, 국민들은 상부조직으로부터 위계적인 질서에 의해서 다스려져 왔다고 칸트는 주장한다. 진리란 당국자들과 교회, 국가와 왕들로부터 전수(傳受)되었다. 계몽사상이란 인간이 자신의 양심에 따라서 스스로 판단해야함을 의미하고 스스로 결정해야함을 의미한다. 칸트는 각각의 개인이 스스로 도덕률(moral law)의 지배를 받고 있기 때문에 이것이 원리상 가능하다고 믿었다. 어떤 종교적 교리가 있다고 할지라도—칸트는 이에 대하여 회의적이었지만—그의 판단으로는 도덕적 진리란 자명(自明)한 것이었다. 도덕적 양심은 통치자들이나 교육받은 자들에게만 한정된 것이 아니다. 계몽주의 철학자로서 칸트는 '밑으로부터(from below)'의 양심에 기초한 새로운 민주적 이해를 요구하였다. 동시에, 그는 실용주의적으로 정당화될 수 있는 지속적 윤리는 없으며 또한 하나님, 자유, 그리고 부도덕성도 실용주의 입장에서만 정당화되는 것이 아니라고 결론지었다.

비유: "덕목을 추구하며"

도덕 철학자 알라스데어 맥킨타이어(Alasdair McIntyre)는 그의 저서 『덕을 추구하며』 *After Virtue*에서 한 가지 비유를 소개하고 있다. 그는 갑자기 현대 세계에서 모든 과학이 멸망할 것이라는 상황을 가정하여보라고 말한다. 과학자들이 체포되고, 구금되고, 그들의 연구 실적이 파괴되고 그 이론들이 다 폐기된다고 하자. 그들의 전문지식이 영원히 사라져 버린다면 어떻게 될까? 물론 쓰고 버려진 과학의 찌꺼기들이 있을 것이다. 예를 들면 장비로 사용되었던 기계부품들이 발견될 것이고, 과학이 가져다준 문화적 유산은 즉시 완벽하게 박멸되지는 않을 것이다. 그러나 전체적인 모습과 방법에 있어서 그것은 알 수 없는 일로 끝나게 된다.12)

맥킨타이어는 그의 이 비유를 과학과 도덕에 대한 관계로 적용시킨다. 오늘날의 세계에서 고통받고 있는 것은 과학이 아니라 윤리라고 그는 논평하면서, 과거 전통적 도덕관이 더 이상 작동하지 않는다고 한다. 불행하게도, 소크라테스, 플라톤, 아리스토텔레스와 같은 희랍 철학가들이 설명한 고전 윤리학적 덕목은 지금은 믿을 수 없고 의심스러운 것으로 받아들여진다. 맥킨타이어는 미래에 대하여 낙관적이지 않다. 그리고 그는 도덕적 진공상태 속에서 국민 생활을 긍정적으로 계속한다는 것은 불가능하다고 믿는다. 그의 비유는 직접적으로 정부를 이끄는 왕이나 수상, 또는 대통령의 생활신조를 의미한다. 종종, 윤리를 간과하고 오로지 권력과 웅변술을 근본으로 삼는 통치는 더 어리석은 일이 될 것이다. 우리들이 문제 삼는 것은 어떻게 윤리적 기준이 대통령직임을 이행하는 과정에서 미합중국 대통령 업무를 방해하였거나 또는 그렇지 않았는가에 있다.

"국민은 대통령에게 경의를 표한다. 그를 대면하는 방문객들은 그의 생각과 그의 모습에서 놀라움을 체험하게 되고… 대통령은 사람들의 마음속에 존재하게 된다… '교육'이란 다른 것이 아니라 그들이 만드는 이미지, 습관, 그리고 의도들에 대한 것으로, 그것들에 어떻게 반응하는가에 달려 있다."13)라고 대통령학(大統領學)을 평생 연구한 정치학자 존 바버(John

David Barber)는 말한다. 그러나 바버는 이것으로 끝나거나 더 이상 존재하는 도덕률이 없다는 사실에는 동감하지 않는다.

종교적으로 관철된 대통령의 도덕성

국가란 (전체주의에서처럼) 그 자체가 목적이 아니다. 정부는 국민에 의한, 국민을 위한, 국민에게 속한 것이어야 한다. 권력이 정의를 만드는 것은 아니다. 거짓말하지 말라. 진리를 말하라. 반대자들을 적대시하지 말라. 목적이 수단을 정당화하는 것은 아니다. 절대적인 것들, 모든 것은 상대적인 것이 아니다. 그러나 그렇다고 해서 모든 것이 절대적인 것도 아니다. 민주주의에서 정치는 복잡한 것이다.

목표

· 양심과 예배의 자유; 종교로부터의 자유가 아닌 종교를 갖기 위한 자유.
· 인종에 대한 관용; 인종이나 신앙에 대한 차별 금지. 국민의 자발적 참여에 근거한 자유롭고 창의적인 시민사회. 불완전한 세계에서의 정의.
· 권력의 책임 있는 사용; 권력 그 자체가 나쁜 것이 아니라 권력의 남용이 나쁜 것이다.

가치관

· 도덕이란 선의(善意)를 요구할 뿐만 아니라 결과에 대한 책임을 요구한다.
· '지옥으로 가는 길'은 선한 의도로 포장되어 있다.
· 한 번 찾은 자유는 투쟁이 없이는 쟁취되지 않는다.
· 공동체와 민주주의는 혼자 있는 개인 그 이상을 요구한다.
· 범죄와 폭력의 자제.
· 역사에 있어서 도덕적 목적에 대한 인식; 냉소주의를 멀리할 것.

덕목들

· 가족과 자녀들에 대한 배려.
· 약자들과 극빈자들에 대한 동정과 보살핌.

- 평화.
- 신중함, 용기, 권력의 유혹을 물리치는 것, 그리고 "하나님을 시험하는" 자만심을 멀리하기.

1) 1. Barack Obama, Call to Renewal address.

2) Stephen L. Carter, *God's Name in Vain, The Wrongs and Rights of Religion in Politics*, New York: Basic Books, 2000.

3) Ibid.

4) C. S. Lewis, *Christian Behaviour*, London: G. Bles, 1945. Cf., also, Clyde S. Kilby, *A Mind Awake, An Anthology of C. S. Lewis*, New York: Harcourt Brace Jovanovich, 1980.

5) Ibid.

6) Robert Bellah, *Habits of the Heart, Idealism and Commitment in American Life*, Berkeley: University of California Press, 1985.

7) Claes G. Ryn, *Democracy and the Ethics of Life*, Washington, D.C., Catholic University of America Press, 1990.

8) Robert McNamara, *In Retrospect, The Tragedy and Lessons of Vietnam*, New York: Times Books, 1995, p. 323.

9) Theodore H. White, *Breach of Faith: The Fall of Richard Nixon*, New York: Athenium, 1975.

10) Ibid.

11) Cf., Radoslav A. Tsanoff, *The Great Philosophers*, New York: Harper, 1953, p. 433 et seq.

12) Alasdair McIntrye, *Virtue, a Study in Moral Theory*, Notre Dame, Indiana: University of Notre Dame Press, 1981.

13) Barber, op. cit.

조지 워싱턴
George Washington

그 도덕과 윤리

　　기독교인임을 자처하지만 개척 선구자는 아닌 미합중국의 초
대 대통령, 그리고 '조국의 시조(始祖)'인 그는 종교적이건 세속적이건 간에
현대 논쟁자들을 대하면 당황하게 될 것이다. 원자탄 무기의 위협과 국민
에 대한 그 무력의 사용은 상상력을 초월하는 엄청난 것이었을 것이다. 미
국군 총사령관이었던 그는 그의 끈질긴 인내력과 더불어, 상황을 잽싸게
파악하는 능력으로 승전하였던 군 지도자로서 첫 승리의 면류관을 받아쓰
게 된다. 워싱턴은 많은 전투에서 패전하였으나 독립전쟁(the Revolutionary
War)에서 승전하게 된다! 마운트 버논(Mount Vernon)에 위치한 자신의 집에
서 워싱턴 장군은 노예들을 소유하였고 귀족 상류사회에서 살았으며 그것
은 오바마 대통령과는 거의 맞지 않는 상황이었다. 제44대 대통령의 세계

는 이러한 건국 시조들의 세계보다 훨씬 더 복잡한 것이었다. 오바마의 아프리카계 미국인 신앙의 정서는 워싱턴 대통령의 영국 국교회주의(Anglicanism)보다 감정에 더 치중하였다. 여전히 오바마의 의중은 그의 첫 번째 민주당 전당대회에서 한 연설에서처럼 "국가를 연합시키는 것"이었는데, 그것은 초대 대통령의 전통에 따른 것이었다. 워싱턴이 그 시대에 외국 동맹에 얽히는 것을 경고한 반면에 오바마는 외국 동맹국과 매일 함께 살아야만 한다고 역설하였다.

"조지 워싱턴은 전 세계에서 권력에 집착하지 않은 극소수의 사람들 중 하나다."[1] 토마스 제퍼슨(Thomas Jefferson)은 워싱턴 대통령의 특징과 업적을 다음과 같이 요약하였다.

> 그의 심성은 제1인자임을 의식하지 않은 채 권위가 있었고 힘이 있었다. 뉴턴(Newton)이나 베이컨(Bacon), 로크(Locke)만큼 정확하지는 않았어도 그의 통찰력은 강했으며 그의 판단만큼 건전한 것은 없었다. 억지로 함이나 상상력으로 하지 않았고 실행력은 좀 느렸으나 결론은 늘 확고한 것이었다… 그는 두려움을 몰랐고, 놀라운 침착성으로 개인적인 위험을 무릅쓰곤 했다. 그의 성실함은 가장 순수한 것이었으며 그의 정의감은 내가 아는 사람들 중에 가장 확실한 것이었다… 그는 진정 최고로 현명하고 선량하고 위대한 사람이었다.[2]

워싱턴 대통령은 그가 살아 있는 동안에 이미 애국적 존경심과 경건한 찬미의 대상이 되었다. 그가 죽은 이후에도 장군과 대통령으로서의 그의 위상에 대한 고무적인 찬사와 전설적인 이야기들이 세계로 퍼져나갔다. 역사적인 인물로서의 워싱턴은 과연 누구인가? 다른 도덕적 우화들과 함께 체리나무 이야기의 창시자인 파슨 메이슨 로크 웜스(Parson Mason Locke Weems) 이야기 속에 존재하던 워싱턴 대통령의 참 모습은 재발견되어질 수 있을까? 역사가들과 주고받았던 수천통의 편지가 아직 남아 있고 그 서한들이 그를 미국의 지도자로서 다른 후계자 대통령들과 비교되는 계기를 만들어 주었다.

대통령 역사학자인 포레스트 맥도날드(Forrest McDonald)는 18세기 마지막 100년간—그 시기의 워싱턴(George Washington) 집무기간—을 로마의 로물루스(Romulus)와 레무스(Remus) 시대로 비교한다. 그 시기는 미래를 위한 패러다임을 구축하는 중대한 시기였다. 요약한다면, 그때는 신화 형성시기였다. 맥도날드는 워싱턴 대통령에 대하여 자기 자신만의 비판적인 평가를 내리고 있다. "우리는 진실이 되어 버린 한 가지 신화를 다루고 있는 것이다."3) 대다수의 국민들을 위해서 다른 어떤 인물들보다 새롭게 대통령직을 수락한 이 전쟁 영웅은 신생국가의 도덕적 진실성을 보장하였다. 시저(Caesar)부터 크롬웰(Cromwell) 장군에 이르기까지 다른 장군들은 승리에 따른 그들의 권력을 이양(移讓)하기를 거부하였다. 이와 비교하여 볼 때, 워싱턴 장군은 즉시 권력을 포기하고 마운트 버논(Mount Vernon)에 있는 집으로 귀환하였다. 초대 대통령으로 당선되어서 개혁을 단행함으로써 연속성과 더불어 국가적 통합을 구체화하는데 전력하였다. 요약한다면, 그의 인격이 권력의 자리를 정당화하였다고 볼 수 있다.

워싱턴 대통령은 이미 장군으로서 이름을 날렸다. 그는 어디로 가야 할지를 알았고 대통령직에 취임했을 때는 자기를 낮추었다. 그럼에도 불구하고 그것은 그의 대통령 업적에 기념비적인 부분으로 남아 있게 된다. 자신의 임무를 자각하면서 또한 저절로 대통령직을 얻게 된 자가 아닌 자로서 "그는 자긍심이 강한 반면 겸손하였고, 단순하지만 영리하였으며, 품성이 귀족적이었으나 또한 때때로 민주적이었다."

"1세기 반 후에 등장한 프랭클린 루스벨트처럼 워싱턴도 길가의 사람들이 숭상한 귀족이었고 둘러싸인 세력에 의해 반대를 받았는데, 그 이유는 그와 해밀턴(Hamilton)의 경제 정책이 사회적 격변을 예고하였기 때문이다."4)

"그는 마치 치명적인 무기와 같이 개인적인 주장만을 휘두르는 루스벨트 스타일, 즉, 허세를 부리는 사람이 아니었다. 반면에 그는 그 시대의 모든 정책 과정을 일일이 확인하며 책임을 졌다. 그는 링컨 대통령처럼 어떤 위대한 원인으로 포장하며 자신을 순교자인체 하지도 않았고, 윌슨과 같은 웅변으로 대중을 압도하지도 않았다. 진정, 모든 동시대의 증거로 볼 때 그는 위대한 소통가(Great Communicator)에도 못 미치는 듯하였다."5) 이것은 20세기 말 그의 자서전을 쓴 사람이 전하는 말이다. 다음과 같은 내용이 당대와 관련된 워싱턴의 윤리를 잘 말해 주고 있다.

1790년대 어느 날, 조지 워싱턴이 토마스 제퍼슨 측의 알렉산더 해밀턴 (Alexander Hamilton)과의 끊임없는 언쟁에 진절머리가 났다는 소문이 파다하였다. 그날 오후에 에드가 후버(J. Edgar Hoover)라는 사람이 조지 워싱턴 집무실에 찾아왔다. "저는 이 제퍼슨이란 인물을 예의 주시하여 왔습니다"라고 하면서 "내각이 그를 치켜세운다는 일을 검증할 수 있는 증빙들이 있습니다"라고 말하였다. 후버는 조지 워싱턴에게 한 서류 뭉치를 전달하였다. 조지 워싱턴은 흠칫 놀라면서 그 안에 무엇이 있느냐고 물었다. "계집질하고 돌아다니는 제퍼슨에 대한 행적의 기록입니다"라고 후버가 말하였다. "또한 저녁 식사 때 그가 늘어놓은 현 정부에 대한 비판기록도 있습니다" 워싱턴은 후버를 길에서 만났고 그 서류를 벽난로에 던져버리고 한 줌의 재로 만들어 버렸다. "그것은 내 직무에 하나도 도움이 되지 않을 뿐 아니라 나 자신을 망하게 할 일이었다"라는 말을 후에 부인 마르타 워싱턴(Martha Washington)에게 전하였다고 한다.6)

이러한 사건은 칼럼니스트인 러셀 베이커(Russell Baker)가 워싱턴이 오늘날 살아 있었다면 그가 무엇을 하고 또한 무엇을 하지 않을 것인가를 말하여주고자 작성한 내용이었다. 사실 그가 무엇을 하지 않았을 것인가에 그 요점이 있다!

전쟁에서 승리한 후, 워싱턴의 군 복무 말기에 일어난 한 역사적 사건이 그 장군의 인간됨의 면모를 보여 주었다. 1783년 초에 미국군(the Continental Army)이 뉴욕의 뉴버그(New Berg)에 주둔하면서 전쟁의 공식적인 종식과 평화조약을 기다리고 있었다. 군인들은 경제적 어려움으로 인하여 사례금을 거의 받지 못하였다. 그리고 그들은 그들이 집으로 돌아갔을 때 개인적으로 납부해야 할 의무금도 면제받지 못할까봐 두려워하였다. 그들은 제대금을 요구했을 뿐만 아니라 심지어는 반란사태를 일으킬 기미까지 보였다. 어떤 반체제 인사들은 주장하기를 평화가 와야만 하지만 국가를 버리고 광야로 돌진해야 한다고 주장하였다. "완전한 정의가 올 때까지 칼을 칼집에 꽂지 말라"고 외쳤다.

이런 반란 폭동이 일어날 수 있는 상황 속에서 워싱턴 장군은 이성을 잃어버린 장교들과의 회담을 주선할 수밖에 없었다. 그는 거침없이 말했다. "가공(可恐)할 선택의 기로(岐路), 우리 국가가 극심한 어려움에 처하였을 때 나라를 버리느냐, 또는 나라를 배반하여 무기를 사용하느냐 하는 아주 충격적인 내용을 담고 있습니다. 그것은 인류애가 다음과 같은 생각으로 반란을 일으킬 수 있음을 의미하는 것입니다… 나는 그것이 자유를 사랑하는 모든 인간이 그 자유를 자기가 생각하는 나름대로의 정의로 바꾸는 것이기 때문에 반대합니다." 그가 연설하였을 때 부하장교들은 흐느꼈고 폭동은 결코 일어나지 않았다.

제퍼슨(Jefferson)은 후에 다음과 같이 술회하고 있다. "한 인간의 절제력과 덕(德)이 아마도 그 혁명을 그것이 세우기로 작정하였던 진정한 자유와 반대되는 상태로 끝날 수 있었던 위태로운 상황을 막아내었다."

휘그당원의 덕목(Whig Virtue)

워싱턴의 리더십의 특징은 특별한 전통 안에서 형성된 확고한 윤리적 확신을 더욱 공고히 하는 데 있었다. 그것은 바로 온건한 계몽주의 전통이다. 이 지성적 운동은 그 추종자들이 (옳건 그르건) 이성(理性)과 자연의 하나님을 보편적인 것으로 이해하였던 것으로서 그에 대한 배경과 의미를 부여하였다. 미국인들은 영국이 1688년 명예혁명(Glorious Revolution) 당시로 부터 1세기 전, 영국 반체제 인사(人士)들 사상에 깊게 영향을 받은 것으로 생각하였다. 식민지 전역을 통해서 뿌려진 정치 전단지들은 그들의 모국에서 변화를 초래하였던 주요 정당인 "진짜 휘그 당원(Real Whigs)"의 영향을 반영하였다.[7] 간단히 말하면, 이 시대의 확신과 사상—즉, 휘그당의 주제들—은 미국 식민주의자 자신들의 자유와 자치에 대한 주장들을 정당화하는 데 쓰였다. 제퍼슨은 이것을 "혁명 이전에 우리들은 모두 선량한 휘그당원들이었다. 자유로운 원칙에 진실하였고… 치안판사들을 견제하였다"고 간추려서 말했다.[8]

그 당시, 혁명의 원인이 더 분명해지고 발전되어 나가면서 '휘그(Whig)'라는 용어는 '공화당원(Republican)'이라는 용어와 동의어가 되어 버렸다. 권력과 자유 사이에 놓여 있는 지속적인 갈등을 상상하여 볼 때에, 이러한 세계관을 가진 사람들은 인간 본성에 관하여 훌륭한 판단력을 가지고 있지 않았다고 생각된다. "야망과 법을 초월하는 권력에 대한 탐욕이 거의 모든 인간의 가슴 속에 남아 있다는 사실이 인류의 타락상이다."[9] 다시 말해서, 만족할 줄 모르는 권력욕—움켜쥐려 하고 끈질긴—전체를 삼켜 버릴 때까지 입 벌리고 조금씩 조금씩 잠식해가는 모습을 하고 있는 것이다. 자유사상가들로부터 정통 크리스천에 이르기까지 여러 계층의 여론을 통해서 그러한 현실에 대한 주요한 견해의 일치가 있었다고 매사추세츠 출신의 사무엘 아담스(Samuel Adams)는 주장한다.

인간본성에 대한 염세적인 견해에 맞서 다양한 덕목들이 경의를 표할만한 것으로 받아들여졌다. 정의, 절제, 용기, 정직성, 성실함, 겸손, 진실성, 침착함, 자비로움, 금주(禁酒), 국가적 정체성, 즉 모든 잔인한 권력에 대한 반명제들이다. 간단히 말해서, 권력이 모든 것을 정당화시키는 것은 아니다. 과거의 로마인들이나 크리스천들 모두에게 이러한 위의 덕목들은 정당성 있는 것으로 간주되었다. 그리고 그러한 덕목들은 추상적인 것으로 구성된 것이 아니라 영웅들의 이미지로서 구축되었다. 당연히, 이러한 이미지들이 워싱턴 대통령의 인격에 투사(投射)되었다. 감탄할 만하고 본(本)이 될 수 있는 성품은 원칙과 동기로부터 발생한다. 그것은 단순히 주관적인 것이 아니라 궁극적인 바탕과 원인으로부터 연유되는 것이다. 그 본보기들은 구약 시대의 모세(Moses)와 로마역사의 신시나투스(Cincinnatus)를 포함한다.

휘그당원식의 애국적 덕목은 공적(公的) 이익을 위하여 사적(私的)인 이기심을 포기하는 것을 요구하였다. 공적인 덕목은 국가가 야망에 넘치는 권력을 추구하는 자들에게서 벗어나서 국민들의 주권 하에 놓이게 됨을 의미한다.10) 그러한 내용이 1775년 7월 워싱턴 대통령이 매사추세츠에 도착하였을 때 매사추세츠 국회에서 제안한 공식연설의 사상적 배경이 되었다. "우리는 국민들의 성원 속에 나타난 공공의 이익을 추구하는 것을 환영하며 또한 사심(私心)이 없는 덕성과 놀라운 애국심을 칭송해 마지않습니다. 그것이 가장 풍요한 행운을 가져다주며, 경제부흥을 가능하게 하며, 당신들의 생명을 구해줄 수 있고, 전쟁의 고통을 견디게 해 주며 인류의 권익을 보호해 주고 국가의 이익을 지켜줄 것입니다."

"만일 미국 독립혁명이 새로운 질서를 창조하는 것이 아니라 한갓 옛날의 자유와 권리를 회복하고 유지하기 위한 절대 보수주의의 봉기라고 간주된다면, 그것은 워싱턴 대통령의 이미지에 나타나는 상징적 표현의 하나로 그치게 될 것입니다.11) 전쟁터에서 단호한 판단력과 용기를 가진 군사 지도자였던 그는 당시에 이성적으로 요구된 건전한 성품과 덕성이 완벽하게 균형을 이룬 모델로 나타났다.12) 결론적으로, 워싱턴 장군은 미국인들이 저주하였던 악덕에 대항하여 그것을 견제할 수 있는 덕성을 자명하게 드러낸 사람이었다. 그러한 덕목은 다음과 같다.

자기희생 — 자기방임
사심이 없음 — 야망
절제 — 만용
단호함과 자기절제 — 부도덕함
경건성 — 종교적 무관심13)

몇몇 미국의 장군들은 그들의 군사적 지도력에 대하여 압도적인 대중의 과찬

(過讚)을 받았고 또한 대통령으로 선출되었다. 워싱턴(Washington), 잭슨(Jackson), 그랜트(Grant), 그리고 아이젠하워(Eisenhower)가 그중 가장 저명한 자들이다. 워싱턴이 그 명단에서 선두를 달린다. 유럽의 낭만적인 전통에서는 지도자의 위대함은 그가 권력을 얼마나 놀랍게 사용하느냐에 달려 있었다. 토마스 카알라일(Thomas Carlyle)은 그렇게 생각하였다. 그들의 몸과 마음은 비범한 특징이 있기 때문에 추종자들은 그 영웅들의 명령에 복종해야 했다. 워싱턴은 달랐다. 이와 대조적으로, 나폴레옹(Napoleon Bonaparte)은 세인트 헬레나(St. Helena) 섬에서 죽음을 앞두고 다음과 같이 한숨지으며 말했다고 한다. "그들은 내가 제2의 워싱턴이 되기를 바랬다."[14] 요약한다면 나폴레옹은 황제로서의 위상과 카리스마를 잃어버렸던 것이다. 워싱턴은 나폴레옹과 같이 되기를 원치 않았다. 그는 그에 대하여 수치스러운 생각을 가졌던 것이다!

특징과 영향

키가 크고 어깨가 딱 벌어졌으며, 엉덩이는 딱 올라가 붙은 채 워싱턴의 우뚝 솟은 용모는 가히 인상적인 것이었다. 그러나 그는 때때로 엄격하고 접근하기 힘들게 보였다. 영국군과 함께 젊은이로서 불란서전과 인도전에서 싸웠던 그는 지혜롭다기보다는 용맹스러웠다. 그러나 모국에서 복무하였던 그는 그의 후기의 충성심에서 볼 수 있는 것 같이 많은 것을 시사해 준다. 전쟁에서 그는 영국 왕권과 의회를 불신하기 시작하였고 영국 경찰을 식민지 미국인들의 생활과 자유, 그리고 재산을 탈취하는 존재로 깨닫기 시작하였다.

워싱턴은 그를 반대하였던 그 어느 영국군 장성들보다 그의 동료들이 가지고 있었던 항거 정신이 그 형태와 스타일에 있어서 유럽 대륙군과는 사뭇 다르다는 것을 알고 있었다. 그가 군부 지도자로 통치하기에 이르렀을 때, 그는 전쟁터에 나아가기를 단호히 거절하였고 영국이 결정적인 실수를 저지를 때까지 기다렸다. 그가 원하는 대로 사태가 역전되었다. 요크

타운 전투(The Battle of Yorktown)가 그가 승리한 유일한 주요 군사기록이었다. 그의 미국적 전략은 통찰력 있고 바른 판단이었다고 판정되었다. 이러한 상황에서 그의 동료들이 칭송한 그의 성품은 명확한 것이었다. 그것은 바로 워싱턴이 충성심, 올바른 판단력, 그리고 자제력을 소유하고 있었다는 점이다.

워싱턴의 여자관계는 어떠하였을까? 그는 젊었을 때, 그의 사교생활을 가르쳤던 샐리 페어팩스(Sally Fairfax)와 사랑에 빠졌다. 25년이 지나서 그는 "그 행복했던 순간들, 내 생애 최고로 행복했던 시절, 그 시간은 바로 당신과 함께하였던 때입니다"15)라고 회고하였다. 그러나 샐리와 성적(性的)인 관계는 없었다고 하는데 그것은 워싱턴이 그녀를 알았을 때 그녀는 이미 결혼한 여성이었기 때문이다. 대신에 그는 부유한 과부 마르타 커스티스(Martha Custis)와 사귀게 되었고 그녀와 결혼하였다. 그들은 1759년 1월 어느 눈 내리는 날에 결혼하였다.16) 그때 그는 거의 2미터나 되는 장신(長身)이었고, 타고난 운동선수였으며 붉은색 머리에 우아한 몸가짐을 한 청년이었다. 그녀는 체구가 왜소하였으며 남편 어깨에도 못 미쳤으며 적갈색 눈을 가졌고 짜리몽땅하였다! 그녀는 스스로를 "구식 가정주부 스타일이며, 언제나 한결같고 바쁘게 살며, 항상 명랑 쾌활한"17) 사람으로 묘사하였다.

종교

워싱턴(Washington)은 제퍼슨(Jefferson) 대통령 같은 민주주의자이거나 잭슨 대통령과 같은 포퓰리스트 타입의 지도자가 아니라 공화주의자였다. 그는 제퍼슨과 같은 철학적 지적 호기심을 갖은 사람은 아니었다. 그럼에도 불구하고, 그는 재임기간 중 제퍼슨과 메디슨(Madison)이 옹호하였던 지적, 종교적 다원주의를 독려하였다. 대통령으로서, 그는 예배에 참석하였고, 기독교적 가치관을 선호하는 태도를 지녔다.

데이비드 홈스(David I. Holms)는 그의 저서 『건국 시조들의 신앙』 *The Faiths of the Founding Fathers*에서 워싱턴 대통령이 이신론자(理神論者)였다

고 주장한다. "아주 극소수의 예(경건주의자들로부터 영향을 받았거나 그렇지 않은 것들)를 제외하고는 워싱턴의 연설문, 조례 사항들, 공문 서류들, 그리고 다른 종교에 관한 공적 서한들은 무언가 일관성 있는 내용을 나타내고 있다." 홈스는 결국 워싱턴은 이신론자였다고 결론짓는다. 그 예로서, 워싱턴은 아버지, 주님, 구속자(救贖者), 또는 구세주 같은 명칭들을 사용하지 않았다. 대신, 그는 섭리의 이신론적 형태(Deistic Fashion of Providence), 하늘(heaven), 신성(神聖, Deity), 궁극자(the Supreme Being), 성스러운 설계자(the Divine Architect), 모든 선한 것을 지으신 이(the Author of all Good), 그리고 모든 행사의 위대한 통치자(the Great Ruler of Events)라는 용어를 썼다. 홈스는 또한 이 초대 대통령이 기독교나 예수라는 말은 거의 언급하지 않았다고 지적하였다.18)

게리 스미스(Gary Scott Smith)는 워싱턴의 입장을 더욱 명확하게, 그는 일종의 유신론적 합리주의(Theistic Rationalism)라고 표현하고 있다. "이러한 '잡종 신앙체계(hybrid belief system)'는 '자연종교의 요소, 기독교, 그리고 합리주의'를 혼합하고 있는데, 그중에서 합리주의가 '지배적인 요소'로 작용하고 있다."19) 그 모든 요소들이 갈등을 빚을 때에는 이성(理性)으로 해결하였다. 워싱턴은 하나님이 인간사에 적극적으로 개입하시고 또한 기도를 들어주신다고 믿었다. 스미스(Smith)는 초대 대통령이 예수의 인격성에 대하여 이신론자들보다 더 높은 견해를 가졌고 그는 계시란 이성을 보완하기 위하여 계획된 것이라는 판단을 가졌다고 지적하고 있다. 이것은 전형적인 성공회적 입장이다. 워싱턴이 왜 영국 국교도로 취급되지 않았는가에 대한 충분한 이유가 있다. 그것은 식민지 땅에 있는 그의 공동체에 주교(主敎)가 없었기 때문이다.

초대 대통령은 어느 특정한 분파적 종교적 확신보다, 더 심오한 계몽주의의 도덕적 상식을 전제로 삼았다. 그 이후로 그것은 "시민종교"라고 불렸던 것과 같은 것이 되었다. 프리메이슨(Freemason) 단원으로서 그는 신성(神聖)과 신성한 섭리를 믿었으며 도덕과 종교를 결부시켰다. 불란서 혁명이 폭력적 사태로 번진 경우를 고려하여 그는 그의 신생국가를 군사적이고 반(反)종교적인 입장으로부터 결별시켰다. 그의 많은 후계자들처럼 그는 성서주의자이거나 매일 성경을 읽는 사람은 아니었으나 신앙으로 행동하는 데 우선성을 두었으며 그의 대중 연설에서 그리스도의 부활이나 대속(代贖) 사건에 대해서는 언급하지 않았다. 버지니아 농장주였던 그는 인류학적 관점에서 모든 인간은 이기적인 권익과 사랑의 힘에 의해서 동기가 부여되며 그것을 남용하기 쉬운 존재라고 생각하였다. 죽음의 시기에 이르자, 그는 동시에 금욕주의자적 태도를 나타내었고 개인적 멸망의 교리에 반대하였다. 그는 한때 죽음을 암울한 왕(grim king)으로 묘사하였다.

이 장군의 신념은 그의 취임사와 퇴임사 연설에 가장 잘, 그리고 명확하게 표현되어 있다. 이 공공 연설문에서, 워싱턴은 예수 그리스도를 언급하지 않고, 모든 선한 것을 지으신 절대자, 위대하고 전지(全知)하신 섭리자, 지혜롭고 의로우신 자로 표현하였다. 그의 신앙 모델을 제공하였던 자는 구속(救贖)하신 주(主)가 아니라, 조물주에 불과하였다. 1789년 4월 30일 첫 번째 취임사에서 초대 대통령은 다음과 같이 언급하였다. "보이지 않는 손을 인식하고 찬양할 수 있는 사람은 없다. 그 손은 미합중국 국민들은 물론이요, 인간 모두의 정사(政事)를 주관하신다. 독립국가의 형성을 향하여 전진하였던 발걸음마다 그 섭리를 대행하는 징표들이 나타나고 있음이 확실하다.[20]

그가 독립전쟁의 총사령관으로 복무했을 때, 그는 대륙회의에 그의 군대를 위한 군목들을 보내줄 것을 요청하였다. 전쟁터에서 그는 군인들에게 예배에 참석할 것을 권유하였고 종교가 폭언과 술 취함, 흥청망청함을 자제시켜줄 수 있다고 믿었다. 그 자신은 그러나 위스키도 마셨고 카드로 도박게임도 즐겼다. 그가 대통령이 되었을 때, 워싱턴은 다양한 종교집단과 지도자들로부터 쇄도하는 축하메시지를 받게 되었다. 그는 때때로 따뜻하고 진지하게 답신하였는데 다양한 종교 단체들이 국가에 공헌한 일들을 인정한다는 내용이었다.

특별히 주목해야 할 일은 워싱턴 대통령의 유태인 국민에 대한 인식과 그들의 종교에 대한 평가이다. 1790년 8월에 그는 로드아일랜드(Rhode Island)에 있는 뉴포트(Newport)마을의 유태인 회중에게 다음과 같은 서한을 보냈다.

이 땅에 거주하는 아브라함 계보의 자녀들이 부디 다른 주민들과 잘 지내기를 바랍니다. 모든 사람들이 그들의 포도나무와 무화과 아래서 안전하게 거하므로 그들은 두려워할 것이 없을 것입니다. 하나님 아버지의 긍휼하심이 그 빛을 비추고 우리들 앞길에는 어두움이 없을 것입니다. 그리고 우리들의 사명이 이 땅을 복되게 하고 그의 나라가 이 땅에 이를 때까지 영원히 행복하게 하소서.

워싱턴은 제퍼슨과 마찬가지로 공적 업무에서 종교를 배제시키려 하지 않았다. 그리고 최소한 한 번쯤은 국민들이 교회생활로부터 누리는 복지에 대하여 세금을 내야 한다고 제안하였다.[21] 의심할 바 없이, 그는 분파적 도전의 소용돌이 속에서 당혹스러워 할 것이고 (반면에) 종교적 영향을 벗어난 개념 없는 군중들을 이끌어 가는 어려움에 부딪히게 될 것이다.

제임스 메디슨(James Madison) 대통령은 프린스톤(Princeton) 대학에서 신학을 공부하였다. 그리고 1830년 워싱턴 대통령을 회고하면서 다음과 같이 정당한 평가를 내렸다. 워싱턴은 기독교를 위한 논쟁에 한 번도 참여한 적이 없으며 다양한 종교체계를 생각해 본 적도 없지만 사실상 그 주제에 대하여 확고한 자기만의 의견을 구축하고 있었다. "그는 그 문제들이 실제로 존재함을 알고 받아들였으며 그가 성장했던 배경의 영국 성공회 (Episcopal Church) 형식을 따라서 예배드릴 것을 끈질기게 주장하였다."[22]

찬성과 반대

홈스(Holms)의 견해는 여전히 연구되고 논란의 여지가 남아 있다. 초대 대통령은 이신론자였나? 노박(Novak)은 '이신론자란 무엇인가?'하고 반문하면서 그것은 아니라고 대답한다. "이신론자들이란 일반적으로 다음과 같은 전제들로서 규정된다. 그리고 넓게 기독교 합리주의자부터 무신론자까지 총망라한다." 노박은 다음과 같은 신조들을 이신론자들의 특징으로 열거한다.

1. 한 분의 하나님, 유일신이 존재한다.
2. 하나님은 도덕적으로 지적으로 완전한 가치를 가진다.
3. 하나님의 권능은 이 세상에 전개되어 있다; 도덕적이고 물리적인 자연법을 거룩하게 다스리신다.
4. 일반 은총(일반 섭리).
5. 기적을 부인하고 특별계시를 부인함.
6. 인간은 진리를 알 수 있는 이성적 본질을 갖고 있다.
7. 자연법은 도덕적 삶을 영위할 것을 요청한다.
8. 가장 순수한 예배는 예배드린 대로 실행하는 것이다.
9. 영혼의 부도덕성; 하나님으로부터 그렇게 타고 났음.
10. 사망 이후의 인과응보적 심판.
11. 다른 모든 종교적 신념과 실행에 대한 비판적 견해.

노박에 따르면 워싱턴 대통령은 다음과 같은 사실들을 믿었다.[23]

1. 역사는 인간의 결단력, 상상력, 그리고 행동에 개방되어 있다.
2. 선한 의도가 선한 결과를 보장하는 것은 아니다.
3. 많은 것들이 인간 행동의 우수성과 효율성에 달려 있다.
4. 하나님의 섭리는 운명도 아니고 단순한 행운도 아니다. 그것은 개인적인 것이다.
5. 하나님의 섭리는 모든 일을 주관하며 다스리신다.

6. 하나님의 섭리는… 물질적인 구성에 있지 않고 영혼과 진리에 속한 것이다.

7. 하나님은 자비로우시다. 그러나 주권적이고 공평한 심판관이시다.

8. 각 나라마다 하나님은 사명을 부여하신다.

9. 미국에 부여된 사명은 천부적 자유체계에 대한 실험, 그리고 온 인류에 대한 거대한 결과에 대한 책임이다.

10. 미합중국에서의 실험은 실패할 수도 있다… 하나님의 은혜란 무조건적인 것이 아니다. 그러나 그의 용서와 재각성하게 하심은 무조건적이다.

11. 미국인들은 하나님의 은혜를 저버리지 않기 위해서 하나님의 계명을 따라서 살아야 한다.24)

제임스 엘리스(James J. Ellis)는 그의 『친애하는 각하, 조지 워싱턴』 *His Exellency, George Washington*이라는 책에서 다음과 같이 서술하고 있다. "지난 200년 동안 미국의 대통령들을 회고하여 볼 때 워싱턴 대통령만큼 최고의 인간적인 품위를 가지고 집무실에 들어간 자는 없었다고 보는 것이 타당할 것이다. 아브라함 링컨이나 프랭클린 루스벨트도 이와 비교하여 볼 때 위기에 직면하였다."

엘리스(Ellis)의 판단에 의하면 워싱턴이 대륙군 총사령관으로서보다 대통령직으로서 쌓은 핵심적인 업적이 있는데, 그것은 개연성이 있는 일들을 필연적인 것으로 전환시켰다는 데 있다는 것이다. 이 역사가는 1791년 마운트 버논(Mount Vernon)을 방문한 한 불란서 귀족의 말을 인용한다. "서북쪽을 개척하는 일보다 사람들을 계발하는 일이 늘 그래왔듯이 더 어렵습니다."25)

노예제도

엘리스는 헌법제정회의(the Constitutional Convention)에서 노예제도가 속담에 나오는 "연회잔치에 찾아온 유령(ghost at the banquet)"과 같은 것이었다고 술회한다.26) 물론 노예제도는 정치적 사안과 마찬가지로 종교적 사안도 불러일으켰다. 1790년 2월에 퀘이커 교도 두 사람의 청원이 워싱턴 대통령에게 도달하였는데, 그중 두 번째 것은 프랭클린이 그의 마지막 공무 집행으로 서명한 것이었다. 워싱턴은 그의 입장에서, 노예제는 정치적으로 시대착오적 현상이라고 굳게 믿었다. 1780년대 세 번씩이나 그는 그가 모종의 점진적인 해방계획에 대한 채택 안을 고려하고 있었음을 세상에 알리고 싶어 하였다. 그의 심중을 파악하고 있었던 또 다른 한 퀘이커 교도 워너 밀턴(Warner Milton)은 프랭클린과 함께 청중의 지지를 확보하였다. 워싱턴은 경청하였고 그것을 스스로 시행할 것을 거절하였는데 그것은 그 사안이 결국 국회로부터 다시 자신에게 회부될 것이었기 때문이다. 비록 워싱턴이 공적으로 노예제를 비난한 적이 없지만 그는 자신의 의지로 그가 개인적으로 부리던 노예들을 풀어 주었다.27)

엘리스는 다음과 같이 결론짓는다. 현대인들에게 도덕적 리더십이 쓰라린 실패로 보였던 것들이 워싱턴의 눈에는 정치적 판단에 속한 일들로서 신중한 처사를 한 것으로 보였다. 이 초대 대통령이 때때로 무엇이 옳고 그른가를 말하는 것에 대하여 우선권을 부여하였다는 것은 사실이다. 역사가로서의 엘리스의 판단은 그가 행정가인 반면에 특별히 통치력이 뛰어났다는 것이다. 노예제에 대한 그의 생각은 "이상(理想)이란 그 자체가 결코 하나의 안건으로 끝나 버릴 수 없다는 것이고 그러한 사실을 그는 실제적으로 끈질기게 주장"하였다는 사실이다. 진정 워싱턴은 스스로 착각으로 알고 있었던, 그가 거부하였던 이상적인 안건들을 생각하였다. 그것은 미국적 덕목이 전투에서 대영제국을 물리치기에 충분하다는 신념, 또는 불란서 혁명이 고귀한 원인으로 시작한 것이었기 때문에 승리할 것이라는 믿음과 같은 것이다. 그의 초기 노예제에 대한 이해는 결국, 도덕적인 것이었다기보다는 경제적 사안이었다. 즉, 그것은 비효과적인 노동제도였고, 그가 마운트 버논 자택에서 실시하였던 일종의 다양한 농노제도가 잘못 안착되었다는 것이다.28)

그 역사학자는 다음과 같이 계속한다. "상징적 정치 중심으로, 그리고 능수능란한 대표 책임자로서 워싱턴은 정치적 이미지 그 이상을 상회(上廻)

하려고 하였다. 그것이 그가 개인적으로 선호한 위치였다. 왜냐하면 그것이 전쟁터에서 당파적으로 싸웠던… 대통령의 존재감을 지울 수 있었기 때문이다."29)

엘리스는 워싱턴이 기본적으로 윤리적 현실주의자였다는 판단을 확고하게 갖고 있다. 비록 사상적으로는 공화당원이지만 그는 국가적 행위란 사상이 아닌 이익에 의해서 좌우된다는 견해를 갖고 있다.30) "더 이상 큰 잘못은 상상할 수 없고 또한 국가마다 진짜 이익이 무엇인지 계산할 수도 없다. 그것은 겪어나가면서 해결돼야 할 문제이고 무시돼야 할 자만심"이라고 그는 덧붙인다.31) 국가는 항상 이익을 기반으로 하고 행동하여야 한다. 워싱턴 대통령은 특히 불충성심과 사적인 비판을 일삼는 것을 무척 싫어하였다.

이 초대 대통령이 공직에서 물러났을 때 『상식(常識)』 *Common Sense*의 저자인 톰 페이니(Tom Paine)는—여전히 불란서 혁명에 반대하는 워싱턴에게 분개하면서—그의 임박한 죽음을 위한 기도문을 포함하는 서한을 발송하였다. 그리고 다음과 같이 분개하였다. "당신이 변절자인지 파렴치한인지 그것을 몰라서 세상이 고민할 것입니다. 그리고 당신이 선한 원칙을 무시하였거나 아니면 한 번도 그러한 원칙을 가져본 적이 없거나 사람들은 그렇게 생각하면서 당혹스러워 할 것입니다."32) 종교적 내용을 포함한 것이었느냐에 대하여 이 초대 대통령에게 미국 혁명과 불란서 혁명은 뚜렷한 차이를 가진 것으로 남아 있다.

워싱턴 대통령에게 있어서, 양심의 자유는 특권이 아니라 정의에 대한 문제라는 결론이었다. 종교적 자유는 그의 투쟁의 대상이었고 이러한 전제 위에서 그는 교회와 국가의 분리 운동을 지지하였다. 대중적으로 워싱턴의 고매한 인품은 곧 국가적 규례가 되었고, 신조가 되었으며 미국 시민종교의 문화가 되었다. 그는 성경에 나오는 모세와 비교할 만한 위치를 차지함으로써 존경을 받았다. 사실상 워싱턴 시대에는 버지니아 윤리 속에서 세속주의는 거의 찾아 볼 수 없었다. 그의 기독교 문화관에서 희망에 가득 찬다는 의미는 종교적 신념에서 우러나오는 것이었다. 그는 공화주의가 (포퓰리스트 민주주의와 대조적으로) 미래의 물결이었다고 확신하였으며 그것이 부수적으로 기독교적 결과를 수반하게 될 것이라고 믿었다. 그의 생애를 마감할 즈음에, 미국 내에, 일반적으로 불란서 혁명 때 나타났던 종교적 무정부 상태에 대한 예감이 퍼져 있었다. 오늘날 20세기의 비극 나치주의, 공산주의, 그리고 군사적 회교주의, 또한 허무주의가 등장한 이후에도 그가 있었다면 아마도 여전히 하나님 신앙에 매달려 있었을 것이다.

1) Cf., Lawrence Roger Thompson, *Emerson and Frost, Critics of Their Times*, Folcroft, Pennsylvania: Folcroft Editions, 1973.

2) Michael Novak, *Washington's God*, New York: Basic Books, 2006, p. 19.

3) Forrest McDonald, *The American Presidency, An Intellectual History*, Lawrence, Kansas: University Press of Kansas, 1994.

4) Ibid.

5) Barry Schwartz, *George Washington: The Making of an American Symbol*, New York: The Free Press, 1987, p. 202.

6) Ibid., p. 113.

7) Ibid., p. 179.

8) Ibid., p. 113.

9) Ibid., p. 114.

10) Ibid., p. 119.

11) Ibid., p. 179.

12) Ibid.

13) Ibid., p. 180.

14) Gary Scott Smith, *Faith and the Presidency*, New York: Oxford, 2006, vii.

15) Ibid.

16) Ibid.

17) McDonald, op. cit., xi.

18) David 1. Holmes, *Faiths of the Founding Fathers*, New York: Oxford, 2006.

19) Smith, op. cit.

20) Schwartz, op. cit.

21) Paul F. Boller, *George Washington and Religion*, Dallas: Southern Methodist Press, 1963, pp. 141~143. Boller comments on the Valley Forge prayer story on page 10.

22) Ibid.

23) Novak, op. cit.

24) Ibid.

25) Joseph J. Ellis, *His Excellency: George Washington*, New York: Knopf, 2004, p. 188 et seq.

26) Ibid.

27) Ibid.

28) Ibid.

29) Ibid.

30) Ibid.

31) Ibid.

32) Ibid.

토마스 제퍼슨
Thomas Jefferson

오바마 대통령은 토마스 제퍼슨의 계몽사상 영향을 따라서 결국 자유주의자로 입증될 것인가? 독립선언문(the Declaration of Independence) 의 작성자인 제퍼슨은 독특한 개척자였고 오바마가 그의 다각적 민주주의에 대한 공헌을 칭송하였고 그를 관용적 지도자의 대표자로 인식하고 있다. 가장 중요한 것은 이 3대 대통령은 교회와 국가의 분리 원칙을 주도하였다는 것이다. 최고 행정가로서 이 버지니아 출신 대통령은 그가 혁명지도자였을 때보다 그의 역량을 충분히 발휘하지 못하였다. 재임한 이후 그가 퇴임하였을 때, 국가의 경제는 위기에 봉착하였고 1812년 전쟁이 가져다준 국제적 긴장감은 날로 더해가고 있었다. 제퍼슨이 백악관에 있는 동안 최고의 성취는 많은 역사가들의 판단으로는 루이지애나 구입 건(the Louisiana Purchase)

타결이었다. 대조하여 볼 때, 오바마는 미래에 대한 위대한 포부는 가지고 있지만 계몽사상에 물든 합리주의 사상가는 아니다. 오히려 그는 그의 생활 철학이 제퍼슨보다 훨씬 더 신중한 사고방식을 지닌 자로서 용의주도한 현실주의 법관의 면모를 나타낸다. 그러나 건국시조들의 생각은 몬티첼로 (Monticello)에 있는 그의 집과 같아서 논리적으로 서로 전혀 어울리지 않는 부분들로 조합되어 있는 것처럼 보인다. 오바마는 주류(主流) 크리스천이고 계몽주의자들보다 그리 낙관적이지 않고 죄와 구원에 대한 의식이 더 강한 사람이다. 무엇보다도 그의 혈통은 아프리카계 미국인이고 제퍼슨 시대에 그가 살았었더라면 그는 한 노예에 지나지 않았을 존재인 것이다.

자유의 사도(使徒)

"인류사 과정에서 한 국민이 다른 국민과의 정치적 결합을 해체하고 세계 여러 나라 관계에서 자연법과 자연의 신(神)의 법이 부여한 독립, 평등의 지위를 차지하는 것이 필요하게 되었을 때"1) 이 말들은 토마스 제퍼슨이 작성한 독립선언문의 서두이다. 그의 묘비명에 그는 다음과 같은 말들을 새겨 넣어 줄 것을 요청하였다. "미국 독립선언문의 작성자, 종교자유를 위한 버지니아 법령의 작성자, 그리고 버지니아 대학의 설립자." 그는 이 내용들을 그의 가장 위대한 업적으로 생각하였다.

1776년 그가 버지니아 헌법의 초안을 작성하였을 때, 제퍼슨은 다음과 같이 제창하였다. "모든 사람들은 종교적 사상에 대하여 완전한 자유를 가지고 있다. 그 어느 누구도 어떠한 종교 기관에 예속되거나 종속되도록 강요 받지 못한다." 이러한 관용은 "유태인에게나, 회교도에게나 또는 힌두교도에게까지도 적용된다."2) 그가 이러한 확신을 가장 확고하게 제시한 사실은 종교적 자유 구축을 위한 버지니아 주 법령이었는데 그 법은 1786년 입법부에 의해서 통과되었다. "전능하신 하나님은 인간을 자유롭게 창조하셨고 그 자유가 존속될 것을 희망하셨다." "현세적 형벌"이나 "시민 무력화(無力化)"로 종교적 획일성을 강요하려는 시도는 필경 멸망하게 될 것이다. 그것은 하나님의 계획을 위배하고 "오류 덩어리이고 영성 없는 인간을 만드는 일이며 교회적으로나 세속적으로 다른 사람들의 신앙을 지배하는 일이며", "이 세상에서 가장 위대한 나라에 항상 잘못된 신앙을 유지시키고 또한 그것은 진정한 합의에 의해서가 아니라 위선과 독재로 말미암는 것이다."[3]

제퍼슨 대통령과 메디슨 대통령이 종교적 관용과 양심의 자유를 고국에 구축하기 위해 전력을 다하지 않았더라면 실제적으로 거의 아무것도 이루어지지 않았을 것이다. 워싱턴 휘하에서 식민지 군대(the Colonial Army)가 독립을 위하여 싸우고 있는 동안, 그들은 정치적인 자유 그 이상의 것을 위하여 투쟁하였다. 물론, 종교적 자유가 단순히 추상적, 이론적 이유로 신생국 미국에서 법문화되어졌다고 단정하는 것은 지나치게 단순한 생각이다. 13개 식민지의 다양성은 너무 각자 뚜렷하여서 종교적 획일성을 부여하려는 일은 아마도 국민의 갈등을 심화시키는 일로 끝나게 되었을 것이다.

제퍼슨이 기울였던 노력은 비단 정부형태에 관한 문제들만이 아니었다. 종교적 자유를 위하여 투쟁하였던 이 계몽주의 철학자는 스스로를 출중한 양심의 사람으로 인식하였다. 그의 생각에 지도자들의 승리로만 획득할 수 있는 것은 아무것도 없었다. 마치 그들이 불멸의 존재인양 생각하면서 말이다. 건국 시조들은 콘스탄틴(Constantine) 대제가 기독교를 용인한 이후로부터 왕들과 통치자들이 교권과 왕권이 연합된 형태로 종교를 지지한다는 사실을 알고 있었다. 종교개혁 이후에, 왕권을 세습한 자의 종교가 그 지역의 종교가 된다는 조건 하에 평화가 유지되었다. 그것은 종교적 왕권이 지역을 지배한다는 사실이었다. 기독교 교회들이 세속적인 이득과 권력들을 이용하여 국가적 지원을 받았을 뿐 아니라 이단자들을 죽음으로까지 몰고 가는 법적 처분까지 불사하였다. 종교상의 명분으로 전쟁들을 치렀고 피로 물든 전쟁이 수 세기 간 지속되었다고 제퍼슨은 생각하였다. 신생국 미국에서는 이러한 모든 것들이 과거 속에 묻혀버려야 한다고 그는 생각하였다.

계몽사상

제퍼슨의 사상은(대부분의 건국시조들처럼) 이성(理性)과 자연, 또한 자연의 하나님을 포함하는 데 그 강조점을 두는 계몽사상의 전제에 근거해 있다. 베이컨(Bacon), 뉴턴(Newton), 그리고 로크(Locke)가 그의 멘토였다. 대학시절부터 장서(藏書)를 수집해 왔던 독서가였던 그는 법학 이외에도 폭넓은 독서를 즐겼으며 새롭게 발전하던 과학의 세계에 민감하였다. 이 3대 대통령은 1809년 어느 날 다음과 같이 회고하였다. "자연은 나로 하여금 최고의 기쁨을 만끽하게하면서 고요한 과학의 세계로 인도하였다. 그러나 내가 살았던 극악무도한 시대가 나를 그러한 세계에 저항하도록 만들었고 정치적 열망의 시끌벅적한 고통의 바다에 뛰어들게 하였다."4) 이성과 자연은 공히, 하나님 창조 세계의 질서와 의미를 입증한다. 계시(啓示)−불필요한 것으로 생각하였던−가 아닌 이성(理性)이 보편적 도덕규범을 장악하게 되었다. 자연 그 자체는 맹목적인 것이 아니고 맹위를 떨치는 존재도 아니지만 제퍼슨의 전(前)진화론적(pre-Darwinian) 견해에서는 그것은 잘 구성된 것이었고 목적론적인 그 무엇이었다.

제퍼슨 대통령이 (프랭클린 대통령과 함께) 모든 건국시조들 중에서 계몽사상 패러다임을 가장 탁월하게 구현하였다는 사실은 아무리 강조해도 지나치지 않다. 그의 종교적 유산은 영국 국교(the Church of England)였고 그는 윌리엄 메리 성공회 대학교(the Anglican College of William and Mary) 출신이다. 1760년에 입학하였던 이 작은 대학교에서 그는 스코틀랜드 출신 수학교수 윌리엄 스몰 박사(Dr. William Small)로부터 배웠는데—그는 교수들 중, 유일하게 비성직자였으며—제퍼슨에게 지적 계발(啓發)을 유도하였던 스승이었다. 그 청년 앞에 당시 유럽의 지성인들을 사로잡고 있었던 넓고 새로운 세계가 펼쳐지게 되었다. 제퍼슨은 회고하기를, "나는 처음으로 광대한 과학의 세계를 알게 되었고, 우리가 처해 있는 사물의 체계를 배우게 되었다"고 말하였다. 스몰교수가 스코틀랜드로 돌아갔을 때, 제퍼슨은 또 다른 지성이 넘치고 고무적인 한 교수를 만났는데, 그는 법학을 가르쳤던 조지

와이드(George Wythe)였다.

용모와 인적 배경

키가 육척장신인데다가 빨간색 머리를 한 젊은 변호사 제퍼슨은 법률사무소를 운영하던 중, 버지니아 버지스 의회(the Virginia House of Burgesses)의 의원으로 당선되었다. 그는 필라델피아의 대륙의회(the Continental Congress)에 들어가면서 국가적 임무를 수행하게 되었다. 그리고 1784년부터 1789년까지, 파리 특사로서 미합중국을 대표하였다. 프랑스에 머무는 동안에 그는 더 많은 장서(藏書)들을 수집하게 되었다. 그가 유럽문화에 직접적으로 침투하게 되면서 그의 세계관은 확장되었다. 첫째로 그는 불란서 혁명으로 이끌어간 발전과정과 변화에 주목하게 되었다.

연회를 즐기는 편도 아니었고 인상적인 연설가도 아니어서 제퍼슨은 백악관에서 재임하는 기간에 공적으로 거의 모습을 드러내지 않았다. 그러나 대륙의회(the Continental Congress)에 있던 그의 동료들이 인식하는 바대로 그는 뛰어난 저술활동을 한 바 있다. 그의 최고 행정가로서의 영향력의 대부분은 그가 자신을 잘 드러내지 않으면서도 효과적인 정치 수행가로서의 능력을 갖추고 있다는 점에서 비롯되었다고 할 수 있다. 이러한 점에서 그의 능력은 그의 몇 안 되는 후계자들에게서 나타나는데 가장 주목할 만한 인물이 프랭클린 루스벨트(Franklin Roosevelt)이다.

제퍼슨은 1796년에 부통령에 당선되었고 이후 1800년에 그의 재임을 보장받게 되는 최고직에 당선되었다. 그는 그가 대통령으로 당선된 것을 민주주의와 대중정치의 승리로 이해하였다. 그것은 1776년 당대보다 한 발 더 나아간 것이었다. "1800년도의 혁명은 진정 우리 정부의 원칙에 대한 혁명이었고 그 형태는 1776년과 같다."[5] 제퍼슨의 원칙은 농부들의 공화국 같은 것이었다. 도시가 아닌 작은 마을들을 위한 정치였다. 그는 해밀턴(Hamilton)이나 아담스(Adams)와 같은 연방주의자들과 엄청난 차이를 지니고 있었다. 반대하는 자들은 그를 혁명적이요, 무정부주의자이며 신앙심이 없는 자라고 비난하였다. 선거일의 제퍼슨 승리는 오로지 불신앙과 사회적 혼란과 부도덕성만을 가중시켰다고 사람들은 비난하였다.6)

　최소한, 제퍼슨은 불란서 혁명 과정에서 어떤 일들이 당도하게 되었는가를 깨닫는데 별로 민감하지 못하였다.7) 영국인 역사학자 폴 존슨(Paul Johnson)은 다음과 같이 회고하였다. "그는 그의 왕성한 활동력, 폭넓은 사고의 통찰력, 그리고 풍성한 창의력 때문에 놀라움을 자아낸다. 그러나 그의 행동의 불일치는 도를 뛰어 넘었다… 그는 정열적인 이상주의자였고, 어느 면에서는 진정 지성적인 청교도였으나 동시에 그는 사치와 향락을 일삼았고 예술에 탐닉하였다."8) 신랄한 저자 조셉 엘리스(Joseph E. Ellis)는 자유주의 역사가들이 그를 논평하였던 것과 같이 제퍼슨은 더 이상 뚜렷한 민주당원으로서의 위상을 차지하고 있지 않다고 말하였다. 네 가지 연속적인 사상의 물결이 그의 지나치게 개인주의적인 관점에 도전을 주었다. 그것은 독립전쟁, 개척 시대의 종말, 뉴딜 정책, 그리고 냉전 시대이다. "이제3대 대통령의 소도시적 소박한 미국에 대한 이상(理想)은 그 이후로부터 다시는 빛을 보지 못하고 밀려나게 되었다."9)

　동시에, 엘리스는 오로지 제퍼슨만이 혁명세대 정치가들 중에서 개인적 주권을 전제하였으며 더 나아가 개인권리의 보호를 위한 정치적 장치를 발전시키려고 노력하였다고 말한다. 이 사실 하나만으로도 제퍼슨은 미국의 거인으로 인정받을 수 있다는 것이다. "좋건 나쁘건, 미국의 정치 과정을 볼 때, 주권적 개인에 대한 소통은 제퍼슨 재임기간 중에 형성되었다"고 그 전기 작가 엘리스는 결론짓는다.10)

　제퍼슨의 가족과 그의 성(性) 윤리는 어떠하였는가? 그의 선임자 워싱턴처럼, 그리고 상속권을 주장하였던 그의 후계자 잭슨(Jackson)처럼 그도 노예를 거느렸고 그들을 항상 자애롭게 다루지는 않았다. 제퍼슨은 1782년 그의 초임시절에 홀로 되었고 재혼하지 않았다. 노예로 있었던 여성 샐리 헤밍스(Sally Hemings)와 장기간의 성적 관계가 있었는지에 대해서는 역사가들이 오늘날까지 논란을 계속해 오고 있다. 아마도 그랬을 것이라는 추정이다. 제퍼슨이 백악관에 재임하는 기간 동안에 제임스 칼렌더(James Callender)가 공적으로 그 스캔들을 폭로하였다. 칼렌더는 그 자신이 도덕적으로 미심쩍은 평판을 받고 있는 자였는데, 알렉산더 헤밀턴(Alexander Hamilton)이 기혼 여성이었던 마리아 레이놀즈(Maria Reynolds)와 관계가 있었다고 그 사건을 정확하게 보도하기도 하였다.

3대 대통령의 경우에 어떤 일이 있었는가는 다소 정확하지 않다. 샐리 헤밍스(Sally Hemings)는 제퍼슨과 함께 유럽에 머물렀었고 그녀가 임신 중이었던 기간 대부분 몬티첼로(Monticello)에 있었다고 한다. 신빙성 있는 해명이 있는데 그것은 제퍼슨의 조카인 피타 카르(Peter Carr)가 그녀의 혼혈아 자식을 부양하였다고 하는 사실이다. 비록 제퍼슨이 그의 임기 초에 노예제를 반대하였다고는 하나, 그가 후반 생애에 몇몇 노예들을 다루었던 일은 그의 기록에 긴 그림자를 드리우고 있다. 예를 들면, 제임스 허버드(James Hubbard) 같은 노예는 심하게 맞았다고 한다. 그의 노예에 대한 취급과 성적 (性的)인 문제가 자유를 신봉하였던 그에 대한 평가에 먹칠을 한 것은 아니었을까?

당면한 문제는 프랭클린 루스벨트, 레이건, 그리고 두 부쉬 대통령과 마찬가지로 잭슨과 링컨에 의해서 언급되었던 제퍼슨의 자유에 대한 유신(維新)이 오늘날 어떻게 남아 있는가 하는 것이다. 그에 대한 대답은, 이 대통령들이 인식한 바대로, 제퍼슨이 가지고 있었던 민간 덕목의 모델이 오늘날까지 여전히 사상적인 능력을 발휘하고 있다는 점이다. 제퍼슨은 종교의 자유가 머지않아 자유에 대한 요청을 만족시켜주는 근본적 원리가 되고 있음을 그 누구보다 더 잘 깨달았다는 것이다. 사실상 그는 아주 조심스럽게 극소수의 친지들하고만 가장 깊숙한 종교적 견해를 나누었다. 종교적 자유주의자였던 제퍼슨은 유신론적으로 하나님이 단지 창조주이고 법과 질서를 만드신 분일 뿐만 아니라 또한 이 우주의 주(主)가 되고 운행자인 것을 믿었다. 그에게 암울한 실존주의도 부재하였고 신정론(神正論)에 대한 탐구도 부재하였다.

제퍼슨의 신조(信條)

개인적으로 제퍼슨은 다음과 같은 확신을 가지고 사적(私的)인 기도생활에 몰두하였다.

1. 유일신 하나님이 계시고 그는 완전하시다.
2. 장래에 보상과 징벌이 있다.
3. 마음을 다하여 하나님을 사랑하고 그 이웃을 제 몸과 같이 사랑해야 함을 믿었고 그것이 종교의 총체이다.

노년에 제퍼슨은 존 아담스(John Adams)가 죽음에 이르렀을 때 말하였던 다음과 같은 말들을 상기시켰다. "인간 개개인 내면에 불멸하는 '에센스'가 있다"고 하면서 그것은 우리가 사랑하였던 친지들과 부지불식간에 만나고 사랑하게 되며 다시는 헤어지지 않을 것이라는 사실이고 그는 그것을 다시금 확신하게 되었다. 그 두 사람은 1826년 7월 4일 같은 날에 사망하였고 반세기 이후에 독립선언문이 통과되었다.11)

불공평하지만 그는 반대자들에 의해서 하나님이 국가의 수장으로 앉힐 수 없는 극단적인 무신론자로 묘사되었고 미국 종교역사에 있어서 제퍼슨은 아주 중요한 인물이 되었다. 르네상스 시대적 인물로 그는 칭송받았는데 그는 비판과 혁신을 대변하는 자리에서 결코 물러나지 않았다. 미국의 역사가 에드윈 거스타드(Edwin S. Gaustad)는 제퍼슨이 형이상학적이고 철학적인 사색을 쓸모없는 일이라고 일축하였을지라도 그는 종교서적들을 폭넓게 읽었다고 진술하였다. "종교는 제퍼슨의 마음을 사로잡았고, 자극하였고, 각성시켰고, 그리고 때때로 그에게 영성(靈性)을 제공하였다."12) 어머니로부터 기도하는 것을 배워서 그는 매일 성경을 읽었으며(라틴어와 헬라어로도) 취침에 들기 전 꼭 기도하였다고 한다. 이 3대 대통령 제퍼슨은 워싱턴 대통령보다 더 자주 교회에 출석하였다. 게리 스미스(Gary Scott Smith)는 제퍼슨의 신앙은 감성적 문제라기보다는 머리로 믿는 신앙이었다고 말

한다. 이것은 그가 특별히 로크(Locke)의 경험주의를 수용하였기 때문이었다.[13]

비판적 관점에서 볼 때, 스미스는 이 3대 대통령이 어떤 근거에서 유신론자였는가를 설명하고 있다. 그는 우주를 창조한 제1원인자를 전제하였을 뿐만 아니라 낙관적으로 하나님이 우주를 창조하심으로 자유가 지속적으로 확장되리라고 하는 것을 믿었다. 그럼에도 불구하고 제퍼슨의 이신론(理神論)은 삼위일체를 부정(否定)함으로 그 정체성을 확인하게 되었다. 그는 성경적 인간론의 정통성을 가지고 출발하였으나, 원죄 개념을 거부하였는데, 그것은 모든 인간의 전적 부패를 믿지 않았기 때문이다. 그러나 하나님의 거룩한 섭리는 굳게 믿었다. 온 우주의 주재(主宰)는 미래에 대한 보상과 징계로 공평하신 정의로 이 땅을 다스리신다.

원초주의자(primitivist) 맥락에서 볼 때, 이 버지니아 출신 대통령은 무엇보다도 평이하고 단순한 그리스도의 교훈으로 돌아가기를 원했다. 스미스는 주장하기를 거스타드가 제퍼슨을 "신비를 도덕률로, 삼위일체를 하나님의 유일성으로, 그리고 편협한 자기이익의 혼란을 우주적 공의로 대치시키기"[14] 원했다고 보았다. 교의(教義)란 제퍼슨이 이해하기로는 해로움이며 허망한 것이라는 것이다. 신플라톤주의, 아타나시우스(Athanasius), 그리고 칼빈(Calvin)이 그의 주요 타깃이었다. 그는 사망 이후의 미래세계에 대한 상태는 믿음에 의해 결정되는 것이 아니라, 현세 행위에 달려 있는 것이라고 확신하였다. 스미스는 제퍼슨은 자신의 물질에 대한 철학이 그의 사망 이후의 삶에 대한 믿음과 상충되는 갈등을 빚고 있었다고 지적하였다. 스미스는 제퍼슨이 로크의 자유주의, 스코틀랜드 스타일의 상식적 현실주의, 고전 공화사상, 그리고 기독교가 혼합된 사상을 갖고 있었다고 결론짓는다. 그 3대 대통령은 아무튼, 로크의 경험주의 사상을 중요하게 다루고 있었다. 스미스 역사학자는 또한 그가 프랜시스 허치슨(Francis Hutcheson)의 도덕 철학의 영향을 받았고, 로크가 말하는 "억제할 수 없는 개인주의에 반대하면서 공동으로 대처하는 입장을 취하였다"고 한다.[15] 제퍼슨의 도덕주의는 분명한 것이었다. "우리의 조물주는 인간에게 '신앙적 내적 감독관'으로서 양심을 부여하였다. 도덕적 의무란 개인에 대한 것과 마찬가지로 국가에 대한 의무와 같은 것이다. 셀 수 없이 많은 인간들이 함께 모여 살면서 그들을 함께 묶을 수 있는 동일한 도덕법 하에 인간이 처해 있지 않을 것이라고 생각하는 일은 참으로 어리석은 일이다."16)

폴 콘킨(Paul K. Conkin)은 그의 저서 『토마스 제퍼슨의 종교순례』 *The Religious Pilgrimage of Thomas Jefferson*라는 책에서 제퍼슨이 살았던 식민지 시대의 북미는 대부이분 크리스천 사회였는데 제퍼슨은 크리스천이 아니라 사실상 세속주의자였음을 강조하면서 그를 비판하였다. "종교적 이슈는 그의 인생에서 매우 전반적이며 중요한 문제라서 그것을 무시한다면 그의 성품이나 사상을 전면적으로 또는 일관성 있게 이해할 수 없게 된다… 그는 도덕성의 기반에 대하여 번민하는데 일생을 보냈다."17)

계몽사상가로서의 제퍼슨의 방법론적 인식은 콘킨이 말한바, 종교적 하부구조의 첫 단계에 있다. 그것은 자연과 인간 심성의 설계에 기초한 자연신학(自然神學)이다. 기독교 하부구조 그 다음의 단계는—기독론, 구원론, 교회론인데, 콘킨이 확신하는 바에 의하면 제퍼슨은 그것을 믿지 아니하였다. 간단히 말해서, "그는 기독교 교리와 계시종교를 거부하였고 광범위한 종교의 범주는 수용하였다."18) 제퍼슨은 "모든 종교의 대부분의 계시된 내용은 다 비이성적인 것이지만 창조와 섭리, 그리고 도덕적으로 심판하시는 하나님은 이성적인 것이다"라는 것을 믿는 입장으로서, 그의 축소주의 신앙에는 변함이 없었다.

콘킨의 분석은 다음과 같다. 그는 제퍼슨이 "이성적(rational)"이라는 말을 여러 가지 다른 각도에서 사용하였다는 것이다. 논리적 부정합성에 반대하는 내적 일관성으로서, 예를 들어 (하나님은 단수이고 통일체이시다)와 같은 것이다. 그리고 입증할 수 있는 인식론적 전제를 의미하는 것으로서, 검증할 수 있을 만큼 충분히 명증성 있는 것들을 말하는데 그가 이해하기에 성경은 그렇지 않다는 것이다. 그는 순전한 마음과 영혼의 범주에 관한 모든 언급들은—예를 들면 대체적으로 플라톤 사상에 기인한 것으로서—타협의 여지가 전혀 없다는 것이다.[19] 물론, 그의 확신은 역사적인 것이고 여러 세대를 거쳐서 발전되어 온 것이었다.

실제로, 몬티첼로의 이 사상가는 콘킨이 주장하는바, 종교의 최고 목표가 정의를 이룩하는 데 있다는 것이다. 비록 대중 가운데 미신이 여전히 넓게 퍼져 있었지만 그 자신은 양심에 근거한 다른 기반을 가지고 있었다. 왕궁의 권위와 성직자들의 위계질서가 계몽사상 합리주의에 직면하면서 서서히 물러감에 따라 그 공화주의자는 그것들을 양심과 자기훈련으로 대치시키려고 노력하였던 것이다. 즉, 콘킨은 제퍼슨이 그가 불순한 플라톤주의 종교에 반대하여 가장 전통적이고 단순한 형태의 순전한 기독교를 확인시켜 나가고 있었다고 스스로를 그렇게 믿었다는 것이다. 도대체 어디에서 그의 플라톤주의를 공격하는 형이상학적 유물론과 물질주의가 유래되었단 말인가? 그의 사상적 스승들은 현대의 조셉 프리스틀리(Joseph Priestly), 드트로트 트레이시(Destrutt de Tracy), 좀 더 이른 세대의 볼링브로크(Bolingbroke), 그리고 고대에는 에피큐로스(Epicurus)같은 사람들이다. 이러한 배경과는 반대로, 콘킨이 말하는 바에 의하면 제퍼슨은 로크와 밀턴 그리고 샤프스베리(Shaftsbury)를 읽음으로써 유신론적 요소주의자라고 묘사될 수 있다는 것이다. 제퍼슨은 특히 성직자들의 자기 신비화를 북돋우는 행태와 그들의 구원계획을 합리화시키는 자아 중심적 모습에 대하여 거침없이 공격하였다.

문헌적 자료

제퍼슨 대통령은 영국과 불란서에서 신생국 미국을 대표하는 동안에 무엇보다도 먼저 유니태리안교(Unitarianism)에 대하여 알게 되었다. 런던에서 이 버지니아 출신 대통령은 유니태리안교 목사 리차드 프라이스(Richard Price)가 개인적으로 몇 번 주재하는 예배시간에 참석하게 되었다. 제퍼슨에게 동료 유니태리안교 목사인 조셉 프리스틀리(Joseph Priestly)를 만나게 하여 주었던 사람도 역시 프라이스였다. 그런데 프리스틀리는 산소를 발견한 자이기도 하였다. 프리스틀리는 전기를 연구하였는데 프랭클린(Franklin)과 함께 동역하였다. 제퍼슨 대통령은 그가 1797년 필라델피아에서 부통령으로 취임할 당시에 1782년 프리스틀리가 저술한 『교회 부패의 역사』*The History of Corruptions in the Church*를 탐독하였다. 그리고 프리스틀리가 시내에서 설교하는 것을 들었다.

프리스틀리는 1733년 영국에서 청교도사상에 반대하는 부모 밑에서 출생하였다. 그는 영국 국교도가 아니었기 때문에 영국에서 주요 대학에 입학하지 못하였다. 그에 대한 보상으로서, 그는 수학과 자연철학에 몰두하였다. 프리스틀리는 산소를 분리한 첫 번째 연구자였을 뿐 아니라 전기역사에 대하여 최초로 책을 저술한 자이기도 하였다. 그 책을 쓰고 있는 동안에도 그는 4권짜리 저서 『예수 그리스도에 대한 초기 사상사』*History of Early Opinions Concerning Jesus Christ*를 저술하였다. 그가 불란서 혁명에 동조하였다는 사실은 놀랄 만한 일이 아니다. 그는 버밍햄(Birmingham)에서 목회하였는데, 그를 반대하는 많은 회중들이 있었다고 한다. 1790년 그의 교회와 집과 실험실은 폭도들에 의해서 불타 버렸다. 그로 말미암아, 버밍햄 시 정부는 그 손실액 일부를 그에게 배상하였다. 그럼에도 불구하고 그는 북미 쪽으로 이사하기로 결심하였고, 그의 두 아들들과 함께 1794년 펜실베니아 노덤버렌드(Northumberland)에 정착하였다. 그곳에서 그는 영웅으로 또한 순교자적 사명자로 환영받았다.

과연 얼마나 이해하였는지 모르겠으나 제퍼슨은 그의 친구의 설교와 저술에 상당부분 동의하였다. 프리스틀리는 초대 유대교와 공조를 취하였는데 그것은 헬라적 영혼 분리설 개념에 반대되는 입장이었다. 더욱이, 그는 거룩한 구세주보다는 완전한 인간 사상을 더 신봉하였다. 성경을 하나님 말씀으로 말하는 것에 대해서는 프리스틀리는 뉴턴이 그랬던 것처럼, 지복천년설(apocalypticism)에 특히 매료되었다. 이것과 대조적으로, 제퍼슨은 더 합리적인 세계관을 추구하였다. 제퍼슨이 자연신학을 신봉하였다는 콘킨(Conkin)의 말은 옳았다. 그것은 제퍼슨의 첫 단계 종교 구조이다. 그는 그의 생애에서 이미 그가 알았던 것보다 더 광대한 지적 세계로 빠져들어 가고 있었던 것이다.

피터 오누프(Peter S. Onuf)는 제퍼슨이 "국민들의 정치적 이권(利權)을 할당하는 연방정부 보조 법관"들과 공화정권의 진보를 방해하려는 자들과 결탁하는 성직자들이 있음을 알고 그들을 얼마나 혐오하였던가를 잘 지적해 주고 있다.20) 신생국 미국에서의 종교적 자유에도 불구하고 그는 정교분리가 종결되지 않을까 두려워하였다. 제퍼슨은 종교적 경건성과 공화적 가치의 연계성을 전제하였다. 그의 친구 벤자민 러쉬(Benjamin Rush)는 그에게 "나는 항상 기독교를 공화 사상의 강한 기반이 된다고 생각하였다. 공화사상이 기독교 종교와 공조를 취하는 일이 필수적이다. 그것은 모든 부패한 정치적, 종교적 기관들을 뒤집어엎는데 필요하다"고 말하였다. 제퍼슨은 성직자들 내면에도 항상 정치적 권력에 대하여 야망이 도사리고 있다고 믿고 있었다. 여전히, 그가 불란서로 귀국한 이후에도, 그는 교회와 국가의 분리에 대한 장벽뿐만 아니라 종교적 문제들에 대해서 더 깊게 심려하였다.

간단히 말해서, 제퍼슨은 자신을 진정한 크리스천이라고 생각하였던 것이다. "나는 진짜 크리스천이다. 그것은 즉, 나는 예수 강령의 진정한 제자가 된다는 뜻이고 나를 신앙심 없는 자라고 부르며 그들 자신을 크리스천이라고 부르면서 자신들만이 복음의 설교자라고 부르는 플라톤주의자들과 다르다는 뜻이다. 그들은 그렇게 하면서 하나님이 말씀하시는 것과 전혀 다른 특징적 도그마를 이끌어 내고 있다."21) 그의 해석은 다음과 같다. 역사적 예수는 그 자신을 유태인들로 하여금 "진정한 이신교(理神敎) 원리로 이끌고 또한 하나님의 속성을 정의에 대한 근거로, 그리고 그들의 도덕적 교리를 이성과 정의와 자선사업의 기준으로 삼았던 개혁자"로 생각하였다는 것이다. 그는 이렇게 일상적 크리스천들이 맹목적인 신앙이라고 판단하였던 것을 거부하면서 예수가 의도한바, "자연 종교로 복귀시키고, 그의 도덕성의 빛을 분산시킴으로써 우리들을 가르치고 우리 스스로를 다스리는" 예수의 뜻으로 돌아가고자 하였다.22)

산산 조각난 성직자들의 권위

오누프(Onuf)는 제퍼슨이 종교에 대하여 의도적으로 침묵하는 부분에 주목하라고 말한다. 그는 종교를 아주 사적(私的)인 문제라고 생각하였고 속세에서 권력을 장악하려는 성직자들과 플라톤 철학에서 벗어나려는 과정으로 한때 이해하였다.

오누프는 다음과 같이 진술하고 있다. "공화사상이나 기독교가 세속의 부패로부터 완전히 벗어나서 미국합병과 노예제도 확대에 대하여 풍요한 바탕을 제공할 수 있음을 생각하는 일은 제퍼슨에게는 불가능한 일이었다. 그러나 이것은 아주 최근의 역사기록이다." 오누프는 찰스 아이론(Charles F. Iron)의 '미국 혁명의 영적 결실(The Spiritual Fruits of Revolution)'에 대한 연구에서 다음과 같이 기록한다. "버지니아 침례교의 흥망과 성쇠(Disestablishment and the Rise of the Virginia Baptists)"23) 여기에서 그는 제퍼슨이 대다수 최근의 역사학자가 믿고 있듯이 그렇게 당대의 발전에 관심이 없었던 것은 아니었다고 확신하였다. 오누프는 더 나아가 다음과 같이 말한다.

우리들의 문화전쟁은 제퍼슨 당대와 다르다. 그리고 그것은 제퍼슨 시대에 끊임없이 그리고 매우 불분명하게 나타나는 종교 정책의 불안감 때문만은 아니다. 제퍼슨 시대의 독실한 크리스천들은 소외감을 형성시키거나 또는 더 광범위하게 퍼져 있던 '세속적' 문화를 희생시키지도 않았고 그렇다고 해서 '과학'에 대한 그들만의 '신앙'을 정리하지도 않았다.24)

오누프는 오히려 제퍼슨 대통령이 공화당 기독교인들에게 제시하였던 근거는 공통적으로 복음주의 신앙에 기초한 것이 아니었다고 말한다. 제퍼슨은 오히려 종교주의자들을 각성시켰다. 그는 원초적이고 독단적인 시험을 거부하면서 공화주의와 기독교가 양립할 수 있는 것임을 입증할 필요가 있다고 하였다.25)

실제적으로 교리적 시험을 경시함으로써 제2차 각성대회(the Second Great

Awakening)의 부흥 지도자들은 종종 제퍼슨의 관점을 지지하였다.26)

이 3대 대통령의 주요 타깃은 "교회 설립에 있어서 빈번히 일어나는 종교와 정치 상호 간의 결탁된 부패" 척결에 있었다. 간단히 말해서 교회가 경건하지 못한 주 정부와 동맹관계를 형성함을 의미한다. 그는 그들이 신앙을 비약함으로써 신학적인 신비화를 주장하는 것을 신랄하게 비판하였다. 그러한 신비화는 이성을 배제하는 것이요, 자신을 망각하는 것이라는 것이다. 오늘날의 종교와 정치에 관한 논쟁을 생각하여 볼 때, 그는 부흥사적 스타일에 동조하지도 않았거니와, 기질적으로 적대적인 입장이었다. 더 장기적인 역사적 관점에서 볼 때, 중요한 사실은 그가 전통적인 믿음이 무엇인가를 재고(再考)해야 하는 시대에 살고 있었다는 점이다.

설령 미합중국에 대한 현대적인 사안이 "기독교 국가"이고 그것이 제퍼슨에게 깜짝 놀랄 만한 일이 된다 할지라도, 오누프는 여전히 부분적으로 어느 정도로는 제퍼슨이 그 책임을 감당하였다고 생각한다. 제퍼슨은 계파 간의 다원성보다는 무엇보다도 인간의 자율성을 추구하였다. 그의 공화당적 신조는 개인의 자유를 전제하였고 조화를 독려하였다.27)

오누프는 제퍼슨의 신조를 이성과 과학의 불가피한 병행에 대한 믿음을 가짐과 동시에 그가 공화적 신조를 무시함으로써 "기독교 국가"의 현대적 주장에 대한 영감을 제공하는 것으로 생각할 수 있다고 해석한다.28) 무엇보다도 이 3대 대통령은 나중에 등장한 반과학적 정서에 가장 놀라게 되었을 것이다. 그는 계몽주의적 민주국가를 희망하였고 이성을 무시하는 신앙을 바랬던 것이 아니다! 건국시조의 신앙을 거부하였던 "제퍼슨의 자칭, '크리스천'이란 우리들에게 최소한 두 가지 사실을 가르쳐 준다. 하나는 영광스러운 기독교인의 미래에 대한 매우 정열적인 확신이고 다른 한 가지는 개인적 자유와 자율성에 대한 공격에 대하여 끊임없이 걱정하며 속세에서 세력화하려는 성직자들의 정략에 매우 민감하였다는 사실이다."29)

제퍼슨의 증언

역사를 주관하시는 하나님의 섭리와 하늘에서의 상급을 고대하는 제퍼
슨의 신앙은 명백한 것이었다.

나는 예수가 스스로 난 자이며 인간에게 전파된 가장 순전하고, 자비로우신
분임을 믿는다. 나는 초대교회의 원리를 믿으며, 모든 차후에 일어나는 개혁의
명목들을 기독교의 부패로 간주한다. 그것은 예수로부터 연유한 기반을 상실
하였기 때문이다. 아타나시우스(Athanasius)와 로욜라(Loyola), 그리고 칼빈의
형이상학적 광분은 내가 생각하기에는 단순히 다신교의 부활일 뿐이다. 그것
은 더욱 이해할 수 없는 것으로서 이방종교와 차별화된 것에 지나지 않는다.
예수의 종교는 하나님의 유일성(the Unity of God)에 기초하는데, 그 원리는 주
로 이방신들에 대하여 주절거리는데 대하여 승리감을 주고 그러한 역할로 인
정받는 것이다. 열방국가의 사람들을 생각하는 일은 이내, 유일하신 하나님의
교리로 펴져나갔고, 예수가 심어준 순수한 도덕으로 포장되었다. 만일 종교의
자유가 이론적인 법으로만 우리들에게 보장되고, 여론의 고압적인 종교 재판
으로 인하여 실천되지 못한다면 진리는 광신만을 퍼뜨리게 될 것이다. 그리고
거짓 선지자들에 의해서 왜곡되었던 예수의 진정한 교리는 그들의 본래 순수
함으로 회복될 것이다. 이러한 개혁은 인간성의 또 다른 개선을 증진 시킬 것인
데 내가 그것을 증언하지만 그것은 너무 늦게 이루어질 것이다.[30]

역사적으로, 그 3대 대통령의 비상한 관심과 반(反)국교도적 심성이 없었
다면, 미국의 종교적 상황은 그다지 창의적이거나 활력이 있지는 않았을
것이다. 그가 반대하는 의견이 없었다면 19세기의 복음적 부흥은 국가의
견제로 둘러싸여져 있었을 것이며 결코 일어나지 못하였을 것이다. 제퍼슨
의 윤리관은 불란서 혁명의 대재앙적 변화와 관련되어 해석돼야 한다. 이
전의 구축된 질서는 전복되었고, 그때의 지도자들은 망명길을 떠났거나 처
형되었다. 테러에 의한 장악이 나폴레옹이 최후 워터루(Waterloo)에서 패배

할 때까지 계속되었다. 미국혁명은 다른 종류의 혁명이었고, 더욱 개신교적이었으며 성직자들과 연관된 것이 아니었다. 영국의 정치가인 버크(Burke)가 이것을 영국인 권리에 대한 투쟁이라고 천명한 것은 옳은 말이다. 제퍼슨이 북미에서 논쟁을 벌였던 교회와 국가의 오랜 질서는 낭트칙령(the Edict of Nantes) 폐지 이후 프랑스 구교에서처럼 그렇게 견고한 것은 아니었다. 그 이유는 식민지 정책이 진행됨에 따라 이미 모종의 다원주의가 존재하였기 때문이다. 제퍼슨 대통령과 메디슨 대통령은 이 문제들에 대해서 실제적으로 언급한 바 있다. 그들은 그저 이상적인 것들만 선포하지 않았다. 한 사람의 사상가로서, 제퍼슨의 과학에 대한 열성은 굉장한 것이었다. 그럼에도 불구하고 그는 그의 실재(實在)에 대한 이해를 일종의 체계로서 구축하지 않았다. 그가 건축하다가 중단한 몬티첼로(Monticello)의 집은 그가 세속적으로, 또는 종교적으로 추구함에 있어서 그리 하였던 것처럼 미완성의 상태로 남아 있고 그러한 사실을 우연히 상징하고 있다. 그는 진정한 성실함, 그리고 자신감 넘치는 노련한 정치가였고 국가의 지도자였다.

1) Charles B. Sanford, *The Religious Life of Thomas Jefferson*, Charlottesville, University of Virginia Press, 1987, p. 172.

2) Ibid.

3) Ibid.

4) Michael P. Riccards, *The Ferocious Engine of Democracy, A History of the American Presidency*, Lanham, Maryland: Madison Books, 1995, vol. 1, p. 51 et seq.

5) Edwin S. Gaustad, *Sworn on the Altar of God, biography of Thomas Jefferson*, Grand Rapids, Michigan: Eerdmans, 1996, p. 27.

6) Paul Johnson, *A History of the American People*, Johnson, New York: Harper Collins, 1997, p. 143 et seq.

7) Ibid.

8) Ibid.

9) Joseph E. Ellis, *American Sphinx, The Character of Thomas Jefferson*, New York: Knopf, 1997.

10) Ibid.

11) Sanford, op. cit.

12) Gaustad, op. cit.

13) Gary Scott Smith, *Faith and the Presidents*, New York: Oxford, 2006.

14) Ibid.

15) Ibid.

16) Ibid.

17) Paul K. Conkin, "The Religious Pilgrimage of Thomas Jefferson", in Peter S. Onuf, *Jeffersonian Legacies*, Charlottesville: University of Virginia Press, 1993, pp. 19~49.

18) Ibid.

19) Ibid.

20) Peter S. Onuf, *The Mind of Thomas Jefferson*, Charlottesville: University of Virginia Press, 2007, p. 139 et seq.

21) Ibid., p. 146.

22) Ibid., p. 148.

23) Ibid., p. 155.

24) Ibid. Cf., also Charles F. Irons, "The Spiritual Fruits of Revolution: Disestablishment and the Rise of Virginia Baptists", *Virginia Magazine of History and Biography*, 109, 2002, pp. 159~186.

25) Onuf, op. cit., p. 157.

26) Ibid.

27) Ibid.

28) Ibid., p. 159

29) Ibid.

30) Ibid.

아브라함 링컨
Abraham Lincoln

오바마 대통령은 아브라함 대통령을 칭송하고 기린다. 비록 그가 위대한 노예 해방자로서 모든 대통령 중에서 종교적으로 가장 민감한 자로 자리매김하고 있으나 링컨은 정통 크리스천은 아니다. 성경적 예언자의 통찰력에 영향을 받아서 그리고 셰익스피어를 섬세하게 이해하고 또한 성경을 이해해 가면서 그는 인권의 문제와 노예제도에 대한 비난 가능성을 알아차리게 되었다. 그러나 그는 여전히 흑백 인종이 미국 땅에서 평화롭게 공존할 수 있을 것인가에 대하여 확신이 없었다. 링컨은 해방된 흑인 노예들을 위하여 때때로 아프리카를 식민지화할 것을 구상하였다. 그의 도덕에 대한 천재성은 때때로 혼란을 빚었던 다양한 가치관을 균형 있게 맞추는 능력에 있었다. 그것은 노조를 구하고 노예를 해방시키는 것 같은 일이었다. 그가 만일 암살되지 않았더라면 그리고 그래서 그가 재임기간을 다 마칠 수 있었더라면 그가 얼마나 더 큰 영향을 끼쳤을 것인가는 가히 짐작할 수 없었을 정도였을 것이다. 모든 대통령들 중에서 가장 통찰력이 있고 진정으로 종교적인 대통령으로서 그는 한 사람의 진리 탐구자로 남아 있다. 오바마는 그가 본을 받고자하는 선임자들의 특징들, 즉 그들의 겸손함과 진정성을 공유하고 있다.

"전능하신 자의 손에서, 그리고 그가 선택하신 백성을 위해서 내가 쓰시기에 합당한 도구가 될 수 있다면 나는 가장 행복할 것이다." (뉴저지 입법부, 1861년 2월 21일)[1]

"우리는 지구상의 마지막 희망을 고결하게 추구하거나 아니면 그것을 그저 허망하게 잃어버릴 것이다."[2]

역사와 신화: 링컨은 어떤 사람이었는가?

라인홀드 니버(Reinhold Niebuhr)의 평가를 소개해 보고자 한다. "링컨이 살았던 시대와 장소, 그리고 그의 노예제도 사안에 대하여 격론을 벌였던 일들이 있었던 전통적 종교 맥락에서 볼 때, 아브라함 링컨의 종교에 대한 분석은 남북기간 전쟁 동안, 그리고 그 이전의 종교 생활을 부패된 것으로 보이게 하였는데, 다음과 같은 결론에 이르게 한다. 즉, 링컨의 종교적 확신은 그 시대 정치적 지도자들에게 있어서 뿐만이 아니라, 종교적 지도자들에게 있어서, 그 깊이나 순수성에 있어서 더 우수하다는 것이다."[3]

엘톤 트루블러드(Elton Trueblood)는 이러한 판단에 대한 근거를 제공하였다. "링컨은 노예제도와 같은 인간불의(不義)에 대한 고민 없이 자기 자신의 영혼 구원에만 주요 관심이 있는 그런 종류의 종교를 견딜 수 없었다. 링컨은 종교가 오로지 정치적이고 그 이상 아무것도 아닌 것으로 여기는 국민들에 대하여 전혀 수긍하지 않았다." 트루블러드는 다음과 같이 결론짓는다. 비록 제퍼슨이 정치철학에 있어서 링컨의 멘토였지만 이 남북전쟁 당시 대통령의 생각은 정치적으로 더욱 구체적인 것이었다. 그가 살았던 시대의 비극은 그로 하여금 "그들의 창조주로부터 부여받은" 자명한 진리보다 더 깊게 탐색할 것을 요구하였다.4)

트루블러드는 링컨의 일생을 4막으로 분류한다. 제1막은 1841년에 끝났고 그해에 제2막이 시작되었다. 그때는 그가 32세였고 격변의 시기였다. 제2기는 그의 약혼녀 메리 토드(Mary Todd)와 파혼했던 시기였는데 후에 결혼하게 된다. 그들의 결혼 생활은 그가 워싱턴 백악관으로 입성할 때까지 20년간 지속되었다. 트루블러드는 그의 대통령 기간을 1부와 2부로 구분하는데 1862년이 그 분수령이 된다. 중요한 문제는 전쟁을 치른 대통령이 과연 그 영적 통찰력에 있어서 얼마나 성장하고 발전했는가에 관련되어 있다.

그가 만일 종교적 경건성을 가진 지도자로 인정받지 못하였다면 그는 북부군을 구하고 북측을 승리로 이끌지 못하였을 것이다. 사려 깊은 도덕주의자로서 그는 필요할 때는 타협할 준비가 되어 있었다. 그러나 항상 원칙을 준수하고 변칙을 합리화시키지 않았다. 항상 준수해야 할 많은 이유들이 있었는데, 그것은 예를 들면 노예 폐지론과 북부군 구하기 같은 것이었다.

링컨 대통령에 대한 놀라운 평판은 북부의 승리와 후에 일어난 그의 암살사건에서 비롯된다. 경건한 자들이 그를 칭송하는 바에 따르면, 그가 조지 워싱턴과 하늘에서 만날 것이라는 것이다. 시인 월트 휘트만(Walt Whitman)은 그가 이 전시(戰時) 대통령의 "완벽한 평정감과 침착함, 그리고 촌스럽지만 흔하지 않은 장신(長身), 항상 새까만색의 옷을 입었던 것, 그리고 그의 머리를 가로지르며 뻗어 있던 난로의 연통, 암갈색의 피부, 헝클어진 머리, 깊은 주름이 패인 그러나 예리한 모습의 얼굴, 까맣고 숱이 많은 머리, 균형이 안 맞는 긴 목, 그리고 그가 사람들을 쳐다보고 서 있을 때, 뒷짐 지고 있는 모습 등이 그를 더 '세속적으로' 영웅화시켰다"고 말하고 있다.5)

나다니엘 호오돈(Nathaniel Hawthorne)은 계속 상상되는 내용을 말하고 있다. "그의 생김새는 우리가 어디에서나 만날 수 있는 흔한 모습으로서 용모가 전혀 세련되지 못한 조악한 모습이었다." 그는 링컨이 비록 많은 교육을 받지 못하였고, 세련된 구석이 전혀 없었으나 본래부터 타고난 엄청난 지각(知覺)을 가졌다는 사실과 그 심성의 정직함에 감탄하였다. 또한 그는 링컨이 어딘가 "아주 약삭빠른 기지(機智)와 지혜도 타고났으며… 병색이 있어 보이고, 호기심이 많고, 명철한 얼굴, 그리고 그러한 기질을 뒷받침하는 아늑한 인간적 공감에 호감이 간다"고 술회하고 있다.6)

역사적으로 평가하는 링컨은 어떤 사람이었을까? 윤리적 현실주의자였을까? 그의 부인 메리(Mary)는 자기 남편이 서툴렀으나 결국은 정의로운 정치가였다고 평가하였다. "그는 부드러운 매너를 가지고 있었으나, 굳은 결심을 하였을 때는 한 발도 물러나지 않는 결연한 의지를 가진 사람이었다. 그는 모든 일을 결정할 때에 항상 최후통첩에 이르기까지 단호하였다. 처음에는 그는 아주 고무(鼓舞)되었으나 곧 깊은 통찰로 들어갔고 그리고 이내, 일을 결연한 의지로 진행하였다. 이러한 징후가 계속될 때, 나는 거기에 따라서 대처하였는데, 결국 모든 자들도 그렇게 따라가야만 했다."7)

역사학자들은 링컨이 워싱턴 백악관으로 입성하기 10년 전부터 이미 그에 대하여 다양한 보고서를 가지고 있었다. 예를 들어, 변호사 휘트니(Whitney)는 "링컨은 평범한 농부의 분위기를 지니고 있었다"고 이야기한다. 그리고 약간 지저분하였으며, 그가 1849년에 워싱턴에서 샀던 짧은 코트를 10년 동안 입었다고 말한다.

오타와(Ottawa)에서 링컨-더글라스 논쟁(the Lincoln Douglas debate)에 참석하였던 농부이며, 농업 기술자였던 찰스 마쉬(Charles W. Marsh)는 다음과 같이 술회한다. "그는 단순하게 전통적으로 재단된 양복을 입고 다녔으며, 올바르게는 살았으나 멋이 전혀 없는 매우 구닥다리 전문가와 같은 모습이었다. 또한 역설적이고 이중적인 이미지도 있었다. 링컨은 종종 철도 노역도 하였으나 수임료를 비싸게 받는 변호사이기도 하였다. 그리고 그의 직업에 있어서 가장 임금을 높게 받았던 사람이었다. 보통사람들과 마을을 다닐 때에 그는 그의 바지멜빵을 받쳐 주었던 나무 조각을 주머니칼로 조금씩 가는 습관이 있었다. 그리고 나서야 그는 서류 일에 집중하였고 '의뢰인들의 송사'에 집중할 수 있었다."8)

링컨 생애 초기에 분명하게 나타났던 일은 그가 고매한 지성과 뛰어난 암기력을 지녔다는 점이다. 일리노이즈 주의 스프링필드(Springfield, Illinois)에 살았던 그의 법관 동료인 윌리암 헨돈(William Herndon)은 그 대통령 후보자를 다음과 같이 묘사하였다. "그는 체계도 없었고, 규율도 없었으며, 서류철이나 사건목록들, 심지어 수표책도 없었다. 그리고 직원도 두지 않았다. 그가 메모를 하였거나 서류를 작성하였을 때에 그는 그것들을 서랍 안에 쑤셔박거나, 조끼 주머니에 쑤셔 넣거나, 또는 모자 안에 집어넣기도 하였다… 그러나 그의 마음속에는 일에 대한 평정(平正)과 방법이 항상 난무하였다. 그는 잘 정돈된 사무실이나, 잉크와 펜이 필요하지 않았다. 왜냐하면 그의 업무는 늘 그의 머릿속에 있었기 때문이었다."

그해 8개월 동안, 그는 그의 부인과 스프링필드 8번가에 살았는데, 소박하지만 넓고 가구가 잘 갖추어져 있었다. 링컨 가족은 스프링필드 주민들에게 훌륭한 잔치를 베풀곤 하였다. 그해 나머지 4개월 동안에 그는 그의 사륜마차로 움푹 파이고 질펀질펀한 길을 따라서 '진흙탕 순회'를 다녔다. 밤에는 물이 넘쳐 새는 여관에서 잤는데, 방들은 차가왔고, 지붕은 새었으며, 벌레들이 들끓었다. 사람들은 두 명씩 한 침대에서 잤고 한 방에 여덟 명씩 있었다고 한다. 물론 음식도 형편없었다. 저녁때에는 링컨과 초대받은 친구들이 데이비스 법관(Judge Davis)의 법정에서 주로 뒤쪽에 자리한 접견실에서 만남을 가졌다. 참석한 자들은 법관들과 그의 정치동료들, 그리고 의사, 은행가, 상인들, 신문기자들, 그리고 그 지역에 있는 부농(富農)들, 즉 일리노이즈 부르주아 계층의 사람들이었다고 한다.9) 법과 정치가 자연스레 합류하게 되었다. 실제로, 일리노이 주 지도자들의 주류(主流)가 이러한 순회 여행에서 이루어졌는데 농산물 추수와, 사업투자, 그리고 천재지변에 대하여 생각을 나누게 된 계기가 되었다. "일리노이 정치가들은 지방 유지들의 집 마당에서 태어난 것이며, 정착주(定着主), 가축농업주, 의사들, 학교 교장들, 그리고 항상 누구보다도 데이비드 데이비스(David Davis)의 '결성' 단체로, 그리고 프리메이슨(Masonic) 집안으로 흘러들어온 사람들로부터 형성된 것이었다."10)

노예제도

1821년 1월, 토마스 제퍼슨(Thomas Jefferson)은 존 아담스(John Adams)에게 노예에 대한 서신을 보냈다. "진짜 문제는 이 땅에서 이 불행한 백성들로, 고통받는 노예들이 있는 한, 어떻게 자유가 나타날 수 있는가… 하는 문제이며, 그렇다고 하면, 우리는 다시금 아테네인들(Athenian)과 라세데모니아들인(Lacedemonian)의 동맹을 보는 것과 무엇이 다르겠는가? 그들 사이에서 일어나는 펠로폰네스 전쟁(Peloponnesian war)으로 거슬러 올라가는 것이 아니겠는가?" 제퍼슨은 "노예제도란 반세기 동안 이 땅에 검은 구름처럼 덮여 있는 존재다"라고 말하였다. 만일 그가 스웨덴보그(Swedenborg)나 웨슬리(Wesley)처럼 열광분자였더라면, 그는 아마도 번쩍이는 갑옷을 입고 행진하는 흑인부대에 당면하였을 것이다. 그는 끔찍한 일이 벌어질 것을 생각하고 두려워하였다. "우리가 해야 할 일을 하나님이 아시니, 나는 하나님께 맡길 것이다. 그리고 후대의 하나님 자손도 마찬가지다."11) 종교적 열성, 미신, 그리고 비합리성은 그 두 명의 전 대통령에는 크게 보면 거의 다 같은 문제가 되었던 것이다.

워싱턴에서 하원의원으로 임기를 보내는 동안, 링컨은 정치적 타협이나 종교적 부흥의 문제도 결국 노예제와 같이 그 시대의 도덕적 딜레마를 풀지 못할 것이라고 확신하게 되었다.12) 양측 변론자들은 성경을 인용하였다. 그 대통령은 후보시절, 목전에서 국민이 세웠던 기준이 모두 낡은 것으로서 결국, 남측과 북측이 갈등에 빠지게 되는 것을 확인하였다. 평가는 공정하였다. 즉, 북미나 유럽(나폴레옹 3세 황제와 비스마르크(Bismarck)가 그의 동시대 사람들이다)의 다른 많은 대통령들과 달리, 링컨은 그 자신을 위해서 권력을 추구하지 않았다. 그는 야망 때문이 아니라, 강박적 의무감 때문에 결국 정치에 입문하였다. 그러한 의무감은 노예제가 결국 미합중국을 특이하게 위협하는 악(惡)이 된다는 확신에 근거한다.[13]

"링컨은 막대한 권력을 의식하고 있었다. 그리고 그 권력을 노조(勞組)를 방어하는데 꼭 필요한 무기로 사용하였다."[14] 그릴리(Greely)가 판단하기로, 링컨의 처음 노예제도에 대한 공격은 종교적인 의미에서가 아니라 법적이고 윤리적인 의미에 기인한 것이었다. 요약해서 말한다면, 그는 부흥사가 아니었던 것이다. 그럼에도 불구하고 그는 노예제도가 노예 소유주를 타락시켰고, 도덕적으로 미국의 남부지역을 파멸시키고 있었음을 확신하였다. 여전히 그는 어느 한 켄터키 주민이 그에게 한 말을 믿었다. "당신은 땅을 어느 정도 소유하고 주머니에 돈을 갖고 있고, 은행에 주식도 있으며, 여행을 다니는 동안에 아무 불편함이 없을 것이다. 그러나 만일 당신이 뒤꿈치로 터덜터덜 걷는 것을 본다면 모든 사람들은 그를 본 즉시, 당신이 노예를 소유하고 있음을 알게 될 것이다. 그것은 세상에서 가장 찬란한 빈곤이다."[15]

그 젊고 성공적인 변호사는 미래를 내다보는 통찰력으로 자신을 도덕적으로 훈련시켰다. 종교적이고, 경제적인 북부의 산업적인 힘은 결국 그가 지휘한 전쟁에서 결정적인 힘을 발휘하였다. 그 자신의 정당은 (원래) 휘그당(the Whigs)이었는데 복음주의 장로교와 연합하였고, 이성(理性)에 호소하는 유럽의 자유주의, 그리고 시장경제의 경제적 합리주의와도 동조하였다. 제퍼슨이 가지고 있었던 토속적 미국 이상, 그리고 남부의 노예문화는 미래를 위하여 아무런 보장도 주지 못하였다고 링컨은 생각하였다.

그러나 여전히 휘그당에 충성함으로, 링컨은 일리노이 주 블루밍턴(Bloomington)에서 1856년 5월 공화당이 소집되었을 때 휴회(休會) 중, 연설할 것을 요청받았다. 그리고 또한 뉴욕 시, 쿠퍼조합(Cooper Union)에서도 마찬가지였다. 그 연설은 그가 대통령에 임직하기 전에 하였던 것으로, 가장 훌륭한 연설로 기록되고 있다. 그의 법관동료인 헨돈(Herndon)은 다음과 같이 회상한다. "그의 연설은 열정이 넘쳤고 힘과 에너지가 용솟음쳤다. 그것은 논리 그 자체였다. 그리고 감성도 넘쳤다. 열광적이었다. 그리고 정의와 평등, 불의에 대항하여 불타오르는 성스러운 영혼의 불길로 점철된 진리와 정의(正義), 그 자체였다. 그것은 분노로 가득 찬 열심, 권위, 절제로 점철된 끝내주는 명연설이었다."16)

1858년 8월부터 10월까지 개최된 링컨 더글라스 논쟁(Lincoln-Douglas debates)에서 링컨은 승리하였다. 그 두 사람은 다 상원의원 출마 후보들이었다. 더글라스는 트럭과 수렵 총을 지닌 채 특별열차와 마차를 타고 엄청나게 여행을 다녔다. 선거에서, 그는 상원의원에 당선되었으나 2년 후, 대통령선거에서 패배하였다. 링컨연설에서 중심이 된 소재는 그의 반대자가 진정 노예문제에 대하여 어떤 입장을 취하고 있었는지를 분명하게 말하지 못하였다는 점을 지적한 사실이다. 링컨이 공격했던 점은 더글라스가 말 타고 돌아다니던 행위가 정치가의 미래를 파멸시킨다고 하는 것이었다.

휘그당원으로서 링컨은 헌법적 권한과 제한된 행정력을 지닌 균형 잡힌 정부를 유지시켜 나갔다. 그의 정책은 전쟁 위급 상황에서 상당히 이질적인 것으로 그 결과가 나타났다. 정치학자 클린턴 로시터(Clinton Rossiter)는 링컨의 통치를 "헌법에 보장된 독재"라고 명명하였다. 전쟁 와중에, 링컨은 확대된 권력을 행사했는데 그중 몇 가지는 회고해 보건대, 미국헌법에 위배되는 것이었다. 링컨은 필요하다고 생각했을 때 의회와 미리 협의 없이 권력을 행사하기도 하였다.

동시에, 다음과 같은 사실을 확실하게 염두에 두어야 한다. 승리해야 할 전쟁을 앞두고 링컨은 겸손함과 함께, 확고한 자기 주장과 자신감을 동시에 행사했어야 하였다는 사실이다. 그는 험악하고 직격탄을 날리는 반격을 피하고 더러운 정치판을 능란하게 조정하는 능력을 보여 주었다. 그는 노예 폐지론이 도덕적이라기보다 거의 종교적인 이상(理想)이 된다고 생각하였고 또한 노조연합의 깊은 사랑에서 영감(靈感)을 받았다. 링컨은 제퍼슨을 존경하였으나 그가 강한 지도자 대통령이라고 믿지는 않았다. 잭슨(Jackson)과 폴크(Polk)를 그는 존경하지 않았다. 워싱턴 시대의 문제들은 그가 판단하기로, 그 자신 시대의 보통 문제들보다 매우 다른 종류의 것으로 여겨졌다.

링컨의 종교와 윤리

대통령직에 대한 링컨의 생각은 그가 국가의 최고 수반으로서 어떤 생각을 가지고 있었는가에 대하여 물었던 이야기 중에 잘 나타나 있다. 그는 철로에서 검댕이를 칠하고 깃털에 덮여 일하는 한 사람에 대한 이야기를 전하였다. 어떤 사람이 왜 그가 그 이야기를 좋아하였는지 물어 보았을 때 그는 다음과 같이 대답하였다. "그것이 명예를 위한 일이 아니었더라면 나는 오히려 유유히 걸어 다녔을 것이다." 링컨에게 대통령직이란 그리 달가운 일은 아니었다. 나중에 그는 다음과 같이 회고하였다. "나는 권력과 영광을 꿈꾸었으나 내가 가진 것은 결국 피와 잿더미뿐 이었다."[17]

전쟁 당시의 대통령의 윤리를 해명하기 위하여 철학자였던 에탄 피쉬맨(Ethan Fishman)은 링컨을 고전적 신중함을 지닌 자로 판명한다. 그 전통은 아리스토텔레스, 토마스 아퀴나스, 그리고 에드문트 버크(Edmund Burke)까지 거슬러 올라간다. 피쉬맨은 아리스토텔레스가 실천적 지혜인 phonesis, 즉 신중함을 지녔고 그것을 도덕적 가치의 원형이라고 말하면서 링컨의 절대적 노예 폐지론(노예제를 종식하고 노조를 철폐할)을 불란서 철학자들이 폭력적 혁명이라고 말한 바 있는 버크(Burke)와 비교한다.[18]

이러한 사실을 현대적 용어로 말한다면 막스 웨버(Max Weber)의 범주에 대한 언급으로 환원하여 설명할 수 있다.[19] 웨버는 신중함에 대하여서는 별로 언급하지 않았으나 일상생활의 도덕성과 양심의 포괄적인 도덕성 사이의 이중성에 대하여서는 많은 관심을 보였다. 도덕적 의무에 관하여서 그는 대통령을 포함한 정치 지도자들에게 부여되는 매일매일의 결정에 대하여 언급하고 있다. 그러나 완벽함을 기대하여서는 안 된다. 책임을 수행하는 일은 권력과 동시에 타협을 요구하는 일이기 때문이다. 링컨은 독립 전쟁 와중에도 이러한 사실을 염두에 두고 있었다.

반면에, 웨버는 양심적 도덕을 구별하였다. 그것은 그가 공직생활에서 필수불가결한 것이라고 판단한 것이었다. 상상력과 지혜는 절대적인 것이다. 양심적 도덕에 대하여 웨버는 좀 더 확대된 세계관을 가지고 있었는데 예를 들면 그것은 인권과 권위, 그리고 자유와 평등의 전례 안에서 총괄되는 자치정부와 같은 원리인 것이다. 링컨 경우에 있어서, 양심의 윤리는 타협 이상의 문제였고, 권리를 포기하는 것을 거부하는 문제이기도 했다. 두 가지 형태의 도덕성에 관하여 즉, 의무와 양심에 대하여, 웨버는 무력 사용을 포함하는 국가 권력은 링컨이 노조를 구하기 위하여 투쟁하였던 것처럼 필요한 것이었다고 생각한다. 도덕적 명령이란 책임 있게 행동하고 유토피아적인 망상을 피하는 것이었다.

스미스(Smith)는 링컨이 국가적 세계관과 가치체계가 된 복음주의 운동, 공화사상, 그리고 상식적인 사회 운동들을 강제로 주도하였다고 논박한다. "19세기 그 어느 대통령보다 더 그는 '기독교 최고 행정가'로서 성경적 원리에 입각하여 기본 정치 원리를 추구하려 했던 사람으로 알려져 있다."[20] 스미스는 또한 링컨을 미국 시민 종교 발전에 중추적인 역할을 시행한 자로 인정한다. 독립전쟁의 종교적 의미를 추구한 자로서 링컨은 그의 성장 배경에서 형성된 주제로 돌아갔고 하나님이 모든 일을 예정하심을 주장하였다.

전기(傳記)작가들에게 링컨의 초기 대통령 시절에 대한 의문들이 남아 있다. 링컨의 법관 동료인 윌리암 헨돈(William Herndon)은 링컨이 갖추고 있었던 그 어떤 경건성에 대해서도 들어본 적이 없다고 말하였다. 링컨이 사망한 이후, 스프링필드 출신인 그 법관 동료는 그 일에 대하여 연구하는 데 수년을 소비하였다. 조슈아 쉥크(Joshua Wolf Shenk)는 그의 저서 『링컨의 우울증; 어떻게 근심이 대통령을 도전했는가, 그리고 그의 위대함을 이루었는가』 *Lincoln's Melancholy, How Depression Challenged a President and Fueled His Greatness*에서 다음과 같이 진술하고 있다. "링컨은 구태의연한 칼빈주의 학교(Old School Calvinism) 벽에 갇혀서 자라났다. 켄터키와 인디애나에서 그의 부모는 위협적인 분리주의 침례교(Separate Baptism)라는 교파에 속해 있었다. 그곳에서는 회중이 조나단 에드워드(Jonathan Edward)의 유명한 설교, '분노한 하나님의 손 안에 있는 죄인들'이라는 전통을 따랐는데, 그 죄인들은 영원한 지옥 불에 갇혀 있을 것이며 그들이 말하고 생각하고 하는 그 어떤 것도 그들의 운명을 바꿀 수 없으리라는 것이었다."

개척 시대 설교자들은 구원받기로 선택된 자는 그 구원을 위해서 이 세상이 시작되기 오래전에 은혜로 하나님이 미리 예정하셨다는 것을 기꺼이 받아들였다. 한 복음주의자는 다음과 같이 설명한다. "새벽별이 노래하기 오래전에… 전능하신 하나님이 아직 태어나지 않은 세대를 내려다보시고, 그가 나기 전, 한 사람 한 사람 영생을 즐길 것을 예정하셨고 남은 자들은 영원한 암흑 속에 내버려 두셨다. 링컨 그 자신은 그러한 '칼빈주의를 앞서 가는 칼빈'을 거절하였다." 그가 시골 생활을 청산하였을 때, 그는 그러한 종교생활도 청산하였다.21)

링컨 가족이 리틀 피존 크릭 침례교(the Little Pigeon Creek Baptist Church)에 소속되어 있었다는 기록이 있는데, 그곳은 1816년에 조직된 교회였다. 아브라함 링컨이 처음 불렀던 칼빈주의 찬송가는 "세월은 얼마나 헛된 것인가, 그리고 얼마나 빠르게 지나가는가, 인디언의 화살처럼, 흐르는 별처럼 쏜살같이 지나가네"22)였다. 그의 인생 말기에 링컨은 선거운동 시 전기 작가였던 『시카고 트리뷴』 *Chicago Tribune*지(紙)의 존 스크립스(John Locke Scripps)에게 자신은 아무런 출신 배경이 없는 사람이라고 말하였다. 그의 초반 삶은 "게리의 찬가(Gary's Eulogy)에서 짤막하게 표현된 대로 '빈궁한자들의 짧고 단순한 통로(The short and simple annals of the poor)'"라고 압축될 수 있다.

젊었던 시절에 그는 가난한 집안환경 때문에 농사일을 할 수 밖에 없었다. 그러나 그의 아버지 토마스(Thomas)는 그를 1년에 4개월 정도만 필요로 했고 그로 인하여 그는 나머지 기간에는 "세 들어서 나가" 있었다. 사실상 그 부자(父子)관계는 별로 사이가 좋지 못하였다. 링컨은 완전히 다른 세상에서 살았고 이러한 구조 속에서 빠져나가기를 원했다. 젊은 링컨은 호기심을 가졌고, 지성을 지녔으며, 비상한 체력도 있었고, 계속해서 전진하려는 그칠 줄 모르는 야망을 가졌다. 그가 탈출구로 찾은 것은 술이 아니었다. 그는 술에 치우치지 않았고 독서에 탐닉하였다. 동시에 그는 전반적으로 유행하였던 개척자 사교 생활에 참석하였다. 정치 바비큐 파티, 시골에서 이웃끼리 하는 건물 상량식, 옥수수 벗기기, 그리고 결혼식 등에 참석하였다.

링컨의 지적인 깊이는 그의 초기 문헌에 그리고 시 읊기에 잘 나타나 있다. 그가 지은 시「내 어린 시절 집을 나는 다시 보노라」는 그가 자연에 대하여 낭만적 낙천주의자라는 것을 잘 보여 준다.23) "모든 소리가 조종(弔鐘)이 되어 울려 퍼질 때까지, 그리고 모든 곳이 무덤으로 덮일 때까지 나는 우수(憂愁)에 찬 걸음으로 그 벌판을 걷노라, 그리고 (죽은 자들과 동료 의식을 느끼며) 무덤 속에 사노라." 링컨이 그의 부친과 불화(不和)하였을 때, 그는 그의 가문 전통인 칼빈주의 전통으로부터 탈출하고자 하였다. 그리고 스코틀랜드 출신 시인, 로버트 번스(Robert Burns)에 탐닉하였다. 그리고 시인 포우(Poe)의「까마귀」"The Raven"은 그 미래 대통령이 가장 애송하는 시 중 하나가 되었다. 그는 또한 바이론(Byron)과 롱 펠로우(Longfellow)를 좋아하였다. 그리고 특별히 토마스 우드(Thomas Wood)의「유령의 집」"The Haunted House"을 낭송하였고 올리버 홈스(Oliver Wendell Holmes)의「마지막 잎새」"The Last Leaf"를 읊기도 하였다. 링컨은 또한 윌리엄 녹스(William Knox)의「도덕」"Morality"이란 시(詩)도 좋아하였다.

1834년 경, 에미드 링컨(Amid Lincoln)의 불신앙에 관하여서 지금 그 기록이 남아 있지 않지만「불충성에 관한 소책자」"a little book on infidelity"란 문서가 출간되어 있다. 이 책자는 그의 친구들이 그의 정치 생애를 보호하기 위해서 파기시켜 버렸다. 링컨의 친구 조수아 스피드(Joshua Speed)는 '기독교 종교의 위대한 진리'와 관련된 이 대통령 후보의 초기 회의주의(懷疑主義)를 다음과 같이 회상하였다. "우리가 별로 할 일이 없이 뒹굴뒹굴하고 있을 때 링컨은—성경책을 들고—종교에 대해 이야기하였다. 그리고 성경 구절을 읽었다. 그리고 나름대로 주석을 붙이기도 하였다. 그리고 이성(理

性)에 근거한 오류와 거짓됨을 드러내기도 하였다."[24] 이 단계의 상황에서 그는 이성과, 냉철함, 그리고 타산(打算), 평정성을 추구하였는데 그것은 자연의 가장 기본적인 원리에 순응하고, 국민의 종교적 자유를 유지, 구축하기 위함이었다. 그러나 여전히 그는 공공 연설가로서, 성경을 효과적으로 사용하기 위하여, 성경적 지식을 충분히 습득하였고 그 좋은 한 가지 예는 집안이 바로 서지 못하는 경우의 은유를 사용한 연설 같은 것이었다. 그 자신을 주장하기 위하여 행한 링컨의 초기 연설 중 가장 우수한 예는 그가 개척 시대 말을 타고 다니던 순회 목사 피터 카트라이트(Peter Cartwright)에 대항하여 하원의원에 출마하였던 당시 행하였던 1846년 연설문이었다. 링컨을 반대하던 자는 링컨을 부정부패로 고소하였다. 그에 대항하여 링컨은 전단지를 뿌렸는데 다음과 같은 내용 이었다. "내가 그 어느 기독교 교회에도 속해 있지 않다는 것은 사실이다. 그러나 나는 성경의 그 어느 진리도 부정하지 않았다. 그리고 나는 일반적으로 종교에 대하여 그리고 기독교 그 어떤 교파에도 의도적인 경멸감을 가지고 연설한 적이 없다."[25]

'포퓰리스트 링컨'의 이미지는 비판의 여지없이 액면 그대로 받아들여질 수 없다는 것만은 확실하다. 그가 대통령으로 출마하였을 때, 링컨의 사촌인 존 헹크스(John Henks)는 그 후보의 초창기 삶에 대하여 이야기하면서 그의 개척정신의 신화성(神話性)을 강조하였다. 그는 심지어 그 후보자가 30년 전에 쪼개었다고 하는 3,000개 중, 두 개의 울타리 철도까지 들먹이며 자랑하였다. 그것이 맞는 경우인지 아닌지는 몰라도 그 대통령 예정자가 공식적인 교육을 거의 받지 못하였다는 것은 확실하다.

스튜어트 윙거(Stewart Winger)의 분석

스튜어드 윙거는 휘그당의 네 가지 신조가 링컨의 윤리적 종교적 분석에 종합되어 있다고 생각한다. 그것은 "스코틀랜드적 도덕성, 고전적 공화사상, 사회법, 그리고 개신교 신앙이다."[26] "휘그당원들은 유일신교와 급진적 자유주의 사상의 부도덕하고 반정부주의적인 생각을 혐오하였는데 그것은 그들이 자유주의적인 사상이 긍정적인 도덕 국가의 기능을 방해하였음을 두려워했기 때문이다."27)

윙거는 때때로 그 해방가 링컨의 믿음을 논박하였고, 19세기의 통합적 복음주의자로서의 링컨과 토마스 페인(Thomas Paine) 전통에 대한 회의주의자로서 링컨이 그 둘 사이를 왔다 갔다 함으로써 오해를 받고 있다고 이해하였다. 윙거(Winger) 그 자신은 제3의 가능성을 제시한다. "링컨의 종교적 언어 사용은 낭만주의 시적(詩的) 이해를 나타낸다."28) 비록 종교적 권위에 대해서는 아주 회의적이었지만, 낭만주의자들은 종종 "놀랍게도 전통적인 것을 재확인하는 데 있어서, 일종의 비정통적인 방법을 사용하였다. 그 전통은 인간 조건에 대한 기독교적 표현이다." 윙거는 링컨의 종교적인 수사(修辭)가 "도덕적으로 또한 신학적으로 매력적인 방법으로서, 미국의 목표를 정의(定義)하고 광의적 의미에서 낭만주의"라고 결론짓는다.

요약해서 말한다면, 윙거는 링컨이 오두막집에 살면서 철로 난간을 나르는 사람치고는 상당히 소양이 깊은 인물이었다고 결론짓는다. 개신교가 지배하는 문화권에 살면서 세속주의에 그는 물들지 않았다. 그는 웅변하는데 그 상징성을 힘 있게 그리고 진정성 있게 사용하였다. 윙거는 그를 계몽주의에 대항하는 초기 낭만주의 반란(反亂)에 속한 자로 평가한다. 예를 들면, 그의 숙명론은 전통적인 청교도 예정론에 속한 것이 아니었고 당대의 넓게 퍼져 있었던 낭만주의적이고 이상주의적인 인식론을 반영한 것이었다는 것이다. 이 근원적 특성은 링컨이 나이아가라 폭포에서 행한 연설에서 명백하게 드러나는데 그것은 낭만주의 표현에 짙게 물들어 있는 것이었다.

링컨은 계몽주의에 대한 회의(懷疑)(또는 좀 덜 급진적이고 상식적인 접근이라고 할 수 있는)로부터 자연과 함께 좀 더 낭만주의적이고 시적인 관계로 전향하였다. 그러한 변화가 때때로 그를 성경적이고 아우구스티누스적인 발상으로 연결시켜주는 고리 역할을 하였다. 자연의 궁극적인 의미는 물질적이고 유일신교적인 근거, 둘 다를 초월하게 하였다.29)

그 젊은 변호사에게 나이아가라 연설은, "끝없는 과거에 대한 연상을 불

러일으켰다. 컬럼버스(Columbus)가 대륙을 처음 발견하였을 때—그리스도
가 십자가에서 고난을 당하였을 때—모세가 이스라엘을 홍해를 건너가도
록 인도하였을 때—아니, 아담이 처음 창조주 손에서 빚어졌을 때—그때도
지금처럼, 나이아가라 폭포는 쏟아져 내렸을 것이고… 그 폭포는 결코 마
르지 않았을 것이며, 얼어붙지도 않았고, 잠들지도 않았을 것이다."[30] 다시
말해서, 그 미래의 대통령은 하나님의 이미지를 나이아가라 폭포와 일치시
켰던 것이다. 그의 묘사는 좀 혼란스럽지만, 그럼에도 불구하고 그가 하나
님의 통찰과 강림하시는 임재의 징표를 보았던 것은 분명하다. 계속되는
창조의 기적이 그를 감동시켰던 것이다.[31]

비록 링컨이 개신교 복음주의자는 아니었지만, 그가 전쟁 중에 행한 연
설은 많은 청중들을 감동시켰다. 비록 그가 어떤 교회에 특별히 소속된 교
인은 아니었지만, 그의 예배 참석을 말하자면, 링컨은 그의 정적(政敵)들이
반대하였던 장로교회 구교(舊校, Old School Presbyterian churches)에 다녔다.
그리고 제2차 각성대회(the Second Great Awakening)에 속한 국제 개혁 단체에
도 참석하였다. 워싱턴 대통령과 비교할 때, 그는 성경을 굉장히 잘 알았고,
종종 성경을 읽었다고 하는 사실을 들 수 있다. 그가 비동맹주의자라는 사
실은 다음과 같은 진술에 잘 나타나 있다. "교회가 예수의 율법과 복음에
대하여 압축적으로 말씀하신 완전한 것으로 그 범위를 이야기할 때, 그는
'너는 마음을 다하고 뜻을 다하여 주 너의 하나님을 사랑하고 네 이웃을
네 몸과 같이 사랑하라' 그리고 나는 그러한 교회를 마음을 다하여 사랑하
리라"[32]라는 말씀을 자주 하였다.

링컨은 그리스도의 이름을 거의 사용하지 않았다고 한다. 그는 전능하신
하나님, 만유의 주재(主宰) 하나님, 세상을 섭리하시는 하나님, 주관하시는
하나님, 의로우신 하나님, 열방의 하나님, 창조주 하나님, 모든 것 되시는
하나님의 이름을 언급하기보다는 이신교(理神敎)적 신성(神性)만을 강조하
였다. 그는 루터교와의 친화성을 드러내기도 하였는데, 그것은 "하나님이
열방의 운명을 결정하신다"는 것이었다.[33]

링컨이 만족스럽게 수용하지 못하고 표현하지 못하였던 것은 기독교의 구원 개념이었다. 악(惡)의 의미에 대하여 확신을 갖지 못하였고 링컨은 인간이란 존재는 나면서부터 이기적인 존재라는 것을 확신하였다. 그것은 노예제도가 인간 본성의 이기심에 근거한 것이라는 것 때문이기도 하다. 노예제도의 반대는 정의로움에 대한 사랑에 근거한다. 그의 제1차 취임연설에서, 그는 우리 본성에 잠재하여 있는 좀 더 선량한 쪽에 호소하였다.

역사의 의미

윙거(Winger)는 링컨의 종교적 장점은 그가 역사학자 조지 뱅크로프트(George Bancroft, Polk의 해군참모)와 스테벤 더글러스(Stephen A. Douglas)의 문화적 낙관주의로부터 영향을 받은 점이라고 말한다. 역사 분야에서 미국의 앞서가는 학자인 뱅크로프트는(독일에서 헤겔의 문하생으로 수학하였는데) 그가 저술한 10권짜리 시리즈 저서인 『미국의 역사, 미 대륙의 발견부터』 *History of the United States, From the Discovery of the American Continent*에서 미국의 정치가 근본적으로 비이론적이며 실용적인 것이었음을 주장하였다.[34] 성직자들이 주장하였던 초창기 종교에 대한 공포는 이미 극복되었던 것이다. 계몽사상 시대에 살면서 미국인들은 더 이상 신화를 필요로 하지 않았고, 오로지 자연과학과 상식만을 필요로 하였다. 그러나 그것은 링컨의 관점과는 달랐다. 그것은 남북전쟁이 투쟁하고자 하였던 바도 아니었다. 그것이 링컨의 판단이었다.[35]

윙거는 뱅크로프트를 신랄하게 공격하는데 그것은 그가 여전히 궁극적으로 보수적인 생각에 머무르고 선동적인 태도를 유지하면서 건국시조들에 대하여 지나치게 수사학적인 장담만을 늘어놓았기 때문이다. 뱅크로프트의 견해는 종교역사의 음모가 유권자들에게 아첨하는 것에 초점을 맞춘데 있었다.[36] 문제가 되었던 것은 그가 북미공화국에 종교역사를 정착시켰는가 하는 것이다. "링컨과 뱅크로프트 둘 다는 미국 민주주의의 '마지막 희망'을 보았으나 링컨만큼은 우리가 그만 그것을 상실할 수도 있는 상당한 가능성이 있다고 보았던 것이다."37) 그가 노예 해방선언을 발표하기 전에, 전쟁 당시의 대통령으로서 그는 그의 각료들에게 다음과 같이 말하였다. 그것은 그가 하나님과 흥정을 하였다는 것이고 전쟁의 물결이 북군(北軍)의 승리로 접어들게 된 이후 의회가 그렇게 하도록 허용한다는 것이었다.38) "나는 명령을 좇을 뿐이다. 나에게 다른 길은 없다"라고 그는 말하였다.39) 오늘날의 관점에서 볼 때 링컨의 선택은 현세적인 사회 복음과 반지성적인 근본주의 사이의 중간적인 입장보다 훨씬 더 상당한 가치가 있는 그 무엇이었다.

윙거는 링컨의 두 번째 취임을 겸손함에 대한 부름이라고 해석한다. 링컨 생각에는 그 어느 사람이나 국가도 승리할 권리를 주장하지 못한다는 것이다. 미국은 더 이상 세계 역사의 정상에 있지 않다고 그는 생각하였다. 오히려 미국은 단순히 많은 국가 중 한 나라로서 하나님의 심판 아래 놓여 있다고 생각하였다. 그와 그의 동료 정치인들은 정당하게 굳건히 서 있어야 할 것이고, 그들의 권력은 영원하지 못하다고 말하였다.40)

링컨의 절친한 친구 조수아 스피드(Joshua Speed)는 링컨이 "신자(信者)가 되려고 엄청 노력하였으나, 그의 이성(理性)은 위대한 구속(救贖)의 역사(役事)를 깨닫거나 풀지 못하게 하였다"41)고 결론지었다. 링컨 대통령은 헨리 랭킨(Henry Rankin) 가족 이야기를 한 것으로 전해지는데, 그것은 "아마도 내가 황혼의 감정으로 가는 과정 속에서 회의(懷疑)하고, 삶을 통하여 스스로 합리화하고, 내 인생을 통하여 내 방식을 합리화시키는 방법이었을 것이라고 토마스(Thomas)는 전하였다."42)

구에즐로(Guezlo)는 다음과 같이 설명한다. "그것은 솔직히 링컨이 자신의 것으로 주장할 수 없었던 완벽함, 그리고 링컨이 그러한 완벽함만을 추구한 것을 못마땅하게 생각하던 건국시조들, 그리고 그들이 평가하였던 그의 무력감과 무가치함"을 뜻한다.43)

일리노이 출신 상원의원인 폴 더글라스(Paul H. Douglas)는 100년 이상 지나서 다음과 같이 그를 회고하였다.

노조의 지지와 게티즈버그의 연합군 패배는 아마도 북 아메리카에서 일어난 측량할 수 없는 전쟁의 손실을 의미한 것이었을 것이다. 한쪽은 노예제도에 헌신하였고 다른 한쪽은 자유를 주장하였다. 북미는 그렇다고 하면 또 하나의 다른 유럽이 되었을 것이다. 때때로 죽을 만큼 전쟁을 치르면서 말이다. 그것은 아테네와 스파르타가 서로 살육하는 전투에 갇혀 있는 것과 마찬가지 상황이 되었을 것이다. 게티즈버그 연설은 아마도 더 큰 피에 물들 수밖에 없는 전쟁을 잠재우는 전주곡이 되었을 것이다.

북군과 남군 양측을 생각할 때, 같은 하나님께 기도하면서, 링컨은 신앙과 종교가 남북전쟁을 더 치열한 혈전으로 이끌었음을 인정하였다. 군사 지도자로 성장해 가면서, 그는 결국에는 강력한 군사 무기까지 개발하였다. 그러나 이것이 그에게 전부는 아니었다. 그는 하나님의 심판, 섭리, 용서, 그리고 미국의 건국 시조들의 계몽사상 합리주의를 능가하는 구속(救贖)의 문제들을 탐구하였다.[44]

링컨은 북측의 승리를 하나님이 인도하시는 섭리의 손길로 이해하였다. 여전히 그 전쟁을 수행하던 대통령은 그의 위상을 보여 주었고 진정으로 하나님 심판에 대하여 그의 개인적인 생각을 반영하였던 것이다. 그의 개인적이 생각에 대하여 1862년 9월, 그는 글을 쓴 적이 있는데, 그 제목을 「하나님 뜻에 대한 묵상」 "Meditation on the Divine Will"이라고 이름 지었다. 그의 비서 존 헤이(John Hay)는 그 기록을 그의 책상에서 발견하였고 그것을 지니고 있었다. 링컨은 사실상, 그것을 결코 출판할 마음이 없었다. "하나님의 뜻은 나타나게 되어 있다. 엄청난 경쟁 속에서 각 정당은 하나님 뜻에 맞추어 행동하려고 노력하였다. 그 두 정당이 다 틀릴 수도 있고 한 정당만 틀릴 수도 있다. 하나님은 동시에 둘 다 옳거나 틀리거나 할 수 없다. 현재 독립전쟁에서는 하나님의 목적이 그 어느 정당의 목적과도 다른 그 무엇인 것이다."[45] 기록되어진 것은 현 상황에 대한 방어 이상 그 어떤 것을 의미하는 것도 아니었다. 계몽주의 사상은 이성(理性)을 신뢰하는 것이었고 도덕적 상식은 그 이후로 노예제도에 대한 고민으로 변모되었다. 단순하고 절대적인 완벽주의가(노예 폐지론에서와 같이) 기독교의 최선과 갈등을 일으키진 아니하였다고 링컨은 확신하였다. 링컨은 평화의 시대가 도래하게 되면서, 화해와 재건을 모색하였다. 그러나 죽음이 그의 꿈을 좌절시켰다.

링컨은 남북전쟁 시기에 국가의 가장 큰 비극에 직면하였다. 그는 종교적 추구를 그치지 않는 사람이었으나 전도(傳道)를 염두에 둔 것이 아니라 국가의 숙명을 염려하였다. 60만 명 이상의 군인들이 그 끔찍한 골육상잔(骨肉相殘)의 전투에서 죽임을 당했다. 그 자신의 역할을 생각하여 볼 때, 링컨은 그가 자유로운 입장이 아닌 무언가 더 큰 힘, 즉 숙명적인 것에 의해서 좌우된다고 믿었다. 확신하건대, 그의 언어는 건국시조들보다 더 성경적인 것이 사실이었다. 웨스터너(Westerner)는 민주 국가주의자였는데, 다양한 가치관을 공유하였다. 연합군을 구하고 노예를 해방시키자는 것이었다. 그는 윌슨(Wilson)의 이상주의적 독선에 동조하지 않았고, 그렇다고 그 시대에 적절한 것처럼 보이는 마니교적 이원론에 동조한 것도 아니었다. 간단히 말해서, 그는 현실적으로 윤리와 이상주의(理想主義)를 구별하였던 것이다. 그것은 자아비판적 차원에서 미국의 시민종교가 때를 만났다고 생각한 것으로서 그것은 그의 도덕적 위상의 한 징표로 나타났다.

만일 어떤 대통령이 과연 윤리적 현실주의자의 호칭을 받을 만한가를 묻는다면 당연히 그는 아브라함 링컨이다. 인내심을 가지고 그는 국가를 통합시켜 나갔다. 그는 주도면밀하게 독립전쟁을 자유의 승리로 이끌어 갔다. 무장한 전투가 다만 노예해방을 위한 것이 아니었고 국가적 통합과 통일을 위한 것이었다는 그의 생각은 정당하였다. 실용주의자가 아니었던 그는 여전히 도덕성이 문화적, 역사적 맥락을 지니고 있다고 이해하였다. 링컨의 윤리를 이해하는 주요 요소는, 그리고 진정 체계적 종교에 대한 그의 자세는-그가 다양한 가치관을 함께 지니고 있었다는 데 있다. 회고해 보건대, 승리는 링컨의 성실함과 강한 기질 때문에 온 것이 아니라, 북부지방의 힘 있는 사업의 성장력에 기인한 것이었다. 개신교와 자본주의가 함께 새롭고 강력한 체제로 합력하였고 그는 법률가로서 그 동력(動力)에 참여하였다. 여전히 그는 노상강도 귀족들이 살았던 그리고 남북전쟁 이후에 계속되었던 무법천지의 상황을 비판하는 데 있어서 충분한 도덕적 강인함과 지혜로움을 지니고 있었다.

1) Smith, op. cit.

2) Ibid.

3) Cf., Elton Trueblood, *Abraham Lincoln, Theologian of American Anguish*, New York: Harpet and Row, 1973.

4) Ibid., p. 107.

5) Paul Johnson, *A History of the American People*, New York: HarperCollins, 1997, p. 486.

6) Ibid.

7) Ibid., pp. 438~440.

8) Cf., Olivier Fraysse, *Lincoln, Land, and Labor*, tr. Sylvia Neely, Urbana: University of Illinois Press, 1994, pp. 153~155.

9) Johnson, op. cit., p. 438.

10) Ibid.

11) Cf., Smith, op. cit., pp. 85~87.

12) Alan Brinkley, *The Unfinished Union, A Concise History of the American People*, New York: McGraw Hill, 1995, p. 305 et seq.

13) Johnson, op. cit.

14) Ibid.

15) Ibid., p. 441 et seq.

16) Ibid.

17) Riccards, op. cit., vol. 1, p. 260.

18) Ethan Fishman, "Under the Circumstances: Abraham Lincoln and Classical Prudence", in Williams and Peders, *Abraham Lincoln, Sources and Style of Leadership*, ed., Frank J. Williams, Williams D. Pederson, and Vincent Marsala, Westport, Connecticut: Greenwood Press, 1994, pp. 3~15.

19) Cf., John Patrick Diggins, *Max Weber, Politics and the Spirit of Tragedy*, New York: Basic Books, 1996.

20) Smith, op. cit.

21) Joshua Wolf Shenk, *Lincoln's Melancholy, How Depression Challenged a President and Fueled His Greatness*, Boston: Houghton Mifflin, 2005, pp. 81~83.

22) Allen C. Guezlo, *Abraham Lincoln, Redeemer President*, Grand Rapids, Michigan: Eerdmans, p. 38.

23) Fraysee, op. cit., p. 29 et seq.

24) Stewart Winger, *Lincoln, Religion, and Romantic Cultural Politics*, DeKalb: Southern Illinois University Press, 2003, p. 91.

25) Smith, op. cit., p. 95.

26) Winger, op. cit., p. 82.

27) Ibid., p. 84.

28) Ibid., p. 87.

29) Ibid., p. 55 et seq.

30) Ibid., p. 55 et seq.

31) Ibid., pp. 46~47.

32) Ibid., pp. 97~98.

33) Ibid., pp. 99~103.

34) Ibid., p. 51.

35) Ibid., p. 59.

36) Ibid., p. 72.

37) Ibid., p. 93.

38) Ibid., p. 84.

39) Ibid., p. 97.

40) Ibid., pp. 208~209.

41) Ibid., p. 179.

42) Guezlo, op. cit., p. 155.

43) Ibid., pp. 155~156.

44) Trueblood, op. cit.

45) Ibid., p. 8 et seq.

우드로우 윌슨
Woodrow Wilson

오바마는 윌슨의 국제주의(internationalism)와 상당부분 그 입장을 같이 한다. 그렇지만 국제주의가 시도하는바, 민주주의를 위한 세계 안전보장이 미국 내에서는 인종차별을 종식시키는 데 기여하지 못하였다. 오히려 인종문제가 윌슨의 임기 동안에 더욱 증식되었다. 그의 부친은 독립전쟁 당시에 남부지역 목사였고, 노예제도와 투쟁하였다. 이 대통령은 그렇다고 해서 특별히 종교에 대하여 독실한 사람도 아니었다. 그 자신은 민주당원이며 크리스천이라고 천명한 바 있다. 더 이상 무슨 말을 하겠는가! 윌슨의 문화주의 기독교는 현대주의 칼빈사상에 가까운 것이었는데, 제44대 대통령과는 거의 상관이 없는 것처럼 보였다.

흑인교회에 다니면서 오바마는 백인 조부모와 같이 살았는데, 하와이에서 특권층이 다니던 사립학교에 다니는 동안은 전통적인 인종차별 억압을 거의 느끼지 못하고 있었다. 데이비드 브룩스(David Brooks)는 그가 라인홀드 니버(Reinhold Niebur)에 탐닉하여 있었고 이 세상의 정치는 윌슨(Wilson)의 민주주의 이상의 실현으로 결코 구원받지 못할 것이라고 믿었다. 윌슨처럼 그도 변호사였고, 그러나 그는 국제문제에 있어서 "단번에 모든 것을 해결하는(once for all solutions)" 방식은 모색하지 않는다. 그는 전임 프린스턴(Princeton) 출신 대통령과 비교하여 볼 때 협상에 더 중점을 두었고 사명감이 매우 달랐다. 오바마는 정치적 사회적 혁신을 위로부터가 아닌 밑으로부터 일으키려는 진정한 대중주의자(populist)라고 할 수 있다.

"나의 인생은 단순하고 순수한 종교의 힘을 추진시키는 일이 아니었다면 그렇게 가치 있는 것이 아닐 것이라고 생각한다." 이것은 1915년 1월 3일 우드로우 윌슨이 토이 여사(Mrs. Crawford H. Toy)에게 한 말이다.[1]

"엄청난 일에 우리는 도전해 있고 그것이 우리를 하나로 묶고 있다. 그것은 미국을 강건한 기독교 국가로 만드는 일이고 또한 세계를 기독교화하는 것이다."(1905년 11월 20일)[2]

월슨 대통령 당시 세계의 국제적 인물들

월슨 대통령의 정치적 세계는 국내적으로나 국제적으로 대조적인 평가를 내리는 인물들로 이루어졌다. 몇몇은 그가 선하다고 평가했고 몇몇 다른 사람들은 그가 악하다고 평가하였다. 그가 결정을 내리고 종교적인 가치를 주장하였던 상황들은 바로 이러한 인물들을 설명하는 것으로 명확하여진다. 그의 국무장관이면서 기독교 대중주의자인 윌리엄 브라이언(William Jennings Bryan)은 그가 그의 당 전당대회에서 민주당 후보로 공천받게끔 역할을 하였다. 평화주의자인 브라이언은 월슨 내각에서 사퇴하였는데, 그것은 월슨이 루시타니아(Lusitania) 선박의 침몰 사건으로 전쟁을 협박하는 항의문건을 독일에 보내었기 때문이다. 브라이언 자신도 백악관에 3번 도전한 대결에서 데오도르 루스벨트(Theodore Roosevelt)에게 패배하였다.

루스벨트와는 대조적으로 윌슨의 연설은 더욱 학구적인 냄새를 풍겼다. 그는 전임 대통령을 때때로 무책임하고 호전적이라고 비난하였다.

한편, 당시에, 카이저 빌헬름(Kaiser Wilhelm)이 독일을 통치하고 있었다. 윌슨은 그를 매우 위험하고 완고한 인물로 보았는데 그것은 그가 미합중국 대통령이 요구한 유럽전쟁을 종식시키고 평화를 협상하자는 제안을 거부하였기 때문이다. 빅토리아 여왕(Queen Victoria)의 손자인 카이저는 팔이 불구로 태어났다. 오스트리아, 헝가리 또한 러시아 왕정에서처럼, 그는 그가 하나님의 은혜로 부여받은 권위로 국가를 다스린다고 믿고 있었다. 윌슨의 신앙심과 국가적 정치기술은 그와는 반대편에 서 있었다.

동맹국 입장에서 볼 때, 윌슨은 불란서의 전쟁 영웅, 조지 클레멘스(George Clemenceau)와 대결하였는데, 그는 하나님을 믿지 않았고 윌슨이 불란서에서 교회에 출석하였을 때, 윌슨과 함께하기를 거부한 자였다. 영국의 수상인 데이비드 조지(David Lloyd George)는—윌슨의 신앙적 진보에 대하여—냉소적이었는데 차기의 세계 전쟁도 "모든 전쟁을 종식시키기 위하여" 싸울 것이라는 명분으로 일어날 것이라고 예언하였다. 물론 그 당시에 다음 세계대전이 원자폭탄 사용으로 종결될 것이라는 것을 예단한 정치가는 없었다. 제1차 세계대전이 유럽을 무너뜨렸을지라도, 그것은 미국 최고 수반의 역할과 반경을 변경시키는 결과를 초래하고 말았다. 어떤 의미에서는 현대적 대통령직은 윌슨과 함께 시작되었다고 볼 수 있다.

미국 전역을 통해서 전쟁은 어떤 면으로든지 간에, 수백만 명의 국민을 그들의 공동체로부터 끌어내어 적들에게 대항하도록 만들었다. 그래서 정상으로 복귀하는 데 오랜 시간이 걸렸고 그것은 환영(幻影)처럼 자리 잡게 되었다.

윌슨이 정치에 끼친 영향

윌슨은 앞을 내다보면서, 스스로 미국정치에 기독교인으로서, 참여해 왔었는데 그것은 그가 존스 홉킨스 대학(John's Hopkins University)에서 대학원

학생으로서 공부할 때부터였다. 1902년 프린스턴에서 그의 대학 모교 동창을 가르치기 위하여 돌아왔을 때 그는 그 대학에서 탁월한 인물이 되었고 10년 후에 그 대학의 총장으로 선출되었다. 윌슨은 지적인 재능과 더불어 도덕적 탁월성을 인정받았으나 곧 어려움에 봉착하였다. 그가 뉴저지(New Jersey)의 주지사로 출마하기 위하여 학교를 이임하였을 때, 그의 학교 행정 부서는 그의 이상주의적 비타협적인 태도로 말미암아 공격을 받고 있었다. 그는 (특권층을 멀리하고) 국가를 섬기기 위하여 방향을 바꾸기를 원했다. 그러나 이사회로부터 압력을 받았다. 그는 결국 홀로 자처하는 개혁가로서 정치에 입문하였다.

그의 일생을 통하여, 새롭게 태어남(new birth)을 강조하는 제4복음(the fourth gospel)의 이해가 윌슨이 정치적 숙고(熟考)를 거듭하는 배경이 되었다. 그리고 그는 온 세계를 위하여 그러한 구속(救贖)의 경험을 가져다주기를 원했다. 윌슨의 신앙심에 대한 진부한 논쟁은 그의 인생 초반으로부터 연유한다. 그의 중생(重生) 체험은 1872년에서 1873년에 이르는 학창시절 조지아(George)의 아우구스타(Augusta)에 위치한 콜롬비아 신학교(Columbia Seminary)에서 일어난다.3) 윌슨은 후에 이 체험을 서양문명을 개혁할 수 있는 기독교 도덕적 원리에 연결시켰다. 그가 그의 첫 국무장관 윌리엄 브라이언(William Jennings Bryan)—후에 그가 이 사람을 정치적으로 무책임하다고 여기게 되는데—과 공유한 생각은 보통 인간들이 가지고 있는 종교적 기반의 신조가 되는 포퓰리즘에 관한 것이었다. 그럼에도 불구하고, 윌슨은 브라이언과 같은 성장배경을 지닌 평민타입은 아니었다. 윌슨 인생의 모델은 그가 바라던바 추상적인 면에 있어서 그의 정치철학을 결코 구현시키지는 못하였으나 일종의 대학생 타입 유형에 속하였다. 그의 정적(政敵)들은 그를 신정주의자(神政主義者)라고 불렀으나 그는 명백히 민주주의에 헌신하였고 교회와 국가의 법적 분리를 신봉하였다. 윌슨의 성실성은 그가 그를 지지하는 당 지도자들과 함께 뉴저지에 입문한 다음 얼마 안 되어 곧 나타났다. 그의 도덕적 민감성과 양심적 소양이 그러한 사실을 고무(鼓

舞)시켰다. "신사 여러분, 건배합시다. 뉴저지 주의 주지사인 우드로우 윌슨, 거짓말쟁이 그리고 배은망덕한 그를 위하여."[4] 이 말은 제임스 뉴전트(James R. Nugent)의 말인데 그는 민주 국가 위원회(the Democratic State Committee)의 회장으로서 윌슨이 뉴저지의 주지사에 당선 되었을 때 그를 지배하려고 하였던 인물이다. 뉴전트는 이에 실패하였다. 윌슨은 수장(首長)들에게 도전하였다(비록 그가 그들에게 최소한 그들의 영역을 확보할 것을 약속하였지만). 그리고 그는 그 위원회 회장들과 같은 사람들을 파멸시키기 위하여 열심히 노력하였다. 사실상, 이 사태 이후 1년 남짓 후에, 윌슨은 지역구 정치를 반대하고 반부패적 정치가로서 대통령 공천을 받았다. 그는 뉴저지 당 지도자들에게 다음과 같이 말하였다. "그들은 내가 말한 것을 진정으로 믿지 않았다." 그의 말은 항상 최후에 윤리적인 결정으로 끝났다.[5]

허버트 후버(Herbert Hoover)는 유럽으로 그 전쟁 당시의 대통령을 동반하였던 사람인데 윌슨의 도덕성에 대하여 최고로 평가하였다. 후버는 승전 동맹국들 사이에 증오심이 걷잡을 수 없이 일어났다고 지적하였다. 평화회담에서, 윌슨은 그것에 직면하기 위하여 리더십을 발휘하기로 하였으나 성공하지 못하였고 그의 민주주의에 대한 믿음을 주창하였다고 후버는 지적하였다. 윌슨이 초창기에 표방하였던 원칙들이 국제적인 구도를 잡기 위하여 확장되었다. 그의 인생 초반에, 그는 국회가—국가 입법부나 당 지역구처럼—자주 "장기적 음모와 무능함, 그리고 목적과 야망이 아주 사적(私的)인 동기로 유발되는 것을 막을 수 없다"고 주장한 바 있다. 강한 지도자들, 그리고 깨끗한 목표가 개혁을 위해서 필요하게 되었다고 그는 논박하였다. "지도자가 없으면 원칙이 없고, 원칙이 없으면 당이 존립할 수 없다"고 그는 생각하였다.[6] 그것이 그가 국제관계에서 수행해 나아가려고 하는 확신이었다.[7]

우리는 초창기 윌슨과 그의 저서 『에드문트 버크: 그 인간과 그 시대』 *Edmund Burke: The Man and His Time*를 돌아다 볼 필요가 있는데, 이 책은

1893년도에 완성되었다. 그 당시, 윌슨은 버크의 주장들을 이해하려고 하였고 그것을 강의하고 있었다.[8] 그는 버크와 함께 학교나 공적 기관들이 정치를 전진시키기 위하여 필수적인 존재임을 강조하였다. 윌슨은 무모한 다툼이 발생하는 것이 삶의 결정적 사실이지만 그것이 영적 결손상태를 대치시킬 수는 없다고 생각하였다. 제퍼슨 대통령처럼 윌슨의 원칙적 판단은 아마도 사람들이 생각하는 것보다 더욱 더 역사적으로 오랜 시간에 걸쳐서 조성된 것으로 보인다. 양측 모두에게 상대주의는 그 대안이 아니었다. "자유의 역사는 정치의 역사이다"라고 윌슨은 천명하면서 다음과 같이 부언(附言)하였다. "죄란 법을 어기는 것이고 그것은 즉, 정치적 진전을 막는 것이다."[9] '모든 일들이 결국 다 죄를 범하는 것인가?'라고 신학자들은 물을 것이다.

그의 정치학을 자신의 영역에 끌어들임으로써, 윌슨은 미국의 독특한 사명이 독립전쟁 이후에 길드 시대(the guilded age)와 타협을 이룬 것이라고 주장하였다. 그리고 더 가깝게는 그의 선임자, 윌리엄 타프트(William Howard Taft)의 달러 외교 정책(the dollar diplomacy)에서 더욱 그러하다. 그가 처음 백악관에 4년 동안 재임하면서, 윌슨 행정부는 알렉산더 해밀턴(Alexander Hamilton) 시대 이후로 그 어느 때보다 더욱 긍정적인 법안처리를 시행하였다. 그러한 개혁의 수장(首長), 윌슨은 국회에 새로운 모습으로 나타났고, 그 전임 대통령들과 달리, 그가 선호하였던 진취적인 일들을 위하여 싸웠다. 1914년, 클레이턴 반(反)트러스트 법안(the 1914 Clayton Antitrust Act)에 대한 장전(章典)과 연방 무역 위원회(the Federal Trade Commission) 설립을 위한 법안이 통과되었다. 사업의 거장(巨匠)들을 파괴시키기 위한 기대감이나 악을 행하는 자들을 처벌하는 데 대한 기대감에서가 아니라, 가격 차별 남용과 같은 잘못을 방지하기 위함이었다. 아동 노동법이 시행되었는데 그것은 후에 대법원에서 헌법에 맞지 않는다고 판단되었다. 미합중국은 최선의 의미에서, 성장하는 기독교 사회인 것처럼 보였다. 확실한 것은 교회와 국가의 분리 정책 때문이었다. 그의 후반기, 새로운 시대에 대한 모든 주장에도 불구하고, 윌슨은 인종문제에 관하여서는 시대를 앞서 가지 못하였다. 그가 개인적으로 작성한 메모에서 그는 흑인들(Negroes)은 무식한 사람들일 뿐만 아니라 "열등한" 인종이라고 명명하였다. 그리고 그는 또한 여성들은 남성들과 차별적으로 교육을 받아야 한다고 믿었다.10)

윌슨의 지나치게 강직한 성격은 그가 국제적으로 달성하고자 하였던 일에 비극적으로 작용하였다. 그리고 그의 백악관 시절에 일찍이 일어날 수 있는 전조(前兆) 현상들이 나타났다. 그가 미합중국 대통령으로 당선된 다음 날, 민주당 대표가 그를 만날 것을 제안하였을 때, 윌슨은 다음과 같이 소리쳤다. "우리가 더 이상 나아가기 전에, 내가 당신들에게 아무 것도 빚지고 있지 않음을 확실하게 이해해 주기 바랍니다. 하나님이 내가 미합중국의 차기 대통령이 되어야 한다고 안수(按手)하셨다는 것을 기억하십시오."11) 기자회견장에서 윌슨은 입법부의 어떤 구체적인 한 가지 법안에 대하여 타협안을 찾고 있었는데 그는 기자들을 소집하고 다음과 같이 언급하였다. "당신들이 기회가 된다면, 나는 직무를 수행할 때 타협 따위를 구하는 사람이 아니라는 것을 말해 주시오. 그래서 언론에 그러한 일이 절대로 흘러들어 가지 않게 해 주시오."12) 또한, 윌슨의 도덕적 감각은 인간성에 대한 기본적 선함을 믿는 그의 거의 루소적인(Rousseauean) 믿음에서 연유하였다. 특히, 그는 지성적인 지도자들보다 좀 더 단순한 사람들의 지혜를 선호하였다.

전쟁과 평화

재선(再選)에 도전하면서, 윌슨은 '그가 우리를 전쟁에서 구하셨다'라는 선거 구호를 허락하였다. 현실적으로, 그의 선택 안(案)들은 그가 제안하였던 말들보다 훨씬 더 많은 것들을 제시하고 있었다. 서구 동맹들—거의 모든 러시아 동맹들—은 무너져 가고 있었다. 그가 감당해 낼 수 있는 것보다 더 큰 압력들이 그의 대통령직을 억눌렀고 미국의 교전상태를 촉발시켰다.13) 전쟁이 끝난 후, 독일은 윌슨이 약속을 지키지 않았고 미국의 민주주의 사상을 배신하였다고 믿었다. 그는 독일 후원을 박탈하고, 나치정부 때까지 결코 종식되지 않았던 쇠퇴 국면을 그냥 내버려 두기로 하였다. 실질적으로, 미국 대통령의 선언은 그 힘을 잃었고, 독일의 항거 운동을 단축시켰다. 그가 후에 그의 연설을 평화 정착을 위한 기반으로 삼으려고 하였을 때 그의 말은 애매모호한 것이 아닌 명확한 의미를 가지게 되었다.

특이한 현상은 1918년 12월 초에 일어났는데 그것은 조지 워싱턴 호 배가 브레스트(Brest)에 정박하였을 때 일어났다. 배 갑판을 따라서 이 모험을 즐기는 양키 기사(騎士)는 뿔테 안경을 쓰고, 교과서, 백과사전, 지도, 그래프, 통계 수치, 그리고 유럽의 지경을 들어올리려고 하는 모든 종류의 지렛대 역할을 하는 것들을 정의에 대한 관심으로 돌리는 [우드로우 윌슨]의… 14가지 요점을 마음에 간직한 대학 교수들, 그들과 함께 걸어 들어갔다.14)

캔자스 주 기자인 윌리엄 화이트(William Allen White)가 위와 같이 보고하였다. 이것은 인상적인 한 기자의 보고였는데 그 이유는 그가 구세대를 다시 형성할 수 있는 자유주의 이상주의자의 그 능력에 대하여 중요한 의미를 부여하였기 때문이다.

윌슨 대통령은 지속적인 평화란 오직 옛날의 비밀 외교의 남용이 종식될 때만 가능한 것이라고 확신하였다. 권위주의가 자유에 대한 갈망을 낳게 하였다. 구식 왕정은 붕괴되어 갔다. 국가의 자결권(自決權)은 새로운 세계 질서에 대한 필수적 사항이 되었다고 윌슨은 믿었다. 베르사유 평화회담 (the Versailles Peace Conference)에서 유럽의 새 지도가 형성되었고 국경의 변화가 생겨났다. 오스트리아 헝가리 제국이 무너지면서부터 유고슬라비아, 체코슬로바키아 신생국이 태어났다. 그중 아무 국가도 그 세기 말까지 지속되지 않았다. 미국 지도자의 목표와 전략이 유럽 동맹국들과 미합중국 내에서 수용되어졌더라면 어떤 결과가 일어났을까? 나치주의의 발흥과 제2차 세계대전이 일어나는 것을 막을 수 있었을까?

중요하게 남아 있는 문제는 월슨의 국제주의가 21세기 초에 미국 프로그램에 얼마나 과연 힘 있게 살아 있는가 하는 것이다. 그의 비전은 아직도 신생국인 미합중국의 이상주의와 도덕주의의 개혁의 의지를 전쟁으로 지쳐있는 국가에 안겨다주는 것이었다. 유럽의 일부에서 이미 발달된 회의주의와 염세주의는 월슨이 종교적으로 점철된 국운(國運)을 향하여 나아가는 생각에서는 다행히 제외되어 있었다. "우리는 돌아설 수 없습니다. 우리는 비전을 따라서 고양된 정신과 새로운 마음으로 오직 전진해야만 할 것입니다. 우리가 태어날 때부터 꿈꾸던 바로 그 비전을 향해서 말입니다. 미국은 진정 그 길을 보여줄 것입니다. 그 빛은 앞길을 훤히 비쳐 주고 있으며 그 어느 다른 곳에서도 일어나지 않을 것입니다."

월슨의 종교적 원리

그 대통령의 스스로 이른바, '종교적 원리들'이란 지적 도전에 예속되는 문제가 아니었다. 월슨은 한때, 그의 백악관 의사이자 각별한 친구인 케리 그레이슨(Cary Grayson) 제독에게 "종교문제에 관하여서 논쟁은 끝났다"[15]고 말하였다. 그 전시(戰時) 대통령은 성경 읽고 기도하면서 매일 가정예배를 드렸고 그가 하나님의 뜻을 행하고 있다는 확신으로 살았다고 한다. 당연히, 불란서 상대자였던 클레멘스(Clemenceau)는 베르사유 평화회의에서 그를 "개신교 성직자"라고 별명 붙였다.

아더 링크(Arthur Link)는 월슨의 가장 중요한 자전(自傳) 작가인데 그는 제1차 세계대전시 이 대통령을 평가하기를 "현대 정치가들 중, 칼빈주의 전통을 따르는 주체이며 옹호자"[16]라고 주장하였다. 월슨의 목적은 그가 믿는바, "신앙과 기독교 사랑의 계명이 요구하는 것이 무엇인가를 결정하는 것"이었다. 프린스톤 대학의 총장으로서, 그는 기독교를 "고차원적 이상(理想)에 기초한 도덕체계"이며 그것은 교리적 신조를 뛰어 넘는 그 이상이라고 묘사하였다. 링크는 부언하여 말하기를, "기초적 기독교 신앙에 대하여 월슨은 어린 아이와 같았으며 결코 의심하지 않았고 항상 믿었으며, 성경 읽기와 교회출석, 그리고 기도함으로 영적 자양분을 취하였다"고 한다. 국가를 전쟁의 적대감 속으로 몰고 가면서, 그는 "지혜로운 자는 하나님 섭리를 절대 의심하지 않는다고 생각하였다. 그 이유는 위대하고 장기적인 계획이 시행되는 과정 속에서 그의 장엄함과 목적의 명확성이 나타나 있기 때문이다… 우리는 그것을 명심하는데 무능하다"고 말하였다.

게리 스미스(Gary Scott Smith)는 그 기독교인 대통령이 집회하기를 열망하였는데 그것이 국가의 자결권(自決權)에 대한 소명과 모순된다고 판단하였다.

존 톰슨(John A. Thompson)은 영국의 역사학자인데, 윌슨이 그의 의사에게 한 말이 두 가지로 해석될 수 있는 것이라고 이해한다. "윌슨은 성경적 비평과 다윈의 진화론이 전통적 신학의 진리에 대하여 심각한 질문을 일으킬 때는 아주 성숙한 반응을 보였고 많은 영국계 미국인 지성인들이 신앙을 잃어버리는 일에 대하여 고민하고 있을 때도 그러하였다. 그가 이런 상황에 대하여 반응한 것은 그가 33세 되던 생일날에 비밀 주간지에 기고한 것처럼 그의 지성의 일반적인 기능으로부터 신앙을 배제하는 일이었다."[17]

윌슨은 자신의 일기에 다음과 같이 기록하였다. "나는 다른 사람들이 가지고 있다고 하는 그런 종류의 심오한 영적 갈등을 갖지 않았음에 모종의 의아함을 느끼곤 하였다. 나는 지적인 갈등은 느꼈으나 그러나 그런 고민이 나를 괴롭히지는 않았다. 그러한 갈등은 내가 배운 종교의 근본과 관련된 나의 신앙과 상관이 없어 보였다… 나는 지적으로 만족하지 않아도 영적으로 만족할 수 있는 것처럼 생각되었다."[18]

그의 일생 후반에, 비록 어떤 사람들은 그들이 이해하는 한도 내에서 믿을지라도—그것은 그에게는 주제 넘는 짓으로 보였고—그 자신의 세계의 척도가 되는 기준을 이해시키기 위한 것이라고 그의 입장을 설명하였다.

톰슨은 윌슨이 그의 신앙과 지성 사이에서 발견한 장벽은 그 두 방향을 향해서 각기 따로 작용하였다고 이해한다. 한편으로는, 그의 신앙은 매우 정서적인 상태로 유지 되었다. 그의 경험에서, 그는 특히 찬송가를 부르는 일과 성찬식에 가치를 두었다. 한 번은 그는 자신의 목사가 너무 정서적으로 결핍되고 지나치게 학구적이라고 하여 교회를 빠져 나오기도 하였다. 그의 오랜 지기지우(知己之友)는 그러한 사태를 보고 "그는 항상 신앙을 단순한 것으로 받아들였다"고 말한다.

톰슨은 다음과 같이 논한다. "그의 아버지와 장로교회는 아마도 의심할 바 없이 옳을 것이다. 그러한 주장을 받아들이면서 그는 신학적인 배경이 취약하였고 성경과, 그의 하나님, 그리고 최소한의 지적인 방황이 없이 그 자신의 기도에 열심을 기울였다." 톰슨은 또한 그 대통령의 종교적 헌신이 그의 다른 분야의 사상과 타협되지 않았다고 확신하였다. 그는 윌슨 자신의 정치 분야의 저술이 그 특성상 전적으로 세속적이라고 지적한다. 그의 첫 번째 국무장관 윌리엄 브라이언(William Jennings Bryan)과 아주 다른 맥락에서, 그는 정치를 기독교적 가치관을 깨닫게 하는 분야로 보지 않았다.[19]

게리 스미스(Gary Smith)의 평가는 윌슨이 "진보적 형태의 후 천년설(post-millennialism, 그리스도가 재림할 때까지 상태가 점점 개선될 것이라고 하는 견해)"을 믿었다고 평가한다. 칼빈주의 영향을 받아서, 그는 "질서, 구조 그리고 전체성"을 강조하였다. 1906년 일찍이, 그는 "그리스도는 개혁자가 아니다"[20]라고 주장하였다. 1910년까지, 그는 교회의 임무가 죄인을 구원하는 데 있다고 믿었으나 또한 그것이 사회구조를 개혁하고 개혁에 영향을 줄 직접적인 책임을 가지고 있다고 생각하였다. "그의 인생 후반에, 윌슨은 도덕적 결정의 애매모호한 특성을 깨닫게 되었고, 그러나 그의 일생을 통하여, 그는 (때로는 아주 단순하게) 옳은 것과 그른 것을 구분하고, 도덕적 이상을 위해 투쟁하고, 타협을 멀리하는 경향을 보였다."[21]

윌슨은 숙고(熟考) 끝에, 사회 다윈주의(Social Darwinism)와 자유주의적 기독교 낙천주의의 결합을 기꺼이 받아들였다. 그것은 인간은 선천적으로 선하게 태어났다는 것이다! 스미스는 윌슨이 노골적으로 칼빈주의의 인간의 전적 타락 교리를 거부하였는지에 대하여 논쟁하였다. 오히려 "미국은 기독교 국가로 태어났다"라고 주장한다. 프린스톤 대학의 총장 생각으로는 하나님의 왕국이 국수주의(國粹主義)의 전통과 결합된 바로 그 무엇이었던 것이다. 비평가들은 그를 '메시아주의(Messianism)', '선교적 헌법주의자(missionary constitutionalism)'로서 미국 기관들이 다른 국가를 강요하였다고 비난한다.22)

찬성과 반대 – 윌슨의 특징

한 영국의 역사가는 그 세기 말, 과거와는 많이 차이가 났지만 다음과 같이 평한다. "그는 성숙한 그의 생애로부터 추정할 수 있듯이 '구원 공포증(Salvation Panic)'으로부터 솟아난 '개신교 윤리학자(Protestant Ethic)'로 묘사된 자이다. 그러나 그것을 사정없이 몰고 간 자는 아니었다."23) 윌슨은 더 사색적이고, 다면적이며 미국의 모든 대통령들 중에서 가장 도덕적으로 분명한 사람이었다. 유태인 출신 보스턴 변호사인 루이스 브랜디스(Louis Brandies)는 윌슨이 1916년 대법관으로 임명한 자였는데 그가 처음 윌슨을 만나고 다음과 같이 논평하였다. "그는 대통령의 모든 이상적 기질을 지니고 있었다. 강하고 단순 진실하고 유능하며, 오픈 마인드였고 배우고 의견을 교환하는 데 열심이었다."24)

때때로 그의 정적들이 냉소적으로 말하는 것처럼 윌슨의 14가지 요점(Fourteen Points)은 그냥 하늘에서 뚝 떨어진 것들이 아니었다. 사실상, 그것들은 국제주의자들의 깊은 통찰에서 그리고 그 나라의 평화주의자들과 깊은 협의를 거치면서 성장한 것이었다. 그리고 그것은 심지어 전쟁의 위기가 닥치기 수 년 전에 윌슨이 시작한 것이었다. 평화가 유럽으로부터 떠나가자, 영국의 외무장관 에드워드 그레이 경(Sir Edward Grey)은 그의 정통성 있는 한 가지 선언을 발표하였다. "유럽에서 불빛은 꺼져가고 있습니다. 우리 세대에 그 불빛이 다시 켜지지 않을까 두렵습니다." 그 불빛을 다시 밝히기로 한 것이 윌슨의 사명이라고 그 전시(戰時) 대통령은 믿고 있었다. "왜 예수 그리스도는 이런 점에 있어서 그의 가르침을 따르도록 설득하는 데 현재까지 성공하지 못하였을까?" 이것이 윌슨이 한때 파리에서 평화를 정착시키기 위하여 회담하였을 때 그의 경악하는 정치가들로부터 받은 질문이었다. 임무를 수행해 나아가면서, 윌슨은 그 자신이 당면한 문제들에 부응하기 위하여 전진을 계속하였다. "그것은 하나님이 일을 성취하기 위하여 어떤 실제적 수단을 가르쳐 주지 않으면서 그 이상(理想)을 구현시키고자 하였기 때문이다. 그렇기 때문에 나는 그의 목표를 수행하기 위하여 실질적 계획을 제안하는 것이다."

개인적으로, 윌슨은 근본주의자가 아니라, 14~15세기의 개혁자, 존 위클리프(John Wycliffe)의 추종자들인 로라드(Lollards)라고 불리던 전통의 저교회파 그리스도인(low church Christian)이었다. 윌슨의 종교와 국가 간의 관계에 대한 이해는 성공회, 루터란 교회, 로만 가톨릭, 그리고 정통교에도 마찬가지로 이상한 것으로 보였다. 그의 예수에 대한 질문은 프랭클린 루스벨트(Franklin Roosevelt)와 윈스턴 처칠(Winston Churchill) 사이에 있었던 예일 회담(Yale Conference)에서 제기되었던 문제와 달랐고 또한 2차 세계대전이 종식될 무렵의 조셉 스탈린(Joseph Stalin)의 그것과도 달랐으며, 공산주의 붕괴 이후 유럽의 지도자들과 함께 한 레이건(Reagan)이나 클린턴(Clinton)의 문제와도 달랐다. 미국의 전시 대통령으로서, 윌슨은 미국의 존립 이유를 너무 고차원적이어서 "완성시키기 위하여 죽음을 각오하는"25) 것으로 묘사하였다.

후에 알려진 결과는, 윌슨과 같은 사람들이 너무 많았다는 것이고, 그 모든 사람들이 윌슨 대통령 자신이 생각하는 것처럼 그렇게 순수하지 않았다는 사실이다. 한 영국인 역사가는 20세기 말에 한 저서에서, 그를 야누스(Janus)와 같은 인물이라고 평가하고 다음과 같이 결론을 맺었다. "그보다 더 복잡한 성격의 소유자가 백악관을 점령한 예는 없었다."26) 역사학자들에게는—아무리 정직한 사람이라도—정치적 자서전을 쓰기란 그리 간단한 일이 아니다. 로이드 조지(Lloyd George)는 베르사유 평화 회담에서 자기 나라의 동맹국들을 이끈 영국의 수상이었는데 그의 저서『평화조약에 관한 진실』*The Truth about the Peace Treaties*에서 다음과 같이 회고하였다. "모든 인간들이 양면성을 지니고 있지만 윌슨의 양면성은 최악이다. 그의 이상주의와 의심할 바 없는 성실성은 인정한다. 그러나 또한 그의 인간적 증오심, 의심, 비판에 대한 무관용성, 그리고 그에게 동의하지 않는 사람들을 향한 너그러움의 절대적 결여도 인정해야 한다."27)

미국의 풍자가 헨리 맹켄(Henry Mencken)은 윌슨을 "전형적인 시체와 같은 크리스천 의 모델"이라고 평하고 그러한 자는 "국가에 코사크(Cossack)와 같은 폭정을 가져다줄 것"이라고 경고하였다.28)

그러나 윌슨은 거의 모든 미국 대통령 역사가들의 리스트에서 높은 위치를 차지한다. 윌슨은 아더 슐레징거(Arthur Schlesinger Sr.)가 1948년에 그리고 또다시 1962년에 실시한 전문가들의 대통령 평가에서 1등을 차지하였는데 그것은 이상주의에서 그가 탁월하였던 점에서이다. 그러나 그는 융통성에 있어서는 최저의 점수로 평가되었다. 모든 대통령들 중에서, 윌슨은 워싱턴, 링컨, 프랭클린 루스벨트 다음으로 네 번째 위대한 대통령으로 자리하였고 그 다음 제퍼슨(Jefferson)이 그 뒤를 이었다. 윌슨은 그 자신을 "자유주의자 같은 보수주의자"라고 표현하였다. 현대주의 경향 속에서 그 자신의 계약적 칼빈주의(Covenant Calvinism)에서 갈라져 나오면서 그는 제퍼슨의 낙관적 자유, 국수주의, 그리고 신앙에 대한 긍정(비록 그가 제퍼슨을 신임하지 않았고 독일의 Kaiser와 같은 전제적 왕정의 폭정을 반대하였으나)을 상고하였다.

사실, 여러 가지 면에서 윌슨의 이상주의는 19세기 미국의 개혁과 포퓰리스트 전통에 계속적으로 최고의 영향력을 미치는 것이 되었다. 기독교는 정의, 형제애, 사랑, 그리고 평화—때때로 그것들은 유토피아적 용어로 풀이 되었지만—를 의미하게 되었다. 새로운 시대를 열 수 있게 된 것이다. 하나님의 왕국은 아마도 미래에 완성될 것이다. 그러나 현재에 그것을 위하여 싸워 나가야 할 것이다. 그리고 그것은 인간의 노력으로 실현될 것이다. 그의 입장은 후천년설(post-millennialism)이었는데, 그것은 근본주의 세대주의(dispensationalism)에서처럼 종말론의 임박성을 믿지 않는다. 비록 그의 견해가 문자주의적은 아니었지만, 그는 후에 신 정통 개신교 신학자들에 의해서 주장된 염세주의를 수용하지 않았다. 그렇다고 해서 그가 윤리적 현실주의자도 아니었다.

개인적 자서전이 그 어떤 공적(公的) 인물의 평가에 있어서 피할 수 없는 참고자료라는 주장에 있어서, 심리 치료의 아버지 지그문트 프로이드(Sigmund Freud)와 윌리엄 불리트 대사(Ambassador William C. Bullitt)는 그 전시 대통령의 심리적 재평가에 대하여 논평하였다.29) 그들은 매우 비판적이었고 부정적이었다. 그들이 기록한 것들을 읽은 대부분의 독자들은 비록 중요한 부분이 있기는 하나, 그들이 극히 부분적인 것만을 다루었다는 데 동의하였다. 윌슨의 저교회파 개신교적 확신은 그의 사상의 편협한 자기 파괴적 양상에 기여하였다. 예를 들어, 그의 인생 말기에 그는 국회에서 그를 따르는 자들에게 국제 연맹(the League of Nations)에 대하여 타협하지 않을 것을 확신시켰다. 그렇게 함으로써, 그는 결국 그 자신이 최고로 성취한 업적의 일부를 손상시켰다.

동시에, 윌슨은 대승불교가 불성(佛性)을 주장함에서 볼 수 있는 것처럼 인간 사회가 잔인함과 폭력을 구원할 수 있는 잠재력을 가졌다고 믿었다. 그의 말을 믿는 사람들은 다음과 같은 사실들을 믿어야 했다. 힘의 정치학은 결국 2차적인 것이라는 사실이다. 윌슨이 백악관에 들어 왔을 때, 하나님에 대한 믿음과 미국 국운(國運)에 대한 확신이 공적인 토론에서 늘 전제되어야만 했다. 윌슨과 같은 자유주의 신학자는 하나님의 섭리 하에서의 진보를 믿었는데—그것은 자유와 문명의 성장 바로 그런 것들이었다—그것은 원자탄 공포나 임박한 종말론 같은 것을 믿는 것이 아니었다.

프로이드와 불리트가 그렇게 멸시하였던 그의 정치는 심지어 파리 평화 회담에서도 추상적인 것을 구상하는 한 학자로서만 그 존재 가치가 남아 있게 되었다. 그는 박사학위를 소지한 유일한 미국 대통령이기도 하였다. 그는 1886년 존스 홉킨스 대학(Johns Hopkins University)에서 그 학위 과정을 마쳤으며 미국에서 가장 학력이 좋은 대통령의 자리를 차지하였다. 아담스(Adams) 대통령과 제퍼슨(Jefferson), 그리고 매디슨(Madison) 대통령도 미국 초반 역사에 거의 비슷한 높은 지식을 나타내었다. 학자로서의 윌슨은 더욱 더 전문가다웠다. 그는 처음에 버지니아 대학(the University of Virginia)에서 법학을 전공하였고 아틀란타(Atlanta)에서 짧은 기간 동안 변호사 사무실을 개업하였다. 그러나 그는 존스 홉킨스 대학원에서 새로운 형태의 정치학으로 전공을 바꾸었는데 그곳에서 더 넓은 영역의 사고(思考)에 접하게 되었다. 비록 윌슨이 대부분의 생애를 교사와 작가로 소비하였지만 그는 결코 한 사람의 참관자로 그의 생을 보내지 않기로 마음먹었다. 그 대신에 그는 스스로를 행동가로서, 미국의 꿈을 이루는데 적극 참여하는 자로 생각하였다. 무언가 특단의 조치가 일어나야 된다고 그는 확신하였다. 동시에, 몇 가지 점에서 그의 도덕성과 의무감은 대부분의 정치가들을 특징짓는 편의주의에도 별 거부감을 주지 않았다. 그리고 이 점이 그의 위상에 기여하였다.

윌슨은 '남부인'으로 출생하였는데 그의 어린 시절을 국가연합(Confederacy)이라는 시대적 상황을 거치며 자라났다. 독립전쟁을 치르는 동안에, 그의 부친은 노예제도를 지지하였다. 어린 윌슨은 처음부터 재건(Reconstruction) 시대의 고통을 주시(注視)하여야만 했다. 그는 어떻게 제퍼슨 데이비스(Jefferson Davis)가 전쟁 말기에, 그의 아버지가 목사였던 교회에서 쇠사슬에 묶여 끌려갔는지를 생생하게 기억하였다. 윌슨은 그가 후기에 저술한 정치 기록에서, 북부의 승리를 받아들였고, 그 사실과 함께, 링컨의 자유에 대한 이상을 수용하였다. 그는 다시 연합된 공화제를 새로운 미국 국수주의를 가능하게 하는 것으로 깨닫게 되었는데, 그것은 민주주의, 자유, 그리고 하나님에 대한 믿음—즉, 세계에 대한 사명으로서—을 포함하는 것으로 그의 시민종교에 대한 내용들을 병합시키는 것이 되었다.30) 정치적으로, 물론 남부를 패배시킨 일은 미국 대통령들의 승계에서 초대(初代)에 지배적인 지위를 잃어버리는 결과를 낳게 되었다. 윌슨은 (Andrew Johnson을 제외하고는) 독립전쟁 이후 그 지역 출신의 첫 번째 대통령이 되었다.

개인적으로, 윌슨은 그의 첫 번째 부인이었던 여성, 그가 "전적으로 사랑하고 신임하였던"이라고 고백하였던 부인과 탄탄한 결혼 생활을 가졌었다. 그녀가 1914년 8월, 그의 재임 시절 백악관에서 만성 신부전증으로 세상을 떠났을 때 그는 "하나님이 내가 결코 감당할 수 없는 시험을 당하게 하셨다"31)고 말하였다. 그러나 얼마 안 되어 그는 워싱턴의 42세 된 약간 통통하고 매력 있는 한 미망인 에디트 갈트(Edith Bolling Galt)와 재혼하였다. 열애에 빠지게 되면서 그는 권위 있는 대통령으로서가 아닌 상사병에 걸린 사춘기 소년처럼 그녀에게 매일 연애편지를 썼다. "하나님이 내 인생에 당신과 같은 사람을 보내주시니 너무도 감사합니다. 매 순간마다 나는 당신의 가장 깊은 비밀을 헤아릴 수 있는 영광을 누립니다. 내가 알고 꿈꾸던 것보다 더 깊게, 그리고 더 순수하게 그리고 더욱 아름답게 깨닫게 됩니다."32)

언론은 그러한 윌슨을 음탕한 마음으로 여자 꽁무니를 쫓아다니는 타락한 대학생과 같다고 비난하였다. 후에 윌슨 여사가 된 미세스 갈트는 윌슨이 병들었을 때 그를 비난하던 비평가들로부터 그를 보호하여 주었다. 때때로 그녀는 말 그대로 미국을 지배하는 자처럼 나타났다. 병들었던 대통령을 만나려는 모든 사람들은 그녀의 손을 거쳐야만 했다. 매 달, 윌슨이 심각하게 와병중인 상태가 되어서 정부가 방향을 잃어버리는 상태가 되었으나 그는 그러한 비정상적 정권을 놓기를 거부하였다. 펄 상원의원(Senator Fall)이 그에게 "대통령 각하, 우리는 모두 당신을 위하여 기도하고 있습니다"라고 말하였을 때 그는 "어떻게 되기를 기도하는데요, 상원의원님?"하며 대답하였다.

윌슨의 실패와 계속되는 전설

베르사유에서 서명된 평화조약은 19세기 유럽의 근본적인 경제 구조를 영속화시켰다. 존 케인즈(John Maynard Keynes)는 "목전에서 굶어죽거나 붕괴되는 유럽의 근본적인 경제 문제들은 4대국(the Big Four)의 관심을 불러일으키지 못하게 되었다."33) 나치주의가 이데올로기적인 힘으로부터 나왔던 것처럼 사실상 그것은 경제적 무관심 속에서 솟아 나왔다. 사실상 윌슨은 전반적인 발전의 잠재력을 오판하였고 권력을 회피하는 도덕성에 대하여서도 잘못 판단하였다. 아무도 기독교적 윤리 형태로 그것을 용서하거나 망각하려고 하는 사람은 없었다. 왜 그렇게 해야만 하나?라는 것이다. 베르사유 조약(the Treaty of Versailles)에서 모든 죄를 독일에게 뒤집어 씌웠다. 그가 유럽에서 평화를 논할 때, 윌슨은 얼마나 심리적으로 손상을 입었던가? 아마도 그것은 액면 상 나타났었던 것보다 훨씬 더 했을 것이고 그는 이미 당시에 경미한 뇌졸중을 최소한 두 번 겪었을 때였다. 그는 그의 주치의 케리 그레이슨 제독(Admiral Cary T. Grayson)의 철저한 진료를 받고 있었고 심지어 백악관에서 마저도 하루에 그 집무실에서만 겨우 몇 시간 정도를 걷곤 하였다. 파리에서의 평화협상이 그를 지치게 만들었고, 그의 체력을 다 소모시켰다. 그의 사명은 건강상의 문제로 그리고 개인적인 좌절로 급격하게 손상되어갔다.

바버(Barber)는 백악관 대통령들의 각기 다른 인성과 특징을 연구한 자인데 그는 이 28대 대통령을 "금세기의 가장 명석하고 그러나 정치에 있어서는 가장 비극적인 도학자(道學者)"34)라고 묘사하였다. 프로이드(Freud)와 불리트(Bullitt)는 각각 윌슨에 대한 견해와 권력의 도덕성에 대하여 다음과 같이 평가한다.

모든 연합국들은 재정적으로 그의 손 안에 있었다. 휴전협상 당시에 그의 엄격한 노선은 그가 파리에 도착하였을 때 로이드 조지(Lloyd George), 클레멘스(Clemenceau)와 올란도(Orlando)에게 다음과 같이 말하였을 때 분명하게 드러난다. "신사 여러분, 나는 이 자리에 나의 14개 조항(Fourteen Points)에 근거하여 평화를 구축하러 온 것입니다. 그것은 다른 그 어느 근거에도 기초하지 않은 것입니다… 당신들이 만일 그 법을 어기려고 하거나 휴전협상 하에서의 당신들의 의무를 모면하려고 한다면, 나는 무조건 당신들이 원하는 평화를 보장하기 위하여 그리고 더 나아가 미국 국민들로 하여금 사악한 평화가 보장하는 미래의 전쟁에 개입할 수 있도록 미국의 국민들을 연합시킬 것입니다."

프로이드와 불리트는 그가 과연 그러한 과정을 좇아갔는지 논구하였고 월슨이 "정당성 있고 지속적인 평화"를 얻었을는지 궁금하다고 논박하였다. 대신에, 그는 그가 원하였던 평화를 위하여 투쟁하기를 택하였고 이러한 것은 남성적으로 무기를 가지고서가 아니라 여성적으로 무장을 함으로써 시행하였다고 말한다. 그의 수단은 강압이 아닌 설득력을 구현하는 것이었다. 결코 그의 일생에서 주먹다짐을 하려하지 않았고 그는 예수의 산상수훈(山上垂訓)의 정의로움으로 사람들을 입교시키기 위하여 설교하였다.35) 당연히, 미합중국 상원의원들은 월슨이 유럽에서 행하였던 것에 대하여 의구심을 가졌다. 상원위원회가 그의 평화조약을 거부하기로 마음먹었을 때, 그는 "그 사안에 대하여 반대하는 그 누구도 나는 짓밟아 버리겠다"고 다짐하였다.

국가를 횡단하며 국제연맹(the League of Nations)을 위한 캠페인을 벌이고 다니는 동안에, 그 대통령은 1919년 9월에 콜로라도 푸에블로(Pueblo, Colorado)에서 쓰러졌다. 그때 그가 사망하였더라면 역사의 결과는 달라졌을 것이다. 그의 순교가 국제주의에 대한 원인을 더욱 부각시켰을 것이다. 워싱턴에 돌아와서, 그는 혈전증으로 고생하였고 그의 신체 왼쪽의 균형을 잃어버렸다. 그 엄격한 대통령을 만날 수 있는 사람들은 소수에 불과하였고, 백악관은 엄숙하고 조용한 곳으로 변하였다. 내각은 대통령 부재중에 수없이 회합하였고 결국 대통령은 그러한 회합을 주최한 국무장관 로버트 랜싱(Robert Lansing)을 해고하였다. 그 평화조약이 상원에서 비준을 받으려 상정되었을 때 월슨은 그의 지지자들이 그것에 반대표를 던지리라 생각하였다. 많은 자들이 그렇게 하였다. 로지(Lodge) 의혹을 포함하여 13명의 공화당 보수파들이 함께 그것을 좌절시켰다.

월슨의 무능력―정치적, 또한 신체적―은 그가 백악관을 떠나 후 한 가지 사건으로 상징화된다. 미국의 수도에 계속 살면서, 그는 여전히 그를 칭송하는 자들을 바라보기 위하여 차문을 열어놓고 서 있었다. 그리고 그는 세 번씩이나 그 유리 창문을 불구가 된 손으로 닫으려고 하였으나 힘이

딸렸다. 제2차 세계대전 이후에, 그의 고립주의자 적군들에게 그 말이 전하여지지 않았던 것은 다행이었다.

우드로우 윌슨 대통령이 기독교를 위하여 윤리적 현실주의자이면서 동시에 통찰력 있는 변증론자였는지, 아니면 둘 중에 한 가지였는지는 큰 의혹으로 남아 있다. 두 가지가 사실상 부정적이다. 이상주의자 윌슨은 그가 유럽에서 미합중국을 전쟁으로 이끌면서 일방적인 대통령의 행동방식을 구축하였다. 확실히, 평화 도래를 가져오기 위한 세계 기구를 창안한데는 천재적인 측면이 있다. 국제연맹(the League of Nations)이 그의 주된 기획이었다. 그러나 계속 그것을 추진하는 데 있어서, 애당초 무엇이 가능한 것인가에 대한 감각이 확실하지 않았고 그는 유럽 동맹국들의 확신을 얻어내는 데 실패하였다. 결국 미국 국민의 지지도 받지 못하게 되었다. 이 모든 것들이 윌슨이 더욱 더 협상하려고 노력하였더라면, 그리고 하나님과 역사가 그 자신의 편만을 들지는 않는다고 생각하였더라면 달라졌을 것이다. 그가 남겼던 권력의 부재는 비극적인 결말을 가져왔다. 그것은 2차 세계대전으로까지 이끌려갔다. 니버(Niebuhr)가 윌슨이 국제 관계를 형성하는 데 있어서, 그리고 자국의 이익과 권력을 평가하는 데 있어서 취약성이 있다고 관망한 점은 옳다. 그는 하나님의 왕국과 민주주의를 거의 무비판적으로 일치시켰다. 좀 덜 자유주의적이지만 경건한 로널드 레이건(Ronald Reagan)은 한 세대 이후에 미국의 자국 이익을 방어하는 데 있어서 냉전을 종식하는 데 훨씬 더 성공적이었다.

"여러 가지 측면에서 윌슨은 가장 위대한 대통령이었다." 헤리 트루먼(Harry Truman) 대통령은 UN의 헌장이 전쟁 당시 그 이상주의자가 구축한 국제 연맹 프로그램의 정당성을 마침내 입증하였다고 확신하였다.36) 스미스(Smith)는 그럼에도 불구하고, 다음과 같은 사실을 지적한다. 최근에 윌슨을 폄하하는 사람들이 대통령직이 "진보주의의 종말과 사회를 개혁시키려는 기독교 영향력을 약화시키는데, 그리고 미국 정치와 사회의 세속화를 성장시키는 데 기여하였다"고 주장하였다. 전투를 치루는 대가로 그는 진보주의와 연관된 문제로 1920년대 정치적 무능을 초래하는 데 기여하였다. 그의 임기 종료가 다가오자, 다수의 선거인단이 그 전시(戰時) 대통령은 미국이 "민주주의, 자본주의, 그리고 세계를 향한 기독교의 축복"을 전파하는 거룩한 사명을 가졌다고 주장하는 것에 대하여 거부하였다고 말하였다. 미국 국민들은 전쟁에 대하여 환멸을 느꼈고 동시에 공산주의에 대하여 두려움을 가졌으며 세속화의 물결과 "번영의 위험"으로 산란(散亂)한 상태가 되었다. 피라드(Pierard)와 린더(Linder)는 "결국 '갱생의 의지가 없는' 세상은 윌슨의 도덕주의와 메시아를 앙망하는 것을 수용하지 않았다"[37]고 판단하였다.

1) Smith, op. cit., p. 159.

2) Ibid.

3) Cf., John A. Thompson, *Woodrow Wilson*, London: Longman, 2002.

4) David James Barber, *The Pulse of Politics, Electing Presidents in the Media Age*, New York: W.W. Norton, 1980, p. 111.

5) G. R. Coyne, *Woodrow Wilson, British Perspectives, 1912-1921*, London: Macmillan, 1992, p. 158.

6) Ibid. p. 164.

7) Paul Johnson, *A History of the American People*, New York: Harper Collins, 1997, p. 627 et seq.

8) Coyne, op. cit., p. 193.

9) Johnson, op. cit.

10) Samuel and Dorothy Rosenman, *Presidential Style, Some Giants and a Pygmy in the White House*, New York: Harper and Row, 1976, pp. 551~555.

11) Sigmund Freud and William C. Bullitt, *Thomas Woodrow Wilson, A Psychological Study*, Boston: Houghton Mifflin, 1924.

12) Jack Mitchell, *Executive Privilege, Two Centuries of White House Scandals*, New York: Hippocrene Books, 1992, p. 145.

13) Ibid.

14) William Allen White, *Woodrow Wilson, The Man, his Times, and his Task*, New York: Houghton Mifflin, 1924, p. 377.

15) Cf., Cary T. Grayson, *Woodrow Wilson, An Intimate Memoir*, New York: Holt, Rinehart and Winston, 1960.

16) Cf., Arthut Link, *Woodrow Wilson's Revolution, Wor and Peace*, Arlington Heights, Illinois: AHN, 1971.

17) John A. Thompson, *Woodrow Wilson*, New York: Longman, 2002.

18) Ibid.

19) Ibid.

20) Smith, op. cit.

21) Ibid.

22) Ibid.

23) Johnson, op. cit.

24) Ibid.

25) Coyne, op. cit.

26) Johnson, op. cit.

27) Lloyd George, *The Truth About Peace Treaties*, London: Gollancz, 1938.

28) Johnson, op. cit.

29) Freud and Bullitt, op. cit.

30) John Mark Mulder, "The Gospel of Order,. Woodrow Wilson and the Development of His Religious, Political, and Educational Thought, 1856-1910", unpublished dissertation in modern history, Princeton University, 1974, p. 218 et. seq.

31) Mitchell, op. cit., p. 145.

32) Ibid., p. 146.

33) Barber, *The Pulse of Politics*, pp. 111·133.

34) Ibid.

35) Freud and Bullitt, op. cit., pp. 209~210.

36) Smith, op. cit.

37) Richard V. Pierard and Robert G. Lindner, *Civil Religion and the Presidency*, Grand Rapids, Michigan: Academic Books, 1988.

워렌 가말리엘 하딩
Warren Gamaliel Harding

워렌 하딩(Warren G. Harding) 대통령은 전문 역사가들의 대통령 평가에 의하면 아주 저등한 등급을 차지한다. 오바마는 훨씬 더 높은 등급을 받았는데 그것은 그의 높은 지성과 능동주의 때문이다. 오하이오(Ohio) 출신의 한 신문 편집자였던 하딩은 그가 갑자기 예기치 못한 죽음을 맞이한 이후에 그 업무와 정치적 무능이 확실하게 드러나게 된 경우에 속하는 자로서, 매우 혼란스럽고 소극적인 지도자로 평가된다. 자신의 집안에서도 하딩은 부인에게 지배당하였으나 오바마는 그렇지 않았다. 당초, 윌슨의 후계자는 그의 선거 이후에 지방에서 높은 인기도를 유지하였다. 그 인기도는 널리 퍼진 환멸과 전쟁 당시 대통령의 민주주의를 성취하기 위하여 세계를 평화롭게 만들려는 집회에 실패한 것에 대항하는 반응으로 나타났다. 그러나 미국은 하딩의 리더십 아래서 정상상태로 복구되지 않았다. 그가 이끌던 수행단 내에서의 추문이 그가 사망한 이후에 분명하게 드러났다. 오바마는 그의 전임자의 전쟁 당시 전설에 대한 환멸감으로 인하여 그리고 실패한 국가 내정(內政) 리더십의 손상으로 인하여 그 반대 작용으로 권력을 잡는 데 성공하였다. 그의 성실성과 능동주의가 하딩의 수동성과 부패에 대한 반명제였기 때문이다.

정치가로서의 하딩

윌슨과 하딩의 서로 매우 다른 약점이 없었더라면 미합중국은 국제연맹에 가입하지 않았을 때보다 세계평화를 구축하는 데 있어서 더 막대한 역할을 하였을 것이다. 공공 여론조사가 제대로 형성되었더라면 하딩은 아마도 그가 재임하는 동안 최고 등급을 받았을 것이다. 왜냐하면 그의 추문을 일으킬 수 있는 행정관리가 그가 재임한 지 얼마 안 되어 사망하였기 때문이다. 그는 특성상, 순진하고 유능하지 못한 허무주의자였는데 부분적으로 운이 좋아 당선되었다. 하딩의 경우, 인기에 영합하려는 의도는 불발되었다. 그는 관중들 앞에는 멋지게 나타났으나, 그의 "장광설을 늘어놓는 버릇"은 강연의 내용을 핵심이 없는 것으로 만들었고 업무상 무엇을 해야 할지 그는 알지 못하였다. 그는 당 지도부에 의해서 공천을 따 내었으나 다른 그 어느 후보들보다 더 적이 많았다.

헤리 더허티(Harry Micha Daugherty)는—후에 이 29대 대통령의 부패한 법무장관이 되었는데—그가 학교 수돗가에서 부츠를 씻고 있을 때 윌슨을 처음 보았다. 그는 저녁 정당 집회에서 연설할 것을 준비하고 있었다. 하딩은 그때 오하이오 주 상원의원에 출마하고 있었다. 그 후보자의 친절함과 온화함, 그리고 정치가적 자질은 더허티를 매료시켰는데 후에 그는 하딩이 "대통령처럼 보였다"고 회고하였다. "그는 가능성이 돋보이는 인물이었다."[1]고 기억하였다. 더허티는 하딩에게 다시 만나기를 희망한다고 말하였다. 그는 하딩의 대통령 출마를 위하여 최고 후원자의 한 사람이 되었다.

후에, 하딩이 미국 상원의원이 되었을 때 더허티는 그 잘 나가는 정치가와의 대화를 다음과 같이 회상한다. "내 입장이라면 당신은 어떻게 하겠는가?"라고 하딩이 물었다. "나라면 대 모험을 해 보겠습니다"라고 더허티는 대답했다.

"당신은 내가 싸울 기회가 있다고 생각하는가?"

"나는 당신이 최고의 기회를 가졌다고 생각합니다."

"핵심으로 들어가자"고 마침내 하딩이 지시했다. "내가 경선을 위한 큰 인물이라고 생각하는가?"

더허티의 대답은 "웃기지 마십시오! 위대한 대통령 자리는 이미 지나갔습니다. 우리들의 소위 위대한 대통령들은 전쟁상태에서 생겨났고 그들이 그 업무를 관장하였기 때문입니다. 대통령직의 위대성은 대부분 국민들이 만들어낸 환영에 불과합니다."2)

"장광설이요!(Bloviation)" 이 단어는 이 대통령 후보자의 정치 스타일을 만들어 낸 말이 되었다. "이 말은 하딩의 웅변에 생기 넘치고 바람 잡는 표현력을 나타내는 의성어적 절묘함을 나타내고 있다… 그의 보기 좋은 등장, 장황하게 늘어놓는 수사법, 당파적 열정은 히트를 치게 되었다."3)

공화당 대통령 공천을 수용하면서, 하딩은 그는 "개인적 정부, 사적(私的)이고, 독재적이고, 귀족적이며 기타 등등과는 구별되는 당(黨) 정부로 회복시키겠다"고 약속하였다. 사실상, 그는 오하이오 주에서 익숙하였던 미국 작은 마을의 지역주의와 정실(政室) 인사를 부활시켰다. 이것은 여전히 세계대전으로부터 흘러나오고 있는 당대의 정치 형태이다. "어떤 사람들은 그들의 위대함을 그것들에게 떠맡기고 있고, 어떤 이들은 위대하게 태어났으며, 또 어떤 이들은 오하이오 주에서 태어났다"고 천시 디퓨(Chauncey Depew)가 주장하였다. 하딩은 후자에 속하였고 그 주(州)에서 그는 헤이즈(Hayes), 맥킨리(McKinley), 타프트(Taft)와 같은 대통령들을 지원하였다. 그것은 독립전쟁 이후에 할 수 있는 이상의 것이었다. 그 자신이 완전 토박이 타입으로서, 외모가 출중하고, 진실하고, 친절하였으며, 우드로우 윌슨과 같은 전쟁 당시의 대통령과는 반대되는 양상이었다. 역사가 리처드 호프스타터(Richard Hofstadter)는 그를 "현실에 안주하고, 연약하며, 전형적인 평범한 사람의 모델"이었다고 묘사한다.4)

그의 체통과 권력이 상승한 것에 대하여서는 확실한 설명이 필요하다. 제1차 세계대전이 끝난 후에, 윌슨의 국제주의는 한 물 건너갔다. 국민들의 정서는 "옛날 좋았던 시절"을 그리워하는 향수에 젖어 있는 분위기였다. 윌슨의 이상주의에 진절머리가 난 국민들은 하딩의 "정상 상태로의 복귀"로의 기반을 다지는 일에 호응하였다. 그 새로운 공화당 대통령은 전례 없는 다수의 호응을 얻어 선거에 당선되었다. 하딩은 유능한 연사(演士)로, 공제조합의 탁월한 인물로서 자신의 기반을 닦아 나갔다. 그는 웅변에 뛰어났다. "미국이 현재 필요로 하는 것은 영웅적인 것이 아니라 치유할 수 있는 사람이고, 특단의 조치가 아니라 정상 상태를 유지하는 일이며, 혁명이 아니라 회복이요, 광분이 아닌 적응이며, 쇄신이 아니라 평정이고, 극적인 것이 아닌 냉철함이요, 실험이 아니라 평형을 유지하는 일이고, 국제관계에 열중하는 것이 아니라 승리할 수 있는 내치(內治)를 유지하는 일이다."5)

하딩의 목소리는 평안을 주었다. 그가 연설할 때 사람들은 편안할 수 있었다. 윌슨의 진정성 있는 웅변이 그들 청중들의 눈살을 찌푸리게 자극할 수도 있었던 반면에, 하딩의 평범한 이야기들은 마음속을 시원하게 하는 듯 적셔주었다! 비평가들은 윌슨의 후계자가 일종의 과거에 대한 향수로 돌아가는 상징성을 나타내었다고 강론하였다. 대통령이나 국가 그 어느 쪽도 역사가 부여하는 변화에 직면할 준비가 되어 있지 않았다.

1920년 공화당 전당대회는 세 사람의 보수파 경쟁자들 사이에서 교착상태에 빠졌다. 그들 중 대부분이 전문가 정치인들에 의해서 선출되었고 대중 선거로 선출되지 않았다. 하딩은 그가 후보로 선출된 이유를 다음과 같이 설명하고 있다.

우드(Wood), 존슨(Johnson), 그리고 로우덴(Lowden)과 경쟁이 끝난 상태에서, 나는 그들 동맹의 각자 한 사람 한 사람과 친구들로서 믿고 의지할 수 있었음을 깨달았다. 왜냐하면 내 정치생애를 통하여, 나를 인도한 규칙들을 전당대회 전에 이미 따라 주었기 때문이다. 나의 정치생애는 내가 다른 곳에서 여유를 찾을 수 있는 한 그 누구의 감정도 손상시키지 않았고 그 누구도 짓밟지 않았기 때문이다. 나는 정중함과 정직한 소망이 그 누구 정적(政敵)에게 이기려는 목적으로 오용되지 않는다면 소수의 몇 표가 아무런 차이도 초래하지 않는다는 것을 깨달았다. 지금이 바로 그때이다. 다른 동역자들도 나와 같이 유능하며, 더 유능할 수도 있고 적을 만들었으나 나에게 그런 것은 상관이 없었고 전당대회는 나를 제외하고도 연합할 수 있는 것처럼 보였다.[6]

그가 '현관 앞(front porch)' 캠페인이라고 불렀던 것은 많이 언급한 것은 아니었는데 광범위하게 여행 다니지 않았음을 의미하는 것이고 그것이 그 후보자에게 승리를 가져다주었다. 하딩의 선거는 그의 친밀한 관계에 있는 사람들에 의하여 원활하게 진행되었다. 종종 그들은 신문기자들과 친밀한 관계를 유지하였다. 그는 심지어 그와 교제하는 몇몇 친분 있는 자들과 시간을 내어 골프도 쳤다. 그들은 그의 솔직함과 그와 비공개적인 이야기하는 것을 좋아하였다. 하딩은 편집자였고 오하이오 주 그의 작은 마을에 있는 신문『마리온 스타』*Marion Star*지(紙)의 편집자 겸 발행인을 지냈다. 그리고 그는 언론과 좋은 관계를 유지하였다. 기자 대표단과 친숙해지기 위하여 마리온 근처에 위치한 하딩의 방 3개짜리 작은 집에서 개최된 비공식 기자회견에서 보여 준 그의 인간성은 따뜻하고 매력적이었다. 공화당 선거의 승리는 윌 헤이스(Will Hays)와 명석한 한 캠페인 전문가에 의하여 이루어졌다. 그 주제는 미국 제일주의였는데 "함께 발맞추어 성취합시다" 였다. 극단적인 국수주의가 강조되었다.

사무엘 아담스(Samuel Hopkins Adams)는 당대의 윤리를 다음과 같이 분석하였다. "그때는 도덕적 슬럼프에 빠진 때였다. 관념론과 전쟁의 희생으로부터 백 스윙(역진동)이 일어나던 때였다. 인간의 사상은 그렇게 고차원적인 곳에서 무한정하게 자존(自存)될 수 없었다. 누적되는 불만이 흉포한 분노로 뒤범벅이 되었다."7) 국민들은 불행하였고 불안해졌다. 신경질적으로 날카로워진 국가는 모든 것을 권력을 잡은 자에게 탓할 준비가 되어 있었다. 실직(失職)과 고생—전쟁의 요구가 더 이상 경제에 아무런 좋은 영향을 끼칠 수 없음 같이—또한 기업주들은 노동 문제에 대하여 "아메리칸 인디언족 길들이기"라는 편리한 구실을 대었다.

하딩 대통령

국가의 대통령으로 선출되면서 하딩의 의도는 국가를 잘 지도하려 하는 것이 아니라 지배하려고 하였다. 매일 12시 30분에 잔디밭에서 해군악대가 연주하곤 하였다. 그러면 대통령은 백악관의 넓은 문을 열었다. 그는 장대한 연설을 하면서 방문객들과 악수하기를 매우 좋아하였다. "나는 사람들 만나는 것을 아주 좋아 합니다. 그것이 내가 하는 가장 즐거운 일입니다"라고 그는 말하였다. 행정적으로, 그의 소극성은 혼란과 교착상태를 불러들였다. 하딩은 그가 백악관에서 1년을 지낸 후 다음과 같이 주장하였다. "신기하게도, 내가 아는 대부분의 사람들, 대통령직을 좇아갔던 사람들은 문제를 직면하는 데 있어서 거의 특별한 관심을 보이지 않았습니다. 그들 중 그 어느 누구라도 자기의 야망을 깨닫게 된다면 그는 불시에 정신을 차리게 될 것입니다."8) 처음에 그는 국회를 이끄는 데 거의 힘쓰지 않았다. 반면, 그는 국회가 좋을 대로 입안(立案)해 주기를 기대하였고 당 지도부와 협의 하에 타협하기를 간절히 소망하였다. 하딩의 당 조직체에 대한 지나친 존중은 연방 정부 관계자들에게 큰 손상을 입혔고 그들 중 약 4분의 1정도는 공무원 업무라는 명분으로 규제되지 않았다. 그의 임명은 공무원 조직이 출현한 이래, 행정부 최악의 부패를 낳게 되었다.

세금 감면과 더 높은 관세를 부과함으로써 전쟁 이후의 경제문제를 풀려고 하는 시도가 이어졌으나 그것은 그렇게 활력 있게 진행되지 못하였다. 곧 불황이 찾아들었고 하딩과 그의 상무(商務)장관 허버트 후버(Herbert

Hoover)는 그것을 한 과정으로 받아들여야만 할 것이라고 결론지었다. 미국이 국제무역에 의존해 감에 따라, 보호관세는 일반적으로 사태를 진전시키기보다 더 악화시켰다. 미국 자체의 제조업 경제가 가장 바람직하고 도움이 되는 것처럼 나타났고 헨리 포드(Henry Ford)는 대통령보다 더 인기가 있었다. 하딩은 국제관계에 있어서 거의 지도력을 나타내지 못하였다. "진정, 나는 우리가 어느 정도 잘 지내고 있다고 생각합니다"라고 1921년 중반에 그 새 정부 수반은 생각하였다.9) 같은 해 그는 영국, 일본과 함께 모이는 해군 군축회담을 소집하였는데 그가 주도한 것은 아니었다. 그 회담은 아이다호(Idaho)주의 상원의원, 윌리엄 보라(William Borah)가 해군 세출(歲出) 청구안을 요구하면서 그것을 개선하자는 첨부안을 내어 놓은 후에야 실현되었다.

하딩의 일생 동안, 보훈청에서 한 가지 추문이 알려졌는데 그것은 그 청장이었던 찰스 포브스(Charles Forbes)가 메릴랜드 주 페리빌(Perryville, Maryland)에 소재한 정부의 의료기구 공급처로부터 입수한 물건들을 개인업자들에게 저가(低價)로 팔아 치웠다는 것이다. 포브스는 병원 건설 계약과 부지 선정에서도 비밀 거래를 하였다. 하딩이 사망한 후에야 그 티 팟돔 스캔들(The Tea Pot Dome Scandal)이 알려졌다. 그 당시에 이르기까지 아마도 그 사건은 미국 역사에서 가장 악명 높은 정치 스캔들이라고 할 수 있었을 것이다. 하딩이 사망하기 전에 이미, 토마스 월쉬(Thomas Walsh) 상원의원은 그 증거들을 수집하기 시작하였다. 그 티 팟돔 사건에서 비록 대통령이 이득을 취한 것은 없었으나, 그의 정치적 단순성과 허술한 행정관리는 그가 재임한 동안에 악명 높은 것으로 남게 되었다.

하딩이 대통령이 되었을 때, 한 작은 마을 동료 그룹이 '이지 버튜 부서(Department of Easy Virtue)'라고 불리던 인기 있는 그룹을 K가(街)의 한 작은 주택을 얻어 운영하게 되었다.10) 내무부장관 앨버트 펄(Albert B. Fall)이 해군장관 에드윈 덴비(Edwin Denby)에게 석유 비축 관리권을 이양할 것을 설득하였다. 그리고 그는 그 권한을 석유회사에 누설하여 그 대가로 선물과

대금을 요구하였다. 쿨리지(Coolidge) 대통령이 임명한 특수 임무를 띤 상원 조사 위원회는 펄(Fall)이 캘리포니아의 엘크 힐(Elk Hill)에게, 그리고 에드워 드 도헤니(Edward L. Doheney)에게, 또한 와이오밍 주(Wyoming)의 티 팟 돔 (Tea Pot Dome)에서 헤리 싱클레어(Harry F. Sinclair)에게 송금시킨 내역을 보여 주었다. 법적 조정이 있은 지 6년 후에, 펄과 싱클레어는 구속 수감되도록 판결되었으나 도헤니는 구속되지 않았다.

여러 가지 의문점이 하딩 대통령의 죽음을 둘러쌌다. 그는 알라스카(Alaska)로 소위 '이해하기 위한 항해'라고 불리는 여행을 시작하였다. 지치고 고통스러운 가운데 그는 편안한 숙면을 거의 취할 수 없었다. 알라스카로 가던 배 안에서, 그는 상무장관 후버(Herbert Hoover)에게 다음과 같이 질문하였다. "당신이 만일 우리 행정부에 대한 커다란 추문들을 알고 있다면 당신은 국가를 위해서, 그리고 당을 위해서 그것을 공적으로 폭로하겠습니까, 아니면 묻어버리겠습니까?" 후버는 다음과 같이 대답하였다. "그것을 퍼뜨리십시오. 그리고 최소한 당신 입장에서 성실성을 보여 주어 신임을 얻으십시오."11) 그 상무장관이 문제의 본질에 대하여 물었을 때, 그대통령은 법무부의 부정(不正) 사건에 대한 소문을 언급하였다. 하딩은 후버가 법무부장관 더허티(Daugherty)의 이름을 언급했을 때 대화를 중단하였다. 후에, 수상(水上) 비행기 한 대가 워싱턴으로부터 전송된 긴 정보를 입수하였다. 그리고 대통령은 쓰러지기 일보 직전의 모습으로 나타났다. 알라스카에서 돌아와서, 하딩은 프토마인 중독과 폐렴으로 앓아누웠고, 1923년 8월 2일 샌프란시스코에서 색전증(塞栓症)으로 사망하였다.

하딩 시대 이후의 비판

하딩의 죽음은 엄청난 국가적 애도의 물결을 가져다주었고 군중들은 그의 시신을 운구하는 열차를 보기 위하여 줄지어 기다렸다. 그것은 하딩이 얼마나 미국 국민의 이상주의를 상징화하였는가를 극명하게 보여 준 것이다. 말 그대로 모든 마을, 도시, 그리고 아주 작은 마을들까지 애곡하는 자들로 가득 찼다. 그들은 죽은 대통령의 시신을 운구하는 예전(禮典)마차가 지나 갈 때 숨을 죽이며 서 있거나, 행렬을 따라서 그리고 역 대합실에서 무릎을 꿇고 있는 모습으로 나타나기도 하였다. 그것은 한 지도자의 사망이었고, 역사가 백악관에서 가장 실패한 대통령의 한 사람으로 채 2년도 못 채운 자의 장례 모습이었다. 대통령직에 대한 중요성에 대한 인식은 점점 더 커져 간다는 사실이 확실하여졌다. 언론의 덕택으로, 그 사망한 지도자는 전 국가 에 방영되는 인물이 됨에 따라 영웅적인 자리를 차지하게 되었다.

그러한 국가적 분위기는 티 팟돔(Tea Pot Dome) 사건과 다른 스캔들에 연루되어 바뀌게 된다. "바벨론 사건(The Story of Babylon)은 1919년 6월부터 1923년 7월에 일어난 워싱턴 이야기와 비교할 때 하나의 주일학교 이야기 거리에 불과하다. 그리고 그 이야기가 퍼져나간 것은 한참 후의 일이었다. 우리는 아직 우리 하나님 아버지의 집에 돌아가지 못하였다. 그는 심지어 먼 곳에서 우리를 보지 못한다. 그것은 보이지 않는다. 그리고 모든 것은 하딩이 등장함으로 요약 설명된다."[12]

엄청난 소식들에 주목하면서, 하딩은 다음과 같이 실토하였다. "나는 백 악관에 적합한 인물이 아니다. 그리고 절대로 이곳에 와서는 안 될 사람이 다."[13] 윌슨과는 아주 다른 방식으로, 하딩은 그의 생활철학이 진정 비극적 내용이 없었음에도 불구하고, 비극적인 인물이 되어 버렸다. 때때로, 그는 미합중국이 유일한 하나님의 국가라고 말하였다. 시저(Caesar), 나폴레온 (Napolen), 알렉산더 해밀턴(Alexander Hamilton)이 그의 영웅들이었으나—그 들과 비교하여—그는 강한 사람이 아니었다. 여전히, 황제의 면모를 갖추 었고 대중 인기의 환영을 만족시켰다. 고립주의가 다시 고개를 들었다.

화이트(White)는 다음과 같이 보고하였다. "그는 어디를 바라보아야 할지 몰랐다… 몇몇 좋은 친구들이 한쪽을 지지하기 위하여 엄청난 실적 자료와 인물들을 가지고 들어가면 또 다른 쪽이 역공(逆攻)할 자료들을 가지고 들어 갔다… 그가 지치고 가슴 아프게 어느 날 오후 긴 격론 끝에 사무실에 들어 왔고 나는 그러한 그의 모습을 기억한다." 화이트는 그 대통령이 얼마나 옳은 일을 하기를 진정 원했는가 알고 있었다. 그러나 어떻게 할 바를 몰랐다. "나는 진실을 알기 위하여 그렇게 애쓰는 사람을 본 적이 없었다"고 화이트는 기록하였다. 그리고 그는 데오도르 루스벨트(Theodore Roosevelt)가 얼마나 즉흥적으로 사태를 해결하려했는지를 회고하였다. 윌슨은 그의 머리로, 박식한 능력으로 진실을 알아차렸다! 그러나 하딩은 "고민하였고, 문제와 씨름하였고, 진실을 알기 위하여 투쟁하였고, 결국 그 방편을 찾아내는데 성공하였다"라고 화이트는 결론짓는다.14)

1891년에 하딩은 자기 남편의 정치적 생애에 야망을 품은 강성(强性)의 한 여성 플로렌스 드 볼프(Florence Kling DeWolfe)와 결혼하였다. 그의 사망 이후에 그가 편안히 잠들게 하기 위하여 그들의 결혼 생활에 대한 기록은 허용되지 않았다. 한 백악관 고위직은 그녀가 말한 내용을 다음과 같이 인용하였다. "워렌 하딩(Warren Harding)씨, 내가 당신을 대통령 자리에 앉혔습니다. 당신은 그것으로 무엇을 할 것입니까?"15) 그녀는 그의 장례식에서 얼음같이 차가웠다. 회고하여 보건대, 백악관 주위를 둘러싼 도덕적 이슈들에 대한 대통령의 생각은 텅 비어 있었다고 말할 수 있다. 그에게는 의미심장하고 주목할 만한 종교적 모델이 결여되어 있었고 이러한 점이 국가의 운명에 그대로 투사(投射)되었다. "그 점에 대하여 생각할 때 괴로운 순간에 그가 믿었던 모든 것들에 대하여 다 이유가 있었을 것이라는 것이다. 어딘가에서 하나님이, 놋으로 만든 철길이나 포커 게임, 그리고 종종 한밤중에 철로가에 있는 집에 방문해 보는 것도 사후에 심판받을 일이 아니리라고 생각하였다."

하딩 현상의 한 가지로, 바버(Barber)는 하딩이 대학 총장으로서가 아니라 길거리에 있는 사람을 형상화하는 것처럼 보인다고 설명할 수 있다고 생각하였다. 찰스 톰슨(Charles Wills Thomson)은 다음과 같이 회고하였다. "그 사람 자체에는 그렇게 삐걱거리는 감정을 유발할 만한 것이 없었다. 그의 끊임없는 미소와 의미 없는 관대함이 그러하였다. 그것은 그 자신과 그의 가식 사이에 존재하는 부조화였다. 만일 내가 그를 여행사 직원으로, 연예계

배우로, 나이트클럽 엔터테이너로, 그리고 레스토랑 직원으로 알았더라면 나는 그를 매우 좋아하였을 것이다."16) 윌슨은 퇴임 후, 그의 후계자 하딩과 이야기할 때 "유랑하는 기분"이라고 이야기한 바 있다.

윌리엄 맥카두(William G. McAdoo)는 윌슨의 사위인데, 하딩의 인간성을 격렬하게 비판하면서 다음과 같이 요약하였다. "자주 변하는 양심의 소유자로서, 그는 매번 변하는 여건에 다 맞출 수 있어서 하딩은 의욕적이며 열정적으로 인생을 보냈고 인간은 때에 따라 일정수의 사람들을 속일 수만 있다면 매우 잘 헤쳐 나갈 수 있다"17)고 말하였다. 맥카두는 하딩을 매번 "독선적인 말투"로 연설하는 정치가로 묘사하였다. 그는 종종, 준비되지 않은, 주제와 상관이 없는 것들을 줄줄 이야기하였다. 그리고 "그의 연설은 그 다음 내용으로 건너뛰기 위하여 거창한 자랑을 늘어놓는 듯"한 인상을 남겼다고 한다. 때때로 그가 고쳐서 하는 말들은 낙오된 생각을 뒤쫓기 바빴고, 그러한 생각에 사로잡혀 진력이 날 때까지 그렇게 연설은 틀에 박히게 되었다.

1931년, 하딩의 상무장관은—그가 후에 미국 대통령이 된 후버(Herbert Hoover)인데—오하이오 주 마리온(Marion, Ohio)에 그의 전임자들을 기념하여 중공(中空) 양식으로 된 기념관을 헌당하는 일에 동의하였다. 해리 더허티(Harry Daugherty)는 하딩 대통령의 법무장관이었는데, 청중석에 앉아서 후버에게 "과장하지 말고 목표에 맞추어 이야기할 것"을 권고하였다. 하딩 내각에서 그의 전임 보좌관은 더욱 더 노골적으로 거침없이 말하였다. 후버가 말하기를 하딩은 그의 마지막 서부 여행에서 "신체적 피로의 누적뿐만이 아니라 정신적인 고통으로 쇠약하여졌다… [그는] 그가 신임하였던 소수의 사람들로부터 배신을 당하였다고 하는 사실을 어렴풋이 깨닫고 있었다. 그들은 그가 자신에게 헌신하였던 친구들이라고 믿었던 사람들이다. 이 사람들이 그들의 견고하고 충성스러웠던 관계뿐만 아니라 국가를 배신하였다는 사실이 후에 법정에서 드러나게 되었다. 그것이 워렌 하딩 인생에서 비극적 사건이 되었다… 공신력 있는 행동을 증명하는 데 있어서 실패하는 일은 모든 범주의 인간의 연약성 때문에 일어나는 불충성과 범죄, 그러한 것들과도 비교할 수 없는 것이다."18)

결론을 말하자면, 역사가들은 하딩을 "정감(情感)있는 바보, 무능함, 부적절함, 부패함, 그리고 부도덕한 사람"으로 묘사하고 있다. 그는 지도력을 발휘하지 못하였다. 왜냐하면 대부분의 시간에 그는 어떤 일이 일어나고 있는지 잘 몰랐기 때문이다. 그가 스스로 생각하기에, 하나님이 어딘가 멀리 계실 것이라고 믿었으나 그 대통령의 양심은 당면한 사안들에 대하여 별로 양심에 거리끼는 일들이 없었다고 생각하였다. 중서부 소도시의 가치관, 즉 그것은 순응성과 족벌주의에 뿌리내린 것인데, 부패한 정실인사(政室人事)에 큰 영향을 미쳤다. 비로소 그가 죽은 이후에야, 미국은 그가 유산으로 남겨 놓은 도덕의 부재(不在)를 인식하게 되었다.

위기로 인해 사회는 변화되었는데 그 위기는 하딩과 미국 국민들이 피하고 싶었던 위기였다. 양심의 문제를 생각하여 볼 때, 하딩은 그에 대하여 결코 크게 상관하지 않았다. 때때로 그는 사악한 자들이 그가 재임하는 동안 위협이 될 수 있다고 깨달았지만 악에 대한 그의 결정적 이해는 개인의 정의로움을 얼마나 강화시킬 수 있는가와 상관이 없다고 생각하는 것이었다. 그것은 그의 관심사가 아니었다. 그의 대부분의 관심사는 포커게임, 불법으로 밀수한 부르본 위스키, 그리고 거리낌 없는 여성 관계 같은 것들이었다.

하딩은 역사상 그 어느 도덕적 사건에는 개념이 없는 자처럼 보였다. 그 자신의 역사 과정에 대한 이해는 시저나 나폴레옹처럼 권력 있는 타입의 정치가들에게 더 관련이 있었다. 윌슨 대통령이 그 자신의 종교적 확신으로부터 파생시킨 생각과 비교하여 볼 때 하딩은 더 폭넓은 윤리적 사상을 결여하고 있었다. 물론, 국민들에게 하딩은 그의 전임자들이 국가를 곤비하게 만들었던 설교식 스타일에서 벗어나 마음을 편하게 하여 주는 존재였다. 정치가에게는 최소한의 윤리적 실재주의와 건전한 판단이 요구된다.

1) Rosenman, op. cit., p. 514.

2) Ibid., p. 515.

3) Ibid., p. 522.

4) Hofstadter, op. cit.

5) Andrew Sinclair, *The Available Man, The Life Behind the Masks of Warren Gamaliel Harding*, Chicago: Quadrangle Books, 1965, p. 84.

6) Ibid., p. 136.

7) Rosenman op. cit., p. 538.

8) Ibid., p. 241.

9) Ibid., p. 198.

10) Eugene P. Trani and David L. Wilson, *The Presidency of Warren G. Harding*, Lawrence, Kansas: University Press of Kansas, pp. 183~185.

11) Roseman, op. cit., p. 549. Gaston B. Means, *The Strange Death of President Harding*, New York: Gould, 1930.

12) Sinclair, op. cit., p. 297.

13) Ibid., p. 295.

14) Rosenman, op. cit., p. 549.

15) Sinclair op. cit., p. 295.

16) Barber, *Presidential Character*, pp. 214~216.

17) Charles Williams Thompson, *Presidents I've Known*, 1. Ayer, 1970.

18) Rosenman, op. cit., p. 517.

칼빈 쿨리지
Calvin Coolidge

그가 어디에 있었든지 간에, 칼빈 쿨리지는 정직하였다. 미국인들은 '정상적인 생활'로 복귀하기를 원했다. 쿨리지는 개인적으로 오바마에게 이 시대가 요구하는 활기찬 리더십 같은 것과는 정반대 타입이었다. 매사추세츠(Massachusetts) 출신의 그 지도자는 백인 개신교 문화를 형상화한 것으로 보였다. 그는 미국이 고립 정책에 착수하였을 시기에 통치하였는데 그 정책은 오바마 시대에는 더 이상 타협의 여지가 없는 것이었다. 종교적으로 그는 에머스트 대학(Amherst College)의 신 헤겔학파(Neo Hegelianism)에서 훈련받은 도덕주의적인 뉴잉글랜드 지역의 사람이었다. 그러나 그는 개인적으로 힘 있는 종교체험은 없었다. 비극적 사건은 쿨리지가 대통령 재임 시에 맞이한 아들의 죽음이었는데 그로 인하여 그는 재임 시 업무에 대한 열정을 상실하였다. 매사추세츠 출신의 그 공화당원은 고립주의적 도덕주의 시기를 주도하게 되었다. 일리노이 주의 전(前) 상원의원을 지냈던 그는 당대가 필요로 하는 더 대담한 변화의 주창자가 되었다. 그 뉴잉글랜드인은 아마도 아프리카계 미국인이 백악관을 점령하리라는 것을 결코 상상하지 못하였을 것이다.

쿨리지 개혁

하딩 행정부 추문이 생긴 이후에, 쿨리지가 들어서면서, 옛날 형태의 뉴잉글랜드 퓨리턴 스타일 품위가 다시 백악관에 자리 잡았다. 심사숙고하며, 결단력 있는 그의 판단력으로 그는 워터게이트 사건 스타일 같은 그의 전임자들이 부리는 권력의 남용을 허용하지 않았다. 그 신임 대통령은 다음과 같이 천명하였다. "어떤 사람들은 그들이 지옥에서 탈출할 수 있다고 생각한다. 사람들이 갈 수 있는 세 가지 종류의 지옥이 있다. 동료들이 만드는 지옥, 법정이 만드는 지옥, 그리고 다음 세상이 만드는 지옥이다. 이 사람들 모두 보호관찰 없이 지옥에 가기 바란다."[1] 2년이 채 못 되어 하딩과 관련된 모든 부패 연루자들은 죽었고 수욕을 당하였으며, 또한 최소한 해고당하였다.

쿨리지는 열심히 일하면서 퓨리턴 신조를 확인시켰다. 그러나 무엇보다 더 위대한 그의 특성은 인내심이었다. 그의 표어는 '좋은 것이 좋은 것이다'였다. 그의 인내심과 더불어 모종의 알 수 없는 사임(辭任)의 압박이 뒤따랐다. "내가 감당할 수 있는 것보다 훨씬 더 큰 압박감을 느끼고 있다"라고 이 세상에서 가장 힘 있는 자였던 그는 고백하였다.[2] 헌신적이었던 그가 그의 신문 기고란에, "필요할 때에 어떤 내 밖의 힘이 업무를 관장한다"[3]라고 설명하였다. 그러나 이것이 그 대통령 모습의 전부는 아니었다. 그는 더 나아가 "하나님의 섭리는 우리의 지각(知覺)을 뛰어넘는다"[4]고 말하였다. 이러한 주장은 쿨리지가 근본주의자가 아니라는 사실을 확인시켜 준다! 도덕적으로 지도자가 부재(不在)하는 시기였다. 세계 제1차 전쟁 이후 그리고 2차 대전 전, 또한 대공황이 일어나기 전이다. '쿨리지와 함께 냉각 기간을 가지세요'가 캠페인 표어였다. 그 대통령은 중심은 아주 도덕적이었지만 때로는 정숙주의적 고대 중국 철학자처럼 소극적이었다. "만일 10가지 문제가 한꺼번에 몰려 닥친다면 그중 9개는 당신이 해결하려고 하기도 전에 물거품처럼 사라져 버릴 것"라는 이야기도 있었다. 바버(Barber)는 쿨리지를 소극적이며 부정적이고 위축된 타입의 대통령으로 분류한다.[5] 사실상, 쿨리지는 자만심이 강하였고 동시에 상황판단이 빨랐다. 그의 백악관 웅변 스타일은 청중에 따르면 독특한 것으로 구분되어 있다. 기자들과는 정감어린 농담을 주고받았으며, 국가를 위해서는 고매한 연설을 하였고, 사교모임에서는 침묵하였다. 한편, 쿨리지의 대인 관계는 노골적으로 고립되어 있었다. 또 다른 한편으로, 그는 520번의 기자회견의 기록이 있는데 그것은 프랭클린 루스벨트가 매월 6.9회를 기록한 것에 비교하여 7.8회의 회견을 가진 것으로 나타났다. 그 공화당 대통령은 휴가 때 따라온 신문 기자들에게 "나긋나긋한 소년들"이라고 명명하였으며, 그 사람들과 정감어린 농담을 즐기기도 하였다.

쿨리지의 국조 연설의 주제는 상식적인 도덕적 내용을 담고 있다. "그날 그날의 일을 하기", "미국의 천재성", "종교와 공화국" 등이 있었는데 그 연설들의 특성과 음조는 조심성 있고 공식적이었다.[6] 캠페인에서, 그리고 대통령직을 수행하는 데 있어서, 그는 세부적인 사항을 말한다기보다는 종종 원론적인 이야기를 하곤 했다. 버몬트(Vermont) 지역 태생으로서, 그리고 매사추세츠 지역에서 대학을 다니고 그 주에서 변호사 개업을 하기 위하여 남아 있던 사람으로서 그 대통령은 때때로 과거를 회상하면서 이야기하였다. 그의 고향과 부친에 대해서 이야기할 때면, 그는 섭리 가운데 역사하시는 신앙에 대하여 이야기하였다. 그의 유년시절 삶은 힘들었고 궁핍하였는데 그것이 그에게 원칙과 인내를 가르쳐 주었다. 후에 백악관에서 연설할 때 그의 주제는 "미국 국민의 최고 이념은 이상주의"[7]가 되었다.

쿨리지는 보스턴 타입의 뉴잉글랜드 귀족이 아니었고 새로 이민 온 내력의 소유자도 아니었다. 대신 그의 가족은 여전히 건널목 가게에서 물건을 구입하고, 종종 자갈길 작은 마을에서 농사지으면서 돈을 버는 제한되고 쇠퇴하는 서민그룹 출신이었다. 그들은 서로 농장 산등성이 넘어 멀리 떨어져 있었기 때문에 거의 볼 수가 없었다고 한다. 그들의 생각은 대부분 평범한 것이었다. 당연히, 쿨리지는 때때로 "바벨론 청교도"로서 등장하였다. 뽐내는 듯하고 상상력이 부족하였으나, 미국 중산층의 신임을 얻어 그는 책임감과 도덕성을 구현시키는 자로서 인기를 누린 자로 나타나게 되었다.

그의 일대기(一代記)

칼빈 쿨리지(Calvin Coolidge)는 1872년 7월 4일 버몬트 주 플리머스(Plymouth, Vermont)에서 태어났다. 그의 가족은 5대 째, 그의 고향에서 살던 미국시민들이었다. 그의 모친은 그가 12세 되던 해 사망하였는데, 그의 이상주의에 마지막 영향을 남기게 된다. 그 모친이 사망한 이후에 그는 블랙리버 사립학교(Black River Academy)에 입학하여 교육을 받았다. 그는 애머스트 대학(Amherst College)의 첫 번째 입학시험에서 낙방하였다. 그러나 1년간 더, 루드로우(Ludlow)에 소재한 세인트 존스베리 사립학교(St. Johnsbury Academy)에서 수학한 이후에 그는 애머스트 대학에 들어가게 되었다. 그 사립학교는 그 주(州)에서 최고였다. 쿨리지의 대학 예비교육 커리큘럼은 라틴어, 그리스어, 불어, 고대 역사, 지리, 수사학, 그리고 미국 문학을 포함하였다. 그는 그의 고향 전통 속에서 매우 종교적이었다.

쿨리지가 하딩의 사망 이후 워싱턴으로 왔을 때, 그는 워싱턴 회중교회(Washington Congregational church) 목사에게 그가 그를 처음 만난 것으로 해달라고 요청하였다. 그는 예배에 참석하였으나 곧바로 그 교회 교인이 되지는 않았다. 그 대통령이 성찬식을 마친 어느 주일날, 그 목사님은 그와 상의도 없이 그가 등록한 것처럼 발표하였다. 쿨리지가 늦게 등록을 한 데 대하여 해명한 이유는 그가 별로 교회에서 그만한 가치가 없을 것이란 생각에서였다. 믿음으로 의로워지는 것이 아닌 선한 사업을 하는 것이 그의 기독교에 대한 이해인 것처럼 보였다.

쿨리지는 한 회중교회 대학에서 교육을 받았다. 1891년 애머스트에서는 약 336명의 학생들이 그 학교 구성원들이 되었는데, 대부분 지방과 작은 마을의 배경을 가졌으며, 약 3분의 1정도가 뉴잉글랜드 외부에서 왔다. 그곳은 아주 친밀하게 짜인 아담한 공동체였다. 쿨리지는 그곳에서 4년이 되던 해까지 남학생회에 가입하지 못하였다. 대부분의 시간, 그는 좋은 고전 교육을 받으면서 기숙사에서 살았다. 그는 조용하고, 온건한 성격이었다. 그가 더욱 긍정적이고 적극적으로 변모하게 된 것은 부분적으로 우연한 것이었다. 상급생만이 지팡이를 가지고 다닐 수 있었고 하이 더비 경마게임을 할 수 있었다. 반코트를 입고 지팡이를 짚고서 그들은 경기장 한쪽에서 다른 쪽 끝까지 경주하였다. 쿨리지는 경기에서 그 선을 가로지르는 마지막 일곱 사람들 중에 속해 있었고 다른 사람들을 위하여 저녁은 물론 오락까지 제공해야만 했다. 그의 연설, "나는 왜 당하였는가"는 엄청난 성공이었다. 그의 호주머니를 다 까서 뒤집으면서, 그는 그가 경기에서 어떻게 돈을 다 잃어버렸는가를 보여 주려고 하였다. 그는 "밭가는 말이 경기 트랙에 올라가거나 행성(行星)을 따라잡기를 기대하지는 않을 것입니다!"라고 외쳤다.8)

그가 노년이 되었을 때, 그는 졸업식에서 좀 더 공식적인 연설이나 의식 같은 '동산에서 하는 공식 연설(Grove Oration)'을 할 기회를 많이 갖게 되었다. 옥수숫대로 만든 파이프로 담배를 피우는 학생들과 함께 근처 동산에 앉아서 이야기할 때 교수와 학생들에 대하여 집안에서 하듯 농담할 수 있는 기회가 되었다. 쿨리지의 이러한 행실은 대박 성공으로 판단되었고, 그의 생애 전체를 통해서 남아 있게 될 모종의 재치로 남아 있게 된다. 애머스트 대학 동창들은 후에 쿨리지에게 결정적인 순간에 정치적인 연계성을 제공함으로써 도움을 주었다. 비록 그가 그들의 도움이 없이도 잘 할 수 있었을 것이지만 말이다.

쿨리지는 매사추세츠 주, 노담턴(Northampton, Massachusetts), 즉 조나단

에드워드(Jonathan Edwards)가 식민지 시대 설교 신학자로 살았던 도시에서 변호사로서 그의 전문 생애를 시작하였다. 그 미래 대통령은 존 하몬드(John C. Hammond)와 헨리 필드(Henry P. Field)의 사무실에서 하급 직원으로 일했는데 그 둘은 다 애머스트 대학 졸업생이었고 쿨리지가 국가 변호사 자격시험(Bar)에 응시할 수 있도록 후원하였다. 1905년 10월 초에, 그는 그레이스 굿휴(Grace Goodhue)와 결혼하였는데 그녀는 쿨리지와 비교하여 볼 때, 명랑 쾌활하고 외향적인 성격의 소유자였다. 쿨리지는 그의 짜증나는 재치에도 불구하고 무디고, 까다로웠다. 그는 승승장구 그의 전문 생애를 하나씩 밟아 나갔다. 시의원으로서, 공화당 시위원회 회장으로서, 미국 하원의원, 노담턴 시장으로서, 그리고 상원의원으로서 뻗어 나아갔다. 그는 책임감이 강하고, 매우 정직하였다. 능력 있는 실제 정치가였다. 상원에서 두 번 임기를 마치고 그는 상원의원장으로 선출되었다.

그의 임직 연설에서 그는 "매사추세츠에 대한 믿음을 가지세요"라고 말했는데 그것은 다음과 같은 철학을 요약한 것이었다. "미국 4개의 주 연방, 즉 켄터키, 매사추세츠, 버지니아, 펜실베니아 주는 하나입니다. 우리는 모두 한 몸의 지체(肢體)입니다. 약자의 복지와 최고로 강한 자들의 복지는 분리될 수 없이 하나로 묶여 있습니다. 노동력이 약화되면 산업은 번창할 수 없습니다… 사람들이 법을 만들지 않습니다. 그들이 만드는 것 같지만 그들은 발견할 뿐입니다. 법이란 다수의 의지보다 더 의미 있는 그 무엇으로 정당화되어야만 합니다. 그것들은 영원한 정의(正義)의 반석위에 기초해야 할 것입니다… 사람들은 일반적으로 성공을 위해서 법을 기대하지는 않을 것입니다. 산업, 절도사건, 특성… 이러한 것들은 조항으로 주어지는 것들이 아니기 때문입니다… 궁극적으로 재산권과 인간의 권한은 같은 것입니다… 현상 유지론자로 불려 지기를 기대하십시오. 그러나 비개혁파는 되지 마십시오. 선동 정치가로 불려 질 것을 기대하십시오. 그러나 악선전은 하지 마십시오… 입법을 서두르지 마십시오. 행정부에게 법안을 맞추기 위한 기회를 주십시오."9)

쿨리지는 1916년에 부(副) 주지사로 선출되었고 1919년 주지사로 당선되었다. 그해에 보스턴에서 일어난 경찰 파업으로 국가는 그를 주목하게 되었다. 비록 그가 혼자서 그 사건을 제압한 것은 아니었지만, 그의 말들은 매우 칭송을 받았고 널리 퍼져 나갔다. "그 어느 누구도, 어떤 장소, 어떤 때에도 공공의 안전을 대항하여 파업할 권리가 없습니다."10) 요약해서 말한다면, 그는 법과 질서를 정착시킴으로써 대중 앞에 등장하였고 국가에서 가장 인기 있는 인물이 되었다. 1920년 6월에, 그는 공화당 전당대회에서 부통령 후보자로 지명받았다. 그의 이름은 바닥에서부터 요동치며 올라왔고 시위를 촉발시켰다. 가필드(Garfield)가 지명된 1880년 이래로—위에서부터 결정된 자가 아니라 하원 대표자들이 결정한—첫 사례가 되었다. 하딩 대통령이 갑자기 예기치 못하게 사망하였을 때, 결국 쿨리지가 대통령직을 맡게 되었다.

쿨리지는 최소한, 애머스트 대학에서 유래된 그의 부분적 확신, 낙관주의적 개신교 문화를 수호하는 자의 면모를 나타내었다. 그는 그의 은사(恩師), 철학 교수인 찰스 가먼(Charles Garman)에게서 가장 영향을 많이 받았는데, 그에 대하여 다음과 같이 기록하였다. "그의 수업은 인격적 하나님 존재에 대한 예증이었다. 그를 깨닫는 능력과, 그의 무소부재(無所不在) 하심과 창조주이자 아버지이신 그를 의지하는 것에 대한 가르침이었다. 온 우주 만물의 현상과 실재는 모두 다 하나님의 현존을 나타내는 것이다. 인간은 그의 아들로서, 자연으로서 나타나는 것이고, 그의 옷의 한 자락과 같은 것이다."11) 다시 말하면 빅토리아 스타일의 자연신학과 계시신학의 종합이 19세기 개신교 미국에 여전히 지배적인 것으로 남아 있게 된 것이다. 그러나 윌슨(Wilson)과 달리, 이 경우에는, 도덕주의가 자유방임 경제와 마찬가지로, 유럽으로부터의 불간섭주의에 대한 대통령의 신조를 지지하여 주었다.

가먼의 윤리는 쿨리지에게 삶의 규칙을 제공하였는데 그는 "나는 체험상 이것이 효과적이었다는 것을 알고 있습니다. 위기의 시기가 다가오면 사람들은 진리를 알 수 있고 그리고 그 진리가 나타날 때에는 사람들은 그것을 수용해야만 한다는 것이 나의 신념입니다. 그 진리가 여러 가지 형편에서 나를 구해 주었습니다."12) 가면은 그의 학생들에게, 모든 문제점들을 근본적인 원리로 가져갈 것을 강권하였고, 그 문제들을 용의주도하게 숙고(熟考)하였다. 비록 그의 윤리가 합리적인 경향은 있을지라도, 그는 결국 문제를 야기하는 방법으로 몰고 가지는 않았다. 요약하자면, 그는 신헤겔학파의 실제적인 측면을 지니고 있었던 것이다. 주된 문제는 "어떻게"의 문제이지 "무엇"의 문제가 아니라는 것이다. 문제가 되는 것은 과정이요, 결말이 아닌 것이다.

쿨리지가 풍자적인 유머를 가지고 있었으나 그의 개인 생활은 슬픈 일들로 점철되어 있었다. 1924년 7월 7일에 그가 가장 사랑하는 이름이 같은 아들 칼빈 2세가 16세에 패혈증으로 사망하였다. 쿨리지는 그 사건을 두고 "대통령의 영광과 권능이 그와 함께 사라졌다"고 말한다.13) 칼빈 2세는 백악관 남쪽 운동장에서 테니스를 치기도 하였다. 그는 양말을 신지 않고 운동화를 신었으며 수포(水疱)가 발가락에 생겼을 때 그는 적시(適時)에 그것을 알리지 않았다. 그것은 후에 항생제로서 얼마든지 치료될 수 있었던 감염이었다. 그의 아들이 죽은 후에, 쿨리지 대통령은 백악관에서 재임 후기에 잠을 오래 잔 것으로 알려졌다. 그 대통령은 가슴에 사무치게 회상하였다. "그가 고통당하였을 때 그는 나보고 잘 지내라고 말하였다. 나는 그렇게 할 수가 없었다."

평가

쿨리지의 도덕적 모델은 확연하게 자유방임주의이다. 돈이 정직한 것이라고 생각하면서, 그는 경제제도 흐름의 의견들을 따라갔다. 대통령으로서, 그는 농업 구조안을 거부하였다. 제1차 세계대전 참전 용사들에 대한 상여금 제도도 그가 거부권을 행사한 후에야 겨우 통과되었다. 규제 기관들은 주로 사업체 원조(援助) 기관들이 되었고, 세금 감면은 자본 위주였으며, 높은 보호관세가 부과되었다. 외무부 업무에 있어서, 그 대통령은 폭넓은 시각을 제공하지 못하였다. 쿨리지의 번영 시대는 그가 임기를 마친 직후 얼마 못 가서 끝나 버렸다. 그것은 1929년 증권시장이 붕괴되었기 때문이다. '사업은 사업이다'라고 하는 윤리관과 사업의 성공이 삶의 궁극적인 목표라는 근시안적 사실이 증명되었다. 은행이 파산하면서 저축한 돈들이 날라 갔고, 노숙자들과 절망적인 구직자들이 길거리를 헤매고 다녔으며 화물칸 기차를 타고 다녔다. 가먼(Garman) 교수의 정연한 도덕적 세계에 대한 철학은 이미 1차 세계대전으로 인하여 회의적(懷疑的)인 이슈가 되었다. 그리고 대공황(Depression)으로 인하여 실제적으로 도전을 받았다.

행정가로서, 쿨리지는 "충분한 능력이 있는 사람들을 모집해서 그들이 법적으로 일어나는 모든 문제들을 해결할 수 있도록" 하자고 주장하였다. 그의 의도는 노골적으로, 그의 주된 책임을 가볍게 하려는 것이었고, 그는 거의 간섭받지 않았다. "다른 것들보다 더 중요한 한 가지 행동 규칙이 있는데 그것은 다른 사람이 당신을 위해서 할 수 있는 것들을 결코 하지 않는다는 것이다"라고 말하였다. 그 대통령은 백악관에서 그의 부인 그레이스(Grace)와 정치를 논하지 않는 것으로 알려졌다. 백악관 주인들로서 그들은 많은 손님들을 맞이하였다. 그의 길고 속을 알 수 없는 침묵, 그리고 심지어 사교모임에서도 무표정한 얼굴을 하였던 그는 악명 높았다. 부분적으로 좀 방어적인 발언이었으나 그는 다음과 같이 말하였다. "말하지 않는 것에 왜 집착하십니까?"라고 쿨리지는 변명하였다.14) 그가 만찬에서 침묵하는 것과 부드럽게 모욕감을 조성시키는 일은 그를 애머스트 대학 시절 그가 학생으로서 경험하였던 무표정한 어릿광대의 역할로 돌아가게 하였다. 이 대통령에 대한 논평은 그의 정치적인 지략과 더불어 국가에 느슨해진 힘을 남겨 놓은 채 나름대로 사람들의 공감을 자아내기도 하였다. 원리적으로 볼 때, 그의 추상적인 유사(類似) 헤겔주의적 숙명론은 고전적 기독교와 거의 관련이 없는 것이었다.

도널드 맥코이(Donald R. McCoy)는 쿨리지를 "19세기 후반 종류의 정치가"로서 묘사하면서 그의 자서전에서 조심스럽게 결론을 맺는다. 그런 종류의 정치가란 앞을 내다보지도 못하고, 그 당대의 추세를 충분히 이해하지도 못하는 사람을 의미한다는 것이다. 냉소적은 아니었으나 그의 부드러운 정치 현실주의는 제한적인 것이 되었다. "그는 그가 사회의 개혁을 주도한다고 생각하였고 사실, 그가 국가의 최고 수반의 자리에 올라왔을 때, 새로운 시대로 옮겨가는 것 같아 보였다."[15] 거의 불가피하게, 행동주의자적인 대통령이 업무를 담당하게 될 것이다.

레닌(Lenin)과 무솔리니(Mussolini)가 그 당시 국제적인 주역들이었다고 맥코이는 생각한다. 쿨리지는 그들이 가진 정치적 지도력의 재능을 소유하지 않았고, 그렇다고 해서 그들이 가진 테러를 향한 과대망상증이나 본능을 가지지도 않았다. 맥코이는 쿨리지를 실패자라고 생각하는데 그 이유는 그가 앞을 내다보지도 못하였고 미래의 문제들을 잘 주관하지도 못하였기 때문이라는 것이다. 다른 그 어느 지도자라도 그보다는 좀 더 나았을 것이다. 여전히, 미국은 도덕적으로 그리고 지적으로 더 나은 시도를 할 수 있을 것이다.

결론을 말하자면, 쿨리지는 하나님을 믿는 신앙에 있어서는 독실하고 경건하였다. 그러나 살아 있는 하나님을 믿는 믿음은 아니었다. 그가 국가에 가르쳤던 도덕주의는 그의 성품과 부합하는 것이었다. 인간의 사악함에 대항하는 급진적인 이해와 같은 범신론적 경향이 있었고 영적(靈的) 진보에 대하여 온건파적 감각을 유지하였다. 사람들은 종말론 같은 마지막 때의 일들을 포함하여 구원과 속죄의 사건이 그의 생각에 과연 자리 잡고 있었는가를 의심하고 있다. 그의 동료들처럼, 쿨리지는 미국의 과거에 가장 관심이 있었고 그의 사유체계는 세계 역사 안에 묶여 있었다. 자기정의(正義)에 빠진 고립주의가 윌슨의 전시(戰時) 국제주의에 반대하여 때를 맞이하였다. 회고하여 보건대, 케네디는 말하기를 그 영국 사람은 독일의 민주주의가 시달리는 동안에 잠을 자고 있었다는 것이다.

1) Cf., William Allen White, *A Puritan in Babylon*, New York: Macmillan, 1938.

2) Barber, Presidential Character, p. 171.

3) Ibid.

4) Ibid.

5) Ibid., p. 170.

6) Ibid.

7) Ibid.

8) Ibid., p. 175.

9) Quoted in Donald R. McCoy, *Calvin Coolidge, The Quiet President*, New York: Macmillan, 1967, pp. 54~55.

10) Cf., Charles M. Fuess, *Calvin Coolidge, The Man from Vermont*, Hamden, Connecticut: Archon Books, 1984.

11) Cf., John Almon Waterhouse, *Calvin Coolidge Meets Charles Edward Gorman*, Rutland, Vermont: Academy Books, 1984.

12) Barber, *Presidential Character*, p. 177.

13) McCoy, op. cit., p. 251.

14) Ibid., p. 171.

15) Ibid., pp. 417~422.

허버트 후버
Herbert Clark Hoover

후버는 대공황이 미국을 에워싸는 동안, 주요 도시에서 어떤 일들이 벌어지고 있었는가에 대하여 거의 깨닫지 못하고 있었다. 행동주의자 오바마는 그와 정반대다. 그는 널리 퍼져 있는 재정적 붕괴의 고민을 종식시키기 위하여 그가 쓸 수 있는 모든 무기들을 사용하였다. 후버는 종교적으로 소극적인 퀘이커 교도(Quaker)였고 베르사유 평화회담(Versailles Peace Conference)에서 윌슨 대통령 참모 중 한 사람이었다. 채광 기술자였던 그는 캘리포니아의 스탠포드 대학(Stanford University)에서 교육받았고, 그가 대통령에 임직하였을 때 인기를 많이 누렸다. 제1차 세계대전 동안에 수천 명의 민간인 생명을 구하기 위해서 그의 전문 기술을 사용하였는데 (특히 벨기에에서) 효과적으로 국제적 관계 개선을 이끄는 데 이바지하였다. 그가 대통령이 된지 얼마 되지 않아, 1929년 주식 시장의 붕괴가 그의 행정을 마비시켰다. 그 대공황 사태는 오바마 대통령이 백악관에 들어 왔을 때 직면하였던 것과 같은 종류의 위기였다. 그러나 후버는 그의 나중 후계자와 대조하여 볼 때, 대중적 지지를 얻어 내고 위기를 종식시키는데 실패하였다. 운명은 그에게 악수(惡手)를 두었다. 사람들은 오바마의 기획이 더 나은 결과를 가져오리라는 것을 희망할 것이다.

그의 일대기(一代記)

영국의 경제학자 존 케인즈(John Maynard Keynes)는 1919년 『평화가 가져다주는 경제적 결과』 *Economic Consequences of the Peace*라는 저서를 출간하였다. "후버 대통령만이 파리의 시련으로부터 명예롭게 등장한 유일한 사람이었다." 후버는 제1차 세계대전을 유발하게 된 그 평화 조약에 윌슨 대통령을 따라 참석하였다. 후버는 케인즈가 관찰한 바에 따르면, 침몰하는 타이탄 배 같은 특유한 분위기를 지녔으며 말하자면, 상을 타기 위해 피로에 지친 선수와 같았다. 후버의 비전은 유럽 상황의 주요 사실에 근거하여 확고하게 형성되어 있었다. 케인즈가 판단하기로는, 그는 평화회담에서 "현실감, 전문지식, 포용성, 그리고 사심(私心) 없음의 분위기를 가져다주었는데 만일 그러한 것들이 다른 영역에 적용되어졌더라면 그는 우리에게 참된 평화를 가져다주었을 것이다…"[1] 그는 철광 기술자였고 윌슨처럼 평신도 신학자는 아니었던 것이다.

1874년 아이오와 주 웨스트 브랜치(West Branch, Iowa)에서 출생한 허버트 후버Herbert Hoover)는 대장장이이면서 농기구를 파는 판매원의 아들이었다. 그의 가족은 퀘이커 신도였는데 어머니는 신학교에서 교육받았고—그녀는 설교를 하면서 여기 저기 돌아다녔다. 어린 나이에 부모님을 여읜 후버—그의 아버지는 허버트가 6세 때, 그리고 어머니는 그 후 2년 뒤에 돌아가셨는데, 그 사실이 그의 인생 어린 시절을 극적으로 바꾸어 놓았다. 10세가 되던 해, 후버는 오레건(Oregon) 주에 있는 그의 외삼촌에게 의탁하여 살게 된다.

15세가 되던 해, 그는 외삼촌과 살렘(Salem)에서 개최된 야외 퀘이커 정착 사업에 참석하게 되었는데 그때 그는 캘리포니아에 소재한 스탠포드 대학 (Stanford University)에 대해서 처음 알게 되었다. 그의 가족의 반대에도 불구하고, 그는 그 대학 입시에 도전하였다. 그가 환경적으로 부족하였음에도 불구하고, 그의 순수한 능력은 인정을 받았다. 그는 여름학기에 특별한 지도를 받았고 그 대학에 합격하였다.

스탠포드에서 후버는 신임을 얻었고, 저명한 지리학자 존 브래너(John Branner)에 의하여 도전을 받았다. 그의 전 생애를 통하여, 그는 웅변을 잘하는 연설가는 아니었다. 말 주변은 그의 최대 장점이 아니다. 그러나 그의 일은, 심지어 강제로 부여되는 일에도 그는 세심한 부분에까지 열심이었다.[2] 그의 철광 기술자로서의 생애와 공직자로서의 생애는 미국적 이상의 자수성가의 모습을 보여 주었고 강한 양심의 본을 보여 주었다.

후버는 자기 자신을 가리켜 다음과 같이 평한다. "나는 퀘이커 교도의 전통으로부터 성장하였다." 그리고 "그것에 대하여 그렇게 열심을 품지 않았다."[3] 이러한 주장은 그가 세속 사회에 뿌리박고 있다는 사실을 명쾌하게 드러낸다. 여전히 어린 시절의 행동과 신조 형태가 저항하고 있었다. 그의 인생 후반에, 후버는 어린 시절에 자연과 게임을 즐겼으며 퀘이커 교육은 최소화된 것 같았다고 술회하였다. 퀘이커 교도들은 평범한 집에 둘러앉아 내적인 성찰을 강조하였다. 그리고 훈련이 있었다. 매월 가진 미팅에서 질의가 쏟아졌고 성도들의 행위와 의무가 무엇이었는가를 되새겨 보았다. 그가 백악관에 들어가기 직전, 후버는 한 워싱턴 이웃에게 다음과 같이 설명하였다고 한다.

주어진 환경에서 무엇을 할 것인가 알려주는 철학의 법칙은 때때로 당신이 피하고 싶은 철학일 것이다. 만일 주어진 여건에서 발생하지 않은 조건이라면 규칙이란 존재하지 않는다. 그러므로 당신은 원하는 대로 할 수 있다. 그러나 만일 당신들이 그 "내면의 빛(Inner light)"이 모든 것을 밝혀 주리라고 믿게 한다면 당신은 그 "빛"이 일어나는 모든 환경과 문제들을 감당할 수 있도록 계속 확대시켜 나가야 할 것이다. 그러나 결코 잘 헤쳐 나가지 못할 것이다. 당신은 계속 내면으로부터 항상 새로운 규칙을 발견할 것이다.[4]

대통령으로 당선되기 전, 후버는 위대하고 놀라운 경력의 기술자로 승승장구하였다. 그가 전쟁 후에 미국구호 행정부(American Relief Administration)에서 복무한 것은 퀘이커 교도의 선한 행실의 전통을 가장 잘 지켰던 사례가 되었다. 그는 다음과 같이 기술하였다. "사심 없는 선한 의지의 일이 끈질기게 그리고 성실하고 숙련되게 행하여진 것, 그보다 더 이상 고상한 일은 결코 없었다." 비록 그에 대한 감사함은 없었지만 말이다. 때때로 유럽의 방해에도 불구하고, 후버는 엄청난 인간의 고통을 잘 막아 내었으며 진정, 유럽체제의 붕괴를 방지하게 되었다.[5] 사실상, 이것이 후버의 처음 계획은 아니었다. 후버가 처음 외국인들을 위하여 구호단체를 조직하게 된 것은 그 세기에 접어들면서 중국에서 의화단 사건(the Boxer Rebellion)이 일어난 때였다. 제1차 세계대전 초반부에 벨기에 민간인들이 국경지역 모든 곳에서 군사들 식량 공급이 끊어짐에 따라 굶어 죽어 가고 있었다. 장성들과 정치가들은 모두 전쟁의 승리에만 주로 관심을 갖고 있었다. 후버는 그 전쟁 애호가들에게 식량공급이 국가에 우선 들어오기를 허락할 것을 설득하였고 심지어 그들을 위하여 기금까지 조성하였다. 전쟁이 끝난 후, 복구활동에서, 후버는 볼세비키 혁명(Bolshevik Revolution)을 익히 알게 되었다. 그가 믿기로 그는 그것을 더 나은 생활의 꿈에 도달하는 행위로 인식하였다. 그는 개인들 사이의 '협력'과 더불어 정당한 개성(個性)을 주장하는 것으로 그에 대한 반응을 보였다. 그는 공산주의가 힘으로만 얻어질 수 있는 것이 아니라고 믿었다.

프렌즈 교회(The Friend's Church, 퀘이커)의 사회봉사 윤리는 계파적인 것이라고 사회학적으로 판단된다. 마틴 파우솔드(Martin L. Fausold)는 그가 쓴 후버 자서전에서, 퀘이커 교도들 사이에 오랫동안 존재해 온 절대주의자들과 상대주의자들 간의 구분을 지적하였다.6) 전자는 원칙에 있어서 엄격하였고, 그들의 기준을 지키는 데 있어서 타협하거나 약화시키지 않고 차라리 원칙을 지키는 위험을 감수하였다. 후자는 윌리엄 펜(William Penn)이 사망한 이후에 발전된 융통성 있는 계파였다. 그리고 프렌즈 교회는 펜실베니아의 정치적 통제권을 잃어버렸다. 두 번째 당은 이 불완전한 세상에서 스스로를 "성스러운 로비(Divine Lobby)"로 이해하였다. 실제적으로 후버는 이 두 번째 당에 속하였다.

1922년 출판된 그의 저서 『미국적 개인주의』 *American Individualism*에서 그는 그의 퀘이커에 대한 정서를 다음과 같이 표현하였다. 그는 그것이 윌슨의 장로교보다 더 세속화된 것이라고 주장하였다.7) 그러한 자유주의적 신앙은 도덕적, 종교적 활동에 영향을 주었거나 줄 수 있고 또한 그러한 활동에 근간을 제공할 수 있다. 실제적으로 그 목표는 협동심, 자원(自願)심, 상호간의 자조(自助)정신, 동료애, 그리고 개인주의를 가져다주는 것이다. 후버에 있어서, 도덕적 유산은 일류 정신과 맞물려져 있었다.8) 이러한 사실은 그가 윌슨 대통령의 참모로 일하였을 때 베르사유 평화 회담에서 나타난 후버의 견해에서 확실하여졌고, 호프스타터(Hofstadter)는 그것을 가능한 한 최고로 비(非)전투적인 것이었다고 묘사하였다. 그는 양측의 선전을 통해서 이해할 만큼 충분히 그러한 사실을 경험하였고, 예를 들어, 많은 악선전에서 이야기되는 잔혹행위는 사실이 아니라는 것을 알았다. 후버 자신은 다음과 같이 회고한다. "나는 항간에 돌아다니는 삭막한 현실을 다루었다."

호프스타터는 후버가 1920년에 대통령에 당선 될 수 있었다고 생각하였다. 그러나 공화당이 그를 하딩에게 넘겨주었다는 것이다. 하딩과 쿨리지 내각에서 상무(常務)장관이 되면서, 후버는 그가 복무하였던 내각에서 가장 자유주의적인 임원이 됨과 동시에 유능한 관료로서 신망을 얻었다. 그의 전기(傳記) 『허버트 후버, 그의 공생애』 *Herbert Hoover, a Public Life*에서, 데이비드 버너(David Burner)는 후버가 사회학자 톤스타인 베블린(Thornstein

B. Veblin)의 '노동의 본능'—즉 산업적 정확성, 전문적 창의성, 합리적 경제, 도덕적 충동, 공공복지—에서 강한 영향을 받았다고 생각한다.9) 정치적으로, 그 주장은 질서 있는 자유, 공동체 정신, 그리고 생산적인 노동 같은 것이었다. 아더 슐레징거 1세(Arther Schlesinger Sr.)는 역사가로서 다음과 같은 사실을 주장하였다. "후버는 모든 모험을 사업으로 전환시켰다… 그가 정치가들이나 대중과의 관계에 있어서 별로 재미를 못 느낀 것은 그의 후반 인생에 나타난 그의 특징과 기질 때문이었다." 그는 한번은 대통령직에 대하여 불평하였다. "집무실은 지옥과 같았다."

그의 특성

바버(Barber)는 후버를 적극적이면서도 부정적(否定的)인 사람으로 분류하면서 그 어려움에 대하여 다음과 같이 기록한다. "허버트 후버의 등장은 언론매체에서 대단한 반응을 불러일으켰다. 특히, 신문과 잡지에서 그러하였다."10) 그러나 그는 곧 언론을 통제하기 시작하였다. 때때로 그는 기자들에게 통보하지 않고 버지니아에 있는 야영지로 떠나기도 하였다. 당연히, 기자들은 그에게서 등을 돌렸다. 후버는 백악관에서 가장 짐이 무겁고 걱정거리가 많았던 대통령 중 한 사람으로 알려져 있다. 영국 역사가 H. G. 웰스(H. G. Wells)는 그를 "병적으로 과로하였고 일에 압도당한 사람"이라고 생각하였다. 그가 담당한 업무량은 매일 18시간 내지 20시간에 해당하였다. 그는 결코 크게 웃어 본 적이 없으며 항상 얼굴을 찌푸리며 살았다고 한다.11)

여전히 후버는 심오한 대통령으로서의 도덕성을 보여 주었다. "대통령직은 행정수반 책임 이상의 것이다. 그것은 미국의 목표와 이상에서 최고의 영감(靈感)을 부여해 주는 상징이다"라고 그는 생각하였다.12) 그러나 그는 그것을 공적인 관계성에서 이해하지 않았다. "이것은 쇼맨(showman)의 직업이 아니다. 나는 내 특성을 살릴 것이며 당신들은 나를 테디 베어와 같은 루스벨트(Teddy Roosevelt)로 만들 수 없을 것이다."

또한 그는 "군중의 함성소리를 결코 좋아하지 않았으며 피상적인 사회 접촉을 혐오한다. 나는 가식적인 웅변을 하지 않는다"고 말한 바 있다. 후버는 감정뿐인 "군중"을 멸시하였다. 그들은 스스로 계획할 수 있는 자신들의 머리를 가지고 있지 않기 때문이다. "군중은 잘 속기 쉽고, 파괴적이며, 증오하고, 허황된 꿈만 꾼다. 그러나 그들은 절대로 일을 성취하지 못한다. 나는 우리나라 관리들이 더 이상 정의와 평등한 기회에 몰두하지 않고 시장에서 물건을 교환하는 데에만 집착할까 겁난다… 그것은 타락이다." 이러한 주장으로 그는 점점 커져가는 경제적 붕괴에 성공적으로 대처하지 못하였다. 그는 루스벨트의 대공황의 등장과 압도를 이겨낼 만한 위치가 되지 못하였다.

바버는 인간성 문제에 대하여 주의를 기울이는데, 후버의 처신이 다른 사람들과 진정성 있는 협력적 관계로 들어가지 못하게 하였고 특별히 그러한 관계가 타협점을 찾기를 원하였을 때 더욱 그러하였다는 것이다. 그 기술자 출신의 대통령은 정치에 있어서 비합리적인 면을 수용하지 못하였고 그가 웅변으로 열광적인 반응을 불러일으키지 못하였다는 사실은 당연한 것이었다.13)

특히, 후버는 경제와 그 유효성이 그 자체로 끝나는 것으로 믿었다. 그의 자본주의 모델은 규제가 없는 이윤체계로 신랄하게 비판받았다. 1930년, 후버는 지나치게 염려하는 것이 공황을 불러왔다는 사실을 인정하였다. 그러나 그것만이 유일한 요인은 아니라고 그는 말하였다. 그 위기는 세계적인 것이었고 공황을 부추기는 주요 동기는 국외에서 기인한 것이었다.

국내에서는 그는 복구를 반대하였다. "나는 그 어떤 직접, 간접적인 정부의 실업수당에 반대합니다. 유럽에서의 경제 붕괴와 실업의 증가는 부분적으로 그렇게 실행한 것에 기인합니다." 복구를 위해서 연방정부가 돈을 지불하는 것은 "미국 국민으로 하여금 영적인 감응에 손상을 주는 일이고… 그것은 우리가 인생에서 만져질 수 없는 그 무엇과 이상(理想)을 다루고 있기 때문입니다… 국가 재정에서 수천만 달러를 쏟아 붓는 일보다 국가적 이상과 영성에 자원적으로 행하는 헌신이 끝없이 더 소중한 것입니다." 뉴스 영화에 나오는 사람들은 그를 백악관 잔디에서 그의 개에게 먹이를 주는 장면으로 묘사하였다.

역사가로서 호프스타터(Hofstadter)는 "약 10년 안에 후버의 전쟁 당시 쌓았던 공적(功績)은 잊혀 질 것이고 유럽을 먹여 살렸던 그 사람은 굶주림의 상징이 될 것이고 그는 재난의 상징으로서 혁혁한 공을 쌓은 사람이 될 것이다"라고 생각하였다.14) 후버는 앤드류 존슨(Andrew Johnson)이 대통령직을 포기한 이래로 유례없는 거부의 구름에 휩싸여 떠났다. 후버는 진정 그 낡아빠진 개인주의가 경제를 위한 덕목으로 끝나버린 사실을 깨닫고 있었을까? 그것은 사실 그가 믿었던 기독교적인 덕목도 아니었다. 강도와 같은 부호의 시대는 지나갔다. 설익은 자본주의는 자신에게 패배를 가져다주는 결과가 되어 버렸다. 비록 그 퀘이커 교도 출신 기술자가 종교적 신앙의 오랜 덕목과 성실성, 그리고 반부패적 봉사와 공공의 일에 대한 명예를 위하여 싸웠을지라도 이러한 것들만으로는 위기의 시대에 부응하기에는 충분하지 않았다. 그리고 옛 시대의 질서는 국내외적으로 붕괴되었다. 그의 후임자들은 새롭고 더 사회적으로 적극적인 대통령의 도덕성을 요구하였던 것이다.

급작스러운 개인적 실패뿐만이 아니라 전 세계와 그 도덕적 패러다임의 몰락이 일어나는 상황이 되었다. 후버가 신봉하였던 효율성, 기업, 기회, 개인주의, 엄청난 자유방임주의, 개인적 성공, 물질적 풍요는 모두 다 제퍼슨(Jefferson), 잭슨(Jackson), 그리고 링컨(Lincoln)이 추천하던 덕목들이었다. 처음에는 이러한 사상은 신선하고 고무적인 것으로 보였다. 호프스타터는 "후버는 자유방임주의의 신성한 교리를 주장하는 마지막 대언자 대통령이었다"15)고 결론짓는다.

처음에 그가 대통령에 출마하였을 때, 후버는 기자단들과 좋은 관계를 가졌다. 그가 상공부에 임명한 공공관계 보좌관 조지 에커슨(George E. Akerson)이 그 관계를 조성하여 주었다. 1928년 후버를 반대하던 자는 알프

레드 스미스(Alfred E. Smith)였는데 그는 그 자신의 당 기반을 가지고 삭막한 내용의 금지규정에 대한 찬성을 수용하기를 거부하였던 사람이다. 로마 가톨릭 전통으로 인하여 국가적으로 불이익을 받은 스미스는 대도시 여러 곳에서 이기기 위하여 작전을 세웠다. 자신의 선거 승리를 몰아 후버는 남미지역으로 친선 여행을 떠났다. 친근감도 없고 마음이 맞는 친구들도 잘 만나지 못한 채, 그는 불안감과 염세주의로 빠지게 되었다. 1929년 10월 23일 암흑의 목요일(Black Thursday), 증권시장의 추락과 그달 28일 화요일에 일어난 거품폭발(the bubble burst)의 연쇄적인 발생은 번영과 자유에 대한 그의 강한 주장에 도전하는 결과가 되었다.

후버 대통령은 해외에서의 경기 침체와 더불어 국내에서의 과잉투기에 대한 해명을 인정하였다. 후버는 특히, 급진적인 해결책에 반대하였다. 그것은 제너럴 일렉트릭(General Electric) 회사의 회장이 의회의 특별회기를 요청하였고 공황에 맞서 싸우기 위해 채권 발행을 요청하였을 때와 같은 경우를 의미한다. 후버는 은행가들을 찾아다니며 국가가 직면한 거대한 재정적 붕괴를 진정시키기 위하여 수십억 달러를 지원해 줄 것을 요청하였다. 그러나 그것은 별로 큰 성과를 거두지 못하였다. 1931년 봄, 의회가 휴회되었을 때 그는 유럽으로부터 차관한 전쟁 빚에 대하여 1년 지불 유예를 도입하였다. 그의 공황상태에 대한 또 다른 무기는 재건사업 재정 협력기구(the Reconstruction Finance Corporation)이었다. 후버는 세금 증액을 원하였고, 그 안건은 의회에서 통과 되었다. 그러나 호감을 얻지 못한 판매세가 그 안건 초두에 포함되어 있었다.

그리고 금지법(Prohibition)에 대한 문제가 있었다. 그리하여 더 중요한 경제적 문의에 대한 토론들이 부글부글 끓고 있었다. 매사추세츠 상원위원회가 요청에 옴에 따라서 대통령은 위커샴 위원회(The Wickersham Commission)를 임명하였는데 그것은 그 금지법에 대한 논쟁을 조사하기 위해서였다. 미국 전역을 통해서, 법 시행의 결렬사태가 있었다. 후버는 자신이 런던에 거하는 동안 포도주 저장실을 가지고 있었고 알코올 금지법이 유효하지 않음을 깨달았다. 여전히 그는 민주적으로 제정된 법을 시행시키기 위한 헌법적 책임감을 통감하였다. 그는 그가 속한 당의 전국 지명집회가 열리기 직전에 18번 조항(the Eighteenth Amendment)을 국가에 다시 제출하는 것을 포기하였다.

위축된 사회비전

대공황 사태와 더불어 국가적 위기가 찾아왔다. 그리고 맥아더(McArther) 휘하에 있는 군대는 11월 5일에 워싱턴에서 보너스 행진 참가자들을 지휘하였다. 맥아더 장군 스스로가 군화와 군복을 입고 그것을 감독하였다. 후버는 이후에, "폭도를 다스릴 줄 아는 워싱턴에 있는 정부를 당신이 가지게 된 것을 고맙게 생각하십시오"16)라고 말하였다. 탱크와 최루탄, 그리고 총들이 남자들에게 뿐만 아니라 여성과 아동들에 대하여서도 사용되었다. 사실상, 맥아더는—후버의 명령에 반대하여—아나코스티아 다리(Anacostia Bridge)를 건너 참전용사단을 인솔하였고 그가 "그 자신과 그의 참모들은 사람들이 내려오는 것에 연연하지 않았고 질서를 잡으려고도 하지 않았다"고 생각하였다.17) 후버는 20년 후에도 여전히, 그가 기억하기로 "후에 충분히 입증이 되었듯이 그 행진은 공산주의자들에 의해서 조직되고 부추겨진 생각해 볼만한 것이었고 대량의 불량배들과 전과자들이 공적인 소요사태를 일으키기 위하여 결정한 것이었다"18)고 믿었다.

캠페인에서 후버는 루스벨트가 가졌던 거의 모든 것을 결여하고 있었다. 그것은 다름 아닌 카리스마이다. 가을 선거에서의 패배와 그의 취임식 기간 사이에 후버는 루스벨트를 정치적으로 개입시키려고 노력하였으나 그리 큰 성공을 거두지 못하였다. 그의 주된 관심사 중 한 가지는 금(金) 본위제(the gold standard)를 보존하려는 것이었다. 루스벨트가 권력을 잡은 이후에, 그는 뉴딜(New Deal) 정책에 관하여 거침없이 비판하는 자가 되었고, 개인의 자유에 연방정부가 방해하는 것을 반대하고 그것을 입법화하려는 국회의 노력 부족에 항거하였으며, 헌법적 검토가 없이 개진된 대량의 행정 절차에 반대하였다. 전 대통령의 오래된 친구인 할란 스톤(Harlan Fiske Stone)은 후버의 저서 『자유에 대한 도전』 *The Challenge to Liberty*에서 다음과 같이 기술하였다. "점점 더 복잡해지는 문명의 요구로 국가 내에 존재하는 모든 개인과 단체들은 서로 상호 의지하고 있다." 그리고 "사적(私的) 자유에 대한 견제를 요구한다. [사업적 침체]의 생성이 18세기의 총체적 개인주의 철학에 대한 호소로 정당화되어질 수 없다. 왜냐하면 그 철학이 20세기에 완벽하게 적용될 수 있는 것이 아니기 때문이다."

국제적으로, 후버는 불간섭주의자, 그리고 엄격한 반공주의자로 남게 되었는데, 애초부터 후버는 루스벨트가 소련연방(USSR)을 승인한 것에 반대하였다.[19] 제2차 세계대전이 끝난 후에, 그는 미국이 국제 연합(UN)에서 철수 할 것과 "하나님을 두려워하는 다른 국가들"과 연합할 것을 제안하였다. 그가 경제와 국제 정책에 있어서 반대하였던 많은 것은 좀 덜 힘든 시기에 더 수용할 수 있는 것들이었다. 그의 도덕성은 과거를 돌아보는 데 있어서, 또한 그 강직성에 있어서 두 경우 다 근본주의였다. 물론 그것은 그의 희미하게 남아 있는 종교적 사상에서 그렇다는 것이 아니다. 오늘날에 이르기까지 역사가들은 후버의 원칙의 효용성에 대하여 논쟁하고 있다. 당선되었다면 그가 대공황을 극복할 수 있었을까, 그리고 후버의 훌륭한 자질과 업무에도 불구하고 실직에 타격받은 시민들의 소요사태가 과연 일어났을까? 상당수의 역사가들이 그가 백악관을 향한 재임 출마에 패배하였을 때 대부분의 미국인들이 내린 평결에 동의하고 있다. 그의 정책들이 실패였다고 하는 것이다.[20] 정부의 목표는 질서 있는 자유에 있을 뿐만 아니라 미국 국민의 경제적, 사회적 복지에 있다는 것이다.

후버는 오랫동안 그의 정적(政敵), 프랭클린 루스벨트의 능수능란함에 대하여 분개하였다. 그 둘 사이의 대조적인 면들은 확실하였다. 후버는 더욱 더 정리가 잘된 생각을 지녔고 때때로 원칙에 충실하였다. 그러나 그는 국가가 절실하게 요구하는 것을 충분히 이해하지 못하였다.

결론을 말하자면, 후버는 하나님을 믿었으나 우드로우 윌슨(Woodrow

Wilson)의 칼빈주의자적인 것이 아닌 온건파 퀘이커 교도의 믿음을 가지고 있었다. 그는 사실상, 대공황사태의 수렁에 떨어진 테크노크라시의 한 기술자에 불과한 존재였다. 카리스마를 지닌 정치가는 아니었던 것이다. 열광주의자도 아니었고, 그는 제1차 세계대전 중에 모두 다 그들 자신의 목적을 위하여 도덕성을 들먹인 것이라고 인식하였다. 나중에 통치하면서, 그는 "증권시장이 붕괴되면서 그 번개가 떨어지자, 자리를 잘못 찾은 한 사람의 인본주의자"가 되어 버렸다. 후버가 백악관에 들어갔을 때 지배적인 국가의 분위기는 자유방임과 같은 것이었다. 초기에 그는 경제적 성장에 따른 국가 빈곤의 종식을 이야기하였다. 그 대신에, 그는 공황사태를 맞이하였다. 그의 사회적 윤리는 자격 미달의 자본주의자가 되는 것으로 남게 되었고 루스벨트의 뉴딜 정책이 가져다준 사회복지와는 동떨어지게 되었다.

후버는 각 개인의 인격 속에 잠재해 있는 거룩한 내면의 빛에 근거한 인간 본성에 대한 퀘이커 교도의 신앙을 긍정적으로 평가하였다. 그러나 그에게 있어서 그러한 신앙은 세속화되었다. 원죄(原罪) 타락의 상징은 그의 세계관에는 존재하지 않았다. 그 자신의 활동 범위 안에서 그는 용기가 있었고 신중하였다. 그리고 용의주도하고 정직하였다. 프랭클린 루스벨트의 첫 번째 부통령이었던 존 가너(John Nance Garner)는 다음과 같이 생각하였다. "나는 허버트 후버의 인간성이나 성실성에 대하여 생각해 본 적이 없다. 나는 그의 정직성이나 애국심을 의심해 본 적도 없다." 여러 가지 면에서, 후버는 대통령직을 위하여 최고로 준비가 잘되어 있었다. 그가 재선에 패한 것은 그 시대를 종식시키는 분수령을 장식한 것이 되었다. 그 대통령의 임무는 그의 후계자들로 하여금 새로운 능동주의와 윤리적 현실주의의 임무를 수행하게 하였다.

1) John Edward Keynes, *Economic Consequences of the Peace*, cited in Hofstadter, op. cit., p. 283.

2) Barber, *Presidential Character*, p. 65.

3) Martin L. Fausold, *The Presidency of Herbert C. Hoover*, Lawrence, Kansas: University Press of Kansas, 1985, p. 1.

4) Ibid.

5) Hofstadter, op. cit., p. 283.

6) Fausold, op. cit., pp. 12~13.

7) Herbert C. Hoover, *American Individualism*, Doubleday, 1922.

8) Hofstadter, op. cit., p. 288.

9) David Burner, *Herbert Hoover: The Public Life*, New York: Knopf, 1979.

10) Barber, *Presidential Character*, p. 54 et. seq.

11) Ibid.

12) Ibid., p. 62 et seq.

13) Ibid, p. 58.

14) Hofstadter, op. cit., p. 284.

15) Ibid.

16) Fausold, op. cit., p. 201.

17) Ibid.

18) Ibid., p. 203.

19) Ibid., pp. 241~243.

20) Ibid., p. 245.

프랭클린 루스벨트
Franklin Roosevelt

　　루이스 브랜다이스 법관(Justice Louis Brandeis)은 프랭클린 루스벨트를 개인적으로 만난 후에 다음과 같이 논평하였다. 그 새 대통령은 "성질부리는 데 1등급이지만 머리는 2등급"이다. 성질부리는 데 1등이라는 이야기는 버락 오바마(Barrack Obama)에게는 해당되지 않을 것이다. 오바마는 일류 지식인이다. 두 사람 다 하버드(Harvard) 대학 출신이다. 둘 다 국가가 재정적인 위기에 처하였을 때 재임(在任)하였다. 루스벨트의 첫 번째 업무가 미국이 2차 세계대전에 임할 준비가 될 때까지, 또한 고립주의자 정서가 잦아들 때까지 기다리면서 인내한 것임에 반하여 오바마는 국제 테러와 싸우면서 훨씬 더 복잡하고 다각적인 책임감을 가졌다. 무조건적 항복에 서명할 적(敵)이나 적군의 수장(首長)들이 없었다. 오바마의 가정생활은 루스벨트보다 더 행복하였고 그의 신앙은 더 복음주의적이었다. 프랭클린 루스벨트는 인종통합 정책을 관철시키지 못하였는데 그것은 그의 부인 엘레나(Eleanor)가 남부지역의 표를 얻기 위하여 민주당 차별주의자들에게 경의를 표하였기 때문이다.

프랭클린 루스벨트, 그는 누구인가?

"철학이 있냐고요? 나는 크리스천이며 민주당원일 뿐입니다!"라는 루스벨트의 고백이 프랜시스 퍼킨스(Francis Perkins)의 저서 『내가 알고 있는 루스벨트』 *The Roosevelt I Knew*에 기록돼 있다.[1]

"우리는 세계에 진정한 크리스천 원리가 지배하는 국제질서를 가져다주기 위하여 그리고 승리를 이룩하기 위하여 일과 기도로 연합하여야만 합니다." 이것은 루스벨트가 윌리엄 더티(William Cardinal Dougherty)에게 1942년 10월 19일에 한 말이다.[2]

칼로 레비(Carlo Levi)는 『그리스도가 에볼리에 멈춰 섰다』 *Christ Stopped at Eboli*라는 책에서 어떻게 이렇게 멀리 떨어진 이태리 칼리브 지역에서 레비(Levi)가 광적인 독재자, 베니토 무솔리니(Benito Mussolini)나 로마 국가 왕의 모습을 발견하지 않았는지 이야기해 주고 있다. 거기에는 두 가지 다른 형태의 인물들이 나타난다. 성모 마리아와 프랭클린 루스벨트의 모습이다. 그들은 이 세상을 두 가지로 나누는 것처럼 보인다. "그 마돈나는 사납고, 무자비하고, 신비한 고대의 여신, 그리고 이 세상의 풍요의 여주인으로 나타났고, 그 대통령은 전능한 제우스 신, 천상의 자애롭고 미소 짓는 주인으로 나타났다."[3] 루스벨트는 그가 활동하였던 당대에 이미 국제적인 신화적 인물이 되어 있었던 것이다.

루스벨트는 우드로우 윌슨처럼 집회를 다니는 장로교 장로(長老)가 아니라 성공회 교구인과 같았다. 우드로우 윌슨 밑에서 그는 해군 참모 장교로 복무한 적이 있다. 루스벨트의 목표는 세상을 구원하는 것이 아니라, 문명세계에서 살아남기 위하여 생생한 자유를 오랫동안 유지하는 것이었다. 국내적으로 그는 신학자들이 말하는 이른바, "사회적 복음(social gospel)"이라고 명하는 것을 위하여 운동하였다. 미국이 제2차 세계대전에 개입하기도 전에 프랭클린 루스벨트는 1939년 피우스 12세 교황(Pope Pius XII)에게 민중의 신앙을 강조하면서 다음과 같은 서한을 보냈다. "어떤 인도하는 원리와 거룩한 계획에 대한 믿음이 없는 한 국가들은 빛에 거할 수 없고 국민들은 멸망할 것임을 그들은 압니다. 그들은 또한 자신들이 하나님의 자녀들이기 때문에 서로가 다 형제임을 잘 알던 사람들이 나라를 세우고 그 조상들이 그 문명을 물려준 것임을 알고 있습니다. 그들은 하나님의 뜻으로 원한이 치유될 것을 믿었습니다. 그것은 하나님의 자비하심으로 약한 자들이 구원을 얻고, 강한 자들이 약한 자들을 도울 수 있는 은혜를 받을 수 있다는 것입니다."4) 그가 어디에 있던지, 그 대통령은 종교 분파주의자는 아니었다.

심리학적으로, 국내에서 그 대통령은 "유권자들과 아주 친근한 공동체 의식을 가졌는데" 그것은 잭슨(Jackson) 시대 이후로 그 유례를 찾아볼 수 없었다. 다음에 나오는 1936년 대통령 캠페인 사건이 그 실례이다. 매사추세츠의 뉴 베드포드(New Bedford)에 사는 한 여인이 보안 경비원 사이를 뚫고 그 대통령에게 한 쪽지를 건넸다.5) 주당 최소 수당, 11달러를 받던 한 직물회사 직원인 그녀는 당시에 임금 50%를 삭감받고 고통을 당하였다. "제발 워싱턴에서 누군가를 보내 주셔서 우리 임금을 회복시켜 주세요. 우리는 주당 4, 5불 또는 6불로 살아갈 수 없습니다." 젊은 왕자님처럼 부유하고 특권층으로 자란 루스벨트였으나 그는 자기보다 더 못한 사회적 지위를 가진 다른 사람들과 동화될 수 있었다. 그것으로 그들은 그가 그들의 필요와 고통을 이해하였다고 느꼈다.

루스벨트의 윤리를 이해하기 위하여 한 전기(傳記) 작가는 냉소적 이태리의 정치 이론가 마키아벨리(Machiavelli)가 종종 사용하였던 사자와 여우의 혼합된 이미지를 원용(援用)하였다. 그는 사자 쪽 이미지를 남성적 빅토리아 사상의 형상화로 이해하였고, 또한 그 새 대통령은 새로운 시대로 도약하는 여우와 같은 모습을 취하였다고 보았다. 그것은 가장 효과적이라면 그 어떤 정치적 노선도 따르는 것을 뜻하며, 심지어는 급히 내려가는 것이라도 따르려하였다.6) 요약한다면, 그의 전략 속에는 이상주의와 기회주의가 공존하였던 것이다. 그는 경험주의적으로 또한 인상주의적으로 사고(思考)하였다.

루스벨트의 신화는 부분적으로 '필요한 기만(necessary deception)'이라는 구실로 이루어져 있다. 그것은 한쪽으로는 대통령 캠페인 당시에 계속되었고 또 다른 한편으로는 백악관 행정 업무에서 그러하였다. 대통령의 신체적인 불구의 조건(그는 다리를 사용하지 못하였다)은 시작부터 끝까지 대중에게 가리어져 있었다. 그는 그렇지 않은 것처럼 행동하였다. 백악관은 신문이나 사진에서 루스벨트의 보조기나 그가 휠체어에 앉아 있는 것, 그리고 차에서 들어올려 내리는 것과 같은 사진들을 보여 주는 것을 금지하였다.

처음부터 건강이 좋고 활력이 있는 것처럼 가장(假裝)하면서, 그 후보자는 자기 당(黨)의 지명을 수락하기 위하여 1932년 시카고로 향하였다. 대통령 역사학자 포레스트 맥도널드(Forrest McDonald)는 루스벨트를 가장 약삭빠르고 재능 있는 대통령 이미지 메이커라고 평가하면서 그 자신의 논평을 요약하고 있다.7) 심리학적으로, 프랭클린 루스벨트는 성공한 사람이었다. 어떤 기자는 한때 그가 "하나님에 의해서 정신 분석을 받아 왔음에 틀림이 없다고" 주장하였다. 그것은 그가 매우 침착하며 염려하는 적이 없고, 결코 속상해 하지도 않으며 활기차고 점잖게 나타났다는 것이다.8) 이것은 대통령 성격을 연구하는 학자 바버(Barber)가 분류한 것으로 루스벨트는 적극적이고 긍정적인 타입을 나타내는 뛰어난 모델이라는 것이다. 이러한 범주에 속하는 대통령들은 그들 자신의 능력에 확신을 가지고 있고 그러므로 그들은 그 직무의 도전에 전적으로 부합할 수 있다는 것이다. 바버는 그 자신의 평가를 다음과 같이 간단히 요약한다. 루스벨트는 "강한 마음(healthy minded)"의 소유자다. 그 한 가지 징표는 그가 잘 웃는다는 것이다. 신간 저널 『상식』 Common Sense은 루스벨트가 후버를 패배시켰던 선거는 바로, "팔로 알토(Palo Alto) 출신의 침울한 기술자" 대(對) "하이드 파크(Hyde Park)

출신의 웃는 소년"9)의 시합이었다고 주장하였다.

그가 첫 번째 선거에서 승리한지 얼마 안 되어, 그 새 대통령은 그의 전임 대통령들과의 관계에 대한 이해를 다음과 같이 설명하였다. "대통령직이란 단순히 행정업무를 하는 것이 아니다. 그것은 최소한의 일이다. 그것은 현저하게 도덕적 리더십을 발휘해야 하는 자리이다. 우리의 모든 위대한 대통령들은 국가적 삶에서 어떤 역사적인 사상이 명확하게 드러나게 되어야 할 때 때때로 사상을 이끄는 자들이 되었다. 워싱턴은 연방 노조(Federal Union)의 상징으로 나타났다. 제퍼슨(Jefferson)은 실제로 우리가 지금 알고 있는 당 체제에서 민주당 이론을 반대하고 해밀턴(Hamilton)의 공화주의로 나아감으로 당의 기원을 잡았다. 이 이론은 잭슨(Jackson)에 의해서 다시 확인되었다. 우리 정부의 두 가지 위대한 원리는 영원히 링컨에 의해서 의심할 바 없이 세워졌다. 클리브랜드(Cleveland)는 거대한 정치적 부패 시대에 집무를 시작하면서 기복이 심한 정직성의 전형을 보여 주었다. 데오도르 루스벨트(Theodore Roosevelt)와 윌슨(Wilson)은 둘 다 도덕적 지도자들이다. 그 둘은 다 자신의 방식대로 자기 때를 위하여 대통령직을 교회 강단으로 사용하였던 사람들이다. 그것이 바로 공무(公務)가 지니는 의미이다. 새로운 상황에 적용, 재적용 시킬 수 있는 최상의 기회이며 우리가 항상 돌아가야 하는 인간 행위의 단순한 규정을 적용시키는 일이다. 변화를 위한 영민하고 민감한 리더십이 없이는 우리는 길을 잃어버리게 된다.10)

역사적 구조

루스벨트의 종교와 윤리는 그들 당대의 구조 속에서 파악되지 않는 한 오해를 불러일으킬 수 있다. 그는 역사가 맥카이버(McIver)의 여론 조사에서 링컨이 유일하게 2등 서열로 한 번 평가받은 경우를 제외하고는, 두 번째로 위대한 대통령의 자리에 올랐다. 귀족 출신인 루스벨트는 복음주의 제국에 속하지 않았고 그렇다고 빅토리아주의자(Victorian)도 아니었다. 앨리(Alley)는 그가 권좌에 앉았을 때 이미 금주법(禁酒法)과 개신교 분파주의가 퇴색한 것이 분명하다고 말하였다. "비록 그는 성공회 교인 이었으나 그가 개신교도이고 복음주의자적 입장이라고 주장하였다. 이것은 그의 개인적인 문제였고, 조찬 기도회에서 천명하거나 종교적 친구들이나 지인들과 이야기할 수 있는 문제는 아니었다. 그가 이해하였던 성경은 본질적으로 윤리적인 측면이었고, 또한 그의 성경적 통찰의 모습은 종종 전투적인 양상을 띠었다. 그것은 아마도 그가 피바디(Peabody) 엔디코트(Endicott), 그로톤(Groton)에 소재한 사립 고등학교 교장에게서 받은 깊은 영향력의 결과라고 보여진다."11)

앨리는 다음과 같이 결론짓는다. 루스벨트가 믿었던 것은 국가주의를 지지하는 하나님이 아니라 이 지구의 상처를 포용하는 하나님이었을 것이라는 것이다. 그 전시(戰時) 대통령은 사악한 힘에 맞서는 거대한 싸움을 하기 위하여, 또한 국가를 단련시키기 위하여 정치가들의 신앙을 강구하는 것이 아니라 세계를 위한 보편적인 신앙에 대한 사명을 감당하는 것이었다. 그가 취한 입장의 반대 급부는 단독주의(unilateralism)이었던 것이다!

2차 세계대전에서의 루스벨트의 국제적 리더십이 없었더라면 아마도 독재주의가 승리를 거두었을 것이다. 그는 백악관 초임시절에 미합중국을 그동안 경험하였던 가장 위험한 경제적 비극에서 이끌어 내었다. "이 위대한 국가, 미국은 이제껏 견디어 냈고 견디어 낼 것이며 부흥하고 번영할 것이다"라고 그는 말하였다.12) 그가 임직한 첫 100일 동안에, 국회는 루스벨트의 리더십을 고대하면서 중요한 법안의 입법을 시행하였다. 어떤 것들은 수 주 만에, 그리고 어떤 것은 채 몇 시간도 안 걸려 통과되었다. 그의 전략은 교조주의적이거나 사상적이라기보다는 융통성이 있는 데 있었다.

미국 역사가 리처드 호프스타더(Richard Hofstadter)는 뉴딜 정책은 멀리 내다보거나 장기적인 계획이 아니라 즉흥적인 것들의 결정물로서, 경제적인 지식이 거의 드러나지 않은 결과를 나타냈다고 결론짓는다. 루스벨트는 용의주도하게 짜인 프로그램 그 이상으로 그의 업무를 진행하였다. 그 새 행정수반은 다음과 같이 생각하였다. "내가 잘못 생각하지 않는 한, 미국은 대담하고 끈질긴 실험을 요구하고 있다. 어떤 방법을 취하고 시행하여 보는 것은 상식이다. 만일 그러한 시행이 실패한다면, 솔직하게 인정하고 다른 방도를 취하자. 그러나 무엇보다 중요한 일은 시도하여 본다는 것이다."13) 이러한 진술은 관념적이라기보다는 실용적인 것이다.

그 신선한 행정은 어떤 철학을 주장하였다기보다는 어떤 태도를 보여 준 것이다. 그는 초기에 한 기자회견에서 자기를 축구 게임의 쿼터백 (quarterback)으로 비유하였다. 그는 하이드 파크 출신이었다. 리더로서 그는 다음 선수가 누가 될 것인지 알았고, 그것보다 그는 "미래의 경기는 다음 타자가 어떻게 싸울지에 달려 있기 때문에" 지나치게 엄격하게 예단(豫斷)하거나 계획을 세울 수 없다고 하였다. 그러므로 적절한 기회가 앞으로 있을 일들에 큰 역할을 한다는 것이다.14) 회의적이고 풍자적인 멩켄(H. L. Menken)은 루스벨트의 실용주의를 다음과 같이 비꼬았다. "그가 다가오는 미래에 등장하게 될 만행을 확실히 알게 된다면 그는 그것으로 인하여 간절히 바라는 표를 얻게 될 것이다. 그리고 백악관 뒤뜰에서 수요일에 열리는 모임에 선교사들만 살찌우게 할 것이다."15)

사실상, 루스벨트의 신앙은 개인적인 사안이었으나 확고하였다.16) 사무엘 로젠만(Samuel Rosenman) 법관은 다음과 같이 기술한다. "대통령이 정기적으로 교회에 출석하지는 않았으나 나는 항상 그를 신앙심이 깊은 사람으로 생각하였다. 진주만 사태(Pearl Harbor) 때도 당연히 그랬고 그는 전쟁시, 가장 중요한 D-데이에는 연설 대신에 기도하기를 선택하였다. 루스벨트는 그가 종종 언급한 대로 창조주 하나님에 대한 경외심을 잃지 않았다. 그러한 신앙심 때문에 그는 종종 특별한 경우에, 교회 예배 프로그램을 요청하였다. 취임식 행사기간 같은 경우다. 그는 예배를 드리는 동안에, 깊은 감명을 받았고, 그의 선서를 이행하기 위하여 교회에서 국회의사당으로 가는 동안 그의 얼굴에 명백히 드러나는 그 감동을 사람들이 볼 수 있었다. 그가 그의 연설에서 자주 등장시키는 하나님 이야기는 그에게는 아주 당연한 것이었다. 매번 같은 감동에서 우러나는 것이었다."

로젠만은 다음과 같이 결론짓는다. 그 전쟁시 대통령이 기지고 있었던 가장 미천하고 척박한 사회적, 경제적 국민에 대한 염려는 모든 인간이 본래 가지고 있는 존엄성에 근거한 것이었다는 것이다. 루스벨트의 복음은 그의 대통령직에 있어서 선임자들이 취하였던 것과 반대 입장으로서, 개인주의에 반대되는 것이었는데, 그의 입장은 사회 복음주의였다. 자유 방임주의적 개인주의는 정치적으로 난관 교착상태에 빠지게 하였다.

루스벨트는 후버와 달리, 진정으로 공적 관계를 즐겼다. 그의 성향의 가장 중요한 부분은 포용성이었는데 그것은 그의 성공회적 공회성(公會性)이었다. 손을 넓게 뻗어서, 그는 아일랜드계 로만 가톨릭 토미 코코란(Tommy Corcoran), 유태인 벤 코엔(Ben Cohen) 등을 그의 참모로 포용하였다. 루스벨트 대통령의 도덕성에 대한 핵심은 그의 비전이 외향성에 있는 정치적 지도자라는 단순한 사실로서, 그는 내적 성찰에는 거의 시간을 쓰지 않았다.17) 그는 해결사였고, 이론가가 아니었으며, 사안의 깊은 의미를 이해한다기보다 일을 실행하는 데 더 많은 관심을 가졌다. 국무장관 스팀슨(Stimoson)이 한때 후버 대통령에 대하여 말한 것 같이 루스벨트는 그저 "그 빌어먹을 의무(damned duty)"만을 추구하기 위하여 정치에 뛰어든 것이 아니었다.

실제적으로, 부정적인 면들도 있었다. 뉴딜 정책에도 불구하고 미합중국은 대공황으로부터 아주 천천히 복구되고 있었다. 루스벨트가 권력의 실재를 승인함에 따라서, 도시의 수장들은 이득을 취하였다. 그의 지도력은 다원적인 구조 속에서 기능을 발휘하여야 했고, 그는 국립 농장 기관들과 노조(勞組), 그리고 사업가들 사이에서 이윤을 분배하도록 강요당했다. 비평가들은 비록 그가 훈련의 중요성을 강조하면서 그의 첫 취임사를 결론지었으나, 그 자신은 막상 훈련된 프로그램을 제안하지 못하였다고 논박하였다. 이것은 얼마만큼이 그 대통령의 잘못이고 또한 얼마만큼 그가 뉴딜 정책을 실험할 필요성이 있었는가 하는 문제였다. 루스벨트 그 자신은 자유주의의 구체적 형상이었고 그 이후에는 그와 견줄 만한 리더가 없었다. 중요한 이론적 지도자로서 그와 비슷한 위상을 차지한 사람은 없었다. 그러나 결국 그의 외교 정책은 혼탁한 것이 되었고, 공산주의 냉전이 등장하게 됨에 따라, 그는 미래에 매우 위험스러운 유산만을 남겨 놓게 되었다.

개인적 유산(遺産)을 고려해 볼 때에, 두 번째 대통령 후보였던 루스벨트는 그의 귀족적이며 부요한 가족, 그리고 그의 하버드 대학 배경을 자랑스러워하였다. 온건파 성공회 신앙이 그의 가족 친가(親家) 쪽으로부터 유래되었다. 프랭클린은 종교적인 분위기 속에서 성장하였으나 신학적인 관심이 있는 것은 아니었다. 그는 기독교를 믿었으나 그에 대하여 깊이 생각한 것은 아니었다고 말할 수 있다. 루스벨트가 다녔던 피바디(Peabody) 앤디코트(Endicot)에 소재한 그로톤(Groton) 사립 고등학교 교장도 비슷한 견해를 가졌는데 그것은 젊은 학생들은 지나치게 많은 생각을 해서는 안 된다는 것이었다. 그 교장 선생님이 젊은이들에게 신앙을 심어주기 위하여 수업하였던 시간에 루스벨트는 지적인 내용보다는 실용적인 것들을 더 많이 배웠다. 프랭클린의 부친은 대부분 그 사교 스타일이 반정치적이었고, 그의 아들은 그 반대였다.

그로톤에 있는 사립 고등학교는 "기독교, 인성, 그리고 체육"이 주된 과정이었다. 프랭클린 루스벨트의 생애를 통해서, 비록 거기서 배운 수업 대부분에 대하여 같이 배웠던 귀족들은 그 효과를 의심할지 모르지만 이 현대주의자에게는 그 유산이 그대로 배어 있었다고 친구들은 믿고 있었다.

하버드 대학 3학년 때, 이 젊은이는 엄격한 그의 어머니에게 그가 사촌누이인 엘레나 루스벨트(Eleanor Roosevelt)와 약혼하였다고 알렸다. 그녀의 인격은 당연히 루스벨트의 사회적 양심에 공헌하였지만 그녀의 생애에서 매우 실망스럽게도 그들은 결혼 후 불임(不姙)의 상처를 겪어야 했다. 그녀가 믿기로, 그의 어머니는 그가 소아마비에 걸린 이후에도 그를 병약한 환자로 내버려 두지 않았다는 것이다. 불구가 되는 질병이 있기 전, 루스벨트는 5년 동안 법률사무소를 개업하였고 곧 그것이 재미없다고 생각하였다. 그 후 그는 뉴욕 주 상원의원에 당선되었다. 곧 이어 그는 해군 차관보로 임명받았다. 그리고 윌슨 대통령 임기 말에, 그는 제임스 콕스(James M. Cox)와 함께 하딩(Harding)과 쿨리지(Coolidge)에 대항하여 출마하였으나 낙선하였다. 척수성 소아마비 증세가 성공하지 못하는 정치적 경선을 가져다준 것 같다.

루스벨트의 생애에서, 고통과 한계성이 1921년 8월부터 발병한 소아마비 질병으로 말미암아 확실하게 나타났다. 내성적 취향이 전혀 아닌 그 변호사에게도 그것은 종교적 의문을 자아내게 되었다. 뉴 브룬스위크(New Brunswick), 캄포벨로 아일랜드(Campobello Island)에서 휴가를 보내면서 그는 혹서(酷暑)에 노출되었고 그리고 나서 뉴 펀드랜드(Newfoundland)의 얼어붙는 추위에 몸을 담갔다. 비록 그가 곧 다시금 그의 다리를 사용하리라 예측하였지만 그것은 잘못된 생각이었다. 후에 그는 의사들에 의해서 초기 단계 치료가 망쳐졌다는 것을 깨닫게 되었다. 그러나 그는 여전히 싸워나갔다. 매일매일, 그 귀족 정치가는 한 걸음씩 그의 팔과 손의 힘으로 그의 마비된 다리를 버티면서 간신히 계단을 올라가곤 하였다. 그의 얼굴에 땀이 범벅되면서 그는 과로로 전신을 떨었다. 1924년에 그는 조지아 주에 있는 웜 스프링스(Warm Springs) 광천수 강을 헤엄치기 시작하였다. 1927년 그는 다른 소아마비 환자들을 돌보기 위하여 웜 스프링스 기구(Warm Springs Foundation)를 발족시켰다. 루스벨트의 모친은 그가 허드슨(Hudson) 강가에 있는 하이드 파크(Hyde Park) 가족 별장으로 은퇴할 것을 강권하였다. 그가 만일 영구적으로 은퇴하였더라면, 미국의 역사는 다른 국면을 맞이하게 되었을 것이다.

막스 러너(Max Learner)는 그를 칭송하면서 다음과 같이 회고한다. "그의 질병의 요구가 그 자신의 요구가 되었고 역사가 적시(適時)를 맞이하였을 때 그것은 국가의 요구로 변모되었다." 루스벨트는 내적 갈등을 잘 표현하는 자는 아니었으나 한때 그가 느꼈던 것을 프랜시스 퍼킨스(Francis Perkins)에게 설명하였는데, 그가 낙심 좌절하였을 때 그는 하나님이 자기를 버렸다고 생각하였고, 칠흑 같은 절망 속으로 빠져들었다고 말하였다.18) 희망과 절망 사이의 들쭉날쭉한 변화가 있었다. 의사가 잔인하게 압박하였을 때에도 의사를 맹신할 필요성이 있었고 그 믿음은 최고의 확고함, 교묘함, 그리고 온유함을 갖게 하였다. 여전히 그 외향적 낙천주의자는 한 달 후에 다음과 같이 농담하였다. "나는 다행히 좀 약한 소아마비에 감염되어서 무언가 기분 나쁜 방법으로 내 젊음을 새롭게 하였다." 그의 부인 엘레나와 함께 그는 문을 세차게 닫곤 하였는데 그것은 낙심하는 마음의 표현이었다.

그 대통령이 사망한 이후, 루스벨트 여사는 다음과 같이 회고하였다. "그는 인생의 근본적인 것들을 생각하였고 모든 교훈 중 가장 위대한 교훈을 배웠는데, 그것은 끝이 없는 인내심과 결코 그치지 않는 끈질긴 노력이었다."[19] 거기에 도덕적이고 종교적인 교훈이 있었을까? 그녀가 어떻게 생각하였는지 물었는데 그녀는 자기 남편의 병이 그에게 많은 영향을 끼쳤다고 대답하였다. "네. 그렇다고 생각해요. 그것이 그로 하여금 사람들의 기분에 더욱 더 민감하게 만들었다고 생각합니다.

뉴딜 정책

뉴욕의 주지사가 되기 이전에, 그는 공적인 사회의 질병들은 법에 의해서 고침받을 수 있다고 생각하였다. 실직, 열악한 주택 상황, 그리고 농업의 위기, 그에 대한 원인들보다 그 결과를 내다보는 것을 다루게 될 입법과 같은 사안이다. 그러나 대통령으로서 그는 대공황이 무섭게 현실화됨에 따라 직관적으로 곧 그것으로 충분하지 않다는 것을 깨닫게 되었다. 1933년에, 새 행정부 법률의 제정은 농부들과 실직자들을 위한 사회 프로그램으로 구체화되었는데 그것은 뉴욕 주지사로서의 루스벨트 전략의 성공적인 부분이 되었다. 사무엘 로젠만(Samuel Rosenman)의 제안에 따라, 그 새 지도자는 〈두뇌급 전문위원회(the Brain Trust)〉를 설립하였는데, 레이몬드 몰리(Raymond Moley)가 그 회장을 맡았다. 대학교의 지식인들, 최고 부유층 기업가들이 모여 정부의 사고력을 신장(伸張)시켰다. 두뇌급 전문위원회에는 렉스포드 턱웰(Rexford Tugwell), 린지 로저스(Lindsay Rogers), 그리고 아돌프 벌르 2세(Adolf Berle Jr.) 등이 포함되었는데 그들 대부분은 콜럼비아 대학

(Columbia University)의 교수들이었다. 멩켄(H. L. Mencken)은 다음과 같이 기록하였다. "당신들 두뇌 전문가들은 갑자기 말라비틀어지고 냄새나는 신출내기 학생들만 야단법석을 떠는 교실에서 끌려 나왔는데, 느닷없이 칼리굴라(Caligula), 나폴레옹 1세(Napoleon I), 그리고 피어폰트 모르간(Pierpont Morgan)에 상응하는 권력과 영광을 가진 자리로 던져졌다. 그리고 또한 당신들의 씩씩대는 숨소리를 죽이려고 몰려드는 워싱턴가의 수많은 기자단들이 당신들을 따라다닌다."20)

비록 전략들이 교묘하게 그리고 엄청나게 바뀌기도 하였으나, 루스벨트는 그가 항상 전권을 쥐고 있는 듯한 인상을 주었고, 성공적인 프로그램을 제공하였다. 존 건터(John Gunther)는 그의 기자단들에게 그 말을 "교육적"이라고 표현하였다. 그는 마치 "모든 사람에게 공짜로 제공하는 세미나를 주최하는 친근하고 격식이 없는 학교 교장 선생님 같았다."21) 편집자들이 그를 기자들과 다르게 보았고 또한 때때로 그를 무지 싫어하기도 하였으나 그 대통령의 반응은 연설하기 위하여 그가 라디오를 사용한 것으로 나타났다. 극본을 쓰고 때로 드라마를 연출하였던 로버트 셔우드(Robert Sherwood)는 [루스벨트보다] 더 이상 훌륭한 배우를 보지 못하였다고 말하였다. 공연은 잘 준비되었고 훌륭하게 실행되었다. 루스벨트의 연설에서 기억할 만한 말은 그의 첫 번째 취임사에 나오는 말인데, "우리가 두려워할 한 가지는 두려움 그 자체이다"라는 주제로 그것은 도덕성과 심리학을 연결시킨 의미이다.

"현대 역사에서 뉴딜 정책보다 더 신화적인 내용으로 짜인 구성물은 없다. 그것은 '백일 의회(the Hundred Days)'에 의하여 가결되었는데" 역사가 폴 존슨(Paul Johnson)은 20세기 말의 수정주의를 의심하였다.22) 존슨은 루스벨트가 진정 대안(代案)이 없다고 믿었다. 그리고 그가 시행한 모든 것은 대공황을 따라 잡기에는 너무 느린 행보였다는 것이다. 그러나 그 정책은 국민들의 정서가 확신을 갖게 되는 분위기 전환을 이룩하였다.

국가 정부는 가이드라인만 제공하고 논쟁을 중재하는 것으로 끝나서는 안 된다. 그것은 이미 후버 대통령이 시작하였다. 대공황 사태를 극복하기 위하여 루스벨트를 가장 많이 도와주었던 인물은 존슨에 의하면, 휴스턴 은행가 제시 존스(Jesse H. Jones)였는데 그는 〈재정 복구 협의회(the Reconstruction Finance Corporation)〉를 운영한 상무장관 이었고 사실상, 뉴딜 정책을 주관한 은행가였다. 그는 텍사스 출신으로서 욕을 잘하고 애주가(愛酒家)였는데 동부의 은행 설립을 경멸하였고 루스벨트로 하여금 은행 휴일제를 요청하도록 자문하였다. 그리고 은행들이 다시 개업하였을 때, 그는 경제를 활성화하기 위하여 더욱 더 관용적인 대출 정책을 주장하였다. 제시(Jesse)는 "새로운 분야의 기회가 공무(公務) 분야란 것을 깨달은 첫 번째 재정 황제였다" 그리고 그는 상무장관이 되었다.23) 존슨의 판단으로는, 그가 후버가 이미 시도하였던 국가 자본주의를 환생시켰고 루스벨트가 그것을 더 진척시켰다는 것이다. 〈연방 예금 보험 공사(Federal Deposit Insurance Corporation)〉는 처음에는 루스벨트가 반대하였는데 그의 배후에서 존스(Jones)와 부통령 가너(Garner)에 의해 결국 조직되었다.

존슨(Johnson)은 루스벨트가 런던과 파리 시장에 앞질러 미국 금 가격을 유지하는 시도를 못마땅하게 설명하였다. "그는 그의 솔직함을 좋아하였다. 그는 그의 동료들에게 다음과 같이 말하였다. '너의 오른손이 행하는 것을 왼손이 모르게 하라.' 재무장관 모르겐타우(Morgenthau)는 다음과 같이 질문하였다. '대통령 각하, 나는 어느 쪽 손입니까?', '나의 오른손, 그러나 나는 왼손을 상 밑에 감추고 있습니다.' 루스벨트가 대중 앞에서 취하는 효과적인 활달함이 있는데, 그러나 그 활달함의 한 가지 불리한 점이 그가 심각한 업무가 종결되어야 할 때 경망스러울 것까지는 없으나 때때로 몰골사나운 경박성을 보이고 있다는 점이다."24)

사실상, 루스벨트는 복잡한 인간성의 소유자이다. 그리고 그의 종교적 탄원은 생활 방편 그 이상의 것이었다. "뉴딜 정책의 정치적 웅변을 통해서 기독교적 정서가 울려 퍼지고 사회복음의 압도적인 영향력의 지표로서 기독교는 미국 개혁에 있어서 전통적으로 그 역할을 감당하여 왔다. 그러나 루스벨트가 1930년대에 이러한 정서를 들먹거렸을 때 미국 국민들은 예수 그리스도의 권위를 이용하여 그들의 목표를 달성하였다."25)

루스벨트는 1920년대 공화당 시절, 초기 지도자들에게 오명을 씌우기 위하여 종교적인 은유를 사용하였다. 그는 "돈 바꾸는 자들"이 있는 성전을 깨끗하게 하였다. 후웨이 롱(Huey Long)과 커프린(Coughlin) 신부의 무책임한 포퓰리즘에 직면하여 그는 그 나름대로 "경제 피라미드 구조의 바닥에 있는 잊혀진 사람들"에게 다가갔다. 루스벨트는 다음과 같이 해명하였다. "이 위대한 이익 단체가 한 부분만을 대표로 하는 행정으로 미국인들의 삶을 차지하였다. 그리고 불행하게도 때때로, 아주 특별하고 편협한 관심이 있었다… 그 어떠한 단체라도, 그것이 농업이든, 산업이든, 석탄사업이든, 상업 또는 재정이든 그것은 우리 전체 삶에 영향을 줄 수 있고 널리 퍼지는 불행을 자초할 수 있다."26)

루스벨트는 재임 중, 권력의 실재에 관심 있는 정치가였다. 도덕적이고 진정 종교적인 질문은 어떻게 사람이 권력을 조화시키는가 하는 문제이다. 아베 포타스(Abe Fortas)는 다음과 같이 설명한다. "루스벨트는 행동을 지휘하고 그 행동을 건설적으로 만드는데 대가(大家)이다. 그는 진정 토스카니니(Toscanini)였다. 그는 오케스트라 지휘하는 법을 알았고 언제 첫째 바이올린이 나오고 언제 트롬본이 나올지 알았다. 그는 사람을 고용하고 이용하는 법을 알았다." 어떻게 평가를 받았던지 간에, 루스벨트의 접근은 그의 반대자들이 비판한 것처럼 단순히 기회 원인론적인 것은 아니었다. 한때 루스벨트의 비판가였던 미국의 역사가 찰스 비어드(Charles A. Beard)는 루스벨트가 "다른 모든 대통령들보다 미국의 생활과 사회의 더 근본적인 문제들을 잘 다루었다"27)고 그를 찬미하였다.

전략(戰略)

머지않을 죽음을 앞두고 깊은 생각에 잠겨 있던 루스벨트는 1944년 마지막 연두교서(年頭教書)에서 국내외 모든 세계에 명백한 도덕적 확신을 전달하였다. "미국은 그 시작과 함께 오늘날의 강대국에 이르기까지 어떤 양도할 수 없는 정치적 권리 하에서 성장하여 왔다. 그 권리들 중에는, 의사표시의 자유, 언론의 자유, 예배의 자유, 사법권이 있고 비합리적인 추구와 포섭으로부터의 자유도 있다… 우리는 진정한 개인적 자유란 경제적 안정과 독립이 없이는 존재할 수 없다는 것을 확실히 깨닫게 되었다. '궁핍한 인간은 진정한 인간이 아니다' 굶주리고 실직한 사람들은 독재자들이 만든 작품이다."28)

루스벨트는 인권(人權)의 개념을 다음과 같이 생각하였다. 즉, 그것은 기업에서, 가계에서, 농장이나 광산에서 유익하고 보수가 많으며 의식주(衣食住)가 보장되고 적절한 의료혜택을 받으며 질병과 실직됨으로부터 보호받고 좋은 교육을 받을 권리를 가지는 것으로 생각하였다.

루스벨트는 번스(Burns)의 형태를 사용하기 위하여 사자(獅子)와 같이 밀어붙일 수 있는 목표를 세웠다. 그러나 그 목표들을 이루는 데 있어서 그 대통령은 여우 같은 형태로 밖에 추진하지 못하였다. 슐레징거(Schlesinger)는 루스벨트를 다음과 같이 논박한다. "그가 가장 선호하는 기술은 권위를 불완전하게 유지하는 것, 사법권을 확실하게 하지 않는 것, 그리고 선언을 중복시키는 것 등이다. 이러한 경쟁적인 행정 이론의 결과는 종종 일을 운영하는 데 있어서 혼란스럽고 또한 분노를 자아내게 하였다. 그러나 어떠한 방법도 권력에 굶주린 자들로 가득 차 있는 대규모 관료 체재에서 확실하게 믿을 만한 것은 없었다. 그들이 내리는 결정과 그것을 사용할 권력은 대통령에게 남아 있게 될 것이기 때문이다."29)

또 다른 여우 같은 특질들이 있다. 루스벨트 성공의 중요한 부분은 그가 언론과 그 대표자들, 기자단을 철저하게 유혹하였던 방법에서 많이 조성되었다. 그리고 그들은 서로 잘 지냈다. 그의 전임자들보다 더 개방적으로, 그는 기자회견에서 어떤 주제들도 다 허용하였으며, 그의 대답은 명쾌하고 시원스러운 특징이 있었다. 예를 들면, 1933년 그의 은행 위기에 대한 해명은 매우 분명한 것이어서 기자단은 박수를 터뜨렸다. 여전히 필요시에, 루스벨트는 어물쩍 거리기도 하였으나 때때로, 그는 뉴스가 처음 나왔을 때보다 완전 다른 사건으로 나타나게 만들면서 "뉴스에 불을 붙이기도 하였다." 또한 사전 준비 없는 즉흥보도들도 있었다.

그의 두 번째 취임사에서, 국가의 지배적인 가치에 대하여 상고하면서, 루스벨트는 "국가의 3분의 1이 주택 빈곤자이며 헐벗고 영양실조의 상태"라고 주장하였다. 미국의 개선된 도덕 정서에 대하여 이야기할 때, 그는 윤리적으로 "없는 자들에게 우리가 충분히 공급할 수 있는가"를 지표로 삼았다. 윤리적 확신을 주장하면서, 굉장한 수사학적 열변으로 반폭력적 연방법을 제정하기 위하여 연설하였다. 그러나 국회의 5분의 2 이상이 인종차별을 하는 남부 출신이었고, 그들의 지원으로 그 제안은 결국 무산되었다. 실제로, 그의 노동부장관, 프랜시스 퍼킨스(Francis Perkins)는 그가 그의 가정에서 그랬던 것처럼 당연히 자본주의 경제를 도입하였을 것이라고 생각하였다. 제2차 세계대전의 시작과 더불어 루스벨트는 그가 '뉴딜 박사(Dr. New Deal)'에서 '전쟁 승리 박사(Dr. Win the War)'로 바뀌었다고 주장하였다. 프랭클린 루스벨트는 휠체어를 타고 다니는 입장에서 독특한 책임의식과 전례 없는 권력을 행사하는 자리로 뛰어들었다. 확실한 것은 그는 우드로우 윌슨과 같은 형태의 운동가는 아니었다. 열광주의와 (양심적인 반대자들을 박해하는 것과 같은) 전쟁의 공포에서 벗어나, 그는 전쟁 중에 독재에 반대하는 도덕적 리더십을 행사하였다.

루스벨트의 여인들

프랭클린 루스벨트의 여인들과의 관계—그의 부인 엘레나(Eleanor), 그의 모친, 사라 루스벨트(Sara Delano Roosevelt), 그의 비서, 미시 레한드(Missy LeHand), 노르웨이의 공주, 마르다(Crown Princess Martha), 그리고 그의 굉장한 연인, 루시 머서(Lucy Mercer)—는 수많은 역사가들이 연구하고 기록하여서 잘 알려져 있다. 그가 소아마비 발병 이후에 여전히 정력적이었는지는 확실히 알려져 있지 않다. 그의 아들들은 부친에 대하여 고통스러운 소문에 시달렸다. 그가 부인 엘레나와 정치적인 동반자 정신을 가지고 창의적인 대통령직을 수행하였던 것은 확실한 사실이다. 그리고 그는 그 사실을 알고 있었다. 그러나 루시 머서가 루스벨트의 인생으로 들어오면서, 그것은 깊은 가족의 애정 형태라기보다는 그를 더욱 더 법관의 모습으로 변모시켰다. 엘레나는 그러나 자기 남편의 정치 생애를 망치려 하지 않았다. 그러나 그녀는 프랭클린의 루시 머서와의 열애를 처음 알게 되었을 때 잠자리를 거부하기에 이르렀다. 그녀는 죽을 때까지 통곡하였고 그가 배신함으로 그녀가 가졌던 신뢰감이 영원히 사라졌다고 판단하였다.

엘레나는 그녀의 남편이 죽은 후 17년의 긴 세월을 살았고, 1962년 사망하였다. 그녀는 침대 머리맡에 버지니아 무어(Virginia Moore)의 낡은 시 한편을 남겨 놓았다. 그 시는 「혼란한 마음」 "Psyche"이란 시다. 그 시는 얼마나 그녀가 깊은 상처를 받았는지 알려 준다.

"믿어 왔던 영혼 그러나 잠시 동안 뿐, 아무것도 아닌 것처럼 기만하였다. 모든 생각의 악함이여. 태양도 설득하지 못하리라 잠잠하네. 봄, 가을의 희망처럼 가장 자연스러운 것은 없어라. 영혼은 잠잠해지고 부드럽게 물결치네. 어린 아이는 죽음보다 나은 숨소리를 내고 있네… 믿어 왔던 영혼 그 어느 때보다 더 믿어 결국은 기만을 부르네."[30]

엘레나가 보관하였던 이 시의 위쪽에 간단한 말 한마디만 적혀 있었다. "1918."[31]

평가

프랭클린 루스벨트의 특징들을 요약하여, 맥도날드(McDonald)는 뉴요커로서 그가 그의 책략적 술책을 누구보다 더 잘 알고 있었다고 술회한다. 동시에 그는 별로 심각하지도, 계획적이지도, 그렇게 책임감 있지도 않았다고 한다. 붙잡힌 한 나치 당원에게 얼마나 많은 사상자들이 더 나와야 되는

가에 대하여 과연 그처럼 농담으로 구스를 수 있는가, 그리고 스탈린과 처칠 사이에서 달래기를 추구하는 것 같은 이미지가 그의 설정모드였다.32)

루스벨트는 국제연맹(the League of Nations)이나 그것의 후속 체재인 국제연합(the United Nations)에 대하여 유토피아적 믿음을 갖고 있지 않았다. 그의 관심은 평화를 유지할 수 있게 권력을 어떻게 잘 조화시키는가에 더 기울어져 있었다. 처칠과 스탈린이 함께한 얄타 평화 회담(the Yalta Peace Conference)에서 그의 현실주의는 패배하였다. 동유럽은 거의 반세기 동안이나 공산주의 지배하에 들어갔다. 윌슨처럼—그는 루스벨트가 해군 차관보로 섬겼던 사람인데—숙명론을 믿었다. 그러나 그것은 윌슨의 사상처럼 그렇게 합리화된 노녁주의자나 결정본자를 의미하는 것은 아니었다. "루스벨트의 명성은 그러나, 윌슨의 명성보다 더 위대한 것으로 남아 있을 것이고 그것은 좋게 말하면 그의 순교자적 고통의 여건이 더 상서로웠기 때문이다. 윌슨은 그의 패배가 기록되고 얼마 안 되어 사망하였다. 루스벨트는 일하는 가운데 사망하였다… 또한, 미국의 장래와 긍정적인 사상 프로그램에 대한 확신의 결여 때문에 그 위대한 사람의 경이로운 업무능력에 대한 믿음은 의문시되었다."33)

루스벨트의 윤리적 모델은 부르주아즈 계층이 아니었다. 그리고 그는 닉슨 대통령처럼 중산층을 떠받치지도 않았다. 그리고 그렇게 내성적이지도 침울한 사람도 아니었다. 그 대신, 그의 건전한 도덕성은 '그렇게 하지 말찌니라'로 특징지어졌는데 그 율법적 정신은 루스벨트가 어떻게 하든지 관철시키고자 하였던 원리를 강화시켰다. 1932년 애시 당초부터 루스벨트는 그가 재임하는 중 계속 유지되었던 신념에 대하여 언급하였다. 대통령직이란 뚜렷하게 도덕적 지도력을 나타내는 자리라는 것이다. 그는—그들의 보편적 민주주의에 대한 확신과 그 속에 내포되어 있는 도덕성—같은 미국인들이 믿었고 그것을 위해 살아왔던 것이 무엇인지 알고 있었다. 인권과 종교적 자유가 나치즘과 일본 황제 숭배사상에 치열하게 맞서 항변되었다. 국가 공동체와 세계는 그의 생애와 신앙을 통해서 모든 사람의 자유와 정의를 믿는 기회를 부여받았다.

앨리(Alley)의 판단은 "종교가 루스벨트에게 법리적 결정론에 묶이지 않고 자유 안에서 해결돼야 하는 원리를 가르쳐 주었다… 그의 종교는 배타주의적 느낌을 가지지 않았고 미국 구세주주의(American Messianism)나 기독교 국수주의에 기여하지 않았다." 그것은 윌슨의 경우와 마찬가지이다. 요약하면, 그는 칼빈주의적 경향을 회피하였다.34) 앨리는 루스벨트가 상대주의라고 부르는 것이 그로 하여금 공산주의를 이성적으로 판단할 수 있도록 하여 주었다는 것이다. 그것을 악령의 세력으로 정형화하기를 거부하면서, 그는 사상적으로 휘말려들지 않았다. 그의 종교는 하나님을 경외하는 보편구제설(universalism) 신봉자였고 동시에 옳음과 그름 사이에서 융통성 없는 흑백 구별을 하지 않았다. 그 전시(戰時) 대통령은 특별한 악함에 대하여 열광적으로 가르치지 않았다. 그러한 경향이 독일의 순교자 디트리히 본회퍼(Dietrich Bonhoeffer)가 미국인들을 공격하였던 바로 그 점이다.

스미스(Smith)는 다음과 같이 결론짓는다. "그는 기독교의 신학적, 헌신적인 차원보다는 도덕적인 면, 성품 형성, 그리고 기독교의 사회적 강조에 더욱 관심이 많았다. 루스벨트의 신앙은 진지하였으나 지적으로 단련되지는 않았다."35)

"루스벨트가 신학적인 관점을 포용하는 면도 보였으나, 그는 넓게는 20세기 초기의 자유주의 기독교의 교리를 수용하였다. 그는 성경의 윤리적인 가르침을 가장 가치 있는 것으로 판단하였고 하나님의 선하심과 사랑, 십계명, 그리고 그리스도의 산상보훈을 강조하였다. 다른 자유주의 신학자들처럼, 그는 인간의 전적 부패 교리를 거부하였다." 막스 러너(Max Lerner)는 이 사안을 분명히 한다. 루스벨트는 악(惡)의 존재를 믿지 않는다는 것이다. 특히, 그는 2차 세계대전 말에 공산주의자들을 다루는 데 실패하였다.

그가 취임하기 전, 그는 죽음에 직면하여 구사일생으로 살아 있었다. 1933년 2월 바다 낚시 항해 여행에서 돌아오면서, 그는 플로리다 마이애미 주 베이프론트 파크(Bayfront Park)에 정박하였다. 한 실직한 벽돌공 쥬세프

장가라(Giuseppe Zangara)가 가까운 직사(直射) 거리에서 그 대통령 당선자에게 권총을 발사하였다. 그 암살자가 될 뻔한 사람의 총알은 한 마이애미 의사 부인이 팔의 방향을 틀면서 빗나갔다. 그 대신에, 시카고 시장이 총을 맞았고 치명적인 부상을 당하였다. 만일 루스벨트가 그렇게 행운을 가지지 않았었다면 과연 어떤 일들이 벌어지게 되었을까? 그 물음은 루스벨트의 공적이 얼마나 큰 것이었는가를 명확하게 하여 준다. 그 자신은 그렇게 불확실한 질문에 대하여 생각하기를 거부하였다.36)

1) Smith, op. cit., p. 191.

2) Ibid.

3) William E. Leuchtenburg, "Franklin D. Roosevelt: The First Modern President", in Fred I. Greenstein, *Leadership in the Modern Presidency*, Cambridge: Harvard University Press, 1988, p. 11.

4) Cf, Myron C. Taylor, "President Franklin D. Roosevelt's Ambassador Extraordinary", cornell.law.edu.

5) Richard Hofstadter, *The American Political Tradition and the Men Who Made It*, New York: Vintage Books, 1948.

6) Leuchtenburg, op. cit., p. 16.

7) Forrest McDonald, *The American Presidency, An Intellectual History*, Lawrence, Kansas: Kansas University Press, 1994.

8) Barber, *Politics by Humans*, p. 157.

9) Leuchtenburg, op. cit., p. 19.

10) Paul Johnson, op. cit., p. 747.

11) Alley, op. cit., p. 58 et seq.

12) Ibid.

13) Hofstadter, op. cit., p. 315.

14) Ibid., p. 331.

15) Leuchtenberg, op. cit., p. 8. Cf. also Barber, *Politics by Humans*, p. 158.

16) Cf., Smith, op. cit., p. 193 et seq.

17) Lerner, op. cit., p. 171.

18) Ibid., p. 157.

19) Barber, *Politics by Humans*, p. 173 et seq.

20) Leuchtenberg, op. cit., p. 31.

21) McDonald, op. cit., p. 443.

22) Johnson, op. cit., p. 752.

23) Ibid., p. 754..

24) Ibid., p. 755.

25) Skowronek, op. cit., p. 299.

26) Leuchtenberg, op. cit., pp. 28~29.

27) Hofstadter, op. cit., p. 315.

28) Leuchtenberg, op. cit., pp. 25~26.

29) Ibid., pp. 28~30.

30) Doris Kearns Goodwin, *No Ordinary Time, Franklin & Eleanor Roosevelt: The Home Front in World war II*, New York: Simon and Schuster, 1995, 121.

31) Ibid., pp. 377~378.

32) McDonald, op. cit.

33) Hofstadter, op. cit., pp. 351~352.

34) Alley, op. cit.

35) Smith, op. cit.

36) Leuchtenberg, op. cit., p. 38.

해리 트루먼
Harry S. Truman

해리 트루먼은 프랭클린 루스벨트의 부통령이었고 그 전시 대통령이 사망함에 따라 백악관에 들어갔다. 그가 교육에 있어서 얼마나 부족하였든지 간에(그는 대학에 가지 않았다) 그는 용기와 상식의 풍부함으로 업적을 이루어냈다. 남침례교도이며 프리메이슨(Freemason) 당원이었으며 미주리(Missouri) 주 출신 대통령인 그는 그 나름대로 개성이 강하였으며 루스벨트나 오바마와는 매우 달랐던 스타일이다. 오바마는 매우 고도로 세련된 하버드 출신의 법률가였다. 트루먼과 오바마 둘 다 분기점을 이루는 사람들로 꼽힌다. 그러나 매우 다른 양상을 띤다. 44대 대통령 오바마는 불확실한 시대에도 더 포괄적으로 앞일을 계획한다. 트루먼은 단기적으로 위기사태에 경고하고 (베를린 공수작전과 한국전쟁에서서처럼) 반응할 수밖에 없었다. 트루먼은 일본에 원자탄을 투하하고자 하는 결정과 백악관에서 심지어 오바마 시대에까지 이어졌던 이스라엘의 주장을 바로 인식하는 일을 하여야 했다. 그는 오바마가 직면한 극심한 경제 불황을 맞이하지는 않았다. 정치적으로 그는 그가 백악관을 향해 재임(再任)에 출마하였을 때 위대한 대중 선거운동가로 알려졌다. "해리에게 표를 주소서"라고 외쳤으나 그 일리노이 주 출신의 교묘한 처신가는 효과를 크게 보지 못하였다. 그러나 그는 책임을 회피하거나 어려운 결정을 피하지 않았다. 오바마도 그 점에서는 마찬가지이다.

중서부 출신의 "문화 개신교주의(Culture Protestantism)"

해리 트루먼의 중서부 "문화 개신교주의"는 프리메이슨 당 동맹에 의해 시행되었다. 그는 미주리 주 프리메이슨 집회소(the Masonic Lodge)의 고급 당원이었다. 그는 뉴딜 정책 시대와 아이젠하워 시대 사이의 교량 역할을 한 인물로 묘사돼 왔다. 그는 정서적으로 그의 전임자 "그 보스" 프랭클린 루스벨트 편에 서 있었다. 그의 종교적 사상적 근거는 아이젠하워에 더 가깝다. 트루먼은 자주, 본능적으로 행동하였고 때때로—항상 그렇지는 않으나—정당성을 입증하였다. 그가 윤리적으로 가장 중요하게 고민하였던 결정은 일본에 대한 원자폭탄 투하였는데, 그는 그것을 결코 후회하지 않았다. 그러나 그것은 기독교적 관점에서 볼 때 가장 논란이 심하였던 문제였다. 1949년, 성공회 사제들이 방문한 자리에서 그는 산상수훈이 "미국이 사는 기준"이라고 말하였다![1]

그가 공화당 후보자 토마스 듀이(Thomas Dewey)를 1948년에 선거에서 이긴 후 미주리 주 출신인 그는 그의 신념을 다음과 같이 자세하게 언급한 바 있다. "민주주의가 우선이고 그리고 최고의 영적 힘이다. 그것은 영적 기반위에 세워지는 것이고 하나님을 믿는 믿음위에, 그리고 도덕적 원리를 지킴으로 세워지는 것이다. 그리고 장기적으로 볼 때, 교회만이 그러한 기반을 제공할 수 있다. 우리들의 건국시조들도 이 진리를 알았다. 그리고 그것을 소홀히 하면 우리는 위험에 처할 것이다."

일찍이 그전 해에 두 번의 연설에서 트루먼은 다음과 같이 말하였다.

종교는 국내, 외에서, 특히 우리나라 전체를 위해서 도덕적 행위의 기준을 세워야 한다. 왜냐하면 오늘날 세계에서 우리를 위협하는 위험은 전적으로 이 모든 [영적인 가치]에 반대되는 것들이기 때문이다. 국제 공산당 운동은 잔혹하고 끔찍한 광신주의에 기초하고 있다. 그것은 하나님의 존재를 부정하는 일을 어디에서든지 자행하고 할 수 있으면 하나님을 예배하는 것을 차단하고 있다… 우리의 종교적 신앙은 우리에게 공산주의가 거짓 믿음인 것에 대하여 가르쳐 주고 있다… 나는 하나님이 우리를 창조하셨고 우리가 어떤 위대한 목적을 이루게 하기 위하여 현재의 능력의 자리와 힘을 주셨다고 믿는다.[2]

그 33대 대통령은 무엇보다도 현실주의자였고 그 특징에 있어서 루스벨트의 두 번째 부통령 헨리 월러스(Henry Wallace)와 달랐다. 곧 그에 대한 역설이 존재함이 분명하여졌다. 현실주의자가 되었으나 해리 트루먼은 또한 상식이 풍부하고 종교적 확신이 있는 도덕주의자였다. 그러나 분명히 의무와 관련하여 그는 그가 말한 대로 "그의 최선을 다하는" 사람이었다. 그의 업무는 실로 무시무시한 일이었다. 미국의 외무 정책은 스탈린이 거의 모든 동유럽을 지배함에 따라 교착상태에 빠져 있었다. 그의 전임자 프랭클린 루스벨트는 그의 후계자를 선택하거나 양성하지 않았다. 그 부통령 —곧 대통령이 될—은 그가 명명한 "그 보스"지도자의 가까운 친구도 아니었고 같이 공유하는 계획을 세운 적도 없었다.

그것은 "금세기의 가장 비범한 정치적 배열"이었다. 트루먼의 전기작가 로버트 페렐(Robert H. Ferrell)이 미국 부통령으로 출마한 그 미주리 주 출신의 정치가를 그렇게 묘사하였다. 미국의 대권을 잡은 자가 제1, 2차 세계대전 말에 무슨 이유로 대통령직을 행함에 있어서 문화전쟁이 옳다고 하는 틀을 제공하여 주었을까? 물론 그 설명의 일부는 그 정당 지도자들이 월러스(Wallace)를 거부한 데 있다. "트루먼은 직설적인 언변과 다정한 눈길을 가진 약간 주걱턱 모습을 지닌 사람이었다. 그리고 그는 코맹맹이 소리를 냈다"라고 그의 전기 작가는 말한다.[3] 행정직책을 맡았던 전(前) 연방 판사로서 그러한 직책이 아니었더라면 그는 상당부분 미국 재향군인회(American Legion) 활동과 프리메이슨 가입활동으로 보내게 되었을 것이다. 그러나 그는 바람둥이가 아니었던 것이다!

미국 상원의원으로 재선되면서, 투루먼은 그가 전쟁 시대의 낭비와 부패를 조사하는 기구를 성공적으로 설립하여 국가적으로 주목을 받게 되었다. 어렸을 적부터 그는 가족 내에서 "진보주의와 포퓰리즘의 전투성에 대하여 꼬치꼬치 캐묻는 소리"를 들으면서 자랐다. 그의 부모는 특권계층의 이익을 반대하는 사람들의 대표자들로서 윌리엄 브라이언(William Jennings Bryan)과 우드로우 윌슨(Woodrow Wilson)을 존경하였다. 프랭클린 루스벨트가 하버드 출신이고 윌슨 대통령이 프린스톤 대학에 다녔던 반면에, 투루먼은 그의 부친이 파산하였기 때문에 대학 진학을 하지 못하게 되었다. 앤드루 존슨(Andrew Johnson)과 더불어 그는 링컨 대통령 이래 공식적으로 가장 교육의 혜택을 받지 못한 사람이 되었다. "나는 그저 평범한 미국 국민이다. 그러나 또한 미합중국의 대통령이다… 나처럼 대통령직을 수행할 수 있는 수백만 명의 또 다른 미국인들이 있을 것이다. 그러나 내가 그 직임을 맡았고 나는 최대의 능력을 발휘하여 그 직을 수행하고자 한다. 내가 만일 이 직임을 나의 후계자에게 미국 장군(더글라스 맥아더, Douglas MacArther)이 손상시킨 통수권을 통째로 넘겨준다면 나는 엉망진창이 될 것이다(그는 또 다른 말들로 이것을 표현하였을 것이다)."[4]

투루먼은 한때 다음과 같이 회고하였다. "대통령들은 미국 역사에서 절정을 이루었다. 우리가 그들에 대하여 말할 때는, 이미 다 그들에 대하여 알고 있으리라 믿는다."[5] 사실상, 그는 시작할 때부터 뉴딜 정책이 남겨 놓은 다양한 요인들을 반영하는 것 그 이상을 담당하였다. 투루먼은 대통령이 된 한 달 후에 영국계 외무상 엔토니 이든(Anthony Eden)에게 다음과 같이 말하였다. "나는 결정을 내리기 위하여 이 직책을 맡았다. 그 사안들이 옳건 그르건 그렇게 하여야 한다."6) 그는 책상 위의 서명을 보고, "그것 들은 여기에서 끝난다!"라고 말하였고 별로 호응을 얻지 못하는 결정들을 내려야만 하는 것도 인정하였다. 그는 사상에 관심이 있었다기보다 사실에 관심이 있었다.

트루먼이 백악관을 차지하게 되자, 비평가들은 그가 그 직무에 비해 너무 존재감이 없다고 평가하였다. 트루먼은 카리스마가 부족하였고 루스벨트가 그의 성공에 크게 기여하였던 공적(公的) 연설 능력이 뒤떨어졌다. 남부 민주당원들은 그의 자유주의적인 민권 프로그램을 비난하였다. 트루먼은 그의 일기에 다음과 같이 회고하였다. "나는 모세가 애굽에서 여론조사를 하였다면 과연 얼마나 멀리 진행하였을까 궁금하다. 예수 그리스도가 이스라엘 땅에서 여론조사를 하였다면 과연 무슨 설교를 하였을 것인가? 마틴 루터가 여론조사를 하였다면 과연 그는 어디로 갔었을까? 중요한 순간에는 여론조사나 대중의 의견만이 중요한 것이 아니다. 세계 역사에서 신기원을 이룩하는 것은 옳고 그름과 그에 따른 지도력이고 불굴의 용기, 정직함, 옳은 것에 대한 신념을 가진 자들이다."7)

그 당시 후반기에서 하였던 것처럼 자주는 아니었으나 여론조사는 시행되었다. 1948년, 미리 시행된 여론조사에서 트루먼이 뉴욕 주지사, 토마스 듀이(Thomas E. Dewey)에게 11월 대통령 선거에서 패배할 것이라는 예측이 나왔다. 트루먼은 "공화당의 무사태평 80회 의회"를 맹렬히 비난하면서 "지옥으로 가라"는 캠페인을 벌였다. 그의 듀이에 대한 도덕적, 또한 정치적 승리는 그에게 그 자신의 독립적인 위상을 제공하는 기회가 되었다. 트루먼 독트린(the Truman Doctrine)과 마샬 계획(the Marshall Plan)은 공산당 점령에 항거하는 것으로서 유럽을 도와주는 결과를 낳게 되었다. 남한이 침략되었을 때, 트루먼은 국제연합(the Unites Nations)을 통하여 무력으로 반응하였다. 특히, 중국이 마오(Mao)의 맑시즘에 패배하였기 때문에 그의 대통령 말기는 결국 조셉 맥카티(Joseph McCarthy)가 일으킨 피해망상적인 반공주의 시대가 되었다. 실제로, 트루먼이 마샬 장군의 권고를 수용한 것으로 나타난 것, 그리고 중국으로부터 철수한 것이 아마도 베트남 전쟁에서의 대실패보다 더 큰 대재앙으로부터 미국을 구한 일이 되었을 것이다.8)

그가 어디에 있던지, 트루먼은 진정한 애국자였다. 2차 세계대전 이전에, 1940년 9월 16일 드래프트 조항(the Draft Act)의 문안을 따르면서 이미 그는 상원의원으로서, 적극적인 의무를 계속할 것을 요청받았다. 그는 야전 포병 대령의 군복을 입고 그의 군 수장 참모 조지 마샬(George C. Marshall)의 사령 부에 나타났다. "장군님, 나는 야전 포병부대 대령으로서 이 전쟁에서 업무를 수행하기를 고대합니다"라고 그는 말하였다. 마샬은 그의 안경을 코끝으로 잡아당겨 내리면서 다음과 같이 물었다. "상원의원님, 연세가 어떻게 되십니까?" 트루먼은 "나는 56세입니다"라고 답하였다. 마샬은 "당신은 너무 늙었어요"라고 말하면서 "집에 계시면서 상원의원 일이나 하시지요"9)라고 말하였다.

그가 처음 부통령 지명에 뜻을 나타내었을 때, 그는 그것을 거의 손에 쥐었을 때처럼 완고한 미주리 주 옹고집을 부렸다. 대통령직을 전망함에 있어서 그가 겁을 먹었다고 설명할 수 있다.10)

도덕적 패러다임

트루먼을 윤리적이거나 종교적인 존재로 평가하는 전기 작가들은 없다. 그 자신을 위해서 그는 선과 악, 그리고 하나님에 대한 신앙을 결코 상대화 하거나 심리학적으로 분석하지 않았다. 그에게는 옳고 그름만 있었을 뿐이고, 그것만이 사실이었다. "특별히 그의 부모로부터 그는 단순한 구조의 전통적인 가치들을 물려받았고 그 이후로 항상 그것들을 내면화하며 든든 하게 붙잡았다. 해리 트루먼의 세계관은 그가 가정에서 배운 행위가 종교적 으로 구성되었다는 점에 근거한다."11) 정직성, 의무감, 충성, 그리고 빅토리 아 형태의 도덕적 행위가 그가 신봉하였던 가치이다. 교리에 대한 논쟁은 그를 흥미롭게 하거나 신나게 하지 못하였다. 링컨이나 윌슨 또 다른 대통령 들처럼, 성경의 도덕적 강령들이 도덕 이상주의의 근원이었으며 사회정의에 대한 관건이었다.

그가 12세 되던 날까지, 그는 성경을 두 번 통독하였으며 필요할 때마다 성경 구절을 낭송할 수 있었다고 한다. "나는 출애굽기 20장(십계명)에 많은 시간을 들였으며 마태복음 5, 6, 7장(산상수훈)을 열심히 읽었다"라고 그는 설명하였다.12) 사실상 트루먼은 자기가 "종교적 사안"에 관심이 없고 성경이 도덕적 규범의 원천으로서 우선한다고 생각하였다.

침례 교인들과 달리, 그는 "거듭 남"이란 표현을 거의 사용하지 않았다. 오히려 그는 세상의 많은 갈등들이 종교의 차이에서 유래한다고 판단하였다. 자만심이 그것을 설명하는 한 가지 예이다. "이 모든 것은 어리석은 일이고 프리마돈나 콤플렉스에서 나온 것이다."13) 조지 워싱턴이나 프랭클린 루스벨트처럼 트루먼도 메이슨 당원이었다. 메이슨 당의 구조 속에 남아 있는 계몽사상의 유산이 그의 바이블 벨트(Bible Belt) 환경을 빛나게 하였다. 그는 1940년에 미주리 주의 메이슨 당 당수(黨首, Masonic Grand Master of Missouri)가 되었다. 사상적으로 자유주의는 아니었으나 그는 정치적 배경을 가지고 대중의 인기에 영합하는 자(populist)였다. 트루먼은 루스벨트 정책의 진보적인 성향을 계속 이어나가기 위하여 노력하였다. 예를 들어, 인종 관계에 대하여 흑인들이 그저 친절한 자비를 원하는 것이 아니라 정의를 원한다고 믿었다. 평등고용 실행위원회(the Fair Employment Practices Commission)가 계속되어지기를 강구하면서, 그 대통령은 "적합한 자격을 갖춘 사람들에게 그들의 인종, 신념, 피부색을 이유로 고용문제를 차별하는 것은 본질상 비미국적인 것이며 결국은 기업적 갈등과 불안을 초래할 것이다. 평등고용의 원리와 정책은 우리 국가법의 일부로 영원히 제정돼야 한다"14)라고 말하였다.

2차 세계대전 종말에, 포츠담 회담(the Potsdam Conference)에서 트루먼의 상대방 대표자들은 그에게 회의를 주재해 줄 것을 요청하였다. 조셉 스탈린(Joseph Stalin)과 윈스턴 처칠(Winston Churchill)은 그를 우유부단하거나 과묵한 사람이 아니라, 자신감 넘치고 결단력 있는 사람으로 이해하였다. 처칠은 다음과 같이 말하였다. "그는 세세한 일에 주목하지 않았다. 그는 그 위에 자기 발을 든든히 딛고 서 있을 뿐이다."[15]

처칠의 주치의 모란 경(Lord Moran)은 다음과 같이 설명하였다. "그의 방법은 논쟁을 전개시키는 것이 아니라 결론을 말하는 것이다."[16] 트루먼은 사상을 위한 사상이나 이론을 위한 이론에 관심을 갖지 않았고 또한 그런 데 시간을 쓰지 않았다. 그 신임 대통령은 구체적인 "사실들"에 마음을 쏟았고 그때그때 일어나는 사건들이나 심지어 역사적인 사안들에 대해서도 사상적 논쟁은 별로 좋아하지 않았다.

비평가들은 "트루먼의 가치관은 사업가 기질을 가진 중산층을 많이 닮았다. 조지 바비트(George F. Babbitt)―(그가 만일 민주당원이었더라면)―가 트루먼의 포커 그룹, 하피클럽(the Harpie Club)에서 무게 나가는 멤버가 되었을 것이다"[17]라고 말한다. 이것은 그가 백악관에서 능력이 신장될 것이라는 사실을 간과한 일방적인 판단이다. 신앙에 있어서, 트루먼은 근본주의에 가까운 지방 침례교도였다. 그러나 결말은 똑같이 나타나지 않았다. 그는 감상적인 신앙에는 감동받지 않았다.

미주리 출신의 그 작은 남자는 정치가의 현실적인 감각을 지녔고 또한 정직하였다. 역사학자들에게는 다행스러운 일로, 그는 때때로 그 자신에게 편지를 썼는데 그의 감정과 분노를 분출하기 위해서였다. 그리고 그 감정들이 잦아들었을 때 그는 편지를 부치지 않았다. 전기 작가들은 그의 일기장에서 그가 품었던 심정에 대하여 특별히 좋은 인상을 가지고 있다. 직설적이고 단순하였으며 그는 쉽게 속아 넘어가지 않았다. 여러 분야에서 그가 만났던 사람들에 대한 평가가 기록되어 있다.

가스 월치(Gas Welch)―가장 나쁜 물에서 나온 폭력배이자 사기꾼.

조이 쉐넌(Joe Shannon)―급여 지급 담당에 부정직한 사람을 썼음.

마이크 로스(Mike Ross)―그저 평범한 도둑.

최근에 사망한 윌 로스(Will Ross)―나는 그의 부패한 포장재 판매가 현재까

214

지 정부를 파산시켜 왔다고 의심한다.

에드워드 스테티니우스(Edward Stettinius) (기품)-훌륭하고 외모가 출중하며 칭찬할만하고 협동적이지만 새롭거나 오래되었거나 그 자신만의 사상이 없음.

헨리 모르겐타우 2세(Henry Morgenthau Jr.) (회계)-꽉 막혔음. 제정신이 아님.

헨리 스팀슨(Henry L. Stimson) (전쟁)-참된 인간-정직하고, 직선적이며, 진정한 정치가.

프랜시스 비들(Francis Biddle) (정의)-스스로 분석하여 보라.

프랭크 워커(Frank Walker) (우체국)-내 타입의 사람. 정직하고, 점잖고 충성스러움. 그러나 새로운 생각이 없음.

프랜시스 퍼킨스(Francis Perkins) (노동)-귀부인-정치가는 아님. 루스벨트는 그녀가 가졌던 모든 관직과 권력을 제거함.

헨리 월러스(Henry Wallce) (상무)-나를 사랑할 이유도 없고 나에게 충성할 이유도 없음.

해롤드 익스(Harold Ickes) (내무)-해롤드뿐만이 아닌 그 어느 누구를 위하여서라도 그의 "고차원급의"사상 때문에 루스벨트와 내가 치열한 경쟁을 치르지는 않을 것이다. 그리고 그렇게 되었다.

클라우드 익카드(Claude Wickard) (농업)-좋은 사람이다. 그런데 그는 어떻게 그의 부서가 구성되었는지 결코 알지 못했다.

제임스 포레스탈(James Forrestal) (해군)-가엾은 포레스탈… 그는 결코 아무 결정도 내리지 못하였다.[18]

이러한 관점은 트루먼의 종교적 판단으로 직결되었다. 그는 재임 중이었던 대통령들 가운데서 홀로 빌리 그래함(Billy Graham)의 자문을 구하는데 유독 저항한 한 사람이었다. 그 전도자 빌리 그래함은 대통령의 오발 집무실(the Oval Office)로 들어가는 특권을 누린 사람이었는데 그가 거기 들어가 있는 동안 그 행정수반에게 함께 기도하기를 요청하였다. "잘못될 일이 없을 겁니다"가 그의 대답이었다. 트루먼은 그 부흥사의 젊은 시절에 있었던 너무 많은 것들을 알고 있었기 때문에 그를 백악관에 기꺼이 맞이해 들일 수가 없었다.

후에, 그의 임기가 끝났을 때, 그 침례교인 메이슨 당원은 다음과 같이 회고하였다. "그는 그가 모든 대통령들의 친구라고 주장하지만 내가 대통령일 때 그는 결코 내 친구가 아니었다. 나는 그런 사람들과는 별로 맞지 않는다."

그래함은 트루먼에게 다음과 같이 말하였다. "나는 정치적 경향을 조심스럽게 따라갑니다. 그리고 어느 때든지 내가 사람들 가운데서 발견한 것들을 당신에게 기꺼이 자문해 드릴 용의가 있습니다." 그 미주리 출신의 대통령은 그러나 거기에 관심이 없었다![19] 바버(Barber)는 그 33대 대통령을 적극적이고 긍정적인 타입이라고 점수를 주고 『대통령 각하』 *Mr. President*라는 책에서 트루먼을 다음과 같이 언급한 윌리엄 힐먼(William Hillman)을 인용한다. "그러므로 나는 내가 옳은 일을 하고자 하는 것을 알고 있다는 단순한 평계로 일의 본질을 회피하지 않겠다. 결국 사실이 밝혀질 것이다. 그런 일이 일어날 때 나는 아마도 베드로 성인(聖人)과 회의를 주재할 것이다. 나는 내 길에 던져진 모욕에 무게를 두지 않고 또한 별로 신경을 쓰지 않을 것이다."[20]

이른 아침 활보하면서 운동한 이후에, 그는 그의 힘을 다하여 업무를 수행하였고, 활기차게 그리고 즐겁게 일을 하였다고 바버는 강조한다. 첫 기억은 그가 뒤뜰에서 안개를 헤치며 나갈 때 웃음소리였다. 그의 조모(祖母)는 한때 그에 대하여 다음과 같이 말하였다. "2살짜리가 그렇게 뛰어난 유머 감각이 있다는 것은 기이한 일이다." 그리고 그는 피아노를 쳤다. 트루먼은 그에 대하여 발설된 복합적인 비판에 대항하여 워싱턴, 링컨, 그리고 앤드류 존슨 대통령들에 대하여 "사악한 학살자들"이라고 비판하면서 그들과 비교하기를 주저하지 않았다.

바버가 트루먼의 특성을 칭송하는 평가는 다른 전기 작가들에 의하여 영향받은 것이었다. 예를 들어, 알론조 햄비(Alonzo L. Hamby)는 바버가 주장하는 것보다 트루먼의 성품이 훨씬 더 불안정하다고 생각한다.21) 그의 세계관 속에는 좀 미흡한 면도 있었다. 문화 역사에서 그렇다. 악명 높게, 트루먼은 현대 미술, 음악, 연극 그리고 건축에 있어서 별로 아는 것이 없었다. 그 모든 것에서 그는 부분적으로 "다양한 자유주의자 미치광이"들과 관련되었다. 그의 일기는 그가 램브란트(Rembrandt)와 다른 전통적인 화백들의 작품을 감상하기 위하여 멜론 화랑(the Mellon Gallery)을 방문한 이야기를 적고 있다. "완전성을 감상하는 일은 즐거운 일이었다. 동시에 게으르고 괴상한 현대작들을 감상하는 것도 의미가 있다. 그것은 그리스도와 레닌(Lenin)을 비교하는 것과 같다. 또 다른 깨달음이 있게 하소서. 우리는 이사야(Isaiah), 세례 요한, 마틴 루터 같은 자들이 필요합니다. 어서 오소서"22)라고 그는 말한다.

가족과 젊은 시절

트루먼이 성장할 때 그의 부모님은 재정적으로 어려움을 가졌다. 그리고 그 또한 시력에 문제가 있었다. 그는 집에서 친구들과의 싸움을 피하라고 교육받았는데, 그 이유 중 한 가지는 그들이 그에게 도수가 높은 안경을 바꿔줄 능력이 없었기 때문이다. 그가 대통령 재선에 출마하였을 때, 그는 자신을 승산이 없는 자로 생각하였다. 트루먼의 가장 강한 특질인 용기를 발휘할 수 있었던 계기는 제1차 세계대전이었다. 그것은 그에게 지도력을 갖게 하였고 그를 성숙하게 단련시켰다. 1차 세계대전 중 그가 육군에 복무하기 전, 트루먼은 은행 직원이었고 농부였으며 메이슨 당원이었다. 그리고 그는 베스 윌러스(Bess Wallce)와 사랑에 빠졌는데, 결국 그녀와 결혼하였다. 그는 그녀를 어릴 적부터 알았고 그들의 결혼생활은 스캔들 하나 없이 정겹고 믿음직한 것이 되었다.

결혼 전에 트루먼은 미합중국이 1차 세계대전에 개입하였을 때, 국가 안전부(National Guard)에 자원하였다. 그는 이미 그 조직의 구성원이었고, 해군 대위의 계급을 달았다.23)

프랑스에서 선두에 섰을 때 그는 야전 포병부대에 배치받았는데 그곳은 야단법석을 떠는 매우 소란스러운 곳이었다. 일찍이, 그들 사령관 중 두 사람이 그들을 이끌려고 시도하다가 압력을 받아 그만 두었다. 그 부대가 트루먼 휘하에서 무너졌고 그들이 적진에 뛰어 들어갔을 때, 그는 자기가 아는 그들의 이름을 하나씩 불렀다. "서부전선에 대하여 가장 악랄한 육두 문자를 포함한 저주들이 쏟아졌다… '그것은 그 소년들의 귀를 의심케 하였다. 그 결과는 놀라웠다.' [당시의 군목] 파드레 티어만(Padre Tierman)은 기쁨으로 회고하였다. '그 사건이 소년들로 하여금 180도 달라지게 하였다.'"24)

패트릭 앤더슨(Patrick Anderson)은 트루먼에 대한 그의 전기에서 다음과 같이 회상한다. "해리 트루먼이 그 다음 주자(走者)만큼 용감하고 유능한 사람임을 처음 깨달았던 것은 프랑스에서 전투 중 육군 대위로 있었을 때였다. 그는 또한, 장교는 항상 그의 사람들과 같이 하여야 한다는 말을 깨달았다. 아마도 그는 그러한 법칙을 너무 잘 알고 있었던 것 같다."25)

트루먼 자신은 다음과 같이 설명한다. "우리는 미주리 주에서 뜨뜻미지근한 정치는 안 합니다. 우리가 어떤 사람으로 하여금 시작하게 한다면, 그가 만일 적합하지 않더라도 우리는 항상 그와 함께 갑니다. 때때로 사람들은 나를 그만두게 하지만 나는 결코 그들이 다시 시작하려고 할 때 그들을 그만두게 하지 않습니다."26) 트루먼의 스타일은 인간관계를 중심으로 하는 강한 충성심으로 일관하였다. 불완전하지만 똘똘 뭉친 형태의 동맹관계, 그리고 나를 따르든지 혹은 반대하든지 양단간의 결정하라는 식의 형태는 트루먼 대통령직 내내 계속되었다. 그는 리히(Leahy) 제독에게 다음과 같이 언급하였다. "물론 내가 결정할 것입니다. 그러나 일단 결정이 내려진 후에는 나는 여러분이 충성을 다 할 것을 기대합니다."

마가레트 트루먼(Margaret Truman)은 그녀 자신의 부친의 철학에 대하여 다음과 같이 회고한다. "자기들이 채택한 방법을 시도한 동료들은 그것을 영원히 불태울 때까지 붙들고 늘어질 것이다."27)

막스 러너(Max Learner)는 트루먼의 성실성에 대하여 다음과 같은 칭찬의 말을 남겼다. "그것은 강한 개인주의의 유산이다. 그 개인주의는 우리 시대의 성공, 행복, 충족함, 그리고 권력에 붙어 있는 왜곡된 형태를 넘어서고, 계급의식, 예식(禮式), 인간의 진정한 이기심을 강조하는 '편'들기 등을 경멸한다. 러너는 그것은, 벤자민 프랭클린(Benjamin Franklin)의 「가엾은 리처드」 "Poor Richard"의 욕심 많은 타입도 아니고 월트 휘트만(Walt Whitmna)의 「풀잎」 "Leaves of Grass", 「자기 스스로 노래함」 "I sing myself"의 타입도 아니다. 오히려 그것은 마크 트웨인(Mark Twain)식의 개인주의, "경멸에 가득 찬 것 같음, 완고함, 약간 삐딱함, 자연적 인간의 진정성을 강렬하게 주장함"28)과 같은 것이다."

트루먼의 소도시 침례교적 도덕성과 실제 정치를 첫째로 시골, 미주리 구조 속에서, 그리고 미합중국 상원의 구조 속에서, 그리고 마지막으로 대통령 직 구조 속에서 만나게 되면서 트루먼의 윤리적 패러다임이 그에게 지도자적 역할을 감당하게 하였다. 그 윤리성의 성경적 원천이 이미 밝혀졌으나 그것은 그것만으로 된 것은 아니었다. 소년으로서 그리고 젊은이로서, 그는 독서에 열중하였고 또 읽은 대로 믿었고, 철저히 역사를 공부하였다. 사실, 그의 판단은 심지어 단순하기까지 하였다. 그가 장난삼아 세계 역사에 손을 대었기 때문이다. 트루먼 대통령은 위인(偉人)들의 원리를 고수하였고 그 자신의 판단 안에서 그 원리를 수행하려고 노력하였다. 때때로, 그의 도덕적 주장에 있어서, 회색의 중간 지대도 있었지만 대개가 친구와 정적(政敵)들 사이로 나누인 선과 악의 양분법적 인간관계가 지배적이었다. 여전히 그의 윤리적 모델은 윌슨(Wilson)의 경우에서처럼 명백히 우주적인 스케일로 나타나지는 않는다.29)

권력의 사용

그 미주리 출신의 대통령은 권력의 현실성을 깨달았고 그가 대통령이 되었을 때 불필요하게 권력을 포기하지 않기로 마음먹었다. 종종, 그는 그가 루스벨트보다 훨씬 더 정치를 잘할 수 있으리라고 생각하였다고 한다. 그 신임 대통령은 확실히 더 솔직하였다. 패트릭 앤더슨(Patrick Anderson)은 그의 저서『대통령의 사람들』 *The President's Men*에서 다음과 같이 비평하였다. "대통령이란 부정을 행하는 어떤 친구들에게 마저도 충성스러움을 가질 수 있는 정도로 국가에 대한 전적인 헌신을 하여야 한다… 루스벨트는 본능적으로 이것을 알았다. 트루먼은 그것을 용인하지 않으려고 하였다." 그보다 더한 어려움은 앤더슨에 의하면, 트루먼이 대개의 다른 대통령들보다 훨씬 더 감상적이었다는 사실이다. 앤더슨은 다음과 같이 결론짓는다. "대통령이 무자비하고 가차 없이 행하는 짐승 같은 존재가 되는 것이 때때로 도움이 된다. 특히 그의 인간관계에서 그러하다. 이 점에 있어서 좋던 나쁘던 트루먼은 그렇게 하지 못하였다."30)

그에 대한 비판과 계속되는 의회의 반대에도 불구하고, 트루먼의 국내 업적은 굉장한 것이었다. "그가 백악관에 있은 지 거의 8년이 다 되어갈 때, 주택과 고용에 대한 법안이 국회를 통과하였는데 그것은 그가 사회 안전보장의 범위를 확대하고, 그 혜택을 증진시키고, 최소 임금을 인상시킴에 따른 것이었다. 인권 문제와 다른 뉴딜 정책 프로그램을 통합함에 있어서 어느 정도의 이익이 있었다."31) 요약해서 말한다면, 루스벨트의 유산은 배척당하지 않았다. 그러나 루스벨트와 트루먼은 각자 다른 동기와 도덕적 모델을 가지고 현실적 임무를 담당한 정치가들이었다.

루스벨트 시대 이후, 대통령직을 수행함에 있어서 가장 위대한 업적 중 한 가지는 윈스턴 처칠이 지적한 바대로, 트루먼 독트린(the Truman Doctrine)이었는데, 그것은 소련 공산주의가 위협하는 국가들이 적극적인 다자회담에 참여하는데 크게 기여하였다. 마샬 계획(the Marshall Plan), 나토(NATO), 베를린 공수작전(the Berlin airlift), 저개발 국가들에 대한 제4항 원조 정책(the Point Four Program of aid)등이 모두 트루먼 시절에 시작되었다. 맥카티(McCarthy)의 헛소리보다 더 빨리 그들은 유럽을 러시아의 힘으로부터 보호하는 데 도움을 주었다. 회고하여 보건대, 이러한 정책들은 긍정적인 것이었고, 트루먼이 믿었던 대로 미국 지도력의 새로운 역할을 확대시키게 되었다. 그 대통령의 장기적인 목표는 러시아를 앞질러 가는 것이었다. 히로

시마와 나가사키에 원자탄을 투하하는 것뿐만이 아니라, 수소탄 개발을 진척시키는 것이 트루먼의 결정이었다. 워싱턴에서는, 아이젠하워(Eisenhower)가 일본에 대한 원자폭탄에 대한 필요성과 해답에 대하여 의문을 제기하였다. 그 이유는 일본은 말 그대로 이미 패배하였기 때문이다. 트루먼은 그것을 적을 제지하기 위하여, 또한 공산주의자들에게 충격을 주기 위하여 사용하기로 결정하였다.32)

역사는 그가 주연으로 출연하였던 전투에서 과연 혁명과 맞먹는 일을 하였다고 기록할 것인가? 그 전시 대통령은 일본에 원자 폭탄을 투하하는 것을 최소한 5,000만 명의 미국 군인들이 일본의 침략으로 목숨을 잃을 수 있으리라는 판단 하에 (많은 종교 지도자들이 반대하였음에도 불구하고) 그것을 정당화하였다. 딘 에치슨(Dean Acheson)은 그의 국무장관이었는데, 그가 전적으로 "가장 억누를 수 없는 감정, 슬픔"을 전혀 느낄 수 없었다고 기록하였다. 그러나 비극은 남아 있었다. 트루먼의 세계는 비록 그의 지성이 냉철하였으나 많이 제한되어 있었다. 예를 들면, 종종 그는 러시아인들을 동양인들로 취급하였고 미합중국이 최소 20년간 원자탄에 대한 독점권을 가질 것이라고 하는 주장을 받아들였다. 그러한 제안은 몇몇 비평가들이 주장한 것처럼 너무 단순한 것이라 실제로 제안할 수 없는 것이었다. 그리고 그것은 냉전을 촉발시키는 것이 되었다. 스탈린은 무자비하게 억압적이었고, 1949년에 이르러, 소련은 원자폭탄을 가지게 되었고 군비경쟁은 급상승하였다.33)

1945년 10월이 되어서야, 트루먼은 인종문제에 대한 소신을 밝힐 수 있었다. 그의 심경의 "변화"는 아마도 1946년 9월에 일어난 것 같다. 그때는 흑인이 단체로 백악관 집무실(the Oval Office)에서 그를 만났는데, 과거에 남부에서 일어났던 인종차별 공격에 대한 이야기를 하였다. 한 군복을 입은 참전용사, 이삭 우다드(Issac Woodard)가 사우스 캐롤라이나, 베이츠버그(Batesburg, South Carolina)에서 버스 승차를 거부당하고, 경찰들이 소지한 경찰봉으로 그들의 눈을 찔리고 눈이 가리어졌던 사건을 보고하였다. 그 사실을 보고받고 트루먼은 떨면서 말하였다고 한다. "오 맙소사! 그렇게 끔찍한 일이 벌어졌다니, 할 말이 없군요! 무언가 조치를 취하여야 합니다." 국회의 반응을 얻는 데 어려움이 있음을 알고, 그는 행정명령 8981번(Executive Order No. 8981)을 내렸다. 그 명령은 인종차별을 하는 무력의 해제를 요구하는 명령이었다.34)

1948년 대통령 선거운동에서, 미국 남부의 민주당 탈당파(Dixiecrats) 사람들이 만일 트루먼이 그의 인권에 대한 입장을 약화시킨다면 민주당에 대항하여 싹트고 있는 남부지역의 폭동 조짐을 가라앉힐 것이라고 약속하였다. 그의 딸이 전하는 바에 의하면, 그 대통령의 반응은 다음과 같았다. "흑인 군인들이 해외 파병에서 돌아와, 미시시피에서 군대트럭으로 버려지고 매맞고 있었다는 사실을 알고 나는 배가 뒤틀리도록 괴로웠다. 내가 미주리주 출신으로 어떠한 성향을 가졌던지 간에 대통령으로서 나는 이것이 나쁜 일이라는 것을 안다. 이러한 악행에 맞서서 나는 끝까지 싸울 것이다."35)

1953년 1월 12일 트루먼의 임기가 끝나갈 무렵, 로이 윌킨스(Roy Wilkins)가 그에게 다음과 같이 편지를 보냈다. "[아무도] 우리 역사의 행정 수반이 당신처럼 이 문제에 대하여 아주 명백하게 말하고 단도직입적으로 [인종차별 문제에 대하여] 행동한 사람은 없습니다… 당신의 결단은 순수한 인간적 용기이며, 높거나 낮거나 간에, 매우 드문 정치적 행위입니다."36)

트루먼이 그의 국무장관, 딘 애치슨(Dean Acheson)과 가졌던 관계는 그 두 사람들의 성향과는 달리, 특별히 생산적인 관계였다. 트루먼은 그 자신만의 소박한 외교적 노력을 해 왔다. 사실, 그는 한때 온 세계에 퍼져 있는 공산주의에 대항하여 도덕적 집회를 구성하려고 생각하였다. 그는 루이스 슈트라우스(Lewis Strauss)에게 다음과 같이 편지를 썼다고 한다. "나는 이스탄불 주교의 특사들로부터 요청을 받았고 나 스스로 이스라엘 랍비 대표자와 이야기하였으며 미국의 모든 다른 계파의 종교 지도자들과 의견을 나누기도 하였다."37) 그 대통령은 또한 독일 루터란교(German Lutheran Church)와 미국 로마 가톨릭(American Roman Catholic) 추기경들과 만났다. 그리고 그는 교황과도 교류하였다. 그는 바티칸 왕국과 외교적 관계를 수립하려고 노력하기도 하였다. 그러나 그러한 노력은 정치가들과 종교 지도자들에 의해서 무산되었다. 트루먼은 미국 성공회 지도자에 대하여 다음과 같이 기록하였다. "미안하지만 그는 자유 종교를 위협하는 것으로서… 로마 가톨릭의 전체주의 교회 밖에 보지 못합니다! 얼마나 부당한 일입니까!"

재임(再任) 기간 중의 업적과 실패

1948년 대통령 캠페인에서 실패할 수도 있다는 사실에 직면하면서, 트루먼의 지방 유세 캠페인은 다음과 같은 특징들로 이루어졌다. "과장, 허풍스럽고 떠들썩함. 흥분의 외마디 소리들… 앤드류 잭슨(Andrew Jackson)을 즐겁게 해 주었을 그런 종류의 것들… 아브라함 링컨을 웃기게 하였을… 그리고 비록 (그가 그 소동을 일으킨 것에 대하여 움찔하고 놀랄 것이었으나) 결국 프랭클린 루스벨트의 승인을 받아 내었을 것이다."[38]

예를 들면, 트루먼은 다음과 같이 언급하였다. "당신은 후버(Hoover)의 수레 같은 차를 기억할 것이다… 노새가 끌던 낡은 깡통 같은 소형 자동차의 유품들… 당신이 새 차를 사 줄 수 없었기 때문에, 그 오래된 차에 기름을 대 줄 수 없었기 때문에… 아무튼, 나는 워싱턴에 있는 농업부에 후버 차에 대하여 물어보았다. 그들은 그 차는 세상에서 귀리를 먹는 유일한 차라고 대답하였다."[39]

불행하게도, 트루먼이 대통령 경선에서 듀이(Dewey)를 이긴 승리는 국회가 있는 정치 수도나 선거인단 속으로 완전히 전승되지 않았다. 그는 한국에서 적대감을 불러일으켰고 그 적대감은 사라지지 않았다. 베를린 공수작전과 같은 영웅적인 프로젝트에도 불구하고, 미국은 매카시즘(McCarthysm), 즉 반공산주의 선풍에 휘말려 들었다. 1950년 2월 9일 웨스트 버지니아, 휠링(Wheeling, West Virginia)에서 행한 연설에서 위스콘신 출신 조셉 매카티 상원의원(Senate Joseph R. McCarthy)은 그가 연방정부에서 근무하는 공산주의자들의 명단을 가지고 있다고 주장하였다. 트루먼은 스스로 알거 히스(Alger Hiss)가 음모 가담자라고 믿었으며 한 친구에게 다음과 같이 말하였다. "그

망할 놈은 죄가 있으며 나는 그들이 그를 교수형에 처하기를 바란다."[40] 물론, 그는 매카티에 동의하지 않았으며, 트루먼의 행정부는 공산당 첩자들로 득시글거린다고 비난하였다.

트루먼은 루스벨트의 능수능란함을 지니고 있지 않았다. 누가 보아도 그렇다. 만일 루스벨트의 먼저 부통령 헨리 월러스(Henry Wallace)가 백악관에 있었다면 장기적으로 결과들은 좀 나아졌을까? 다행히도, 트루먼은 권력 형태에 관심이 있었고, 친선이나 이타주의에만 관심을 기울이지는 않았다. 그의 서부 베를린에 대한 결정은 단호하였다. "나는 베를린에 머무르기 위하여 열흘 전에 결심을 할 수도 있었다. 짐 포레스탈(Jim Forrestal)이 좀 생각해 보기를 원했다—그는 항상 그렇다. 그는 끊임없이 나에게 구실을 늘어놓았으며 그 구실에 대하여 나는 나아갈 방향과 사실을 가지고 응답하였다. 우리는 베를린에 체류할 것이다—어떠한 일이 있어도… 나는 내가 이미 알고 있는, 그리고 계속 들리는 소리에 귀를 기울여야만 하고 계속해서 나의 '베를린 체류' 결정을 되풀이 할 것이다."

근본적인 철학적 문제는 얼마나 대통령이 여건과 사건을 자유자재로 조정할 수 있는가에 있다. 얼마나 그러한 것에 대응할 수 있는가 하는 문제다. 비평가들은 이 루스벨트의 후계자가 미국의 민주주의를—자기 자신의 정의로움과 무비판적인 용어로 된 것으로—그리고 그런 민주주의가 세계적인 형태가 될 것이라고 믿고 있었던 사실을 공격하였다. 그가 그렇게 믿은 이유는 그것이 진리이고 바른 것이라는 데 있다. 그러나 윌슨과 달리, 그는 세상에 나가서 세상을 구원하려고 한 것이 아니라, 그 자신의 국가를 보호하려고 하였다. 비록 그가 원칙적으로는 윌슨의 국제주의를 수용하였지만 말이다. 대다수의 미국 역사가들의 증언은 그가 루스벨트도, 아이젠하워도 아니었지만, 트루먼은 그 자신의 효율성을 지니고 있었으며 도덕적인 감각, 그리고 동시에 자신감이 있었던 대통령이라는 것이었다.

본질적으로 논쟁에 능통하였던 트루먼은 그 자신을 제퍼슨(Jefferson)이나 잭슨(Jackson)과 같은 대통령으로 본다.[41] 페럴(Ferrell)의 판단으로는 트루먼의 가장 위대한 덕목은 그 자신을 대통령직에 매여 있는 사람으로 생각하지 않았다는 점이고, 그가 맡은 역할에만 충성하였다는 점이다. 페럴은 이기기 위하여서 후보는 진정성이 있어야 하며, 국가가 어떻게 되어야만 하는가에 대한 자기 자신의 비전을 확실하게 가져야 한다는 것이다. 그는 "청교도 신학에서 강조된 17세기 사상—위대한 목적을 위하여 선택된 목표—을 스스로 생각해야만 한다. 그런 점에서, 트루먼은 훌륭한 후보자가 되었다"고 말하였다.42)

그의 고향 친구들은 몇몇 대통령들을 겪은 후에야 그의 덕목을 인식하게 되었다. "오늘날 그의 평범한 방법들이 평범한 세상에서 청교도 조상들의 의미를 되살려 준 것처럼 보인다. 지나친 것들로 보이는 것에서 탈피한 소박한 삶, 그것이 밑에 깔려 있어 원칙을 뒷받침하는 언약으로 존재하게 되는 것이다."43)

독립전쟁 이후 그리고 1차 세계대전이나 그랜트(Grant) 대통령 시대 이후에 하딩(Harding)이 성공적이었던 것보다 트루먼이 훨씬 더 성공적이었다는 것이 남아 있는 유산의 한 부분이다. 그 한 가지 이유는 그의 정치적인 박식함이 그 전임 대통령들 어느 누구보다 더 대단하였다는 점이다. 그의 하나님에 대한 신앙심은 침례교나 메이슨 당에 대한 충성심으로 잘 드러나 있다. 이스라엘 건국 당시 이스라엘 국가를 즉각적으로 지원하게 된 원인은 그가 구약을 읽었기 때문이다. 그것은 매우 중요한 결정이었다. 그의 도덕적, 종교적 비전에 따라, 그는 현재까지 영향력이 남아 있는 몇 가지 분수령이 되는 선택을 내렸다. 많은 그의 성공적 업적은 현실론이 대두되면서 그가 완벽주의자가 아니라는 사실로부터 이루어졌다. 트루먼이 역사에 남긴 영향력은—그가 역사에 대한 연구에 집착하였는데—그가 기대할 수 있는 그 이상으로 굉장한 것이었다. 그것은 세계관과 도덕적 원리들의 경합이라고 할 수 있다.

1) Alley, op. cit., p. 60 et seq.

2) Ibid.

3) Robert H. Ferrell, Harry S. Truman, A Life, Columbia: University of Missouri Press, 1994, p. 91.

4) Ibid.

5) Robett Shogun, The Riddle of Presidential Power from Truman to Bush, New York: Dutton, 1991, p. 53.

6) Alonso L. Hamby, "Hatty S. Truman: Insecurity and Responsibility", in Gteenstein, op. cit., p. 313.

7) Ibid.

8) Ferrell, op. cit., p. 153.

9) Lerner, op. cit.

10) Hamby, op. cit., p. 45.

11) Barber, Presidential Character, p. 307.

12) Ibid.

13) Ferrell, op. cit., p. 295.

14) Barber, Presidential Character, p. 316 et seq.

15) Ibid.

16) Ferrell, op. cit., p. 91.

17) Ibid., p. 230.

18) Hamby, op. cit., pp. 158~159·306.

19) Cf., Time, June 14, 1999.

20) Barber, Politics by Humans, p. 102.

21) Hamby, op. cit., p. 54.

22) Ibid.

23) Cf., ibid., p. 326 et seq.

24) Barber, Politics by Humans, p. 105.

25) Ibid.

26) Ibid.

27) Ibid.

28) Lener, op. cit.

29) Ibid.

30) Patrick Anderson, The Ptesidents' Men, Garden City, New York: Doubleday, 1968. Cf., Batber, Politics by Humans, p. 107.

31) Cf., Hamby, op. cit., p. 73.

32) Cf., Dean Atcheson, Sketches from the Life of Men I Have Known, New York: Knopf, 1963.

33) Cf., William E. Pemberton, Harry S. Truman, Fair Dealer and Cold Warrior, Boston, Twayne

Publishers, 1989.

34) Ferrell, op. cit., p. 297.

35) Shogan, op. cit., p. 46.

36) Ibid., p. 299.

37) Hamby, op. cit., p. 572.

38) Ferrell, op. cit., p. 279.

39) Ibid.

40) Ibid., p. 300.

41) Shogan, op. cit., p. 38.

42) Ferrell, op. cit., p. 284

43) Ibid.

드와이트 아이젠하워
Dwight D. Eisenhower

아이젠하워는 백악관에 입성하기 전에 대단한 업적의 기록을 보유한 뛰어난 장군이었다. 오바마보다 더 나이가 많았고, 덜 행정적이었으나 아이젠하워는 대통령을 그의 2차 생애로 삼았다. 아이크(Ike)는 오바마 대통령처럼 안정감이 있었고 특성도 비슷하였다. 아이젠하워는 진정으로, 보수적인 공화당원이었고, 변화를 원하는 개혁가가 아니었다. 그의 종교는 그의 아프리카계 미국인 후임자의 종교보다 더 분명치 못한 것이었다. 비평가들은 이에 대하여 다음과 같이 선언하였다. "포토막 강가를 따라가는 신앙(Piety along the Potomac)." 아이젠하워가 권력을 잡았을 때 냉전이 자리 잡고 있었다. 그리고 그는 군비 경쟁을 조정하고 원자탄 대참사를 막으려고 노력하였다. 오바마는 더 서두르면서 더 많은 일을 하려고 하는 스타일이다. 그는 물 밑에서 작업하지 (그의 의중을 드러내지 않으면서) 않는다. 그런데 아이크 장군은 종종 그러하였다. 예를 들어, 그는 매카티를 공격하기를 서슴지 않았다. 그 44대 대통령의 전투는 그가 백악관에 들어가기 전부터 정치적인 싸움이었지 군사적인 것이 아니었다. 집무를 시작하면서, 그는 즉시 아프가니스탄의 군사력에 대한 중대한 시험에 직면하였다. 그리고 전통적인 군대와 더불어 심리적 무기 둘 다를 사용하였다.

"나는 가장 독실한 종교인이라는 것을 알고 있다."(『뉴욕 타임스』 *New York Times*, 1948년 5월 4일)[1]

"매일의 일상에 기독교를 적용시키는 일만이 세상의 유일한 실질적 희망이다."(『라이프 지』 *Life*, 1955년 12월 26일)[2]

워싱턴(Washington), 잭슨(Jackson), 그리고 그랜트(Grant) 장군처럼, 아이젠하워도 일단 그가 대통령 후보가 된 이후에는 말 그대로 불패(不敗)의 존재가 되었다. 비록 그가 정치가로서 아마추어처럼 나타났으나, 그의 정치적 기술은 잘 연마되어 있었다. 동시에, 그는 미소 짓는 인자한 아버지 같은 인상이었으나 불같이 사나운 성격을 가졌다.[3] 그러므로 그의 대통령직의 역설적인 면들은 그의 성격이 1차원적이라는 결론과는 반대로, 전기 작가들이 조심스럽게 밝혀주고 있다. 그것은 아이젠하워가 백악관을 차지한 대통령들 중에서 아마도 가장 복잡한 인물들 중 한 사람이라는 것이다. 그의 백악관을 향한 도정은 단순한 것으로 나타났다. 아이젠하워는 영국 해협을 횡단한 동맹국들의 군대를 이끌면서 대단한 승리를 이끌었고, 나치(Nazi)군을 정복하였다. 그것은 나폴레옹이나 히틀러도 수행할 수 없었던 횡단작전이었다.

미국으로 돌아왔을 때 아이젠하워는 보기에는 겸손한 것 같았지만 군중들의 쏟아지는 격찬 속에서 매우 흥분하였다. 그는 2차 세계대전 이후 귀국하였을 때를 다음과 같이 묘사하였다. "나는 거리에서 우리를 만나러 나온 엄청난 사람들, 그리고 그들의 열렬한 환영 인파를 보고 경악하였다. 워싱턴으로 가는 길은 바야흐로 압도적이었고 모든 일들이 그 이후로 실망스러운 결말이 될까 두려웠다. 우리가 뉴욕에 갔을 때, 전 도시가 참가하였다.

매 시간, 우리들은 사람들에 에워싸여서 큰 도로들을 다녔으며 고층빌딩이나 아파트 창문에서 우리들을 내다보는 셀 수 없는 사람들로 가득 찬 것을 보았다."4)

그의 첫 취임사를 시작하면서, 히틀러와 대항하여 싸우던 유럽 동맹국의 그 총사령관은 다음과 같은 기도를 드렸다. "옳고 그름을 분별 할 수 있는 능력을 주시고, 그 판단의 능력으로, 그리고 이 땅의 법으로 우리들의 행동이 다스림받게 하여 주소서. 특별히 우리의 생각이 인종이나 소명과 상관없이 모든 사람들에게 임하게 하소서."5) 아이젠하워가 하나님을 믿었고 종교가 도덕성에 있어서 중요한 것이라고 생각하였던 것은 놀라운 일이 아니다. 그것은 그가 전투에서 위대한 승리를 가져오게 하기 위해서 고통과 죽음에 직면하는 위험을 겪었다는 점에서 그러하다. 그에게 가장 강하게 도전하였던 것은 의식적(儀式的)인 신앙이 아닌 시민 종교적 관점이었다. 그는 저교회파 가족 전통을 가지고 있었다. 그는 자유세계의 지도자로서 주일 예배에 참석하였다.

백악관 아이젠하워의 전 연설을 통해서 관념적이고 애국적인 주제들이 일관되었다. 그의 연설문들은 그 어느 다른 대통령들보다도 더 종교적인 수사(修辭)를 내포하였다. 소수의 학자들만이 그 신임 대통령의 "포토막 강가를 따라 흐르는 신앙"을 너무 불분명하고 무제한적인 것이라고 감히 폄하할 수 있다. 그 장군은 전쟁의 대가가 무엇인가를 깨달았고 현대 전쟁이 군인이나 민간인들에게 가져다주는 고통이 무엇인지를 알았다. 그는 청중들에게 확신에 차서 말하였다. 미국은 "하나님이 그의 발등상 아래 놓으려고 준비하신 최강의 힘이다"라는 것이다. 아이젠하워의 도덕성은 분파주의적 부흥사들 종교 양심에 스며들어 있었다. 사실, 그의 '포토막 강가를 따라 흐르는 신앙심'은 신약성경에서 말하는 믿음으로 구원받음과는 거의 상관이 없다. "도시를 점령한 자보다 더 위대한 자는 자신의 마음을 정복한 자다", "너 자신과 개인적인 행운을 잊어버려라", "호전성은 불안의 징표이다", "의도적인 경우를 제외하고 절대로 화를 내지 말아라"6)와 같은 것들이다.

아이젠하워의 일대기

이 대통령의 이름은 유명한 부흥사 드와이트 무디(Dwight L. Moody)를 따라 붙여진 것이다. 아이젠하워 가족은 '강(江)형제파(the River Brethren)'에 소속되어 있었는데 그 그룹은 전통적인 평화 봉사단의 하나인 메노파 교도(the Mennonites)와 간접적으로 연관되어 있었다. 전통적인 제세례파(Anabaptist)의 형태로, 강(江)형제파는 그들이 성인이 될 때까지는 교인들을 교회 안으로 끌어들이지 않았다. 아이젠하워는 세례를 받기 전에 가족과 교회를 떠났다. 그는 (강형제파의 규례대로 침례가 아닌) 세례를 받았다. 그리고 워싱턴에서 그가 대통령이 된 이후에 장로교회에 출석하였다. 그는 완벽주의자 교파 윤리를 따라 개신교도로 성장하였다. 그리고 그는 청교도 전통으로 전향하였고, 그 전통은 더욱 분명하게 정부와 관련된 것이었다. 그리고 그것은 칼빈주의 전통을 가진 교단과 결속되어 있었다. 물론, 그 신학적 주장은 다른 장로교도인 우드로우 윌슨이 깊게 영향받은 것과는 달리, 그에게는 적용되지 않았다. 그는 윌슨 스타일의 어법으로 말하지 않았는데 그렇다고 해서 그가 예리하지 않다거나, 성공적인 협상가가 아니라는 말은 아니다.

아이젠하워는 1890년 10월 14일, 텍사스 주, 데니슨(Denison, Texas)에서 6형제 중 한 사람으로 태어났다. 그의 가족은 캔자스 주, 애벌린(Abilene, Kansas)으로 이사하였고 그는 그곳에서 성장하였다. 그는 버지니아 출신인 그의 어머니, 아이다 스토버(Ida Stover)를 극찬하였는데 어머니는 "이제껏 우리 가족의 삶 속에서 가장 위대한 인간적 영향을 끼친 분"이라고 말하였다. 학교에서 그는 장군들이나 전쟁사에 엄청난 관심을 보였고 고등학교 시절에는 그가 역사를 가르칠 것이라고 전망하였다. 그러나 다른 방향으로 진척되었다. 아이젠하워는 웨스트 포인트(West Point) 사관학교에서 중간정도 성적에 불과하였는데 그것은 부분적으로 그의 훈련 문제에서 야기되었다. 그가 1911년에 입학한 그 사관학교에서 그는 애연가가 되었으며, 그가 불필요하다고 믿었던 규칙들에 대하여 항거하였다. 졸업한 이후에, 그는 산 안토니오 주의 포트 샘 휴스턴(Fort Sam Houston, San Antonio)으로 발령을 받았는데 그곳에서 그는 아이오와(Iowa) 주 출신의 마미 더드(Mamie Doud)를 만나서 결혼하였다. 그녀의 가족은 덴버(Denver)에 살고 있었다. 아이젠하워는 1차 세계대전 중에는 전투에 참여하지 않았다. 그가 해외에 파병되기 일주일 전에 1918년 11월 휴전협정이 발효되었다.

아이젠하워를 수동적이고 부정적인 대통령으로 폄하하면서, 바버(Barber)는 (대통령의 성격을 분류함에 있어서) 그의 행정 내각들을 다음과 같은 그룹으로 생각하였다. "그들은 어떤 성스러운 정치적 원리를 따라서 자신들의 의무를 다 한 것이 아니라 강박에 못 이겨 일을 수행하였다… 사람들은 그들의 태도에서 단순히 대통령 자리를 차지하는 것만으로 정당화되기에 충분하다는 생각을 눈치 챘다… 그리고 그들의 책임감은 주로 근본적인 가치를 보존하는 데에만 제한이 되어 있었고 아무도 그 체제에서 해결할 수 없는 의견의 불일치에만 제한되었다."[7] 그와 같은 일은 앤드류 잭슨(Andrew Jackson)과도 마찬가지였는데 그 또한 난폭한 성질을 소유하였으나 공적으로 훈련이 잘되어 있었다.[8]

데오도르 화이트(Theodore White)는 대통령 캠페인의 연속적 상황들을 다루었는데 다음과 같이 기록하였다.

나는 아이크를 단순하고, 선량하고, 직선적인 성격의 군인으로 생각하는 많은 사람들이 범했던 실수를 저질렀다. 그러나 아이크의 마음은 그렇게 너그럽지 않았고, 점차적으로 그가 일을 수행함에 따라 나는 그의 마음이 강성이고, 매너는 기만적이었으며, 장밋빛으로 연출되는 그의 미소는 사적으로는 격노를 분출하는 데에 대한 구실로 삼은 것이었음을 알게 되었다. 그래서 그의 기록되지 않은 얽히고설킨 내용들이 그 자신의 정화되고 논리 정연한 문장들로 단련되어지지 않았을까 생각하였다.[9]

청교도 전통에 보조를 맞추면서―빈번히 그것은 미국 정치에서 세속화되었는데—아이젠하워는 도덕성을 개인의 위엄성과 자유에 불가분하게 연관시켰다. 그의 의도는 전통적인 공화사상 주제를 재확인시키는 것이었다. 정치적으로, 그는 사회 안전 보장, 건강보험, 그리고 정부기반의 주택문제 해결의 확대를 지지하였다.10) 아이젠하워는 동맹국의 승리에도 불구하고, 미국이 그 위상을 지키기 위하여, 심지어는 막강한 반대 국가들과도 함께 투쟁해 나아가야 한다고 생각하였다. 러시아는 고공비행 정찰대로 늘 감찰되었고, 더 많은 원자탄과 수소폭탄 무기들이 개발, 축적되었다.11)

그의 군대 생애

전차(戰車)라고 불리우는 새로운 무기가 아이젠하워의 관심사였다. 그는 조지 패튼(George S. Patton)과 그에 대한 관심을 공유하였다. 그는 초기에 국가의 위상을 자리 잡는 데 많은 역할을 하였다. 1920년, 1차 세계대전이 가져다준 대량학살과 참호전(塹壕戰)을 극복하는 수단으로서 그들의 전략을 소개하는 기사가 발간되었다. 그러나 아이젠하워 상관의 견해와는 일치하지 않았다. 폭스 코너 장군(General Fox Connor)이 지지하고 나섰다. 그의 계획은 코너의 지지와 함께 계속되었다. 아이젠하워는 존 퍼싱(John Pershing) 장군의 부관이 되었고 결국 육군대학원(Army War College)에 들어가 공부할 수 있게 되었다. 1929년, 그는 그의 총사령관, 더글라스 맥아더(Douglas MacArthur)의 개인 보좌관이 되었다. 아이젠하워는 맥아더 밑에서 그 임무를 맡지 않았더라면 "전쟁 당시 최고의 책임을 결코 맡게 될 준비를 하지 못하였을 것"이라고 말한다.12)

그 젊은 군대 지휘관은 맥아더의 참모로 7년간 복무하였다. 그가 행정 기술을 배운 곳은 바로 그곳에서였다. 서열 형태에 기초한 오래된 군사 명령 체계는 피라미드 구조라기보다는 떠다니는 게와 같은 게임 형태로 변모해 가고 있었다. 상호의존 기능 전문직들이 팀으로 구성되었고, 그것은 신기술과 전략적 개념으로 짜여야만 했다. 아이젠하워는 개인적으로 이 '게임'에 능숙하였고 그 중앙 협력적 형태는 대통령 행정 내부로 스며들어갔다. 개인적으로, 그는 맥아더의 정치적 참여에 실망하였고, 특히 1932년 그 상관의 보너스 행진(the Bonus March)을 거부하는 행위를 인정하지 않았다. 그 작전을 지휘하면서, 맥아더는 국회의사당 근처에 진을 친 실직 원호군인들이 강제 철수하는 것을 감독하였고 심지어 그들을 공산당 혁명가들이라고 딱지 붙였다.

필리핀에서 맥아더와 복무한 이후에, 아이젠하워는 1941년 중반, 포트 샘 휴스턴(Fort Sam Houston)으로 돌아왔다. 마샬(Marshall) 장군은 그를 진주만 폭격(Pearl Harbor) 5일 후에 워싱턴으로 불렀다. 그리고 그를 거기에 두고 싶어 하였다. 그러나 아이젠하워가 1942년 5월 런던으로 미국과 영국 전략가들의 연락 담당자로 발령받아 갔을 때 그의 업무 수행은 윈스턴 처칠(Winston Churchill)을 매우 감동 시켰고 결국 그는 동맹 침략군 지휘를 맡게 되었다. 아이젠하워는 여러 국가에서 군대와 정치 지도자들을 능숙하게 다루었고 혼란 속에서 조화를 이루었다. 동시에, 그는 야전 전투에서는 엄격하고 심지어는 막무가내였다. 그 한 가지 예로서, 조지 패튼(George Patton) 장군은 점령 시대에 불복종한다는 이유로 그를 지휘체계에서 제외시켜 버렸다.

일찍이, 그는 패튼에게 다음과 같이 편지를 썼다. "친애하는 패튼 장군님, 내가 당신의 전투력과 전쟁터에서 군대를 잘 통솔하는 능력을 믿었기에 나의 강력한 주장으로 당신은 나의 지휘체제로 들어왔습니다. 동시에, 나는 당신이 늘, 스스로를 과대 포장하는 버릇도 잘 알고 있습니다. 아무 뚜렷한 목적 없이 당신 스스로 만을 생각하는 이유로 무분별한 행동을 저지르는 습관도 익히 알고 있습니다."[13]

아이젠하워는 무분별한 군사 전문가는 아니었다. 그는 패턴만큼 전투를 사랑하지는 않았다. 전쟁장관 헨리 스팀슨(Henry L. Stimson)이 일본에 대한 원자탄 무기의 즉각적인 사용을 촉구하였을 때, 그는 일본은 이미 거의 초토화되었다는 이유로 그것을 반대하였다. 전쟁 이후 상당 기간 동안, 그는 워싱턴에서 합동 참모 본부장(the Joint Chief of Staff)으로 복무하였다. 그리고 결국, 유럽의 나토(NATO) 동맹국 사령관을 지냈다. 후자를 그는 "세상에서 가장 중요한 자리"라고 생각하였다.14) 군사 업무를 담당하는 사이에 그는 1948년 10월에 컬럼비아 대학(Columbia University) 총장 자리를 수락하였다. 그의 학계에서의 인맥은 결코 뛰어나지 못했다.15) "학자는 아니었기 때문에 그는 사상에 있어서는 잘 알지 못하였다."16)

그러나 아이젠하워의 행보는 많은 사람들에게 처음 나타났던 것보다는 더 결단력이 있고 충만한 것이었다. 리처드 닉슨(Richard Nixon)은 그의 전임자들에 대하여 언급하였는데 아이젠하워는 거의 모든 사람들이 알고 있는 것보다 훨씬 더 엉큼하다는 것이다. 그리고 그 말은 아주 좋은 뜻에서 그러하다. 고집스러운 마음에 속박되지 않고 그는 항상 한 가지 문제를 합리화하기 위하여 두서너 가지 방법을 적용시켰다. 그리고 그는 간접적인 방법을 선호하였는데 그것은 그 방법이 문제를 직접 공격하는 것보다 더 잘 해결할 수 있었기 때문이다.17) 그러나 불행한 실수들도 있었다. 파우부스(the Faubus)와 U-2 사건, 매카티(McCarthy) 신드롬 확산, 그리고 덜레스(Dulles)의 벼랑 끝 외교작전 같은 것들이었다.

워싱턴을 지배하고 있는 신앙에 맞서서, 미합중국 대법원은 이미 제1조 수정안(the First Amendment)의 국교(國敎)설립 반대 조항을 시행하고 있었다. 전에는 그렇지 않았다. 아이젠하워의 감독 하에, 그가 백악관에 있은 지 2년 차 되는 때에 그는 공립학교에서 인종차별을 하는 것은 불법이라고 선언하였다. 오발 파우브스(Orval E. Faubus) 주지사가 아칸사 주 리틀 록(Little Rock, Arkansas)의 고등학교의 통합을 반대하려고 하였을 때 그 대통령은 수천 명의 연방군을 학교에 투입시킴으로써 그 문제를 해결하였다. 백인들의 투항이 그의 후계자들 행정 내부에서 계속되었다. 그러나 마틴 루터 킹 2세(Martin Luther King Jr.)가 중요한 변화를 이끌었다.

외교에 있어서 비록 그의 국무장관, 존 덜레스(John Foster Dulles)가 공산주의 국가에서 포로 된 자들을 "석방"할 것을 이야기했으나 아이젠하워는 1953년 독일에서 그리고 1956년 헝가리에서 폭동이 일어났을 때, 개입하기를 거절하였다. 철의 장막 이면에서 종교적 박해는 대규모로 진행되었다. 아이젠하워 대통령은 영국과 프랑스의 이집트 침공을 지지하지 않았는데, 그것은 그의 가장 중요한 결정 중 한 가지였다. 당연히, 미국인들은 소련이 1957년 10월 지구 궤도를 순회하기 위하여 처음으로 위성을 만들어 발사하였을 때 위협을 느꼈다. 1958년 7월 NASA 본부(the National Aeronautics and Space Administration)가 설립되었고 과학 연구를 위한 기금이 증진되었다.

동기

바버(Barber)는 아이젠하워에 대한 수동적-부정적인 평가를 다음과 같이 말한다. 여러 가지 경우에 있어서 그 대통령은 "자기를 부정함으로써 자기를 주장하였다."[18] 그것은 즉, 말하자면 그가 강경한 입장을 취하여야만 한다는 제안에 항거하는 것이었다. 바버는 다음과 같이 설명한다.

아이젠하워는 조셉 매카티(Joseph McCarthy)와 함께 진흙탕으로 뛰어 들지 않을 것이며 콘(Cohn)이나 샤인(Schine)이 신바람 나서 마구 행동하는 것도 말리지 않을 것이다. 그는 프랭클린 루스벨트가 국회의 힘을 빼앗았다고 생각하였고 워싱턴에서 '그 망둥이 같은 놈들이 활개를 칠 때 그는 관여하지 않으리라'고 말했다. 기자회견을 개최한 사실들은 또 한 가지 다른 루스벨트가 저지른 실수였다. 아이젠하워는 기자회견을 싫어하였다. 그가 언론으로부터 공격을 받아서 였을까? "그런 평판들을 들을 시간이 있는 사람은 그 누구라도 별로 할 일이 없는 사람들일 것이다"라고 아이젠하워는 말하였다.[19]

바버는 아이젠하워 대통령이 모든 문제들의 양상들을 선택하였을 때 집중해야 하는 것 같이—즉, 원리적 측면에서—그렇게 문제들을 택하지 않았다고 지적한다. 때때로 그가 정치적인 것과 상관이 없다고 주장한 것은 자의식에서 우러난 도덕성이었다. 자기부정과 거절에 있어서, 그는 다른 사람들을 공격하거나 거부하지 않고 단순히 그들로부터 돌아서 있었다. 아이젠하워가 대통령에 당선되기 이전에 뚜렷한 업적을 이미 달성하였다는 것이 여전히 자신들의 이미지를 구축하여야 한다는 다른 백악관 점령자들에 비교하여 볼 때, 매우 다른 모습을 갖게 하였다.20)

그런데 그는 왜 대통령에 출마하였을까? 거기에는 중요한 도덕적 차원이 존재한다. 바버는 그것을 아이젠하워가 사명감에 불타는 사람이었기 때문이라고 밝힌다. 아이젠하워 장군은 "내가 한 번도 철회하거나 취소하지 않을 것 같은 결심은 군대에서 나에게 주어진 모든 의무를 실행하기 위해서 내리는 결심과 같은 것이었다. 나의 능력을 다해서 그리고 그 의무가 어떠한 성질의 것이든지 신임받을 만한 기록을 만들기 위하여 최선을 다하는 것이었다."21) 집에서 성경을 읽을 때부터 웨스트 포인트 사관학교에서 배울 때까지, 그는 의무란 절대적인 것이라고 생각하였다. 여전히, 그의 의무는 세계를 구원하거나, 위대한 영웅이 되는 것이 아니었다. 바버는 그러한 성품의 최대 강점은 정당성에 있다고 하는 점에서 옳았다고 한다. "그것은 부패하지 않음에 대한 신뢰와 인간의 선한 의도에 영감(靈感)을 부여한다."22) 그러나 결과를 산출하는 데 있어서 늘 어려움이 발생한다. 수동적이고 부정적인 타입의 대통령들은 종종 분명한 공식적 질서 가운데서 표류와 혼란을 자아내기도 한다.

마침내 대통령직에 출마할 것을 수용하면서, 아이젠하워의 기반은 미국이 세계의 자유를 위협하는 공산주의자들에 대한 반응이 부적절하다는 것을 강조하였다는 데 있다. 그는 연방정부의 경제 지배에 대한 영향력이 쇠퇴하였다고 생각하여 이에 반대하였고, 중앙집권화를 거부하였다. 그러나 그는 복합적인 연방 사회복지기관들의 해체를 찬성하지도 않았다. 요약해서 말하면, 그는 여전히, 상당부분 루스벨트의 사회적 전략을 지지하였다. 트루먼(Truman)이 그에게 매우 우호적이었으나 아이젠하워는 결국 거기에 부합하지 않았다.

한국전쟁과 더불어 매카티즘(McCarthyism)이 그의 대통령 출마 첫 번째 캠페인에서 논란거리가 되었다. 아이젠하워 그 자신은 그 위스콘신 상원의원의 연방정부로부터 체재 전복을 시도하는 자들을 제거하자는 목표를 수용하였다. 여전히 군인으로서, 그리고 조지 마샬(George Marshall) 장군의 동료로서, 그는 매카티가 그의 멘토를 중국이 공산당이 되게끔 방기(放棄)한 반역자라고 맹렬한 비난을 퍼붓는 것에 대하여 분개하였다. 덴버(Denver)에서 캠페인을 하던 중, 아이젠하워는 마샬 장군에 대하여 준비한 변론을 말해 주었는데 그것은 그가 단상에서 매카티와 함께 밀워키(Milwaukee)에서 연설하였을 때 계속 주장하기로 계획하였던 것이었다. 매카티를 개인적으로 만나면서, 아이젠하워는 그 미네소타(Minnesota) 상원의원에게 신랄한 비난을 쏟아 내었다. 그러나 위스콘신 주지사의 충고로 아이젠하워는 그가 연설할 때 마샬을 변호하는 것을 그만두었다. 그는 그가 말한 것으로 충분하다고 조언하였다. 비평가들은 그 부분에서 우유부단함을 깨달았고, 그 우유부단함은 사실상 매카티 에피소드가 끝날 때까지 계속되었다. 아이젠하워는 오명 씌우기 전술(戰術)을 결코 쓰지 않았고 직접적으로 거짓말을 하지도 않았다. 그것은 비겁하고 연약한 일이었을까?

1951년 9월에, 오하이오 주 출신의 공화당 상원의원 존 브릭커(John W. Bricker)는 의회의 동의 없이 국제 관계에 있어서 행정 동의안을 금지하는 헌법 수정안을 제안하였다. 그 제안된 수정안은 특별히 루스벨트 대통령의 얄타(Yalta) 협정 동의에 반대하는 것이었다. 아이젠하워의 전략은 매카티 경우와 같이 전형적인 것이었다. 개인적으로 그는 그러한 헌법 수정안이 "우리가 세계정세에 있어서 구제불능이 될 정도로 행정수반의 권력을 망치게 될 것이다"라고 목소리를 높였다. 여전히 그는 공적인 논쟁을 회피하였으며 시간을 벌려고 하였다. 결국 직접적인 반대에 부딪히면서, 그는 상원에서 겨우 한 표 차이로 이기게 되었다. 아이젠하워는 한때 다음과 같이 논평하였다. "풍부한 조직적 경험과 질서 정연하고 논리적인 생각은 성공에 절대적으로 필요하다. 번쩍거리며 군중을 사로잡으려고 하는 모험가들은 언론을 장악하고 대중의 눈에 영웅이 될 수는 있지만 국가에 이익을 가져다줄 수는 없다. 반면, 느리고 꼼꼼하고 체계적인 사람도 요직을 차지하는 데 있어서 절대적으로 가치가 없다. 훌륭한 균형이 잡혀져 있어야 할 것이다… 더불어… 그렇게 높은 위치에 있는 사람은 지칠 줄 모르는 신경성 활력을 저장하고 있어야 할 것이다… 그리고 그 활력을 업적 달성의 요건으로 활용할 수 있어야 하는데 그것은 불가능한 것처럼 보인다."[23)

이 대통령의 개인적인 기록은 논리적이고 비판적인 생각의 증거를 보여주고 있다. 그리고 역사가들은 이것으로 그를 더 높이 평가하게 되었다. 여전히, 그는 다른 인상을 풍기고 있다. 기자회견에서 무언가 서툴고 혼란스러운 순간들이 있었다. 무슨 소리를 하는지 심지어 잘 알아들을 수 없는 말들도 있었다. 어떤 때는 답변들은 계획적으로 압축되어 있었고 그는 "좀 더 알아보겠습니다"라고 말하기도 하였다. 그것은 논란을 피하려고 하는 전략이었을 것이다. 아이젠하워가 그 자신의 정부조직에서 명목상의 최고 지위자라고 하는 견해는 1958년 마퀴스 차일드(Marquis Childs)가 저술한 『아이젠하워; 사로잡힌 영웅』 *Eisenhower; Captive Hero*라는 베스트셀러 책에서 소개되었다. 불같은 성격으로, 그 장군은 그에게 자문하는 자들에게 기분 변화가 심하였거나 신경질적이었다.[24) 문화적으로, 그의 감각은 별로 세련되지 못하였다. 그는 웨스턴 스타일의 가벼운 현실도피주의 문학을 탐독하였으며 수개 월 씩이나 영화 〈하이 눈(High Noon)〉에 나오는 주제가를 휘파람 불면서 다녔다. 아이젠하워는 '갱 집단(the gang)'이라고 부르는 일련의 부유계층 사람들과 지내며 여가를 즐겼다.

아이젠하워는 심장마비로 쓰러진 후에도 결국 재임에 출마하기로 결정하였다. 그의 2차 임기 동안에 그는 연방정부의 지출을 제한하려고 시도하였는데, 특히 국방예산에서 그렇게 하는 쪽 편을 들어주었다. 미합중국의 이러한 국방에 대한 노력은 새로운 문제들을 발생시켰다. 1959년 9월 아이젠하워와 함께 정상회담에서 귀국하면서, 니키타 후르시쵸프(Nikita Khrushchev)는 평화 전망에 대한 생각을 긍정적으로 발표하였다. 그리고 U-2 첩보기 기장 프랜시스 파우어스(Francis Gary Powers)가 스베르드로브스크(Sverdlovsk) 근처에서 발이 묶였다. 1956년 이래로 U-2 첩보기들은 6만 피트 고도로 소련 상공을 비행하고 있었다. 아이젠하워가 당시 가장 최근에 허락하였던 비행은 5월 1일 이후를 넘기는 것이 아니었다. 2주 만에 맥밀란(Macmillan), 드골(de Gaulle), 아이젠하워(Eisenhower), 그리고 후르시쵸프(Khrushchev)가 파리에 있는 엘리제궁에서 만나기로 하였다. 후르시쵸프는 모스크바에서 5월의 축제가 열리는 동안 영공 침범이 있다고 보고받았다. 그리고 5월 5일과 7일에 대중에게 알려졌다. 아이젠하워는 처음에 그 계획에 대하여 계속 거짓말하기를 용인하였고 후르시쵸프는 그 파리 4인 정상회담에서 격렬하게 가차 없이 이를 비판하였다. 결국, 아이젠하워는 홧김에, 러시아인들을 "완전히 비타협적이며 미합중국을 모욕하는 개새끼들"[25]이라고 묘사하였다. 그는 그가 비록 전에 비개입 원칙을 약속하였지만 CIA에게 카스트로(Castro)를 전복시킬 계획을 진행시킬 것을 허용하였다.

아이젠하워가 남긴 유산

아이젠하워는 건전한 보편적 양식(良識)을 보여 주었고, 그는 도덕 상대주의자가 아니었다. 그는 다음과 같이 설파하였다.

물론, 우리가 인간 문제들에 기본적인 진리들을 적용시키려 할 때 어려움이 발생한다… 기본적 원리의 도덕적인 분야에서 그 진술이 흑백논리로 흐르는 경향이 있는 반면에 정치 지도자의 업무는 인간이 건설적인 진행을 할 수 있도록 계획을 수립하는 것이다. 이것은 비록 어떤 진정성 있는 시도가 흑백 가치의 도덕적 진리를 적용시키게끔 되어 있을지라도 어떤 계획이나 프로그램 그 자체는 "회색" 범주로 전락할 수 있음을 의미한다. 이것은 그 원리나 도덕적 진리에 도전하기 위해서가 아니라 인간의 본질이 완전하지 않기 때문이다. 그 주된 목적은 그 원리와 진리가 가리키는 선을 따라서 진보하는 데 있다. 완전성은 빨리 도달하는 곳이 아니다. 그러므로 계획은 "회색 지대"이거나 "중도 정책"이다. 그러나 그것이 진보적인 것이다.[26]

그가 재임하던 기간 마지막 즈음에, 그 은퇴하는 대통령의 고별 연설은 그의 정치가적 지도력의 최고를 보여 주었다. 그가 주장한 주둔군 국가의 위험성에 대한 언급은 그중에서 가장 많이 인용하는 부분이 되었다. "거대한 군대 건설과 대규모의 무기 산업의 결합은 미국의 경험에 있어서 새로운 것이다. 그 총체적 영향력은 경제적, 정치적, 심지어 영적인 것으로서, 도시마다, 정부 기관마다, 연방정부 각처에서 느껴질 수 있다… 정부의 협조 가운데 그것을 추구하던 하지 않던 우리는 군 산업의 복합시설을 가지고 부당한 영향력을 얻는 것에 맞서야 할 것이다."

『내이션』 *Nation*지(紙)는 전하기를 그가 8년 동안 당대에 직면한 문제들을 파악하지 못하고 있는 것처럼 보였으나, 이제 그가 그의 편집자들이 염원 하는 대로 말하였다고 한다.

패치(Patch)와 리처드슨(Richardson)은 아이젠하워가 1990년 아이젠하워 100주년(the Eisenhower Centennial Year of 1990) 기간 동안의 역사문학을 지배하였던데 대한 평가를 특별히 기쁘게 생각하였을 것이라고 믿는다.[27] "아이젠하워는 국방문제에 대한 틀을 구축한 데 대하여 경제적 시각에서뿐만이 아니라 도덕적으로도 높은 평가를 받을 만하다. 그에게 보안(保安)이란 근본적인 가치를 보존하는 것을 의미하였다. 그리고 그는 무기제조가 그 목적을 위한 수단임을 결코 잊지 않았다."[28] 이런 맥락에서, 그는 전략적 능력과 원칙적 반영을 잘 병합하였던 보기 드문 자로서 평가받았다. 그러나 그 원칙에 있어서 그는 지나치게 엄격하고 공격적이어서 반미(反美) 적대감이 때때로 냉전과는 관계없다는 사실을 결코 인정하지 않았다. 아이젠하워의 최대 실패는 무기력증이나 기량부족으로 온 것이 아니라 그의 비전의 결핍으로부터 온 것이라고 패치와 리처드슨은 결론짓는다. 그는 만일 인종과 계급의 갈등 성장이 약화되었더라면, 그리고 그의 모습이 점점 더 시대에 뒤진 것으로 나타났더라면 그는 결국 공헌한 것이 없었을 것이라는 것이다. "대단한 정도로 아이젠하워는 그가 원하는 것을 달성하였다. 더 이상 요구할 수 없었다."[29]

"아이젠하워 대통령의 불행"이라고 생각하는 것을 쓴 작가 패트릭 앤더슨(Patrick Anderson)은 『대통령의 사람들』 *The Presidents' Men*이란 책에서 다음과 같이 결론짓는다. 그 불행이란 "그렇게 굉장한 인기와 선의(善意)를 가진 사람이 더 많은 업적을 이루지 못하였다는 사실이다. 1960년대에 미국이 직면하였던 국내 정세들—흑인들의 소요, 도시 파괴, 학교 발전의 부진(不振), 가난의 영속—과 같은 문제들이 1950년대에 밑에서부터 부글부글 끓고 있었다. 그러나 대통령은 그러한 문제들이 실상 존재하는지 잘 모르는 것 같았다. 그리고 존재하였다 하더라도, 그 문제들은 별로 그에게 관심이 없는 것들로 보였다."[30]

역설적으로, 아이젠하워는 후에 뉴 레프트(New Left) 운동의 영웅이 되었다. 윌리엄 윌리엄스(William A. Williams)는 미합중국 외교 역사의 전문가로서 아이젠하워 장군은 깊은 생각을 하기보다는 강한 감정에 이끌리는 본능을 갖고 있다고 논증한다. 당신은 누구인가 하는 것과 그 깨달음의 진실됨을 이해하는 점이다. "암투하지 말라. 상류계층 가운데서 정상에 올라와 있다고 평판을 얻은 사람들 꼭대기에 모여들지 말라."[31] 윌리엄스는 아이젠하워가 더글라스 맥아더(Douglas MacArther) 장군과 달리 권력의 한계를 인정하고 수용할 수 있었던 사람이었음을 높이 평가한다.

윌리엄스는 아이젠하워가 최소한 전문가적 의미에서 위대한 군인이었다고 생각한다. 그는 독일에 대한 전쟁은 극도로 쓰라린 고통이었고 모든 주변국의 군사작전을 반대하는 것이었다고 이해하였다. 그의 전략은 오로지 그 상황을 이해하지 못하였던 사람들에게는 조심스럽고 신중한 것으로 여겨졌다. 아이젠하워는 맥아더보다 훨씬 오래전에 탱크와 비행기의 중요성을 인식하였었다. 무자비한 것으로 생각되었던 것에 대하여 압도적인 힘의 부족이 있었으나, 그는 가능한 군사력과 꾸준한 압력을 시도하였다. 때가 되어서, 그는 제한된 군대로 독일인들을 패배와 항복으로 이끌어 내었다.

윌리엄스는 냉전 기간 동안에도 같은 특징들이 나타났다고 결론짓는다. "그가 홀로 냉전을 가라앉혔다. 그 캔자스 출신의 소년은 그렇게 혹독하지는 못하였을지라도 바람직한 모든 개혁을 하는 동안에 확실히 강권적이지는 아니었으나 중요한 순간에 그는 두 마디의 아주 중요한 말을 할 수 있었다. '됐습니다' 그리고 '아니요'였다. 그가 자주 그 말을 하였으리라는 사실은 의심할 여지가 없다. 그리고 또 다른 일들에 있어서는 '예'와 '아니요'를 확실히 하였다. 그리고 그는 백악관을 장악한 바로 그 다음 후계자보다 더 분별력 있고 건전한 정신의 소유자로 남게 되었다.

종교적 평가 – 그 정체성과 이미지

『대통령의 위대성』 *Presidential Greatness*을 저술하면서 토마스 베일리(Thomas Bailey)는 아이젠하워를 다음과 같이 회고하였다. "그는 비판가이거나 선동자라기보다 화해자요, 조정가였다. 자극을 주는 자라기보다는 화평케 하는 자였다. 미국 군인들은 방어하는데 훈련을 받았고 어떤 일들을 척결하는데 훈련받은 것이 아니다. 군대는 보통 불타오르는 자유주의자들을 생산하지 않는다."[32] 정치학자나 성경학자나 할 것 없이 그는 고립주의에 맞서서 윌슨보다 더 효과적으로 도덕적 이상주의로 국가를 단합시켰다. 장기적 비전에서 볼 때, 베일리는 그 대통령의 프로그램과 노력은 이웃을 사랑함과 궁핍한 자들을 돕는 것으로서 바람직한 그 무엇을 남겼다고 결론짓는다. 그는 빌리 그래함(Billy Graham) 부흥사적 신앙이 등장하는 시기에 살았다. 모순되게도, 그 시기는 대법원이 기도와 성경 읽기를 폐지하면서 공립학교를 세속화하던 때였다. 빌리 그래함은 아이젠하워의 "진정성, 겸손함, 그리고 일에 대한 엄청난 능력"에 감동받아, 그 장군이 대통령 후보가 될 것을 강권하였다. 아이젠하워는 즉각 반응하였고 그 부흥사가 "뛰어난 은사를 받았고, 많은 선한 일들을 이룩하였다"고 말하였다. 그래함은 아이젠하워에게 "링컨처럼 당신은 백악관에서 영성을 강조하였다. 그리고 링컨처럼 그것을 위해 헌신하셨다"[33]고 말하였다고 한다.

링컨은 그 자신이 하나님 편에 서는 것이 목적이라고 하였다. 그러나 그는 하나님이 항상 자기편에 계셨는지는 확실히 알지 못하였다. 비평가들은 말하기를 아이젠하워와 그래함은 하나님이 자기들의 동맹이라고 확신하였다는 것이다. 그래함은 그 전쟁 영웅을 재임에 출마시키기로 강권하면서 다음과 같이 기술하였다. "다음과 같이 말하는 것은 어려운 일이란 것을 알고 있습니다―당신은 이미 당신의 조국에 많은 것으로 헌신하였습니다. ―그리고 아마도 미국 역사에 있어서 가장 특이한 방법으로 대통령 자리를 감당하셨을 것입니다. 미국 국민에게 압도적인 확신을 제공하였을 뿐만이 아니라, 하나님의 섭리로 그 자리를 빛냈습니다."[34]

앨리(Alley)는 더욱 비판적으로 기록하면서, 아이젠하워가 대통령 자리에 오른 것은 미국적 메시아 신앙의 부활이라고 보고 있다.[35] "그것은 벼랑 끝에 선 예언자적 종교가 아니었다. 그것은 현 상태에 대한 긍정이었다. 드와이트 아이젠하워(Dwight Eisenhower)는 꾸준히 성장하는 시기에 나타난 굉장한 지도자였다. 그 시대에는 그에게 주어진 모든 수단을 적절히 이용하기만 한다면 모든 일이 잘 풀려나갈 수 있었기 때문이다." 유럽에서 그 전쟁 당시의 지도자는 군인과 성직자는 같은 직무를 담당하고 있다는 확신을 부여하였다. 그 일은 인간의 존엄성을 지키고 하나님의 영광을 수호하는 직무이다. 그의 형제, 밀튼(Milton)은 아이젠하워가 영적인 자극을 부여하기 위하여 그리고 온 세계에서 미국인들의 자유와 민주주의를 보호하기 위하여 워싱턴 D.C.에 소재한 한 장로교회에 등록하고 세례를 받았다고 이야기하였다. 그것은 복음주의적 "거듭남"의 경험은 아니었다.[36]

공정하게 평가해 볼 때, 아이젠하워의 주장은 이미 그의 전임자, 해리 트루먼(Harry Truman)에 의하여 지지를 받은 것으로 알려졌다. 그것은 민주주의가 성경적 가치에 근거해 있고 각 개인 인간들은 하나님의 시각에서 볼 때 가치가 있다는 것이다. 스미스(Smith)는 아이젠하워의 신앙의 징표들을 다음과 같이 열거한다. 기도에 대한 헌신, 성경적 견해, 죽음에 대한 태도, 역사의 방향에 대한 하나님의 섭리를 믿는 것, 그리고 미합중국이 확고한 신앙의 기반 위에 존립하고 있다는 사실이다. 그의 희망은 "공포의 원자탄 딜레마"를 푸는 데 기여하는 것이었다. 평화에 대한 추구는 "우리들의

종교적 의무이고 우리의 국가 정책"이라는 것이다.[37]

아이젠하워는 사실 예수에 대하여 거의 말하지 않았다. "나는 민주주의를 신봉 합니다"라고 말하였다. 이것은 그의 신앙고백이었는데, 모든 "신앙"을 규합하는 것으로, 미국의 체제가 하나님의 길이라는 것을 지지하기 위한 의도로 생각된다.[38] 앨리의 판단으로, 아이젠하워는 윌 허버그(Will Herberg)가 말한 대로 세속 종교를 구현하였다는 것이다. 그는 라인홀드 니버(Reinhold Niebuhr)의 유태인 친구이자 적극적 지지자였는데 "종교에는 심각하나 종교를 심각하게 받아들이지 않는 것"[39]으로 말할 수 있다는 것이다. 당시 국제적 정황은 우경화(右傾化)되어가는 분위기였고 뉴딜 정책 이전 하딩(Harding), 쿨리지(Coolidge), 후버(Hoover) 시대로 돌아가는 분위기였다. 그러나 아주 다른 시대적 양상으로서 그대로 재현된 것은 아니었다. 그것은 그것이 시행되는 시대의 문화와 걸맞게 별로 멋이 없는 것이었다. 노만 빈센트 필(Norman Vincent Peale)과 빌리 그래함(Billy Graham) 계통이 백악관에서 옹호를 받았다. 스미스(Smith)는 다음과 같이 결론짓는다. "확실한 것은 아이젠하워가 성경과 기독교 문학에 대한 정당한 연구에 근거한 잘 계발된 세계관이 없었다는 것이다… 비록 그의 신앙이 가설적이거나 위선적인 것이 아닌 진실한 것이었으나 그 신앙은 그가 믿고 다른 사람들이 생각해 주기 바라는 만큼 아이젠하워의 철학과 인격에서 중심적인 것으로 나타나 보이지는 않는다."[40]

1) *New York Times*, May 4, 1948. Smith, op. cit., p. 221.

2) *Life* magazine, Eisenhower's papers have been edited by Stephen E. Ambrose and Alfred D. Chandler.

3) Barber, *Politics by Humans*, p. 109.

4) Chester J. Patch, Jr. and Elmo Richardson, *The Presidency of Dwight D. Eisenhower*, Lawrence, Kansas: University Press of Kansas, 1991, p. 2. Cf., also, Peter G. Boyle, *Eisenhower*, London: Longman, p. 20 et seq.

5) Barber, Presidential Character, p. 172.

6) Fred I. Greenstein, "Dwight D. Eisenhower, Leadership Theorist in the White House", in Greenstein, op. cit., p. 81.

7) Barber, *Politics by Humans*, p. 77.

8) Ibid., p. 83.

9) Ibid.

10) Ibid., p. 112.

11) Greenstein, op. cit., p. 98.

12) Barber, *Politics by Humans*, p. 108 et seq.

13) Greenstein, op. cit., p. 77.

14) Barber, *Politics by Humans*, p. 108 et seq.

15) Ibid.

16) Ibid.

17) Ibid., p. 110.

18) Ibid., p. 111.

19) Ibid.

20) Ibid.

21) Greenstein, op. cit., p. 103.

22) Barber, *Presidential Characte*, p. 185.

23) Patch and Richardson, op. cit., p. 71.

24) Greenstein, op. cit., pp. 102~103.

25) Patch and Richardson, p. 239.

26) Ibid., p. 237 et seq.

27) Ibid.

28) Ibid.

29) Patch and Richardson, op. cit.

30) Patrick Anderson, *The Presidents'Men*, New York: Doubleday, 1968.

31) William Appleman Williams, *Some Presidents: Wilson to Nixon*, New York: Vintage Books, 1972, p. 72 et seq.

32) Thomas Bailey, *Presidential Greatness*, New York: Appleton Century, 1966.

33) Ibid.

34) Ibid.

35) Cf., Robert S. Alley, The Supreme Court on Church and State, New York: Oxford, 1988. Ibid., p. 227.

36) Ibid., pp. 244~245.

37) Ibid., p. 231 et seq.

38) Ibid.

39) Will Herberg, *Catholic, Protestant, Jew, An Essay in American Sociology*, Garden City, New York: Anchor Books, 1960, p. 258.

40) Smith, op. cit., p. 258.

존 에프 케네디
John F. Kennedy

　　오바마는 케네디처럼 종교적인 동기로 무장된 엄청난 무리의 지지자들을 어느 정도 이끌어 낼 수 있었다. 케네디처럼 그는 사회적 변화를 우선하였고, 현재 이룩하여야 할 일부터 시작할 것을 요구하였다. 그는 아마도 순직한 대통령들보다 개인적으로는 더 종교적이면서 또 한편, 그들보다 그렇게 냉소적이지는 않았다. 케네디는 교황 요한 23세(Pope John XXIII)가 임직해 있는 동안, 미국의 일상생활에 로마 가톨릭교에서 얻은 최선의 사회적 통찰력을 부여할 기회를 가졌으나 그렇게 하는데 실패하였다. 그 대신, 그의 인격성과 관련하여 국가의 공통적 애국적 종교심을 가장 잘 반영시켰던 사건은 바로 그의 장례식이었다. 케네디 대통령은 마틴 루터 킹 2세(Martin Luther King Jr.)와 교분이 있었고, 서서히 국가 통합의 길을 모색하고 있었다. 케네디의 점진적 사회개혁 방안은 그의 생애 동안에 국회로 인하여 시행되지 못하였고 후에 그의 뒤를 이었던 린든 존슨(Lyndon Johnson)에 의해서 시행되었다. 우리들은 오바마가 입법기관을 통해서 일하는데 훨씬 더 유능하다는 사실을 알아야 한다. 그는 케네디처럼 (부자집안 자손은 아니었으나) 더 건강하고, 성적(性的)으로 부패하지 않았으며, 국가적 위기 상황에서 스스로 큰 목표를 세우는 자이다.

"나는 가톨릭을 대표하는 대통령 후보자가 아니다. 나는 가톨릭 신앙을 소유하게 된 민주당 후보이다." 이것은 1960년 9월 12일 존 F. 케네디가 휴스턴 목회자 협회(the Greater Houston Ministerial Association)에서 행한 연설 중 나온 말이다.

케네디는 너무 젊은 나이에 서거하였다. 그가 1961년 초 대통령에 임직되었을 때, 그는 그의 전임자들보다 파격적으로 젊은 불과 43세의 나이였다. 그가 백악관에 입성함에 따라, 그의 추종자들은 이제 지적, 문화적, 도덕적 침체가 종식될 것이라고 믿었다. "케네디는 젊고 활력적이고, 행복하고 따뜻하고 남을 배려하는 자처럼 보였다. 유권자들 속에서 그의 신체적 매력은 확실히 강력한 장점이었다. 많은 연구 자료들이 미국인들은 외모의 준수함을 지성, 민감성, 성실함, 자신감, 독립심, 사회적 위치, 경쟁력, 그리고 좋은 성품을 드러내는 것과 동등한 가치를 지닌 것으로 평가하는 경향이 있다는 것을 보여 준다."[1]

케네디 대통령이 그의 취임식에서 구상하였던 이미지는 너무나 강렬한 것이어서 어떤 실패가 와도 재난이 들이 닥쳐도—심지어는 죽음 그 자체까지도—그의 지지자들에게 결코 지울 수 없는 인상을 주었다. 그 새 백악관 가족은 화려한 영화배우나 TV 스타들과 같은 존재들이었다. 그리고 카멜롯(Camelot)의 유토피아적 꿈의 상징이었고—대통령이 듣고 싶었던 뮤지컬은—케네디 가문과 관련된 것들이 되어 버렸다.[2]

케네디가를 위해서 일하였던 미국의 역사가 아더 슐레징거 2세(Arthur Schlesinger, Jr.)는 후에, 그 젊은 대통령의 재임기간 중 역사에 대해서 기술(記

述)하였는데, 다음과 같이 기억하고 있다. "워싱턴 가(街)는 1961년 대폭발을 일으켰다. 케네디 죽음의 사태는 그것을 더 밝고, 더 활기차고, 더 지적이며, 더 단호한 것으로 만들려고 하는 집단적인 노력으로 점철된 것으로 보였다. 그것은 고(高) 가치의 간주곡이었다… 한 인간의 인생이 놀랄 만한 반향(反響)을 불러일으켰고 그것은 그가 하버드 대학 동창생들을 만났거나, 전쟁 당시 동료들을 만났거나, ADA 집회 시, 전투 이후에 사람들을 대하였거나, 스티븐슨(Stevenson) 캠페인에서 일하였던 사람들을 만났거나 또는 학교 동창생들이나, 그 모든 사람들이 희망과 가능성으로 모두 연합되었었다는 사실을 의미하였다."3)

존 F. 케네디의 재임기간은 오로지 1,037일 동안 지속되었다. 1963년 11월 22일 텍사스 댈러스(Dallas, Texas)에서 일어났던 그의 암살사건이 발생되면서 온 세계는 그의 죽음을 애도하였다. 그 젊은 대통령의 죽음은 왕들과 순교자들의 거대한 신화들을 생각나게 하였다. 그가 만일 순직하지 않았더라면 그가 이루었을 업적들은 무엇이었을까? 미국 국민들은 그의 암살을 미국의 국가적 운명으로 받아들이며 애도하였다. 케네디는 그의 다소 평범하였던 많은 선임자들이 가지고 있지 않았던 활력 있고 우아한 분위기를 백악관에 불어 넣었다. 메리 맥그리거(Mary MacGregor)는 다음과 같이 회고한다. "그 경쾌한 발걸음, 그 당당한 모습, 그 밤톨머리의 매력, 그 묘한 매력을 풍기는 웃음, 그 충격적으로 절제된 말솜씨로… 그는 왕자처럼 걸었고, 학자처럼 말하였다. 그의 유머는 미공화국을 밝게 하여 주었다."4)

링컨과 프랭클린 루스벨트의 죽음은 그들이 재임 중 순직함으로써 엄청난 슬픔을 가져다주었다. 역사가들의 관찰에 따르면 초반에는 케네디의 명성이 하늘을 찔렀다. 데오도르 소렌슨(Theodore Sorensen)은 그 젊은 대통령의 명성이 일종의 케네디 정통성 옹호론(pro-Kennedy orthodox)이라고 불리는 것을 형성하였다고 말한다. 그러나 그의 그칠 줄 모르는 결혼생활의 불충실함과 베트남전에 대한 군사행동은 그의 이미지를 급락시키는 요인이 되었다. 한 역사학자의 연구에 의하면 케네디 대통령은 평균 이상의 평가를 받았으나 그의 업무수행에 있어서는 14번째를 기록하였다고 한다. 비판적이고 부정적인 전기 작가들이 계속하여 나타났고 이에 반해, 변론하려는 지지자들이 일어나게 되었다.

비록, 제2차 바티칸 공회(the Second Vatican Council)가 조성될 무렵이었지만, 처음이었고 유일했던 그 로마 가톨릭 대통령은 그의 공직 생활에서 많은 종교적 분위기를 자아내었다. 그는 별로 종교적인 인물로 회고되지는 않았지만 그의 부모들에게 이끌리어 소렌손 미사(Mass Sorenson)에 참석할 것을 종용받았다. 그의 한 절친한 동료는 그가 "터럭만큼도 신학"에는 관심이 없었다고 기억한다. 허버트 파멧(Herbert Parmet)은 한 친구의 언급을 인용하였는데 그것은 케네디가 "내면적 성품으로서 원래 신앙에는 무감(無感)하였다"는 것이다.[5] 게리 윌스(Gary Wills)는 그 자신도 가톨릭 신자였는데 "그것은 오래된 이야기이다. '우리 중 한 사람이 당선된다는 것은… 그가 다른 사람들과 다르다는 것을 증명하기 위하여 행동하여야 함을 뜻한다. 최초의 가톨릭 대통령은 세속적이어야 했다… 가톨릭에서 그것을… 공덕(功德)이라고 부른다."[6] 그는 진정 선과 악에 대하여 무엇을 믿었는가? 그는 도덕적으로 어떤 동기를 부여받았는가? 비판적이고 타산적인 "준엄하고 냉철한 전사(戰士)"로 그의 이상(理想)은 원천적으로 권력을 추구하는 이성(理性)에 대하여 실용주의적으로 대처하는 신조에 근거하였던 것이다.

취임사를 시작하면서, 케네디 대통령은 국가의 계몽사상에 기초한 자유를 지지하였는데 그 웅변은 그의 약점을 만회(挽回)하는 것이 되었다. "나는 국민들과 전능하신 하나님 앞에서 거의 200년 동안 주장되었던 우리 선조들의 엄숙한 맹세를 다시금 서약하는 바입니다… 그러나 여전히 우리 선조들이 싸웠던 혁명적 신념들이 세계적으로 핵심적인 주제가 되고 있습니다. 그 신념은 인간의 권리가 국가의 배려로부터 유래한 것이 아니라 하나님의 손으로부터 내려온 것이라는 것입니다."[7] 케네디 대통령이 비록, 그 어느 의미에서도 청교도적인 사람은 아니었지만 그의 계몽주의적 낙관론은 그가 하는 애국적 발언 속에 나타나는 세속화된 청교도 사상으로, 숙명적인 양상을 띠게 되었다. 그는 다음과 같이 결론지었다. "우리들의 유일하고 확고한 선한 양심으로 우리들 행위의 마지막 심판이 될 역사로, 우리가 사랑하는 이 땅을 이끌고 갑시다. 하나님의 도움을 구하고, 축복을 구하면서… 그러나 이 땅에서 이루어야 할 하나님의 역사(役事)는 전적으로 우리들이 해야 한다는 사실을 명심해야 합니다."

케네디는 그의 동료들에게 동기를 부여하는 데 있어서 링컨, 루스벨트, 그리고 윌슨과 맞먹는다. 그의 개인적 취향은 중산 계층이라고 할 수 있지만 그는 상류층과 사귀었다. 지성인들, 예술가들, 그리고 음악가들이 그를 백악관에서 조우(遭遇)하였다. 그러나 여전히 케네디의 영향력에 있어서 명백한 모순이 남아 있다. 명백한 사실은 그것이 감정적인 것은 아니란 일이다. 그는 멋진 스타일을 남겼고 이성적인 논쟁을 좋아하였다. 이면적으로 그는 아이로니컬하고 숙명론적인 인생관을 지녔다. 또한 불경스러운 재치와 짜증스러운 유머 감각을 지녔다. 그의 부인은 그를 "틀림이 없는 이상주의자"라고 치켜세웠는데 케네디가 그의 정치적 목표를 지지하기 위하여 도덕적 이상주의를 들먹였기 때문이다.8)

그 대통령 후보의 선거 전략은 많은 전통적 캠페인의 기존의 규칙들을 쓸모없는 것으로 만들었다. 오래된 정치설화와 기존의 개념들은 그의 백악관을 향한 단호하고 강력한 추진력 앞에서 힘없이 무너져 내렸다. 케네디의 행동은 그 희생자들의 급소를 찌르고 무례하고 직설적인 처사로서 오소리의 야만적 본능의 횡포로 비유되어 왔다. 그것은 약 15년간 정도(正道)를 벗어나지 않는 것으로 계속적인 지지를 받았으나 끝내는 숨조차 쉴 수 없게 편협한 마지막 승리가 되어 버렸다. 케네디의 세계관은 아이젠하워의 세계관보다 좀 더 행동주의적이고 지적인 것이었고, 트루먼보다는 좀 더 회의적인 것이었다. 아이젠하워가 정치를 경멸적인 것으로 이해했던 반면, 케네디는 정치적 행사에 기쁘게 참여하였다. 케네디는 정치적 전략에 있어서와 마찬가지로 그 원인들에 있어서도 회의를 느꼈으나 그 자신의 그 어떤 이상보다도 승리하는 것만이 훨씬 더 중요한 일이 되었다.

케네디 자신의 가장 깊은 관심은 오로지 실용주의적인 것이고 그의 무자비함은 은근히 감추어져 있었다. 그의 시대는 국가적 윤리관이 여전히 자유주의를 앙망하는 시기였다. 베트남 전쟁과 워터게이트 사건이 지나간 후 찾아온 냉소주의와 절망의 시기가 아니었던 것이다. 국회의 더 용의주도하고 경험 있는 자들과 달리, 케네디는 그의 야망을 숨김없이 드러내어 심지어 그의 바람피우는 행위조차, 언론에 노출되어 그의 정치적 생애를 위협하였을 정도다. 이상주의와 권력은 정치의 도구로서, 그가 그의 부친으로부터 전수받았던 특질들로 매 순간 사용되었다. 후자(맥카티의 친구였던)의 압력으로, 존 F. 케네디는 비난받은 기록이 없는 상원의원으로 남아 있다.9)

그의 일대기(一代記)

케네디는 현실적으로, 미소(美蘇) 갈등의 뿌리가 너무 깊은 것이어서 쉽게 해결되지 않으리란 것을 정확하게 이해하였다. 냉전의 전사(戰士)인 그는 윈스턴 처칠(Winston Churchill)의 다음과 같은 질문을 재고(再考)하였다. "만일 이것이 그들이 평화로울 때 한 일이라면 그렇지 않을 때에 그들은 어떻게 할 것인가?" 국무장관 존 덜레스(John Foster Dulles)의 도덕주의자적인 주장에 염증을 느끼고 있던 케네디는 아이젠하워-덜레스의 대량 군사보복 정책을 위험천만하고 시대에 뒤진 것으로 생각하고 거절하였다. 여전히, 그는 미국의 역할을 냉전 시대에 필수적인 것은 군사적 지도력이라고 간주하였다. 이러한 입장은 피그스 만 침공사건(the Bay of Pigs invasion)에서 명백한 사실로 드러났다. 그 사건은 그가 후르시초프(Khrushchev)와의 협상을 인정한 사건이 되었다.

다른 대통령들처럼 그의 전기(傳記)는 그에 대하여 많은 것을 알게 해준다. 케네디는 출생 시부터 그리고 가문의 전통상 아일랜드계 로만 가톨릭이었다. 그의 부친 쪽 증조부인 패트릭 케네디(Patrick Kennedy)는 1848년 아일랜드 남동쪽에 있는 작은 마을 던간스타운(Dunganstown)에서 미국으로 이민 온 사람이었다. 케네디 대통령의 부친인 조셉 패트릭(Joseph Patrick)은 그 후로부터 40년 후인 1888년에 출생하였다. 그리고 로마 가톨릭 대학이 아닌 하버드(Harvard) 대학에 다녔다. 실용주의적 사고(思考)의 소유자로서, 그는 서적이나 사유(思惟)하는 데는 별 관심이 없었고, 당시 보스턴 시장(市長)의 딸이었던 로즈 피체랄드(Rose Fitzgerald)와 결혼하는 일에만 신경을 썼다. 그녀는 시장이 "사랑하는 피츠(Honey Fitz)"라고 불렀다고 회고하였는데 그는 그 도시에서 오랫동안 인기가 높았던 인물이기도 하였다.

오래된 보스턴 브라만가문(the old Boston Brahmans)에서 그를 받아주지 않았던 사실에 분개하면서 아버지 케네디는 약관 35세의 나이에 억만장자가 되었다. 루스벨트 대통령은 그를 영국의 성(聖) 제임스 궁(the Court of St. James)의 대사로 임명하였는데 그것은 그가 1932년의 뉴딜 정책(the New Deal)을 지지하는 몇 사람 안 되는 사업가 중 한 사람이었기 때문이었다. 케네디 부친의 의견은 영국인들이 나치 정권의 협박에 항복한 것이 그 자신이 대통령으로 출마할 기회를 빼앗아 갔다는 것이다. 그럼에도 불구하고, 그의 아버지의 재력(財力)이 없이는 존 F. 케네디는 결코 대통령이 될 수 없었을 것이라는 것이 공정한 판단이다. 그리고 그의 형 케네디는 그의 가족이 백악관으로 입성하기 위하여 필요한 모든 날카로운 정략(政略)들을 다루어 주었다. 그가 길을 닦았을 뿐 아니라, 또한 정치 가도(街道)를 사실상 마련해 주었다는 말들이 무성하였다.

보스턴의 사교계에서 유명한 브라만 클럽(Brahmans)에 속하여 있었던 조셉 케네디는 1920년대 중반에 뉴욕으로 이사하였다. 그는 확실하게 금지된 곳에서 불법적 주류(酒類) 밀매에 가담하였다. 그는 후에, 영화계에 투자하는 일을 시작하였다. 케네디 부친은 '광란의 1920년대(the Roaring Twenties)'에 증권으로 많은 돈을 벌었다. "증권가에서 돈을 버는 일은 쉬운 일이다"라고 그는 한때 말하기도 하였다. "증권투자를 반대하는 법안이 통과되기 이전에 투자하는 것이 좋겠다"라고 말하기도 하였다.[10] 증권시장이 때때로 "내부 정보자들이 입을 꽉 다물고 또한 거래인들과 속임수가 판치는 곳이 되었으나 그 속에서 그는 영악스럽고, 지칠 줄 모르고, 입이 무거웠으며, 무자비한 조정술에 능한 사람이었다." 조이(Joe)와 그의 동료 투자가들은 놀고 있는 주식에 대하여 엄선된 의견을 교환하면서 시장을 활성화하였다. 증권이 충분히 올라갔을 때, 그들은 이윤을 취하였다. 그리고 증권이 하락하였을 때 손실액을 만회하기 위해서 잘 속아 넘어가는 사람들에게 남기고 팔아치웠다.[11]

케네디가의 차남인 존 피체랄드(John Fitzgerald)는 "Jack"이라고 별명 붙여졌는데, 어린 시절부터 병고(病苦)에 시달렸다는 기록이 있다. 의사는 말하기를 그는 날 때부터 비정상적인 척추를 갖고 태어났고, 그것 때문에 심각한 고통을 당하였다는 것이다. 그 고통은 대통령 시기에도 마찬가지였다. 그의 인생 후반에, 그는 에디슨 병(Addison's disease)으로 진단받았는데 그는 또한 술을 진탕 마시고 한때 성병(性病)에 감염된 것으로 알려졌다. 존 F. 케네디가 백악관으로 입성해야 했기 때문에, 프랭클린 루스벨트의 경우에서처럼 그러한 일을 감추어야만 하였다. 여러 가지 면에서, 그의 질병은 루스벨트의 소아마비 불구보다 더 평생을 위협하는 일이 되었다.

잭(Jack)은 귀족 사립 초등학교인 초트(Choate)에 다녔고 1936년에 하버드(Harvard) 대학에 입학하였다. 그는 하버드를 우등으로 졸업하였다. 그의 졸업 논문은 「왜 영국은 잠들었는가?」 "Why England Slept?"였는데 『뉴욕 타임즈』의 아더 크록(Arthur Krock)이 편집하였고 후에 책으로 출간되었다. 그의 부친이 즉시 나서서 그의 논문은 불타나게 팔렸고 퓨리처 상(Pulitzer Prize)을 타기도 하였다.[12] 잠시 동안 그 논문은 베스트셀러 목록에 오르기도 하였다. 케네디 대사(大使) 논문에 대한 의문에 대하여 영국인 정치학자 헤롤드 라트스키(Harold Latski)는 존 F. 케네디가 배웠을 것이라고들 주장하지만 사실은 그렇지 않았다고 하면서 다음과 같이 언급하였다. "나는 솔직히 그가 당신의 아들이 아니었더라면, 그리고 당신이 대사가 아니었더라면 그 어느 출판사라도 그의 논문을 눈 여겨 보지 않았을 것이라고 생각합니다."

그 미래의 대통령은 무엇보다도 일본이 펄 하버(Pearl Harbor)를 공격한 이후에 전쟁에 참여하기를 원하였다. 그의 잘못된 허리 때문에 그는 단순히 군 복무를 피하게 되었지만 그가 그 길을 일부러 선택한 것은 아니었다. 그는 또한 궤양과 천식을 앓았다. 그가 해군에 복무중일 때, 그는 때때로 복대(腹帶)를 착용하였고 갑판 위에서 잠을 자기도 하였다. 그가 해군에 복무하기 시작하였던 처음 석 달 동안, 그 미래의 대통령은 워싱턴에 소재한 해군 정보부(the Office of Naval Intelligence) 업무를 맡았다. FBI 국장이었던 에드가 후버(J. Edgar Hoover)는 케네디가 독일 스파이로 혐의를 받았던 두 번 결혼한 덴마크 계 여성 잉가 아바드(Inga Arvad)와 염문이 있었던 기록을 보관하고 있었다. 케네디 전기 작가들은 그녀가 케네디가 사랑하였던 유일한 여성이었다고 생각한다. 아바드는 그녀 생각에, 케네디는 자기중심적이며 제도권을 무시하였으며 지나치게 이기적인 사람이라고 묘사하였다. 그녀는 케네디 가문의 권위주의가 그를 비뚤어지게 하였다고 생각하였다.13)

해군에서 8피트짜리 PT 보트(10명의 승무원을 나르는)의 선장이 부족하였던 관계로 케네디는 그 작은 배의 업무를 맡게 되었다. 그 업무는 별도로 신체검사를 요하지 않았다. 8월 2일 전투에서 일본 폭탄 아마기리(Amagiri)가 새벽 두시 경 그의 PT 109 선박을 들이받았다. 그로 인하여 선박은 항해 중, 연료가 폭발하였다. 선박이 충돌하자 케네디는 용감하게 물에 빠진 그의 부하들을 구출하였다.14) 해군위원회는 1944년 말에, 그를 의사제대 시켰다.

한편, 그의 가정에서는 최악의 사태가 발생하였다. 조이 2세(Joe Jr.)의 죽음이다. 불란서의 V-1 '폭명탄' 발사대를 부숴버리게 설계된 실험용 폭탄이 폭발하였고 케네디가의 장남이 죽은 것이다. 팜 비취(Palm Beach)에서 성탄절 무렵에 그들의 부친은 사망한 조이 2세의 자리를 메꿀 수 있도록 다른 동생에게 정치 생애를 부탁하였다. 캠페인을 하기 위하여, 잭은 보스턴으로 이사하였고, 11번가 매사추세츠 지역의 하원의원으로 출마하기 위하여 준비 작업을 시작하였다. 재임 중이었던 제임스 컬리(James Michael Curly)는 시장(市長)으로 출마할 계획을 세웠다. 젊은 케네디는 큰 표 차이로 이겼다. 백악관 대변인이었던 팁 오닐((Tip O'Neil)은 후에 다음과 같이 기억하였다. "그의 의원 출마 캠페인을 되돌아 볼 때, 그리고 그 이후의 상원의원과 대통령 출마를 회고하여 볼 때, 나는 JFK가 오직 명목상으로 민주당원이었다는 것을 말하지 않을 수 없다. 그는 케네디 가문의 한 사람으로서 오직, 가족적 혈맹 그 이상은 아니었다. 그 가문은 이내 한 정당(政黨)으로서 자리 잡았고 그들 나름대로의 접근 방식을 가지고 자기 사람들을 만들기 시작하였다."15) 케네디 가문은 항상 끈끈한 집안 서열로 움직였다. 게리 윌스(Gary Wills)는 그의 저서 『케네디 가문의 감옥생활, 권력에 대한 묵상』 *The Kennedy Imprisonment, A Meditation on Power*에서 그들에게는 내부결속력이 있었다고 전한다.16) 출생시부터 그 가문에 소속된 자들은 명예로운 케네디 가문의 일원이 되었다. 그 아무도 그 분위기에 맞추지 않을 수 없었다.

1953년 9월 존 F. 케네디가 결혼하였던 재키(Jackie)는 바사(Vassar)와 소르본느(the Sorbonne)에서 수학하였고 1951년 조지 워싱턴 대학을 졸업하였다. 그녀의 남편 후보였던 케네디는 그녀를 "고품격"의 여성으로 생각하였고 그녀의 외국어 능력과 고대 역사에 대한 지식에 감명 받았다고 한다.17) 미모와, 감각, 위엄성, 그리고 우아한 자태로 재키는 케네디의 이미지 형성에 막대한 역할을 하였다. 그녀가 동반되었을 때는 더 많은 관중이 따라다녔다. 재키는 시아버지와는 잘 지냈지만 시모, 로즈 케네디(Rose Kennedy) 여사와는 그렇지 못하였다. 그리고 고부의 갈등은 처음부터 시작되었다. 그녀는 남편의 바람피우는 행각을 현실적으로 받아들였다. 재키가 흥청망청 사치하고 돈을 낭비한 청구서들이 날아 들어오자(아마도 어느 면에서는 복수였을지도 모르지만), 곧 그들은 부부싸움을 벌이기 시작하였다.

전망(展望)

케네디의 로마 가톨릭 신앙이 그의 대통령 정치 캠페인에서 이슈가 되면서, 그의 종교는 책무가 되기보다는 개인적인 자산이 되는 것으로 끝나버렸다. 그의 관용의 문제가 웨스트 버지니아에서 공개적인 문제로 부각되었는데 그곳은 그의 주적(主敵)이었던 허버트 험프리(Herbert Humphrey)가 있었던 곳이다. 케네디의 대통령직을 향한 중요한 장애물 경기는 장로교가 압도적으로 우세하였던 미네소타 출신의 이 상원의원을 패배시킴으로써 잘 넘어갔다. 로즈 케네디 여사가 웨스트버지니아로 왔고 그의 아들을 위해서 캠페인에 동참하였다. 실제적 정치형태에서 볼 때, 지지자들은 웅변을 잘함으로써 모이는 것이 아니라 재정적인 능력에 따라서 소집되었다. 기금이 폭넓게 지원되었고 그의 반대자들은 그것을 일종의 뇌물이라고 간주하였다. 그러나 여전히, 그 후보자는 확신에 넘쳐 있었다.

대통령 경선에 대한 전문기자인 데오도르 화이트(Theodore H. White)는 선거 바로 전날 밤의 케네디의 연설이 그 어느 후보자들에게서도 볼 수 없었던 최고의 연설이었다고 묘사하였다. 그의 경쟁자는 편협하였고 무능하였던 반면에, 케네디는 TV 카메라를 직시할 줄 알았고 그의 종교에 대하여 대담무쌍하게 변론하였다. "그러므로 그 어느 당선자라도 국회 의사당 계단에 서서 대통령 직무에 대한 맹세를 할 때, 국가와 교회의 분리에 대한 지지를 맹세할 것이며, 성경에 한 손을 얹고 다른 한 손은 하나님을 향하여 들 것입니다. 그가 만일 그 서약을 파기한다면, 그는 국가의 헌법에 대한 죄를 범할 뿐만 아니라—그 경우 의회가 그를 탄핵할 것이지만, 그리고 탄핵해야만 할 것이지만—그는 또한 하나님에 대하여 범죄하는 것입니다."[18]

리차드 리브스(Richard Reeves)는 다음과 같이 결론짓는다. 케네디는 반공(反共)사상을 넘어서는 이상(理想)을 거의 갖고 있지 않았다. 그의 신앙과 함께 그는 행동주의적이고 실용주의적인 정부를 구상하였다. 그는 세상을 책임질 방법과 자세를 취하고 있었다. 그는 "사상이나 이상론에 대한 지성을 소유하고 있었고 모든 질문에 대답할 수 있는 능력도 가지고 있었다. 만일 누가 냉소주의를 말한다면 그는 그것을 아이러니라고 말할 것이다. 아이러니란 말은 그가 그의 인생에서 가장 많이 느꼈던 양상이었다. 세상 일들은 보이는 것과 늘 다르다."[19] 리브스의 판단은 다음과 같다. 케네디는 숨길 것이 많고 비밀과 거짓 속에서 편안함을 느끼는 분열된 인간형이라는 것이다.[20]

"왜 그는 대통령이 되기를 열망하였는가?" 제임스 번스(James Macgregor Burns)는 묻는다. "그것은 이념적인 이유에서가 아니다—케네디는 이념적으로 사고(思考)하지 않았다. 그는 사건의 원인들을 심오하게 생각하지 않았고 새로운 프로그램을 모색하려고 노력하지도 않았다—그것은 그의 방법이 아니었다."21) 그 대신에, 그는 새로운 개척자 정신에 대하여 말하였다. "구세대는 끝나갑니다. 옛날의 방식은 통하지 않을 것입니다", "새로운 세대의 지도자 정신이 필요한 시기였다—새로운 사람이 새로운 기회와 새롭게 발생되는 문제들에 대처해 나가야 할 것입니다… 우리들은 오늘날 새로운 개척을 해 나아가야 할 시점에 서 있습니다—1960년대의 개척, 미명의 기회와 모험, 충족되지 않는 희망과 협공의 개척자… 온 세계가 우리가 어떻게 해야 할 것인가를 지켜보고 있을 것입니다. 우리는 그들을 절망시킬 수 없습니다."22)

그 새 대통령은 컬럼비아 대학의 교수 리차드 뉴스타트(Richard Neustadt)의 개인적인 친구였는데, 그는 대통령의 권력이 제도적 권력에 대한 개인적인 지도자 정신에 우선권을 부여하였다는 연구로 영향력을 행사한 자였다. 그는 이 가르침을 따랐다. 위기는 설상가상으로 계속 일어났다. 그가 국가를 다스리고, 일해 나가고, 임시변통함에 따라 번스는 다음과 같이 결론지었다. "케네디 자신의 구상에 따라서, 모든 결정 과정이 철저하게 그에게만 집중되었다. 그는 백악관 내의 견제와 균형관련 규율을 폐지시켰다. 왜냐하면 그러한 제도적 장치가 더 부차적인 평가를 초래할 수 있기 때문이었다." 그것은 피그만 사건(the Bay of Pigs)과 같은 경우이다. 정치학자들의 평가는 다음과 같다. "1960년 캠페인에서 내뿜었던 그 뜨거운 열기를 생각하여 볼 때, 모든 사안들에 대하여 케네디와 닉슨 사이에 뚜렷하고 별다른 구분은 없었다."23)

그 초보자 백악관 점령자는 전기 작가들의 집요한 추적을 오래 피하지 못하였다. 1963년 9월, 빅토 라스키(Victor Lasky)는 『존 F. 케네디: 인간과 신화』 *JFK: The Man and the Myth*라는 저서를 출간하였다. 이 책은 케네디의 성품을 도덕적으로 둔감하고, 타산적이고, 허망하고, 냉정하고, 피상적인 사람이라고 공격하였다. 그의 고발은 너무나 준엄하여서 케네디가 암살된 이후에 절판(絶版)되었다.24) 이와는 대조적으로 아더 슐레징거(Arthur Schlesinger Jr.)는 그의 책, 『천일(天日): 백악관의 존 F. 케네디』 *A Thousand Days: John F. Kennedy in the White House*에서 순직한 대통령의 품성을 "강직함과 용기의 결정체"라고 격찬하였다. 그 역사학자는 여러 가지 덕목으로 케네디를 찬양하였다. 지성, 도덕적 용기, 자기 각성, 배움에 대한 열망, 공감할 수 있는 능력, 활력, 유머 센스, 객관성, 훈련, 그리고 불쌍히 여김 등이다.25)

마이클 노박(Michael Novak)은 보수적인 로마 가톨릭 사회 윤리학자인데 케네디를 수사학적 급진주의, 자유주의, 재정적 보수주의, 그리고 태생적 토리당원이라고 찬미하였다.26) 어떤 말들이 떠돌아다니든지 간에, 케네디가 그에 대한 무수한 이야기들이 전제하는 것과는 사뭇 다르다고 하는 것은 확실하다. 모든 수사학적 표현에도 불구하고 그는 실용주의자로서, 그의 부친이 지녔던 정부에 대한 비관념론적인 접근방식을 추구하였던 것은 분명하다. 그는 정부 조직에 대하여서는 거의 기대하지 않았고 그 조직을 이용하여 일할 자세만 취하고 있었다. 집무실에 출근해서 그는 형식적인 조직에 대하여 경멸감을 나타내었다. 대신에, 케네디는 무엇보다도 스스로 흥미를 느끼는 사람들을 파악하는 데 관심이 있었고 그들을 조직적으로 '사로잡는데' 주력하였다. 그의 행정부는 정례화된 행정패턴을 의지하였다기보다 카리스마에 더 의존하였다. 기강이 해이해진 조직을 이용하여 그는 특별히 그의 형제 로버트 케네디에게 의존하며 의견을 구하였고, 그를 법무장관에 임명하기도 하였다. 그의 정치적 성공은 그가 언론을 좋아하고 친하게 지냈다는 점에서 크게 강화되었다.27)

케네디 대통령의 특징 중 한 가지는 물론, 그가 미합중국에서 첫 번째로 로마 가톨릭 대통령이었다는 데 있다. 노박(Novak)은 그의 가톨릭 전통이 그만의 특이한 스타일에 기여했다고 평한다. "심연 속에 빛나던 차가운 눈길… '멍에'나 '희생'과 같은 말에 사로잡혔던 그의 마음… 의전(儀典)에 대한 특별한 감각, 영원해 보이는 시간에 맞서 신속하게 시간을 관리하는 능력… '처음 백일 동안도 아니고, 천일 동안도 아니고, 이 지구상에 있는 우리의 일생동안도 아닌', 그리고 권력과 정치의 공공연한 사랑도 아닌 이 모든 것들은 뚜렷한 가톨릭, 더 나아가 아일랜드계 가톨릭 감성이라고 볼 수 있다.28)

비극적인 것은 케네디가 이러한 로마 가톨릭 지성의 전통에 따르는 지혜를 깨닫고서도 그의 집무에 아무 것도 반영시키지 못하였다는 점이다. 그러나 때때로 그의 교회는 인권과 민주주의에 대한 조화에 주력하였다. 케네디의 야망은 다른 방향을 추구하였다. 다른 대통령들은 종종 극적인 목표들을 세우곤 하였다. 그중 상당수가 물론 달성되지 않았다. 하지만 예를 들어 그 목표 중 한 가지, 인간을 10년 내에 달에 착륙시키는 것, 그것은 달성되었다.

케네디는 마틴 루터 킹 2세 목사에게 선거 캠페인 중 지지를 요청하였다. 집무 중 한번 그는 행동을 취하는데 수개월을 지체한 적도 있었다. 정치가가—때로는 타산적이고 편의주의적인 동기를 지니고 있지만—걷잡을 수 없는 인권위기 (그가 결코 피할 수 없는) 가운데서 오로지 원칙 고수의 입장을 취한 적이 있었다. 케네디는 다음과 같이 공표하였다.

문제의 핵심은 모든 미국인들이 과연 평등한 권리와 기회를 부여받았는가, 그리고 우리가 모든 미국인들을 스스로 대우받기를 원하는 대로 대우할 것인가에 있다. 만일 어떤 미국 사람이 그의 피부가 검다고 해서 공공 레스토랑에서 점심을 먹을 수 없다면, 그리고 그가 그의 자녀들을 좋은 공립학교에 보낼 수 없다면, 그리고 그들을 대표하는 공무원을 뽑을 수 없다면, 다시 말해서 우리가 원하는 모든 충만하고 자유로운 생활을 그가 즐길 수 없다면 우리 중에 그 누가 자기 피부색을 바꾸고 떳떳하게 살기를 원하지 않겠는가? 그 누가 끝까지 인내하고 기다리겠는가?29)

케네디의 암살은 그의 후임자가 1964년 미국 인권조항을 통과시키는 중요한 기틀을 만드는 데 공헌하게 되었다.

대통령직

초창기에 그가 백악관에 들어왔을 때, 케네디는 국가의 외무 정보 업무에 기울여야 할 당연한 의무를 다하지 않았다. 그 신임 대통령의 권력에 대한 추구가 피그스 만 침공사건(The Bay of Pigs)에 큰 실패를 불러오는 데 기여하게 되었다. 그는 쿠바 침공을 재가하였고—그가 행정 최고직에 부임하기 전에 이미 그 사건을 계획하였다—그 작전을 수행하기로 마음먹었던 것이다. 외무 전문가들은 그를 국방 업무에 너무 많은 "기득권들"을 수용하는 경향이 있다고 비판하였다. 피그스 만 침공사건의 대 실패 이후, 그가 중책의 자리에 자신이 신임하는 지명자들을 앉혀야 한다는 사실이 명백하여졌다. 쿠바 미사일 사건 위기 때, (그가 참여하기로 하였던, 쿠바 국민들은 러시아 미사일들이 방어력이 있다고 주장하였는데) 케네디는 진정성 있는 정치 지도력을 보여 주었다. "그는 소비에트 편에서 사태를 관찰하였고, 부차적인 안건에 타협하였으며, 정치적 술수를 부리지 않았다. 그리고 그가 미사일을 제거하는데 성공하였을 때, 그는 그 사태를 고소한 듯이 바라보지도 않았고 으스대지도 않았다… 그 미사일 위기는… 케네디로 하여금 미소(美蘇) 긴장 완화를 추구하는 데 있어서 새로운 촉진제를 생성시키는 데 기여하였다."30)

대중적으로 케네디의 넘치는 카리스마는 그를 스타로 부각시켰다. 언론은 이 새로운 스타를 숭배하는 청중들, 여성 팬들, 열광하는 자들, 만지려고 하는 자들, 그리고 그를 환호하는 오빠부대를 취재하는데 열기를 뿜었다.31) 공적으로 케네디는 지성인들을 지지하고 그들을 지적으로 고무(鼓舞)시키면서 문화적으로 헌신하는 자유주의자의 이미지를 부각시켰다. 최소한, 그는 부유층 닉슨보다 더 흥미로운 사람이었다.32) 언론인 데오도르 화이트(Theodore H, White)는 닉슨에서 케네디 캠페인으로 전환된다는 것은

"마치 배척당하고 쫓겨난 사람이 친구와 전우(戰友)로 바뀌는 것과 같다"고 진술하였다.

그의 가치관과 도덕성

그의 정치적 라이벌인 닉슨(Richard Nixon) 부통령과 맞서 싸우는 케네디의 캠페인은 공화당 가치관이 모두 옳지 못하고 그 자신의 당선만이 오로지 옳은 일이라는 것을 주장하는 일이 되었다. 보편적 다수를 휩쓸었다고 판명되면서 그의 주장은 계속적으로 반복되었다. 공감적 비평가였던 제임스 레스턴(James Reston)은 다음과 같이 생각하였다. "무엇보다도 케네디는 다음과 같은 공약을 한 바 있다. 매일매일 언론의 지지도를 살피면서, 그는 국민들에게 어떠한 일이든지 그가 겪어 나갔던 일들이 그와 큰 정부가 그들의 고통을 다 치료하게 되는 일이 될 것이라고 말하곤 하였다.33) 농부들, 노동자들, 그리고 노인들 모두를 잘 보살피게 될 것이라고 말하였다. 그 후보자는 민생 문제에 있어서 저지받지 않고 하고 싶은 대로 다 할 수 있으리라 믿었다고 레스턴은 판단하였다. 그의 반대자였던 닉슨은 그가 공약하였던 일들의 비용을 약 130억 불 내지 180억 불 정도로 추산하였다. 케네디는 그 추산이 전적으로 억지주장이었다고 반박하였다."34)

링컨, 워싱턴, 루스벨트, 윌슨, 그리고 제퍼슨은 모두 다 케네디에 의해서 칭송받았다. 그들 각 경우마다 그들의 특성들이 정치적 위대성과 함께 연합되어 있었다. 케네디는 그들의 성실성을 찬미하였을 뿐 아니라 그 자신을 그들과 연결시켰다. 리브스(Reeves)는 이 대통령들 각 자가 다 대단한 강직함을 지니고 있었으며 그러나 형편상 때때로 타협하기도 했음을 인정하였다. "그러나 미국의 가장 칭송받는 대통령들과 달리 케네디는 사실상, 품성과 리더십을 연합시켰던 대통령들처럼 칭찬받을 만한 덕목들을 포괄시키는 도덕성에 있어서는 부족하였다고 말한다…"35)

"케네디는 수면 아래에서는 비도덕성에 이를 정도로 실용주의적이었다. 그의 유일한 기준은 오직 정치적 상황이었던 것처럼 보였다… 그는 도덕적 중심을 결여하였는데 그것 때문에 자기 권력 강화를 넘어서는 점에 이르게 되는 결과를 초래하였다."36)

그의 재임기간 동안 케네디의 입법적 성취는 그리 많지 않았다. 그의 학교 개혁안과 최소 임금 제안은 실패하였다. 첫 번째 학교 개혁안은 그 자신의 가톨릭 교회 위계에 의해서 막혀 버렸다. 그들은 최소한 그들 자신의 학교 프로젝트를 위해서 저리(低利) 건설 융자를 원하였기 때문이다. 두 번째로 케네디는 특별히 의회에서 약한 지지를 받았다. 게리 윌스(Gary Wills)는 케네디가 취한 태도는 특징적으로 전후세대의 미국인들이 취한 과장된 형태의 표출이었다고 논박하였다. 미합중국은 압도적인 핵 자원을 소유하였고 그러므로 세계를 멋들어지게 처분할 수 있다. 바라기만 한다면 주저함 없이 말이다. 필립 말로위(Philip Marlowe)가 주장한대로, "사람이 총을 그 손 안에 지니고 있을 때 당신은 그 사람이 시키는 대로 하여야 할 것이다. 우리는 핵무기를 우리 손에 가지고 있었던 것이다. 그런데 놀랍게도 사람들은 여전히 우리가 시키는 대로 하기를 거부하고 있다."37)

윌스(Wills)는 "권력의 가장 우수한 학생들"이라고 부르는 사람들—마키아벨리(Machiavelli), 흄(Hume), 클로세비츠(Clausewitz) 그리고 톨스토이(Tolstoy)—은 그들이 뜻을 명령하는 자들의 의지에 두지 않고 명령받는 자들의 의지에 두었다고 천명하였다. 정치력이란 다른 사람들로 하여금 정복자의 의지를 시행하도록 하는 능력을 의미한다. 만일 그들이 그렇게 하지 않는다면 그들은 파멸될 수도 있다. "정복이란 자동적으로 운행되어지는 것이 아니다… 현재 우리는 우리들의 핵무기로 세상을 뒤집어 놓을 수도 있다. 그러나 그것이 세상을 지배할 수 있음을 뜻하는 것은 아니다."38) 윌스는 마키아벨리가 용의주도하게 두 가지 개념을 분별하였다고 주장하였다. "국가들을 비교 연구하는 그 누구도 터키인들을 정복하는 일이 엄청난 어려움이라는 사실을 인정할 것이다. 그러나 일단 정복되면 식은 죽 먹기처럼 쉽다는 것도 알게 될 것이다… 그러나 프랑스 인들을 장악하는 일은 정반대이다." 핵심적 요인은 정복자의 원천적 자질에 있는 것이 아니라, 정복당한 자들의 기질에 있는 것이다. "다루기 쉬운 터키인들은 잘 항거하지만 쉽게 순응하고, 프랑스인들은 그들을 정복한 자들에 의해 쉽게 분열되지만, 통치자가 그들 모두를 단합시킨다 해도 잘 따르지 않는다."[39]

월스는 또한 톨스토이의 『전쟁과 평화』 *War and Peace*에 대하여서도 언급한다. "권력이란 경험적 관점에서 볼 때, 단순히 누군가의 의지의 표출과 다른 사람들에 의하여 그 의지가 실행되는 것 사이에 존재하는 관계성일 뿐이다."[40] 가장 결정적인 것은—첫 번째가 아닌—두 번째 사항이다.

리차드 리브스(Richard Reeves)는 다음과 같이 인정한다. "케네디가 언론과 대중을 설득하는 데 있어서 그의 건강과 성공에 대하여 한결같이 거짓말을 하고 있었다는 사실은 엄청난 용기였다. 그 거짓은 그가 놀라운 정력을 가진 남자였다고 하는 말들이었다."[41]

"케네디의 건강은 상당히 양호한 상태로 계속되었다." 이러한 진술은 그의 내과 주치의였던 유진 코헨 박사(Dr. Eugene Cohen)와 그의 척추 전문의 재닛 트루벨 박사(Dr. Janet Trvell)에 의해서 언론에 흘려졌다. 그것은 거짓이었다! "내 남은 평생을 이 빌어먹을 목발로 보내느니 차라리 죽는 게 더 나아!"라고 그는 그의 주치의 중 한 사람에게 실토하기도 하였다. 그러나 케네디는 의학적으로 큰 행운을 얻었다. 1939년에 의사들은 코티손 약이 오히려 정상적인 생활을 할 수 있도록, 그리고 에디슨 질병으로부터 고통을 감수할 수 있도록 한다는 사실을 발견하였다. 1947년에, 그의 아들을 보호하기 위하여 그의 아버지는 코티손 뭉치와 다른 약품들을 세계에 흩어져 있는 은행 금고에 보관하기 시작하였다. 이러한 단순한 사실이 케네디가 그가 주장한대로 "활력"을 갖지 못하였다는 사실을 말해 준다.

월스의 판단으로는 케네디가 위기에 대한 그 자신의 대처방안으로 행동주의를 고수하였으며 그에 대한 열정에 사로 잡혀 있었다고 주장하였다.[42] 월스의 견해로 아이젠하워 시절에는 한계를 조용히 수용하는 시대로 특징지어져 있었다는 것이다. 케네디의 전 세계를 지배하고자 하는 열망은 이루어지지지 않았다. "아이젠하워는 권력이 무엇인지를 알았다. 특히 그것의 의미와 한계를 알고 있었다."43) 권력에 대한 케네디와 그 스승들의 생각은 권력의 한계에 대한 인정이 실패감만을 촉진한다는 것이다. 주안점은 당신이 모든 것을 할 수 있는가에 있지 않고 당신이 모든 것을 과연 하려고 하는가에 있었다고 주장한다. "그 미국인, 케네디의 자원은 거의 무제한적인 것이었다. 두뇌, 학문, 재능, 기교, 기술, 재력, 능수능란함 등 거의 모든 것을 갖추고 있었다. 결정해야만 할 한 가지 문제는 오로지 그 모든 것을 써야 하는 용기가 있는가 하는 것이었다…"44)

윌스는 1960년대에 또 한 사람의 지도자가 피살당하였다고 하는 일을 우리들에게 상기시켜 준다. "그는 마틴 루터 킹 2세 목사였는데, 인종문제에 더욱 더 급진적이었고 그러나 그 방법에 있어서는 평화적이었으며… 킹 박사는 비록 어떤 사람들의 눈에는 매우 혁신적인 것으로 비추어졌으나, 그의 개인적인 의지를 관철하는 면에 있어서 전통적인 면과 합법적인 권력을 다룸에 있어, 그다지 '카리스마틱'하지는 않았다. 그는 그의 깊은 교회 전통에 의지하였고, 침례교 목사로서 설교함에 주력하였으며, 부당한 대우를 받는 자들이 주장하는 평화로운 조화를 위하여 자유주의 국가의 합리적인 질서에 호소하였다."

윌스는 다른 지역에서와 마찬가지로 베트남전에서 예기치 못하였던 효과를 밝혀내는 학자들이 케네디의 연설들을 연구하였다는 사실을 지적한다. 대조적으로, 마틴 루터 킹의 연설은 생생하고 힘이 있는 것으로서 학교에서도 가르친다. 실패한 사람들을 모으고, 그들의 누추한 모습을 선택받은 자들의 아름다운 고통으로 바꾸어 주는 일은 그의 대단한 업적이었다. 그들을 도움으로써, 그 흑인 지도자는 진정한 힘을 구사하였으며, 케네디가 달성한 달 착륙의 업적마저도 왜소하게 보이게 하는 위대한 업적을 이루어 냈다. 윌스는 "케네디 시대란 진정 그 흑인 설교가의 시대였다"고 결론짓는다. "킹 목사는 젊어서 죽었고 케네디보다 더 젊었다. 그러나 그는 더 많은 지역을 순회하였다. 비록 케네디보다 더 많은 일들을 한 것은 아니었으나, 그 일들은 여전히 지속되고 있다. 노새들이 덜커덩거리는 수레 안에 그의 관을 운반하였다. 매끈매끈한 의병대 말들과 포병 탄약차를 대동한 것도 아니었다. 그는 영원히 불타오르지는 못했지만 죽은 것이 아니었다."[45)

미국 민간 종교의 범주는 케네디 대통령의 암살에 대응하는 공적인 해석의 수단으로 광범위하게 사용되었다.[46) 이 경우에 있어서 시민종교의 지정이란 교회적 의미에서 뜻하는 바가 아니다. 오히려, 그것은 삶과 죽음의 상징, 그리고 미국 전체에 퍼져 있는 종교의식과 그 의미들을 나타내기 위하여 사용되었다. 케네디가 비록 로만 가톨릭이었으나 그의 사망에 대한 반응은 단순히 고백적 행보에 속해 있는 것만이 아니었다. 미국 전역이 그 젊은 대통령의 이른 서거에 애도하였고, 그의 활력과 약속을 놓쳐버린 것을 슬퍼하였다. 졸지에 미국인들은 인생의 의미에 대하여 심오한 실존적 회의를 느끼며 내적 성찰을 갖게 되었다. 사회학자 로버트 벨라(Robert Bellah)가 평가한대로, 민간종교란 주요 종교로부터 몇 가지 상징성을 취한다. 미국은 주로 기독교와 유대교로부터 그 상징성을 취합한다. 그러나 그 신화들은 상당히 차별적이고 뚜렷한 것이다. 무엇보다도, 그것은 국민들 삶 속에서 전쟁과 위기를 통과한 미국의 내적 역사를 포함하고 있다.

역사적으로 종교는 그것이 인간으로 하여금 성역과 교통하도록 하는 선지자적 특성, 그리고 그와 마찬가지로 또한 방어적인 특성도 가지고 있다. 원시시대 생활에서 그리고 심지어는 위대한 국가 종교에서도 (예를 들면 비옥한 초승달 지대, 이집트, 인도, 그리고 중국과 같은) 원조 종교라고 불리어졌던 것으로 그 주요 관심사는 종족과 국가의 생존에 있었다. 적군을 패배시키는 일과 승리가 목적이었다. 반면에, 주요 서양 유신론 유대교와 기독교는 최소한도 인도의 불교나 힌두교처럼 그렇게 단순한 목적을 가진 것은 아니었다. 그들은 비극적인 면을 갖고 있었고 또한 그 비극을 초월하는 선함도 가지고 있다. 종족의 보호나 국가의 생존마저도 그렇게 중요한 것이 아니다. 케네디의 정신적 유산을 평가하는 데 있어서 원조 종교를 변증하는 것과 '국제적 신앙(international faith)' 사이의 분기점을 구분할 필요가 있다. 그의 죽음에 대한 경외심의 문제가—잠시 동안 미국 문화 전체가 종교적 양상으로 전환되기도 했으나—어떤 종류의 모습으로 나타났는가가 중요하다. 원초적 종교의 모습인가, 아니면 무언가 자기 방어적인 형태의 종교인가가 문제다. 그 두 가지 원초적이며 선지자적 경향을 띠는 양상이 케네디 대통령의 사망에 드러나 있었다. 전자의 입장에서 볼 때, 링컨의 경우에서 볼 수 있는 것처럼 미국의 운명은 신성(神性)으로 현현하는 것이었으며 자아비판의 의미는 없었던 것이다. 케네디 자신의 생애와 그 삶의 모습은 커다란 원천적 국가적 반응을 불러일으켰다. 비록 그 안에는 그 자신의 로만 가톨릭 전통에서 배어나오는 심오한 의미들이 내재하고 있었지만 말이다.

결론 - 요약

케네디와 아이젠하워 사이에 큰 대조적 의미가 있다. 그것은 우선 젊음과 연륜의 차이다. 젊은 케네디의 경우에는 최고 수반의 사고와 정책에 있어서 종교적 지지가 별로 없었고 종교적 영향력도 덜 하였다. 스미스(Smith)는 케네디의 경우, 분석하기가 가장 어려운 대통령 중 한 사람이라고 평가한다. 분명, 케네디는 초자연적 힘으로서의 하나님을 믿음으로 성경을 자주 인용하였고, 유태인이나 개신교도들을 공격하지 않았다. 그러나 그는 교회가 부적절한 것들을 가르친다고 생각하였고 미미한 신앙을 가졌다. 개신교 역사학자 마틴 마티(Martin Marty)는 케네디가 "영적으로 뿌리가 없고 정치적으로 거의 짜증스러울 정도로 세속적"으로 나타났다고 말하였다.[47] 그가 3인의 미국 제수이트 교단 사람들—존 머레이(John Courtney Murry), 구스타프 위글(Gustav Weigel), 로버트 드리난(Robert Drinan)—이 국제적으로 그들의 교회에서 종교적 관용을 위하여 투쟁을 이끌고 있는 동안, 그리고 동시에 요한 23세 교황(Pope John XXIII)과 2차 바티칸 공회(the Second Vatican Council)시대에 살고 있었다는 사실은 불행한 일이다. 그러나 라인홀드 니버(Reinhold Niebuhr)는 여전히 그가 그 어느 다른 현대 지도자들보다 핵전쟁의 재앙을 피하기 위하여 더 열심히 일하였던 대통령이었다고 칭송하였다.

앤드류 그릴리(Andrew Greely)는 케네디가 "그의 종교적 가르침과 사회적, 정치적 헌신 사이에, 그리고 그의 교회의 도덕성과 그 자신이 직면한 세계의 매우 중요한 정사(政事)들 사이에서 아무런 관계성도 감지하지 못하였던 것 같다"48)고 항변하였다. 추상적인 생각에 염증을 느끼던 그는 결코 관념적인 이상을 중요하게 생각하지 않았다. 사실상, 그는 반공 사상을 넘어서는 그 어떠한 사상적 기원도 가지지 못하였고 행동적이고 실용적인 정부를 신임하지도 않았다. "케네디는 사람들이 그들 자신의 운명을 조정할 수 있다고 믿었고 전통적 도덕적 기준들은 그에게 적용되지 않는다고 생각하였다."49)

스미스는 케네디가 우드로우 윌슨(Woodrow Wilson)이 지녔던 구세주적 충동에 매달렸고, 진정 강해지기 위하여 고군분투하였다고 주장한다. 결국, 흑인들을 위한 민권운동을 지지하는 기반을 다지게 되면서 그의 국가에 대한 의견은 여전히 실용주의적 패턴을 유지하게 된다. 리브스(Reeves)는 그를 사회 정의를 위하여 마지못해 자신을 주장하는 지도자라고 평가한다. "공적 이미지와 그의 개인적 행위 사이에는 엄청난 차이가 존재한다. 수백 건의 여성과의 밀회 그리고 그 여성들 중에는 그가 전혀 알지 못하던 여성들도 있었다."50)

선거 캠페인을 하는 동안 케네디는 다음과 같은 질문을 던졌다. "유태인이 더블린(Dublin) 시의 시장이 되고, 개신교도가 프랑스의 외무상이 되고, 회교도가 이스라엘 국회를 섬길 수 있는 세상을 인정하면서 왜 가톨릭 신자가 미합중국의 대통령은 될 수 없다는 말인가?" 그의 위대함의 일부분은 그가 최초의 로만 가톨릭 신자로서 국가를 이끌기 위하여 편견을 돌파하는 데 놀라운 능력을 발휘하였다는 점이다. 정치학자 제임스 번스(James MacGregor Burns)는 다음과 같이 논평한다. "1950년대 말 투표 상황은 많은 미국인들이 가톨릭 신자 후보에게는 표를 주지 않았을 것이라는 것이다. 케네디가 극복 해야만 했던 점은 지방 토착민들의 편협성만이 아니었다.

민주당의 강력한 세력이 되었던 자유주의적 개신교도들은 가톨릭교가 수많은 신자들에게 권위주의적으로 명령함으로써 그 보수적 교리들을 미국 땅에 부여하고자 할 것이라는 생각에 사로 잡혀 있었다."51)

케네디가 그러한 선입견과 싸움으로써 오래된 편견은 무너지게 되었다. 웨스트 버지니아의 몰간타운(Morgantown, West Virginia)에서 그는 청중들에게 다음과 같이 말하였다. "가톨릭이라고 최고 수반직의 자격을 박탈하는 나라는 나의 형제가 유럽에서 그 나라를 위하여 순교한 나라가 아니다. 그리고 아무도 나의 형제에게 그가 그의 마지막 사명을 수행하기 위하여 미국 폭격기에 오르기 전, 그가 가톨릭인지 개신교도인지 물어보지 않았다."52) 케네디 대통령이 종종 표출하였던 아이러니는 그 자체로서 부정적인 것이었고 그의 입장에서는 그것이 숙명론적 의미를 갖게 되었다. 아이러니칼하게도, 그는 그의 상당부분 외무 정책의 역량을 쿠바의 피그스 만 침공사태를 지지하는 위험성을 제거하는데 소모하였다.

데오도르 화이트(Theodore White)는 다음과 같이 피력한다. 존 F. 케네디에게 화려하고 매력 있던 시절은 결코 존재하지 않았다… 그의 탁상회의의 기사(騎士)들은 유능하였고, 강경하였고, 야망 있는 사람들이었으며, 친절하였으나 또한 결함이 많았다… 그들 모두 중에서 케네디가 가장 강경하였고, 가장 지성적이었으며, 가장 매력적이었다. 내면적으로는 비감성적이었다. "화이트는 그 암살된 대통령은 현실적으로 사람들을 잘 다루고, 생각의 중요성을 잘 이해하였던 정치 게임의 거장이라고 판단한다." 그가 칭찬받을 만한 일은 그가 60년대나 70년대에 제일 크고 중요한 문제를 잘 다루었다는 점이다. "우리 미국 국민은 어떤 사람들인가? 우리는 과연 어떤 국민이 되기를 원하는가?" 하는 질문들이다.53)

제임스 번스(James MacGregor Burns)는 그 자신의 정치적 평가를 다음과 같이 요약하였다. "1960년 그의 놀라운 정치적 성공과 함께, 케네디는 새로운 브랜드의 정치 캠페인을 만들어 내었다. 그는 대통령직의 새로운 통로를 만들어 내었다. 그 이후로 대부분의 후보자들은 그들 야망에 걸맞은 정당(政黨) 리더십을 더 이상 발견하지 못하였다."54) 다른 사람들은 케네디가 어디를 가든지 표를 얻으려고 하였던 그 표본을 따라갔을 뿐이다. 유사하게도, 그들은 경우에 따라서 정당기반을 무시하였고 부동층이었던 유권자들에게 가까이 가기 위해서 선거 공약에 집중하여 신경을 썼다. 케네디처럼, 그들은 그들이 당선되기 위한 단 한 가지 목적만으로 개인적 일시적 선거 단체들을 발전시켰을 것이다. 번스는 이러한 정치적 유산이 미국의 선거 정책의 결과들을 결정지었을 것이라고 논한다.

1) Thomas C. Reeves, *A Question of Character, A Life of John F. Kennedy*, New York: Free Press, 1991, p. 2.

2) Ibid.

3) Arthur Schlesinger, Jr., *A Thousand Days: John F. Kennedy in the White House*, Boston: Houghton Mifflin, 1968. Garry Wills, *The Kennedy Imprisonment A Meditation on Power*, New York: Little, Brown, 1981, p. 140.

4) Cf., Carl M. Brauer, John F. Kennedy and the Second Reconstruction, New York: Columbia University Press, 1977.

5) Cf., Theodore C. Sorenson, Kennedy, New York: Harper and Row, 1965, pp. 245~248.

6) Gary Wills, The Kennedy Imprisonment, a meditation on power, New York, Pocket Books, 1984. p. 61.

7) Brauer, op. cit.

8) Ibid., p. 110.

9) Shogan, op. cit., p. 77.

10) Thomas C. Reeves, op. cit., p. 27.

11) Barbara Gibson and Ted Schwartz, *Rose Kennedy and Her Family, The Best and Worst of Their Lives and Times*, New York: Birch Lane Press, 1995, p. 93.

12) Wills, op. cit., p. 130.

13) Thomas C. Reeves, op. cit.

14) Wills, op. cit., p. 152.

15) Thomas C. Reeves, op. cit., pp. 82~83.

16) Wills, op. cit.

17) Thomas C. Reeves, op. cit., p. 111.

18) Ibid., p. 163.

19) Richard Reeves, *President Kennedy, Profile of Power*, New York: Simon and Schuster, 1993, p. 19.

20) Ibid.

21) James MacGregor Bums, *Running Alone, Presidential Leadership, JFK to Bush II, Why It Has Failed and How We Can Fix It*, New York: Basic Books, 2000, p. 33.

22) Ibid., p. 36.

23) Ibid., p. 41.

24) Victor Lasky, *JFK: The Man and the Myth*, New York: Macmillan, 1977).

25) Schlesinger, op. cit.

26) Michael Novak, *A New Generation, American and Catholic*, New York: Herder, 1964, and *A Theology for Radical Politics*, New York: Herder, 1969.

27) Brauer, "John F. Kennedy, The Entrance of Inspirational Leadership", p. 117.

28) Novak, op. cit.

29) Brauer, *John F. Kennedy and the Second Reconstruction* op. cit., p. 130.

30) Ibid., p. 132.

31) Ibid., p. 203.

32) Ibid.

33) Ibid., p. 212.

34) Ibid.

35) Ibid., p. 245.

36) Ibid., p. 415.

37) Wills, op. cit.

38) Ibid.

39) Ibid.

40) Ibid.

41) Richard Reeves. op. cit.

42) Wills, op. cit., 237.

43) Ibid., p. 277.

44) Ibid.

45) Ibid.

46) James Snow White, "The Kennedy Myth, American Civil Religion in the Sixties", unpublished doctoral dissertation at Graduate Theological Union, Berkeley, 1975.

47) Smith, op. cit., p. 290 et seq.

48) Cf., Andrew Greeley, *The Catholic Experience, an Interpretation of the History of American Catholicism*, Garden City, New York: Image Books, 1969.

49) Ibid.

50) Cf., Colleen Carroll Campbell, "The Enduring Costs of John F. Kennedy's Compromise, *Ignatius Insight*, March 30, 2007

51) Burns, op. cit. p. 3 et seq.

52) Smith op. cit.

53) Cf., Theodore White, *America in Search of Itself: The Making of the President, 1956-1980*, New York: Harper and Row, 1982.

54) Burns, op. cit.

린든 존슨

Lyndon Baines Johnson

린든 존슨은 오바마가 엄두도 못 낼 만한 족적을 상원의회에 남겼다. 그 텍사스 사람은 그의 동료들과의 친분에서와 마찬가지로 법적인 세부 조항에 있어서도 풍부한 지식을 소유하였다. 오바마는 워싱턴 집무실에서 일리노이 주를 대표하는 데 있어서 그만큼 뚜렷하지 않았다. 그러나 대통령직에 포부를 가지고 있는 동안에, 그는 용의주도하게 계획되고 면밀하게 세워진 놀라운 선거 캠페인을 벌이게 되었다. '잘 자란 청년' 존슨은 대학에서 교육받은 지성인들을 별로 신임하지 않았다. 이와는 대조적으로, 오바마는 학구적 엘리트 출신이다. 존슨은 남부 부흥교회 전통에서 성장하였고 그가 10대 청소년 시절에 교단을 바꾸었다. 오바마는 아주 다른 경향의 복음주의 배경 출신이다. 그리고 설교를 듣고 사회적 행동주의에 깊은 감명을 받았다. 그의 목표는 아프가니스탄에서 존슨이 베트남전에서 취하였던 것과 같은 곤경에 빠지지 않는 것이었다.

케네디의 후계자

"사회적 의무를 가지고 있었으나 당시, 개신교는 [남부 지역에서] 정치적, 사회적 현안들에 관하여 힘찬 활력을 보여 주지 못했다. 가장 뚜렷한 분야는 인종 문제였다. 남부출신의 정치가들이 가장 극단적인 그 지역적 특성을 드러내었다. 남부 교회는 그들의 신앙을 의회에서 대표하는 정치가들이 말하는 것과 달리, 사회적 요구에 맞게 적응시키지 못하였다. 거의 예외가 없었으나 린든 존슨이 그 예외 중 한 사람이었다."1) 엘리(Alley)는 그 대통령을 그렇게 칭송하였다. 그는 그 케네디의 후계자가 필요할 때마다 성경을 인용하였던 자로, 드러나게 종교적이었던 사람이었다고 묘사한다. 당시의 대중적 신앙과 관련하여 볼 때, 그는 빌리 그래함(Billy Graham) 목사를 청빙하여 조찬 기도회 운동을 함께 하기로 제휴하였다. 그러나 그로부터 그렇게 깊은 감명은 받지 못하였다.

존슨 대통령의 조부(祖父)는 침례교 목사였다. 그러나 개인적으로 기독교 교리가 손자였던 존슨의 공직 생활에서 그렇게 큰 의미는 없었던 것 같았다. 그의 입장에서 주된 충성은 시민종교에 있었다. 엘리는 LBJ가 종교를 냉소적으로 여기지는 않았다고 판단하지만, 그는 일종의 '역-윌슨 정책(counter-Wilson strategy)'으로 베트남 전쟁에 대한 캠페인을 전국적으로 주도해 나갔고 "확실하게 그렇게 하였다." 그는 존슨이 애국적 메시아니즘에 사로 잡혀 있었다고 생각한다.

"내가 가진 모든 것을 나는 오늘날 내가 서 있는 이 자리를 위해서가 아니라 조국을 위해서 기꺼이 바쳐왔다." 린든 존슨은 존 F. 케네디가 암살당한 이후 대통령직을 물려받으면서 처음 국회 연설에서 그렇게 선포하였다. 그 신임 대통령은 더욱 비공식적인 어투로 다음과 같이 말하였다. "대통령직은 내가 예상하던 것보다 훨씬 더 무거운 짐을 지게 된다. 그 직무는 너무 공포스럽고, 무서운 책임감이 뒤 따르기 때문에 등에 두드러기가 나는 것 같이 느끼게 될 것이다." 그의 간부들에게 그는 정직함, 솔직함, 충성, 결단력, 그리고 근면함을 요구하였다.2) 그들은 "주도면밀한 판단력과 의견"을 내어야만 했고 정보를 제공하지 않거나 다른 의견을 내어 놓아서는 안 되었다. 존슨이 인정을 받을 만한 것은 그가 케네디 가족과 비교하여 볼 때, 완전히 자격을 갖춘 "텍사스 마피아"를 발전시키지 않았다는 점이다. 케네디의 유업을 선포하면서, 그는 그가 격렬하게 투쟁하는 입법안을 가지고 있었다. 그 전직 젊은 대통령과는 대조적으로, 그는 의회와 성공적인 관계를 유지하였다. 존슨은 "위대한 공적 과업을 수행하는 자들은 최악의 진부한 나태와 맞서야 하고, 가장 고통스러운 실망에 대처해야 하며, 가장 충격적인 모욕과, 최악의 경우에는 무지한 자들이 스스로 기획하고 있는 주제 넘는 판단에 대처해야만 한다"고 믿었다.3)

존슨은 이 구절을 영국인 정치가였던 에드문드 버크(Edmund Burke)로부터 인용하였는데, 그가 미합중국 텍사스 상원의원으로 복무할 당시에 그의 국회 의사당 집무실 벽에 걸어 놓았던 구절이었다. 상원의원 다수당 지도자로서, 그는 노련한 중도파로, 그리고 능수능란한 수완가로서 알려졌고 대인관계에서 성공적이었으며 법안을 법률로 제정하는데 유능하였다. 대조적으로, 대통령으로서, 그는 연속적으로 그의 보좌관들을 모욕주고 골려 주곤 하였다. 심지어 그는 케네디 인척들을 못살게 굴기도 하였다. 결국 대통령 집무실의 압력이 그를 괴롭혔다. 바버(Barber)—그는 대통령 성격 연구가였는데—는 존슨이 평범한 정치판에서부터 올라온 중도파 숙련가로서 방향 감각을 상실하였음을 나타냈다고 논평하였다.4) 그가 대통령이 되었을 때, 그는 더 이상 각자 나름대로의 권위와 독립성을 가지고 있던 상원의원들 테두리에 포위되지 않았다. 대신에 그는 부하 직원들에게 영향을 받았는데 결국 그들에게 지배적인 태도를 보였다. 심지어 그는 다음과 같이 명령하였다. "당신들 모두는 나에게 무엇을 할 것인가 말하는 데 있어서 신중한 태도를 보여 주기 바랍니다." 그의 문제는 정당한 일이 무엇인가를 알고 있었다는 데 있다! 실제적으로, 존슨은 상원을 어떻게 이끌 것인가를 알았고 종종 국가 지도력에 대하여서도 잘 알고 있었다. 그러나 국제적으로 그는 국가주의의 힘을 잘못 판단하였었고 베트남 전쟁에서 패배하였다.

미래의 백악관 주인이 된 존슨은 6명에 불과한 반의 반장이었으며 최연소자로서 텍사스 시골 마을에 있는 고등학교를 1924년에 졸업하였다. 그는 산 마르코스(San Marcos) 대학에 등록하였는데 그 대학은 무인가 대학이었다. 대학에 재학 중일 때, 그가 정치에 개입하게 되었던 것은 거의 갑작스런 일이었다. 주요 남학생 사교클럽에 가입되지 못하였기 때문에, 존슨은 또 하나의 다른 클럽이었던 화이트 스타스(the White Stars)를 조직하였다. 학교 총장실에서 조교로 일하면서, 존슨은 그에게 위임된 책임에 대한 행동들에만 국한되지 않았다. 산 마르코스 대학 총장 에반스(Evance)는 다음과 같이 언급한 바 있다. "이 학교의 총장이 누구인지—너인지 나인지—거의 말할 수 없을 때 너는 한 달 간 내 사무실을 비웠다."[5] 대학에서 그 젊은이는 종종 논쟁에 참여하였는데 그 참석 여부를 그는 동전 뒤집기로 어느 쪽에 갈 것이지 결정하였다고 한다. 그런데 그 논쟁들이 그의 후반 인생에 기술적으로 많은 도움을 주었다.

존슨은 학보의 편집장이 되었고 그 교지(校誌)에 자신의 실제적 철학을 나타내었다.

세상의 위대한 사람들은 결코 흔들리지 않는 자들이다. 그들은 앞으로 전진하기 위하여 사람들에게 영감을 주는 고매한 일들에 대하여 반짝이는 비전을 지니고 있으며, 굽히지 않는 의지, 단호한 결단력, 그리고 일의 성취를 위하여 완벽하게 조화된 영적 힘을 가지고 있다. 인간의 열정과 취약성을 드러내는 전제주의 독재성과 같은 것은 없다. 야망이란 여러 경우에 불편한 동반자이다… 쉼이 없고, 힘들며, 목표 지향적이고, 그러나 그러한 것이 인간이란 존재를 진정 인간답게 살게 하는 것이다. 인격은 힘이다. 멋진 인격을 가진 사람은 같은 능력을 가졌으나 인품이 덜한 자들보다 훨씬 더 위대한 일들을 성취할 수 있다.[6]

그의 비전은 전형적으로 텍사스 지방에 속한 것이었다. 실용주의적이며, 낙천적이고 그러나 그가 침례교와 그리스도 제자(Disciples of Christ) 전통에서 성장하였음에도 불구하고 특별하게 종교적은 아니었다. 레스톤(Reston)은 다음과 같이 기록하였다. "그는 열광적으로 애국심이 강했다. 그는 진심으로 하나님이 미국을 지켜보고 계심을 믿었다. 그는 미국이 진정 선함과 고상한 목적을 이룩하기 위하여 건국되었다고 믿었다… 그는 미국적 제도를 신임하였다." 그것은 바로 텍사스 스타일의 문화장로교주의, 민족주의 같은 것이었다.7) 앨리(Alley)는 다음과 같이 기록한다. "아무것도 덧붙이지 않은 애국심은 존슨의 정직한 성품이었다. 그러나 '메시아니즘'은 여전하였다." 존슨의 후기 인생을 바라보면서 그는 다음과 같이 생각하였다. "베트남 전쟁에 대한 존슨의 허울 좋은 핑계는 너무 미숙한 것으로서 닉슨 정책을 커버하는 것이 이보다 더 나았다."8)

1929년 20세 약관의 나이에, 존슨은 텍사스 주 코툴라(Cotulla) 초등학교의 교장이 되었다. 그런데 그 학교에는 다수의 멕시코 학생들이 있었다. 그는 정력과 결단력을 보여 준 열심 있는 일군이었고 그러나 때로는 화를 잘 내고 공격적이었으며 창의적인 기질도 있었다. 바버(Barber)는 존슨의 스타일을 후에 그가 하는 일에 다음과 같이 영향을 미치는 결과를 가져왔다고 말한 바 있다. "내 생각으로 존슨의 성격은 강박적인 기질과 함께 독특한 형태로 형성되었다고 본다. 그러므로 그는 그 성격 때문에 비생산적인 결과가 나타난 경우에도 사실상 그것을 변경시키지 못하였다."9)

존슨은 뉴딜 정책 초기에 워싱턴으로 왔고 리처드 클레버그(Richard M. Kleberg) 하원의원 사무실에서 일하게 되었다. 윌슨(Wilson)이 칭송해 마지않았던 선구자적 개인주의가 존슨 대통령 시기에 막강한 힘을 발휘하였다. 그의 위대한 사회(the Great Society)에 대한 구상은 영양가 있는 충분한 음식, 따뜻한 의복, 안락한 보금자리, 그리고 모든 사람들의 자녀를 위한 교육, 인종차별 종식까지도 반드시 이루어져야 한다는 그의 깊은 신념에 근거하고 있다. 그 기회가 케네디 암살 사건으로 운명적으로 다가왔을 때, 그 대통령은 행정 수반직을 상징적으로 장악하였고, 지속성과 제도적 권위를 강조하였다. 케네디는 확고한 목표를 갖고 있었다. 존슨은 그에 대한 기억을 명예롭게 생각하면서, 그 기억들을 정치적으로나 도덕적으로 대폭 지지할 것이라고 말한 바 있다.

존슨의 수사학적 유토피아적 비전은 2차 대전 이후의 시대 변화를 반영하였는데 그중 한 가지는 특별히 흑인들이 그 이전 시대에 있었던 박해에 대하여 봉기하였다는 사실이다. "이 위대하고 부유하고 쉼이 없는 국가는 모든 사람들, 즉—흑인이든 백인이든, 북부지방이든 남부지방이든, 농부이든 도시인이든 모두—그들에게 기회의 땅이 되어야 한다. 빈곤, 무지, 질병, 이것들이 우리 모두의 적이다. 그것들은 우리들의 친구도 이웃도 아니고 적이다. 그리고 이 적군들—빈곤, 질병, 무지—을 우리는 극복해야만 할 것이다."10) 존슨은 노인들을 위한 의료보험과 교육, 도시발전과 보존계획을 위하여 입법을 제안하였다. 그의 선임자, 케네디와 달리 그는 그 법안이 제정되는 결과를 이끌어 내었다. 세부적인 문제들이 있었지만 그는 미국이 그 문제들을 해결하기 위하여 가야 할 방향을 잘 인식하고 있었다. 상원의 다수당 지도자로서, 그는 1957년과 1960년의 인권장전을 통하여 그것들을 조정하는데 큰 책임을 지고 있었다.

바버(Barber)는 존슨의 스타일을 소용돌이치는 에너지, 책임자 중심의 인간관계, 이상주의적 웅변, 그리고 정보의 적절한 제도적 활용을 막강한 수단으로 지녔던 지도자라고 말한다. "분명 인간관계가 그의 스타일의 핵심적 요소였다"11)고 말한다. 그러나 존슨의 계획과 존슨의 책임 사이에 변수가 존재하였다. 첫째로, 그는 사회적 조정술을 막강히 발휘하여 그의 영향력을 확장하였다. 두 번째 역할로 그는 그의 부하 직원들에게 확신을 갖도록 지도하고 다스렸다.

존슨은 그의 목표들이 모든 국민들에게 흥미로운 것이 될 수 있도록 설득하려고 하였다. 공리주의와 애국적 헌신이 그의 윤리에 스며들었다. 그의 포퓰리즘적 세계관 안에, 계층 간 갈등에 대한 소지는 없었다. "나는 제국을 건설하거나, 장엄함을 추구하거나, 지배력을 확장하는 그런 대통령이 되고 싶지 않다. 나는 어린 아이들이 경이로운 세계를 꿈꾸는 자들이 되도록 교육시키고, 배고픈 자를 먹이는 대통령이 되고 싶다…"12) 존슨의 비전은 비록 그가 "능수능란한 수완가"였지만 그럼에도 불구하고 그 나름대로, 자신의 도덕적 이상주의를 반영하고 있다. 그의 포용력 있는 제스처, 수백만 가지를 약속할 수 있는 듯한 어조(語調)가 그의 고향, 남서부 개척정신을 잘 나타내었고 그의 연설에 잘 반영되었다. 존슨의 사람을 판단하는 예리함, 성공적 추진력, 그리고 행정적 진행에 대한 이해력 등이 그의 탁월한 삶을 형성한 요인들이 되었다.

그가 백악관에 입성한 이후에, 존슨은 프린스턴 대학의 에릭 골드만 교수(Professor Eric C. Goldman)에게 〈a quiet brain trust〉라고 명명한 우수한 두뇌 그룹을 조직할 것을 요청하였다. 그리고 전 대통령들에게도 자문을 구하였다. 빈곤과의 전쟁에 대한 구상은 그가 1963년 크리스마스 주간에 텍사스 주에 머무는 동안에 형성되었다. 그의 (1964년 1월) 첫 번째 대통령 연두교서(年頭敎書, State of the Union Speech)에서 그는 그것을 케네디 프로그램에 직접적으로 연결시키지는 않았다. 존슨의 모토는 "불가능을 위한 투쟁; 가능한 것들의 정착"이었다. 한 인터뷰에서 그는 "사람이 그의 삶을 통해서 얻을 수 있는 만족이 진정 사람이 사는 목적이다"라고 말하였다.13) 또한 존슨은 후에 다음과 같이 읊조렸다. "마술과 같은 일들은 일어나지 않았다. 우리들은 여러 가지 다양한 접근을 해야만 했다. 어떤 이들은 다른 사람들보다 일을 더 잘하였다. 그리고 어떤 이들은 완전히 실패하였다. 나는 몇 개 도시들의 시장(市長)들로부터 쓰라린 불평들을 들어왔다. 어떤 기금들은 의구심이 갈 만한 행사들을 위해서 지원되기도 하였다. 어떤 것들은 아주 엉망으로 관리되었다. 그것이 위기의 진면목이었다."14) 행동주의자들의 비판은 직위 박탈에 대한 대담무쌍한 발언만큼이나 감정적이었고 넘치는 공약의 남발로 인하여 그 웅변에 버금갈 만한 굉장한 결과는 일어나지 않았다. 존슨을 옹호하기 위해서, 밀튼 아이젠하워(Milton Eisenhower)

—그와 개인적으로 친분이 있었던—는 다음과 같이 말하였다. "존슨이 대통령이 되었다는데 대해서는 의심할 여지가 없다. 그는 미국 역사상 가장 전투적인 인권지도자가 되었다. 그는 명백하게 미합중국의 국민이 이루고 싶어 하는 것들을 행하였고 그리고 국민들이 이루고 싶었던 일들을 꼭 하여야만 한다고 생각하였다." 결국, "인생에서 의미하는 것은 그 책임이 무엇에 있는가에 크게 달려 있다."[15)는 것이다.

백악관의 특성

존슨은 인종문제에 있어서 위기가 있음을 분명히 인지하고 있었다. 1965년 투표권 조항(Voting Rights Act)이 통과 된지 나흘 후에, 와츠(Watts) 지역—로스앤젤레스 외곽—에서 폭동이 일어났다. 존슨은 다음과 같이 발표하였다. "우리는 폭력을 비난하는 데만 정신을 기울일 것이 아니라 폭력을 예방하는데 필요한 절차를 밟아야 할 것이다." 1968년 4월 4일 마틴 루터 킹 목사의 암살은 얼마나 깊은 반감이 진행되었는가를 역력히 보여 주었다.[16) 의회의 입법자들은 1968년 인권조항(the Civil Rights Act) 문안에 박차를 가하였다. 일찍이 인권 법안에서 인두세(人頭稅)와 투표를 위한 지적 능력 테스트를 불법화하였다. 2차 인권 조항(the Second Civil Rights)에서는 주택 매매와 임대에 있어서 인종차별을 금지하였다. (후에 카터정부에서 보건, 교육, 복지장관을 맡았던) 조셉 칼리파노(Joseph Califano)는 존슨이 "믿기 어려운 엄청난 시간과 정력, 그리고 정치자본을 가지고 상원의 의사진행 방해를 막고 그 조항을 통과시키는데 헌신하였다"고 술회하였다.[17)

회고하여 보건대, 교육 분야에서 존슨의 프로그램은 지상의 낙원처럼 보였다. 그는 무엇이 성취돼야만 하는지 알고 있었다. 하는 방법은 별 다른 문제였다. 그리고 그의 행정부는 존슨이 그 자신의 선거 유익을 위하여 활용하였던 프로젝트에 개입되었다. 그는 말하기를 미국 사회는 "모든 젊은이들이 그들의 사상과 상상을 끝까지 펼쳐 나가기 위하여 자유로워질 때까지는" 위대한 사회가 되지 못할 것이라고 하였다.[18) 존슨 대통령은 "아무도 가난하지 않은 나라, 어떤 젊은이도 모두 다 학교 교육을 받을 수 있는 나라"를 상상하였다. 거시적으로 볼 때, 그의 비현실적인 과장은 거짓된 희망을 불러일으켰다. "심지어 선거운동 기간 중에도 책임 있는 공인(公人)들 중에서 이와 같은 허튼소리를 듣는 경우는 드물다"[19]는 것이다. 사회학자 S.M. 밀러(Miller)는 그 '위대한 사회(the Great Society)'란 "아무 대가를 치르지 않는 자유주의"에 대한 믿음에 근거하여 있다고 생각하였다. 그 자유란 개선된다는 것은 납세자의 주머니에서 나오는 것이 아니고 경제적 성장에서부터 비롯된다는 생각이었다. "그 시행착오적 판단은 그들의 달변과 잘 맞아 떨어지는 결과들을 이루기 위한 몇 가지 프로그램들이 실패하는 것으로 막을 내렸다. 그리고 곧 공적 환멸을 초래하였다."[20] 물론, 차세대 초기에 조지 부쉬(George W. Bush)는 훨씬 더 신앙과 관련된 사회 프로그램을 시도한 바 있다. 1964년 대서양 연안 도시 민주당 전당대회(the Atlantic City Democratic Convention)에서 그 자신이 대통령 후보자로 지명되면서, 존슨은 미국의 국력이 "온 세계 모든 국가들이 힘을 연합한 것보다 더 강하고, 이 지구상 역사에서 그 어느 나라보다 더 강하다. 그리고 나는 우리들의 우월성은 계속 성장하고 있음을 알려 드린다"고 천명하였다.[21] 이것은 자만심이었을까? 골드워터(Goldwater) 의원에 대한 승리는 상상했던 것보다 훨씬 더 수월하게 이루어졌다. 왜냐하면 그 공화당 후보는 무분별하게 군사적인 위협을 조장하였기 때문이다. 동시에, 그는 베트남 전쟁이나 인권문제를 중요하게 다루지 않기로 생각하였기 때문이다. 압승을 거두면서, 존슨은 대중적 권한을 주장하였고 그 자신을 윌슨(Wilson), 루스벨트(Roosevelt), 트루먼(Truman), 그리고 케네디(Kennedy)의 유업과 연계시켰다. 그리고 그는 학계, 재계, 그리고 노동계로부터 그가 입법할 수 있는 제안들을 할 수 있도록 도와주는 대책 위원회를 구성해 가고 있었다. 물론, 존슨답게 그들에게 비밀을 지켜줄 것을 요청하였다. 엄청난 양의 법안 제정이 존슨 행정부의 효과적 지지와 더불어 통과되었다. 그리고 대부분의 새로운 발상들은 정부에 종사하지 않는 사람들로부터 온 것이었다. 예를 들면, 노인 의료보험이 법률로 제정되었다. 존슨의 법률 제안 시기는 늘 딱 맞아 떨어졌고, 그는 의회 지도자들인 맨스필드(Mansfield), 앨버트(Albert), 그리고 덕슨(Dirksen)과 의논하였다.

골드만(Goldman)은 "존슨이 백악관 업무 첫 한 달간, 언론과 TV 관련자들을 설복시키기 위하여 너무 지나치게 노력하였다"고 술회한다.22) 존슨은 언론과의 관계가 핵심적으로 중요한 것, 그러나 신임을 받는 일은 오랜 시간이 걸린다는 사실을 잘 알고 있었다. 그의 언론 담당관 조지 리디(George Reedy)는 "그의 매너는 잔혹스러웠다. 막말을 했을 뿐 아니라, 공격하기 위하여 주도면밀하게 준비되어 있었다"23)고 결론짓는다.

제임스 디큰(James Deaken)은 다음과 같이 생각하였다. "어딘가 린든 존슨은 대통령으로서 직선적으로 그리고 명백하게 그 입장과 중요한 발표를 해본 적이 거의 없다. 무언가 그의 발표는 교묘한 말들로 가득 차고 후에 숨겨진 의미나 새빨간 거짓말로 드러나게 되었다." 많은 기자들은 그 대통령을 거대한 짐승 같은 미국인으로 알고 있다. "그리고 음흉한 농담을 즐겼던 허풍쟁이"였다고 술회한다. 존슨의 언어사용은 엄청나게 조악하여서 때때로 입으로 옮기기조차 힘들 때도 있었다.24) 개인적으로, 존슨은 언론 매체가 그들의 형편없는 인간 관리 때문에 비난받아 마땅하다고 판단하였고 그리고 언론에 대하여 크고 작은 일들을 거론하면서 그 비밀들을 폭로하였다.

존슨의 성격은 그의 여성관계로 요약될 수 있다. 그의 부인 버드 여사(Lady Bird)는 그의 바람둥이 기질을 잘 인내하였다. 로버트 카로(Robert Caro)는 그의 저서 『권력에의 길』*Path to Power*에서 젊은 시절의 존슨이 찰스 마쉬(Chalres Marsh)의 정부(情婦)였던 아름답고 세련된 앨리스 글래스(Allice Glass)와 가졌던 정사(情事)를 소개하고 있는데 찰스 마쉬는 묘하게 존슨의 의원 지역구 전체를 다루고 있었던 신문사를 소유하고 있었던 텍사스 거부였다. 그 텍사스 신사는 앨리스를 위하여 버지니아 북부에 롱글리아(Longlea) 저택을 지어주었다. 존슨의 앨리스와의 관계는 그녀의 남편에게는 철저히 비밀로 지켜졌었다. 그녀는 금발이었고, 키가 컸으며, 지적이었고, 여행을 좋아하였다. 그녀는 예술, 건축, 그리고 풍경에도 일가견이 있었다. 그들의 관계가 시작되었을 때 존슨은 29세의 젊은 하원의원이었고 그녀는 26세였다. 마쉬는 그녀보다 두 배나 나이가 많았다. 이내, 존슨은 롱글리아 저택에서 주말을 보내기 시작하였다. 마쉬는 (후에, 앨리스와 결혼하게 되었는데) 도대체 무슨 일들이 벌어지고 있었는가를 모르고 있었다. 그러나 버드 여사는 알고 있는 것 같았다. 러너(Learner)는 이때가 개인의 유익을 구한 일로서만 아니라 존슨이 가장 정치적으로 위태로웠던 때였다고 회고한다. 러너는 이 사건이 존슨의 복잡한 성격을 나타내었다고 말한다. 러너는 "존슨과 앨리스 성격의 대조, 차이는 극명하게 드러난다"고 말한다. 흐느적거리는 큰 키에 서투른 매너로 존슨은 식탁에서 음식을 막 먹었으며, 코와 귀는 길게 늘어져 천박해 보이고 어눌해 보였다. 그러한 연유인지 그의 시(詩)와 철학에 대한 부족한 지성은 그로 하여금 정반대인 그녀의 매력에 눈을 뜨게 하였고 그녀를 육체적으로 소유하고 싶은 갈망을 불러일으키게 하였다. 그 교활한 정치가는 결국 그녀의 애인이 되었다… 앨리스 글래스는 존슨에게 성적(性的) 욕망이었고 또한 동시에 문화적 욕망이었으며 그것은 갑자기 현실이 되었다. "그 둘은 이 다 이혼에 대하여 얘기하였으나 그것이 그 둘 다를 파괴시킬 것을 알고 있었다. 그 격동의 관계는 심지어 그녀가 마쉬와 결혼한 이후에도 계속되었다. 그리고 그녀는 존슨의 애첩 그 이상의 존재였다. 결국 그녀와 마쉬는 이혼하였고 그녀는 후에, 재혼하였다. 마침내 앨리스는 존슨과의 관계를 청산하였는데 그것은 월남전 때문이었다고 한다. 존슨의 월남전에 대한 역할이 그녀를 분노하게 하였다."25)

존슨과 빌리 그래함(Johnson and Billy Graham)

케네디 대통령이 암살당한 이후에, 존슨이 처음 백악관에 들어갔을 때, 빌리 그래함은 그 새 대통령을 축복하였다. "하나님이 워싱턴 대통령과 밸리 포지(Valley Forge)에서 함께 계시고 독립전쟁의 암흑기에도 링컨과 함께 계셨듯이, 당신과 늘 함께 하실 것입니다. 결정하기 너무 힘들 때도 있을 것이고, 짐이 너무 무거워 견디기 힘들 때도 있을 것입니다. 그러나 그때가 바로 하나님이 당신과 가장 가까이 계실 때입니다."26)

존슨은 경건하게 대답하였다. "나를 위해서 기도해 주십시오. 나는 하나님이 무엇이 옳은가를 판단하는 지혜와 그 옳은 일을 행할 수 있는 용기를 주시지 않는 한 이 임무를 수행할 수 없습니다. 나는 모든 국민들을 위한 대통령이 되고 싶습니다."27)

케네디는 한때 자신의 부통령이었던 존슨을 "매우 불안정하고 엄청난 이기심을 가진 민감한 사람"28)이었다고 말한 바 있다. 그래함 목사는 존슨이 가장 갈망하던 것을 주었다. 그것은 조건 없는 사랑이었다. "많은 사람들이 나를 별로 사랑하지 않는다"29)고 그는 월터 크론카이트(Walter Cronkite) 쇼에서 털어 놓았다. "내가 사기꾼 등으로 욕을 먹을 때에도 그래함 목사는 나를 초대하곤 하였고 우리들은 서로 서로 격려하여 주었다. 나는 그가 가장 위대한 종교 지도자라고 하였고 그는 나를 가장 위대한 정치 지도자라고 하였다." 그래함 목사의 전화는 어려운 시기에 "새로운 기폭제"와 같은 것이었다.

시카고 대학의 교회 사학자 마틴 마티(Martin Marty)는 존슨의 입장을 바르게 평가하였는데 그는 "획기적인 시대의 가치 체계에서 과도기적 인물"이었다고 한다.30) 자유주의적 장로교 사회 활동 안건은 쇠퇴해 가는 것처럼 보였다. 최소한, 존슨 영역에 종사하는 사람들에게는 말이다. 그 뉴딜 정책을 지지하였던 민주당원은 사회를 개혁하는 일보다 그래함 목사의 영혼을 구원하자는 좀 더 전통적인 설교에 관심을 기울였다. 그리고 그러한 관심은 그로 하여금 업무의 부담감에서 벗어나게 하였다. 버드 여사(Lady Bird)는 "존슨은 그가 바른 길을 가고 있는지, 인도하여 줄 사람을 절실히 필요로 하였다. 빌리 그래함이 그의 위안이 되었다. 그리고 만일 이 세상에서 얻을 수 있는 도움을 모두 얻어야 하는 자리가 있다면 그것은 바로 대통령직일 것이다"31)라고 설명하였다.

빌 모이어스(Bill Moyers)는 "아무도 존슨을 빌리 그래함처럼 베트남 전쟁에서 옳은 일을 하였다고 생각해 줄 수는 없을 것이다"라고 말한다.

1967년에, 그래함은 "나는 존슨 대통령이 선택의 여지가 거의 없었음을 알고 있다"고 술회하였다. 그 성직자의 확신은 존슨 대통령이 그러한 권위가 부여되었기 때문에 그의 결정이 바른 것이었다는 것이다.

존슨 대통령은 한편으로는 사자처럼 으르렁 대면서 다른 한편으로 어린 아이에게 말하는 것처럼 부드럽게 말할 수 있는 사람이 아니었다. 존슨은 "길게 늘어뜨리는 설교"를 즐기면서 성장하였고 그의 주위에 옛날식 설교자를 정치적 개인적 상담자로 두는 것을 좋아하였다. 그래함 목사는 다음과 같이 말한다. "그는 밤늦게 자기 침실로 들어가곤 하였는데 그가 잠들기 전에 살펴보아야 할 서류들이 늘 한 뭉치씩 놓여 있음을 발견하였다. 그는 침대에 누워서 세 가지 신문을 보면서 세 대의 TV를 보곤 하였다." 그리고 "그에게 기도드리라고 요청할 때마다, 그는 침대에서 나와서 파자마를 입은 채 무릎을 꿇었다."[32] 그래함 목사가 존슨에게 그가 그리스도를 개인적 구주로 영접하였는지 물었을 때 그는 다음과 같이 대답하였다고 한다. "빌리(Billy), 나는 내가 그리스도를 영접한 것은 압니다. 그러나 내 마음속에 내가 진정 천국에 갈 수 있는지 확신하지 못합니다… 어렸을 때 부흥회에는 갔었고요, 나는 몇 번 씩, 그리스도를 마음에 영접하였습니다." 그래함 목사는 존슨이 항상 죽음을 두려워하였다고 결론지었다.

그래함 목사는 다음과 같이 말했다. "어떤 법이든지 간에―그 법은 정당하지 않을 수도 있다.―그러나 나는 그런 법이라도 복종해야 하는 것이 그리스도인의 의무라고 생각한다. 그렇지 않으면 무정부 상태에 빠지게 된다."[33] 빌리 그래함은 언제나 신중하였고 보수적이었으며 늘 교회 강대상(講臺床)을 떠나지 않았다.

존슨이 백악관을 떠난 이후, 그는 그의 텍사스 목장에 안장된 그의 부모 옆에 나무 아래 묻히기를 원하였는데, 그곳에서 다음과 같이 말하였다. "빌리, 내가 우리 부모님을 과연 다시 만날 수 있을까요?"

"네. 대통령 각하! 당신이 그리스도인이라면 그리고 당신 부모님도 진정 그리스도인들이었다면 언젠가 당신은 놀라운 가족 모임을 갖게 될 것입니다." 과연 빌리 그래함은 그의 장례식에서 설교할 수 있을까?

"나는 당신이 전파를 이용해 그들에게 진정 기독교가 무엇인지 전파해 주기를 바랍니다. 어떻게 그들이 확신하고 천국에 갈 수 있는지 말씀해 주세요. 나는 당신이 복음을 전파하시기 바랍니다. 그러나 그렇게 하면서 내가 이 나라를 위해서 다소나마 기여했던 일들도 말씀해 주세요"[34]라고 존슨은 그에게 말하였다.

월남전

린든 존슨의 비극은 주로 그가 동남아시아에서 전쟁을 일으켰다는데 근거한다. 그는 사태를 관망하기 전에 미리 일을 저질렀다! 처음부터 상원 다수당 리더인 마이크 맨스필드(Mike Mansfield)로부터 은밀한 반대가 있었다. 그는 특별히 중립화 개념을 비판하였다.[35] 그러나 존슨을 저지할 수 없었다. 순진한 장기적 낙관론에서 볼 때, 그는 결국 그가 승리할 것이라고 믿었다. 보넷(Bornet)은 다음과 같이 술회하고 있다. "애초에 대통령이 접수한 것은 나쁜 뉴스였다. 그러나 나쁜 뉴스들이 오히려 그에게 계속 자극을 주었다." 그 역사학자는 "중요한 사실은 그 신임 대통령이 1963년 11월과 12월에 베트남 문제를 확실히 그리고 철저하게 고민하지 않았다는 것이다. 그의 급작스런 반사적 결정은 수 시간도 채 안 걸려서 이루어졌다. 며칠 걸린 것도 아니었다."[36] 존슨의 선전포고는 민주주의 지도자로서가 아니라 독재자처럼 들려졌다. 비밀 국가안보 행동강령(Secret National Security Action, 1963년 11월 26일자로 시행)은 이 사실을 확실하게 하여 준다. "나, 대통령은 월남에 대하여 미합중국이 수립한 전적으로 지지하는 정책을 확실히 하기 위해서 정부의 고급 관료들이 활발하게 움직여 줄 것을 기대합니다. 워싱턴 수도와 현장에서 정부가 연합되는 일이 필수적입니다.[37] 보넷은 대통령이 애당초, 정부가 혼돈한 상태에 놓여 있었음에도 불구하고, 공적으로나 사적으로 월남전을 지지하는 발언을 남발하였다고 비난하였다.

미국 군중은 1964년 겨울, 거기에 대하여 아무 것도 모르고 있었는데 그들의 미래는 이미 결정된 상태였다. 존슨은 그에 대한 이유를 "미국은 약속을 지키고 우리들의 목적은 평화이다"라고 밝혔다. 그는 진행 중인 사태가 그냥 정글에서 전투하는 일이 아니라, 인류의 선두에 선 행위로서 자유를 위하여 투쟁하는 일이라고 믿고 있었다.

1964년 여름, 베트콩(북부 베트남)의 통킹만 사태(The Gulf of Tonkin incident)는 조작된 사건이었다. 진실을 말한다는 의미에 있어서, 도덕적이면서, 진정 종교적인 문제의 소지가 남아 있다. 존슨 대통령은 고의적으로 의회와 미국인들을 호도(糊塗)하였다. 그들은 베트남 포함(砲艦)이 갑자기 습격한 사실을 모르고 있었다. 대통령의 갑작스런 명령으로 1965년 2월 7일, 베트콩 폭격은 시작되었다. 상원 다수당 지도자였던 맨스필드(Mansfield)의 개인적 비판에도 불구하고, 그 행정안은 의회의 결의를 통과하였다. 아칸소 주 출신, 윌리엄 풀브라이트(William Fulbright) 상원의원이 특별히 리더십을 발휘하여 지지를 얻어 내었고, 어떤 선전포고도 없이 그 안을 정부 입법기관을 통하여 관철시켰다. 시행착오였으나, 존슨과 그의 지지자들은 전투적인 압력을 '과학적으로' 증진시키는 일이 궁극적으로 하노이(Hanoi)로 하여금 베트콩(Viet Cong)을 지원하는 일을 중단하도록 하는 일이라고 생각하였다. 그들은 또한 군사력의 사용이 용의주도하게 조정될 것이고 원하는 대로 그 군사력을 사용할 수 있으리라고 믿었다. 그들은 외교적 신호와 군사적 행동이 '적군에게 특별한 메시지'를 전달한다는 면에서 조화를 이룰 수 있다고 확신하였다.

존슨은 케네디가 아이젠하워 때, 인도차이나에서 군사적 개입을 초기에 반대하였던 것에 맞섰던 일을 상기하면서 그것이 그의 리더십과 행동을 따르게 하는 것으로 잘못 인식하여 그 일을 잘못 결정하였다. 그가 만일 다른 쪽으로 결정하였더라면, 그는 아마도 인기를 얻게 되었고 명예도 얻었으리라. 그러나 그는 동남아시아의 민족주의의 힘을 오판하였고, 베트남 전쟁을 루스벨트 대통령의 전체주의에 대한 투쟁과 맞먹는 것으로 그리고 그것이 미국으로 하여금, 2차 세계대전을 치를 수 있는 리더십을 발휘하는 것으로 오인(誤認)하였다. 러시아인들을 두려워하여, 존슨은 베트남 전쟁 확대를 제한시켰다. 그 전략은 그러나 먹히지 않았다. 존슨은 그 지역의 발전 계획안을 제시하면서 협상을 요구하였다. 월맹은 거절하였다. 회고하여 보건대, 비평가들은 월남전은 인도차이나 반도 국민들 스스로가 결정 했어야 할 문제였다는 것이다. 미국인들은 거창한 군사적 개입에도 불구하고 쉽사리 반공적 차원에서 그들을 이길 수 없었다(그들은 민족주의였기 때문이다).

존슨은 공산주의 이데올로기를 사악한 세력으로 단정하였고 그 사상을 옹호하는 어떠한 적의 세력에도 대단한 공포심을 지니고 있었다. 아이젠하워와 덜레스 국무장관은 헝가리, 수에즈, 그리고 월남에서 물러났다. 존슨 대통령은 그러한 전략들이 그의 통치 기간 동안 적절한 것이었는지 판단할 수 있는 충분한 외무 지식이 결핍되어 있었다. 확실한 것은, 대부분의 전문 기관들이 베트남 개입을 지지하였다. 여전히 존슨 자신의 기질과 성향이 베트남전을 확대시키는 일에 기여하였다는 것은 사실이었다. 다른 사람들의 판단을 고려하여 볼 때, 존슨은 유효한 수단보다는 목표와 원칙을 더 주장하였다는 것이다.

바버(Barber)는 "존슨의 사회적 환경이 방향을 제시해야 하는 상황에서 탁월한 효용성을 발휘하였다는 사실은 의심할 바 없다"고 생각하였다.[38] 상원에서 그는 의견의 일치를 이끌어 내는데 성공적이었으며 그 이유는 그들이 의견을 전개해 감에 있어서 딱 들어맞는 단계에서 그가 의중(意中)을 꿰뚫었기 때문이었다. 상원의 민주당 지도자로서, 그는 의원들의 기대와 인식에 호소하는 상원 의견의 범위를 잘 가늠하였다. "원천적 자료들이 주어졌고, 존슨은 특별한 입장을 취하지 않았다. 그는 다른 의원들이 취한 입장의 범위 내에서 업무를 진행하였다. 이곳저곳을 밀고 당기고 하면서, 그는 일할 수 있는 투표석을 마련할 때까지는 움직이지 않았다."[39] 물론 우리는 존슨의 1차 임기와 2차 임기를 구분해야 한다. 대통령직에 출마하면서 오로지 상원만을 장악함으로써, 그는 결국 베트남 전쟁의 큰 낭패에 깊숙이 개입하게 되었다. 케네디 대통령의 암살을 계기로 그리고 전쟁 와

중에, 그 암살되었던 대통령의 계획이 하원에서 시행됨에 따라, 그는 권력의 고삐를 단단히 죄면서 빈곤에 대하여 굉장한 낙관론을 가지고 있었다. 그의 2차 임기 중, 베트남 전쟁을 질질 끌게 되면서, 제임스 레스턴(James Reston)은 "다시 한 번 입증된 사실은 전쟁 사상자가 처음 발생되었다는 것과 전쟁이란 선한 인간들을 타락시킨다"는 결론을 지었다.[40] 외교 정책은 국내 정책과는 다른 것이다. 그의 고통이 확장되어 감에 따라, 그는 그의 고문들에게 지배적인 태도를 지니게 되었고 그로 말미암아 그들은 오히려 그를 거의 도울 수 없었다. 오히려, 존슨 자신의 내적 갈등의 불균형과 과장됨이 더욱 더 견고히 자리 잡게 되었다.

그 대통령의 가장 깊은 두려움은 베트남 전쟁이 러시아와 중국에 적대감을 증폭시킬까 하는 것이었다. 그는 냉전 상황에서, 심지어 핵 대치 국면에 이르는 확전의 가능성 때문에 겁에 질려 있었다. 베트남의 폭력과 비극이 미국 TV방송에 나타나게 되자, 반전(反戰) 정서가 급격하게 확산되었다. 때때로, 존슨은 미국 내의 기독교적 양심과 종교적 지도 계층에 그가 스스로 대립되고 있음을 알았다. 1967년 가을, 그가 버지니아 주의 윌리엄스버그(Williamsburg)에 있는 브루턴 패리쉬 교회(Bruton Parish Church)—그 교회는 워싱턴, 메이슨, 그리고 헨리 대통령이 다니던 교회였는데—그곳 예배에 참석하였을 때, 예배를 진행하던 목사가 존슨에게 전쟁에 관한 질문을 하게 되었다.

존슨은 국민들이 수천 마일 떨어진 곳에서 선전포고도 없이, 승부 없는 소모전을 지지할 것이라는 믿음을 가졌다는 점에서 월남전을 오판하였다. 〈민주사회를 위한 학생모임(S.D.S., Students for Democratic Society)〉이 결성되었고 대학 캠퍼스에서는 시위가 잇따랐다. 〈베트남전 종식을 위한 협의회-The Coordinating Committee to End the War in Vietnam〉가 결국 35개 단체를 주도하게 되었다. 전쟁에서 싸우던 사람들 중에는, 존슨이 군 복무를 강요하였던 점이 그들을 심하게 분노하게 하였다고 말한다. 예를 들면, 공군 작전 '롤링 선더(Rolling Thunder)'에서 행정부의 선(先) 승인 없이는 아무런 공격도

할 수 없었다는 점 같은 것이다. 선제공격 사진과 같은 증거가 없이는 2차 공격은 허락되지 않았다. 결국, 웨스트모어랜드(Westmoreland) 장군은 대통령을 비난하였다. "존슨은 전쟁이 없어지기를 희망하였다. 그래서 그는 그의 정력을 집에 가만히 앉아서 '위대한 사회'를 구축하는데 집중하였다. 그의 핵심적인 베트남 전쟁 결정은 그 전쟁을 영원히 질질 끌고 가도록 하였을 뿐이다."41)

그에 대한 종교적 물음은 무엇인가? 이런 상황에서 정당성 있는 전쟁에 대한 신학은 쓸모없어 보인다. 그 전통적 이론에는 필수적 요건이 있다. 그것은 마지막 평화를 가져다주는 전쟁이어야 하고 적당한 권위에 의해서 선포되어야 하고, 합리적인 성공의 기회를 갖고 있어야 하며, 싸우지 않는 자들은 보호되어야 하고 업적을 쌓기 위해서 파괴하는 잘못된 것을 고치는 그런 전쟁이어야 한다. 베트남은 결국 그런 전쟁으로 끝나지 않았다. 무엇보다도, 미국 국민은 그 전쟁이 그렇지 못하였음을 확신하였다. 결국, 존슨은 이러한 사실을 인정해야함을 피할 수 없었다. 그는 1955년 심장 발작 이후로 완전히 건강한 사람이 아니었다. 사건의 압도적인 부담으로, 그는 1968년 3월 31일, "따라서, 본인은 여러분의 대통령으로서의 또 다른 임기를 위하여 본인의 당 후보 지명을 구하지도, 받아들이지도 않을 것"이라고 천명하였다. 사실, 그의 발표는 마틴 루터 킹 2세 목사의 암살과 그에 따른 워싱턴 D.C.의 폭동에 대한 뉴스로 인하여 별 주의를 끌지 못하게 되었다. 약 두 달 이후에, 6월 5일 로버트 케네디(Robert Kennedy)가 로스앤젤레스에서 피살되었다. 1968년 여름에, 소련이 프라하의 봄(the Prague Spring)을 진압하면서 체코슬로바키아를 침공하였다.

최악의 사태는 존슨이 국민들로 하여금 베트남 전쟁에 대한 본질과 그 정도가 어느 만큼이 될 것인지 알 수 없도록 결정하였다는 점이다. 반(半)전쟁, 반(半)평화의 상황에서 그는 완전한 측정을 하거나 조정을 할 수 없었으며 그로 인하여 그 대통령의 권한은 서서히 무너지기 시작하였다. "성격상 타고난 그의 의심 잘하는 기질은 망상이 되었고, 타산적인 기만은 자기기만이 되어 버렸으며, 그리고 더 나아가 근거 없는 확신이 되어 버렸다. 패배하자, 존슨은 대통령직에서 물러났고, 아무 승산 없이 엄청난 양의 피를 흘렸으며 그럼에도 불구하고 여전히 러시아의 개입과 원자핵 공포를 두려워하고 있었다. "어찌하여 당신들은 나를 무너뜨리려 합니까? 나는 아무도 믿을 수가 없습니다! 모든 사람들이 나를 찍어 버리려 하고 파괴시키려 합니다!"라고 그는 투덜대었다.

바버(Barber)는 존슨의 속임수, 남을 조정하기, 비밀을 즐기기, 그의 자신에 대한 욕망, 그리고 적대적(敵對的) 강자들에게 둘러 싸여 있는 존재감, 그의 엄청난 분노심 그 모두가 다 그의 심층적인 심리적 불안이라고 이해한다. 그의 난관의 밑바닥에는 도덕적이고 심지어는 종교적인 문제들이 있었다. 그는 이상주의자, 그리고 동시에 실용주의자가 되려고 시도하였다. 이상주의적 가이드라인만을 가지고 말이다. 정치적 중도인 숙련가로서 존슨은 과거, 현재, 미래의 비전을 추구하였으나 그 비전들의 정확성은 멀리하고 통합성만을 추구하였다. 신용도의 갭(gap)에 있어서, 그의 행정 후반부에 양극 격차가 더 심각하게 벌어졌다. 그의 종교 고문은 당대의 그 개인적 부흥 운동에 있어서 지배적 인물이었던 빌리 그래함(Billy Graham)이었다.

『린든 존슨의 비극』 *The Tragedy of Lyndon Johnson*이라는 저서에서 골드만(Goldman)은 존슨 대통령의 목표를 언급함에 있어서 빌 모이어스(Bill Moyers)의 역할에 주목하고 있다. "모이어스는 민권(民權)에 열중하였고 가난에 맞서 싸웠으며 더 나은 교육에 관심을 기울였다… 그는 결코 전통에 물들지 않았으며 자유주의적 지성주의를 반영하였고… 그의 종교적 기원은 하나의 단서가 되었다. 그는 빌리 그래함 개혁주의의 산물이었으며 라인홀드 니버(Reinhold Niebuhr)의 산물은 아니었다."[42] 이스턴 대학(Eastern University) 교수였던 골드만에게 존슨은—그가 심지어 대통령이 되어서도—허튼소리나 음탕함, 그리고 느릿느릿 말하는 촌티를 좀 벗어난 카우보이에 지나지 않는 존재였다. 그러나 그는 다음과 같이 결론짓는다. "대학을 드나들며 일류 지성인들을 수년간 만났지만 나는 린든 존슨보다 더 지적인 사람을 결코 만난 적이 없었다고 확신한다."[43] "순수한 지능지수로 말할 것 같으면, 그는 명석하고 빠르고 통찰력 깊은 두뇌를 가지고 있었으며 그 자신 나름대로 상상력과 질묘함을 지니고 있었다."[44]

바버(Barber)는 심리학적으로 관찰한다. "존슨 대통령은 투쟁의 와중에서도 은밀한 계획을 전개시켜 나갔고 대중과 손을 잡으면서 의기양양하기도 하였으나 그렇게 오래가지 못하였다."[45] 권력을 획득하는 데 성공하면서 그는 중단하지 못하였다. 그는 떠밀려서 환상적인 행보를 계속하였다. "어서 어서 갑시다"라고 심지어 나무 아래서 조용히 쉬기를 원할 때에도 그는 그렇게 말하였다고 한다. 그의 개신교 복음주의자와의 우정도 그의 영적 욕구에 대하여 답하지 못했고 영혼의 평화도 주지 못하였다. 월남전에서의 패배로 미국은 스스로 벌린 첫 번째 전쟁에서 신용을 잃게 되었고 심지어 2차 세계대전에서도 알지 못하였던 깊은 수렁의 경험을 겪어 나가게 되었다. 수소폭탄 공포의 그늘은 여전히 남아 있었다.

그해 가을 (그의 부통령이었던) 허버트 험프리(Herbert Humphrey)가 대통령 경선에 나갔을 때 존슨의 지지는 미약하였다. 적어도 그 캠페인이 거의 끝날 때까지. 존슨은 "닉슨(Nixon)이 나의 베트남 정책을 험프리보다 더 강하게 지지한다"고 주장한 바 있다. 그러므로 텍사스를 들를 필요가 있겠는가? 결국, 험프리는 국민투표에서 0.7%만 잃었다.[46] 자유주의는 베트남전에서, 시민 폭동에서, 그리고 킹 목사와 케네디 대통령의 정치적 암살로 인하여 설 곳을 잃어버렸다. 리처드 닉슨(Richard Nixon)의 취임식에서 헨리 키신저(Henry Kissinger)는 존슨이 "대통령 찬가"를 부르기 위해 단상에서 내려올 때를 다음과 같이 회상하였다. "나는 이 강하고 비극적인 인물이 무엇을 생각하였을까 궁금하였다. 그는 엄청난 영감(靈感)을 가지고 시작하였으나 뼈아픈 결과로 그의 임기를 끝냈기 때문이다. 어떻게 그 만장일치로 칭송받던 사람이 쪼개진 국가로 끝을 낼 수 있단 말인가? 존슨은 새장에 갇힌 독수리 같이 서 있었고, 그러나 위엄이 있었으며, 전혀 사소한데 신경을 쓰지 않는 것처럼 보였으며 그의 눈은 그가 결코 도달할 수 없는 먼 곳을

응시하고 있었다."47)

존슨의 언론 비서인 조지 리디(George Reedy)는 다음과 같이 기술하였다. "그는 아마도 개의 새끼(a son of bitch)였을지도 모른다. 그러나 그는 굉장한 개의 새끼다. 그는 또한 가장 훌륭한 정치가 기질을 소유하였다. 그것은 정치력의 방향에 대한 감각이다. 그 정치력은 대중을 휩쓰는 그의 힘이다." 리디는 가장 중요한 것은 존슨이 정부 업무의 국가적 형태를 어떻게 조성할 것인가를 알았다고 한다. "그가 떠나고 나서 우리는 그 기술을 상실하였고 그 결과 심각한 고통을 겪어 나가고 있다… 그러한 힘을 앞서 추진함으로 만족하였을 뿐 아니라… 그는 그 힘을 지도하는 기술을 달통(達通)하였다."48)

1) Alley, op. cit., p. 108 et seq.

2) Barber, *Politics by Humans*, pp. 116~117.

3) Ibid., p. 117.

4) Ibid., p. 114.

5) Ibid., p. 115.

6) Ibid., p. 116.

7) Alley, op. cit., 111.

8) Ibid.

9) Barber, *Presidential Character*, p. 76.

10) Barber, *Politics by Humans*, p. 116.

11) Barber, *Presidential Character*, p. 77.

12) Vaughn Davis Bornet, *The Presidency of Lyndon B. Johnson*, Lawrence, Kansas: University Press of Kansas, 1983, p. 66.

13) Ibid., p. 73.

14) Ibid.

15) Ibid., p. 75.

16) Ibid., p. 85.

17) Barber, *Presidential Character*, p. 65 et seq.

18) Ibid.

19) Ibid.

20) Ibid.

21) Eric F. Goldman, *The Tragedy of Lyndon Johnson*, New York: Knopf, 1969.

22) Ibid.

23) Ibid.

24) Barber, *Presidential Character*, p. 80.

25) Robert Caro, *The Years of Lyndon Johnson*, New York: Knopf, 1982.

26) Cf., Doris Kearns Goodwin, *Lyndon Johnson and the American Dream*, New York: Harper, 1976.

27) Ibid.

28) Ibid.

29) Ibid.

30) Ibid.

31) Ibid.

32) Ibid.

33) Ibid.

34) Ibid.

35) Barnet, op. cit., pp. 102~103.

36) Ibid, p. 159.

37) Ibid.

38) Barber, *Presidential Character*, p. 65 et seq.

39) Cf., Fred I. Greenstein, *Leadership in the Modern Presidency*, Cambridge: Harvard, 1988.

40) Lerner, op. cit., p. 101 et seq.

41) Cf., Doris Kearns Goodwin, op. cit.

42) Barber, op. cit.

43) Goldman, op. cit.

44) Ibid.

45) Barber, op. cit.

46) Cf., Caro, op. cit.

47) Ibid.

48) Ibid.

리처드 M. 닉슨
Richard Milhous Nixon

닉슨은 그 스스로는 부정적 부류에 속해 있다. 아마도 당대의 가장 지적(知的)인 대통령이었으나 또한 가장 비극적이고 도덕적인 실패를 겪었던 대통령이었으리라. 그것은 오바마와 반대 입장이다. 닉슨은 동부 지식인들을 경멸하였다. 오바마는 그중 한 사람이다. 여전히, 닉슨의 중공(中共) 방문은 찬란한 업적이고 지속적인 역사적 유산으로 남아 있다. 워터게이트(Watergate) 사건은 그의 윤리적 대 낭패로 남아 있다. 확실한 것은 오바마는 주체할 수 없는 개인적 적들을 가지고 있고 닉슨은 그렇지 않았다. 그리고 그 44대 대통령은 그의 선임자들이 베트남전이나 캄보디아 전에 개입한 것처럼 무책임한 국제전에 맹목적으로 마구 개입하지도 않을 것이다. 닉슨의 생애는 확실히 선악에 대하여 중요한 핵심적 이슈를 던져

주고 있다. 그는 오바마가 공적으로 그런 것처럼 자기의 생각을 매우 비밀스럽게 감추고 있었다. 그리고 그의 종교는 그에게 도덕적으로 거의 아무런 도움도 주지 않았다!

리처드 닉슨, 그는 누구인가?

"전기(傳記) 작가들이 닉슨 대통령이 하야(下野)한 이후에 그를 평가, 또는 재평가한 데 따르면 그들은 그가 우익 보수파요, 공화당 온건파요, 은밀한 자유주의자요, 전쟁광이요, 피스 메이커라고 각각 다르게 수사(修辭)하고 있다. 그러나 한 가지 변함없는 평가가 있다면 그는 최고의 기회주의자였다는 사실이다. 그는 그의 일관성이 없음에 있어서 일관적이었다. 그는 사람들이 제공하는 기회를 잘 포착하였을 뿐 아니라, 그가 정치적으로 활용할 기회를 창출해내기도 하였다."1)

종교적으로, 캘리포니아 휘티어(Whittier, California) 출신인 추정상의 퀘이커 교도인 그가 복음주의자 빌리 그래함과 친분을 누리는 기회가 있었고 그는 그 기회를 포착하였다. 문제는 그러한 친분 관계가 그에게 사회적인 윤리의식을 제공하지 못하였다는 것이다. 빌리 그래함은 남부지역에서 개최되는 인종차별적 부흥회를 거절하였다. 전쟁과 평화 문제에 도달하였을 때에 그는 대부분 교전상태를 선택하였다. 빌리 그래함의 설교는 주로 사회 정의에 관한 것이 아니라 개인의 구원에 관한 문제였기 때문이다.

막스 러너(Max Lerner)는 리처드 닉슨의 성격과 일치되는 한 가지 역설(逆說)에 주목하였다. "닉슨은 그 자신을 존 번얀(John Bunyan)의 『천로역정』 *Pilgrim's Progress*에 나오는 'Mr. Christian'으로 보고 있다. 그는 끊임없이 적(敵)과, 시련과, 시험에 처해 있으며 항상 인류와 역사에 대처해 나가야만 했다… 그는 인생을 사회 진화론(Social Darwinism)에 나오는 순수한 생과 사의 문제로 이해하였다."

고지(高地)를 점령한 고독한 자로서, 선과 악을 초월하는 대통령 직무와 싸워 나가면서, 닉슨은 그 나름대로 니체적인(Nietzschean) 관점을 지니고 있다. 전설 속에 나오는 불운한 마법사처럼 그가 마법의 병에서 풀어 놓은 제니는 회오리바람이 되었고 그 스스로를 파괴시켜 버렸다.[2]

닉슨은 미국에서 재임 중 퇴임한 유일한 대통령이었다. 그는 법사 위원회(the House Judiciary Committee)가 탄핵 기사를 발표한 후, 1974년 8월 9일 워싱턴 D.C.를 떠났다. 대통령 대화가 녹음된 백악관 테입은 닉슨의 공적(公的) 도덕성의 위선과 종교적 위선만을 노출시킨 것이 아니었다. 그것은 그가 미국 국민들에게 거짓말을 한 것을 입증시켜 준 것이었다. 어떤 익살꾼은 다음과 같이 말하였다. "만일 닉슨이 그의 양심과 씨름하였다면 , 그 시합은 잘 끝났을 것이다." 그의 정적(政敵)들은 그를 "Nick's son(악마의 아들)"이라고 불렀다.[3]

여전히, 닉슨은 여러 면에서 20세기 후반에 백악관을 점령한 자들 중에서 탁월한 위치를 차지하며 가장 뛰어나고 유능한 대통령 중 한 사람으로 남아 있다. 그의 업적은 많이 남아 있고 또한 위대하다. 엘리어트 리처드슨(Elliot Richardson)—그는 법무장관으로서, 닉슨 대통령이 워터게이트 특별검사를 파면시키자고 하면서 전전긍긍하는 명령을 따르지 않고 오히려 자기가 사임한 자였는데—은 후에 다음과 같이 회고하였다. "리처드 닉슨은 2차 세계대전 이후 가장 위대한 우리들의 대통령으로 남아 있다."[4] 다른 결과가 나올 수 없다는 것이다.

그러한 설명이 전기 작가들이 판단하는 것 같이 닉슨의 숙명론과 비관론, 그리고 그의 가치를 위한 보완적 대체로서 그 자신의 정치적 기술과 위배되는 것일까? 또한 거기에는 닉슨의 정치적 동맹국들에 대한 불신임도 있었고 공격적 감정을 제어하는데 에너지를 소진한 점도 있었다. 생활 태도 근저에 깔린 것은 무엇이었을까? 그것보다도 종교적 신조와 윤리적 헌신은 무엇이었을까? 닉슨 대통령이 사악한 존재가 되어서는 안 된다. 그는 복잡한 기질의 사람이다. "히스사태(Hiss case)의 닉슨, 닉슨의 베이징 순방과 함께 체커스(Checkers) 연설 후에 찾아온 후기 캘리포니아 폭발(the post-California outburst), 중국 정책의 방향 전환과 비교하여볼 때, 거기에는 부정할 수 없는 뚜렷한 성장이 있었다. 그러나 그것은 인식론적 성장이었고, 감정적 차원의 성장은 아니었다."5) 린든 존스의 경우를 예외로 하고, 그렇게 많은 정치적 경험을 가지고 백악관에 입성한 경우는 없었다. 그리고 그 누구도 이 땅에서 최고 수반직 업무를 수행하면서 그렇게 심한 심리적인 상처를 가져다준 적도 없었다. 도대체 어떤 종교와 신앙을 그는 마음 속에 담고 있었단 말인가? 그것은 그의 존재 깊은 곳에 있는 것이 아니라 머리 속에만 자리 잡고 있었던 차가운 신앙이었을까?

닉슨은 그의 2차 대통령 선거 캠페인에서 미국인들의 꿈의 이상론(理想論)을 제기하였다. "오늘 나는 아이의 얼굴을 들여다봅니다… 그 아이는 기차 지나가는 소리를 듣습니다. 밤에, 그 아이는 가고 싶어 하는 머나먼 곳을 꿈꿉니다. 그것은 불가능한 꿈처럼 보입니다. 그러나 그 아이는 일생 동안 가는 그 여행을 떠납니다… 그 아이가 전쟁에 나갔을 때 자상한 퀘이커(Quaker) 교인 어머니는 평화를 염원하는 마음으로 조용히 흐느낍니다. 위대한 교사, 탁월한 축구 감독, 그리고 영감 있는 성직자가 그의 길을 격려합니다."6) 닉슨은 그의 첫 번째 성공이 막 시작될 즈음에 국내 공화당 전당대회에서 이렇게 연설하였다.

캘리포니아 휘티어(Whittier, California)의 전통적 평화 교회 공동체에 속한 그의 퀘이커 배경은 무엇이었을까? 닉슨은 온건파 가족 출신이다. 생존을 위하여 중산층 갈등과 투쟁이 있었다. 그의 두 형제는 젊었을 때 죽었고 성장기에는 재정 문제가 있었다. 대학을 마치고 그는 듀크(Duke) 법과 대학에 들어갔다. 졸업하고, 그는 뉴욕이나 워싱턴에서 직장을 구하기 원하였으나 실패하였다. 대신, 그의 어머니는 캘리포니아 휘티어의 작은 회사에서 일할 수 있도록 주선하여 주었다. 그는 이혼과 형사법을 담당하였다. 1940년 결혼하였고, 진주만 사건(Pearl Harbor) 이후에 그는 중위로 해군에 임관하였다. 그가 양심적 거부자로서 퀘이커 교도의 평화주의자 행태를 따랐더라면 그는 결코 대통령이 될 수 없었을 것이다.

닉슨 성격의 모순이 되는 부분은 그의 부모의 성격상 차이점에 그 원인이 있었다고 할 수 있다. 한나(Hanna)는 환자였으나 성인(聖人)과 같은 어머니였다. 그리고 약자를 괴롭히고, 정치적 심성을 지닌 그의 아일랜드계 아버지, 프랭크 닉슨(Frank Nixon)과의 성격 차이에서 연유한다. 한나 닉슨(Hannah Nixon)은 그에게 이상주의 감각과 가치관을 심어 주었다. 프랭크 닉슨은 그의 아들이 무자비한 전략과 몰가치한 말투를 물려받았는데, 그런 것들이 이익과 권력, 그리고 그 어떤 것들도 불사하고 승리하려는 결단력을 강화시켰다. 언론계 지성인들과 마찬가지로 뉴 레프트(New Left)의 급부상에 치를 떨면서 그는 "침묵하는 다수"에 호소하였고, 그 대통령 후보자는 선거 중점을 비지성인 계층에 두게 되었다.

"그의 비평가들은 그가 설교가인 척 행세하는 사기꾼, 민중 선동가, 만만치 않은 벅찬 상대인 것을 알아차렸다. 허버트 후버(Herbert Hoover)와 같은 닉슨의 후원자는 그가 정치가가 되기 위해서 자기 자신의 진정성이 없는 합리화된 모습을 지닌 한 설교가임을 알았다."7) 비록 그가 명예롭고, 헌신적인 사람이었을지라도, 그는 때때로 여론의 압박에 휘둘리어 무모하게 캠페인을 벌이기도 하였다. 결국 비평가들은 그 결과가 신앙을 지키는 덕목과 골목대장 싸움의 전략이 뒤섞인 것이었다고 항변하였다.

전쟁 이후 젊은 변호사로서, 벌티모아(Baltimore)에서 한 사건을 종결하면서 32세였던 닉슨은 현직 의원인 제리 부리스(Jerry Voorhis)에 맞서 출마할 것을 휘티어의 한 은행가로부터 요청받는다. "부리스의 보수적 명성은 망해버려야 한다"라고 닉슨은 말했고 해군 제복을 입은 그의 사진을 보여 주었다. 그는 여전히 조용히 질문에 답하는 동안에도 공격적이며 수사학적인 웅변으로 승리하였으며, 그 누구에게서도 도움을 받지 않았다. 그리고 그는 고지를 점령하였다—하원에서 상원으로, 부통령으로, 그리고 마지막 백악관에 이르기까지—냉정한 전사(戰士)로서, 반공주의자 운동가로서 말이다. 전임 대통령 후버(Hoover)는 닉슨을 "우리나라에 존재해 왔던 반역죄의 흐름"을 드러낸 것으로 점수를 주었다.8)

게리 윌스(Gary Wills)는 닉슨을 역설적으로 "마지막 자유주의자"라고 말하였다.9) 윌스는 그를 미국적 특성과 정치 체제에 있는 비극적인 상처를 무시하고 그 과정에서 저절로 생기는 억지 믿음을 조성하고 미국인의 꿈을 무비판적으로 받아들이는 사람으로 이해한다. 앨거 히스(Alger Hiss)의 간첩 혐의 사건이 없었더라면 아마도, 그는 결코 백악관 진출까지는 못하였을 것이다. 닉슨은 퀘이커 교도의 도덕적 이상(理想) 덕을 좀 보았다. 심지어 가장 심했던 냉전 기간 중에도 그는 스스로를 국제주의자로 묘사하였다. "나를 국제간 관계의 현 상황에서 절대로 차별주의자라고 말할 수 없다. 퀘이커 교도들은 평화에 대한 열망을 가지고 있기 때문이다." 베트남 전쟁과 함께 자유주의 유토피아적 비전이 사라짐에 따라, 닉슨은 오로지 만행(蠻行)과 현실 정치에 대한 냉소주의로 맞서 나가려 하였다. 그는 그의 인생에 있어서 최악의 시간은 권력에 대한 야망과 굶주림에 삼켜져 버린 지난 나날들이었다고 회고하였다.10)

그의 생애 초반에 한 언론인은 닉슨의 정치적 주장을 다음과 같이 피력하고 있다. "인간적으로 또한 그의 성격상, 그는 대부분의 미국인들, 그리고 미국인들이 소중하다고 생각하는 많은 것들을 구현하고자 노력하였다. 그것은 그가 속해 있던 중산층의 꿈이었다… 그는 젊고, 진취력이 있었으며, 성공적이었다."11) 몸에 밴 열심과 솔직함(그러나 유머 감각은 없었다), 그의 라이프스타일은 목장을 갖고 싶어 하고, 부인에게 모피를 사주고 싶어 하고 아이들에게 애완동물을 사주고 싶어 하는 중산층과 잘 맞아 떨어졌다.

닉슨은 종교적 신앙을 자처하였고 종교를 믿는다고 주장하였다. 애국심과 가족에 대한 사랑이 그의 가치 중, 최우선이 되었다. 공적으로는 열심히 일하는데 헌신하였고 자유기업을 주장하였다. 그는 그에 대한 칭찬을 민주주의의 주인인 국민들에게 돌렸다. 군사력에 대한 존중은 평화 추구에 대한 그의 염원으로 이어졌다. 닉슨은 미국의 국가적 운명에 대한 군건한 신앙심을 간증하였는데 그것은 미국이 하나님의 총애를 받는 국가라는 것이었다. 그러나 여전히 아이젠하워 대통령 선거 캠페인에서처럼, 아들라이스티븐슨(Adlai Stevenson)은 미국을 다음과 같은 나라로 보고 있다. "닉슨의 땅 그것은 학살과 공포의 땅이고, 교활한 빈정거림의 땅이며, 독설이 난무하고 불법과 밀어붙임과 거칠게 밀치는 익명의 전화들이 넘실대는 승리만능주의로 진흙탕 싸움을 하는 땅이었다."[12]

이상과 현실

닉슨의 이상은 (세속적) 장로교 노동 윤리, 자유주의적 낙천주의, 그리고 권력 정치의 독특한 혼합으로 평가돼 왔다. 이론적으로, 그는 케인스 경제학(Keynesian economics)을 수용하여 적자재정과 더불어, 국가의 의료보험, 최소수입, 임금과 물가의 조정을 지지하였다.[13] 닉슨의 정치적 본능은 단순히 편협한 지역주의나 고립주의자가 아니었는데 그가 신임을 얻은 일은 저개발 국가를 원조하는 데 있어서 그가 강력한 주장을 폈다는 데 있다. 그는 또한 SALT회담과 비무장을 지지하였다. 부통령으로서, 그는 1957년 인권 개정안(the 1957 Civil Right Act)의 상원 통과를 성사시키는 데 주도적인 역할을 하였다.

그늘진 얼굴로 그의 눈은 침울하게 내려앉은 눈썹 밑에 가라앉아 있었고 무언가 독설적인 말투는 그러나 기가 죽어 있었다. 닉슨은 별로 매력적인 모습을 나타내지 못하였다(결코 매력적이지 않았다). 그의 수척한 모습과 불안정한 매너는 케네디와 벌인 그의 첫 번째 TV토론에서 극명하게 드러났다. 그리고 그것은 진정 대통령직을 위한 대가를 치러야 하는 일이 되었다. 2차 토론에서, 그는 좀 더 발전하였다. 그는 좀 더 충실하게 준비하였었다고 후에 토로하였다. 수년이 지난 후, 닉슨은 중책을 맡게 되었는데 그것은 아이젠하워의 대통령 선거운동 뒷전에서 의회 후보자들을 위하여 터전을 마련하기 위함이었다. 대체적으로, 그는 매우 친절한 사람은 아니었다. 한 번은 1956년 아이젠하워 선거 캠페인에서 닉슨의 스텝들과 기자들이 호텔 수영장에서 신나게 즐기고 있었다. 그 부통령 후보자는 수영복을 입고 나타났고, 다이빙을 하였으며, 그 수영장을 왕복 수영하였고 나가면서 한마디 인사도 안하고 그 누구에게도 미소조차 띠지 않은 채 떠나버렸다.14) 후에 그의 대통령직에서 오랫동안 문제가 되었던 개인적 고립은 이미 그때 명백하게 나타났던 것이다.

그가 백악관에 들어가면서 국제 업무 전략에 있어서, 진정 그의 능력의 결핍이 드러나게 되면서, 닉슨은 그의 1차 임기 초반에 하버드 대학 교수인 헨리 키신저(Henry Kissinger)로부터 자문을 구하게 되었다. 그 둘은 함께, 닉슨이 재선으로 달려가는 극적인 순간들을 달성하게 되었다. 그것은 사실 일등급 색다른 한 쌍의 동반자 관계였다. 닉슨은 백악관을 차지하였고 그 학자 외교관은 대통령이 어떻게 할 것인가를 지시하곤 하였다. 그들을 묶고 있었던 것은 상식적인 권력의 원리였다. 우익(右翼)을 위한 그 대변인은 닉슨의 반공사상을 뒤집어 놓았다. 그의 모스크바와 북경 방문은 긴장 완화 국면을 초래하였다. 러시아인들과 체결한 탄도탄 요격 미사일 구축 자제 조약은 중요한 일이었지만 그 결과는 제한적인 것이었다.

1840년에서 1870년 사이의 실패한 대통령 목록은 일반적으로 타일러(Tyler), 필모어(Fillmore), 피어스(Pierce), 부캐넌(Buchanan) 그리고 앤드류 존슨(Andrew Johnson)을 포함한다. 이 최고 행정가들에 이어 1920년대의 하딩(Harding)과 후버(Hoover)가 그 뒤를 이었다. 닉슨은 그들과는 좀 다른 타입이었다. 그는 왜 사람들이 위기를 피하는가 이해할 수 없다고 말하는 위기 관리자였다. 회고하여 보건대, 그는 미국 역사에서 굉장히 힘든 시기에 과거의 억압과 미래의 요청에 직면한 과도기적 대통령이었다. 조안 호프(Joan Hoff)가 닉슨은 워터게이트 사건 그 이상, 또는(워터게이트는 닉슨 그 이상)이라고 말한 것은 옳았다. 러너(Learner)는 그를 신화적으로 자유로운 올림푸스(Olympus)의 지배적 신성(神聖)에 대항하였던 타이탄(Titan)으로 그리고 있는데, 그는 바로 신들로부터 불 또는 불이 아니라면 유황을 훔치는 프로메테우스(Prometheus) 타입의 인물이었다.15) 호프는 어떻게 닉슨이 공적으로 지지한 보수적, 정치적, 종교적 프로그램이라는 면에서 그가 윤리적으로 원칙에 입각하지 못하는 역할을 하였는지 묻고 있다.

호프(Hoff)의 평가는 "원칙에 입각하지 않은 사람은 의식적으로 도덕적 양심의 가책이 결여되고 기준이 맞지 않는 것을 어렴풋이 깨닫게 되는 사람이라고 한다. 이와 대조적으로, [닉슨처럼] 원칙에 입각하지 못한 사람은 그의 행위를 거의 고치지 못하고 사회적 규범에 대하여 잘못한 것들을 깊이 후회하는 표현도 하지 못한다. 왜냐하면 과오를 범한 것에 거의 의식이 없기 때문이다.16) 호프는 다음과 같이 결론짓는다. 결국, 닉슨은 너무 혼돈스러운 상태가 되어서 옳고 그름을 판단하지 못하였으며, 정의가 방해받는 것과 국가적 안보 같은 것도 분별하지 못하였다는 것이다. 닉슨만이 홀로 그랬던 예외는 아니었다. 케네디와 존슨도 그의 선도자(先導者)였다—케네디는 로마 가톨릭 신자였고 존슨은 남부 개신교도였다—그리고 그 둘은 다 실용주의자들이었다. 끊임없이 변하고 입장을 바꾸는 것은 원칙이 없는 자들의 두드러진 특징이다. "일반적으로 알려진 사람들보다 지난 50년 동안 더 많은 미국 정치인들이 그렇게 묘사되고 있다."

닉슨은 중산층 가치가 변화로 인해 위협받고 있음을 알고 있었다. 무엇보다도, 그의 가정에 막대한 충격을 안겨다 주었던 공황사태(Depression) 때, 그들은 위협받고 있었다. 중산 계층 이하의 선량한 국민들이 고통을 당했다. 그럼에도 불구하고 그 자신은 혼자서 버텨 나갔다.17) 닉슨은 그가 처음 대통령 출마에서 실패 한 이후에 쓴 『6대 위기』*Six Crisis*에서 다음과 같이 생각하였다. "용기란—정확하게 말하자면 두려움이 없는 것인데—그것은 훈련의 결과이다. 두려움을 몰랐다고 주장하는 그 누구도 거짓말을 하거나 또는 어리석다는 증거일 것이다. 그러나 의지 있는 행동으로 그 사람은 두려움에 대한 원인들을 생각하기를 거부하고 전적으로 전투에서 이기는 것에만 집중할 것이다."18)

닉슨은 잘 구상된 정치사상을 가지고 있었다. 그 구상은 중산층 개신교 기독교와 연결되는 것, 그리고 빌리 그래함과 우정을 쌓는 일이었다. 아이젠하워가 중산층이 무엇을 얻었는가를 강조하였던 반면에, 닉슨은 그들이 무엇을 잃어버릴 위험에 처해 있었는가를 강조하였다. 그는 국가의 운명이 공산당 음모에 의해 기만당하고 있다는 중산층의 믿음을 독려하였다. "세 단어가 나의 휘티어(Whittier) 생활을 나타냅니다. 가족, 교회, 그리고 학교입니다"라고 닉슨은 회고하였다.[19] 1952년 공화당 전당대회에서 아이젠하워는 그의 러닝메이트인 닉슨을 "특별한 재능을 소유하고 있고, 또한 어떤 종류의 체제 전복적인 영향력을 찾아낼 능력이 있으며 그것을 끈질기게 제거할 힘을 가지고 있는 사람"[20]이라고 치켜세웠다.

닉슨이 휘티어 대학(Whitter College)에 재학 중일 때 그가 좋아하였던 교수 중 한 사람은 그를 다음과 같이 기억한다. "닉슨은 사색적인 성향이라기보다 분석적인 사람이었다. 그는 사람들의 요구를 모두 받아주었다. 그러나 그 이상을 넘어서 그는 그 누구에게도 특별한 도움이 될 만한 것을 주지 않았다."[21] 결론은 공평한 것처럼 보였다. "떠오르는 그에 대한 인상은⋯ 그가 위대하고 강한 성격을 가지고 이루고자 하는 목표를 달성해야 할 때 그 어느 것이라도 할 수 있을 것 같은 젊은이의 모습을 지니고 있었다"는 점이다.[22] "다만 그의 대쪽 같은 외골수의 성격이 그의 염치없음과 무법적 행위로 말미암아 약간 금이 갔다. 그리고 그는 그가 무력함을 느꼈을 때 그만 경계를 넘고 말았다."[23]

전시(戰時)의 압박감

닉슨 대통령이 백악관에 재임 중이었을 때 국제적으로나 국내, 또한 워싱턴 가에도 전운(戰雲)이 짙게 드리워져 있었다. 베트남 전쟁이 남북전쟁 이후, 처음으로 엘리트 여론 조성가들 사이에 그리고 일반 국민들 사이에 여론을 심각하게 분열시켰다. 닉슨이 FBI의 종신(終身) 책임자로 패트릭 그레이(Patrick Gray)를 지명하였는데, 그는 1973년 2월 닉슨에게 다음과 같이 말하였다. "당신을 반대하는 언론, 관료, 교수들, 교회 교인들, 그리고 그 외의 사람들, 또한 국회와 싸우기가 너무 힘듭니다!"[24] 그의 피해망상, 편집증은 이상주의나 단순한 현실주의로 개선되지 않았다. 닉슨의 도청과 비밀 국내 감시는 아마도 그의 베트남 전쟁 지휘로부터 유래된 것 같다. 케네디, 존슨, 그리고 닉슨은 모두 애초부터 그것이 이기거나 지거나 사이공의 전쟁이었음을 깨닫지 못하였다. 그러나 여전히 그 전쟁을 계속해 나가면서, 닉슨은 미국의 침묵하는 세대들을 대행(代行)할 것을 주장하였고, 동시에 미국과 해외에서도 계속 인권을 짓밟고 있었다. 국세청은 닉슨이 집권하자마자 그의 전략을 지지하도록 되어 있었고 그 관련자들은 그 기록을 이용하였다. 사건의 경위를 믿는 대신에, 그 최고 행정가는 분노심만 쌓아 갔고 그러한 분노는 결국 그를 결코 감출 수 없는 뻔뻔스러운 불법적 행동으로 이끌고 갔다. "그는 워터게이트에서 결국 이기게 되어 있는 표를 훔치는 일을 조정하였다. 그 과정에서, 결국 그는 자신의 대통령직을 잃게 되었다."25) 닉슨은 남부지방과 그곳의 기독교 보수주의자들이 그의 정책을 지지해 주기 바라며 정치적인 계산을 하고 있었다. 그는 인종차별 폐지를 비판하였고 상원이 두 번씩이나 반대한 보수적인 남부 출신 판사를 대법원 공석에 채워 넣으려 하였다. 그리고 그는 상원이 저지른 사악한 인격 살해를 맹렬히 비난하면서 "남부 지방에 사는 수백만의 미국인들"에게 "이러한 지역 차별"에 대해 증언할 것을 요청하였다.26) 그는 스스로 "법과 질서"를 위한다고 하면서 펜실베니아 공화당원들에게 "내가 대통령이라면 나는 흑인 공동체에 아무 것도 바라지 않을 것"라고 말하였다.27) 이것은 주목하여야 할 사실로, 빌리 그래함은 남부에서나 그밖의 다른 곳에서도 인종 차별적 집회를 개최할 것을 거절하였다.

닉슨이 베트남 전쟁에서 승리할 전략이 기울자, 그는 다음과 같이 생각하였다. "내가 베트남 전쟁에서 신속하게 그리고 용이하게 승리할 수도 있다는 것을 깨달았을 때 그리고 그 전쟁에 대한 가치와 태도를 가지고 언론을 장악할 수 있는 반전(反戰) 운동에 맞닥뜨릴 수 있다는 생각이 들었을 때, 때때로 나는 스스로의 생각에 갇혀서 그 반전 운동 지도자들을 경멸하였다. 그들은 점점 그들이 정당치 못하고 부도덕하다고 생각한 전쟁에 대한 즉각적인 중지라는 명목 하에 그 어느 것이라도 정당화하려고 하였다. 나도 이와 흡사하게 정부의 외무 정책을 지휘하는 능력을 지키려고 하였고 내가 생각하는 평화를 가져다주리라고 하는 방법으로 이끌어 나가려고 노력하였다."28)

닉슨도 인식하고 있었듯이 그 전쟁은 승리할 수 없었다. 그는 그러한 결말을 좀 더 큰 세계적 거래의 근거로 만들려고 하였다. 그의 외무 정책에 있어서의 변덕스러움은 국내 정사에까지 그 영향을 미쳤다. 1972년 선거가 다가오자 닉슨은 다음과 같이 말하였다. "FDR 이래로, 백악관 내의 당을 지은 것과 함께 민주당 대통령들은 무시무시한 정치적 긴장을 풀고 흥청거리며 탁월한 능력을 발휘하였다… 그래서 나는 내 주위에 있는 사람들에게 조직을 세우고, 세게 나가도록 그리고 다른 쪽 사람들이 무엇을 하고 있는가에 대한 정보를 얻어내도록 계속 압박하였다… 나는 내 간부들에게 민주당을 반대하는 자들이 우리에 맞서서 휘둘렀던 모든 상상할 수 있는 더러운 전략들을 그리고 이전 선거 캠페인에서 효과적으로 썼던 방편들을 다 제시해 보라고 지시하였다."29)

종교적 고찰

본 장의 초반에 나왔던 닉슨 캠페인에서 등장하였던 영성 있는 목사에 대한 언급은 의도적으로 투사된 그의 이미지의 한 부분이었다. 대통령 후보의 고문들은 가장 넓게 퍼질 수 있는 영향력을 강조하기 위하여 그러한 표제를 만들었다. 도덕적이고 종교적인 언급들은 핵심 사안을 회피하게 하는 역할을 할 수 있다. 닉슨은 자신의 도덕적 목표들을 당당하게 말하였다. "나는 미국 생활의, 도덕적 침식을 중단시키기 위하여 부단히 노력할 것입니다. 그리고 개인적 행동을 위한 개인적 책임의 부정(否定)을 종식시키기 위해서도 노력할 것입니다.30) 그러나 그러한 공적 천명(闡明)과는 대조적으로, 닉슨은 그의 측근들과 함께 아주 다른 의미의 현실을 이야기하였다. 변하지 않는 도덕적 종교적 언급이 없이 미국 정치의 사실적인 이야기들만 검토하면서, 그들은 스스로 자신들만의 특별한 형태의 실용주의에 오히려 자부심을 느꼈다. 정치의 의미가 권력과 기술로 축소되었다. '권력'이라는 말이 자주 인구(人口)에 회자(膾炙)되었다. 권력이 현실의 근본적인 요소인 양 종종 언급되었다.

마이클 노박(Michael Novak)은 로만 가톨릭 윤리학자로서 의회나 법원 언론을 희생시켜가면서 진행되는 행정력의 확장은 있을 수 없다고 비판하였다. 닉슨의 "기업적 대통령직", 테크노폴리스와 같은 이미지—고도로 기술적인 조직체—는 헌법적 체계에 대행하는 역할을 담당하였다. 노박은 그 대역(代役)을 "파시즘보다는 더 합리적이고 그러나 그럼에도 불구하고 구심력이 있었으며, 그와 유사하게 정체가 불명이었으며 또한 진부한 것이었다고 지적한다." 닉슨의 참모들은 추상적이고 비인간적인 요구를 충족시키기 위하여 그들의 인간성을 포기할 것을 요구받았다. 두 번째 선거 승리 이후에 그는 대단위의 간부급 해임을 단행하였다. "그가 겉으로 나서지 않는 원거리 조정식 행정에서, 닉슨은 그가 주위에 두기로 작정한 사람들과 그가 채택하기로 한 스타일로 일관하면서 자신의 욕구를 만족시키고 있었다."31)

닉슨이 자처한 미국에 대한 믿음은 인간이 지성과 기술과 사상을 잘 이용한다면 성취할 일에 제한이 없다는 확신에 대한 최종적 분석에 기인한다. 대중 앞에서 단순하고 엄밀하게 도덕적이었던 그는 종교나 전통적인 도덕성이 부여한 그 자신의 정책을 판단하여 줄 자아비판적 윤리나 종교적 관점을 가지고 있지 않았다. 헌법 제1 개정안에 대한 무신경한 위배가 드러나게 되었다. 닉슨은 라인홀드 니버(Reinhold Niebur)가 '왕의 예배(The King's Chapel)'라고 명명하였던 것을 이룩하였던 것이다. 국가의 대표적인 종교 지도자들이 백악관에서 주일 예배를 집전하도록 초대받았다. 예언자적 비판이 아닌 대통령 정책에 대한 함묵적인 지지가 종교의 재가를 받은 것이다.

노박은 테크노폴리스의 측면을 공격한 일련의 상황들이 위험했다고 생각한다.32) 사소한 사고들, 워터게이트 사건과 같은 불행한 일들로 인하여 비밀스러운 일들이 노출되면서 불가항력적인 비대한 권력이 굴욕적으로 침몰되었다. 6월 23일의 도청 테이프는 닉슨이 거짓말을 하였다는 명백한 증거이다. 그러나 여전히 그는 회개하지 않고 그리고 죄를 인정함이 없이 사임하였다. 그의 판단으로는, 그가 저지른 과오는 도덕적인 것이라기보다는 주로 정치적인 사안이었다는 것이다. 그가 지명한 후계자 제럴드 포드(Gerald Ford)는 닉슨이 사임한지 한 달 후, 그를 완전히 용서하였으나 이미 그가 재선에서 승리할 기회는 지나가 버렸다.

공적으로 경건하고 도덕주의자적이었던 닉슨은 빌리 그래함과 같은 지도자들의 의로운 위장으로 그 자신을 가려 보려고 하였다. 사적으로, 백악관 테이프는 그를 허망하고, 음흉하고, 냉소적인 사람으로 드러내었다. 갈등은 확연하였다. 닉슨의 신념 한 가운데에는 하나님 섭리의 교리보다는 운명론이 자리 잡고 있었다. 인간과 인간의 의지는 그가 확신한 바로는 미리 결정된 구조 속에서 작동한다는 것이다. 거기서부터, 알 수 없는 운명의 물결이 영원히 흘러들어 간다는 것이다. 우주는 신비하고 예측할 수 없는 것이다. 현실에서 인간은 쭈그리고 앉아서 기다리는 존재이며, 그저 닥치는 일에 맞서 행동하기 위하여 노력하며 준비하는 존재라는 것이다. 닉슨은 개인적인 야망보다는 환경 여건이 지도자를 적시 적소에 배치한다고 생각하였다. 거기에는 실질적인 어려움이 존재한다. 그러한 그의 견해는 타협안을 배제시키는 경향이 있다.

역사적으로, 우리는 닉슨을 평가절하해서는 안 된다. 그는 그 시대에 가장 심오하고 영향력 있는 대통령이었다. 그가 중국과의 관계를 정면 돌파한 그 자체는 대통령 계보에서 불후의 명성을 낳게 하였다. 그리고 위대한 현실주의자 헨리 키신저(Henry Kissinger)는 현실적 해결 능력이 뒤떨어지는 이상주의자였던 닉슨과 함께 사역하였다. 그는 무엇이 우선되어야 하고 무엇이 필요 없는 부차적인 문제인지 갈팡질팡 흔들리기도 하였는데, 그로 인하여 실패하기도 하였다. 그는 일이 터지기 전에 할 수 있었고, 대통령직을 지킬 수도 있었던 테이프를 폐기하는 일에 실패하였다. 그러나 특징적으로, 그 외로운 투사는 그렇게 하지 않았다. 그의 결함이 있는 윤리와 신학은 그럼에도 불구하고 우리들에게 배울 점을 시사(示唆)하여 준다. 그러나 그것이 이야기의 전부는 아니다. 그는 미국 역사상 "나쁜 사람"으로 지속되지만 그것이 그의 전부는 아닌 것이다.

빌리 그래함(Billy Graham)

닉슨이 빌리 그래함에게 매력 있는 존재로 나타났다는 사실은 분명하다. 그리고 그는 그 캘리포니아 출신을 그 어느 다른 후보자보다도 대통령으로 더 강력하게 추천하였다. 사실상 빌리 그래함은 닉슨이 백악관을 향해서 출마하였을 때 그 자신의 개인적 위상과 체면을 전 부통령, 닉슨을 위해서 사용하기로 하였다. 상원의원인 마크 햇필드(Mark Hatfield)는 다음과 같이 회고하였다. "대 집회에서 설교하는 빌리의 모습을 보시오. 그런 분위기에서 모든 것은 종교적입니다. 빌리는 설교하고, 기도하고, 성경을 봉독합니다. 빌리는 우리나라에서 가장 칭송받고 존경받는 인물 중 한 사람입니다. 교황과 함께, 마담 네루(Nehru)와 함께, 그리고 왕, 왕비들과 함께 말입니다."

기독교인들은 다음과 같이 결론짓기 시작하였다. "빌리는 하나님과 친근하다. 빌리는 닉슨과 친하다. 그러므로 하나님은 닉슨이 대통령이 되도록 지명하신 것임에 틀림이 없다. 그리고 하나님이 빌리를 통하여 그러한 메시지를 주시는 것이다."[33]

그래함 목사는 닉슨의 무모한 캄보디아 크리스마스 폭격을 침해하지 않는 선에서 다음과 같이 권고하기도 하였다. "나는 모든 미국인들처럼, 공격 중지가 임박하였다고 생각합니다. 나는 그것이 미국 전역의 반응이라고 생각합니다. 나는 이 전쟁에서 일어나는 고통과 살인을 개탄스럽게 생각합니다. 가능한 한 빨리 그것이 종식되기를 기도합니다. 그러나 우리들 또한 흡연으로 인하여 수많은 사망자들이 있음을 깨달아야 합니다."[34] 그래함 목사는 기본적인 성경 메시지를 선포하였다. "인간의 죄는 도처에 널려 있습니다. 비극은 항상 우리들과 함께 있습니다. 그것은 타락한 우리들의 표징입니다. 그리고 한 가지 죄나 슬픔에 초점을 맞추고 다른 죄를 덮어버리는 일은 우리 모두가 은혜를 필요로 한다는 더 큰 핵심을 놓치게 되는 일입니다."[35]

닉슨의 몰락

닉슨이 워터게이트 사건에서 대중의 신임을 배반한 것을 회고하면서 빌리 그래함은 다음과 같이 설명하였다. "내가 그를 잘못 판단하였습니다. 그것은 내가 전혀 모르던 그의 한 부분입니다. 그럼에도 불구하고 나는 그와 정말 많은 시간을 보냈습니다. 그는 정말 완전히 다른 새 사람 같았습니다. 나는 내 부인 쥴리(Julie)에게 이야기했고 쥴리는 그를 자기 아버지 같다고 느꼈습니다. 나는 사탄이 백악관에 들어온 것처럼 느꼈고 그의 대통령 업무에 관여한다고 느꼈습니다. 왜냐하면 그 일은 초자연적인 일과 같았기 때문입니다."36) "나는 내 마음속에 그의 영성을 좀 과장하지 않았었는가 생각하였습니다."37)

닉슨 대통령의 연설은 청교도 윤리와 경건주의에 대한 언급으로 점철되었고 그러나 인간과 국가를 심판하시는 초월적인 하나님에게 중심을 맞추지 않고 국가가 어떻게 되어야 하는가 하는 닉슨 자신의 개인적인 비전에만 맞추어져 있었다. 최선의 의도를 가졌으나 부패되고 마는 자기 유익과 종종 오만함을 나타내는 점이 인정받지 못한 상태로 남아 있었다. 물론 그러한 증상은 수많은 미국인 정치가들 속에서 명백하게 나타나는 일이었다. 문제의 핵심은 닉슨이 정치적 권력의 현실을 인정하였는가에 있지 않다. 그는 그것을 알았다. 그러나 왜 그는 특수한 행정과 그 문제들을 초월하는 데 있어서 양심적 차원에서 인식하지 못하였는가? 그는 진정 그 자신의 관념적 허위 과장된 선전(宣傳)을 믿고 있었는가? 하나님에 대한 신앙은 그의 인생에 있어서 심판을 의식하지 않았다. 그에게는 종교적 믿음이란 국가주의 애국심을 능가하는 것, 그 이상이 아니었다. 그것은 비판적이거나 예언적인 판단을 가져다주는 차원이 아니었다. 맥코드(McCord)가 시리카(Sirica) 판사에게 은폐를 설명하고 닉슨이 좀 더 가벼운 판결을 받을 수 있는지 증언하기를 바라는 서한을 보냈을 때, 닉슨은 절박하게 자기 자신만을 구하고자 하는 한 인간에 지나지 않았다. 그는 한 대통령으로서 제 기능을 담당하지 못하였다. 그리고 여전히 이스라엘에서는 욤 키퍼(Yom Kippur)

전쟁의 도전이 존재하였다. 유태인들은 절절히 원조를 요청하였으나 즉각 운송되지 않았다. 닉슨 그 자신은 결국 영단을 내려 난국을 해결하였다. "이동할 수 있는 그 어떤 물자도 공급하라."[38] 그리고 이스라엘 군대가 이기자, 이집트인들은 미국인들에게 휴전을 조정하여 달라는 도움을 요청하였다. 닉슨은 한 인간으로서는 무너져가고 있었으나 여전히 정치가의 직무를 감당하였다. 그가 다음 날 아침에 사임할 것을 알고 백악관을 떠나기 바로 전날 밤, 그는 키신저와 함께 무릎 꿇고 기도하였다. 운명은 그들의 편이 아니었다. 그들은 누구에게 함께 기도를 드렸는가? 닉슨은 횡설수설하고 감상적인 연설을 하면서 백악관을 떠났다. 그렇게 하면서, 그는 자기 연민에 빠졌고 그러나 한편 역사가 그를 정당화시켜 줄 것이라고 믿고 있었다. 닉슨은 거기에서 끝나지 않았다. 그의 정치 생애는 계속되었고 다시금 영향력 있는 존재로 나타났고 그의 후계자 양성을 위하여 전략을 구상하고 영향력을 행사하였다.

그의 몰락은 대통령으로서만이 아니라 국가적으로도 비극적인 손실이었다. 국내적으로 또한 국제적으로 그의 핵심적 자리의 공백도 그러하였다. 스테펜 앰브로스(Stephen F. Ambrose)는 아이젠하워와 닉슨에 대하여 용의주도하고 균형 잡힌 전기(傳記)를 저술하였다. 앰브로스는 닉슨 전기의 제3권인 『1973~1990의 멸망과 회복』 Ruin and Recovery 1973-1990이라는 저서에서 다음과 같이 결론짓는다.

"닉슨이 사임하였으므로, 그의 중국 개방에 대한 약속은 실현되지 못하였다.
닉슨이 사임하였으므로, 미국이 외국 유류에 의존도를 낮추고자 하였던 그의 에너지 정책 프로그램은 폐기되었다.
닉슨이 사임하였으므로, 공화당은 더 우경화(右傾化)되었고 다수의 유권자들이 그것을 따랐다.
닉슨이 사임하였으므로, 그가 제안했던 매우 긴박하게 요구되었던 복지개혁이 소멸되었다. 그로 말미암아 미국인들을 위한 의료보험 제공 프로그램도 소멸하였다. 그 결과로 초래되는 수백만의 가난한 미국인들의 불행을 누가 측량할 수 있겠는가?

닉슨이 사임하였으므로, 세입의 교부(交付)가 중지되었다. 이러한 사태는 도시들이 공장과 세금의 근거를 잃어 가고 있을 때에 도래하였다. 그 결과 도시들이 눈에 띠게 궁핍해졌고, 남녀노소 대다수가 노숙의 상태로 진입하였고 공황 이후 보지 못했던 상태로 나타나게 되었다…"

앰브로스의 논쟁적 결론은 다음과 같다. "닉슨이 사임하였으므로, 국가가 이익을 본 것이 닉슨 개혁(the Nixon Revolution)이 아닌 레이건 개혁(Reagan Revolution)으로 뒤바뀌게 되었다. 국가는 엄청나고 믿기 어려운 결손을 자초하였다. 국가는 이란 콘트라 사건(Iran-contra)을 맞게 되었다. 그리고 저축 융자 스캔들을 불러왔다. 수백만의 노숙자들이 생겨나게 되었고 부유층을 지독하게 편애하는 경향이 생겨났다. 그것들 중 그 어느 것도 닉슨 개혁이 제안한 것이 아니었다. 닉슨이 사임하였을 때, 우리는 얻은 것보다 잃은 것이 훨씬 더 많았다."39)

결국, 닉슨은 독단론자가 아닌 융통성 있고, 실용적인 보수주의자로 남게 되었다. 리처드 닉슨의 생애는 권력 정치의 유해함과 도덕적 절대 기준이 없는 국정 운영기술에 대한 추구만을 극명하게 나타내었다.

1) Cf., Lerner, op. cit. pp. 84~85.

2) Ibid., p. 77.

3) Tom Wicker, One of Us, *Richard Nixon and the American Dream*, New York: Random House, 1991, p. 387.

4) Lerner, op. cit., p. 60.

5) Barber, *Politics by Humans*, p. 123.

6) Wicker, op. cit. pp. 22~24.

7) Ibid., p. 26.

8) Lerner, op. cit., p. 81.

9) Garry Wills, *Nixon Agonistes, The Crisis of the Self-Made Man*, Boston: Houghton Mifflin, 1970.

10) Wicker, op. cit., p. 24.

11) Ibid, p. 29.

12) Wills, op. cit.

13) Wicker, op. cit., p. 24.

14) Joan Hoff, *Nixon Reconsidered*, New York: Basic Books, 1994.

15) Ibid.

16) Ibid.

17) Ibid. Cf., also, Charles P. Henderson, *The Nixon Theology*, New York: Harper and Row, 1972, pp. 177·195.

18) Richard Nixon, *Six Crises*, Garden City, New York: Doubleday, 1962.

19) Novak, op. cit.

20) Stephen E. Ambrose, *Nixon, Ruin and Recovery*, New York: Simon and Schuster, 1987.

21) Robert Shogun, *The Riddle of Power, Presidential Leadership from Truman to Bush*, New York: Dutton, 1991, p. 279.

22) Ibid., p. 165.

23) Ibid., p. 7.

24) Lerner, op. cit., 40.

25) Shogun, op. cit.

26) Ibid., p. 160.

27) Ibid.

28) Ibid., p. 162.

29) Theodore H. White, *Breach of Faith, the Fall of Richard Nixon*, New York: Athenium, 1975.

30) Ibid.

31) Novak, op. cit.

32) Ibid.

33) Gibbs and Duffy, pp. 157~158.

34) Ibid., p. 217.

35) Ibid.
36) Ibid., p. 218.
37) Ibid., p. 231.
38) Lerner, op. cit., p. 33.
39) Ambrose, op. cit.

제럴드 루돌프 포드
Gerald Rudolf Ford

포드(Ford)는 선량하고 경건한 국회의원으로서 그의 동료들이 그를 부통령이 되기까지 그리고 백악관에 입성하기까지 강력 추천하였던 사람이다. 닉슨이 사임한 뒤, 국가의 최고 행정직을 이어받으면서, 포드는 워터게이트(Watergate) 스캔들 사건이 남겨 놓은 일에 대하여 어떻게 하여야 할 것인가를 결정하는 데 있어서, 중대한 책임에 직면하게 되었다. 그 자신의 신앙을 거론하면서 그는 그 전임 대통령을 무조건적으로 용서할 것을 요청하였다. 그러나 그렇게 함으로써, 그는 너무 급하게 행동한 것이 되었고 백악관에서의 달콤한 생활은 사실상 많이 단축되었다. 그와 대조적으로, 오바마는 아마도 그처럼 직관에 의존하지는 않았을 것이고, 사태를 더 단계적으로 분석하였을 것이다. 후에 그 44대 대통령처럼 포드도 전임 대통령들에게서 볼 수 있는 식민지 전쟁을 물려받았다. 국회는 그로 하여금 월남전에서 미군이 철수할 것을 강력히 요구하도록 하였다. 헨리 키신저(Henry Kissinger)의 외교 정책 자문에 의존하여, 그는 러시아인들과 헬싱키(Helsinki) 협상에서 인권을 증진시키는 일을 주도하였다. 지미 카터(Jimmy Carter)가 단독으로 대통령 출마하는 것을 논박하면서, 포드는 폴란드(Poland)에 대하여 큰 실수를 저지르게 되어, 남북전쟁(the Civil War) 이후에 남부 토박이로서는 처음으로 패배한 대통령이 되었다.

의원(議員)으로서의 생애와 기록

"그는 일반 서민들을 경청할 줄 알고… 그가 알아야 하는 것들을 그들로부터 얻어낼 줄 알았으며… 능란한 솜씨로 수를 쓸 줄 아는 사람이라고 생각되고… 그가 원하는 것이 무엇인지 짐작을 할 수 없는 사람인데 그래도 괜찮다. 그것은 논쟁을 부추길 뿐 아니라… 그가 원하는 것이 무엇인지 당신이 추측하려 하였다면 그는 모멸감을 느낄 것이라고 나는 판단한다. 그는 네, 네, 하는 사람을 싫어한다."1) 그의 친밀한 고문 중 한 사람이 제럴드 포드를 그렇게 묘사하였다. 이러한 점들과 또 다른 특징들에 있어서 그는 그 대신 백악관을 차지하였던 먼저 대통령과는 정반대였다. 그의 종교는 성공회 복음주의였는데, 그는 그 신앙을 깊게 간직하고 있었으나 대중 앞에서 그것을 과시하지는 않았다.

포드는 미국에서 대통령으로서나 부통령으로서 당선됨이 없이 최고수반직을 차지한 유일한 최초의 대통령이었다. 그는 1973년 말에, 스피로 애그뉴(Spiro T. Agnew)가 사임함에 따라, 부통령에 임명되었고, 국회가 이를 승인하였다. 25년 동안, 그는 미시건의 그랜드 래피즈(Grand Rapids, Michigan)를 대표하여 의회를 섬겼다. 닉슨이 권좌에서 물러나자, 포드는 대통령직의 계승자가 되었고, 1974년 8월 9일, 대통령에 취임하였다. 그 자신을 위하여 그는 닉슨이 백악관에서 치러야 했던 워터게이트 스캔들의 상처를 치유하려고 무진장 애썼다. 그 신임 지도자는 모든 국민들을 위한 대통령이 되

기를 원한다고 말하였고 개방성과 함께 공평무사할 것을 약속하였다.[2]

"칼빈주의적 환경에서 자라났고 미시건, 그랜드 래피즈의 사회적 구조 속에서 살면서, 제리 포드(Jerry Ford)는 그의 부모교육을 통하여 그 마을의 과묵하고 내성적인 문화적 특성을 흡수하였다." 에드워드(Edward L.)와 프레드릭 샤프스마이어(Frederick H. Shapsmeier)가 제럴드 포드의 『숙명적인 나날들: 정치 자서전』 Date with Destiny: A Political Biography에서 그의 가치를 그렇게 평가하였다.[3] 그들은 또한, "그가 스스로를 미국 중산층을 대언하는 조용하고 은근한 사람으로 여긴다고 말하였다. 포드는 그 자신을 그러한 부류의 산물이라고 생각하였으며 실제로 그는 중부 미국인들이 지니고 있는 고유의 보수주의적 경향을 반영하였다."[4]

포드 대통령은 1913년 7월 14일, 네브라스카 주 오마하(Omaha, Nebraska)에서 출생하였고 리슬리 킹 2세(Leslie Lynch King, Jr.)로부터 세례를 받았다. 제럴드 루돌프 포드(Gerald Rudolph Ford)라는 이름은 그의 계부가 지어 준 것이다. 그의 어머니는 억만장자의 아들과 결혼하였는데 포드가 태어난 지 불과 16일 후에 파경을 맞이하게 되었고 그녀는 미시건 주, 그랜드 래피즈로 이사하였다. 그곳에서 그녀는 그레이스 성공회 교회(Grace Episcopal Church)에서 만난 남자와 재혼하게 된다. 사실상, 제럴드 포드는 그가 17세의 나이에 이르기까지 자신의 환경에 대하여서 잘 알지 못하였다. 1930년 가을 어느 날, 그가 빌 스쿠지스(Bill Skougis) 유제품 가게에서 웨이터로 그리고 튀김 전문 요리사로 일하고 있을 때, 낯선 사람이 그에게 다가와서 다음과 같이 말했다. "젊은이, 내 이름은 레슬리 킹(Leslie King)이고 내가 너의 아버지란다." 포드는 후에 회상하기를 "나는 경악하였고 무슨 말을 해야 할지 몰랐다"고 하였다. 그때서야 그는 제럴드 루돌프 1세(Gerald Rudolph Sr.)가 진짜 친 아버지가 아님을 알게 되었다. 포드의 생부(生父)가 신형 링컨 차를 사기 위하여 디트로이트(Detroit)에 왔다. 그는 그의 아들에게 25달러를 주면서 다음과 같이 말하였다. "이것으로 네가 살 수 없었던 것을 사 보아라."

포드는 후에 다음과 같이 회상하였다. "그날 내 진짜 아버지에게서 받은 인상을 나는 결코 지울 수 없었다. 그는 첫 번째로 낳은 아들에게 어떤 희망도 꿈도 주지 못하는 그러나 속 편해 보이고 부유한 인상이었다. 그날 밤 잠자리에 들었을 때 나는 흐느껴 울었다."5)

그 미래의 대통령은 사우스 고등학교(South High)에서 그리고 미시건 주립대학(the University of Michigan)에서 축구를 했다. 그는 체육의 가치에 대하여 생각하였다. "축구는 나의 첫 사랑이었고 여전히 내가 사랑하는 바이다. 내가 축구에서 얻은 교훈은 정치적 경쟁에서 나에게 도움을 주었다. 정치나 축구 둘 다, 미국인의 특성에 있는 독특한 형질을 반영한다. 거칠고 세고 잘 정해진 규칙 안에서 전면적인 경쟁을 해야 하기 때문이다. 팀의 협동정신과 희생으로 잘 견제된 낡아빠진 개인주의, 맹종으로 빠지지 않는 자기훈련, 시합이 끝날 때 최종 스코어를 수용하기, 또한 마지막 점수를 따져보기와 같은 것이다."6)

그는 미시건에서처럼 하버드(Harvard)에서도 축구팀에 선발되었다. 그러나 결국 그는 고향, 미시건에 머물기로 작정하였다. 1935년 미시건 연감에 그는 다음과 같은 말로 '명예의 전당(the Hall of Fame)' 자리를 얻었다. "제리 포드(Gerry Ford)는… 그의 축구팀이 그를 가장 가치 있는 선수로 뽑았기 때문에, 그가 우수한 학생이고 그 팀에서 다른 어느 학생들보다 더 좋은 성적을 얻었기 때문에, 그가 DKE House를 다시 지불체제로 바꾸었기 때문에, 그리고 그가 담배를 피우지 않고 술도 마시지 않으며, 헛된 맹세도 하지 않고, 음담패설도 하지 않기 때문에… 또한 조금도 사기성이 없기 때문에 우리는 그에 대하여 결코 불결하다고 말할 수 없다."7)

앤아버(Ann Arbor)에서 대학을 졸업한 이후에, 포드는 축구를 코치하기 위하여 예일(Yale) 대학교로 갔다. 그리고 그 자신의 끈질긴 노력으로 예일 대학교 법과대학에 입학하였다. 그리고 1941년에 졸업하였다. 제2차 세계대전의 발발로, 포드는 1942년 4월에 해군에 입대하게 된다. 그리고 U.S.S. 몬트레이(Monterey)에서 경비행기 수송기 업무를 맡았다. 전쟁이 끝나갈 무렵, 그는 2년간의 전쟁 경험을 쌓게 되었는데, 처음에는 그의 군함의 부채꼬리 모양으로 된 선미(船尾)의 40mm 대공 부대를 지휘하는 일이었고 그리고 교량(橋梁) 담당업무를 맡는 일이었다. 그는 전시(戰時) 업무가 그의 정치적 소신에 변화를 가져다주었다고 주장하였다. "전쟁 이전에 나는 전형적인 중. 서부 고립주의자였다. 우리가 절대로 고립주의자가 될 수 없다는 생각을 다시금 갖게 되었다. 우리들은 하나였고 여전히 하나다. 미국이 새로운 세상을 이끌어 갈 의무가 있다고 하는 생각은 나에게 확실한 것이고 또한 피할 수 없는 일이다. 우리는 전쟁에 승리하였고 평화를 지키는 일은 우리들에게 달려 있었다."8)

1946년에 그랜드 래피즈로 돌아와, 포드는 공화당 총수 프랭크 맥케이(Frank McKay)를 몰아내려는 목적을 가진 개혁파 공화당 조직, 국내전선(戰線)국(the Home Front)의 의장으로 선출되었다. 사실상, 이 조직은 포드가 해군에 입대하기 전에 그의 동료들과 설립한 것이었다. 그들의 지원에 힘입어, 그는 미하원의원(the House of Representatives)으로 당선되었다. 그 신임 의원은 다음과 같이 설명하였다. "첫째, 나는 내가 몇 명의 화란계(和蘭界) 지도자들로부터 지지를 얻어야 할 것인지를 결정해야만 했다. 화란계 지도자들은 그 지역 구민들의 60%에 달했는데, 그 90%는 공화당원이었다. 두 라이벌 그룹이 있었는데, 그것은 화란 개혁 교회(the Dutch Reformed Church)측과 화란 크리스천 개혁 교회(the Dutch Christian Reformed Church)측의 대립이었다… 나는 아이리쉬, 스카치, 영국계로서 화란 배경이 없었다. 다행스럽게, 국내전선국(the Home Front) 출신의 친구 베어 뮬렌 박사(Dr. Ver Meulen)와 개혁교회 지도부가 그들이 나의 편이 되도록 도와주었다."9) 포드는 4번이나 재임하였던 의원 바텔 종크맨(Bartel L. Jonkman)을 이겼는데, 그는 맥케이 조직에 충성하였던 크리스천 개혁 교회의 지도자였다. 물론, 더 큰 목표는 맥케이 보스를 이기는 것이었다. 그랜드 래피즈 언론(the Grand Rapids Press)의 제럴드 호스트(Gerald Horst)는 맥케이를 "코안경과 진주로 된 넥타이핀, 그리고 고급스러운 자동차를 좋아하였던, 그러나 공공장소에는 잘 나타나지 않았던 다부지고 비밀스러운 사람"이며, "공식적인 교육의 결핍으로 그는 미숙하고 막말 같은 표현을, 그리고 대체로 불경한 표현으로 말하였다"고 묘사했다10) 그러나 실상, 그가 말하였을 때 국가의 이쪽저쪽에서 일이 실현되곤 하였다.

의회에서 맥케이의 사람이었고 하원 외무 협의회의 회원이었던 종크맨(Jonkman)은 UN에 미국이 가입한 것을 반대하는 달변의 구성원이었고, 마샬기획(the Marshall Plan)과 그리스, 그리고 터키를 원조하는 안을 반대하였다. 아더 반덴버그(Arthur Vandenberg) 상원의원(그는 포드가 적극 찬양하였던 상원 외무관계 위원회 의장(the head of the Senate Foreign Relations Committee), 이었는데 그는 종크맨이 패배하기를 원했다. 2년 후, 유쾌한 성품을 가지고 열심히 일하는 것으로 잘 알려진 포드는 세출위원회(the Appropriation Committee) 위원으로 선출되었다.

포드를 만들어 낸 것이 무엇인가 이해하기 위하여 쇼간(Shogan)은 정치적 충성이 몇 가지 단계가 있다고 생각한다. 원리원칙을 수행하는 데 있어서 상호 동맹관계가 있을 뿐 아니라, 각 한 사람의 정치가가 서로에게 그리고 당에게 충성해야 한다는 것이다. 포드는 이 두 가지 다를 충족시켰다. 충성이란 "상호 신뢰에 근거한 정치적 황금률이고 야망을 채우기 위해서 뿐만이 아니라 위기와 잘못됨을 막기 위해서 쓰여야 한다."11) 쇼간은 부언하기를 "그리고 그 어느 누구도, 아이젠하워 대통령마저도, 내가 기억하기로는 포드처럼 사람들을 사랑하기 위하여 애쓴 사람은 없었다. 이것은 포드가 어렸을 때부터 채택한 신조 중 한 가지이다."12)

포드는 기억하기를 "내가 7학년에 올라갈 무렵, 나는 나의 라이벌들이 나를 휘저을 수 있는 깊은 감정들이 있음을 깨닫기 시작하였다… 그들의 나쁜 인성이 시간의 낭비를 가져다주기 때문에 사람들을 미워하고 싫어한다는 것… 모든 사람들이 그러나 나쁜 점보다는 좋은 점들이 더 많다는 사실… 내가 만일 남들에게 있는 좋은 점들만 이해하고 그것들을 부각시킬 수 있었다면 나는 훨씬 더 사람들과 잘 어울릴 수 있었을 것이다"라고 회고하였다. 포드가 처음 백악관에 들어갔을 때의 목표는, "우리들은 의견의 불일치를 볼 수 있지만 여전히 친구이다"라고 하는 것이었다.

포드는 그가 "확실하게 구성된 이치들에 의존하는 정치사상을 따라간다기보다 경험과 물러받은 신조에 의존한다는 점에서 진정한 에드문드 버크(Edmund Burke)주의자였다. 실용주의적 보수(保守)"13)라고 말할 수 있다. 포드를 칭송하는 그는 포드를 "끊임없이 변하는 정치의 소용돌이 속에서 잘 적응하는 내부자였고, 그 자신을 모종의 미국의 사회적 갱생을 불러일으키는 자로 여기지 않았다"고 말한다. 그는 미국적 가치를 지닌 전통적으로 입신 자수성가한 '호레이쇼 앨저(Horatio Alger Cluster)' 풍의 사람이었는데 그것은 린든 존슨(Lynden Johnson) 대통령이 내건 '위대한 사회(the Great Society)' 정책이념과 반대되는 것이었다. 그리고 거창한 복지 프로그램을 통하여 빈곤을 퇴치하고자 하는 자유주의적 철학과도 맞지 않는 것이었다. 포드는 애국정신, 힘을 바탕으로 한 평화, 능력주의를 바탕으로 하는 사회 발전, 책임 결산(決算), 개인적 도덕성, 그리고 시민의 덕목 등을 강조하였다. 그는 자유 기업과 개인적인 노력에 기초한 미래를 위한 프로그램을 지원하였다. 이 대통령 지명자는 NAACP(미국 흑인지위 향상협회) 회원이었음에도 불구하고 다음과 같은 논쟁을 벌였다. "나는 아이들이 통학하는데 거리가 수 마일 떨어져서 시간을 낭비하는 것보다 이웃 학교에 다니는 것이 시간 절약 상 훨씬 더 지혜롭다고 생각합니다."14)

워싱턴 근처의 일렉산드리아(Alexandria)에 살면서 평생 영국 성공회 신자였던 포드는 임마누엘 교구(the Immanuel on the Hill)의 구성원이었다. 의회에서 그는 의회 기도실에서 매주 월요일 7시 30분에 소위 '미국정유회사 5개 모임(5 American Oil Companies, five sisters)'의 다섯 번째 멤버였다. 아리조나 주의 존 로드스(John Rhodes), 일리노이즈 주의 레스 아렌즈(Les Arends), 뉴욕의 찰스 굿 벨(Charles Goodbell), 미네소타 주의 앨버트 퀴(Albert Quie)가 나머지 멤버이다. 비록 포드가 영국 성공회 신자였으나 그는 복음주의적이었고 근본주의자는 아니었다. 그의 특별한 종교 자문은 빌리 졸리(Billy Zeoli)였는데 그는 'Youth for Christ'의 전 총재였다. 졸리는 십대 선교를 하고 축구선수들, 야구선수들에게 설교하였다. 그가 하원에서 소수당 지도자로 일하는 동안에 포드는 '예수를 영접'한 것으로 알려졌다. 그의 기독교 개종은 1971년, 졸리가 워싱턴 '레드스킨(Redskin)'팀과 댈러스 '카우보이(Cowboy)' 팀의 경기가 시작되기 전, 개최한 집회에서 일어났다고 한다. 포드는 졸리에게 다음과 같은 서한을 보냈다. "내가 그리스도를 나의 구세주로 믿음으로써, 내 인생은 그의 것이 됩니다." 그는 그 전도자가 신앙으로 이끌어 준 것에 감사하였다. 졸리는 답장에 "포드가 내린 정치적 결정에 대하여서는 절대로 언급하지 않겠다"고 약속하였다. 그러나 포드가 백악관에 근무하는 동안에 졸리는 매주 그에게 기도제목을 주었다.[15]

엥글 비탈(Engle v. Vitale) 대법원 결정이 뉴욕 학교 평의회의 기도순서를 무효화하였을 때, 포드는 다음과 같이 언급하였다. "우리는 이미 미국 땅에 세속화라는 이름의 종교를 채택한 지 오래되었습니다. 아직도 많은 사람들이 하나님을 믿는다고 자처하지만, 그들은 마치 하나님이 존재하지 않는 것처럼 행동합니다. 우리는 가정에서, 학교에서, 교회에서, 그리고 우리 사회에서 우리들의 영적, 도덕적 가치를 약화시키기보다 강화시키는데 전력을 쏟아야 할 것입니다."[16] 포드는 점점 더, 대중의 관심을 불러일으키고 있었다. 그리고 그의 장래 역할에 대한 예감이 있었다. 『의회』Congressional Quarterly지(紙) 1964년 5월호에 그를 의회가 대통령 후보 지명자로 가장 선호하는 유일한 하원의원이라고 하는 내용을 실었다. 포드의 보수주의에는 한계가 있었다. 포드는 정서적으로 반골드워터파(anti-Goldwater)였고 심지어 존슨 대통령의 '위대한 사회' 운동도 모순으로 가득 찬 난장판이라고 반대하였다. 그는 베트남에 대한 존슨의 목표는 지지하였으나 그의 전략에는 동의하지 않았다. 존슨은 포드의 그러한 반대를 개인적으로 공격하면서 그가 '바보(dumb)'라고 표현하였다. "제럴드 포드는 헬멧을 쓰지 않고 너무 많은 축구 경기를 하였다. 그는 동시에 사소한 일들을 처리하지 못하였다."[17]

부통령 – 대통령으로 가는 도정(道程)

1974년 12월 그가 국회에서 부통령 선서를 하였을 때, 그는 "나는 포드이지 링컨이 아닙니다. 나의 연설은 링컨의 연설만큼 웅변이 아닐 것입니다. 그러나 나는 그의 용기와 직언(直言)에 버금가도록 나의 최선을 다 할 것입니다."18) 그의 가장 위대한 자산은 그가 법적인 절차를 시행하는 데 있어서 실질적인 지식을 가지고 있었다는 것이고, 합리적인 협상을 신뢰하였다는 것이다. 닉슨 대통령과 달리, 그의 심리적 위장술은 그를 반대하는 자들에게 절대로 편집증적 경향을 나타내지 않았다. 그는 권력을 얻는 데 사로잡히지 않았고, 집무실에서 일하는 것으로 그 능력을 가지려 하였다.

포드가 어떻게 부통령직에, 그리고 대통령직에 오르게 되었는가 하는 것이 그 인간됨과 그 시대에 대하여 많은 것을 시사해 준다. 닉슨이 애그뉴(Agnew)의 후계자로 그를 지명한 이후에, 상원 검증 청문회가 상원 법사 행정위원회(the Senate Committee on Rules and Administration) 주관으로 1973년 11월 1일 오전 10시 5분에 시작되었다.19)

포드는 다음과 같이 발언하였다. "신사 여러분, 나는 여러분의 질문에 진실하게 답할 것을 약속합니다. 나는 나의 능력을 억제하지 않을 것을 압니다… 나의 증언을 통해서 나에 대한 오해를 이해로, 진실이 아닌 것을 진실로 바꾸고자 합니다."20)

위원회 회장인 하워드 캐넌(Howard Canon)이 다음과 같이 거들었다. "당신은 그 어떤 대통령이 개입된 범죄의 수사나 고소를 대통령이 법적으로 방지하거나 종결시킬 수 있다고 생각합니까?"

대답. "나는 대통령이 그래서는 안 된다고 생각합니다. 그리고 그렇게 행동할 사람이 결코 대통령이 되어서는 안 된다고 믿습니다. 만일 대통령이 그의 임기가 되기 전에 사임한다면, 그의 후계자에게 그 전 대통령에 대하여 그 어떤 조사나 범죄 고소를 막거나 종결시킬 권한이 있다고 보십니까? 나는 대중들이 그것을 용납하지 않을 것이라 생각합니다. 그가 기술적으로 권위를 가졌거나 그렇지 않거나, 나는 확답을 드릴 수 없습니다. 법무장관님, 나의 의견에는, 미국 국민의 도움과 지지를 받는 것이 주 관건이라고 생각합니다."21)

닉슨에 대한 용서

포드 대통령의 정치적 스타일은 대통령직의 도덕적 성실성을 회복시키는 데 있었다. 그는 기업가나 노조 지도자들, 도지사들, 시장들, 그리고 공무원들을 초청하였다. 그리고 얼마 안 되어, 시카고에서 외국전쟁 참전용사 단체(Veterans of Foreign Wars group) 앞에서, 포드는 50,000명의 월남전 병역 기피자와 탈영병들에 대한 사면(赦免)이 있을 것을 발표하였다. 그러나 전 대통령 닉슨에게는 무조건적 용서는 없을 것임을 선언하였다. 포드의 상징성과 행정은 처음에 그에게 좋은 의미를 가져다주었다. 언론은 그가 아침에 잉글리쉬 머핀을 토스터에 굽고 일이 끝나는 저녁, 수영을 하면서 몸을 푸는 과정을 소개하면서 그의 서민적 소양을 과찬해마지 않았다. 그의 매너는 자기를 드러내지 않는 것이어서 그가 취임하고 얼마 안 되어 그는 갤럽 조사에서 71%의 긍정적인 지지도를 얻게 되었다. 이러한 모든 사실은 1974년 9월 8일 일요일, 그가 백악관에 들어온 지 4주 만에 바뀌게 된 상황이었다. 그가 닉슨에 대하여 "완전하고, 자유롭고, 절대적인 용서"를 인정하였기 때문이다. 사실상, 그 신임 대통령은 오직 한달 간의 호감과 인기를 누렸을 뿐이다.

닉슨에 대한 용서의 배경은 주의를 끌만하였다. 1974년 8월 1일, 닉슨의 수석 보좌관, 알렉산더 헤이그(Alexander Haig)가 포드에게 전화를 걸어 만날 것을 요청하였다.22) 그 당시 부통령 포드는 그의 수석 보좌관 로버트 하트만(Robert Hartmann)이 함께 동석할 것을 요청하였다. 그가 동석함으로 헤이그는 자유롭게 말하지 못하였다. 그래서 같은 날 다시 미팅을 가질 것을 요구하였다. 헤이그는 닉슨이 "그 신임 대통령(제럴드 포드)이 자기를 용서

해 준다는 대가로 물러나는 것에 동의 할 수 있는지"를 물어보았다. 포드의 대답은, "알렉산더(Al), 생각할 시간이 필요합니다"였다.

하트만이 그 소식을 듣고 포드에게 화를 내며 소리 질렀다. "당신은 헤이 그 목덜미를 움켜쥐고 밖으로 내동댕이쳐야 했고, 즉각적으로 집무실에서 쫓아냈어야 했습니다! 그는 포드가 "여전히 헤이그의 그 괴물 같은 부적절 성을 파악하지 못하고 있었다"고 판단하였다. 그 다음 날 오후에, 포드는 헤이그를 불러서 그에게 "자신은 대통령 사임에 관하여 어떻게 해야만 할 것인지 말씀드릴 생각이 없다"고 말하면서 "어제 우리가 말하였던 것 그 어느 것도 대통령이 내려야 할 결정에 고려가 될 만한 사항이 아니었다는 것"을 덧붙였다.

포드는 항상 타협이란 없었다고 주장하였다. 그의 고문 중 한 사람, 필 부켄(Phil Buchen)만이 리처드 닉슨을 용서할 것을 주장하였다. 이 신임 대통령이 그의 전임 대통령을 "그가 백악관에 재임 중 저질렀던 모든 죄"로부터 사면하고자 한 일은 즉각적인 논쟁을 불러일으켰다. 그 자신이 백악관에 다시 도전하는 일에 아마도 이 일이 대가를 치르게 할 것이다. 사면의 핵심 내용이 포드의 동기를 드러내었다. "나는 전심으로, 내 마음을 다하여, 대통령으로서가 아닌 하나님의 종으로 내가 긍휼을 베푸는데 실패한다면 가차 없이 정의를 받아들이겠습니다."

서류에는 두 가지 주제의 포드의 언급이 있었다. 대통령의 권력 첫째, 역사적 과업, 헌법, "사무직", 그리고 헤리 트루먼(Harry Truman)이 명패에 새긴 대로 "모든 책임은 내게 있습니다(The Buck Stops Here)"였다. 그는 스스로 대통령이란 말을 여덟 번이나 인용하였다. 둘째, 그는 "양심"이란 말을 여섯 번 언급하였다. 포드는 비록 그가 얼마 전에 미국 대중이 그러한 일을 참지 못할 것이라고 의회에서 주장하였지만 사면하는 일이 옳은 일이라고 믿고 있었다. 포드는 그가 복음주의적 중생(重生) 경험을 체험한 이후로 세 번 등장하는 후계자들 중 첫 번째 사람이었다. 그 세 사람은 포드, 카터, 그리고 레이건 대통령이다. (그의 후임 대통령들을 포함하여) 그가 이러한 맥락에 속하여 있다는 사실이 그가 닉슨을 용서한다는 생각을 갖게 된 이유를 설명하게 된다.

『기독교 세기』*Christian Century*의 한 기자는 다음과 같이 말하였다. "포드의 진술은 진정성이 있어야만 한다. 왜냐하면 그의 대통령직 수행을 위한 신학적인 정당성이 그것을 명확하게 하는 유일한 근거가 되기 때문이다. 정치적 행위로서, 그것은 이미 대통령에게 고통만을 가져다주었고 고통이 계속되리라는 것은 의심할 여지가 없다."

로만 가톨릭계 잡지『공공의 복지』*Commonwealfare*는 다음과 같이 주장하였다. "정의가 없는 긍휼을 말하는 것은 도덕성을 조롱하는 일이다. 이것이 포드 대통령이 행한 일이다. 포드의 용서는 부당한 신학과 더 잘못된 정치를 나타내었다… 국가적 상처를 치유하고 동정을 나타내려는 대통령의 마음은 이해할 만하다. 그러나 그의 치명적인 실수는 미국 국민 또한 동정받을 만한 가치가 있다는 사실을 그가 이해하지 못하는 그의 최악의 실패에 있다."[23]

개신교 자유주의자, 로버트 브라운(Robert McAfee Brown)은 다음과 같이 생각하였다. "리처드 닉슨에게 긍휼을 베풀고자 하면서, 이 대통령은 존 딘(John Dean), H. R. 헐드만(H. R. Haldemna), 존 미첼(John Mitchell), 그리고 닉슨 대통령의 또 다른 30명 이상의 친밀한 관계를 가진 사람들에게 잔인한 불의를 행하였다. 그것은 그들의 보스가 가야 할 감옥에 죄가를 그들이 치러야 할 것이기 때문이다. 포드의 행동 때문이었다."[24]

정치학자인 로저 포터(Roger Porter), 그는 포드 행정부에서 근무하였던 사람인데 이 모든 일들을 다음과 같이 요약, 회고하였다. "많은 미국인들에게는 이 한 가지 일이 개방적이고 접근성이 용이하고 또한 허심탄회함의 분위기를 자아내어 포드는 이러한 여건을 아주 성공적으로 조성하기 시작하였다."[25] 하트만은 그러한 것이 원래 포드의 진면목이었다고 말한다. 그 결정이 그의 신조와 가치관을 형성하였다. 포드는 이에 대하여 유감을 표명한 적이 없다. 그가 취하였던 행동은 그 자신의 대통령직을 수행하는 데 있어서 필수적인 것이었다. "그것은 내 어깨 위의 무거운 짐을 내려놓는 믿기 어려운 일이었다."26)

하트만은 다른 최근의 대통령들과 달리, 포드가 국정에 대한 경험이 진실로 부족하였다고 술회한다. 포드가 행하였던 것과 같은 방식으로 닉슨을 용서하는 일은 다른 대통령들에게는 성미에 맞지 않는 일이었을 것이다.27) 하트만은 아이젠하워가 맥카티즘(McCarthyism)에 부응하는 방식으로 막후 전략을 추구하였을 것이라고 생각한다. 사면하는 일은 닉슨과 특별검찰이 동의하는 가운데 존재하는 노골적인 죄에 대한 수용을 인정하는 일이 되었을 것이라는 것이다. 더욱이, 아마도 아이젠하워는 중재협상 방안을 사용하였을 것이라고 하트만은 생각하였다. 트루먼은 아마도 닉슨에 대한 사면을 겪어나가야 할 모욕이라고 이해하였을 것이고, 닉슨을 절대로 패자라고 생각하지 않았을 것이다.

만일 케네디가 재직 중이었다면―포드보다―그는 다분히 그 문제에 대하여 큰 대중적 토론을 이용하였을 것이다. 그 어떤 다른 사건의 전개도 이처럼 그가 주장하였던 지도자 원칙에 위배되는 것으로 나타나지는 않았다. 하트만은 존슨이 아마도 협상을 통한 합의를 추구하였을 것이라고 생각하였고, 존슨 자신이 그 중재가가 되었을 것이라고 하였다. 그러나 존슨은 포드만큼 그 자신의 의견일치 모함을 하면서까지 돌발적으로 행동하지는 않았을 것이다. 닉슨 그 자신은 사면이 중산층의 가치관을 격노케 하리라는 것을 잽싸게 알아차렸을 것이다. 포드가 관용을 보여 주는 경우에서와 같이 말이다.

재임 중의 업적

바버(Barber)는 임명된 대통령들이 초기에 어려운 결정들을 내린다고 주장한다. "그는(포드는) 평화나 번영에 대한 긍정적인 선언을 할 것이 없었고, 반면에 매우 논쟁적인 것을 발표하기로 마음먹었는데 그것은 워터게이트 사건과 베트남 정국(政局)을 상기시키는 일이었다."28) 법 제정에 관한 그의 입장에 관하여, 포드는 아이젠하워나 닉슨보다 더욱 적극적이었다. "그들의 인기를 최대화하려는 대통령들은 포드를 일종의 부정적인 모델로 생각할 수 있고 그가 행한 모든 일로 보아 충분히 그럴만하다고 생각하였 다."29) 포드의 도덕적 경향은 그가 옳다고 생각하는 것을 하려는 과정에 있어서 주로 내면적인 동기로부터 시작하였다. 트루먼처럼, 그는 여론조사 에 과도하게 신경 쓰지 않았다. 요약하자면, 포드는 여론에 의해서 이끌리 는 거부에도 아랑곳하지 않고 그 행위의 동기를 관철시켰다.

포드는 그가 백악관에 2년간 재임하는 동안에, 민주당이 지배하는 의회 와 일하는 데 있어서 어려움에 직면해야 했다. 그는 규제완화와 감세에 대 한 입안(立案)에는 성공적이었으나 대부분 비용을 청구하는 데에는 모두 66 차례 거부되었다. 의회는 월남의 파국이 가져다준 데 대하여 일찍이 그 정 부를 지원하려고 그가 요청한 비상 원조기금을 승인하려 하지 않았다. 그 의 지휘 하에 있는 미국 군대가 사이공(Saigon)을 초토화하려는 압력을 받았 다. 그러나 포드는 마야구에즈(Mayaguez) 상선(商船)이 캄보디아에 억류되었 을 때 이를 구조하려고 군대를 파견하는데 의회의 동의를 구하지 않았다. 이렇게 단기적인 군사행동에 그는 단독적으로 처리하였다. 그가 터키를 원 조하기 위하여 내린 금수조치 해제와 앙골라(Angola)에 있는 반공 게릴라들 을 돕기 위한 계획도 거부되었다.

바버(Barber)는 포드가 처음 취임하였을 때 팀워크(teamwork)에 대한 열의, 그리고 화해를 향한 그의 연설을 칭송해 마지않는다. 그리고 그러한 점이 포드를 긍정적이고 적극적인 대통령으로 분류시키는 기초가 된다고 말한 다. 그러나 여전히, 포드가 경제 전문가들과 최고위급 회담을 요청하고 인 플레이션에 대한 전쟁을 선포하였을 때, 즉 WIN 정책(인플레이션 즉각 퇴치, Whip Inflation Now)을 시작하였을 때 그 전략은 거의 효과가 나타나지 않았 다. 곧이어 경기침체가 일어나게 되었다. 그 신임 대통령의 명성은 슬럼프 에 빠졌고 언론은 그를 곤경에 빠뜨렸다.

모든 해설자들이 바버의 분류나 그가 이해한 포드의 내적 확신, 또한 그의 전투성에 동의하는 것은 아니다. 결국, 그는 정치에 입문하기 전 축구 경기를 했던 사람이었다. 어떤 사람들은 그를 적극적이지만 부정적인 사람이라고 부른다. 뉴스타트(Neustadt)는 그가 의문의 여지가 없는 성실성을 가졌다고 평하지만 그는 이것을 한 달 안에 번복하였다. 그는 그의 전임자들과 다른 차이를 과시함으로써 그의 직임의 연속성을 나타내야만 하였다. 포드의 극적인 행위는 그 반대를 상징화하였다. "그 용서는 양심과 (동정)의 문제라기보다는 무언가 색다른 것을 나타내려고 한 것처럼 보인다… 닉슨은 보고되기를, 자살적 행동을 저지른 것으로 알려졌다."30)

포드는 헨리 키신저(Henry Kissinger)를 국무장관으로 유임시켰다. 키신저는 1975년 헬싱키 협상(Helsinki Conference)을 조직하는 데 힘썼고 그 회담에는 34개국이 참가하였다. 그의 정치력은 유럽 국경의 당시 상황을 인정하는 것으로 인하여 비난을 받았다. 회고하여 보면, 헬싱키 협상안이 동유럽의 반체제 인사들에 의해 반복적으로 언급되었다는 점에서 그것은 의미심장하였다. 포드가 그 내용을 다음과 같이 요약하였다. "그들은 가장 근본적인 인권문제를 확인하고 있습니다… 그들은 자유로운 정보와 사상과 인간 사이의 교통을 요청합니다… 그들은 더 확대된 협력을 위하여 광범위한 영역을 제공하고… 국가 관계의 기본적인 원리를 재확인 합니다… 미합중국은 이 모든 원리에 동의하기 때문에 이 서류에 기쁘게 서명하는 바입니다." 포드는 다음과 같이 부언하였다. "역사가 우리가 오늘 말한 것으로 이 협상을 판단하는 것이 아니라 우리가 장래에 할 일을 보고 판단 할 것입니다. 우리가 한 약속 때문이 아니라, 우리가 지킬 약속 때문에 그럴 것입니다."31)

론 네센(Ron Nessen)은 "포드가 백악관에 있는 동안 계속되는 가장 큰 문제는 그가 갈팡질팡하는 자로서 비쳐지는 문제"라고 기록하였다.32)

포드는 1975년 6월 1일, 오스트리아 잘스부르크(Salzburg, Austria)에서 대통령 전용기 에어포스 1(Air Force One)에 탑승하던 중 계단에서 미끄러져 쓰러졌다. TV 카메라의 집중 보도를 받으면서 그가 스키를 타던 중 무릎이 나빠 넘어지는 것도 보도되었다. 한 번은 그가 비좁은 헬리콥터에서 나오

다가 머리를 부딪쳤다.

그 자신의 정당 내에서 그는 로널드 레이건(Ronald Reagan)에 대항하여 후보지명을 받는 데 어려움을 겪어야 했다. 포드는 "내 기록은 진보적인 것이고 진부한 것이 아니다. 미소전략이 아니라 구체적인 것이고, 공약을 남발하는 것이 아니라, 실행을 위한 것이다. 내가 출마하는 것에 자랑스럽다."[33] 대통령 출마를 위한 캠페인을 벌리면서, 그는 자신을 트루먼 형태로 나타내면서, 만사형통 스타일로 일관하는 제94회 의회를 공격하였다. 캠페인에서 문제가 되는 것은 포드의 기록뿐만이 아니다. 워터게이트 사건이 배경에 깔려 있었고, 또한 닉슨 사면의 문제가 있었다. (닉슨에 반대하면서) 카터(Carter)는 그의 유권자들에게 "나를 믿으시면 됩니다", "나는 거짓말을 하지 않을 것입니다"라고 이야기하였다.

포드는 카터에 대항하여 1976년 9월 6일 샌프란시스코 〈예술의 전당(the Palace of Fine Arts, San Francisco)〉에서 TV 토론을 하기 전까지는 여론조사에서 앞서가고 있었다. 『뉴욕 타임즈』 *The New York Times*지(紙)의 부 편집국장인 막스 프랑켈(Max Frankel)은 헬싱키 협상을 언급하면서, 포드에게 "러시아가 동유럽에서 지배력을 가지고 있는지"를 물었다. 프랑켈은 연이어 물었다. "당신이 말하려고 하는 것을 내가 이해하였습니까? 그것은 러시아인들이 그들 자신의 영향권으로 동유럽을 이용하면서 그곳의 거의 모든 국가들을 그들의 군대로 점령하여 공산권으로 만들려고 하는 것이 아닙니까?"[34]

포드의 대답은 큰 정치적 실수였고 그것이 대통령직을 잃어버리는 데 공헌하게 되었다. "프랑켈 씨, 나는 유고슬라비아가 스스로 소련에 의해 지배받고 있다고 생각한다고 믿지 않습니다. 그리고 루마니아의 경우에도 그들이 소련에게 지배받는다고 생각한다고 믿지 않습니다. 그리고 폴란드의 경우도 마찬가지라고 생각합니다. 이 각 국가들은 독립적이며 자율성을 가진 나라들입니다. 그들은 영토적 정통성을 지니고 있으며 미합중국은 그 국가들이 소련의 지배하에 있다고 인정하지 않습니다."[35]

그 논쟁은 폴란드에서 사회주의 연대에 대한 항거가 그 절정에 도달하였을 때 발생하였다. 카터는 물론, 소련의 영향권을 수락하는 그의 정책을 비난하였다. 선거에서 카터는 4천백만 표로 승리하였다. 포드는 3천구백만 표에 그쳤다.

카터는 그의 취임사에서 그의 전임자들을 칭송하였다. "나 자신과 우리 국가를 위해서, 나는 우리나라를 고치기 위하여 행하였던 전임자들의 모든 업적들에 대하여 감사를 드립니다." 포드는 일어나서 카터와 악수하였다. 후에 그는 카터가 캠프 데이비드 조약(the Camp David agreement)인 SALT II 협상을 완수하여 파나마 운하 문제를 해결한 데 대하여 공개적으로 칭찬하였다. 그리고 터키의 금수조치와 중국과의 외교문제를 해결한 것도 칭송해 마지않았다. 국내 정책에 관하여서 포드는 다음과 같이 판단하였다. "경제에 대하여서는 나는 카터 행정부가 재난이었다고 생각합니다."36)

그를 패배시킨 민주당원처럼, 포드는 종교심이 투철한 자로 남아 있었다. 사실상 그는 '거듭난 그리스도 인(a twice-born Christian)'이었다. (그의 아들 마이클, Michael이 1977년 졸업한 복음주의 학교인) 골든 콘웰 신학교(Golden Conwell Seminary)의 졸업식 연설에서 포드는, "나의 대통령직은 나로 하여금 하나님께 크게 의존하도록 만들어 주었습니다." 그의 일생 두 가지 시험을 당하면서 그는 도덕성이란 것이 얼마나 미약한 것인가, 그리고 매일매일 붙잡고 늘어지는 국가의 일들이 그로 하여금 "사람의 지혜가 얼마나 제한적인가" 하는 것을 깨닫게 해 주었다고 회고하였다. 그는 또한 "어떤 문제들은 너무나 복잡해서 우리가 그것들을 즉각적으로 이해하지 못한다."37)고 말하였다.

포드는 2007년 사망하였다. 그는 부쉬 2세의 이라크 침공을 비난하였는데, 그가 사망한 후에야 그것이 그의 진정한 바람에서 나온 발언이라는 것이 알려졌다. 그의 종교는 그가 바랐던 것처럼 모든 딜레마를 해결하지는 못하였다. 그러나 그는 도덕적으로, 심리적으로 건전하였고, 그가 삶과 죽음의 과정을 통해서 군건하게 붙들고 있었던 확신을 가졌던 진지한 윤리적 현실주의자였다. 그러나 그는 개혁자는 아니었다. 그리고 선동가나 광신도도 아니었다.

1) Roger Porter, "Gerald R. Ford, A Healing Presidency", in Fred I. Greenstein, *Leadership in the Modern Presidency*, Cambridge, Massachusetts: Harvard, 1988, p. 215.

2) Ibid., p. 202.

3) Edward L. and Frederick H. Schapsmeier, *Gerald R. Fords Date with Destiny, A Political Biography*, New York: Peter Land, 1989, xix.

4) Ibid., xx.

5) Robert Shogan, *The Riddle of Power, Presidential Leadership from Truman to Bush*, New York: Dutton, 1991, p. 181.

6) Schapsmeier, op. cit., pp. 8~9.

7) James Cannon, *Time and Chance, Gerald Fords Appointment with History*, New York: Harper Collins, 1994, p. 21.

8) Ibid., p. 39.

9) Ibid., p. 44.

10) Ibid.

11) Shogan, op. cit., p. 177.

12) Ibid., p. 180.

13) Ibid.

14) Schapsmeier, op. cit., p. 165.

15) Nancy Gibbs, *Time*, "The Orher Born-Again President", January 4, 2007.

16) Cannon, op. cit. p. 100.

17) Ibid., p. 93.

18) Schapsmeier, op. cit., p. 145.

19) Cannon, op. cit., p. 57.

20) Ibid., p. 235.

21) Ibid., p. 249.

22) Shogan, p. 186.

23) *Commonweal*, September 27, 1974, pp. 515~516; *The Christian Century*, October 2, 1974, pp. 900~902. Cf., also, B. Doyle and J. C. Hefley, "Prayer and a Quiet Faith", *Christianity Today*, August 30, 1974, pp. 900~902.

24) Cf., *Time*, September 16, 1974, p. 13, and *Time*, September 23, 1974, p. 35 et seq.

25) Ibid.

26) Ibid.

27) Shogan, op. cit., p. 192.

28) Barber, Presidential Character, p. 128.

29) Ibid.

30) Schapsmeier, op. cit., p. 259.

31) Ibid., p. 197.

32) Ibid., p. 205.
33) Ibid., p. 213.
34) Ibid., p. 220.
35) Ibid.
36) Ibid., p. 221.
37) Ibid., p. 250.

제임스 카터
James Earl Carter

    지미 카터(Jimmy Carter)는 대중적인 열광을 얻었고 그가 "중생된 그리스도인(born-again Christian)"이라는 점을 선포하면서 백악관에 들어갔다. 도덕적으로 그는 "나는 당신들에게 결코 거짓말을 하지 않을 것입니다!"라고 약속하였다. 그는 포드에 대항해서라기보다는 닉슨에 대항해서 출마하였다! 카터는 그가 아틀란타(Atlanta) 주 주지사로서 취임할 때 흑인 차별 금지를 주장하면서 신 남부(the New South) 정책의 대표로서 관심을 끌게 되었다. 비평가들은 그를 조지아(Georgia) 출신의 청교도(Puritan)이며 동시에 양키(Yankee)—미국 동북부 지역사람—로 묘사하였다. 이와 대조적으로 오바마는 '링컨의 땅(the Land of Lincoln)', 즉 일리노이 주 출신이면서 또 다른 복음주의 지역 출신으로서, 백인이 아니었고 흑인이었다. 플레인즈(Plains) 출신의 이 조지아 사람은 용기 있게 인권을 주장하면서 지속적인 유산을 남겼다. 그는 결국 미국에서 가장 존경받는 전직 대통령이 되었다. 그는 백악관을 떠난 이래로 괄목할 만한 사회봉사(주민 거주운동, the Habitat for Humanity)를 실행하였다. 회고해 보건대 그는 폭 넓은 지지를 얻었으나, 그러나 대통령 개인으로서는 "결코 워싱턴 내부로 침투하지 못하였던" 한 독실한 침례교 크리스천일 뿐이었다. 오바마는 훨씬 더 공동체 의식이 강했다. 그리고 뛰어난 자기훈련과 조정능력을 지닌 고도로 숙련된 정치 수행가다. 불행하게도, 그는 무슬림(Muslim) 열광주의와 같은 폭력의 문제들에 직면하였는데 이것이 카터를 몹시 괴롭혔다.

> "내 신앙에 대한 이해가 없이는 나 자신과 나의 정치철학을 이해할 길이 없다."(카터, 1983년 12월 28일)[1]

> "내 인생에서 가장 중요한 것은 예수 그리스도이다." (카터, 위스콘신 주 케노샤(Kenosha, Wisconsin), 1976년 4월 2일)[2]

카터의 인적 배경

그는 국가적 화합을 약속하면서 권력에 도전한 "순회하는 치유자"였다고 언론매체 해설자였던 에릭 세버리드(Eric Sevaried)가 지미 카터를 특징짓는다. 미국의 역사가 로버트 루트랜드(Robert A. Rutland)는 "그 자그마하고 온유한 말씨를 가진 전직 조지아 주 주지사는… 대통령 선거기간 동안 가장 오랫동안 떠오른 인물이었다"고 생각하였다.

"내가 당선되기 위하여 결코 하지 않을 많은 것들이 있습니다"라고 카터는 콩코드(Concord)에 모인 관중에게 말하였다. "나는 절대로 거짓말을 하지 않을 것이며 그리하여 잘못된 진술을 하거나 믿음을 배반하지 않을 것입니다. 내가 만일 신임을 배반한다면 나를 지지하지 마십시오… 나는 사업가요, 농부요, 기획가요, 기술자이며, 핵물리학자입니다. 그리고 정치가이며 크리스천입니다."[3] 카터가 백악관에 입성할 수 있었던 것은 워터게이트 사건 이후에 일어난 미국인들의 포퓰리즘의 결과였다.

닉슨이 남겼던 일을 공격하면서 (때때로 암묵적으로 그러나 노골적으로 더 많이), 카터는 도덕적 절대가치들을 주장하였다. 그의 경우에 그것은 종교적 기반 위에서 가능하였다. 바버(Barber)는 다음과 같이 설명한다. "도덕적 담화들은 그 싸우는 이야기에 대한 반전(反轉)으로 나타난다. 그것은 마치 전쟁이 지나치게 길게 지속되었다는 의미와 같다. 잔인하고 불필요한 살생을 퇴화시키는 것과 같다. 도덕주의자들은… 의회를 깨끗하게 할 사람을 외부사람들의 결백으로부터 다시 찾아내기를 원한다."[4]

"카터는 너무 빨리, 그리고 극적으로 등장하였고, 그의 물러남은 그렇게 일찍은 아니었으나 굉장한 실패였기 때문에 대통령으로서 평가하기 쉽지 않다"[5]고 어윈 하그로브(Erwin C. Hargrove)가 그의 저서 『지미 카터: 공공 이익의 정치』*Jimmy Carter: the Politics of Public Goods*에서 서술하고 있다. 하그로브는 카터를 사라진 남부 진보주의 전통의 수증자(受贈者)로 이해하였다. 이 전통은 조직정치, 정치적 부패, 비윤리적 기업형태에 반대하였다. 그리고 이 전통은 효율적이고 정직한 정부의 복음을 전파하였다. 광범위하게 중산층과 직업과 생업에서 위축된 자들, 그리고 그 지지자들이 사회 개혁에 착념하였고 약자들과 소외계층을 보호하려 하였다. 하그로브는 그들이 최소 감정주의로 나타났으며 카터가 기술과 같은 경쟁력에 흥미 있는 것을 반영하게 되었다고 말한다.

카터는 즉각적인 캠페인 전략으로 정치인들이 오랫동안 유지해 온 정치와 종교의 균형을 깨뜨렸다. 그는 복음주의자였으며 근본주의자에 가까웠다. 그러나 완고한 근본주의자는 아니었다.[6] 적어도, 그는 다른 후보자들처럼 종교를 그저 정치와 혼합시키지는 않았다. 그것이 그를 위한 즉각적인 캠페인 전략이었고 도덕적인 언어를 사용한 것이 자신의 입장을 더욱 호소적인 것으로 만들 것이라고 그는 믿었던 것이다. 1976년 7월 15일 민주당 전당대회 연설에서 카터는 다음과 같이 논박하였다. "도덕적 결함이 우리

나라를 좀 먹고 있다고 생각합니다. 그 결함은 바로 목적의식과 가치관의 결여입니다… 우리나라는 고통의 시간을 살아오고 있습니다. 이제 치유의 시간이 다가왔습니다. 다시 신앙을 갖기를 원합니다. 다시금 자랑스럽게 되기를 원합니다. 그저 참되기만 바랍니다."[7] 그 대통령 후보자는 로큰 롤 음악가 밥 딜란(Bob Dylan)의 말을 인용하면서 말을 맺었다. "우리는 살기 바쁜 미국을 가졌고 죽기 바쁜 미국을 가진 것이 아닙니다." 카터는 편의주의와 허무주의에 대항하는 도덕성을 설교하였던 것이다.[8]

레이건(Reagan)에 패배하여 백악관에 별로 오래 있지는 않았으나, 카터는 미국에서 가장 뛰어난 전임 대통령이 되는 것으로 판명되었다. 그는 어떤 업적에서는 최소한 존 아담스(John Quincy Adams)와 윌리엄 타프트(William Howard Taft)를 능가하는 것으로 나타났다. 그의 하이티(Haiti) 개입은 적대감을 예방하였고 평화 정착을 위한 매우 중요한 공헌을 세우게 하였다. 재임 중, 그의 가장 위대한 업적은 아마도 이스라엘과 이집트 간 이루어진 캠프 데이비드 평화조약(Camp David Peace Accord)이었을 것이다. 그 조약은 실행에 약간의 차질이 있었는데 그것은 이스라엘 내의 근본주의자들의 반대가 있었기 때문이다. 그리고 카터가 대통령 재선에 패배한 것은 이란의 시테(Shi'ite) 근본주의자들이 미국 인질들을 억류한데서 비롯되었다.

명백한 종교적 관점에서 볼 때, 제한을 수용한 점이 고려된다. 더 이상 해외에서 견제되지 않는 권력은 있을 수 없었다. 그의 취임사에서 카터는 다음과 같이 연설하였다. "우리는 '더'라는 말이 꼭 '더 좋음'을 뜻하는 것이 아님을 깨달았습니다. 그래서 우리들의 이 위대한 나라마저도 한계가 있음을 알게 됩니다. 그리고 우리는 모든 문제에 답할 수도, 모든 문제들을 해결할 수도 없습니다."[9]

카터의 터놓고 이야기하는 종교적 언급은—그의 특징인데—그를 지지하는 자들의 칭찬을 얻기도 하였지만 한편으로 쓰라린 공격을 받기도 하였다. 그가 성장한 남부 시골지역은 북부지방보다 더욱 동질적인 문화 전통을 가지고 있다. 그의 정치적 기반은 지방 거주민들, 외곽지역의 보수 계층,

블루 컬러 노동자들, 도심지의 흑인들, 그리고 실용주의적 자유주의자들의 광범위한 선거구민들로 이루어져 있다. 피터 메이어(Peter Meyer)는 그의 저서『제임스 얼 카터, 그 인간과 신화』James Earl Carter; The Man and the Myth에서 약간 냉소적으로 질문하였다. "그는 하나님의 도시에서 의석을 확보하려 합니까, 아니면 인간의 도시에서 입니까?… 비록 그가 독실하게 믿는다고 하여도, 계속되는 의구심은 카터에게 던지는 표가 대통령에게 하는 것인지 성직자에게 하는 것인지 혼란스럽다는 것입니다."10)

『하퍼』Harper's지(紙)의 편집자, 루이스 라팜(Lewis Lapham)은 다음과 같이 말하면서 그 조지아 주 사람을 다음과 같이 공격하였다. "그는 나라를 통치하기 위하여서가 아니라 구원하기 위해서 당선되었다."11) 메이어(Meyer)는 또한 카터의 남부 침례교 소속을 공격하였는데 그 교단이 "항상 미국 문화 주류에 끼지 못하고 그 주변을 맴돌고 있다"고 묘사하였다. 명백한 사실은 그 이전에는 정치에서 종교적 주제가 함묵되었었는데 카터가 워터게이트 사건을 공격하면서 그 목소리를 높이게 되었다는 것이다.

카터 그 자신은 항상 그렇게 명료하게 솔직하거나 원칙에 입각한 사람은 아니었다. 그의 정치 생애 초반에, 그는 급진성향으로 반전하였다. 보수적인 기반에서 조지아 주의 주지사로 당선되면서, 그는 그의 취임 연설에서 새로운 자유주의 주장을 거침없이 선포하면서 청중들을 놀라게 하였다. "인종차별의 시대는 끝났습니다."12) 그의 대통령 캠페인에서 사용된 어휘는 '품위 있는', '정직한', '사랑으로 가득 찬', 그리고 '자비한', '유능한'이라는 말들이었다. 그것은 그의 개인적 기질, 종교, 그의 지역적 환경, 그리고 종교적 유산 등을 반영하였다. 그는 '옳다고 하는' 것을 행함을 믿었다.13)

카터의 세계관은 윌슨의 세계관 같은 것이었는데 그것은 국가 간의 협동에 높은 가치를 부여하는 것이었다. 그 두 대통령들은 다 인권을 옹호하였고 지속적인 평화를 이룩하려고 노력하였다. 카터는 미합중국과 소련 사이의 협동을 바라는 데 있어서 (윌슨대통령이 베르사유 평화회담, the Versailles Peace Conference에서 실망하고 국제연맹, the League of Nations에서 실망하였듯이)

실망하게 되었다. 덤브렐(Dumbrell)은 카터의 입장을 윤리적으로 윌슨과 구별된 형태로 말하였는데 카터를 "일종의 낙관론적 니버주의(Niebuhrism)"라 칭하였다. 카터는 자주 폴 틸리히(Paul Tillich)를 인용하였다. "종교는 탐구이다." 카터를 문제 해결사로 가장 잘 돋보이게 한 것은 외교 정책 문제에서였다. 그는 개인적으로 파나마 운하와 중동문제와 같이 질질 끄는 미해결의 상황들에 대하여 결연한 의지를 보였다. 그의 4대 업적들은 파나마 운하조약, 미국의 중국과의 관계 정상화, 이집트와 이스라엘 간 이루어진 캠프 데이비드 조약, 그리고 소련과의 SALT II 협상이다. 이것들은 그가 주도함으로 주요하게 성취되었다.14)

정치적으로, 카터의 1976년 대통령 캠페인에서 행한 인권윤리 연설은 분열된 민주당 결속을 연합시키는데 일조하였다. 어떠한 경우에든지 간에, 카터는 그의 적이나 친구들이 비판하는 것같이 그렇게 순진하지도 않았고 또한 꾸미지도 않았다. 해밀튼 조단(Hamilton Jordan)은 그의 선거 고문이었는데 일찍이, 1972년 그의 전략을 다음과 같이 요약한 바 있다. 조단은 다음과 같이 평하였다. "고도로 성공적이며 사려 깊은 조지아 주 전 주지사이며 땅콩 농부인 그는 미국의 강한 도덕적 리더에 대한 욕망을 만족시킬 절호의 찬스를 가졌다." 그 목마름은 조단이 예측하기로는 "닉슨 행정부에서 4년 이상 더 계속될 것이다."15) 카터는 그의 취임 연설에서 인권에 대한 절대적 헌신을 약속하였다.

조디 파월(Jody Powell)은 "우리가 그것을 행하려고 하지 않는다면 과연 우리는 무엇을 하려고 하는 것인가?"16)라고 묻는다.

엘리사벳 드류(Elizabeth Drew)는 다음과 같이 언급하였다. "그가 만일 이스라엘에 압력을 가하여야 한다면 인권문제가 그로 하여금 유태인들을 도와주게 할 것이다. 그것은 그의 인권문제를 도와주었다. 남부에서 그를 도와주었다. 침례교도가 그를 도와주었다. 또한 그것을 믿게 하였다. 그는 지체하지 않을 것이다."17)

러시아인 반체제 인사 안드레이 사하로프(Andrei Sakharov)가 선거 전후에 카터에게 전보와 편지를 보냈다. 그는 최소한, 한 러시아 반체제 인사단체가 지적하였듯이, "거짓으로 포장된 이 세상에서" 근본적인 인간의 가치와 민주주의 가치를 명백하게 발설하고 있다는 것이다. 1979년에, 한 모스크바 택시 운전사가 그 대통령의 초상화를 전시한 대가로 경질을 받았다.

카터는 종종 법을 제정하는 데 있어서 믿었던 것보다 일을 더 잘 수행하였다. 파나마 운하 조약 체결과 민간 복지 개혁은 그의 계획대로 시행되었다. 그의 정책 고문, 사이러스 밴스(Cyrus Vance)와 즈비뉴 브레젠스키(Zbigniew Brezinski)는 브레젠스키가 말한바, 공산주의에 대한 미국의 "신경질적 점령"을 수정하기를 바랐다. 결국, 밴스와 브레젠스키 사이에 갈등이 있었고 이란 사태에서 브레젠스키가 승리하였다. 외교 업무 전문가들은 때때로 카터의 이상주의의 절대성을 의심하였다. 점진적으로, 그의 전략은 새로운 법안이 아니었고 포드 행정부 기간 동안에 협상되었던 「헬싱키 최종 합의서」"the Helsinki Final Act" 내용을 시행한 것이었다.

계속되는 문제들

카터의 처음 2년 동안에 합의된 사항들은 1978년 후반에 흐트러지기 시작하였다. 그리고 1979년에 와해되었다. 카터가 이란의 샤(Shah)왕의 암 치료를 받게 하기 위하여 미국 입국을 허용하였을 때 진정 위기가 시작되었다. 그에 대한 보복으로 일련의 미국인들이 인질로 잡혔다. 백악관의 점령자들은 오직 카터가 옳다고 생각하는 것만을 하려고 하였다. 근동지역 담당 정무장관 해롤드 선더즈(Harold Saunders)는 그 대통령이 "단순히 지미 카터로서만 행동한다"고 생각하였다. 그 개인으로서의 지미 카터는 그저 격분하고 걱정하는 한 미국인이 어쩌다가 대통령이 되었다는 것이다."[18] 그 인질들에 대하여 총력을 기울이며 수그러들 줄 모르는 공적 헌신만이 국가의 지도자가 도덕적으로 수용되어지는 길처럼 생각하였다. 헬리콥터 구출 작전의 실패로, 그의 재선(再選) 노력은 실패하게 되었다.

때때로 그 조지아 주 사람은 아이젠하워처럼 "정치를 초월하는 선한 사람"의 분위기를 풍겼다. 그러나 비교하여 볼 때, 그는 훨씬 더 구체적이었고, 박식하였으며, 그의 개인적 도덕적 확신에 있어서 분명하였다. 그는 그 확신을 인종차별, 그리고 외교 정책에서 일어나는 권력의 남용과 같은 국가의 사회적 불의에 대한 기반으로 사용하였다. 아이젠하워는 그렇게 하지 않았다. 의심할 여지없이, 카터의 중생(重生) 체험을 말하는 종교적인 표현이 끊임없는 혼란의 원천이 되었다. 한 정통 루터란 교인은 크리스천의 삶을 더욱 역설적으로 말하는데 그것은 아주 철저한 죄인의 삶, 또는 용서받은 성자(聖者)의 상태와 같다는 것이다. 전통적인 로만 가톨릭은 크리스천의 존재를 가시적(可視的)이고 분명하게 나타내는 성례(聖禮)로, 그리고 교회에서 양육받은 성장의 과정으로 생각한다. 침례교 관점에서는, 의식적(儀式的)인 것과 성례의 집전이 그 중심적인 것은 아니다. 거듭 난 그리스도인의 교회는 갱생(更生)의 과정으로 구성되어 있다. 사람들은 "진심으로" 개종되어야 한다. 그 근거 성경구절은 요한복음 3:16이다. 그러나―의도적으로 무시되지 않는 한―더 나아가 이 죄악 된 세상에서 크리스천들이 스스로 짊어져야 할 책임에 대한 문제가 종종 부차적인 문제로 남아 있게 된다.

그가 백악관에 들어온 지 얼마 안 되어 직면하였던 문제는 그가 지도력을 중요하게 생각하지 않고 한 사람의 도덕적인 인간으로 캠페인을 벌였다는 사실에 있었다. 그는 그 자신이 가방을 직접 들고 다니고 '대통령 찬가(Hail to the Chief)'를 금지하면서 "제왕적 대통령"이 무엇이었는지를 쉽게 설명하여 주려 하였다. 그러나 그러한 면이 권력이 있는 지도자라기보다 도덕적인 한 사람에 불과하다는 공공의 인식만을 자아내게 되었다. 카터의 완강한 고집은 계속적으로 모든 문제에 끼치는 부정적인 효과를 의식하지 못하게 만들었다. 그는 소신껏, 비전과 끈질김을 보여 주면서 어려운 문제들에 대하여 공격하였다. 그러나 비평가들이 말하는 바에 의하면, 그의 야망과 순박함은 동전의 양면과 같았다는 것이다.19)

카터와 같은 종교주의자는 그의 경우에는 불공평하게도, 사회적 관심의 결여, 그리고 오직 개인적인 종교에만 관심이 있는 것으로 비판받았다. 그는 개종, 그리고 거듭 남을 사회로 유입시키려고 하는 한 침례교도에 지나지 않았다. 물론, 개종이란 도덕적 실패와 죄를 인식하면서 준비되는 것이다. 1977년 한 여름에, 카터는 에너지 문제를 확신이 없는 위기라고 명명하였다. 그것은 결국 레이건(Reagan)의 이상주의적 낙관론에 유리하게 되는 결과가 되었고 이것이 카터가 오랫동안 비탄에 빠지게 되는 한 이유가 된 것이다.

성공

카터는 사회적인 변화가 이루어질 것이라고 믿었는데 그것은 대부분의 남침례 교인들보다 급진적인 입장으로서, 대부분의 남침례 교인들은 전통적으로 정숙주의로 흘러가는 경향이 있기 때문이다. 그가 비록 분명한 우선적인 처사들이 결여된 채, 너무 많은 시도를 감행하였으나, 그는 탁월하게 유능한 능력이 있었고 구체적인 문제들에 대한 사실적인 분석에도 뛰어났다. 그리고 그는 야심찼다. 카터는 뚜렷한 정치 철학이 결여되어 있었다. 확실히 그는 철학자는 아니었다. 그의 캠페인 자서전 『왜 최고가 아닌가?』 *Why Not the Best?*는 여러 가지 측면에서 단순한 면을 보였는데, 예를 들면 역사에 나타나는 그의 "위대한 사람" 이론에서 그러하였다. 그러나 카터는 몇 가지 구체적인 목표를 깨닫게 되었으므로 개종된 자의 도덕적 확신을 가지고 행동의 기반을 삼았다.[20]

카터 대통령 임기 중 최고의 때는 그가 개인적인 노력으로 캠프 데이비드 조약(the Camp David Agreement)을 성사시켰을 때였다. 이집트의 사다트(Sadat) 대통령, 그리고 이스라엘의 베긴(Begin) 수상과 함께 나타나면서, 카터는 양원 합동회의(a joint session of Congress) 앞에서 그 둘 다를 인솔하였다. 그리고 예수의 말을 인용하면서, 자신이 크리스천임을 밝혔고, 산상수훈을 인용하였다. "화평케 하는 자는 복이 있나니." 그의 입장은 현실정치나 냉소주의와 정반대였다.

스피어(Speer)는 카터의 침례교 배경과 그것이 그의 대통령직에 끼친 영향에 대하여 다음과 같이 공감한다. "침례 교인들은 전통적으로 비(非)의존주의와 합의를 강조하였는데, 그것은 권력에 대한 그들의 견해와 정부의 구조와 절차를 이해하는 데 대한 그들의 함축적인 의미를 말한다."21) 침례교의 의견 일치 원칙에 대한 주장은 지역 교회 생활의 비의존주의의 기초가 된다. 물론, 이것은 카터의 사상적인 틀에 의식적으로나 무의식적으로 영향을 끼쳤다. 지난 세기 남침례교를 주도하던 신학자 E.Y. 뮬린스(E.Y. Mullins)는 침례교 정부형태를 "유능한 자들의 결속"이라고 설명하였다.22) 스피어는 사상적인 문제는 권위와 권력의 행사 가운데 남아 있는 긴장 속에 내재한 비의존주의와 의견일치에 대한 이상(理想)이라고 생각한다. 침례교인의 감각과 민감성은 권력의 도덕적 차원에 대하여 명백한 어떤 것을 주장한다"라고 스피어는 기술한다. 그는 의견의 일치를 침례교인들 간에 존재하는 이상적인 결정 내리기 형태로 규정한다. 그것은 주요한 도덕적 동의의 기초 위에서 정당(政黨) 간, 행동을 취하는 것을 요구한다. 사실상, 이것은 침례 교인들의 권력에 항거하는 편향(偏向)을 이야기하는 것이고, 또한 그것이 비의존주의와 직접 충돌되기 때문이다. 각자 "권력을 가진 자는 권력의 주체와 상관없이 자기들의 행위에 대한 정당성이 타당한 것인가를 판단해야 하고 권력 주도의 희망사항과 관계가 있는가를 살펴서 그것이 도덕적 자유를 저촉하는가를 판단해야 한다."23)

뮬린스(Mullins)가 지적하는바, 저교회파(low church) 개신교의 비의존주의는 그 성경적 기반을 다음과 같이 주장한다. "개인은 하나님과 직접적인 교제를 갖고 있기 때문에 그리고 하나님 앞에서 책임을 져야 하기 때문에, 영성(靈性) 있는 사회는 민주주의 사회가 되어야 한다."24) 간단히 말하면, 침례교 각 지역 교회는 하나님 왕국의 지부(支部) 모임인 것이다. 그들의 전제사항은 정부의 대표가 아니라 인민에 의한 대표라는 것이라고 스피어(Speer)는 결론짓는다. 그는 예를 들어 카터 자신이 대통령으로서 일종의 그러한 사회적 역할을 해냈다는 것이다. 카터는 집무 초창기에 정치적으로 흥정할 것을 요청받았다. 그러나 그는 다음과 같이 대답하였다. "나는 흥정가가 못됩니다. 이 점이 내가 정치가로서 부족한 점이고 그 때문에 나는 엄청난 비난을 받아 왔습니다. 우리는 4월 15일 경, 수도 사업 기획 분석에 관한 보고를 받게 될 것입니다. 확실한 날자가 그날이 될지 확실히 알지는 못합니다. 그러나 나는 각각 그 장점들이 무엇인지 평가할 것입니다… 나는 불필요한 수도 계획이나 또는 승인의 문제도 세금 정산에 대한 한 표를 얻기 위하여 맞바꾸지 않을 것입니다."25) 모리스(Morris), "Mo" 우달(Udall) 의원은 다음과 같이 회고하였다. "지난 11월, [우리 민주당원들은] 협력하기 위하여 무진장 애를 썼다… 그런데 당신들은 카터와 앉아서 그의 유권자들로서 그가 당신들을 가졌고 결국 의회를 점령할 것을 상기시키는데 주저하지 않겠다는 것이었다."26)

비평가들

바버(Barber)는 다음과 같이 주장한다. "양심에 대한 현대적 회의(懷疑)가 가두 캠페인 실험(the Campaign Street Test)등장 이후에 어설프게 시도된다. 선하다고 하는 그 사람이 대통령에 출마한다는 것이고 그리고 그런 사람이 대통령에 나가는 것이 좋다는 매우 비현실적인 추정인 것이다. 양심의 정치 중심에 [카터의 관점이] 우선적인 특성으로 자리 잡고 있었다. 이러한 정치 철학에서 결여되는 것은 바버의 판단으로는 "정치적 가치가 임시적이다"라는 사실이다.27)

"가치란 정치와 무관한 것이 아니다. 가치관이 없는 정치는 민주적인 모험을 이익에 따라 움직이며 밀고 당기기식의 해고로 전락시킨다. 그러나 정치는 신학이 아니다. 정치에는 구원이 없다. 기껏 최고의 가치라 해도 그것은 덕망 있는 삶을 위한 조건을 정착시킬 뿐이다. 정치적 영역은 최선과 개연성 중간의 진흙탕 싸움이다."28)

대통령 임기 초기에, 그는 정적들을 가까이 못 오게 하는데 결연하였고 단호하였던 것으로 알려졌다. 그러나 결국, 균열이 가는 단계가 오게 되었는데 그것은 지도자가 피할 수 없는 한 가지 가치관의 와해가 일어나게 되었기 때문이다. 평판과 더불어 분위기의 변화가 일어났고 구체적인 일련의 사건들이 집중적 공격을 받게 되면서 그것이 위기로 인식되어지기 시작하였다. 카터의 경우에, 그것은 이란의 샤(Shah)의 몰락과 미국인들이 인질로 잡힌 사건이다. 이러한 예기치 않은 일련의 사건들이—역설적으로 레이건이 보수적 종교인들의 상당수 표를 획득하게 되어—카터가 백악관 재선에 출마하는 데 패배를 굳히게 하는 결과를 가져다주었다.

1980년 카터의 권력이 기울어지게 되자, 돔 바나피드(Dom Banafede)는 무슨 이유로 일찍이 카터를 지지하였던 포퓰리즘이 와해되었는가를 『내셔널 저널』 *National Journal*에 투고하여 그 분석을 시도하였다. "카터의 가디건 세타는 이미 곰팡이가 잔뜩 끼었고, 그는 자신의 짐을 스스로 들고 다닌 지 꽤 오래되었다."[29] 카터는 미합중국을 단일 이익집단 정치로 나누어 진 것으로 이해하였다. 의회는 개혁의 물결을 탔고 지도력은 조각났다. 지나치게 열성적인 언론은 선풍을 불러일으켰고 좋지 못한 기사들을 가득 싣고 있었다. 카터 자신은 국가의 자원이 제한되어 있었을 뿐만 아니라, 정부의 보조 그 자체가 아무런 구원투수가 되지 못할 것이라는 것을 깨닫게 되었다.[30]

더 장기적인 안목에서 볼 때, 카터 행정부가 후기 자유민주주의 논쟁을 해결하지 못하였다는 것을 지적할 필요가 있다. 팻 컬드웰(Pat Caldwell)은 1977년에 카터가 1960년대부터 내려온 자유주의 대 보수주의 논쟁과 함께 "대부분의 미국인들의 고충을 이해하였고 함께하였다"고 깨달았다. "그 논쟁은 에너지 문제, 경제, 도시문제, 복지 개혁, 정부의 효능성과 같은 문제들의 근본적인 해결에… 거의 도움을 주지 못하였다."[31] 카터의 대응은 포퓰리즘에 빠져 있었고 특별한 이익을 초월하는 데 있었다. 결산 보존책, 싸구려 국내 인권 정책들, 경쟁력과 공감을 형성하는 것 등에 초점이 맞추어져 있었다. 그의 포퓰리즘은 신선하였지만 새로운 의견의 합일을 도출해 내지 못하였고 연립정부를 구축하는데도 실패하였다. 사실상, 카터의 후기 자유민주주의의 외교 정책은 1979년 충격에 휩싸인 채 버둥거리고 있었다.

여전히, 그가 독점하지 않으면서도 외교 정책의 지도력을 성취하려 했던 시도는 가치 있는 노력이었다고 판단된다. 그는 반공주의자들의 견제를 초월하고자 하였다. 바라는 대로 조속히 열매를 맺지 못하였다는데 어려움이 있었고 그는 1979년까지 러시아 교전 상태에 직면하면서 포기해야 할 것이라고 생각하였다.[32)]

그 자신을 위하여 역사적으로 인권을 주장한 그 "카리스마와는 거리가 먼 지미 카터"는 세계 민주화 물결을 위하여 책임이 있었고 미합중국을 불구와 같이 위선적으로 그리고 냉전의 유산을 역효과로 낳게 하는 지경에서 구출시키려 하였다. 그와 그의 외교 정책 참모들은 사상적인 명분이 심각하게 쇠락하여 가는 세계에서 일하고 있음을 알게 되었다. 자유민주주의가 공산주의와 우파 독재를 앞질러 가고 있었다.[33)] 복음주의자 크리스천의 한 사람으로서, 카터는 대부분의 행정 수반들보다 종교적 차원의 삶을 더 많이 이해하였다. 그의 현실주의에서, 그는 국가와 세계를 여전히 위협하는 정의와 자유에 대한 장기적인 문제들이 있음을 확인하였다.

1) Smith, op. cit., p. 293.

2) Ibid.

3) Shogan, op. cit., p. 198.

4) Barber, *Politics by Humans*, p. 435.

5) Cf., Edwin C. Hargrove, "Jimmy Carter and the Politics of Public Goods", in Fred I. Greenstein, *Leadership in the Modern Presidency*, Cambridge, Massachusetts: Harvard, 1988, pp. 229~233.

6) Michael J. Adee, "American Civil Religion and the Presidential Rhetoric of Jimmy Carter", in *The Domestic Presidency and Domestic Policies of Jimmy Carter*, ed. Herbert D. Rosenbaum and Alexej Ugrinsky, Westport, Connecticut: Greenwood Press, 1993.

7) Ibid.

8) John Dumbrell, *The Carter Presidency, A Re-evaluation*, Manchester, England: Manchester University Press, 1993, p. 2.

9) Ibid.

10) Peter James Meyer, *James Earl Carter, the Man and the Myth*, Kansas City: Sheed, Andrews and McMeel, 1978.

11) Lewis Lapham, *Harper's* editor wrote "Easy Chair".

12) *Encyclopedia Britannica*, IV, p. 908.

13) Dumbrell, op. cit. pp. 19~20.

14) Ibid., p. 141.

15) Cf., Colin Campbell, *Managing the Presidency, Carter, Reagan and the Search for Executive Harmony*, University of Pittsburgh Press, 1986.

16) Dumbrell, op. cit., p. 118.

17) Ibid.

18) Cf., Michael E. Genovese, "Jimmy Carter and the Age of Limits: Presidential Power in a Time of Decline and Diffusion", Rosenbaum and Ugrinsky, op. cit., p. 200 et seq.

19) James A. Speer, "Jimmy Carter Was a Baptist President", Rosenbaum and Ugrinsky, op. cit.

20) Cf., Genovese, op. cit., p. 205.

21) Speer, op. cit., pp. 84~86

22) Ibid.

23) Ibid.

24) Ibid., p. 93.

25) Ibid.

26) Ibid.

27) Barber, *Presidential Character*, p. 435.

28) Ibid.

29) Dumbrell, op. cit., p. 21 et seq.
30) Ibid.
31) Ibid.
32) Smith, op. cit., p. 306 et seq.
33) Ibid.

로널드 레이건
Ronald Reagan

오바마는 준-신화적인 존재로 대중적 인기를 누렸다. 그것은 로널드 레이건이 백악관에 입성하기 위하여 그의 캠페인에서 분명히 보여준 것과 다분히 같은 형태이다. 그 두 대통령 간의 차이점은 첫 번째 백악관을 차지한 그 흑인 대통령이 영화배우가 아니라 법관이었다는 사실이다. 그는 제너럴 일렉트릭 회사(General Electric Corporation)의 자유기업 TV 홍보 대변가와 대조되는 "직접 챙기는" 행정가이다. 부쉬(Bush) 시대 말기에 재정적 파탄을 가져다준 "직접 손대지 않는" 정부의 전통은 레이건 때 시작되었다. 2009년 경제 위기에, '레이건노믹스(Reaganomics)'는 그 반대 명제인 '오바마노믹스(Obamanomics)'에 무릎을 꿇었다. 공동체 구성자인 오바마는 사회 결속의 풍부한 감각을 나타내었다. 그는 집단적 책임감과 정부의 행동주의를 옹호하였다. 그 두 대통령은 다 진정성 있는 종교적 동기를 나타내었다. 레이건이 옹호한 국가주의 문화 개신교는 흑인교회에서는 그렇게 뚜렷한 현상이 아니었다.

종교적 확신에서 나온 애국심

"우리들은 우리의 꿈을 이루기 위하여 그리고 미국을 반석위에 세워진 빛나는 도시로 만들기 위하여 일할 것입니다." (국립 종교 방송인들에게, 로널드 레이건, 1983년 1월 31일)

"나의 매일의 기도는 하나님을 섬기기 위하여 내가 대통령직을 사용할 수 있도록 도와주시라는 것입니다." (Greg Brezina에게, 레이건의 서한, 1982년 10월 25일)

"레이건은 미국적 가치가 무엇인지 논쟁하지 않는다. 그는 그 가치들을 구현시킬 뿐이다. 그의 주장을 설명하기 위해서 그는 그 자신을 형성시킨 또 다른 미국적 가치를 탐색하여야 한다… 그것은 미국의 영화(映畵)다. 그는 한 사람의 영웅이다. 그러나 어둠 속에 묻힌 허접스러운 존재가 아니라… '온갖 의미로 가득 찬' 끈질기게 비치는 햇살이다… 그것을 우리는 신화라고 부른다."[1] 그 41대 대통령은 서부지방의 신세계 신화 창조 주역 영화배우를 지낸 경력이 있었다. 캘리포니아 주지사를 두 번 지냈으며, 그는 할리우드(Hollywood) 문화를 포토막(Potomac) 강가로 이전시켰다. 그 문화는 진저리나고 냉소적인 할리우드 스타일이 아니라, 애국심이 강하고 심지어 종교적인 종류의 것이었다. "미국은 세계 여러 국가들 중 'A급 국가'입니다. 그것은 에너지와 용기와 결단력이 넘친다는 뜻입니다."[2] 레이건은 충성심과 신앙과 용기, 그리고 각각의 새로운 세대의 옳고 그름을 가리는 중요한 도덕적 판단을 내리는 마음으로 애국심을 가지고 연설하였다. 그 연설들은 종교적 기반을 가지고 있다. "내가 우리 정부 체계를 구축하였던 건국시조들의 기록을 읽었을 때, 나는 항상, 그들이 얼마나 개방적으로 하나님을 찬양하였고 그의 인도하심을 갈구하였는가를 주목하게 됩니다. 그리고 우리 학교들로부터 하나님을 결코 배제하지 않는 것이 그들의 의도였음을 알고 놀라게 됩니다."3) 스스로 우익 보수라고 자처하면서, 그 캘리포니아 주지사는 "나 역시 거듭난 그리스도인"이라고 주장하며 카터의 신앙심을 선회(旋回)하였다. 속을 캐 보는 비판자가 아니고 위선자가 아닌 그 반공주의자는 진심으로 하나님과 조국을 믿었다. 제너럴 일렉트릭 회사의 홍보요원으로 전국을 순회하면서 그 전직 할리우드 배우는 공산주의의 사악한 제국과 대형 정부와 복지 정책에 대항하여 집회를 주도하였다. 기회가 찾아온 것이다. 사적인 추진력이 성공해야만 한다. 전직 뉴딜 정책 지지자로서 공화당원이 된 레이건은 그가 도덕적 갱신을 위하여 캠페인을 벌리면서 긍정적 사고의 힘을 과시하였다. 미국의 과거 역사를 칭송하면서, 그는 임신중절 합법화를 반대하는 운동과 학교의 기도순서를 넣는 것을 지지하였다. 비평가들은 그를 "협잡꾼", "인기만 누리는 잠꾸러기", "벌거벗은 임금님"이라고 비아냥거렸지만 배후에 레이건 2인자는 존재하지 않았다— 그것은 닉슨의 경우와 같다. 다행스럽게도 그의 시대에 냉전은 종식되었다.

레이건의 백악관 로만 가톨릭 섭외 담당 팻 부캐넌(Pat Buchanan)은 그 대통령을 "독학자 크리스천… 아주 단순한 크리스천" 하나님과의 개인적인 관계에 초점을 맞춘 신자로 판단하였다. 그의 인생 후반에, 그는 "더욱 더 하나님을 믿는 자라고 거침없이 말하곤 하였다. 그는 때때로 그것에 대하여 이야기하였다."4) 유아세례가 아닌 청년기에 침례를 받고, 그는 중생된 크리스천으로서 성장하였다. 팻 로버트슨(Pat Robertson)은 다음과 같이 회상하였다. "그는 아마도 건국 시조들 이래로 가장 복음주의적인 대통령일 것이다." 드수자(D'Souza)는 레이건이 소위 에드먼드 버크(Edmund Burke)가 말하는 도덕적 추리력을 지녔다고 평가한다. 그 추리력은 세상에 옳음과 그름이 있다는 믿음이다. 이러한 주장에서, 마가렛 대처(Margaret

Thatcher) 수상은 "로널드 레이건이 무혈(無血)로 냉전에서 승리하였다"고 말하였다.

정치가들의 호응을 얻었을 뿐 아니라, 종교 지도자들의 지지를 얻은 것이 전직 배우를 국가의 최고위직 자리로 올라가게 하였던 것이다. 그들은 그의 정당성을 확보하여 주었다. 그가 첫 대선 승리를 거둔 날 밤에, 팻 분(Pat Boone)이 그의 집으로 전화를 걸었다. 분(Boone)은 혹시 그 대통령 당선자가 10년 전 쯤, "우리가 손을 맞잡고 함께 기도하였을 때 무언가 위로부터 내려오는 소명감을 느꼈던 일을 기억하는지"를 그에게 물었다.5) 레이건은 분(Boone)이 당시 주지사인 레이건과 그 부인을 방문하기 위하여 새크라멘토(Sacramento)로 가서 종교 지도자들에게 파티를 열어 준 것을 기억한다고 말했다. 그 파티에서 떠나기 전 그곳에 있던 일곱 사람들 전부가 손을 잡고 기도하였다. "나는 그저 머리로만 형식적으로 기도하였습니다." 조지 오티스(George Otis) 목사는 그렇게 말하면서 "당신이 짐작할 수 있는 것을 말합니다—레이건 가족으로 인하여 하나님께 감사하며, 특히 그들의 친절에 감사하고 있습니다." 그러한 분위기가 잠간 이어지다가 이내 숙연하게 바뀌었다. 모든 일들이 나의 머리로부터 영혼으로 옮겨졌다. "영혼이란 말을 절감하게 되었다"라고 오티스가 말하였다. "성령이 내게 임하였고 나는 그것을 깨닫게 되었다. 사실 나는 당황스러웠다. 팔의 맥박도 뛰었다. 그리고 레이건 주지사의 손을 붙잡고 있었던 나의 손은 떨렸다… 그리고 나는 안 떨기 위해서 무지 애를 썼으나 허사였다."

이러한 일이 지속되자, 오티스의 기도는 완전히 달라졌다. 그의 음성은 예전과 다를 것이 없었으나 그가 하는 말들은 훨씬 더 강하고 열성적인 것이 되었다. 그들은 특별히 로널드 레이건에 대하여 말하였고 그를 "나의 아들[하나님의 아들]"이라고 명명하였다. 그들은 그를 국가의 지도자로 인정하였고 미국이 여러 나라의 평가 기준임을 또한 승인하였다. 오티스는 레이건의 "노력"이 "하나님이 기뻐하시는 일"이라고 표현하였다. "현관 로비는 완전 고요한 침묵만 흘렀다. 조지(George)의 소리만 들렸다. 모든 사람들이 눈을 감고 있었다. 당신이 내 앞에서 걷는다면 당신은 펜실베니아 거리 1600번지(1600 Pennsylvania Avenue)에서 살게 될 것입니다.”

허버트 엘링턴(Herbert Ellington)으로부터 알게 되었는데 엘링턴이 레이건의 오른편에 서 있던 사람이었고 다른 한편에는 그 주지사의 손이 오티스와도 연계되어 있었다는 것이다. 후에 엘링턴은 그가 레이건과 악수하였을 때 무언가 “전기가 세게 흐르고 있음”을 느꼈었다고 회상하였다. 그것은 윤리적인 비판이나 판단이라기보다는 황홀경을 강조하는 순복음교 신앙전통의 현상이었다. 게리 윌스(Garry Wills)는 만일 그러한 이야기가 지미 카터(Jimmy Carter)에게 들려졌더라면 아마도 그것은 그의 선거를 막았을 것이었을 것이라고 생각한다. “처음에 카터의 신앙이 ‘괴짜’라는 의심이 있었다.”6) 그러나 레이건의 경우에는 문제가 달랐다. 사실상 두 사람 다 대통령에 출마하였을 때 개인적인 신앙을 자기 자신의 정치적인 이익이 되도록 이용하고 있음을 알게 되었다. 레이건은 결국, 그러한 신앙을 표출하는데 더욱 성공적이어서 카터를 패배시켰다. 새로운 정치적 우파에 대한 열정이 신 종교 우파(the New Religious Right)와 결합되었다.

레이건 쪽에 그의 전임자보다 더 많은 술책이 있었다고 추정한다면 실제로 진행된 일에 대하여 우리는 중요한 핵심을 파악하지 못하는 것이다. 레이건은 “정당한 행위에 대하여 열정적인 확신을 가져다주었고 정당한 일들이란 혼란스럽거나 의심스럽게는 절대 이루어지지 않는다는 것을 알았다. 그는 의심할 줄 모르고 정직을 배우며 자랐다. 그는 그의 어린 시절 당대에 ‘근육질 기독교인’, 즉 신앙과 동시에 강건한 육체와 명랑한 삶을 누리는 기독교인이었고 독립적 제자였으며, 폴 리비어(Paul Revere)적 신앙심을 소유하였다.”7)

한 가지 흥미진진한 문제가 대답이 되지 않은 채로 그리고 가설적인 전제로 남아 있어야만 할 것이다. 만일 그가 종교와 도덕성을 거론하면서 지미 카터(그리고 카터의 전 부통령 Walter Mondale)와 경선하지 않았더라면 과연 그는 승리할 수 있었을까? 하는 문제이다. 카터는 재임 중이었던 제럴드 포드(Gerald Ford) 대통령을 패배시킴으로써 이미 승리한 바 있다. 그러나 그 조지아 주의 땅콩 농장 농부는 진정 닉슨과 그의 유산에 대립하며 출마 하였던 것이다. 그 유산은 바로 워터게이트 사건으로 발생한 불신임이었다. 카터의 기독교적 신앙이 그 자신을 정직하게 만들었다. 그는 다음과 같이 말하였다. 자신은 거짓말을 하지 않겠다는 것이다. 레이건은 긍정적 사고 의 힘을 사용하면서 더욱 강력한 상징주의를 발전시켰고 워터게이트 사건 을 더욱 의기양양하게 극복하였다.

만일 그 대통령 후보로 전향한 영화배우 출신이 세속적인 접근만을 시도 하였더라면, 그는 그의 전적인 매력에도 불구하고 아마도 승리하지 못하였 을 것이다. 그 대신에 그의 신앙은 모든 의심스러운 할리우드 배경을 잠재 워버렸다. 카터의 논쟁은 그의 종교가 그를 인간적으로 신임받게 만들었다 는 주장이다. 그것은 원래 그의 견해로는 사적인 생활에 속한 것이었다. (대통령으로서가 아닌 한 사적인 국민의 한 사람으로서 그는 주일학교 수업을 백악 관에서 시행하였다고 한다.) 레이건은 더욱 포괄적인 신화를 주장하였는데, 그것은 건국시조들 시대로부터 국가의 종교 정체성을 밝히는 일이었다.[8] 그는 언덕위에 우뚝 선 도성(都城)으로서 미국의 독특한 지도력을 복구 시 키려 하였다.

예일(Yale) 대학교 정치학자 스테펜 스코브로네크(Stephen Skowronek)는 그 의 저서 『대통령이 만드는 정치학』 *Politics Presidents Make*에서 다음과 같이 피력하였다. "레이건의 복구 정책의 한계가 무엇이든지 간에 최근에 현재 다루어지고 있는 이전 정부의 헌신이나 이미 구축된 이익을 공유하는 상황 에서 그렇게 급진적으로 내용을 바꾸었던 대통령은 없었다."[9] 백악관의 많은 지나간 점령자들은 대통령직이 가져다주는 권력을 차지하기 위해서 국가의 최고직을 갈망하였다. 예를 들어 닉슨의 경우, 그의 내면 깊숙이 자리한 동기에서, 권력은 윤리와 분리되어 있었다. 레이건의 경우는 달랐다. 그는 국제사회에서 미국 국운(國運)의 성취를 이끌기 위해 공직을 원하였다. 역사가들은 1960년대에 정치적 자유주의의 붕괴를 이야기해 왔다. 종교적 자유주의는 2차 세계대전의 와중에서 그 호소력을 상실한지 오래되었다. 모든 비평이 난무하는 가운데 레이건은 시대가 흘러가는 경향에 발맞추었다. 그것은 바로 우파 정책이다.

레이건 존재가 의미하는 것

"그는 실제로 사람들이 처한 환경으로부터 출발한다—잘 빠져나가는 것 같으면서도 그는 여전히 종교적 믿음을 견지하였다. 그리고 그들로 하여금 가고자 하는 곳으로 거칠게 밀어붙이게 하였다. 그곳은 공화국 안에서 자긍심을 정당화하는 공동체인 것이며, 종교적 신앙으로부터 동떨어졌으나 여전히 그것과 유사한 비전을 가진 곳이다. 종교적 정서의 흔적들 이상(理想), 갈망, 영적 진정성—그러한 것들로 고차원적 공적 문화의 기초를 심는 곳이다."[10] 어빙 호위(Irving Howe)가 19세기 뉴잉글랜드 지역의 문화적 지도자로서 묘사한 내용이 랄프 에머슨(Ralph Waldo Emerson)이었는데 그것은 레이건에게도 마찬가지로 적용될 수 있다. 그 새로운 공화당 대통령이 백악관에 들어갔을 때 중심적인 신념은 간단한 것이었다. 개인적인 자유가 최선의 것이었고 정부는 적(敵)이 된다. 그에게 이것은 명백한 도덕적 입장이었으며 냉소주의를 벗어난 것이었다.

그것은 잘못된 상대주의자들과 해체주의자들을 말하는데, 그들이 도덕적 상식에 반대하였기 때문이다. 레이건은 그의 자서전『남아 있는 나는 어디에 있는가?』*Where is the Rest of Me?*에서 다음과 같이 설명하였다. "미국의 원래 정부는 링컨 대통령이 수 년 후에 말한 대로 보수주의자들에 의하여 조직되었는데, 그는 그 자신을 '옛것을 더 선호하지만 새로운 것과 시도하지 않던 것도 시도하는' 보수주의자로 자처하였다. 우리들이 개인적 자유의 전통적 체제를 믿고 따르든지 아니면 미국 독립혁명(the American Revolution) 정신을 버리고 정치와 멀리 동떨어진 지적인 엘리트들이 우리 스스로 삶을 계획하는 것보다 더 잘 우리들의 삶을 계획할 수 있다고 고백하든지 둘 중에 하나이다."[11]

일찍이 국내 정치에서 프랭클린 루스벨트를 칭송하였던 레이건의 목표는 뉴딜 정책을 뒤집는 것이었다. 세금 감면 정책으로 연방정부의 권력을 확인하면서, 그는 가능한 많이 그 책임들을 지방정부로 넘기기를 원하였다. 외교 업무에 대한 존경심을 가지고 레이건은 명백히 공산주의 권력을 시험하고 있었다. 지적으로, 그 대통령은 결코 추상적인 사고(思考)를 하는 사람이 아니었으며 그 자신의 직관과 상식을 적용시켰다. 1980년 대선 캠페인을 벌이면서, 그 후보자는 카터의 고질적인 병폐, 우울감, 그리고 그 한계성을 반대하는 입장에 서 있었다. "우리들의 낙천주의는 다시금 느슨하여졌습니다. 우리 모두는 한계의 시대에 대하여 계속 이야기하는 사람들이 진정 그들 자신의 한계에 대하여 말하는 것일 뿐, 미국의 한계에 대하여 말하는 것이 아님을 알고 있습니다."

그 공화당 후보의 이상(理想)은 이야기 속에 그리고 민중 신앙 속에 표현되어 있다. 그는 "미국 삶 속에 나타나는 매일매일의 영웅들"을 준(準) 종교적, 신화적 용어로 칭송하였다. "부모들이 오랫동안 그리고 열심히 희생하였기 때문에 그들은 그들이 알고 있는 삶보다 더 나은 삶을 기대할 수 있을 것입니다. 그들은 가난한 자들을 먹이고, 입히고, 양육하고, 가르치는 교회와 민간의 지도자들이며, 우리 국가를 형성시킨 수백만의 국민들이며, 우리 국가의 운명을 아주 특별하게 잘 아는 사람들입니다. 그들은 자신의 꿈을 스스로 깨닫지 못하는 칭송받지 못한 영웅들이지만 그들의 꿈을 자녀들에게 재투자하는 사람들입니다."12)

크리스천으로서 공개적으로 간증하면서, 카터는 국가 최고위직의 성실성을 갱신할 것을 약속하였고, 그의 거듭남의 종교적 체험을 주장하였다. 레이건도 그 이하는 아니었다. 그 자신 또한, 젊었을 적 다녔던 그리스도 제자 교회(the Disciples of Christ Church)에서의 중생(重生)의 체험을 주장하였다. 그의 모친은 남편이 주정뱅이였음에도 불구하고 헌신적인 신앙을 가지고 있었고 선한 사업에 힘썼다. 레이건의 이상은 국가 전체를 윤리적으로 갱신하려고 하는 것이었다. 그저 침례교 크리스천 주위를 맴도는 국가가 아니라 미국인들이 다시 한번 거창하게 그리고 바르게 설 수 있게 하는 것이었다.

그러한 비전으로 도전하면서, 전직 영화배우가 정치가로 전향하며 선거에서 과연 이길 수 있을 것이라고 생각하였던 사람들은 거의 없었다. 그러나 그들의 생각은 틀렸다. 첫 취임 후, 레이건은 미국의 예외주의에 그리고 종교 통치권에 박차를 가하였다. "그러나 그것은 우리들의 노력을 필요로 하고 또한 하나님의 도우심으로 우리가 직면하고 있는 문제들을 풀 수 있고, 풀게 되리라는 것을 믿는 의지를 가지고 있어야 할 것이다. 그리고 우리가 그것을 안 믿을 이유가 없다. 우리는 미국인들인 것이다."13)

영화배우로서, 레이건은 몇몇 영화에서 자신의 도덕적 모델을 나타내었다. (그가 가장 좋아하였던 영화인데) 그중 하나가 크누테 라쿤(Knute Rockne)의 지휘 아래 있었던 노틀담 축구팀에 대한 이야기이다. 이 이야기는 코치가 그의 선수단을 죽어 가는 한 경기자의 말로 강권하여 승리로 이끌게 하였다는 내용이다. 내용은 대개가 출처가 불분명한 것이었는데 조지 깁(George Gipp)의 생애를 구성한 것이었다.14) 그것으로부터 레이건은 '기퍼(Gipper)'로 알려졌다. 배우로서 그는 상처, 삶, 그리고 죽음의 '경계상황'에서 극적인 설득력을 깨달았다. 다른 한편의 영화에서는 그는 양 다리를 잃어버린 사고의 희생자를 묘사하였는데 그가 병원에서 깨어나 "나의 나머지는 어디에 있는 것입니까?"라고 묻고 있었다. 그는 그 말을 자신의 자서전의 제목으로 삼았다.

중서부 작은 도시의 종교적 환경에서 성장하면서, 그 미래의 대통령은 교회가 후원하는 그리스도 제자 교회(Disciple of Christ Christian Church) 소속의 유레카 대학(Eureka College)에 다녔다. 이미 그의 극적인 재능은 명백하게 나타났다. 졸업한 후에, 그는 라디오 방송국의 스포츠 아나운서로 활약하였는데, 청중들로 하여금 TV를 보지 않고도 생생하게 느낄 수 있도록 시합을 생중계하는 데 뛰어난 능력을 보여 주었다. 레이건이 라디오 방송, 영화, 그리고 텔레비전에서 활약하였던 전문직은 그에게 종교계를 포함하여 상징적인 언어와 행동을 사용하는 체험을 갖게 해 주었다. 한때 그는 할리우드로 갔는데 그곳에서 제인 와이먼(Jane Wyman)과 결혼하였었다. 그리고 그들은 할리우드의 이상적인 커플로 칭송받았다. 그러나 그녀는 후에 그와 이혼하였는데 그 이유는 그녀가 그와 함께 정치적인 데 관심을 두지 않았기 때문이다. 영화배우로서, 레이건은 고가의 개런티를 받는 역을 맡았으나 결코 위대한 연기자라고는 할 수 없었다. 그의 영화계 일이 신통치 않게 되었을 때, 그는 섭외 홍보 담당으로 제너럴 일렉트릭(General Electric) 회사에 취직하였다. 그 회사의 지도력과 효율성을 홍보하면서—그것은 정부 관료주의에 맞서는 것으로서—그는 제너럴 일렉트릭의 자유기업 철학을 국내에, 텔레비전에, 그리고 연설을 다니면서 지지하였다.

레이건은 다음과 같이 홍보하였다. "[1954~1963] 사이에 이르는 8년 동안 나는 GE를 위하여 기차로, 자동차로 전국 사방팔방을 돌아다녔다. 그리고 그 139 기지를 모두 방문하였으며 그중 몇 군데는 여러 번 방문하였다. 그러던 중 나는 GE 회사원들 25만 명 이상을 만났다. 돌아보건대, 나는 그것이 언젠가 공직자로 진출할 사람에게는 별로 나쁘지 않은 견습 기간이었음을 깨닫게 되었다… GE 연수여행은 나에게는 거의 정치학 대학원 과정과 같은 것이 되었다… 1960년까지, 나는 자기개조의 과정을 완수하였다."[15] 레이건은 "나는 그 잽싸게 돌아가는 매 순간들을 즐겼다. 그것은 내 인생에서 가장 보람 있는 경험 중 하나였다"고 말하였다.[16]

낸시(Nancy)의 반응은 긍정적이었다. 레이건은 1944년부터 1960년까지 GE의 부회장이었던 레무엘 불웨어(Lemuel Boulware)에게서 후원받는데 그는 자본주의와 자유 사(私)기업을 주장하는 대변인이었고, 그의 프로그램은 감세 정책과 더불어, 정부로 하여금 기업세계에서 손을 떼게 하는 것이었다. 불웨어는 그 미래의 대통령에게 아버지와 같은 존재였다.

두 번의 결혼 생활을 통해서, 레이건은 동네에서 무언가 남자답다는 명성을 가졌다. 그러나 그는 여성관계에서 의심을 받았다. 그런데 그 이미지는 또 다른 여배우 낸시 데이비스(Nancy Davis)와 재혼 한 이후에 쇠락하여갔다.

(그들의 첫 번째 아이는 결혼 후 7개월 만에 태어났다.) 낸시는 보수적인 레이건의 정치적 확신을 성장시키고 연계시키는 데 큰 도움을 주었다. 그는 민주당원에서 공화당원으로 옮겨갔으며 트루먼에게 마지막 민주당원으로서 투표하였다. 레이건이 할리우드에서 공산주의와 대항하여 투쟁하였던 것이 그의 후기 사상과 이상(理想)의 형태를 구축시켜 주었다. 공산주의는 그가 처한 모든 것의 정반대를 상징한다. 그는 국회 위원회에서 이름을 각각 거론하지는 않았지만 적색분자들의 영향을 증언하였다. 그러나 FBI에게 그는 개인적으로 더 말해 주었다. 그것에 대한 파일은 1945, 1946년에 그가 참가하였던 조직에 대하여 매우 부정적인 것들을 포함하였다. 그러나 그것은 그의 연속적인 반공주의자 입장을 승인받게 하였다.17) 결국, 영화배우 조합(the Screen Actors' Guild)의 수장으로서, 그는 영화산업의 지도력으로 잡은 위치를 유지하는 것처럼 보였다. 미합중국 정부는 공산당을 불법으로 금하여야 하고 그 옹호자들을 처벌하는 일을 시행하여야 한다는 것이다.

마틴 앤더슨(Martin Anderson)은 스탠포드 대학(Stanford University)의 후버 연구소 (Hoover Institution)의 중진 연구원이었는데 그는 레이건의 첫 번째 대통령 캠페인을 조직하는데 도움을 주었고 한동안 그 신임 대통령의 프로그램을 개발하는 데 도움을 주었다. 앤더슨은 레이건의 현상에 대하여 물었다. "어떻게 그런 일들이 일어났을까요? 어떻게 할리우드 출신의 늙은 전직 배우가 미합중국의 권력에 자리를 차지하게 되고 역사상 가장 위대한 경제 확장을 주최하게 되었을까요? 어떻게 그 어느 누구보다 더 군사 무기에 돈을 할애함으로써 우리들로 하여금 핵탄두를 장착한 대륙 간 탄도 미사일의 재앙으로부터 그 위험성을 제거하는 데 한 발 가까이 가게끔 하였을까요? 어떻게 로널드 레이건은 게으른 자로 소문났고 별로 총명하지도 않은 자로 알려졌으면서도 그렇게 오래 정치권력을 잡게 되었으며, 그가 한 것을 잘 계승시킬 수 있었을까요?"18)

앤더슨의 대답은 요약하면, 레이건의 입장은 "여전히 일어나는… 힘 있는 지성 운동이라고 묘사하는 신자본주의이다.19) 미합중국에서 그리고 세계의 모든 국가에서 여전히 일어나고 있는 국가 정책의 근본적인 변화들은 이미 발생한 지적 변화들의 피할 수 없는 결과이다…"20)라고 하는 것이다. 앤더슨은 물론, 특별히 공산주의, 사회주의, 그리고 "그 어느 다른 형태의 (그것이 가지고 있는) 독재적 국가 통제주의를 언급하고 있다… 그것들은 지성의 파탄으로 입증되었다는 것이다." 그의 주장은 레이건이 언론과 지적 비평가들보다 훨씬 더 명확하게 사건의 추이를 판단하였다는 것이다. 자본주의와 민주주의, 도덕성과 종교는 레이건 이상(理想)의 모퉁이돌이 되었던 것이다.

대통령으로 일단 당선이 되고서, 레이건의 목표는 린든 존슨(Lyndon Johnson)이 선언한―개인 주도적―위대한 사회론(the Great Society)을 역전시키는 일이었다. 상호성 윤리에 입각한 자본주의자, 그러나 연방정부의 거저 주는 지원에 의존하지 않는 것이 삶의 모든 국면에 스며들게 하는 것이었다. 레이건의 자유의 이상은 평등의 정치 철학과는 분명하게 구별되어 있었다.21) 거기에는 더 이상 자유롭고 무책임한 무상지원은 없을 것이다. 미국의 민주주의는 자유기업에 관한 것으로 형성돼야 하고 주고받기와 같은 것으로서 그리고 정당 간, 자발적이며 동시에 상호 보완적인 것으로 형성돼야 할 것이다. 그 목표는 미공화국이 그 처음 단계의 도덕 출발점으로 회귀하는 것이다.22) 명백히, 레이건의 주된 목표물의 하나는 신좌파(New Left) 운동에 대한 것이었다. 그리고 그 운동의 갑작스런 부응이 그로 하여금 권력의 자리에 오르게 하였다. 주지사로서 버클리에 소재한 캘리포니아 대학(the University of California at Berkeley)에서 일어난 학생 폭동사태에 대결함으로써, 레이건은 자유란 허무주의와 동등함을 취하여서는 안 된다고 주장하였다. "그 어느 것도 절대적인 것은 없다고 주장하는 교육자는 잘못된 것입니다. 흑백의 구별, 옳고 그름의 구별을 분별하지 못하고 회색지대에 머무는 사람들이 바로 그런 사람들입니다."23)

그 대통령은 도덕적으로나 종교적으로 자신의 목표를 달성할 수 있는 구체적인 전략을 가지고 있었다. 정치가로 전향한 그 영화배우는 관료조직과 국가를 통하여 자신의 이상을 수행하기 위하여 모두 15명의 내각 임원들을 조직하였다. 그는 법조계와 교계, 그 두 군데 주도하는 기관들에 도움을 요청하였는데, 그 백악관의 새 지도자는 그 두 분야를 국가의 도덕적 삶을 부흥시키는 데 매우 중요한 곳이라고 이해하였기 때문이다. 그는 그의 우익 성향에 동조하는 법관들을 임명함으로써 오랜 기간 동안 법조계를 조정하려고 하였다. 이러한 사실은 그가 오늘날까지 영향을 끼치며 중요하게 계승시켰다. 그가 종교 기관들을 통하여 전달하려는 메시지는 더욱 더 어려운 도전이었다. 왜냐하면 그것은 교회와 국가의 분리 정책 때문이었다. 그러나 종교적인 텔레비전 방송은 1980년 캠페인에서부터 시작된 레이건이 주도하여 레이건을 후원하였던 부흥사들이 대부분 장악하게 되었다.

국가주의와 그 종교적 수사학

1984년 8월 23일, 그날은 그의 재공천 하루 전날 아침이었는데, 레이건은 댈러스 컨벤션 센터(the Dallas Convention Center)에서 개최된 조찬 기도회에서 연설하면서, 다음과 같이 확신하였다. "나는 신앙과 종교가 우리 국가의 정치 생활에 항상 그래왔던 것처럼 매우 중요한 역할을 한다고 믿습니다."[24] 역사적으로 레이건 후보의 말은 옳았다. 그런데 문제는 "어떻게?"였다. 물론, 그가 미합중국이 명백하게 (계몽사상 합리주의보다는) 기독교 원리에 입각하여 건국되었다고 한 주장은 몇 가지 근거로 인하여 비판을 받게 되었다. 여전히 그의 선거 캠페인의 내용은 비분파적 언어로 표현되었다. "나는 조지 워싱턴(George Washington)이 하나님의 도성이 없이는 인간의 세속 도시도 볼 수 없고 또한 살아남을 수 없다는 것을 믿습니다. 그 볼 수 없는 도성이 없이는 인간의 보이는 도시도 멸망할 것입니다. 종교는 우리 국가 생활에 막강한 역할을 하였을 뿐 아니라 긍정적인 역할을 하였습니다."[25] 캠페인을 벌이면서, 레이건은 시민종교의 일반론을 뛰어 넘어서 명백하게 기독교적 충성심을 확인하려고 하였다.[26] 확실히, 그의 충성심은 신 종교 우파(the New Religious Right)에 있었고 기독교 전반에 놓인 것은 아니었다.

그리고 종교 일반에 관한 것은 더욱 아니었다.[27] 제리 펄웰(Jerry Falwell)이 모든 성직자들 가운데 그가 가장 선호하는 사람이었다. 그리고 레이건은 캘리포니아 주지사 시절에 그가 반대하였던 것보다 더 낙태를 반대하였다. 팻 로버트슨(Pat Robertson)이 1980년 선거에서 공화당이 승리하는 데 크게 기여하였다. 레이건 이후 10년이 채 못 되어서—「미국과 공화당원의 계약」 "Republican Contract with America"의 저자인—뉴트 깅그리치(Newt Gingrich)가 신 종교우파가 공화당의 주 세력으로 남아 있다는 것을 명백히 밝혔다. 그는 이 역할을 민주당의 오랫동안 유지된 노동조직과 비교하였다.

게리 스미스(Gary Smith)는 레이건의 개인적인 신앙을 진정성이 있고 매우 의미 깊은 것이라고 평가하였으며 그 신앙이 그의 정치 철학에 필수적인 것이라고 판단하였다.[28] 대통령으로서, 그는 자신의 그리스도 제자 교회(Disciples of Christ) 전통을 지지하였는데 "딱딱하거나 성급한 교리가 아닌 신약성경의 문자적 해석에 기초하는 좀 더 넓은 방법의 전통을 나타내었다. 그는 동시에 "전지(全知)하시고 사랑하시는 아버지는 그의 자녀들 그 어느 누구도 영원한 저주로 버리시지 않으시리라"는 것을 믿었다. 복음주의자로서 확실한 것은 그가 빌리 그래함(Billy Graham)을 두 번 국회에서 연설하도록 초청하였는데, 그래함이 그의 동기의 중심점은 아니었던 것이다. 그가 추파를 던질 수는 있었지만 그는 율법주의자나 교파주의자는 아니었던 것이다. 그가 존 힝클리(John Hinckley Jr.)에게 피격당하고 9주 후에 백악관에 들어와 그의 삶의 치명적인 위험을 겪으면서 다음과 같이 썼다. "어떤 일이 일어나든지 간에, 나는 하나님에게 나의 인생을 맡기고 내가 할 수 있는 모든 일들을 통하여 하나님을 섬길 것이다." 그가 가장 좋아하던 성경 구절은 '요한복음 3:16'이었으며 또한 '역대하 7:14'이었다. "내 이름으로 일컫는 내 백성이 그들의 악한 길에서 떠나 스스로 낮추고 기도하여 내 얼굴을 찾으면 내가 하늘에서 듣고 그들의 죄를 사하고 그들의 땅을 고치리라." 레이건은 우리가 처음 부분에서 지적하였던 것처럼 무언가 신비한 체험을 한 것 같다.

레이건의 개인적 종교적 성찰은 백악관을 차지하고 있는 동안에 여러 가지 혼잡한 견해들을 불러일으켰다. 그 신앙은 카터 가족들처럼 정규적으로 교회에 출석하는 것은 아니었다. 레이건의 두 번째 임기 출발 시점에 두 번째 비서실장을 지낸 도널드 리건(Donald Regan)은 백악관의 스케줄은 영부인(Mrs. Reagan)의 점술사의 조언에 의해서 주도되었다는 것을 단호하게 주장하였다.29) 곧바로 그는 레이건 부부의 결혼기념일인 3월 4일과 5일이 좋은 때임을 알게 되었다. 그러나 대통령은 1987년 이란 콘트라 사태를 보고한 타우어 위원회(Tower Committee's Iran-Contra report)에 대하여 국정연설을 하지 않을 것을 독려받았다. 낸시 레이건(Nancy Reagan)의 점술사에 의하면 "1987년 3월 9일, 3월 7~14일은 특히 나쁜 때"라는 것이다. "또 다른 나쁜 때는 1월 20일이었다. 그 어느 것도 백악관 밖에서는 시도하지 말아야 할 것이라는 것이다. 3월 10~14일: 외부활동 금지, 3월 16일: 매우 나쁨, 3월 12~19일: 여행이나 공식석상의 노출 금지, 3월 19~25일: 공식석상 활동 금지, 4월 21~28일 집에 머무를 것."

도널드 리건은 또한 대통령의 첫 번째 임기 동안 재무부장관 시절, 그의 경험에 대하여 쓰라린 추억을 가지고 있다. "재무장관 시절 첫날부터 끝날까지 나는 직감으로 일들을 처리하며 가까스로 직무를 수행하였다. 대통령은 그가 무엇을 믿었는지, 그리고 경제 분야에서 무엇을 달성하기를 원하였는지 전혀 말해 주지 않았다. 나는 그 어느 다른 미국인들과 마찬가지로, 그의 연설을 청취하거나, 신문을 읽는 것으로 일들을 파악해야만 했다… 나는 이것을 분리된 기묘한 관계로 생각하였다."30) 리건은 사퇴한 후에 레이건 대통령에게 말하기를 거절하였다. 사실, 리건이 비서실장으로 있는 동안에 신경이 쓰였던 것은 점술사 문제였다. 그러나 그것은 레이건이 낸시 데이비스와 결혼한 후 나타난 한 단면에 불과할 뿐이다. 낸시는 그리스도 제자교회(the Disciples of Christ Church)의 구성원이 아니라 장로 교인이었다. 그 대통령 후보와 낸시는 로스앤젤레스(Los Angeles)에 소재한 벨 에어 장로교회(Bel Air Presbyterian Church)에 다녔다. 그 교회의 돈 무머(Donn D.

Moomaw)는 두 번의 레이건 취임식, 그리고 백악관에서에서 기도 순서를 맡았고 레이건은 그를 "우리 목사님"이라고 불렀다.

대통령이 저격당하였음을 들었을 때 무머는 곧바로 워싱턴으로 달려왔다. "내가 백악관으로 갔을 때… 낸시는 캐롤라인[나의 부인]과 나에게 그날 저녁 때 병원으로 같이 가 줄 수 있는가하고 물었다… 나는 몹시 아팠을 한 남성을 예상하고 갔었다…그런데.. 그는 강철과 같았다. 그는 교회에 대하여 이야기하고 싶어 했다. 그는 신앙에 대하여 말하는데 주저하지 않았다. 그가 마음 문을 활짝 열었기 때문에 나는 '론(Ron)… 당신은 하나님을 만나기를 원하십니까?'라고 물었다. '아니요, 나는 하나님을 만나기 전에 달성하고 싶은 것이 너무 많이 있습니다.' 그가 대답하고 나는 '아니요, 그것이 내가 묻고 있는 의미가 아닙니다. 만일 그 총알이 당신의 생명을 앗아 갔다면 당신은 하나님과 꺼리 낄 것이 없었겠습니까?' 그는 잠시 생각하더니 '예'라고 답하였다. 내가 지나치게 압박함으로 나의 부인은 당황하였으나 나는 다시 물었다. '당신이 그것을 어떻게 아십니까?' 나는 그가 아마도 그가 기여하였던 일들의 공적을 기반으로 그가 그런 답을 한 것이라고 예측하였다. 그러나 그것이 아니었다. 그는 나의 눈을 들여다보면서 '나는 구주를 모시고 있습니다'라고 답하였다. 당신은 다른 모든 것으로 말할 수 있습니다… 그러나 당신이 이 첫 번째 열쇠를 풀지 못한다면 구원은 일어나지 않을 것입니다. 그것은 진정 구원에 대한 심층적인 깨달음이었다."31)

냉전의 종식

레이건이 도덕적으로, 종교적으로 감명받았던 반공사상이 없었더라면 그가 명명하였던 "사악한 제국(the Evil Empire)"이 동유럽에서 과연 붕괴되었을 것인가? 그 당시, 레이건은 그의 목표를 달성하였고 번영을 위한 역사 기록에 그의 이름을 남기게 되었다. 제2차 세계대전 이후에, 할리우드에서 노조 위원장으로 공산주의를 상대하였던 이래로 그는 반공사상 문제를 정면으로 다루게 되었다. 레이건은 그 사악함 어느 것이든지 타협을 허용하지 않았다. 만일 러시아가 군비경쟁을 종식시키지 않는다면 그는 우주공간에 레이저 광선과 무기를 탑재한 신종 대량 방어체재를 구축할 준비가 되어 있다고 말하였다. 그것은 가히 놀라운 것이었다. 대통령으로서, 그는 개인적으로 아이스랜드(Iceland)에서 고르바초프(Gorbachev)와 협상하였는데, 그것이 미합중국의 (그의 실무진들이 두려워하였던바) 모든 탄도 미사일체재를 포기하게 되는 일이었을지도 모른다는 것이었다. 그의 우주전 전략이 아니었더라면 말이다. 그러나 우주전쟁의 무기는 그 당시 대통령이 공상하는 상상 안에서만 존재하였다. 그가 이야기하였던 수많은 도덕적 이야기들 속에서, 그 사실들이 그 교훈을 뒷받침하는 일이 되었다.

조지아 주의 유니버시티 센터(the University Center in Georgia)의 탁월한 재택 연구가 유진 지노비스(Eugene D. Genovese)는 다음과 같이 전망하였다. "레이건주의의 찬·반론자들과 그 사상이 제시한 변화의 깊이는 그 효과가 나타나려면 오랜 시간이 걸릴 것이다… 동유럽과 소련에서 일어나고 있었던 일은, 사실은, 현대 역사상 알려진 가장 광범위한 역(逆)혁명의 본보기이다."[32]

운이 좋게도, 레이건은 국제 정치에 있어서 평온한 분위기에 처할 수 있게 축복받았다. 카터의 행운은 3년 안에 동이 났지만, 레이건은 6년간 지속되었고 이란게이트 사건 이후에도 다시 살아났다. 그가 물리력을 들먹였었던 가장 심했던 갈등은 작은 나라들(인구의 측면에서)에 관한 것이었다. 리비아, 니카라과, 레바논, 그리고 그라나다와 같은 국가들의 경우다. 카터가 국제정치에 있어서 힘의 관계는 경시될 수 있고 또한 그렇게 되어야만 한다고 믿었던 신념은 이제 중단되었다. 여전히, 레이건은—그의 선임자들처럼—국제 정치를 대부분 도덕적인 내용으로 해석하였다. 그러나 그 자신의 옳고 그름에 대한 판단으로 그렇게 하였다. 미합중국 예외주의는 미국이 세상의 불빛이 되어야 하고 언덕 위의 도성이 되어야 함을 의미하는 것이었다. 동시에, 그는 공산세계를 악마라고 여겼다.

고르바초프와 가졌던 아이스랜드 회담의 배경은 (정식으로 예정되었던 정상회담은 아니었으나) 매우 중요한 것이었다. 레이건은 카터 행정부를 좌절시킨 국제 인질 사태로 인하여 골머리를 앓았다. "레이건의 인질들은 카터의 인질들보다는 적고, 덜 드러났으며, 산발적으로 일어났고, 선택적으로 피살되었으나 거의 영구적인 삶의 문제가 되었다… 그러나 그것은 그들에게 장기적인 위험을 줄이는 일은 아니었다."33) 1986년 가을에, FBI가 제네디 자카로프(Gennedi Zacharov)를 간첩혐의로 체포하였다. 그 앙갚음으로, 소련은 미국의 기자 니콜라스 대니로프(Nicholas Daniloff)를 기사 날조 혐의로 구속하였다. 미국이 희망하기로는 그 상황이 모스크바에서 대화를 통하여 해결되는 것이었다. 갑작스럽게 미국 대통령이 소련지도자들과 만나도록 초청되었을 때 그는 그것을 수용할 준비가 되어 있었다.

동시에, 대통령 측의 새로운 공격성이 러시아인들을 위협하였다. 그들은 그를 거침이 없고 전쟁을 불사하는 반공주의자로 (미친 것이 아니라) 똑바로 인식하게 되었다. 물론 소련이 무장해제와 평화를 열망하는 데는 여러 가지 이유가 있었다. 러시아의 아프가니스탄(그들의 베트남과 같은)에 대한 전쟁의 실패, 체르노빌의 원자 핵 재앙, 그리고 경제 파탄이 초기의 교전상태를 불러일으켰다. 레이건과 고르바초프, 두 사람이 개입된 것은 그 일어난 일에 대하여 우연적인 것이 아니었다. 고르바초프가 아니었더라면 아마도 냉전은 종식되지 않았을 것이다. 고르바초프는 후에, 레이건에게 보낸 장문(長文)의 편지에서 그 자신의 소감을 다음과 같이 피력하였다. 그 일부를 소개하자면, "우리들의 관계는 극적인 막을 수 없는 흐름이고 당신과 나는 함께 그 흐름을 확대시켜 나아가야 할 것입니다. 그 흐름은 속도를 늦출 수 없습니다. 다만 저지되거나 방향은 틀어질 수 있을 것입니다. 그러나 그런 것은 상관없습니다."34) 레이건은 그가 예상하였던 것보다 훨씬 더 많은 것을 달성하였다. 그것은 바로 냉전의 종식이었다.

그가 재임기간을 마치고 미국 국민들에게 송별사를 연설하였을 때 그 전직 배우는 다음과 같이 회고하였다. "나는 위대한 소통가는 아니었습니다. 그러나 나는 위대한 일들을 가능하게 하였습니다. 우리들의 가치와 상식에 대한 재발견… 그리고 우리들은 국가를 바꾸어보려고 하였는데 세계를 바꾸게 되었습니다… 결국 전혀 나쁘지 않은 것들로 말입니다."35)

공급자 측 중시 경제(Supply-Side Economics)

레이건은 외무 분야에서와 마찬가지로 국내 문제들에 대한 접근에 있어서도 자신감이 넘쳤다. 그가 암살시도범의 총탄에 맞아 거의 죽을 정도로 피를 흘린 일이 있은 이후에, 민주당 의회는 그의 공급자 측 중시 경제 정책을 시행하였다. 그 노련한 정치가는 죽음의 국면을 맞이하였을 때에도 용기, 유머, 대담성, 그리고 튼튼한 지도력을 보여 주었다. 그 사건이 없었더라면, 레이건노믹스(Reaganomics)의 입법적 통과는 없었을 것이다. 그 대통령은 또한 도덕적 열심과 열성을 가지고 그 자신의 경제 프로그램을 제창하였다. 그의 예산국장인 데이비드 스토크맨(David Stockman)은 다음과 같이 술회하였다. "세금 감면은 로널드 레이건이 진정 바랐던 몇 가지 일 중에 한 가지다… 그가 포괄적, 전면적 정치 역량으로 힘을 기울였던… 국내 정치의 몇 가지 안 되는 에피소드를 남긴 것 중 한 가지는 그가 단호하게 통솔하였던 입법 투쟁이었다."36) 그가 라퍼 커브(Laffer Curve)의 의견을 경청하였을 때 그는 많은 관심을 기울였는데 그것은 세금이 감면된다면 어떻게 수입을 늘릴 것인가에 대한 내용이 있었기 때문이다. 그 결론은 의심의 여지가 있었고 실제적으로 실행되지 않았다. 레이건 정책이 가져온 장기적인 결과는 비록 그가 집무 기간이 끝날 때까지 적자를 줄여갈 것을 계속 주장하였으나 엄청난 부채가 미래의 대통령들에게 남겨지게 된다는 것이었다. 단기적으로는, 경제적 부흥이 있었다. 경제가 용솟음치듯 단기적으로 솟아났고 그것은 루스벨트의 뉴딜 정책에서 그랬던 것보다 훨씬 더 빠르게 일어났다. 레이건의 주도하에, 엄청난 예산 적자가 있었는데 그것이 페롯 현상(the Perot phenomenon)으로 가게 이끌었고 결국 조지 부쉬(George H. W. Bush)가 재임에 경선하였을 때 그것을 실패로 이끌게 하는 결과가 되었다.

이란게이트(Irangate)

레이건이 직접적인 행동주의자 대통령이 아니라는 사실에 위험한 한계가 도사리고 있었다. 진정, 그는 그 반대였다. 그는 책임을 자주 참모들에게 위임하였고 오랜 시간 근무하지 않았다. 그의 몇몇 보좌관들은 그 자신처럼 이상주의적이었는데, 일반적으로 생각에 집중하였다. 그 외 다른 사람들은 세부적인 것들을 가지고 일하였는데 더욱 더 실질적이었다. 몇몇 대통령이 신뢰하였던 참모들은 그의 재임기간 동안에 그를 실망시켰다. "내 목구멍에 걸리는 쓴 즙이 있다"라고 로널드 레이건은 『타임』지(紙)에 토로하였다. "나는 이란 사태에 할 수 있었던 행동을 다 취하였다고 생각한다… 나는 그것이 실수라고 생각하지 않는다… 이 모든 일이 언론으로 하여금 굉장히 무책임한 일을 하도록 부추기고자 있다."37) 참모진은 레이건이 콘트라 프로젝트(Contras project)를 위한 무기에 대하여 이야기를 들은 바 있다고 주장하였다. 그가 그것을 망각하였을까? 그는 그 자신의 방법대로 일들을 기억하는 고질적 경향을 지니고 있었다.

이란 사태의 에피소드가 레이건의 워터게이트였을까? 중동문제의 한 전문가는 약 수십억 달러 상당의 무기가 이란에 팔렸을지도 모른다고 주장하였다. 그 협상으로부터 벌어들인 기금이 니카라과 사태(the Nicaraguan Contras)를 후원하기 위하여 쓰일 예정이었다. 그 사건들 양상의 폭로가 대통령의 지지도에 극적인 쇠퇴를 초래하였고 그는 상당부분 그의 "테플론 특성(Teflon Character)"을 상실한 듯 보였다. 그의 정책이 이중적인 것이었다는 인상이 널리 퍼져 있었다. 그는 공식적으로 말한 것과 비밀리에 다르게 행동하였다. 심지어 레이건이 미국 동맹국들에게 이란 지역에 무기를 보내기를 거절할 것을 종용하는 동안에도 이란 무기 판매는 자행되었다.

게리 윌스(Gary Wills)는 다음과 같이 결론짓는다. "이란 사태는 무능함을 드러내는 일이다. 그 내용과 실행과 해명에 있어서 다 그러하다. 오늘날 레이건 대통령과 가깝게 접촉하는 보좌관들은 전후세대에 그 어느 대통령을 섬기던 사람들보다 가장 별 볼일 없는 그룹이다."38) 이란 사태는 어떤 의미에서 워터게이트 사건을 능가하였다. 그것이 외교 정책과 국제적 관계에 영향을 끼쳤다는 점에서 그렇다. 물론 그것은 닉슨이 무마를 시도하였던—테이프에서 아주 명백하게 드러났던 것과 같이—것, 그리하여 닉슨이 해임되었던 것과 같다. 이와 대조적으로, 레이건은 계속해서 대중 앞으로 나아가기를 시도하였다. 그의 법무부장관은 법원에서 특별검사가 임명될 것을 요청하였다. 그러나 그 소동은 계속되었고 레이건 대통령직의 결말에 대하여 어두운 그림자를 드리우게 되었다.

종합: 요약

윌버 에델(Wilbur Edel)은 레이건 비판에서 특별히 그의 지적인 얄팍함, 역사에 대한 미숙한 해석 등을 언급한다. 대통령은 국가를 청교도를 인식하는 단계로 회복시킬 것을 주장하면서 종교적인 위장술을 채택하였는데—그것은 존 윈트롭(John Winthrop)이 제시하였던—"더 고차원적인 법"을 의미한다고 하였다. 그 대신에, 그는 "개인적인 야망을 복지보다 먼저, 그리고 다른 모든 인권보다 경제적인 권력을 강화하는 것을 우선하는"39) 사회의 탐욕과 돈에 굶주리게 함을 부추겼다는 것이다. 그는 그가 신 애국주의(the New Patriotism)라고 불렀던 것을 빌미로, 지지를 받기 위하여 노골적인 감정적 호소를 하게 되었다고 하였다. 그가 선거 때 공약하였던 업무의 개방성과 그의 보좌관들에게 통치력을 줄이겠다는 약속과는 달리 그들에게도 정치를 수행하는데 거의 무제한적인 권위를 부여하였다는 것이다.

1983년 3월8일 그의 활동이 절정에 달하였을 무렵, 플로리다 올란도 (Orlando, Florida)에서 소위 "사악한 제국(Evil Empire)"이라고 부르는 공산주의를 공격하는 연설에서 레이건은 다음과 같이 강조하였다. "우리는 그 어떠한 정부의 계획도 인간을 완전하게 할 수 없음을 결코 잊어서는 안 될 것입니다. 우리는 이 세상에 산다는 것이 철학자들이 악의 현상이라고 부르는 것을 다루고 있고 또는 신학자들이 죄의 교리라고 부르는 것을 다루고 있음을 의미한다는 것을 잘 알고 있습니다. 세상에는 죄와 악이 존재하고, 성경이 그리고 우리 주 예수 그리스도가 우리들의 힘을 다하여 그것에 반대할 것을 명하고 있는 것입니다."40)

역사가 마이클 베취로스(Michael Beschloss)는 레이건이 사실상 독실한 크리스천이었다고 말하는데 그것은 거의 그의 어머니로부터 기인한다는 것이다. 그녀는 그에게 "모든 것은 하나님의 거룩한 계획의 일부분이라는 신앙"을 스며들게 하였다. 대통령의 로스앤젤레스의 목사 돈 무머(Don Moomaw)는 그와 그의 참모들이 "얼마나 많은 시간들을 우리와 함께 무릎을 꿇었으며" 레이건이 "슬픔과 기쁨과 찬양을 드리는 총체적 경험을 함께 나누었는가"를 되돌아보았다. 하나님에 대한 신앙을 떠났더라면, 그는 죽음을 매우 두려워하였을 것이라고 그는 말하였다. 전직 배우 레이건은 예수의 재림이 세상의 종말을 가져다주는 아마겟돈(Armageddon) 전쟁 후에 올 것이라는 전 천년설 주장을 받아들였다. 대재앙(the Apocalypse)이 임박하였다는 것이다. "개인적으로 레이건은 최근의 '징조와 사건들'이 아마겟돈 전쟁의 임재를 보여 주는 것이라고 말하면서 그것은 '아무 결말이 없는 전쟁이 치러짐', 지진, 폭풍우, 화산폭발 등과 같은 것이라고 하였다. 대재앙이 임할 때, '거룩한 나라를 침공하는 군대'와 '눈이 머리로부터 타들어 가는' 역병(疫病)이 있을 것이라는 것이다."41)

게리 윌스는 그 비판에서, 레이건의 웅변을 액면 그대로 받아들이려고 하지 않았다. 그는 그 지도자가 타락 사건 속에서 선과 악에 대하여 기독교 전통이 확인되는 것을 결정적으로 놓치고 있다고 주장한다. "레이건의 캠페인과 대통령 직무 중에서, 민주당 전임자들과 정적(政敵)들에 대한 원칙적인 고발은 그들이 염세주의의 죄를 지었다는 것이다… 파멸을 크게 울부짖는 사람들은 거의 없었다." 레이건이 그 자신의 종교적 체험에 대하여 논하기를 요청받았을 때, 그가 생각할 수 있었던 모든 사례들은 죽음과 재난에 대하여 밝은 측면을 바라보게 하는 것이었다. 불행하게도, 현대사회는 시장(市場) 상징으로 존재하고 있다. 윌스는 다음과 같이 생각한다. "그러므로 시장은 끝없는 불행으로부터 행복한 결과, 셀 수 없는 죄악과 태만 속에서 죄 없는 제품을 생산한다. 에덴동산은… 다시 일어나며, 시장의 자동기술로 인하여 금지되지 않는다."42)

윌스는 레이건이 때때로 성경적 전통이 그것을 믿는 모든 사람들이 함부로 쓰지 않은 "깨끗한 판"이 될 수 없음을 확실하게 하여 주었다고 말한다. 이것이 아마도 기독교 현실주의일 것이다. 인간들은 서로 서로의 잘못들로 인하여 얽히고설켜 있다. 윌스는 그러나, 사실상 타락사건(the Fall)의 역설을 열렬하게 믿었다고 생각한다. 그것은 인간 본성의 완벽성을 믿는 것이다. 더 장기적인 전통을 존중하는 대신에, 그는 유쾌한 이야기들 가운데 나오는 그 자신만의 행복한 세계를 스스로 만들었던 것이다. 윌스는 그것을 "복잡하고 모순적인 증거들의 도전으로부터, 그리고 그 어떤 결말의 시험들로부터 보호받아야만 하는 연약한 구조"라고 묘사한다. 요약한다면, 그 영화배우는 악의 없이 죄의식이 없었다. 이러한 사실에 대하여 할 수 있는 대답은 레이건이 다면적이며 항상 일관성이 있는 것이 아니었을 것이라는 점이다. 많은 그의 복음주의 친구들은 특징적으로 타락의 교리를 문화 낙관론과 혼합하고 있다.

그 유산은 아직 남아 있다. 레이건은 도덕과 종교에 대하여 특별한 형태의 접근을 구체화하였다. 복음적이요, 애국적이며, 경건심이 있고, 동시에, 포괄적이다. 그 뿌리는 미국적 전통 속에서 유권자들과 함께 후보자의 위상을 강력하게 끌어올릴 만큼 충분히 깊게 내려져 있었다. 종교나 정치에 있어서 세부적인 사안들은 다른 이들에게 넘어갔다. 그러나 중요한 사실은 레이건이 심혈을 기울인 관계로 냉전이 종식되었다는 점이다. 그가 공산주의와 타협하지 않으리라는 결심을 하지 않았더라면, 이 일은 일어나지 않았을 것이다.

1) Garry Wills, *Reagan's America*, New York: Penguin, 1988.

2) Wilber Edel, *The Reagan Presidency*, An Actor's Finest Performance, New York: Hippocrene Books, 1992, p. 215.

3) Ibid., p. 139.

4) Dinesh D'Souza, Ronald Reagan, How an Ordinary Man Became an Extraordinary Leader, New York: Free Press, 1997.

5) Bob Slosser, *Reagan Inside Out*, Waco, Texas: Word, 1984, p. 2.

6) This is Wills's suggestion.

7) Wills, op. cit., p. 6

8) Robert Shogan, *The Riddle of Political Power from Truman to Bush*, New York: Dutton, 1991.

9) Skowronek, op. cit., p. 411.

10) Quoted by Wills, op. cit., p. 451.

11) Shogan, op. cit.

12) Ibid.

13) Edel, op. cit., p. 6.

14) Shogan, op. cit.

15) Ronald Reagan, An American Life, New York: Simon and Schuster, 1990. Cited in Thomas W. Evans, The Education of Ronald Reagan, The General Electric Years and the Untold Story of His Conversion to Conservativism, New York: Columbia University Press, 2006, ix.

16) Ibid.

17) Wills, op. cit., p. 301.

18) Martin Anderson, *Revolution, The Reagan Legacy*, Stanford, California: Hoover Institution Press, 1990, xxi.

19) Ibid., xixx.

20) Ibid., xix.

21) Williams K. Muir, *The Bully Pulpit, The Presidential Leadership of Ronald Reagan*, Richmond, California: ICS Press, 1992.

22) Edel, op. cit.

23) Cf., *New York Times*, August 24, 1984, section 1, p. 1.

24) Ibid.

25) Ibid.

26) Ibid.

27) Smith, op. cit., p. 354 et seq.

28) Edel, op. cit., p. 159.

29) Donald Regan, *From Wall Street to Washington*, New York: Harcourt Brace Jovanovich, 1988.

30) Richard G. Hutcheson, Jr., *God in the White House*, pp. 164~165.

31) Eugene D. Genovese, *Commentary*, op. cit., pp. 48~50.

32) Ibid.

33) Wills, op. cit., p. 468.

34) Cf., Barber, *Presidential Character*, p. 255 et. seq.

35) Neustadt, op. cit. p. 317.

36) Cf., Wills, op. cit. p. 309.

37) Ibid.

38) Edel, op. cit., pp. 306~307.

39) Cf., Lou Cannon, *Reagan*, New York: Putnam, 1982.

40) Michael Beschloss, *Presidential Courage, Brave Leaders and How They Changed America 1789-1989*, Simon and Schuster, 2007, p. 285.

41) Wills, op. cit., p. 121.

42) Ibid.

조지 H. W. 부쉬
George H. W. Bush

　　부쉬 1세는 그의 전임자 로널드 레이건의 그늘 속에서 백악관을 차지하였다. 오바마는 무언가 다른 캠페인으로 승리하였는데, 그것은 부쉬 2세와 백악관으로부터 시작된 전쟁, 'W'에 대한 직접적인 공격으로부터였다. 그 1세, 2세 부쉬 대통령은 레이건처럼, 정치적으로 보수적인 복음주의자들에게 도움을 요청하였다. 오바마는 대조적으로 그 주요 선거기지를 흑인교회에 두었다. 실망스럽게도, 부쉬 1세는 또 다른 텍사스인, 로스 페롯(Ross Perot)이 대통령 경선에 끼어드는 바람에 재임에 나섰으나 실패하였다. 그 41대 대통령의 주요 업적은 외교 정책 분야에 있었다. 다분히 자신을 위하여서도, 그는 쿠웨이트를 해방시킨 이후에, 바그다드를 침공하지 않는 지혜를 보여 주었다. 국내정치에서는 경제를 조정하는 데 그렇게 성공적은 아니었으나, 그가 선거 때 공약한 "맹세하건대(read my lips)"의 약속을 파기하여 세금 인상을 하게 되었다. 오바마는 그가 재임을 하기 위하여 재신에 이기기 위하여서는 부쉬 1세보다 더 국내적으로 많은 것을 이룩하여야 할 것이다. 그가 만일 이라크와 아프가니스탄에서 그의 전임자들과 같은 능숙함으로 외국전쟁을 잘 치러낼 수 있다면, 그는 큰 행운을 붙잡게 될 것이다.

부쉬의 유산

조지 부쉬 1세(George Herbert Walker Bush)는 독특한 기회에 백악관에 입성하였다. 냉전이 종식되었던 것이다. 핵전쟁 재앙의 위협이 그의 시대에는 크게 해소된 것처럼 보였다. 레이건이 휩쓸고 간 이후에 그 새 대통령은 국가를 어디로 끌고 갈 것인가? "미국이 높은 도덕적 원칙에 매여 있지 않는 한 절대로 홀로 존재할 수 없을 것이다. 우리는 국민으로서 오늘날 그러한 목표를 가지고 있다. 그것은 미국으로 하여금 더 친절한 국가가 되게 하고 세계로 하여금 더 좋은 모습을 갖고 나타나게 하기 위함이다."[1] 부쉬 1세는 그의 취임식에서 그렇게 연설하였다. 그 새 지도자는 민주당이 석권한 의회의 도움을 구하였고 또 그 지지를 요청하였다. 그러한 연고로, 그것은 늘 그래 왔던 것처럼 대부분이 정치적인 형태로 수행되었다.

자신의 당으로부터 대통령 후보 지명을 수락하면서, 후보자 부쉬는 자신의 위기를 타개하는 방법을 다음과 같이 피력하였다. "이 세상에서 무엇인가를 이룩하려면, 위기에 기꺼이 도전하여야 할 것입니다… 나는 18세에 대학에 갈 수 있었으나 해군에 입대하였습니다. 나는 나의 아버지의 잘 나가는 기업에서 일하면서 동부에 가서 머무를 수 있었으나 서부로 가서 스스로 독립하였습니다… 포드 대통령이 나에게 영국, 또는 프랑스 대사 자리를 제공하였습니다. 그것은 상당히 화려한 일이었습니다. 그러나 나는 중국을 선택하였습니다. 나의 참모들은 내가 CIA에 가는 것을 경고하였습니다. 그것은 정치적으로 막다른 골목이 될 것이기 때문입니다"[2] 젊은 해군 조종사로서, 그가 심지어 대학에 들어가기도 전에, 이미 그는 뛰어난 군대 기록을 가지고 있었다. 그는 제2차 세계대전 동안 태평양 상공을 비행하면서 목숨을 걸었기 때문이었다.

부쉬가 레이건의 지지를 받으며 대통령에 출마하였을 때, 그는 다음과 같이 주장하였다. "우리는 급진적이고 새로운 방향을 필요로 하는 것이 아닙니다. 우리는 한결같고 강한 지도력을 원할 뿐입니다. 우리는 사회를 다시 만들 필요가 없습니다. 그저 우리들 자신이 누구인가 기억해야 할 뿐입니다. 1989년 1월에, 그가 백악관에 들어갔을 때, 부쉬는 다음과 같이 말하였다. "우리는 이미 시작된 자랑스러운 기록을 계속 세우기 위하여 집무를 하게 되었습니다." 한 부쉬의 참모는 다음과 같이 설명하였다. "레이건을 따르면서 성공을 주장하는 것은 무언가 맞지 않았다. 우리는 레이건이 더럽혀 놓은 것을 깨끗하게 할 것이라고 말하기 힘들었다. 우리는 거기에 대하여 입을 다물고 그 일을 해야만 했다." 부쉬는 스스로에게 "우리가 변화 그 자체다"라고 말하였다.3)

물론, 언론인들은 그를 그냥 놓아두지 않았다. 『타임』지(紙)의 편집자들은 그 레이건의 후계자에게 비판을 쏟아내면서, 그의 자격에 대하여 자신들의 언론 플레이를 자행하였다. "다른 대부분의 정치가들보다 그는 역설이요, 모순이었다. 용감한 전쟁 영웅이었으나 그는 겁쟁이로 조롱받았다. 겸손하고 환심을 샀으나, 그는 때때로 완전히 비열하였다. 예일(Yale) 대학교의 피 베타 카파(Phi Beta Kappa) 학생이었으나 그는 응집력이 없게 말하였고 심지어 종종, 얼빠진 것 같았다."4)

그러나 부쉬가 린든 존슨(Lyndon Johnson)이나 리처드 닉슨(Richard Nixon)처럼 집착하는 스타일로 분류되지 않는다는 것은 중요한 일이다. 여전히, 그는 그 대단한 권력과 카리스마에 있어서 레이건과 가히 견줄 수 없었다. 그리고 그는 그의 보수적인 멘토에서 나타나는 것 같이 레이건처럼 기억에 남을 만하게 정치적 발언을 돌려 말하는 요령도 없었다. 그는 'L-단어', 자유정신에 대하여 거침없이 말하였다. 수사학적으로, 부쉬는 두 가지 말 외에는 기억되는 것이 없었다. 'voodoo 경제(voodoo economics)'라는 말이 그중 하나인데 그것은 그가 1980년 부통령 후보가 되기 전에 레이건노믹스 (Reaganomics)에 적용시킨 말이었다. 그리고 나머지 말은 그 자신이 1988년 백악관을 향한 경선에서 한 "맹세하건대(read my lips)"가 고작이었다. 그럼에도 불구하고 그는 양호한 여건에서 백악관 권력을 잡게 되었다. 1981년 국제정치의 매우 긴장된 분위기와 (레이건 시대의 초기에) 1989년 전망이 밝은 세계(부쉬가 집권하였을 때)의 대조는 부쉬가 기퍼(Gipper)의 후계자로 출마하였을 때 날리던 것과 같았다. 물론 그는 이란 사태의 남은 문제들을 다루어내야 했다. 특별 검사가 레이건보다 덜 인기 있는 그 대통령을 걸려 넘어지게 할 수도 있는 일련의 사건들을 분석하고 있었다. 그러나 얼마나 부쉬가 그 정보의 '핵심 중 일원(in the loop)'이었는지는 여전히 논란의 대상이다.

부쉬의 정치 생애 초기에 그가 가장 자랑스럽게 생각하였던 일들은 그가 텍사스 출신 의원으로 있었을 때라고 한다. 하원의원의 한 사람으로서, 그는 시민권 시행안(the Civil Rights Act)에 투표하였다. 텍사스 고향 집으로 돌아와, 그는 한 모임에 참석하였는데 그 모임은 "정부가 사유 재산을 지배할 것이고 공산당의 제1목표로 이끌어 가게 될 것이라는 이유로 맹렬한 비난을 받았다." 이러한 비난을 이어받아 부쉬가 말하게 되면서 다음과 같은 논쟁이 계속되었다. "나는 내가 옳다고 생각하는 것을 행하였다고 생각합니다. 우리는 대부분의 사안에 동의합니다. 그러나 이 사안에는 동의하지 않게 되었습니다. 여전히 당신들의 지지를 받기 원합니다. 그러나 여러분의 지지가 없어진다 하더라도 여전히 여러분의 우정을 갖기 소망합니다. 미안하지만, 나는 내 양심을 가지고 투표해야 합니다."[5] 그 의원은 기립박수를 받았다. 그의 자서전에서 그는 다음과 같이 기억한다. "20년 이상이 지난 후에, 나는 진실로 내 공직 생활에서 체험하였던 그 어느 것도 그날 밤 내가 집에 갔을 때의 그 감정 소회(素懷)와 비교할 수 없다고 말할 수 있습니다." 특징적으로 부쉬는 후에 다음과 같이 생각하였다. "나는 사람들이 싫어하는 결정을 그들의 분노를 일으키지 않고 할 수 있습니다. 당신이 하는 일 그 자체보다 어떻게 그 일을 하느냐가 때때로 더 의미가 있는 것입니다."6)

부쉬는 그의 생애 초기로부터 대통령 직무에 뛰어난 주요 자산을 갖게 되었다. 그는 단독적으로 주요 국가들과 전 세계에 퍼져 있는 거의 모든 결정권자들을 개인적으로 잘 알고 있었다. 유럽인들에게 그는, 외교 정책을 수립하는 자들이 협상하기를 원하는 종류의 미국인이었고, 정보계에서 쌓은 경험을 가지고 있는 외교에 식견이 있는 내부자였다. 그는 동부에서 성장한 사람이었고, 상류층이었으며, 아이비리그 출신이었다. 국제적으로, 그는 온유한 '매파(hawkish)'였다. 부쉬는 관념론자가 아니라 고급 정치 전문가로서 등장하였다. 부통령으로서, 그는 레이건의 복고주의가 시행되는 동안에 업무를 수행하는 데 있어서 겉으로 나서거나 설치지 않았다.

부쉬는 처음에 하원에서 두 번의 임기를 맡기 위하여 워싱턴으로 왔다. 그런데 닉슨이 텍사스 출신 상원의원으로 출마할 것을 그에게 요청하였다. 그러나 그는 패배하였다. 부쉬는 그 대통령에게 열광적으로 충성하는 자로 여겨졌다. 찰스 쿨슨(Charles Coulson)은 한때 특징적 닉슨 부류에 대하여 다음과 같이 정의하였다. "그는 우리의 관점을 훌륭하게 그려낸다."7) 닉슨은 그에게 그가 패배하는 경우에 대사(大使)직을 줄 것을 약속하였다. 부쉬는 외교 기술을 필요로 하는 UN 대사와 중국 대사를 일정 기간 지냈다. 그는 또한 포드 대통령 하에서 비록 짧은 기간이었으나 CIA 국장을 지냈는데, 그 기관과 의회의 좋은 관계를 구축하기 위하여 일하였다. 부쉬는 1970년 대, 어려운 때에 공화당 의장으로 일하였다. 닉슨과 그의 당에 대한 충성심은 그의 결정적인 특징이다. 케네스 두버스타인(Kenneth Duberstein)은 레이건의 마지막 비서실장이었는데 백악관의 지도력의 변화를 가장 좋은 의미에서 다음과 같이 언급하였다. "만일 레이건의 지도력이 현재의 정치적 질서의 분위기를 정착시킨 대담한 행보와 위대한 사상을 의미하는 '확고한' 것이었다면 부쉬의 약속들은 파스텔 색조의 그리고 매일매일 한 걸음씩 나아가는 '세련된' 행정부가 되도록 하는 것이었다. 그 모든 것이 레이건 통치 기간의 이익을 사실상 강화시켜 주었을 것이다."8)

카터의 경우보다 부쉬는 미국이 맡아야 할 책임이라고 믿고 있는 것에 대하여 더 심사숙고하였고 신중하였다. 그의 국가주의는 그의 연설에서 극명하게 나타난다. "나는 미합중국으로 인하여 결코 사과하지 않을 것입니다. 사실이 어떻든지 간에 상관하지 않습니다. 나는 실용적인 사람입니다. 효과가 나타나는 일을 좋아합니다. 나는 세계 각국 나라에 자유와 희망을 주고 싶습니다. 왜냐하면 이 나라에서 우리들 존재의 근거가 우리 자신의 자유이기 때문입니다. 대통령으로서, 나는 새로운 조화를 위하여, 더 위대한 관용을 위하여, 그리고 이 나라가 모든 나라의 동료라는 것을 이해시키기 위하여 일하고 싶습니다."

부쉬가 대통령의 권위가 대폭적으로 개선되었을 때 집무하게 된 것은 대단한 행운이었다. 긍정적으로 볼 때, 그는 인기로 위기를 감당해내었다. 예를 들면 예산 적자를 다루는 일과 무엇보다도 그가 사담 후세인(Saddam Hussein)에 대항하여 굳건하게 맞섰다는 점이다. 그는 걸프 전쟁(the Gulf War)이 필요한 것이었고 올바른 것이었다고 믿었다. 그리고 그에 따라 행동하였다. 부쉬의 국가 안보 보좌관 브랜트 스카우크로프트(Brent Scowcroft)는 걸프전에 대한 중요한 문제를 다음과 같이 정리하였다. "미국이—심지어 전쟁에 이르도록—용의주도하게 정의된 국가의 이익을 위하여 무력을 사용할 수 있는 것인가, 아니면 도덕적 운동을 벌여야 하는지, 또는 충격요법의 진주만 사태를 일으켜야 하는지"를 물어야 할 것이다.9) 부쉬는 후세인의 군대로부터 쿠웨이트를 회수하였다. 그러나 이라크 대통령을 실각시키려 하지는 않았다.

부쉬는 후견인 대통령이었는가?

영국의 위웍 대학(the Unversity of Warwick)의 원로 강사 데이비드 머빈(David Mervin)은 『조지 부쉬와 후견인 대통령』 *George Bush and the*

*Guardianship Presidency*라는 제목의 책에서 조지 부쉬 1세에 관한 연구업적을 실었다.10) 그는 부쉬의 전 비서실장 대리 앤드류 카드(Andrew H, Card Jr.), 그의 법률고문 보이텐 그레이(Boyden Gray), 국가 안보 보좌관 브렌트 스카우크로프트(Brent Scowcroft) 장군을 포함하여 부쉬가 대통령이었을 때에 그의 고급 참모들 약 24명을 만난 후에 그 책을 썼다. 머빈의 주된 논제는 부쉬가 FDR, 윌슨, 트루먼, 케네디, 린든 존슨, 그리고 레이건과 같은 대통령에 대한 정치 운동가들의 전제는 공유하지 않았다는 것이다. 대조적으로, 먼저 있었던 아이젠하워 대통령처럼, 그는 변화의 주창자였다기보다 보수적인 지도자였다. 요약한다면, 그는 정부의 활동 반경을 연장시키려고 하지 않았던 후견인 대통령이었다는 것이다. 부쉬 1세는 넓게 퍼져 있는 문제들에 대하여 즉각적인 해결을 하려고 한 광대하고 전능한 리더의 모델이 되는 것을 거부하였다. 그가 자유주의 운동가 역할을 하였던 대통령들의 사회공학에 대하여 비난을 퍼부었던 것은 그의 확신으로부터 말미암은 것이었다.

부쉬 부통령은 리폰학회(the Ripon Society)에서 다음과 같이 이야기하였다. "나는 보수주의자입니다. 나는 내가 의회에 있을 때에도 보수파 계열을 위하여 투표하였습니다. 나는 이 일을 맡기 전에 보수적인 입장을 취하였습니다."11) 부쉬는 그의 자서전에 다음과 같이 썼다. "나는 1940년대 헤리 트루먼(Harry Truman)의 외교 정책을 다분히 따라갔습니다. 그러나 나는 그와 민주당이 정부를 대형화하고 중앙화한 것을 좋아하지 않았습니다. '워싱턴이 가장 잘 알고 있다'는 식의 태도 말입니다. 그리고 정부가 창출한 프로그램과 정책에도 나는 회의적이었습니다. 나는 내 자신을 보수적 공화당원이라고 생각합니다."12) 그러한 입장은 물론 대통령의 어린 시절의 경험에 뿌리를 두고 있다. 투자 은행가의 차남으로서 매사추세츠 태생이며, 그의 어린 시절을 코네티컷 주 그린위치(Greenwich, Connecticut)에서 보냈던 사람으로서 말이다. 그리고 그는 상원의원의 아들이기도 하였다. 그의 부친처럼, 부쉬도 부유하게 태어났으며 특권층에 속하여 있었다. 그는 이러한 안경을 쓰고 세상을 보았던 것이다. "아버지는 의무와 봉사에 대하여 가르치셨다."13) 부친 프레스콧 부쉬(Prescott Bush)는 그가 상원의원에 출마하였을 때 55세였다. 그 가족의 보수주의 형태는 대립을 일삼는 입장이 아니라, 관용적인 것이었다. 그리고 비교적 이상주의적인 것이 아니었다. 그것은 공손함, 동정심, 그리고 공동체 의식을 내포하는 것이었다.

머빈(Mervin)은 부쉬가 예일(Yale) 대학교를 마치고 돌아간 곳이 텍사스의 보수주의였는데, 그곳은 뉴잉글랜드 지역과 특징적으로 다른 곳임을 강조하였다. 난투가 난무하고 구속받지 않는 자본주의가 서남부 지역의 개인주의적 정치문화 속에서 지배적인 분위기였다. 그곳의 지배적인 역할 모델은 부유층에 태어나 사회적 인맥이 좋은(프레스콧 부쉬가 살았던 코네티컷 주에서처럼)것이 아니라, 상서롭지 못한 출발을 하였으나 성공을 이룩한 자수성가 타입, 즉 갑자기 큰 부(富)를 거머쥔 사람이었다. 조지 W. 부쉬가 1964년 상원의원에 출마하였을 때, 그는 당연히 골드워터(Goldwater) 안건을 지지하였고, 공민권법(the Civil Right Acts)을 맹렬히 비난하고 현안인 채 내버려 두었으며, 외국에 대한 원조와 의료보험(Medicare)에 반대하였다. 만일 중화인민공화국(the People's Republic of China)이 국제기관에 정식 멤버로 참여하게 되었다면 미합중국은 UN에서 철수하여야만 했을 것이다.14)

그 예일대 스컬 동창(the Yale Skull and Bones fraternity) 회원에게는 지도력이란 명예와 성실성, 사회봉사 의식과 경험이 요구되는 일이었다. 문제들이 일어날 때 바른 결정을 내리기 위한 직관적인 감각이 있어야 하고 바른 훈련을 받아야 한다. 그의 전임자들과 후임자들에 비교하여 볼 때, 대단히 중요한 비전보다 이러한 것들이 우선권을 가지고 있었다. 그가 UN 대사를 지냈고 중국의 대사직을 역임하였으며 CIA 국장을 지낸 것이 대통령 지명에 결정적인 역할을 하게 되었다.

심지어 그가 닉슨, 키신저를 위하여 충성스럽게 일한 것이 미합중국의 중국에 대한 정책에 있어서 그로 하여금 당당히 맞설 수 있는 계기를 마련해 주었다. 레이건의 부통령으로서, 그는 충성스럽고, 공손하였고, 자기를 드러내지 않았고, 잘못을 자기의 것으로 치부하는 모습을 보이기까지 하였으나, 그 직임을 위하여 그리 잘 준비되지는 않았다. 머빈은 그가 대통령이 되었을 때, 레이건과는 달리, 그가 전반적인 프로그램을 갖고 있지 않았고, 주된 사상도 품고 있지 않았다고 판단한다. "우리는 사회를 다시 만들 필요가 없습니다. 그리고 급진적인 새로운 방향이 필요한 것도 아닙니다."[15] 그 주장은 결국, 정부가 덜 나설수록 국민이 더 번영하고 더 전진한다는 것이다. 부쉬는 법을 통과시킴으로써 성취할 수 있는 것들에 회의적인 입장을 취하였다. 머빈의 견해는 후견인 대통령이란 혁신가가 되는 경우가 거의 없다는 것이다. "이 중대한 문제의 해결은 모든 사람들의 마음속에 그리고 선의(善意) 속에 있고 연방법 제정을 휩쓰는 것으로 결코 성공하는 것이 아니라는 점입니다."[16] 존슨의 '위대한 사회 집회(Great Society Crusade)'는 실패한 집회였고, 그의 입장에서 볼 때, 더 이상 사태를 악화시키지 않으려고 하였던 것이었다.

레이건은 그의 보수주의에 사상적인 틀을 가지고 있었고, 그의 전임자 지미 카터처럼 워싱턴에 속하지 않은 자로서 백악관에 들어갔다. 부쉬 역시 워싱턴 사람이 아니었다. 1988년 그가 캠페인을 시작하였을 때, 그는 "나는 정부를 미워하지 않습니다"라고 말하였던 사실을 회고하였다.[17] 그가 대통령이 되었을 때, 그는 대통령직에 임명되었던 그 사명에 충성을 모두 바쳤다. 『뉴욕 타임즈』지(紙)는 "충성심은 그의 이상적인 비전"이라고 평가하였다.[18]

비록 처음에는, 그가 전적으로 그의 오래된 친구들을 임명하였지만 점점 더 필요한 정책 위주로 사람들을 구하기 시작하였다. 그는 자주 국회를 길들이려고 하였으나 실패하였다. "내 친구들에게—즉 그들은 충성된 반대를 하는 자들인데—진정, 내가 충성스럽다고 말하는 친구들에게 나는 손을 내밉니다. 나는 내 손을 당신들에게 내밀고 있습니다. 다수당 지도자시여… 미국 국민은 행동을 원합니다. 그들은 우리들을 논쟁하라고 여기에 보낸 것이 아닙니다. 그들은 우리들이 당파주의자 그 이상이 되기를 바랍니다."[19]

그것은 권력에만 기초한 리더십이 아닌 더 부드럽고 친절한 리더십 스타일이었다.20)

그가 바랐던 것만큼 국내에서 능력을 발휘하지 못하게 되었을 때, 부쉬는 해외의 더 큰 세상으로 눈길을 돌렸다. 그는 외교 정책 전략에 있어서 사실상 아무런 전략이 없었다고 비판가들에 의해서 공격을 받았다. 베이커(Baker) 이후의 국무장관이었던 로렌스 이글버거(Lawrence Eagleburger)는 그의 행정 정책을 다음과 같이 변호하였다. "대통령의 외교 정책 행사 이면에는 전략이 있었다… 그것은 실용주의와 융통성의 특징을 지니고 있다… [인정하건대] 우리들의 접근은 종종 즉흥적인 것이었으나 어떤 임기응변의 정책은 위기의 세계를 다룰 때, 덕목이 될지언정, 악한 일이 되는 것은 아니다. 혼란의 와중에서는 6개월 전에도 그 어느 것도 확실히 알 수 없기 때문이다."21) 걸프전에서 부쉬는 정책 수립을 개인이 원하는 대로 하였고, 감독은 하였으나 새로운 과정을 일으키지는 않았다고 머빈은 확신하였다. 물론, 대통령은 대중 여론 때문에 걱정하였고 그 여론을 압도적으로 자신의 편이 되도록 하는데 승리하였다. 부쉬는 레이건과 클린턴이 하는 대통령 선거 캠페인으로 일관하지 않았다.22) 한 보좌관은 다음과 같이 말하였다. "그가 미국 대중에게 말하고 있는 것은 '나는 이 나라의 대통령으로서 일을 잘하였다는 것이다. 나는 재임할 만한 사람이며 당선되기 위하여 그 번거로운 모든 일들을 다시 거칠 필요가 없다는 뜻이다. 미국 국민은 내가 일을 잘하였다는 사실을 감지할 수 있어야 한다.' 그는 캠페인을 하는 구조 속에서 미국 국민 앞에서 억지로 그의 사례를 다시 꺼내 놓고 갈 필요가 없다고 생각하였다."23)

그의 종교

체이스 언터마이어(Chase Untermeyer)는 다음과 같이 기록하였다. "1992년 투표 결과를 분석해 보건대 기독교우파(the Christian Right)가 조지 부쉬에게 가장 결정적인 요인이 되었다고 하는 것은 일종의 역설이다… 3년 동안,

부쉬는 복음주의 환멸의 징조를 알아차리지 못하였다. 그리고 그가 캠페인 운동을 벌였을 때 그는 유권자들을 거의 잃어버렸다. 그가 만일 종교우파(the Religious Right)와 더 좋은 관계를 유지하였더라면 그리고 그가 백악관 첫 3년 동안에 그 관심 사항에 더 주의를 기울였었더라면, 그의 마지막 때에 그는 과잉 수정을 할 필요가 없었을 것이다. 그리고 공화당 중도파들에게 다가가는 데 더 많은 시간을 보내지 않아도 되었을 것이다. 그들은 궁극적으로 조지 부쉬를 버리고 빌 클린턴(Bill Clinton)이나 로스 패롯(Ross Perot)을 더 선호하였다."24)

팻 로버트슨(Pat Robertson)은 부쉬에 반대하는 운동을 하였는데, 몇몇 예비선거에 적극적으로 나타났다. 펄웰(Falwell)은 로버트슨처럼 오순절파는 아니었는데, 예비선거 초반부터 부쉬와 함께 다녔다. 부쉬는 다음과 같이 말하였다.

제리(Jerry)와 내가 좀 이상한 배합이라고 생각하는 사람들이 있는 것 같습니다. 그가 나를 강하게 지지함으로 그를 비난하는 친구들이 있다고 합니다. 그리고 '제리 펄웰이 당신을 정치적으로 해하고 있음을 알지 못합니까?'라고 내게 말하는 사람들도 있습니다… 제리 펄웰은 내게 절대적으로 신사 양반입니다. 그는 내게 그 무엇도 부탁한 적이 결코 없으며, 오로지 우정과 격려만을 주었습니다.25) 우리가 수단(Sudan)에 갔었을 때, 우리는 제리 펄웰이 세운 병원을 방문하였습니다. 사적인 부분이지만 한 사람의 크리스천으로서, 그는 불우한 회교도들에게 다가 갔습니다. 나는 팻 로버트슨을 그 여행에 함께 데리고 갔는데, 그가 세운 기관들도 있었기 때문에 매우 유익한 여행이었습니다… 그들은 수천 명의 유권자들을 대표하는 종교 지도자들입니다. 우리가 비록 모든 사안에 동의하지는 않지만 그들은 그들의 특별한 유리한 시점에서 정보를 제공할 모든 권리를 가지고 있습니다… 그리고 확실히, 나는 그들의 관심사에 대하여 민감해지기를 원합니다.26)

날로 더해가는 부쉬의 종교 우파에 대한 평가는 흥미로운 이야기이다. 그가 처음 38세의 종교 영성(靈性) 작가 덕 위드(Doug Wead)를 만난 것은 1985년 2월이었다. 부쉬는 국립 종교방송 집회(the National Religious Broadcasters' Convention)에 연설 차 가는 길이었다. 그가 연설하려고 계획하였던 연설문을 위드(Wead)가 보았을 때, 그 새로운 친구는 부쉬가 '중생(重生, born again)'이라는 복음주의 경험의 의미를 알지 못한다는 것을 즉각적으로 알아차렸다. 그 부통령은 그 자신의 종교 인맥으로 위드를 참여시킬 만큼 머리를 썼는데 그것이 나쁜 의미로 퍼져 나갔다. 위드는 레이건의 종교에 대한 저서를 이미 저술하였는데 그 책이 50만 부 이상 팔려 나갔다. 그리고 그는 시카고 공항 힐튼 호텔에서 제임스 케네디 박사(Dr. James Kennedy)가 소집한 목사들 모임에서 연설하였을 때 실수를 저질렀다. "거듭난다는 것은 무엇을 의미하는 것일까요?", "자기가 진짜 구원받았다는 것을 어떻게 알 수 있습니까?"라는 질문을 받았다. 자신의 신앙을 의심하면서, 그는 그가 "거듭났음"을 부인하였다. 대신에, 그는 하나님의 가르침을 따라가는데 그저 최선을 다하고 있다고 말하였다. 개인적 구원에 대한 질문들에 대한 답은 더 이상 나오지 않았다.[27]

대부분 부쉬의 유익을 위한 것으로, 위드는 기독교 보수 투표자 연합체의 확신을 따 내기 위하여 50페이지 이상의 기본 지침서를 작성하였다. 그것은 일종의 매뉴얼이었는데, 그 추종자들의 인원수와 규모, 그리고 그들이 사는 곳, 그들이 믿는 것이 무엇인가를 상세하게 적은 것으로 교단에 따라서 나누고 또 더 작게 분류한 것이었다. "그 이후 약 3년에 걸쳐서, 위드는 부쉬가 약 천 명 이상 되는 복음주의자 지도자들을 만나고 그들에게 연설하게끔 도와주었다. 그리고 그 부통령의 이름을 수많은 교인들에게 홍보하였으며, 향후 20년 동안 공화당 대통령 후보들이 복음주의적 정치 공작을 하는데 그 기준을 마련하였다."[28] 위드의 분석은 근본주의자들을 성령파 교인들과 구분하였고 남침례 교인들로부터 오순절파를 구분하였다. 종교계 지도자들에 대한 간략한 설명이 있었고 부쉬가 전화나 카드로 복음주의 지도자들과 함께 소통할 것을 권유하는 부분도 있었다. 그 무엇보다도, 위드는 부쉬에게 그의 기독교 신앙의 깊이에 대하여 "일찍부터 있었던 징조"를 알려 줄 것을 권고하였다. 결국, 그 부통령은 로버트 슐러 (Robert Schuller)의 '권능의 시간(Hour of Power)'에 간증하는 것을 녹화하게 되었다. 위드는 또한 부쉬 부통령이 C.S. 루이스(C.S. Lewis)의 『순전한 기독교』 *Mere Christianity*를 읽도록 권유하였으며, 레이건이 그랬었던 것처럼 그가 연설할 때 그 책에서 인용할 것을 제안하였다.[29)

빌리 그래함(Billy Graham)이 가정 담임 목사가 되었을 때 일들이 더욱 긍정적으로 진척되었다. 그들의 우정이 자라남에 따라, 그래함은 그 어느 다른 대통령의 인척들보다 부쉬 일가와 더 안락하게 자리를 잡게 되었다. 사실상, 그래함은 부쉬 1세의 어머니, 도로시 부쉬(Dorothy Walker Bush)와 1950년대 중반부터 친분이 있었는데, 부쉬의 부친과 골프를 쳤고, 켄벙크포트(Kennebunkport)에 위치한 가족 공동체 휴양지에서 자주 함께 여름휴가를 보내기도 하였다. 그녀는 성경을 같이 읽고 그와 함께 기도하는 것을 매우 좋아하였다. 믿음이 독실한 기독교인으로서, 그녀는 자녀들로 하여금 그들의 부친 장례식에 밝은 색깔의 의상을 입도록 하였는데 그것은 아버지가 천국에 도착하신 것을 축하한다는 의미였다고 한다. 크레이그 풀러 (Craig Fuller)는 "[부쉬 1세]가 진정 믿었던 단 한 사람은 빌리 그래함뿐이었다. 그는 사람들에게 그래함을 잘 알았고 많은 일들을 그래함과 의논하였다고 말하였다. 그리고 그가 우리들에게 말하고 이 지역에서 만나는 모든 사람들을 그래함에게 비교하였다. 그러한 사실이 빌리 그래함만이 그가 소통하였고 그의 신앙에 대하여 말하였던 유일한 사람이라고 생각하게 한다. 내가 짐작하기로는—이것은 짐작일 뿐인데—그래함이 조지 부쉬로 하여금 그의 영적 감성이나 믿음에 도전할 수 있도록 하여준 몇 명 중 한 사람이라고 생각한다." 부쉬가 그래함에 대하여 가장 칭찬하였던 점은 그는 아무 안건도 가지고 오지 않았다는 것이다. "그는 한 사람의 목사로서, 그리고 친구로서 우리들에게 왔다. 그는 우리에게 위안을 주었다."

1) Cf., Colin Campbell, S. J., and Bert A. Rockman, *The Bush Presidency, First Appraisals*, Chatham, New Jersey: Chatham House, 1991, p. 54.

2) Barber, *Politics by Humans*, p. 473.

3) Barber, *Presidential Character*, p. 465.

4) Barber, *Politics by Humam*, p. 472.

5) Ibid.

6) Shogan, op. cit., p. 269.

7) Cf., Campbell and Rockman, op. cit., p. 188.

8) Ibid., p. 285.

9) Barber, *Presidential Character*, p. 481.

10) David Mervin, *George Bush and the Guardianship Presidency*, Basingstoke: Macmillan, 1996.

11) Ibid.

12) Ibid.

13) Ibid.

14) Ibid.

15) Ibid.

16) Ibid.

17) Doug Wead, *George Bush, Man of Integrity*, Eugene, Oregon: Harvest House, 1988, appendix 7.

18) Ibid.

19) Ibid.

20) Ibid.

21) Martin J. Medhurst, ed., *The Rhetorical Presidency of George H. W. Bush*, College Station, Texas: A&N University Press, 2006, p. 13.

22) Mervin, op. cit.

23) Medhurst, op. cit., p. 14.

24) Ibid., p. 5.

25) Ibid., p. 10. Barber, op. cit., p. 474.

26) Wead, op. cit.

27) Ibid.

28) Ibid.

29) Ryan J. Barilleaux, "George Bush and the Changing Context of Presidential Leadership", in Ryan J. Barilleaux and Mary C. Stuckey, *Leadership and the Bush Presidency*, Westport, Connecticut: Praeger, 1992, p. 17.

윌리엄 제퍼슨 클린턴
William Jefferson Clinton

오바마 대통령은 빌 클린턴보다 더 도덕적으로 단련되어 있고 인간적으로 훨씬 더 안정되어 있다. 그 44대 대통령에게 곧 일어날 듯한 모니카게이트 사건은 없다! 클린턴의 비평가들은 그가 백악관 내에서 대학의 한담(閑談) 시간에나 있을 법한 사건을 저질렀다고 말한다. 클린턴이나 오바마 둘 다는 저교회파 개신교 배경 출신이다. 그 둘 다는 큰 야망을 품고 백악관에 입성하였다. 오바마는 더욱 긴박한 위기의 시간에 더 큰 현실주의를 가지고 들어갔다. 물론 링컨의 땅에서 온 그 지도자가 무엇을 성취할 것인가는 지켜보아야 할 일이다. 그는 아마도 개혁과 변화를 위하여 가장 포괄적인 계획을 가졌을 것이고 전 알칸사(Arkansas) 주지사가 그랬던 것보다 그의 바로 위 전임자로부터 물려받은 훨씬 더 많은 어려움에 직면하였을 것이다. 오바마가 힐러리 클린턴(Hillary Clinton)을 국무장관으로 지명한 것은 아주 능수능란한 처사로서, 경박스러운 업적이 아니었다.

찬성과 반대

로버트 라이히(Robert E. Reich)는 클린턴의 초기 내각에서 노동부장관이 었고 또한 후에 브랜다이스 대학(Brandeis University)의 교수였는데 그가 일부를 담당하였던 클린턴의 행정을 다음과 같이 평가하였다. "빌 클린턴은 금세기 최고의 미국 경제를 주관한 대통령으로 남아 있을 것이다. 그리고 우파 공화당 물결을 패배시켰고, 또한 무모한 사적 행위로 그의 직무에 오명을 남겼던 대통령으로 그렇게 남아 있을 것이다."1)

라이히는 클린턴에 대한 그의 판단을 다음과 같이 요약하였다. "(클린턴의 국가 업무에 대하여서는) 어떤 날에 물어보냐에 달려 있다. 월요일, 수요일, 금요일에는 '다행히 그는 집무실에 있었다.' 그는 일찍이 시작된 우익 공화당 고발에 대하여 방어벽과 같은 존재였다. 그는 모든 것을 고려하여, 뉴트 깅그리치(Newt Gingrich)의 정치적 생애를 종식시켰다. 그는 연방정부 폐쇄에 대하여 마지막 결전으로 헤쳐 나갔으며 난국을 돌파하였다. 그리고 더욱 더 성공적인 미래를 위하여 민주당원들을 재정립 시켰으며 훨씬 더 성공적으로 경제를 주관하였다. 그러므로 그에 대한 나의 전체적인 판단은 상당히 고무적이다."

라이히는 또한 다음과 같이 덧붙였다. 화요일, 목요일, 토요일에는 그는 더욱 더 생각에 잠긴다. 빌 클린턴이 더 훈련이 되어 있었더라면, 그래서 너무 많은 일을 한꺼번에 하려고 하지 않았더라면—그리고 건강을 더 주의 깊게 챙겼더라면, 르윈스키(Lewinsky) 사건을 피할 수 있었더라면—그의 리더십 하에서 그는 훨씬 더 많은 일을 성취시켰을 것이다.

그 42대 대통령은 임기 마지막까지 소신껏 일하였다. 그 결과 그의 중도파 정치의 정책을 그저 하나의 방편으로서가 아니라, 권력의 추구만을 위해서가 아니라, 한 가지 원칙으로서 수립하였다. "때때로 많은 사람들이 나를 비판하였다. '그는 어떤 진영에서도 족적을 남기지 않는다. 그러므로 그는 어느 확신도 가지고 있지 않음이 확실하다.'고… 그러나 그것이 내가 이해하는 방식이다. 예를 들면, 우리가 적자를 해소하여 교육과 기술에 더 많이 투자하지 않는 한, 실효성이 있는 경제 정책을 가지리라고 생각하지 않는다. 우리가 사람들이 일할 수 있게 하고 또 더 나아가 보상을 제대로 받을 수 있는 일을 하지 않는 한, 복지 개혁 정책을 가질 수 있으리라고 생각하지 않는다."[2]

클린턴이 1994년 의원 선거가 끝난 후, 당의 직무자들을 고의적으로 해산 시켰는가가 많은 논쟁을 불러일으켰다. 그러나 모든 민주당원들은 사태를 그렇게 보지 않았다. 백악관 내의 민주당 의원 지도자였던 리차드 게르하르트(Richard A. Gerhart)는 다음과 같이 논평한다. "오랜만에 연달아 취임하는데 성공하였다는 것은 엄청난 성취이다. 루스벨트 이래로 이런 대통령을 가져보지 못하였다. 그리고 많은 사람들이 어떻게 그런 일이 일어났는지 신기하게 생각하고 있다."[3] 게르하르트는 강조하였다. "우리가 어디에 있었는지 묻지 말라. 그리고 여기까지 당도한 거리를 측량하여 보라."[4]

물론, 모든 사람들이 이에 동의하지 않았고 그가 집무하는 동안에도 그는 우파, 좌파 모두로부터 공격받았다. 그리고 지속적으로 일어나는 질문들이 있었다. "클린턴의 입장은 어디에 처해 있는가, 개인적인가 아니면 원리 원칙적인가? 그가 대통령 초임 중이었던 첫해 말에, 롤링스톤(Rolling Stone) 잡지 기자들이 그에게 물었다. "재미가 좋으십니까?" "물론이죠"라고 그가 대답하면서 "나는 이 일을 매우 사랑합니다. 그러나 매 시간이 즐거운 것은 아니죠, 미국은 변화의 시간을 겪어 나가고 있습니다." 여러 가지 측면에서, 그는 거의 모든 백악관을 점령하였던 다른 사람들보다 더 쾌락주의자적인 경향이 있었다. 기자들은 계속 물었다. "이 일이 진정 즐거우십니까?" "나는 진짜로 이 일을 즐깁니다"라고 그 새 대통령은 대답하였다. 그리고 그 기자는 새 대통령에게 계속 의문을 가진 한 젊은이가 던진 물음을 계속하였다. "클린턴 당신이 옹호하고 목숨을 걸려고 하였던 것이 무엇입니까?" 대통령은 얼굴이 빨개졌고 대답할 때 목소리가 격앙되었다. "하지만 언론의 잘못도 있습니다. 제기랄. 지난 20년 동안 그 어느 대통령보다 더 나는 악전고투해 왔습니다." 클린턴은 격렬하게 저항하였고 그는 "판에 박힌 듯이 행동하는 방만한 언론으로부터 아무런 점수도 따지 못하였다. 그리고 지겹다. 이것도 그 빌어먹을 기사거리로 쓸 수 있다"고 항변하였다. 그는 매일 일어나서 "나는 국정 일반으로부터 범죄 대처 법안, 예산안에 이르기까지 모든 일을 밤늦게까지 처리합니다. 그리고 당신들은 '좋습니다. 다른 일 뭐 다른 썹을 일은 없나' 하고 달려듭니다. 당신들이 내가 아무런 확신이 없다고 단정하여도 좋습니다. 그러나 빌어먹을 거짓말은 쓰지 마십시오, 그것은 거짓말입니다."[5] 무엇이 클린턴의 기본적 신념이며 어떻게 그것들이 그의 윤리의식을 반영하였을까?

제임스 번스(James MacGregor Burns)와 조지아 소렌손(Georgea J. Sorenson)은 그들의 저서 『사망 센터: 클리턴-고어의 리더십과 관용의 모험』*Dead Center: Clinton-Gore Leadership and the Perils of Moderatoin*에서 클린턴의 많은 문제들에 대하여 책임 있는 원칙은 왜곡되었지만 실용주의라고 결론지었다.[6] 그들이 판단하기로 실용주의란, 부친 조지 부쉬(George Bush)가 신종교 우파를 다루었을 때와 마찬가지로 FDR이 도시 지도자들을 다루었던 문제들에게서 나타난다.[7] 이러한 철학은 추상적이진 않지만, 이상과 비전을 결핍하고 있다. 비록 오늘날의 실용주의가 반관념론적인 것이지만, 그 "진짜 추종자"들은 사실상 그들만의 이상을 관념적인 것으로 구축하였다. 그 세계관은 구획화(區劃化)를 조장한다. 즉, 자기 잇속만 차리는 행동을, 그 윤리적 의미로부터 분리시킨다. 클린턴의 경우에 어떻게 이것이 구체적으로 작용했는가는 대통령이 각각 다른 사안들을 개별적으로 다른 구획으로 구분하여 처리하였다는 데 있다. 인간관계 구획, 예산안 구획, 선거 구획, 남부 침례교회 구획, 인권 구획 등이 각기 다른 가치관으로 형성되었다는 점이다.

그 저자들은 클린턴의 정치학적 평가를 시도하였고 도덕적인 면에서 더 나아가 종교적 측면을 고려하지 않았다. 그는 세계적인 클래스 등급을 잘 다루는 기술을 알고 있었다. 그 저자들이 결론지은 것은, 그가 남긴 것은 원칙적인 리더십이 아니라 오로지 단기성과를 강조하고 그 보상으로 부하의 동기를 유발하려는 거래적인 리더십이었다는 것이다. 그들의 논리는 간단하다. 만일 클린턴이 위대한 대통령이 되기를 열망하였더라면 그의 중도주의는 본질상, 결코 이루어지지 못하였을 것이라는 점이다. 사실, 다른 이전의 정치가들이 자유주의와 진보주의에 착념하였던 것처럼 그는 중도주의에 헌신하였다. 이러한 사실은 클린턴이 라스푸틴(Rasputin)을 위해, 그리고 그 이전의 제스 헬름(Jesse Helm)을 위해 일하였던 경험, 그리고 1995년에 그의 고문, 부도덕한 공보 비서관 딕 모리스(Dick Morris)를 선택하였다는 사실을 보아도 분명해진다. 데이비드 저건(David Gergen)은 백악관에서 클린턴을 잠시 동안 보필하였던 사람인데 그는 모리스가 옥타곤 하우스(Colonel House)의 윌슨, 루이스 하우(Lewis Howe)의 FDR과의 관계 또는 셔만 아담스(Sherman Adams)의 아이젠하워와의 관계와 매우 유사한 관계를 가졌다고 제안하면서 일련의 [중도주의에 대한] 반대 의사를 표명하였다. 윌리암 사파이어(William Safire)는 다음과 같은 이유로 반대하였다. "중도주의도 좋다. 그것이 경쟁적인 이익의 결과라면 말이다. 정립과 반정립과 합설의 결과라면 말이다. 그러나 중도주의가 이익을 가로막고, 움직여 나아가기보다는 쾌락을 추구하는 것이라면 그것은 김빠진 것이 될 것이다. 클린턴의 접근 방식은 대개 중간으로 빠지는 나지막한 접시꽃이 깔린 길을 따라가는 일이었다. 그의 모토는 강경해졌다. 타협 없는 타협은 있을 수 없다는 것이다."[8]

버스와 소렌손이 그 새 대통령과의 첫 미팅을 한 이후에 말한 내용은 다음과 같다. "빌 클린턴에 대하여 우리가 가장 도전받은 것은 그가 20세기의 계속되는 재난과 소용돌이 속에서 전환을 가져오기 위하여 리더십을 발휘하는 일에 침착하고 조금도 미동하지 않는 확신을 가지고 있었다는 것이다." 그는 냉소주의를 가지고 있는 것 같지는 않았다. 대신, 자신만만함과 심지어는 건방지게 보이는 자만심을 가진 것처럼 보였다. 역사적으로 대통령을 연구한 학자들은 확신과 강한 믿음, 그리고 시대를 거쳐 형성된 일련의 뚜렷한 가치관이 위대한 대통령 리더십의 최고 시금석이 되어 왔다고 믿고 있다. 그들은 백악관 그 자체가 리더십의 근간을 제공하는 것은 아니라고 말한다. 통치하는 정치가는 진정 그 자신만의 가치관에 뿌리 내린 사상을 필요로 하는 것이다. 클린턴의 첫 번째 취임연설에서 그가 주장한 것은 일관성이 아닌 변화였다. 그는 3대 대통령을 인용하였다. "토마스 제퍼슨(Thomas Jefferson)은 우리나라의 근본을 보존하기 위하여서 종종 극적인 변화를 필요로 한다고 믿었습니다. 친애하는 국민 여러분, 이제 우리의 시대입니다. 그것을 포용합시다."9) 종국에 일어났던 일은 모리스(Morris)의 의견이 따르면, 클린턴이—실용주의를 지켜가면서—백악관 업무를 지탱해 나갔다는 것이다. 분명, 그것은 후현대적인 발상이었다. 물론, 그는 그의 생애에서 일어나는 문화적, 도덕적 예증들과 모델들 속에서 혁신적인 변화를 깨달았을 것이고 그러한 맥락 속에서 그 변화를 공유하고자 하였던 것이다.

빌과 힐러리(Bill and Hillary)

다음 사실들은 한 전기 작가가 백악관에서 "진행되는" 것에 대하여 한 최근의 설명이다. "(그의) 간통사건은 대통령직의 품위를 손상시켰다. 워싱턴, 할리우드, 그리고 그밖의 다른 곳에 있는 많은 사람들이 그를 조롱거리 농담과 한담의 대상으로 삼았으며 국가의 최고 지도자에 대한 존경심을 확실하게 격하시켰다… 어떤 여성이라도… 지성인들, 그리고 언론인들도 상황을 끝내거나 개선하기 위한 양보를 강요하기 위하여 그들의 지식을 사용하였을 것이고… 대통령직에 손상을 주었을 것이며, 그의 행정능력을 약화시켰고, 대중들에게 환멸을 느끼게 하였고, 그러므로 그것이 사그라들지라도, 대통령에 대한 재확신과 리더십에 대한 희망을 가지는 것이 중요하여졌다."10)

이러한 말들은 비단 빌 클린턴에 대한 묘사일 뿐 아니라 존 케네디(John

F. Kennedy)에 대한 묘사도 된다—그는 클린턴이 어렸을 때, 워싱턴 D.C. 여행길에서 개인적으로 만나고 악수하게 된 것을 매우 영광스럽게 느꼈던 인물이었다. 그 사건은 클린턴 시대에도 마찬가지로 도대체 어떤 일들이 벌어지는가 국민들이 심각하게 생각하고 있음을 보여 준다. 물론, 대통령의 도덕성은 가족 윤리보다는 훨씬 더 광범위한 것이다. 케네디는 그의 생애 동안에 카멜롯(Camelot) 이미지를 구축하였고 그러나 이제 그 이미지는 상처투성이로 남아 있다. 클린턴은 이러한 수준에까지 도달하리라 생각지도 않았다. "빌 클린턴은 이제껏 생존하였던 그 누구보다도 가장 위대한 유혹자였다. 극도로 재능 있고, 지적으로도 능란하였으며, 그 누구와 비교할 수 없는 캠페인 전문가였고, 조직가였으며, 달변의 웅변가였다. 그러나 한편, 다루기 힘든 아이와 같았으며, 그래서 그는 지속적인 정서적 지지와 도덕적인 감독이 요구되는 사람이었다." 이러한 사실은 우익 언론인 데이비드 브록(David Brock)이 주장한 것이다.[11]

클린턴은 사실상, 독특한 업적을 이룩하였다. 조지 워싱턴에서부터 조지 부쉬에 이르기까지 어느 대통령도 미국 국민의 성적(性的) 에로스 상상력을 그렇게 자극한 사람은 없었다. 감옥에서 가정, 그리고 사회적 회합의 장소 그 어느 곳에서도 그에 대한 생생하고 음란한 이야기들이 난무하였으며, 아마도 그것은 그의 선임자 그 누구도 따라가지 못할 이야기 거리가 되었을 것이다. 당연히, 그 부분적 현상들이 현대의 세계적 소통들과 언론, 라디오, 그리고 TV 매체를 타고 퍼져나갔다. 전임 대통령들은 (공공의 품격을 지키기 위하여) 미디어에 의하여 보호되어졌으나 클린턴은 달랐다. 그리고 그 소식을 접하는 사람들도 마찬가지였다. 심지어 TV를 보는 아이들마저도 그들의 부모들이 상세히 설명할 수 없는 성적 행위의 묘사에 노출되어 있었다.

소년시절에 어린 클린턴은 도박과 매춘이 판치는 핫 스프링스(Hot Springs)에서 자라났다. 그런데 그는 그가 사실상, 알칸사 주(Arkansas) 호프(Hope)출신이라고 주장한다. 그는 누가 보아도 학생회장 타입으로 알아차리는 데 역시나 중학교 시절부터 학생회장에 선출되었다. 그가 워싱턴 D.C.에 가서 케네디 대통령을 만났을 때도 역시 그는 〈소년국가연맹(Boy's Nation)〉의 간부로 있었을 때였다. 조지 타운 대학(George Town University)에 입학하면서 그는 신입생 회장으로 발탁되었다. 알칸사 상원의 워싱턴 지부(支部)에서 그리고 상원 국제관계 위원회의 회장이었던 윌리엄 풀브라이트(J. William Fulbright)의 인턴쉽 과정을 마치고 그는 그 상원의원의 추천으로 로드 스칼라쉽(Rhodes Scholarship)을 신청하였다. 그 장학금으로 그는 영국의 옥스퍼드(Oxford) 대학에서 2년간 수학하였다. 불안과 위기의 시대에 그는 미국에 돌아와서 예일대 법학과(Yale Law School)에 등록하였다. 그는 동료 학생들에게 칭송받았는데 그것은 미래 대통령 감으로서가 아니라, 정다운 악수를 하는 두메산골 촌뜨기였기 때문이라는 것이다.

예일대학에서 그는 미래의 부인이 될 힐러리(Hillary)를 만난다. 클린턴의 다양한 여성들과의 관계는 아마도—아이로니컬하게—그의 생애에 더 진취적인 요소가 되었을 것이다. 소문에 의하면, 그녀가 법대 도서관에 들어온지 단 몇 분 어색한 시간이 지나자, 이내, 그녀는 자신을 소개하였고 그의 이름을 묻고 곧 사랑에 빠졌다고 한다.12)

마이클 메드베드(Michael Medved)는 다음과 같이 말한다. "이 두 사람이 진짜 육체적 관계를 가졌다는 사실이 나에게 충격을 주었다. 그녀는 그를 정말로 사랑했다. 그가 단번에 그녀를 정복하였던 것처럼 보였다는 사실이 매우 고통스럽게 분명하여졌다. 그는 매우 만족스러워 하였다. 나는 클린턴이 기대어 앉아 있었고, 힐러리가 나를 옆에 앉히고 내게 그와 나눈 대화의 요점과 상황을 말하고 있었던 것을 기억한다. "이봐요, 나는 사랑에 빠졌어요. 나는 행복하고 전 세계를 변화시킬 이 위대한 남자를 얻었어요."13)

또한 미래에 대한 전조(前兆) 같은 상황도 있었다. 법학과의 교수였던 귀도 칼라브레시(Guido Calabresi)는 다음과 같이 회상한다. "클린턴과 힐러리의 차이점은 찬물 샤워를 하고 난후 더운물 목욕을 하는 것으로 묘사할 수 있다. 빌은 상당한 독창성을 가졌지만 일종의 모든 것을 포용하는 지성이라고 할 수 있고 나는 그것을 더운물 목욕이라고 말한다. 그리고 힐러리는 찬물 샤워와 같다고 할 수 있다. 직설적이며, 고무적이다. 그러므로 어딘가, 클린턴은 매우 똑똑한 반면, 힐러리는 대부분의 법학과 학생들 같은 지성이 있었다."[14]

결국 클린턴은 힐러리를 알칸사 주 핫 스프링스에 있는 그의 어머니에게 소개하였다. 그의 생애에서 그 두 여인은 반대적 성향이었다. "모든 면에 있어서, 버지니아 켈리(Virginia Kelly)와 힐러리 로담(Hillary Rodham)은 반대였다. 버지니아는 매일 아침 자신의 얼굴을 진한 화장으로 꾸미는 데 오랜 시간을 소모하였고, 힐러리는 화장을 하지 않았다. 버지니아는 담배 피고, 술 마시고 도박하고, 문란한 생활을 하였으나, 힐러리는 그러지 않았다. 버지니아는 그녀의 인생을 남자들과 즐기고 살림하는 데에만 치중하였다."[15]

그의 커리어를 진척시키기 위하여 빌 클린턴은 알칸사로 돌아왔다. 그리고 때맞추어서 주지사에 당선되었다. 취임식을 위하여 클린턴 가족은 주제를 '개천에서 용 났다'라는 것으로 선택하였다. 그것은 알칸사의 전설이었다!

그들의 선거 승리는 그들의 마음속에 그들의 덕목과 장점을 각인시켜 주었고 그 부부는 독특한 동반자 관계로 진입하게 되었다. "빌이 분명 어느 확고한 신념체계가 아닌 자기만족의 욕구를 충족시키기 위하여 일하였기 때문에 그는 힐러리의 판단과 원칙, 그리고 그가 결정을 내리는 데 있어서 더 고매한 그녀의 목적의식에 상당부분 의존하였다… 힐러리는 아내와 엄마, 그리고 더 나아가 생계를 책임지는 것 외에, 빌의 감독관, 정책고문, 그리고 문제 해결사가 되었다." 브로크(Brock)는 쓴말을 뱉어내는 비평가인데 힐러리가 원칙주의자라는 것이 확실하다고 말하였다. 실용주의는 그녀에게는 전략이지 철학은 아니었던 것이다. 오랜 시간과 노력을 거쳐서, 그녀는 실질적인 안건에 대하여 양보할 기미를 전혀 보이지 않았고, 그 기반이 되는 원리들을 다른 면으로 감출 의도도 없었다.[16] 브로크가 판단하는 것은 힐러리가 전통적인 도덕적 가치를 강화시켜야 한다는 믿음을 가졌다고 하는 것이다. 그리고 그렇게 하는데 국가적인 협력을 가져야 한다는 것이다. 아마도 그것은 그녀가 클린턴이 대통령으로 당선될 수 있었기에 그 옆을 지키고 있었기 때문일 것이며 8년 동안이나 직무를 감당할 수 있었기 때문이다.

애당초 힐러리는 충실하고 유능한 주지사의 아내로서 인정받았다. 클린턴이 대통령직에 출마하였을 때, 그는 록펠러 재단(Winthrop Rockefeller Foundation)의 책임자 진보파 톰 매크레이(Tom McRae)에 의해 반대를 받았다. 이 하버드 대학 출신의 귀족적인 면모를 갖춘 사람은 링컨 대통령 부류의 인상을 풍기고 있었다. 그는 클린턴이 언제인가 비정상적인 모습을 나타낼 것을 인지하였으며 그래서 그는 그의 전력(前歷)을 공격하기 위하여 조롱거리가 될 수 있는 논쟁을 계획하였다. 사실, 그는 클린턴이 벌거벗은 채 그의 사타구니를 손으로 가리는 만화를 게재하였다. 그 위에 다음과 같은 제목을 붙였다. "벌거벗은 임금님." 힐러리는 매크레이가 무엇을 할 것인가 예상하고 있었고 청중들과 함께 그가 나타나기를 기다리고 있었다. 그녀는 그에게 소리쳤다. "톰, 치워버리세요! 나는 당신의 모든 짓거리를 다 보았고 그리고 당신에게 후보자로서, 그리고 한 인간으로서 실망을 감출 수가 없습니다." 록펠러 재단의 신문기사들은 그 후, 매크레이가 비판하였던 클린턴 정책과 행동, 바로 그 부분들을 칭송하기 시작하였다.[17]

『타임』지(紙)는 그가 백악관 젊은 인턴과 바람을 피운 기사가 대중적 스캔들이 되고 난 후, 클린턴이 백악관에서 직무를 잘 감당할 수 있도록 기사를 잘 써 주었다. 닉슨의 워터게이트 사건과 비교하여 볼 때 대통령의 탄핵을 요청하는 여론의 고조나 쇄도하는 전화는 없었다. "클린턴이 휘젓고 다니는 구역마다 꽤 강한 활황의 경기로 인하여, 그 대통령은 마술사였고, 주술사였으며, 도깨비 방망이를 든 영웅이었고, 그리하여 그는 실패를 회복할 수 있었고, 그의 단점에도 불구하고 그 지위를 유지할 수 있었으며, 그 무엇이라도 능숙하게 다루어 내었고, 심지어 여러 번의 치욕적이고 모욕적인 섹스 스캔들도 그 예외는 아니었다."[18] 좀 더 나은 경제가 닉슨의 경우와 달리 그를 유지시켜 주었다. 백악관에서 그는 존 F. 케네디와 버금가는 바람둥이는 아니었고, 모니카(Monica)는 마릴린 몬로(Marylin Monroe)는 아니었다. "클린턴의 생애는 그를 독특한 외곬수의 난봉꾼으로 몰고 간다. 매번 어두운 그늘에서부터 터져 나오는 그것은 대통령이 비틀거리는 희생자들을 세계 치려고 하는 순간을 안전하게 넘기는 것처럼 보였다"고 『뉴욕 타임즈』 기자는 생각하였다.19)

그의 영성(靈性) – 종교

클린턴이 처음 대통령직에 출마할 때 그의 선거 참모였던 제임스 카빌 (James Carville)은 그 후보자의 종교에 대하여 다음과 같이 회고하였다. "종교와 하나님에 대하여 빌 클린턴보다 더 깊은 이해를 지닌 사람은 거의 만나보지 못하였다. 그와 15분 이상 대화를 나눈 그 어떤 사람도 나와 같은 결론을 내릴 것이다. 그는 가톨릭에 대하여서도 나를 앞질렀다(카빌은 로만 가톨릭 신자였다). 그리고 많은 유태인들보다 더 유대교에 박식하였다. 성경 지식도 타의 추종을 불허하였다. 나는 그가 미국의 99.5%의 사람들보다 그의 생애에서 더 많이 하나님에 대해서 생각한 사람이라는 사실에 추호의 의심도 없다. 신앙이 무엇인지, 그 세미한 문제들이 무엇인지, 또한 신앙이 가져다주는 힘이 무엇인지 그리고 그 갈등과 한계가 무엇인지, 그가 이해 하였다는 데는 의심의 여지가 없다. 그가 조금만 더 공부하였더라면 신학과 교수가 되었을 것이다."20)

교회 출석은 대통령 후보자가 선한 품성을 확인시키는 한 가지 좋은 방법이다. 그가 리틀 로크(Little Rock)에서 주지사로 있는 동안 그는 임마누엘 침례교회(Immanuel Baptist Church)에 다녔다. 그 교회의 조경과 성전은 그 도시 두 블록 거리만큼 퍼져 있었다. 그 금빛 거무스레한 교회 건물은 그 도시를 비추면서 높이 언덕 위에서 그 위용을 나타내었다. 그 교회는 알칸사 주 최대 교회이다. 그 교회는 모든 주(州)로 방송되어 나가는 시스템을 갖고 있고 클린턴이 그 성가대에서 바리톤으로 노래하는 모습이 비쳐지기도 하였다. 그곳은 보수적인 회중들과(만일 근본주의자가 아니라면) 목회를 하는 곳이다. 클린턴 가족은 근본주의자들이 아니라 현대주의자들이다. 특히, 클린턴 여사가 그렇다. 그녀는 알칸사 성경 벨트(Arkansas Bible Belt) 종교보다는 다른 전통을 가진 북부지역에서 성장하였다. 그녀의 남편이 임마누엘 침례교회에 다니는 동안 그녀는 제일 감리교회(First Methodist Church)에 출석하였는데 그곳은 76명의 법관들이 다니던 곳이었고 그 지역 서비스에 충실한 오랜 전통을 가졌고, 아동개발 교육원과 위기 상담전화 체제를 가동시키기도 한 곳이다. 이 모든 일들은 클린턴 자신의 허락 하에, 그가 결혼생활에 별로 충실하지 않았을 동안 진행된 일이었다.

빌 클린턴이 오로지 백악관 출마 캠페인을 위하여 임마누엘 침례교회에서 예배를 드렸다고 말하는 것은 부적절하다. 그 침례교회는 클린턴이 자라났던 전통을 대표하고 있는 곳이다. 그가 그 속에서 과연 무엇을 발견하였을까? "클린턴은 사회 행동주의를 위하여 그리고 불과 유황 심판을 피하기 위하여, 그리고 죄의식에 가득 차서 회개하기 위하여 교회에 나간 것은 아니었다. 그는 대체로, 액면 가치 그대로 그가 받아들여질 수 있는 곳에서 그의 좀 더 개선된 부분을 추구하기 위하여 교회에 나갔다."[21] 좀 더 심리적 차원에서 설명한다면 클린턴은 그가 정상적으로 결코 가져보지 못했던 것들을 찾기 위해서 종교에 심취하였다는 것이다. 아버지의 존재다. 그는 그의 담임 목사 올레이 버트박사(Dr. Worley Oscar Vaught)로부터 그 부분을 충족시켰다. 그는 키가 작고, 대머리였으며, 안경을 끼고 있었고, 엄격한 음성을 지닌 설교가였다. 클린턴은 그가 매일 전화하는 목록에 버트 목사를 포함시켰고 때때로 Dr. 버트가 이렇게 또는 저렇게 말하였다고 강조하기도 하였다.

버트 목사가 바로 클린턴에게 사형제도가 크리스천 가르침에 어긋나는 것이 아니라고 확신을 주었던 사람이다. 주지사는 "그 제도가 성경에서 금지되어 있는지 절대로 걱정하지 않으셔도 됩니다. 왜냐하면 그것은 성경에 금지되지 않았기 때문입니다." 성경적 가르침은 "살인하지 말찌니라"입니다. 국가가 사형을 집행하는 것은 살인과 동일한 것이 아닙니다.[22]

버트는 또한 클린턴의 낙태문제에 대한 양심의 가책을 별로 문제시 하지 않았다. 성경의 가르침에서 '인간 됨', '생명' 그리고 '죽음'의 의미는 문자적으로 "생기를 불어넣다"에서 유래한다는 것이다. 그 침례교 목사의 결론은 생명이란 출생 시, 첫 호흡과 함께 시작된다는 것이다. 그는 낙태란 옳지 못한 일이지만 살인은 아니라는 것이다. 그의 50주년 결혼기념식에서 버트는 클린턴을 향해서 다음과 같은 기대감을 말하였다. "빌, 언제 한번 나는 링컨 침실에서 자고 싶어요." 그는 그 침실이 얼마나 많이 정치적 목적을 위하여 사용되는지 거의 몰랐던 것이다!

클린턴 대통령에 대한 도덕적 의문과 혐의

도덕적 의문이란 이런 종류의 실제 정치가가 그에게 부여된 온갖 압박감에도 불구하고 그의 목표를 이룰 수 있는 기질과 끈기를 가지고 있는가 하는 것이다. 다음에 나오는 예들이 그 몇 가지이다. "휘청거리는 초 권력이 정치적인 정체(停滯)와 경제적 쇠퇴를 종식시킬 것을 약속하며 변화를 요청하는 새로운 지도자로 자처하고 있다. 그는 그의 선임자들보다 수십 년이나 어리다… 그의 부인은 옷을 잘 입고 그 나름대로 지식 있는 정치력을 가지고 있지만 논쟁의 중심에 서 있다. 전통적인 정치를 비판하면서도 여전히 그 전통의 산물인 그 새 정치가는 국내 문제의 갱신에 초점을 맞추고 있다… 강경파는 그에게 지나치게 공약을 남발한다고 경고하였고 그것이 모든 국민들에게 그가 모든 것이 되려고 하는 이미지를 준다는 것이다."[23]

이러한 표명들은 빌 클린턴에 대한 것이 아니라 전 소련 대통령, 미카엘 고르바초프(Mikhail Gorbachev)에 대한 것이었다. 그러나 고르바초프는 결코 대중 선거에서 승리하지 못하였다. 클린턴은 승리하였다. 비록 그가 초임하였을 때 분명 다수에 의한 것이 아니라 복수(複數)에 의한 것이었지만 말이다. 그리고 그 두 지도자 사이에는 다른 중요한 차이점들이 있다. 미국에서는 대통령직에 진입한다는 것은 장기전으로 가는 선거 캠페인의 혹독한 시련을 거쳐야함을 뜻한다. 백악관에 들어간 이후에, 언론과 대중은 빌 클린턴에 대한 질문을 계속하였다. 그가 누구였으며. 그가 대통령이 된 다음에 어떠한 목적과 가치를 따라가는지에 대한 질문들이었다. 백악관 기자, 엘리자베스 드류(Elizabeth Drew)는 클린턴 행정을 "벼랑 끝에 서 있다"라고 묘사하면서 그 지도자를 비판하였다. 백인 빈곤층에서 자라난 열등감 덩어리 남부 소년이었고 청년으로서는 조지타운(Georgetown) 대학, 옥스퍼드(Oxford) 대학, 그리고 예일(Yale) 대학교 법대를 성공적으로 마쳤으며 성인으로서는 세련되고 지적이고 부유하고 국제적인 부류들을 섭렵하였다. 그러나 그 옛날의 선량한 고향 시골 소년의 모습은 잃지 않았다. 남부적 기질이다.24) 그 기자는 또한 다음과 같이 말하였다. "그의 성품에 남아 있는 이러한 기질이 들락날락하여 때때로 드러날 때도 있었지만 그 모든 것은 대체로 그의 내면에 남아 있었다." 지식인들이 그것을 생생한 '메타 수사(修辭, meta narrative)'의 결핍 또는 후 현대적 기질이라고 부르든 말든 그것은 일반 시민들에게는 별 상관이 없었다.

다른 대통령의 경우에서와 같이, 클린턴 자신의 개인적 역사가 도마 위에 올랐다. "그의 가정환경은 개인적인 추잡함과 외설스러운 소문으로 뒤범벅이 된 것이었다"라고 데이비드 브록(David Brock)은 폄하하였다.

또 다른 비평가 데이비드 마란니스(David Maraniss)는 클린턴이 학대적이고 알코올 중독의 편모 밑에서 자란 어린 시절의 특질을 그대로 드러내고 있다고 말하였다. 일들을 유화적으로 처리하려고 하는 강한 욕망과 남들을 즐겁게 해 주려는 기질, 다른 사람들에게 거의 절절 매는 의존성, 변덕스러운 기질, 낮은 자존감, 그리고 강박적인 정치공작 형태와 성적(性的) 행위에 대한 중독적인 행위 등이다. 마란니스는 이러한 기능을 결손 가정에서 자란 아이들이 혼돈 속에서 자라나는 것을 배우면서 끊임없이 사태의 균형을 맞추기 위하여 자신들의 행위를 바꾸고 속이고 거짓말을 하면서 모든 사람들을 즐겁게 해 주려고 노력하기 때문이라는 것이다. 헌신적으로 일하지만 언제든지 그것을 파기할 수도 있다. 극단적인 경우에는, 진실과 현실은 거의 아무것도 의미하지 않는다. 외부인들을 가까이 못 오게 하고 은닉적인 가정 문화 속에서 기만 당한다.25) 그러나 이런 모든 것들이 클린턴이 대통령이 되는데 아무런 장애가 되지 않았다.

　로널드 레이건(Ronald Reagan)처럼 클린턴은 선거운동에서 가치관을 말하였다. 가치의 부재와 결핍을 이야기하면서 그는 심지어 로널드 레이건처럼 말하였다. "우리는 정부가 자녀들을 양육하지 않고 부모들이 한다는 것을 깨달을 때에야 우리나라를 새롭게 할 수 있습니다."26) 그러나 레이건은 그의 프로그램을 합법화하기 위하여 신 종교 우파(New Religious Right)를 지지하였다. 클린턴은 그렇게 하지 않았다. 정치적으로, 그는 프랭클린 루스벨트(Franklin Roosevelt)와 같은 민주당의 도덕적 명성을 이룩하는 데 실패하였고, 아이젠하워(Eisenhower)나 레이건(Reagan)과 같은 공화당의 도덕적 명상을 이룩하는데도 실패하였다. 그들 모두가 바람둥이들로 소문이 났지만 말이다. 대신에, 그의 알칸사 시절의 과거가 그를 백악관으로 이끌어 주었다. "우리가 도대체 언제 용서를 받았단 말인가? 언제 우리가 그 문제들을 뒤로 하였단 말인가?" 그 대통령은 1994년 봄에 한 기자에게 그렇게 말하였다.

　물론 워싱턴은 결백함과 천진난만함을 위한 곳은 아니었다. 상원에서 민주당 지도자였던 조지 미첼(George Mitchell)은 1994년 말에 은퇴하였는데, 다음과 같이 생각하였다. "워싱턴의 가도(街道)는 줄리우스 시저(Julius Caesar) 당대의 로마, 나폴레옹 당대의 파리, 그리고 디스라엘리(Disraeli) 시대의 런던과 같은 길이다. 이러한 일들과 함께 해 아래 새로울 것이 하나도 없는 곳이 워싱턴이다."27)

　"나는 무지함과 무경험, 그리고 과도한 업무로 인하여 많은 실수를 저질렀습니다. 나는 또한 백악관에서 스포트라이트를 받기 위하여 일한 것이 아니었습니다. 이곳에서 사람을 망하게 하는 것은 스포츠 정도에 지나지 않습니다." 이 말들은 클린턴의 말이 아니라 백악관 변호사였던 빈센트 포스터(Vincent Foster)의 토로였는데 그는 자살하기 직전에 이렇게 실토하였다. 포스터의 죽음은 "경각심을 일깨워 주었고" 화이트워터(Whitewater) 부동산 개발에 관한 클린턴 일가의 땅 투자 계획에 대한 깊은 혐의들을 각성시켜 주었다. 그것은 결국 특별검찰을 임명하는 사태로 끌고 가게 되었다. 한 친지는 다음과 같이 회고하였다. "빌과 힐러리 로담 클린턴은 중도주의를 약속한 사람들인데 그들은 우파로부터 놀림당했고, 좌파로부터도 버림받았으며, 온건파로부터 불신임 받았고, 동료 민주당원들한테도 도전받았다."28) 클린턴 부부는 이 점에 대하여 매우 분노하였으며 그것이 불공평하다고 느꼈다. 부분적으로, 그것이 권력의 대가(代價)였다. "백악관에서 어느 날 밤, 나는 카프카적인 우울하고 암울한 소설 속에 있는 존재처럼 느껴졌다"고 클린턴은 그의 오랜 참모이며 그리스 정교 신부의 아들이었던 조지 스테파노플로스(George Stephanopoulos)에게 말하였다.

클린턴은 때때로 그의 동료들이나 친구들이 말한 대로 상당히 고독한 사람이었을까? 아니면 그는 다른 모든 대통령들이 연속적으로 다가오는 집무상의 위험에 직면하여 있는 것처럼 그냥 상투적인 입장에 처한 것이었을까? 윌슨(Wilson), 후버(Hoover), 닉슨(Nixon), 그리고 존슨(Johnson)과 같은 대통령들은 모두 다 백악관을 떠나기 전에 불법을 저지른 사람들이었다. 그 외에, 닉슨과 레이건(Reagan), 카터(Carter), 그리고 조지 H. W. 부쉬(George H. W. Bush)—나중 언급된 두 사람의 대통령은 연임하지 못했는데—그들은 모두 임기를 엄청난 불신임 속에서 마치게 되었다. 선거에서 승리하고 백악관에서 계속적인 임기를 마친 그 알칸사 주지사는 다만 한 가지 이유에서—즉, 다른 사람들이 그렇게 하지 않은 반면에 "굴하지 않고 버티었기 때문에"—가능하게 되었다.

빌 클린턴이 백악관을 떠날 무렵에 『뉴욕 타임즈』지(紙)는 마지막으로 비교적 긍정적인 평가를 내렸다. 토드 퍼덤(Todd S. Purdum)은 2000년 12월 24일에 다음과 같이 기고하였다. "8년 동안, 빌 클린턴은 미국 정치에 있어서 밝은 태양이었으며 동시에 암울한 달빛이기도 하였다. 그 자신의 시대에 최선이며 동시에 최악이었다." 퍼덤은 그 자신의 판단을 다음과 같이 요약하였다. "셀 수 없는 면에서 클린턴 대통령은 피할 수 없는 필수 불가결한 존재였다. 그는 그의 사무실에 새로운 정의를 내릴 수 있게 매일매일 세속적 문화의 리듬을 가져다주었으며, 민주당 분위기를 재형성할 수 있는 정치 문화를 펼쳐 나가게 하였고, 국가 경제의 지속적인 성장을 높게 인정받을 수 있는 등급으로 끌어올렸고, 비록 그의 결점을 확대시키는 일이 되었을지라도 정보화 시대의 번영을 뒷받침하는데 많은 후원을 아끼지 않았으며, 그의 직무를 적절하게 수행하였고, 험난한 시기에 국가를 잘 운영하였다… 클린턴 대통령은 가장 일이 많을 때 대통령직을 수행하였던 새로운 종류의 절제된 행정 능동주의를 이룩하게 한 장본인이었다."29)

다큐멘터리 제작자인 켄 번스(Ken Burns)는 그 42대 대통령을 "우리로 하여금 완전히 다른 세상으로 이동시켰던 사람"이었다고 묘사한다. "바로 그가 처음 대통령으로 출마 했을 당시에는 인터넷이 미국 생활에 아무런 영향을 끼치지 못하였던 시대였는데, 사이버 공간의 즉각적인 현실성이 일상생활의 모든 국면에 영향을 주는 시대로 변화되었다. 그는 또한 대통령 업무를 서류 파일에서 이 메일 메시지로 전환시켰다."30)

"대통령 재임기간에 경제 상황에 대해서 그만큼 평가받았던 사람도 드물다"고 예산 담당이었고 참모 부장이었던 레온 파네타(Leon E. Panetta)는 말한다. "만일 그 부분이 클린턴에게 시련이었다면 경제가 그의 가장 위대한 승리였음을 분명히 보여 주었다."31)

제이슨 드팔르(Jason DeParle)와 스티븐 홈스(Steven A. Homes)는 『뉴욕 타임즈』연재에서 클린턴이 많은 미국인들 마음속에 가난에 대한 전쟁이 미묘하게 자리 잡아 가고 있음을 잘 이해한 대통령이라고 칭송하고 있다. 그들은 깅그리치(Gingrich)가 주는 공화당 압력 하에서 1996년에 클린턴이 야당이 제안한 대중복지 청구에 서명할 것인가 아닌가를 결정하여야 했던 위기의 순간을 지적하였다.32) 그들은 그가 그렇게 한 전략이 여러 가지 구태의연하였던 이미지를 불식시키게 되었다고 믿는다. 복지 수혜자들이 일하기를 강요받게 될 것이라는 공화당의 의견을 수용하면서, 심지어 그들이 아주 어린 자녀들을 갖고 있을지라도 백악관에 있던 민주당원들은 경제적 사회적으로 밑바닥에 있던 자들과도 새로운 사회적 흥정을 강요받게 되었다.

『뉴욕 타임즈』지(紙) 논설위원들은 빈곤층에 대한 전례 없는 재정후원이 뒤 따랐다고 논평한다. 수십억 불의 재원이 임금의 보조를 충당시켰고 아동 보육과 아동 건강 보험을 후원하였다. 노동을 통하여 그 대가를 지불하여야 한다는 도덕적 의무를 주장하는 공화당의 주장도 수용되었다. 그러나 클린턴이 한 일은 인종에 대한 인식을 재형성하려고 하는 최소한의 노력에 불과하였다. 빈곤층을 위한 프로그램들을 연구한 하버드 대학의 정치학자인 테다 스코폴(Theda Skocpol)은 다음과 같이 통찰하였다. "그는 복지에 대한 가장 논쟁적인 부분을 종식시켰다. 동시에, 그는 근로자 가정을 위한 후원을 구축하였다. 그는 확실히 이 문제를 취약계층을 위한 사회적 지원, 그리고 인종적 논쟁을 진정시키려는 한 가지 노력으로 인식하였다."33) 전반적으로 나쁜 상황에서 비교적 괜찮은 면이 있었다면 그것은 많은 공화당원들이 (그리고 그 자신의 당원들도 마찬가지로) 불가능하다고 생각했던 문제들에 대하여 진전이 이루어질 수 있다고 하는 것을 클린턴이 입증하였다는 점이다.

한 『뉴욕 타임즈』 기자는 그 대통령의 전략이 얼마나 많은 범죄율의 감소를 가져왔고 또한 숙련되지 않은 노동자들의 임금을 상승시켜 주었는가를 회상하였다. 그리하여 도시의 갱신이 일어났다는 것이다. 린든 존슨(Lyndon Johnson) 이후에 그 어느 다른 대통령들보다 많은 미국인들이 클린턴 정부 하에서 빈곤으로부터 탈출하였다.

미국인들이 대통령직에서 무엇을 원하는가에 대하여 자기 검증을 하여야 하고 그에 대하여 중요한 안건들이 남아 있다. 미국인들이 지상 낙원을 명목으로 국가를 세계 전쟁으로 이끌었던 우드로우 윌슨(Woodrow Wilson)과 같은 과도한 도덕주의적 리더를 원하고 있는가? 그럼에도 불구하고 그는 성공적인 평화를 이끌어내지 못하였다. 아니면, 하딩(Harding)이나 쿨리지(Coolidge), 그리고 후버(Hoover)와 같은 고립주의자 형태의 대통령을 선호할 것인가? 그들은 대공황을 대처할 만한 충분한 경제 정책을 갖고 있지 못하였고 그로부터 빠져나오는 방법도 강구하지 못하였다. 제2차 세계대전 이후에, 케네디(Kennedy), 존슨(Johnson), 닉슨(Nixon)과 같은 권력적 현실주의자들은 모두 베트남 전쟁 수렁에 한몫을 담당하였다. 카터(Carter)는 방향을 바꾸어서 용감하게도 인권문제를 주도하였다. 그러나 샤(Shah) 정권을 미국에 수용하는 어리석은 실수를 범하였고 결국 이란의 학생사태를 자극하게 되었다. 남부 침례교는 시테(Shi'ite) 무슬림이 사상적으로 무엇을 생각하고 있었는가에 대하여 거의 인식하지 못하고 있었다. 레이건은 우주전과 함께 세계를 위협하면서 소비에트 정권도 결국 그것을 만들게끔 겁을 주게 되었고 그들의 경제는 그로 말미암아 붕괴되고 있었다. 그러므로 결국 누가 영웅인가? 장기적 안목으로 볼 때, 클린턴을 역사가들이 어떻게 이해하는가를 말하는 것은 시기상조이다. 충분한 관찰과 관점이 부족하다. 교훈은 대통령의 성격이 성패를 가르는 것은 아니라는 것이다. 그러나 그렇다고 모두 비현실적인 것은 아니다. 사실을 왜곡시킬 위험이 있기 때문이다!

데이비드 저건(David Gergen)은 클린턴 시절, 백악관에서 일정 기간 일하기 전에 공화당 대통령들을 섬기던 사람이었는데 그는 다음과 같이 회고한 바 있다. "1994년 공화당원들이 의회 선거에서 승리를 거둔 뒤, 클린턴은 그가 확신하였던 이유로 들어올렸던 칼자루를 내려놓았고 완전히 용기를 잃어버렸다." 그럼에도 불구하고 긍정적으로 평가해 볼 때, 저건(Gergen)은 클린턴이 그 자신을 뛰어 넘어 선천적 낙관주의와 능력을 잘 결합시켰다고 판단하였다. 최고의 재략가(才略家))로서, 그는 다량의 정보를 취합하여 새로운 논리들을 형성시켰다. 클린턴을 비상하게 총명한 사람으로 이해함으로써 저건은 그가 당대의 가장 재능 있는 정치가라고 평가한다. 진정, 저건은 클린턴이 그가 알았던 그 어느 대통령들보다 가장 영리하게 정치적 사안들을 파악한 대통령이라고 판단한다. 그러나 저건은 또한 다음과 같이 말하였다. "만일 내가 지성과 성실성 두 가지 중 한 가지를 선택해야 한다면 나는 성실성을 선택할 것이다."34)

여전히 저건은 "클린턴은 그의 부적절한 행위와 거짓말에도 불구하고 매우 긍정적인 인물로 남아 있다고 생각한다. 그는 닉슨과 같이 내면적인 어두움을 결코 나타내 보인 적이 없다. 그러나 그는 진실한 내면적 연민이 없었고, 진지함이 없었으며 그의 성적(性的) 에너지만 더 드러내게 되었다." 고 말하였다. 저건은 다음과 같은 이유들을 더 들고 있다. "그것은 아마도 그의 생애가 너무나도 긴박하게 달려 왔기 때문일 것이다. 그는 너무나 젊은 나이에 당선되었을까? 벼랑 끝을 걸어가면서 경계선상에 있는 윤리에 대하여서는 관용적이었던 것 같다… 클린턴은 한 손에는 재를 뒤집어썼고 다른 한 손에는 별들을 움켜잡았다." 그럼에도 불구하고 저건의 최종 판단은 클린턴의 즉흥적인 전략들이 국가의 위상을 최고로 끌어올렸다는 것이다.35)

1) *New York Times*, December pp. 25·27, 2000.

2) Cf., Bill Clinton, *My Life*, New York: Knopf, 2004.

3) *New York Times*, December 27, 2000, A12.

4) Ibid.

5) Clinton, op. cit.

6) James MacGregor Bums and Georgia J. Sorenson, *Dead Center, Clinton-Gore Leadership and the Perils of Moderation*, New York: Scribner, 1999, p. 355.

7) Ibid., p. 328.

8) Ibid., p. 15.

9) Bill Clinton, First Inaugural Address, Januaty 20, 1993. Cf., *Great Books on Line*.

10) David Brock, *The Seduction of Hillary Rodham*, New York: Free Press, 1996, p. 416.

11) Ibid., p. 37.

12) Ibid., p. 40.

13) Ibid.

14) Ibid., p. 42.

15) Ibid., p. 45.

16) Ibid., p. 147.

17) Ibid., p. 235.

18) *Time*, Vol. 151, No. 14, April 15, 1998, p. 51.

19) Ibid.

20) Cf., Carville and Matalin, *All's Fair*, p. 322.

21) David Maraniss, *First in His Class, A Biography of Bill Clinton*, New York: Simon and Schuster, 1995, p. 432.

22) Ibid., p. 433.

23) Greg Guna, cited in Sam Smith, *Shadows of Hope, A Freethinker's Guide to Politics in the Time of Clinton*, Bloomington: Indiana University Press, 1994, pp. 115~116.

24) Elizabeth Drew, *The Clinton Presidency*, New York: Simon and Schuster, 1994, p. 70.

25) Brock, op. cit.

26) Ibid.

27) Ibid.

28) Bob Woodward, *The Agenda, Inside the Clinton White House*, New York: Simon and Schuster, 1994, p. 327.

29) *New York Times*, December 24, 2000.

30) Ibid.

31) "Former White House Chief of Staff, Leo Panetta: Clinton's Legacy", *CNN.com*, January 17, 2001.

32) *New York Times*, December 26, 2000.

33) Ibid.

34) David Gergen, *Eyewitness to Power, The Essence of leadership, Nixon to Clinton.*

35) Ibid.

두 번째 부쉬 대통령 **조지 W. 부쉬**
George W. Bush

부쉬 왕조의 두 번째 인물은 백악관을 차지하였던 그의 부친만큼은 성공적이지 못하였다. 비록 그가 초기에 더 많은 성과를 달성하기 원하였지만 말이다. 그 이유는 곧 자명하여졌다. 부쉬 1세가 바그다드 전투를 거부하였던 반면에 부쉬 2세는 적국에 전면전을 일으켰기 때문이다. 그는 국가를 이라크에서 오래 지속되고 불필요한 전쟁을 하는 처지에 빠뜨렸다. 그는 통치 말기에 월가(街)에 대한 맹종과 취약한 재정 정책으로 경제적 위기를 가져다주었다. 부쉬 2세의 지지도가 바닥을 쳤을 때, 공화당 대통령 후보였던 존 맥케인(John McCain)은 백악관에서 재임 중인 그와 가능한 한 많은 거리를 두려고 하였다. 부쉬의 취약성이 오바마에게 기회를 가져다주었다. 후자는 더 지성적 배경을 지녔는데 그 텍사스 출신 대통령보다 더 사려가 깊었다. 그는 처음부터 이라크 침공을 반대하였다. 그 최초의 흑인 대통령은 집무실에서의 많은 시간을 전임자들의 실패한 정책들을 바로 잡는데 보낼 것이라고 하는 의미에서 틀린 선택을 한 것은 아닌 것이다.

백악관의 모순

2001년 부쉬 왕조가 다시 집권하기 위하여 워싱턴 D.C.로 돌아왔을 때, 대통령 역사에서 그것은 두 번째 부자(夫子) 대통령 승계였다. 첫째 승계는 2세기 전, 존 아담스(John Adams)와 존 퀸시 아담스(John Quincy Adams)의 경우였다. 부쉬 2세가 백악관에 들어오자마자, 백악관 집무실에 깔려 있었던 근본적인 모순은 두 배로 증가하였다. 대통령직을 점령한 자의 성공은 주로 당대의 윤리적 강령을 다루는 능력에 달려 있다고 하지만, 그의 업무추진 기술과 특성이 역으로 그 윤리성을 결정하게 된다. 요약해서 말한다면 부쉬 2세의 윤리가 따로 있었다는 말이다. 그러나 불행하게도, 부통령 리차드 체니(Richard Cheney)의 충고들로 일들이 이루어졌다. 결국, 부쉬 2세는 역사 전문가들에 의해서 42대에 걸치는 전 대통령들 중에서 36번째라는 아주 저급한 등급을 기록하는 패배자로 남게 되었다.

새 공화당 대통령인 조지 W. 부쉬(George W. Bush)와 그의 선임자, 민주당원 출신, 빌 클린턴(Bill Clinton) 사이에는 사상과 행정면에서 그 차이가 엄청나게 드러났다. 오하이오 주립대학 행정 관리학교 학장인 버트 로크만(Bert A. Rockman)은 다음과 같이 기술하였다. "부쉬 2세와 클린턴은 대통령 성격상, 서로를 비추는 사실상의 거울과 같은 존재들이다. 클린턴은 끊임없이 토론하고, 사안의 의미들을 숙고하면서 자아를 세부적으로 감추기를 좋아하였고… 또한 결정에 대하여 생각하기를 좋아하였으나, 부쉬 2세는 그것들을 실행시키는 데 집중하였다."[1] 로크만(Rockman)은 아들 부쉬는 그 자신의 판단에 대하여 굉장한 확신을 갖고 있었고 재빠르게 결정 내리기를 좋아하였다고 지적하였다. 세부 사안이나 결과들에 대하여 고뇌하고 사색하기보다 그는 행동하기를 원하였다.

로크만은 부쉬가 대통령으로서, 너무나 즉흥적으로 행동하기 때문에, 그를 전통적 보수파로 단순 분류하기 힘들었다고 결론짓는다. 그는 행정적으로 "사람들을 바싹 다잡으며 능숙하게 밀어붙였다." 그의 "실무진 업무를 과도하게 간섭하는 일이나 보수파 핵심 선거구에 대한 즉각적인 반응은 심지어 로널드 레이건(Ronald Reagan)의 행보를 훨씬 더 능가하였다." 한 전문가는 "또 한 사람의 다른 대통령 아들, 존 아담스 퀸시(John Adams Quincy)의 논란이 많았던 재임(在任)과 이는 아주 흡사한 경우"라고 이해한다.

이전에, 토마스 프리드만(Thomas Friedman)은 백악관을 향한 새 대통령의 캠페인을 "클린턴 마이너스"라고 불렀는데, 그것은 『뉴욕 타임즈』지(紙) 기자가 말하였듯이 클린턴과 동조하는 정책들을 제공하는 동정적인 보수파들이 핵심적 사안들에 대하여 클린턴 대통령의 개인적인 부담을 삭감시켜 준다는 것을 의미하는 것이었다.2) 그러나 이것이 이야기의 전부가 아니다. 권력을 잡았던 부쉬 대통령은 "클린턴 마이너스"처럼 보이지 않았고 오히려 레이건과 시합을 겨루는 것처럼 보였다. 즉, 동정적인 보수파가 아니라 급진적인 보수파로 보였다. 요약한다면, 부쉬 2세는 레이건의—그의 아버지의 아들이 아닌—아들 같았다. 특별히 개인적 사상적 성향에 있어서 그러하였다.3)

하버드 대학의 정치학자, 리처드 뉴스타트(Richard Neustadt)는 그의 고전 『대통령의 권력』 *Presidential Power*에서 하나의 제안적인 패러다임을 제시한다. "첫째로, 대통령은 강한 리더십 능력을 가지고 있다… 그러나 기본적으로 그것은 법칙을 지키는 리더다. 그는 장애를 극복하기 위하여 최선을 다하지만, 그러나 곧 그가 할 수 있는 한계를 깨닫게 된다. 두 번째, 대통령은 강력한 지도자이고 깐깐한 협상가이며 그러나 역량을 최대화시키는 귀재(鬼才)여야 하고 고난을 극복하는데 필요한 것은 무엇이든지 해 나가야 한다는 강한 기대감을 만족시켜야 한다."4) 그 다음 대통령의 목적은 장애물을 제거하는 것이다. 그는 그가 바라는바 대로 그의 참모들에게 명령한다. 그는 각료들에게 업무를 부여하고 그의 뜻에 따라 관료들을 통합시킨다. 대통령에게는 현상을 유지하는 것으로 충분하지 않다. 몇몇 역사가들은 부쉬 2세가 외무 정책과 국내 정사 두 가지에 다 처음에는 매우 공격적이었다는 사실에 주목하였다. 대다수의 사람들이 그 아들 부쉬는 카터나 클린턴과 같은 그의 선임자들보다 그리 명철하지 못하였다고 생각한다. 그를 칭송하는 사람들은 이런 사실은 그의 반대자들을 호도(糊塗)하기 위한 의도된 기만적인 "그의 행위의 일부"라고 응답한다. 그는 "세상 물정에 밝았다"고 그들은 주장한다. 최소한 이 정도가 곧 분명하여졌다. 부쉬 2세는 그의 아버지보다 좀 더 창의적이고 혁신적인 경향이 있었다. 그를 앞 선 클린턴 같이, 그가 캠페인을 벌였을 때 그는 중도파와 같은 목소리를 내었다. 그러나 아주 중요한 차이가 있다. 사상적으로, 그는 바로 앞 전임자보다 정치적 범위에 있어서 좀 더 우파에 기울어졌다. 조지 W. 부쉬는 그 스스로 동정적 보수파로서 헌신했다—정부의 개입보다는 개인적인 주도권을 주장하면서—이와 비교하여 클린턴은 좌파 입장을 고수하였다. 중도를 향하여 내키지 않는 행보를 계속하면서 말이다!

당연히, 애초부터 조지 W. 부쉬는 그를 깎아 내리는 자들을 만나게 되었다. 제임스 번스(James MacGregor Burns)는 다음과 같이 질문한다. 어떻게 이 키만 크고 총명하지 못한, 젊지도 않으면서 여전히 그의 부친의 그림자에 덮여 있는, 동부 온건파 공화당 출신, 그리고 앤도버(Andover) 대학과 예일(Yale) 대학교를 다니다가 만 사람이 채 몇 년도 못 되어서 헌신적인 보수주의자로서 백악관으로 가는 터전을 마련할 수 있었단 말인가? 부쉬는 레이건의 각본에 따라서 텍사스를 통치하였다. 그는 그 전직 대통령의 개인적인 온화함과 희석되지 않은 보수주의 그리고 정치적인 당돌함을 승리하는 전략으로 혼합시켜 바꾸어내는 능력을 높이 평가하였다. "번스(Burns)는 부쉬 2세를 레이건처럼, 선거 정치에서 상대적으로 늦게 각광을 받은 사람으로 평가하였다. 레이건처럼, 그의 온후하고 소박한 성품은 그의 보수주의의 경직된 면모를 부드럽게 감싸주고 있었다. 그리고 또 레이건처럼 그는 선거 공약에서 나타내었던 일련의 사안들에 집중하였다. 기업주의, 경제 정책, 법치와 질서문제, 사회복지 개혁, 교육의 문제 등이다… 미국의 성장 가도를 달리는 종교 보수주의와 더불어, 그 주지사는 주목할 만한 개인적 회심(悔心)의 이야기를 펼쳤다."5)

부쉬 일가가 백악관의 오발 오피스(the Oval Office)를 다시 점령하려고 함에 따라서, "그 길로 들어서는 와중에 이상한 일이 일어났다." 그 전에는 거의 일어나지 않았던 일이다. 조지 W. 부쉬가 당시 부통령이었던 앨 고어 (Al Gore)와 대항하여 첫 임기를 차지하기 위하여 출마했을 때, 사실상 아무도 공화당원이나 민주당원이나, 그 일어나는 일의 미래를 대비하지 못하였다. 『타임』지(紙)는 2000년 가을의 선거전을 미국 전 역사에 있어서 가장 치열한 것이었다고 기술하였다. 비록 선거인단 대표자들이 11월 7일 화요일에 몇 개 주(州)에서 선출될 것으로 예정되어 있었지만 아무도 그날 (그리고 그 이후 몇 주 동안) 차기 행정수반이 누가 될 것인가를 알지 못하였다. 한 달 이상 동안 발생했던 일들이 결과적으로 계속적인 법적 문제들을 야기시켰다.

회고하여 보건대, 국제 관계에 있어서 아무런 위기가 없다고 하는 생각을 쉽게 하여서는 안 된다. 그러한 문제는 선거 캠페인에서 중요한 주제가 아니었다. 그 공화당 후보는 거대 정부(그리고 클린턴의 개인적인 도덕성 문제)를 공격하였고 공공 생활에 대한 정부의 개입을 줄여나가는 것을 옹호하였다. 1999년 7월 22일로 거슬러 올라가, W. 부쉬는 인디애나 주 인디애나폴리스(Indianapolis)에서 연설하면서 다음과 같이 선거운동을 하였다. "우리는 희망의 메시지를 전달하고 미국의 각 공동체를 갱신하는 임무를 수행할 것입니다. 우리는 모든 미국인들에게 '꿈은 당신의 것이다'라고 말할 것이며 썩어 가는 도시의 모든 사람들에게 '꿈은 당신의 것이다'라고 말할 것입니다. 그리고 혼란에 빠진 젊은이들, 사상 빈곤에 시달리는 자들에게도 '꿈은 당신의 것입니다'라고 말할 것입니다."6) 캠페인을 벌이면서 동시에, 부쉬 후보는 미국의 해외 개척에 대한 책임을 공식적으로 부인하였다. 사실은 이 정책은 그의 행정부 출범 이후에 반대로 진행되게 되었다.

2000년 선거에서 캠페인의 배경과 상관없이 닉슨과 케네디의 경선에서 그랬던 것보다 더, 개인적인 도덕성의 문제가(클린턴의 행위) 큰 비중을 차지하였다. 이러한 사실은 아마도 고어(Gore)가 선거에서 그 대가를 기대하게끔 여건을 마련하여 준 것이었으리라. 오커너(O'connor) 대법관이 대법원에서 결정적으로 권한을 행사하였다. 후보인 고어가 비록 50만 표 이상으로 대중 투표에서 승리하였으나 오커너 대법관과 그녀의 동료들이 선거에 개입하였고 부쉬에게 승리를 가져다주었다. 이러한 상황 속에서, 재임 중이었던 부통령은 백악관 전임자였던 리처드 닉슨의 본을 따라갈 것을 종용받았다. 닉슨은 1960년 첫 대통령직 출마 이후에, 뚜렷한 이론(異論)이 제기되는 선거라는 사실이 있었음에도 불구하고 그리고 그가 더 표를 얻을 수 있었으리라고 하는 사실이 있었음에도 불구하고 존 F. 케네디에게 마지못해 패배를 인정하였다. 드와이트 아이젠하워(Dwight Eisenhower) 장군은 그의 부통령에게 다시 표를 계수하거나 소송을 제기하자는 요구로 경선을 연장하지 않을 것을 충고하였다. 공화당원이었던 닉슨은 로만 가톨릭 신자에 대항하여 출마하였고, 경선이 지속됨에 따라 지속적인 종교 간의 적대감을 불러왔을 가능성도 있었다.

생활철학과 종교

부쉬 2세의 인생 이야기는 뉴잉글랜드(New England) 사람으로서가 아닌 텍사스 사람으로서 나타나는 즉각적인 이미지에서 볼 수 있는 것처럼, 국회에서 별로 환영받지 못한 출마 때문에 청년으로서 정치생활에 입문한 이래, 광범위하게 검토되어 왔다. 그는 부쉬 1세처럼 전쟁 영웅이 아니었고 국제연합(UN)에서 활약한 고급 외교관도 아니었다. 그 가문의 전통 속에서, 그는 예일 대학을 졸업하였다. 베트남 전쟁 기간 중, 그는 미국에 체류하여 있었고, 텍사스 공군 수비대(the Texas Air National Guard)에서 복무하였다. 그리고 틈틈이 하버드 경영대학(Harvard Business School)에서 수학하였다. 그 자신도 인정하듯이, 대통령의 아들로서, 그는 부친의 경험으로부터 유용한 통찰력과 실제적인 지식을 습득하였다. 그는 업무 수행중인 41대 대통령이 위기의 한 가운데에서 내각과 국회가 백악관에 얼마나 압력을 행사하는가를 단번에 알아차렸다. 특별히 그는 형 부쉬의 문제들을 겪어 나갔고, 쿠웨이트를 해방시켰던 이라크 첫 전투에 대한 책임도 통감하였다. 그러한 일들로 인하여, 빌 클린턴에게 대통령직을 빼앗긴 것과 다름없었다.

조지 W. 부쉬는 제2차 세계대전이 끝난 직후에 그의 부친이 예일 대학에서 공부하던 중, 코네티컷 주 뉴 헤이븐(New Haven, Connecticut)에서 태어났다. 그는 아주 어렸을 때에 텍사스로 가게 되었다. 그러므로 그의 성격상 뉴잉글랜드와 텍사스의 대조적인 정서가 함께 몸에 배어 있다. 그리고 후에 대통령에 출마하였을 때, 그는 양키, 즉 미 북부 뉴잉글랜드 지역 사람이라기보다는 서남부 사람이었다. 아버지와 아들 부쉬 둘 다는 서부로 이주할 것을 선택하였고 뉴욕에서 그 가문이 그에게 증권금융업에 종사하기를 받아들이는 대신에 정유 산업에 뛰어들기로 마음먹었다. 가장 이상적인 서부인이 된 것은 조지 W. 부쉬였다. 확실한 것은 아버지와 아들 부쉬에게 필요할 때마다 자금과 친구들이 모여든 곳은 동부로부터였다.

그의 부친처럼, 조지 W. 부쉬는 매사추세츠 엔도버(Andover)에 있는 귀족학교에 다녔다. 그러나 그 수준에 맞게 성적이 좋은 것은 아니었다. 학구적으로 뛰어나지 못하였던 대신에 그는 스포츠에 있어서 선두를 달렸고, 캠퍼스에서 인기가 있었으며 폭넓은 지지를 얻었다. 가정적으로 그는 행복한 어린 시절을 보냈다. 예를 들어, 빌 클린턴과는 대조적이다. 그 예외가 있었다. 텍사스에서 아직 어렸을 때 그가 겪은 중요한 경험은 그의 여동생이 백혈병으로 사망하였다는 사실이다. 비록 그의 가족이 그를 그 고통으로부터 보호하려고 하였지만, 인간 실존의 무상함과 비합리적인 양상이 비극적인 것으로 그를 압도하였다. 아들 부쉬가 예일 대학에 나타난 것은 베트남 전쟁 기간이었다. 정치적 보수파로서, 그는 대학 교목(校牧), 윌리엄 코핀(William Sloane Coffin)이 주도한 반전(反戰)데모에 참가하지 않았다. 단도직입적으로 말해서, 그는 대학에서 자유주의 기독교를 따르거나 수용하지 않았다.

이 젊은 부쉬는 실생활에서 무엇을 원하였고 바랬는가? 의심할 바 없이 그는 예일 대학 재학 중, 그리고 그 이후에도 혼돈과 나태한 세월을 보냈다. 베트남 전쟁 중, 텍사스 국가 수비대에 입대하였는데, 어스틴(Austin)에 있는 텍사스 대학교에 입학이 허가되지 않아, 대신 하버드 경영대학에 들어갔다. 그 후 그는 텍사스 미드랜드(Midland)에서 그의 직장생활을 시작하기 위하여 귀향하였다. 그곳은 그가 어렸을 적에 살던 곳이었다. 그곳에서 그는 그의 아내 로라(Laura)와 결혼하였다. 그는 국회의원 선거운동 때문에 신혼여행도 제대로 가지 못하였다. 그럼에도 불구하고 의원선거에서 패배하였다. 동부지역 대학 출신의 이미지가 그 자신에게 불리하게 작용하였고, 정치적으로 치명적인 손상을 입힌 것이 분명해졌다. 그것이 그가 결코 잊지 못할 교훈이었고 다시 정치에 입문하게 되었을 때 그는 즉각적으로 아이비리그(Ivy League) 학교 정체성을 모두 지워버리려고 노력하였다.

그의 아버지의 선례를 따라서, 조지 W. 부쉬는 정유 산업을 시작하였다. 많은 실패와 성공을 거듭하면서 그의 회사 하킨 정유(Harkin Oil)는 확장되어 나아갔다. 비평가들은 그가 항상, 가문의 명성과 영향력으로 거래하였다고 말한다. 이 젊은 부쉬는 결국 그 법인 자산을 엄청난 이윤을 남기고 매각하였으며 성공적으로 댈러스 근처에 있는 텍사스 주 알링턴(Arlington)에 위치한 메이저 리그 야구팀의 부분적인 소유주가 되었다. 약 50만 불 이상을 그 팀에 초반 투자를 함으로써 수년간 그 일을 지속하였으며, 그 팀을 매각하였을 때에는 그 자본금이 1,200만 불로 상승하였다. 그 재산은 그의 여생에 재정적 안정을 가져다주기에 충분하였다.

그가 텍사스 주지사로 출마하기로 결정하였을 때, 조지 W. 부쉬의 계획은 단순하고, 일방적인 보수적 프로그램으로 준비되어 있었다. 세금을 삭감하고, 소송으로 이어질 수 있는 불법 행위를 개혁하고, 그리고 학교 교육을 개선하는 일이었다. 몇몇 개의 잘 정리된 사안들을 강조하고 주의 깊게 격렬한 논쟁과 분노를 자제하면서, 그는 선거전에서 당시 재임 중이었던 자유주의 주지사 앤 리차드스(Ann Richards)를 이겼다. 부쉬는 신 종교 우파(New Religious Right)와 소위 "컨트리클럽 공화당원들"이라고 하는 자들의 지지를 받았다. 한번은 집무실에서 그는 부(副)주지사였던 벌럭(Bullock)이 이끄는 민주당 입법부와 직면하게 되었는데, 그는 긍정적으로 처신하였다. 방어적으로 행동하였다기보다, 그는 친밀한 교분을 쌓았고 정당의 한계를 넘어서 벌럭과 협력하였다. 함께, 그들은 더욱 분파적인 상황 속에서 절대로 가능하지 않았으리라고 생각하였던 입법들을 안전하게 성사시켰다. 그가 대통령에 출마하였을 때, 부쉬는 처음에 화합하는 동정적 보수주의자와 흡사한 이미지를 연출시켰다. (그러나 그것은 오래가지 못하였다.)

대통령으로서, 두 번째 부쉬는 (심지어 그의 아버지보다 더) 지배력 있는 우두머리, 책임감 있는 사람, 그리고 도덕적으로 사상적으로 잘 정립된 역할을 잘 감당해냈다. 한 부쉬 고문은 다음과 같이 설명하였다. "미국은 통치력을 필요로 하고 있다고 생각하고 만일 당신이 애초부터 행정에 있어서의 주권 행사와 합법성을 주장하지 못한다면 당신은 후에 당신의 목표를 달성할 수 있는 능력을 기반부터 약화시키게 될 것입니다."7) 그의 부친보다 더 신 종교 우파와 결정적으로 동맹관계를 이루면서 그는 비판적인 반대자들에게 권력의 위치로부터 정의를 회복하려는 자로 알려졌다. 부쉬 2세 신앙의 핵심적 사건은 그가 빌리 그래함(Billy Graham)과 접촉한다는 데 있었다. 그 대통령 후보자가 개인적 종교 회심과 라이프 스타일을 변화시키게 된 것이 빌리 그래함 때문이라는 것은 논란의 여지가 없었다. 외부적으로 나타난 사실은 그가 술을 끊었다고 하는 것이다. 그의 경우에는 거의 알코올 중독 수준이었다.

하워드 파인만(Howard Fineman)은 다음과 같이 기술한다. "추상적인 일에 별로 관심이 없고 많은 사람들이 있는 곳을 별로 좋아하지 않았던 부쉬는 [성 바울(St. Paul)] 교회에서의 회심사건을 다음과 같이 술회하였다. 부쉬는 예수가 친구라는 생각을 좋아하였다… CBS(Community Bible Study) 프로그램이 처음으로 그에게 지식적인 성경 핵심을 제공하였다. 바로 세속 엘리트

교육의 산물, 즉 앤도버, 예일, 하버드 대학 출신이 처음으로 완전히 넋이
빠진 상태로 책 한권을 한 줄, 한 줄 읽어 나갔는데 그 책이 바로… 성경책이
었다." 파인만(Fineman)은 부쉬가 "그의 많은 다른 동부지역 출신의 친구들보
다 더 순수하고 때 묻지 않은 남부 바이블 벨트(the Bible Belt) 지역 출신이었
고, 아마도 그의 젊은 시절에 무언가 남 다른 것을 깊게 사색하였을 것"이라
고 판단한다. "성경공부를 하면서 그는, 금주(禁酒)에 대한 의지를 확고히
하는 도전을 받는 정신적, 영적(靈的) 훈련을 받은 것임에 틀림이 없다."[8]

부쉬 가문은 그의 부친계가 성공회(聖公會) 계열이었고 어머니 가문은 장
로(長老) 교인들이었다. 조지 W. 부쉬는 그의 젊은 시절에 그의 아내 로라
(Laura)의 교단에 합류하면서 감리(監理) 교인이 되었다. 그때에 그의 두 쌍
둥이 딸들이 텍사스 미드랜드(Midland)에서 입교(入敎)하였다. 그가 신임을
받는 것은 그가 케네디나 클린턴처럼, 결혼생활에 대하여 눈곱만큼의 불성
실함이나 성적(性的)인 스캔들은 없었다는 사실에 있다. 부쉬의 입장은 그
의 선거운동 당시 자서전에 쓰여 있는 것처럼 전통 감리교 웨슬리안 찬송
가의 제목에서 볼 수 있다. 즉, "내가 지켜야 할 사명(A Charge I Have to
Keep)"에서 명백히 드러난다.

그가 텍사스 주지사로 부임하기 전, 한 기도회에서 마크 크레이그(Mark
Craig) 목사는 사람들에게 다음과 같이 설교하였다. "우리는 윤리적, 도덕적
용기를 가진 지도자에 굶주려 있습니다… 그리고 합당한 이유로 합당하고
옳은 일을 할 수 있는 용기를 지닌 자들을 애타게 기다리고 있습니다." 그
신임 주지사는 다음과 같이 회상하였다. "그 말씀이 내 마음과 삶에 충격을
주었습니다. 그것은 영원히 당신을 변화시키고 삶의 다른 경지로 당신을
데려다 주는 그런 순간이었습니다."[9] 그의 모친은 그 말씀이 그에게 적용
되었다고 말한다. 조지 W. 부쉬는 주요한 목사들을 그의 텍사스 주지사
저택으로 초대하였고 그들에게 그가 대통령직의 사명으로 부름받았다고
이야기하였다. 9월 11일이 지나서 그는 그의 선거인단 참모 칼 로브(Karl
Rove)에게도 같은 말을 하였다.

외무(外務) 정책의 우선성

사실상, 두 번째 부쉬 행정부에 있어서 가장 핵심적인 사안은 중생(重生)한 크리스천인 부쉬가 선거운동에서 이야기했던 바와 같이 국내 정사(政事)에 보다는 국외 일에 더 치중하게 되는 결과를 낳게 되었다는 것이다. 아론 월다브스키(Aaron Wildavsky)의 두 가지 대조되는 대통령의 패러다임이 부쉬 2세의 접근 방법을 설명하는 데 도움을 준다.10) 월다브스키의 모델에 의하면 외무 정책 장관은 때때로 거대한 국방 정책과 국가 안보 조직체를 주관할 수 있으나, 여전히 상대적으로 규제가 없는 자리에 머물러 있을 수 있다. 역설적으로, 비교하여볼 때, 국내 정사에 치중하는 지도자들은 더욱 쉽게 장애를 받게 되고 논쟁을 벌이는 국회 때문에 그의 최고 우선권 주도권을 가지는 데 있어서 곤란을 겪게 된다. 요약해서 말한다면, 그는 일련의 특별한 이익들과 행정 주도권을 방해하는 지역적 관심사들로 인하여 제약을 받게 되었다는 것이다.

부쉬의 전 백악관 연설기고가 데니비드 프럼(David Frum)은 제43대 대통령은 "보수주의 원칙자라기보다는 보수적 생리를 지닌 한 정치가일 뿐이라고 그의 의견을 밝히고 있다. 대체적으로 그는 그가 믿었던 것과 그가 믿지 않았던 것들이 무엇인지 알았다. 그러나 그 어느 구체적인 사안에 대해서도, 대통령이 압박당하지 않을 선이 어디까지인지 아무도 알지 못하였다"고 한다. 밥 우드워드(Bob Woodward)가 인터뷰하였을 때, 부쉬 2세는 다음과 같이 선언하였다. "나는 교과서대로 하는 사람이 아닙니다. 나는 배짱이 두둑한 사람입니다." 우드워드는 이 점을 감정에 충실하는 본능적인 반응이라고 평가하였고, 수십 번이나 그저 본능적 상태를 강조한 일일 뿐이라고 판단하였다. 우드워드의 결론은 다음과 같다. "정치가로서, 대통령으로서, 그리고 총사령관으로서 부쉬의 역할은 그의 생태적 본성 안에 웅크리고 있는 세속적인 신앙에 의해 움직여지는 것이었다. 그의 본성적, 자발적으로 일어나는 결론들과 판단들에 의한 것들이었다. 다시 말하면, 그의 본능적 결단들은 그의 두 번째 종교가 되었던 것이다."11) 결국, 우드워드는 다음과 같이 결론지었다. 부쉬가 이라크에서 진행되는 일에 대하여 심리적 거부 상태에 있었다는 것이다.

싱거(Singer)는 현안 사항들이 선한 의도보다 더 많았다고 주장하였다. 그는 19세기 영국의 수학자이면서 철학자였던 윌리엄 클리포드(William Clifford)의 이야기를 인용하였다. "선주(船主)가 이민자들을 가득 태우고 항해를 시작하려고 한다. 그는 자기 배가 낡았고 수리가 필요함을 알고 있다. 그래서 그는 이 배가 항해를 견디어 나갈지 그리고 철저하게 정밀검사를 받고 수리를 해야 할 지 고민하였다. 그러나 그는 대신에 하나님의 섭리를 믿기로 결정하였다." 결국, 하나님은 해외에서 더 나은 삶을 추구하는 이민자 가족들을 보호하는데 결코 실패하지 않으셨던 것이다. 스스로 모든 일이 잘 풀리리라고 확신하였고, 선주는 아무 의심 없이 배를 떠나보냈다. 그 배가 떠나갔을 때, 엄청난 생명의 손실이 있었고 그의 손실은 결국 보험회사가 책임져야 했다.

클리포드가 주장하려는 것은 그 배 주인이 믿음의 신실함을 잃어버린 사람들에 대하여 면죄부를 주려는 것이 아니라는 점이다. 왜냐하면 이전에 그가 가졌던 증거는 그가 그 배를 항해시키는 것이 적절한 것이었는지 먼저 판단하였어야 했기 때문이다. "그는 끈질긴 조사로 진지하게 노력함으로써 그의 믿음을 획득한 것이 아니라 그의 의심을 억누르면서 믿음을 가진 것이다. 비록 그 배가 튼튼하고 여행을 안전하게 할 수 있었다고 증명할 수 있을지라도, 그것이 배 주인이 항해에 적합할 수 있는가를 정당화시키는 것은 아니기 때문이다. 그는 여전히 승객들의 목숨이 자신의 믿음에 달려 있다고 생각함으로써 잘못 판단할 수 있다. 오히려 그 배가 항해에 적합하였는가에 대한 충분한 증거가 있어야 했을 것이다."12)

조지 H. W. 부쉬(George H. W. Bush, 아버지 부쉬)는 이라크 통치자가 쿠웨이트(Kuwait)를 점령하게 되자, 이라크 독재자, 사담 후세인(Saddam Hussein)과 싸울 국제적 군대를 일으켰는데, 그것은 중동지역의 석유 주산지를 점령하기 위하여 비롯된 것이었다. 쿠웨이트의 석유왕국을 정복한 그 침략자를 몰아내는 데 성공함으로써, 아버지 부쉬는 바그다드(Baghdad) 전투를 수행하지 않기로 작정하였다. 한 가지 확실한 이유는 부쉬와 그의 참모들이 그 지역에서의 혼란을 두려워했기 때문이다. 조지 W. 부쉬는 그 이라크 독재자가 아버지 부쉬가 쿠웨이트를 방문하였을 때 암살할 음모를 꾸몄었다고 주장하였다. 그리고 그가 여전히 항거하는 국가 지도자를 공격하려고 결심하였으며 그를 권력의 자리에서 제거하려고 하였다는 것이다. 그리고 사담 후세인이 대량 학살 무기들을 소지하였다고 주장하였다. 콜린 파월 (Colin Powell)은 부쉬 행정부의 국무장관이었는데, 만일 중동지역 국가들에 확산되어 전쟁의 소용돌이에 휘말려 들었다면 장기간에 걸친 지배와 재건 복구 사업이 큰 과제가 되었을 것이라고 조언하였다. 여전히, 그는 UN 회의에서 이라크에 대량학살 무기들이 있었다고 잘못된 주장을 하였다.

사담 후세인의 국가가 군사적으로 지배된 이후에 극적인 사건이 일어났다. 캘리포니아에서 항공수송기로 착륙한 부쉬 2세는 승전을 선포하였다. 그러나 이라크 수도와 그 국가를 지배하는 일은 그에게 더 큰 도전으로 다가 왔다. 자살 폭탄 테러 공격이 계속 확산되었고 도저히 감당할 수 없는 여러 가지 양상의 점령이 지속되었다. 스스로 그 전쟁(결국 성공하지 못하게 된)을 계속하였음에도 불구하고 조지 W. 부쉬는 그가 올바른 일을 하였다고 주장하면서 2004년 재선(再選) 캠페인을 주도하였다. 우드로우 윌슨 (Woodrow Wilson), 프랭클린 루즈벨트(Franklin Roosevelt), 그리고 린든 존슨 (Lyndon Johnson) 대통령들 경우에서와 마찬가지로, 장래에 일어날 사건들이 그의 남겨질 과업에 대한 평가를 중요하게 결정하게 될 것이다. 미국인들은 누가 옳고 글렀는지에 흥미를 느낄 뿐만 아니라 결국 누가 이길 것인지에 더 관심이 많았다.

그런 여건 하에서 전직 대통령들은 무엇을 하였을까? 예를 들면 링컨은 미합중국이 공식적으로 전쟁을 치르는 선제공격 침공에 반대하는 선언을 하였을 것이다. 확실히, 조지 W. 부쉬는 그 한 번의 장기전 가능성에 대하여 기회를 놓치지 않으려 했다. 빌 클린턴(Bill Clinton) 대통령도 이미 사우디

아라비아 부호였던 오사마 빈 라덴(Osama bin Laden)을 위협적 존재로 인식하고 그를 죽이기로 작정하여 전투기 공격을 지시하였다. 불행하게도, 그 테러리스트 리더의 생포나 사살이 클린턴이나 부쉬 행정부를 곤혹스럽게 하였다. 그의 경우에서와 마찬가지로 핵무기들이 입수되었다면, 그리고 패역한 정권들이 더 살인적이었더라면 더 큰 위협들이 세상에 드러날 것이기 때문이었다.

초기에, 제퍼슨(Jefferson)과 메디슨(Madison)은 건국시조들보다 그들의 리더십에 있어서 그리 성공적이지 못하였다. 루이지애나 매입(the Louisiana Purchase)을 주도한 그의 찬란한 업적에도 불구하고, 비록 그것이 그 자신 주(州)의 권리를 위반한 것이지만 그것은 미국의 영토를 확대한 것이 되었다. 그러나 그것이 제퍼슨의 두 번째 임기에 그를 특별히 불행하게 만든 사건이 되었다. 메디슨은 1812년에 영국인들과의 전쟁을 피하지 않았다. 반세기 후에, 링컨이 재선에 당선되었는데 아마도 그것은 아틀란타(Atlanta)가 독립군에 의해서 점령되었기 때문이었을 것이다. 만일 그렇지 않았더라면, 그는 아마도 매크레란 장군(General McClellan)에게 패배하였을 것이다.

우드로우 월슨은 다음과 같은 슬로건으로 재선에 당선되었다. "그는 전쟁에서 우리를 구하였다." 그리고 국가를 유럽과 적대관계로 몰고 갔는데 하나님의 이름으로 세계를 안전한 민주주의로 만들어 갈 것을 희망하였다. 결국, 그는 그 자신의 정치가들의 국제주의와 국제 연맹에 대하여 신임하지 못하였다. 린든 존슨은 베트남에 평화를 가져다주는 데 실패하였고, 조지 W. 부쉬는 인내하면서 국제적인 협조를 구하기보다 적군에 대하여 군사적 행동을 일으켰다. 프랭클린 루스벨트는 백악관에서 네 번의 임기에 도전하는데 성공하였다. 2차 대전 말기에 독일의 무조건적 항복(평화 협상이 아닌)에 대한 그의 목표는 현실화되었다. 여전히, 루스벨트가 조셉 스탈린(Joseph Stalin)을 너무 선뜻 믿었기 때문에, 동유럽은 (많은 유럽인들이 믿기로는) 수십 년간 공산당의 지배하에 남게 되었다는 것이다. 아이젠하워(Eisenhower)는 냉전 시대에 자제함을 보여 주었다. 레이건(Reagan)은 공산당

적에 대하여 더 공격적이었다.

부쉬II에게는 그 상황은 단순한 것이었으나 동시에 복잡한 것이기도 했다. 주 권력은 위험하게도 냉전 시대로부터 남겨진 원자 무기로 무장되었고, 이러한 무기들은 생산이 계속되었고 서로를 향하여 언제든지 사용할 준비가 돼 있었다. 중국, 인도, 파키스탄 모두가 그 원자탄 클럽에 가담된 상태였다. 한 가지 작은 실수가 큰 재앙을 불러일으킬 수 있다. 여전히 이 무기들은 순교자적 사명을 가진 자살 폭탄 테러자들에게는 별로 소용이 없었다. 테러리스트 그룹들은 다중으로 움직였다. 한 사람이 패배할 지라도 그것이 꼭 다른 사람을 좌절시키는 것은 아니었다. 만일 그 둘 중 어느 한사람이라도 원자 무기에 접근할 수 있다면, 대량인명 살상이 일어날 것이다. 아랍세계 전체를 통하여 사안들은 정치적이요, 군사적인 것이 아니라 심리적이고, 관념적이고, 신학적인 문제로 남아 있었다. 확실히, 승리는 무기로만 이루어질 수 있는 것은 아니었다.

온건파, 즉 제임스 베이커(James Baker), 스노우크로프트(Snowcroft), 콜린 파월(Colin Powell) 등과 같은 사람들에 의해서 지배되는 각료를 가졌던 아버지 부쉬와 달리—아들 부쉬의 각료는—럼스펠드(Rumsfeld), 체니(Cheney), 그리고 애쉬크로프트(Ashcroft)와 같은 강경파들이 이끌었다. 그의 도덕적 주장의 배경에는 부쉬 자신이 깨닫고 있는 국가를 위하고 세계를 위하여 무엇이 옳은 일인가에 대한 직관력과 종교적 신념이 내재해 있었다. 그는 하나님 뜻을 행하려고 마음먹고 있었다. 물론, 이성적 판단으로는 무엇이 2차적 원인이며 자연법으로 인식되어질 수 있는 것인지 정리할 생각이 없었다. 그 두 가지는 다 신성(神性)에 속하였다기보다는 인간적 판단에 속해 있는 것이다. 정치적 기준에서 볼 때, 그의 종교적 의식과 대통령의 세속적 책임(교회와 국가의 분리라는 헌법에서 요구된 바와 같이)사이의 구분은 철저히 사료(思料)되지 않았다. 국제적으로 판단해서, 그리고 상호 간의 신임관계 속에서 볼 때, 부쉬의 종교적 정당성의 의미는 폭 넓은 도전을 주었다. 국제 평화를 위한 카네기 기부단체의 조지 페르코비치(George Perkovich)는 "부쉬의 자유에 대한 강조는 그 반대 상대 국가의 정의(正義)를 소외시키고, 그러므로 중동지역과 그밖의 지역에 있어서 미국의 호소력을 약화시킨다는 것이다. 정의라고 하는 것은—국가 내에서, 그리고 국가 간, 그리고 세계 경제 차원에서—어느 국가라도 그 외교 정책에 있어서 일종의 리트머스 시험지와 같은 것이 될 것이다. 장기적 측면에서 볼 때, 정의와 자유가 진정 지배할 수 있는가를 결정지어야 할 것이다."

신학

시카고 대학의 교수인 부르스 링컨(Bruce Lincoln)은 조지 W. 부쉬의 역사에 대한 신학은 다음과 같은 다섯 가지 전제에 근거하여 있다고 분석하고 있다.

1. 하나님은 모든 인류를 위하여 자유를 희구하신다.
2. 이러한 바람은 역사 내에서 그 자체를 드러낸다.
3. 미국은 이러한 자유의 명분을 위해서 행동할 것을 역사(하나님에 의한 절대적 명령으로)로부터 부여받았다.
4. 미국이 용기와 결단력으로 그 책임을 감당하는 한 하나님의 목적은 이루어지게 되고 자유의 고취가 불가피하게 될 것이다.
5. 자유의 승리와 함께 하나님의 뜻이 이루어지고 그의 역사가 도래할 것이다.[13]

부르스 링컨의 결론은 한 가지가 아닌 여러 가지 관념적 체계가 아들 부쉬에 의해서 드러나게 되었다는 것이다. 그 한 가지 한 가지가 그 자체의 특정한 이유, 힘, 그리고 운동성을 지니고 있다고 보았다. 이러한 사실들은 중생한 자의 복음주의적 신학이고, 사랑의 덕목이라고 주장되는데 근거한 미국의 예외주의(exceptionalism) 신학이다. 칼빈주의의 소명의식이며, 마니교 식의 선과 악 이원론적 발상이다. 확실한 것은, 그들이 같은 것을 말하지 않는다는 것이다. 복수(複數)적인 신학 체계가 쌓여 있는 것이다.

링컨의 비판은 일관성과 응집력이 부족하다는 것이다. 구원의 역사—비인격적이고 불가피한 점진적 세계 완성—와 개인적인 신앙 사이에 명백하고 뚜렷한 긴장이 존재한다. 선택된 국가가 개입되고 그러한 과정 속에서, 집단적 행위를 통해서 창조주의 목표가 달성된다. 대조적으로, 복음적 신앙은 구원을 개인적인 것으로 이해한다. 그리고 결코, 불가피한 것이 아니다. 링컨은 결국, 부쉬의 접근 방법을 실용주의적이라고 주장한다. 정치가인 부쉬는 그가 이미 결정 내린 확정적 일과 결론들을 정당화시키기 위하여 신학을 이용한다는 주장이다. 링컨은 그가 역사, 자유, 그리고 자비에 대한 관념들을 광범위한 종교적 근거를 활성화시키는 수단으로 웅변한다고 이해하고 있다. 부쉬의 성실성은 인상적인 것이었고, 더 나아가 확신에 찬 것이었다. 그럼에도 불구하고, 실제로 그의 연설을 잘 분석해 보면, 신-보수파 경향이 실행돼야 할 부분으로 남아 있었다. 부쉬의 변증에 의하면, 그가 급진적으로 새롭고 어려운 문제들에 봉착하여 있었다는 사실이다. 근본주의자들의 폭력성이 종교적으로 영감을 주게 되었던 것이다. 제퍼슨 대통령이 북 아프리카로부터 바버리 해안(Barbary Coast) 해적들에 대하여 미국 함대를 파견한 이래로, 모슬렘들은 국경에 대한 이해가 부족하였다. 중동으로부터 전투 테러리스트들이 미국을 공격하였을 때, 조지 W. 부쉬는 극단적 회교도와 온건파 회교도를 명확히 구분하였다. 그가 그렇게 함으로써, 전 세계의 종교적 소통이 도마 위에 오르게 되었다. 팔레스타인에 집중된 사례가 중요한 이슈였다. 중동전쟁은 (그 배경에서) 이스라엘의 건국으로 결정되었는데, 트루먼 대통령이 그의 국무장관이었던 조지 마샬(George Marshall)의 만류에도 불구하고 인정한 신생국가였다. 이미, 영국의 통치 하에서 폭력이 증가되었다. 사실상, 유대교-회교-크리스천 사이의 갈등이 수 세기 동안 지속된 반유대주의에까지 거슬러 올라가게 되고 최근에 이르러서는 홀로코스트(나치의 유태인 대학살)까지 거슬러 올라간다. 그 근거는 사담(Saddam)이 중동지역의 오일을 컨트롤하려고 한 연유에서 비롯된다.

1) Colin Campbell and Bert A. Rockman, eds., *The George W. Bush Presidency: Appraisals and Prospects*, Washington, D.C.: CQ Press, 2004.

2) For a later opinion by Friedman cf., *Deseret News*, November 25, 2005.

3) Campbell and Rockman, op. cit.

4) Richard Neustadt, *Presidential Power, Modern Presidents and the Politics of Leadership from Roosevelt to Reagan*, New York: Free Press, 1990.

5) James MacGregor Burns, *Running Alone, Presidential Leadership, JFK to Bush II, Why It Has Failed and How We Can Fix It*, New York: Basic Books, 2006, p. 158 et seq.

6) Cf., Campbell, op. cit., pp. 12~13.

7) Burns, op. cit., p. 158 et seq. Cf., also, Petra Pinzzler and Gunther Wessel, *George W. Bush-Wende in Amerika*, Hamburg: Rohrwalt Taschenbuch, 2001. Neustadt, op. cit.

8) Cf., *Newsweek*, March 10, 2003.

9) Cf., John Kenneth White and John J. Zogby, "Likeable Partisan, George W. Bush and the Transformation of the American Presidency", in Steven E. Schier, *High Risk and Big Ambition, The Presidency of George W. Bush*, Pittsburgh: University of Pittsburgh Press, 2004, p. 83.

10) Nelson W Polsby and Aaron Wildavsky, *Presidential Elections, Strategies and Structures*, New York: Chatham House, 2000.

11) Bob Woodward, *State of Denial*, New York: Simon and Schuster, 2006.

12) Peter Singer, *The President of Good and Evil, Taking George W. Bush Seriously*, London: Granta, 2004, p. 1.

13) Bruce Lincoln, "The Theology of George W. Bush", *The Religion and Culture Web Forum, Martin Center*, The University of Chicago, October 2004.

버락 오바마 1기
Barack Obama I

누가 백악관을 차지하는가 보라:
버락 오바마(Barrack Obama)의 대통령 취임

이 부분의 주장은 간단명료하다. 버락 오바마 존재에서 종교적 헌신을 빼어버린다면 그는 완전히 다른 사람이 될 것이다. 그것이 없었다면 그는 백악관에 들어갔을 때처럼 호평을 받고 있는 도덕적 지도자로 남아 있지는 못하였을 것이다. 신학적 용어로 표현한다면—그에게 하나님은—"모든 것의 궁극적인 의미(Ultimate Concern)이다." 종교 철학자 폴 틸리히(Paul Tillich)가 존재의 근거(the Ground of Being)1)라고 말한 것과 같다. 물론 오바마는 무엇보다도 희망에 대한 신앙적 주관들로 점철된 도덕성을 지닌 행동주의자이다. 동시에, 종교적 물음에 대한 이 새 지도자의 반응은 단순히 감정적인 것이 아니라, 성찰에 의한 것이고 통찰력에 의한 것이었다. 본 장은 그의 신앙 형태를 비판적으로 체계화하려고 시도한다거나 그 발전

단계의 기복을 이야기하려고 하지 않는다. 크리스천으로서 말하건대, 그는 국가의 하나님에 대한 신앙을 일치시킬 것을 주장하고 있고, 보통 '시민종교(civil religion)'라고 알려진 것에 대한 기준을 따를 것을 주장하고 있다. 문제는 어떻게, 그리고 어떤 의미로 접근할 것인가에 있다.

무엇보다도 먼저, 이 새 대통령은 닉슨의 워터게이트 실수와 클린턴의 모니카게이트와 같은 실수를 피하여야 할 것이다. 그러나 이러한 부정적인 장벽이 결국 하나님이 세상에 대하여 주권을 가지고 인정한 지도자로서의 끝이 아니라는 것이다. 비록 이 새 대통령이 수도에서 그의 교회를 선택하는데 소극적이었으나—그의 교회 출석에 많은 인파가 몰릴 것이므로, 그리고 안전문제가 발생될 것이므로—그는 이미 기도와 대화를 나눌 수 있는 내적인 조직을 선택하여 놓았다. 그 조직에는 '서저너 운동(Sojourners movement)'을 벌인 짐 월리스(Jim Wallis), 댈러스에 위치한 '도기장이 집 교회(the Potter's House Church, 초대형 교회)'의 제익스(T.D. Jakes) 주교, 그리고 휴스턴에 소재한 윈저 빌리지 연합 감리교회(the Windsor Village United Methodist Church)의 컬비연 컬드웰(Kirbyjon Caldwell), 플로리다 로그우드(Logwood) 소재, 노스랜드(Northland) 초대형 교회 목사 조엘 헌터(Joel C. Hunter)등이 포함되어 있다.2) 오바마의 복음적 유산은 그 5인 중 3인이 아프리카계 미국인들이라는데 잘 나타나 있다.

취임식 공식 행사에 앞선 기도회에서 헌터박사(Dr. Hunter)는 다음과 같이 기도하였다. "버락 후세인 오바마는… 신앙심에 의거하여 당신의 가정과 국가가 당신에게 요구하는 성령의 열매의 인성(人性)을 다음과 같이 요구하는 바입니다. '사랑, 기쁨, 인내, 친절, 선함, 신실함, 온유함, 그리고 자기 절제'입니다(갈 5:22~23)… 대통령 당선자이신 당신의 리더십을 통하여 미국을 축복하시어 온 세계에 우리가 축복이 될 수 있도록 미국을 축복하옵소서. 아멘."3)

이 부분에서 우리는 그가 대통령으로 출마하기 전에, 신앙 경험이 어떠하였는가를 고려해 보고자 한다. 그것은 그가 (특별히 예레미야 라이트

(Jeremiah Wright) 논쟁에서 나타났던 것처럼) 백악관 입성을 향하여 경선하였을 때, 교회와 국가의 관계에 대한 그의 입장과 재정위기 기간 중 갱신하려고 하였던 희망과 낙관주의에 대한 것이다. 그가 대통령직에 출마하면서 그는 그의 청중들이 나타낸 그들 신앙적 이미지에 따라서 각기 다른 선거구마다 다른 모습을 보였다. 오바마는 그 누가 논할 수 있는 종교나 신학에 관한 체계적인 저서를 남기지 않았다. 동시에 그는 백악관의 그 어느 선임자들보다도 세계 종교에 대하여 풍부한 지식을 가지고 있었다. 현안을 다루어 가면서, 그는 '백악관 종교대책 위원회(the White House Agency for Religion)'란 명칭을 '신앙을 기반으로 한 이웃돕기 파트너쉽(the Office for Faith Based and Neighborhood Partnership)'으로 개칭하였다. 이것을 운영하기 위해서, 그는 그의 선거 캠페인에서 함께 일하였던 26세에 불과한 오순절 목사 죠수아 드보아(Joshua DuBois)를 임명하였다. 커비욘 컬드웰(Kirbyjon Caldwell)은 오바마를 다음과 같이 기억한다. "그가 '차 뒤에 붙인 예수 스티커를 붙인 것을 반가워한다면 경적을 울리십시오'라고 하지는 않았으나… 그는 순환도로를 벗어나 그 사람과 연락하기를 원할 것 입니다. 그리고 하나님과 교제하기를 원할 것입니다. 그는 자신의 내면적 지경을 넓히기 위하여 이러한 일들이 필요하다고 생각하는 것 같습니다."

미합중국의 제44대 대통령 취임식은 워싱턴 D.C.에 새로운 지도자를 선출한 지지자들에게 영광된 승리의 예식이었다. 그가 권좌에 오르게 된 것은 마틴 루터 킹의 꿈이 실현된 것이나 다름이 없었다. 비록 인종문제가 해결되어야 할 여지가 남아 있었지만 말이다. 이제, 아프리카계 미국인이 미국 역사 최초로 최고 수반의 자리를 차지하였다. 새로 당선된 새 지도자가 '남부 지도자 협의회(the Southern Leadership Council)' 출신이며 그 암살당한 마틴 루터 킹 목사의 동료 중 한 사람이었던 조셉 로레이(Joseph Lowrey) 흑인 감리교 목사를 그의 취임식 폐회 순서에 축도로 초빙하였다는 사실은 상징하는 바가 크다. 로레이 목사는 그의 전 세대가 하나님의 이름으로 잘 싸워서 이겼다는 말로 그의 회중들을 각성시키며 기도를 시작하였다.

"우리들의 험난한 세월 속에 계신 하나님, 남몰래 흐르는 눈물 속에 계신 하나님, 그 길에 함께 하신 하나님, 그리고 그의 권능으로 우리를 빛 가운데로 인도하시고 우리가 기도하는 길로 우리를 영원히 인도하시는 하나님… 우리가 탐욕의 씨앗을 뿌리는 동안에 욕심과 부패의 바람 속에서, 그리고 사회적 경제적 혼란의 소용돌이 속에서도 우리는 용서를 구하고 복잡한 인간관계 속에서 통합과 결속의 마음으로 옵니다. 미움이 아니라 사랑의 편에서 선택하게 도와주시고, 배제가 아닌 포용의 마음으로 선택할 수 있게 하여 주옵소서. 불관용이 아닌 관용을 허락하옵소서. 당신의 권능의 손과 사랑의 마음으로 주여, 나라가 나라를 향하여 칼을 빼지 않도록, 탱크가 트랙터를 밀어붙이지 않도록… 흑인들이 뒤에 쳐 박히도록 강요당하지 않고, 갈색 인종이 배회하지 않으며, 황색 인종이 풍요를 누릴 수 있도록 일하게 도와 주옵소서. 아멘."4)

그 기도는 그 신임 대통령의 희망과 신앙을 충실하게 요약하였다. 로레이(Lowrey) 목사는 만일 마티 루터 킹 2세 목사가 살아 있었다면 국가를 향하여 설교하였을 내용을 표출하고 있었다.

한 유태인의 주장

랍비인 마이클 러너(Michael Lerner)는 『티쿤』*Tikkun*지(紙)의 편집자였는데 취임식 날 워싱턴에 있었다. 그는 국가의 새 지도자가 맹세하는 것을 축하하기 위하여 특별히 워싱턴 D.C.에 왔다. 그 성직자는 그의 심경을 다음과 같이 피력하였다. "버락 오바마가 취임 선서를 함에 따라, 온 국가가 체험하는 기쁨과 엄청난 안식을 나의 부모가 살아서 함께하셨으면 하고 바란다." 러너는 이제 모든 일들이 잘될 것이라고 그 부모님에게 말하고 싶었다. 지난 40년간의 제국주의 전쟁, 시민 자유의 기반 약화, 개인 우선주의, 그리고 물질주의와 같이 불량하였던 상태는 결코 이제 없을 것이다.5)

러너는 오바마의 취임 연설에서 평가되어야 할 많은 것이 있다고 성찰하였다. 8년에 걸친 조직적인 시민의 인권에 대한 기반 약화는 종식될 것이다. 정부는 갱신된 투명성을 가지게 될 것이다. 자유주의 랍비에게 중요한 사실은 그 신임 행정 수반이 미합중국은 크리스천과 모슬렘, 유대교인과 힌두교인, 그리고 불신자들이 공존하는 국가임을 승인하였다는 것이다. 결국, 공공의 이익에 대한 긍정이 있었고 결과로 일을 판단하는 데 대한 재확인이 있었다.

"버락 오바마가 대통령으로서 어떤 사람으로 나타날 것인지 모른다."고 러너는 기술하였다. "새 대통령이 구세주는 아니다." 그 랍비는 그를 마틴 루터 킹 2세나 간디와 같은 비전이나 용기를 가진 지도자로 여기지 않았다. 오히려 러너는 그 새 국가의 수반을 정치가로서, 그리고 국민들이 그에게서 좋은 점을 발견하여 그것을 정당한 방법으로 지원할 수 있다면 좋은 일, 훨씬 더 좋은 일들을 할 수 있는 좋은 사람으로 이해한다. 그 랍비는 다음과 같이 끝을 맺는다. "이 취임 순간의 기쁨과 희망이 오늘날까지 나에게 남아 있다."

그의 저서에서, 랍비인 마이클 러너(Michael Learner)는—그는 남편 클린턴이 대통령 당시에 힐러리 클린턴(Hillary Clinton) 자문 역할을 하였고 또한 공공연히 칭찬받은 바 있는 사람이었는데—아주 중요한 결론을 내린다. 그는 그가 "하나님의 왼손과 오른손(the Left Hand and the Right Hand of God)"이라고 부르는 것을 다음과 같이 대조하고 있다. "그것은 다른 사람들을 지배하는 세상이아니라, 사랑에 기초한 세상에 대한 열망이다. 왜냐하면 다른 사람들과 자연에 대하여 순전히 공리주의적인 태도를 가지고 있는 것보다 경외심과 놀라움을 가지고 반응하는 사람들이 있기 때문이다. 그리고 그 세상은 내가 하나님의 왼손이라고 부르는 종교적이고 영적인 것의 핵심이 된다. 이 전통에 속하는 자들은 하나님을 고통과 잔혹함에 기초한 세상으로부터 사랑과 관용의 세상으로 바꾸는 우주의 하나님으로 알고 있다… 그 힘은 무폭력, 평화, 그리고 사회정의가 가능한 세상으로 만드는 힘이다."[6]

랍비인 러너(Learner)의 분석에 따르면, 하나님의 왼손은 막강하게 원수 갚는 자로서의 하나님에 대한 이해와 뚜렷하게 대조를 이루는 자리에 서 있다. 하나님의 오른손은 "전능하신 권능으로 사악함을 물리치는 힘이고, 그 힘은 원수들을 박멸하고 반대자들을 진압하는 힘이다." 이러한 이상은 때때로 종말론적 용어로 표현되었는데, 어떻게 살아야 하는가에 대하여 엄격한 명령을 부여함으로써, 전쟁을 한 번 더 치름으로써 악한 세력을 싹쓸어버려야 한다는 잘못된 사상을 전달해 준다. 시민들은 위에서부터 내리는 말씀에 의해서 선한 것으로 인도돼야 한다. 윤리나 종교는 위로부터 내려져야 한다.

랍비인 러너는 다음과 같이 성찰한다. "종교적 승리주의는, 즉 '우리 하나님은 역사의 종말에 진정한 하나님으로서 등장할 것이며 그리고 나머지 당신 모두들은 마땅한 징벌을 받게 될 것이다'라는 생각으로서, 우파 기독교인들에게만 한정되어 있는 말이 아니다. 이것은 유대교, 이슬람교, 그리고 다른 많은 종교에도 해당되는 말이다… 센 사람, 남성적, 공격적 종교, 그리고 안정된 길이라는 명목으로서 지배라는 대안을 구축하는 임무이고 그것은 단지 이러한 이유 때문에 도전적인 것이 될 것이다. 하나님의 왼손을 껴안는 것은 우리를 둘러싸고 있는 냉소적 현실주의에 대한 공포를 극복하도록 하여줄 것이며 우리 내면에 가득 차 있는 두려움을 극복하도록 도와 줄 것이다… [우리들은] 율법에 새겨진 자비로운 가르침과 사랑에 근거한 사회를 건설하여야 하며, 선지자들, 예수, 모하메드, 부처, 그리고 다른 종교 전통에서 가르치는 사랑의 법도 배워야 한다."7) 영속적인 위험성은 오만함이다!

그 랍비선생의 오른손에 대한 묘사는 더욱 더 세속적인 분석으로 적용될 수 있다. 테드 소렌슨(Ted Sorenson)은 존 케네디(John F. Kennedy)가 비밀도 털어놓는 절친한 친구였는데 그 하나님의 '오른손' 힘에 대한 협박성에 대하여 다음과 같이 성찰하였다. "이것은 전례 없는 혼란이다. 많은 자들이 예견하건대, 아무도 앞으로 당선될 대통령들은 수십 년간 그러한 문제 덩어리를 물려받지 않을 것이다. 왜냐하면 그렇게 하는 자는 자신감을 가져야만 할 뿐 아니라, 분명 거창한 고집을 부려야만 할 것이기 때문이다. 그는 거의 광신자 수준이 되어야만 한다. 대망을 품은 정치가는 그에 대항하여 대통령직에 출마하려는 모든 사람들을 잘 들여다보아야 할 뿐 아니라, 그 자신이 또한 그들만큼 좋은 사람이란 것을 믿어야 할 것이다. 그는 그들만큼 그가 선량하다고 생각해야 할 뿐 아니라 그의 사상이 더 낫다는 것을 인지할 필요가 있다. 그리고 그는 그 누구도 고칠 수 없는 것을 고칠 수 있다고 생각해야 한다."8) 사실상, 시간의 도전은 단순히 세속적인 것만은 아니었다. 경제적이고 정치적인 것이었다. 세계관과 윤리가 그 새로 위임된 백악관 대통령이 무엇을 할 것인가에 대한 결정들과 함께 도마 위에 올랐다.

더욱 더 긍정적인 (왼손에 대한) 다른 견해들이 있다. "대통령 당선자인 오바마는 자기 자신의 권력을 가지고 있다… 나는 그 개인의 성품의 중요성을 과장하지 않겠다. 그러나 오바마는 내 인생에 그 어느 누구와도 비견할 수 없는 세계적인 상징이 되었다. 이것은 역사에 있어서 아주 희귀한 사건이다." 대통령 당선자가 내각을 구성하고 있을 때 『뉴스위크』지(紙) 주필이었던 퍼리드 자카리아(Fareed Zakaria)는 그렇게 회고하였다.9) "이 대통령에게 이러한 시기에 세계를 재구성할 수 있는 미국의 권력을 사용할 기회가 주어진 것이다. 이것이 그의 기회이며 그는 이것을 붙잡아야 한다."10) 이 새 지도자가 국회에서, 비상 회복 정책 과정을 위하여 선전(善戰)하였을 때 그가 캠페인에서 벌였던 프로그램에 대하여 투쟁하였던 일은 "식은 죽 먹기"처럼 쉬운 일이 아니었다. 오래된 클린턴 대(對) 깅그리치(Gingrich) 전투 대열은 국회의원들이 거의 전적으로 당을 따라서 싸운 것처럼 나타났다.11)

이 장의 주장은 다음과 같다. 이 새 대통령은 종교와 정치의 관계에 있어서와 마찬가지로 교회와 국가의 관계에 대하여 주의 깊게 통찰하는 생각을 가지고 있다는 것이다. 이러한 점은 그가 백악관 집무실에서 그의 사상을 주입할 수 있는 성직자를 선택한 데서 극명하게 드러난다. 그의 모친처럼, 이 44대 대통령은 다양한 종교 전통으로부터 기꺼이 배우려고 한다. 그러나 그녀와 달리, 그는 한 가지 종교에 정착하였다. 그가 안주한 이 성경적 유일신론(唯一神論)은 급진적이고 혁명적인 모습으로 나타났고 유태인 공동체 속에서 그 신앙이 받아들여질 당시부터 그래왔으며 다신론(多神論)은 부인되었다. "내 앞에 다른 신을 둘지 말지니라." 십계명은 하나님이 모세에게 명하신 것이다. 전지전능한 하나님은 오직 한 분이시며, 그는 역사의 주관자가 되시며 모든 인간의 행위를 판단하시는 분이다. 성경적 유일신론은 지상에서의 인간 생활의 역사를 주장하시며, 특별한 상황 안에서 악함과 영원한 운명을 주관하신다. 진리란 이성(理性)의 바탕 위에서 확인되는 것이 아니라 성경 기록의 계시 속에서 확인되는 것이다.

비신화화하는 백악관: 권력의 시험

미합중국의 변화를 주장하는 지도자들은 달변으로만이 아닌 행위에 있어서 과연 어떠한 일들을 하였는가? 과거에 지나간 대통령들의 취임식에서 하나님의 이름은 매번 들먹거려져 왔다. 또한 왕과 여왕들의 대관식에서도 수 백 년 동안 그 이름은 사용되었다! 그렇다면 새로운 오바마 행정부에서 국가의 권력은 아무런 자만심과 허영심이 없이 행사될 수 있을 것인가? 미합중국과 같은 민주 공화국과 왕정국가, 또한 독재국가 사이에 존재하는 차이점과 유사성은 무엇이었는가? 그에 대한 대답은 처음 드러날 수 있는 것 같이 그렇게 간단한 것이 아닐 것이다!

오바마는 출발할 때부터 미국의 대통령직은 막중한 종교적 상징성을 유지해 왔음을 깨닫고 있었다. 이러한 사실은 현재까지 지속된다.[12]

만일 이 44대 대통령이 그에게 직면한 한 풀 꺾이는 도전에 계속 처해진다면 그의 지지자들은 연속적으로 긍정적인 상징들과 이야기 거리들을 그의 성품에 부여해 줄 것이다.

우리들은 어떻게 거대한 장애물과 위험에 처한 오바마의 기회를 평가하여야 할 것인가?[13] 그의 취임식의 장엄함 속에 깃들어 있는 주장들은 근엄한 것으로 변모되었다. 그의 청중들은 더 이상 "네, 우리는 할 수 있습니다!"라고 대중 속에서 부르짖지 않았다. 엄청난 어려움이 놓여 있을 것이라

고 그는 말하였다. 그러나 결국 경제는 바로 설 것이고 국제 관계는 개선되어질 것이다.[14]

오바마는 종교 다원주의의 실재를 인식하였다. "미국 인구의 다양성이 증가함에 따라, 분파주의의 위험성은 더 이상 커지지 않았다. 우리가 무엇이었던지 간에, 우리는 더 이상 기독교 국가가 아닌 것이다. 우리는 유대교 국가이기도 하고, 회교 국가이기도 하며, 불교 국가이기도 하고, 힌두교 국가이기도 하며, 무신론자들의 국가이기도 한 것이다."[15] 그러나 그는 또한 백악관의 국가 전통 안에 존재하는 시민종교(제도종교와 구별되는)도 논박하였다. "링컨의 두 번째 취임 연설에서 '하나님의 심판', '왕들', '나는 꿈을 꾸고 있습니다.' 또는 '하나님의 모든 자녀'와 같은 표현들이 없었다면 어떠하였을지 상상해 보십시오. 그들이 더 높은 진리를 계속 부르짖은 것은 불가능하게 보였던 일에 도전하게 하고 국가가 공동 운명에 대처할 수 있도록 하기 위함이었습니다."

신앙의 핵심을 보여 준 오바마의 취임식

오바마의 취임식을 이끈 성직자들을 선택한 것은 그의 신앙을 나타내게 된 동기가 되었고 참관인들로 하여금 그의 입장과 프로그램을 더욱 더 확실하게 알려 주는 계기가 되었다. "릭 워렌(Rick Warren)과 T.D. 제익스(T.D. Jakes) 같은 나의 친구 목사님들은 AIDS를 대처하고, 제3세계의 빚을 탕감하고, 다퍼(Darfur)의 대량학살을 대처하는 데 막대한 영향력을 행사하고 있습니다. 우리들의 좋은 친구들인 짐 월리스(Jim Wallis)와 토니 캄폴로(Tony Campolo) 같은 종교 사상가와 행동주의자들은 궁핍한 자들이 정착하는 방법을 돕기 위해서 성경적인 명령을 권면하고 있습니다. 사회복지 프로그램과 불평등 성장을 막기 위한 크리스천들인 것입니다… 미국 전역을 통해서, 저 자신의 교회나 당신들의 교회와 같은 개(個)교회들은 데이케어(Day care) 프로그램을 후원하고, 노인 복지시설을 짓는 일을 후원하며, 전과자들이 자신의 삶을 재건하는 것을 도와주며, 카트리나 허리케인(Hurricane

Katrina) 여파에 고통받고 있는 걸프 해안지역(Gulf Coast)의 재건을 후원하고 있습니다."16)

이 모든 영적 지도자들은 윤리적인 지혜와 종교적 성숙함의 기준을 구현하는 것으로 나타났다—바로 하나님의 왼손이다—새로운 성직자 세대에서 말이다. 더욱이, 그들은 오바마의 삶 속에 현존해 있는 영성을 불어 넣어 주었다. 이 44대 대통령의 삶 속에서 진짜 중요한 한 가치는 그가 공직 생활 속에서 긍정적인 종교의 역할에 대한 이해가 자명하였다고 하는 사실에 있다. 그것은 무엇보다도 그가 흑인 공동체 속에서 지낸 경험에서 얻어 낸 것이다. 분명히 그는 교회와 국가의 분리 원칙을 확인하였다. 신앙이란 (결국, 그렇게 될 수도 없지만) 상부(上部)에 있는 정부로부터 부여되는 것이 아니란 점이다. 2009년 1월 20일 그의 취임식을 위해서, 식 서두(序頭), 기도를 위해 그 새 대통령은 캘리포니아에 소재한 새들백(Saddleback) 남침례교 목사인 릭 워렌(Rick Warren) 목사를 선택하였다. 워렌은 오바마 대통령 후보를 결코 공개적으로 지지한 적이 없다. 그럼에도 불구하고 이 새 대통령은 그를 국가를 대표해 온 성직자이며, 새로운 세대 지도자로 높이게 되었다. 그 공헌은 세 가지 지시문으로 분류할 수 있다. 개인 생활의 소양과 권한 부여, 공동체 연결 구축과 세계적인 사회 행동주의, 그리고 궁극적인 숙명에 대한 이해, 종교 언어에서는 종종 그것을 '종말론'이라고 부른다. 그는 그 신임 대통령과 공동의 관심사를 가지고 있고 그의 선거 캠페인에 기초한 소통 혁명의 원천을 채용하고 있다.

릭 워렌은 『타임』지(紙)가 그의 목표가 세계를 변화시키는 지도자라고 소개하고 있다. 그 잡지는 또한 그를 유쾌하고 매우 적극적인 설교가로, 끊임없는 호기심으로 가득 차 있고, 그리고 복음주의자 공동체 속에서 가장 새로운 변화의 물결을 타는 사람으로 묘사하였다. 그 잡지의 기자는 워렌이 크리스천 사이에 더 늙은 세대들의 긴장을 완화시키는 사람으로 평가하였는데 그 점에서 옳았다. 그런 점은 믿는 자들로 하여금 국내의 정치력을 세계적인 영향과 도움을 주는 자리로 옮길 수 있도록 인도해 주었다. 그의 주요 저서 『목적이 이끄는 삶』 *The Purpose-Driven Life*은 오바마의 저서들에 필적할 만한 판매고를 이룩하였으며, 교회 회중들을 부흥시키는 데 있어서 수천 명의 목사들을 이끌었다. 가장 뛰어난 일은 심지어 경제 위기의 시간 속에서도, 그는 AIDS 질병과 국제적인 빈곤의 문제의 투쟁에 맞서 크리스천들로 하여금 거대하고 새로운 사회 행동 기획을 갖도록 앞장서 나갔다.[17)

워렌은 다음과 같이 기도하였다. "전능하신 나의 아버지 하나님… 오늘날, 우리는 제44대 대통령의 평화로운 미국 권력의 이양을 기뻐할 뿐 아니라, 미합중국의 최초의 아프리카계 미국인 대통령 취임으로 인하여 미국 역사에 기록할만 한 사건을 축하하는 바입니다. 우리는 이 땅에서 살게 되어 너무 감사합니다. 불공평한 가능성의 나라에서, 한 아프리카 이민자의 아들로서 우리 지도자의 정점에 서게 되었다는… 우리의 새 대통령 버락 오바마에게 겸손함으로 우리를 이끄는 지혜를 주시고, 성실함으로 이끌 수 있는 용기를 주시고, 관대함으로 이끌 수 있는 자비심을 주시옵소서… 우리가 당연히 그들에게 베풀어야 할 존경심으로 우리 동료 이웃들에게, 그리고 세계에 흩어져 있는 모든 사람들에게 대접하지 못할 때 우리를 용서하소서. 그리고 우리들 앞에 놓여 있는 어려운 나날들을 직면할 때… 우리가 함께하고, 섬기고, 모든 이들의 공동의 이익을 찾을 수 있도록 도와주시옵소서. 오늘날 선한 의지를 가진 모든 사람들이 더 정의롭게, 더 건강하게, 그리고 더욱 더 번성하는 나라가 되게 하시고 평화로운 세상이 되게 하소서."[18)

워렌의 취임식 개회 기도에 이어서 대통령직을 이어받은 그 첫 번째 흑인 미국 대통령은 약 1세기 반 전에 아브라함 링컨이 사용하였던 같은 성경책 위에 손을 얹었다. 그리고 성스러운 서약을 하였다. 그 서약을 주관하였던 대법관은 미리 써 놓은 말을 잘 읽지 못하였으나 오바마는 명확하게 낭송하였다.

그날 일찍이, 국회의사당에서 취임식 서약이 있기 전에, 오바마의 요청으로 파터스 휠(Potter's Wheel)—텍사스 댈러스에 소재한 초대형 흑인 순복음 교회—의 목사 제이크스(Bishop B.T. Jakes)가 성 제임스 성공회 교회(St.

James Episcopal Church)에서 사적으로 기도회 모임을 이끌었는데, 그 교회는 백악관 건너편에 위치한 전통적인 '대통령 교회'였다. 제이크스의 설교는 다니엘서에 집중되어 있었다. 그는 그 새 대통령을 위해서 축복을 빌었는데, 그것은 그가 다니엘서에 기록된 것과 같은 뜨거운 풀무 불에 들어갔다고 생각했기 때문이다. 그 풀무 불은 바벨론 왕이 자기에게 대적하였던 히브리 포로들에게 보통보다 7배나 더 뜨겁게 한 것이었다. 워렌과 같이, 제이크스도 오바마가 백악관을 향한 캠페인을 할 때 공개적으로 지지하지 않았다. 그는 조지 W. 부쉬와 클린턴이 백악관에 있을 때 개인적인 친구 사이였다.

오바마는 통합이라는 주제를 강조하기로 마음먹었다. 그의 취임식에 연이어, 유태인들, 회교도들, 그리고 힌두교도들이 연합한 가운데 워싱턴 D.C.에 소재한 국립 성당(the National Cathedral)에서 특별 예배가 개최되었다. 그 신임 대통령은 제자교회(the Disciples of Christ churches) 총수인 쉐론 왓슨(Sharon Watson) 목사를 설교자로 추대하였는데 그녀는 종교통합 위원회의 주창자였다.

우리는 의구심을 가질 수 있다. 왜 그 신임 대통령의 재임기간이 기도와 시민 종교 의식으로 짜 맞추어져야 하는가?라고. 철학적 (단순히 역사적이지 않은) 설명이 주어져야 한다. 불란서 실존주의자 가브리엘 마르셀(Gabriel Marcel)은 종교적 견해를 "하나님과 세계는 해결돼야 할 문제가 아니라 함께 공존해야 할 신비"라고 정의를 내린 바 있다. 여기서 '신비'란 의미가 없음을 뜻하는 것이 아니라, 단순히 논쟁과 개념만으로는 다 포용할 수 없을 만큼 너무나 충만하고 경이로운 실재를 말한다.19) 결국, 인간 삶의 궁극적인 의미에 대한 문제는 단순한 편파적 문제가 아니라 실존적인 이슈가 된다는 것이다. 하나님의 어리석음이 인간의 지혜보다 훨씬 더 위대하다고 바울은 천명한 바 있다. 인간의 해답은 불완전하게 남아 있고 종종 상징과 담론 속에만 존재하게 된다.

독일인 난민 출신 신학자, 폴 틸리히(Paul Tillich)는 하나님은 그저 다른 존재 가운데 존재하는 또 하나의 존재가 아니라, 존재 그 자체(Being Itself)라고 주장하였다. 이것은 아마도 제퍼슨 대통령의 정교(政敎)분리 정책 하에서 대다수의 미국인들 종교 생활 속에 심어진 무신론에 대한 적절한 분별의식의 설명이라고 볼 수 있다.[20] 이와는 대조적으로, 불교는 궁극적인 공(空) 사상에 집중되어 있고, 모든 구분 자체를 초월한다. (불교도 '교회'를 가지고 있으나 궁극적으로 인간의 종교성은 없다.) 거기에도 선지자들, 개혁가들, 성인(聖人)들, 그리고 순교자들이 다양한 전통 가운데 존재하여 왔지만, 그들의 희망과 신앙과 선함은 주로 그들 시대에 도덕생활에 집중돼 왔다. 미국에서는, 링컨이 그 자신보다 훨씬 더 위대한 권능에 사로잡혀 있었다고 믿고 있었고 그의 군사적 승리는 하나님의 섭리라고 믿고 있었다. 신임 대통령 취임식에서 '하나님이여 미국을 축복하소서'라고 하는 기도는 위기의 시기에는 허무한 것이 되어 버렸다. 백악관 내에서 지도자들이 바뀔 때, 어떻게 신비와 지식간의 관계가 해석되어져야 하는가가 중요한 이슈이다.

적용: 새로운 실용 정치학

물론, 논란이 되는 점은 비단 종교적 상징성에만 있지 않았다. 대신에, 틸리히(Tillich)가 미국의 역사 속에서 "궁극적 관심"이라고 부르는 신앙과 연합된 윤리가 문제되는 것이다. 브라이언 어콰르트(Brian Urquhart)는 UN 사무총장의 국장을 지낸 바 있는데 오바마 새 정부의 초기를 다음과 같이 회상하였다. "사상적 무지(無知)의 안개, 반지성주의, 그리고 8년 동안이나 지속된 정실인사는 미합중국 정부의 행정 분과를 어둡게 해왔다. 마땅히 형성돼야 하고 유지되어야 할, 세계에서의 미국의 역할과 정책은 잘못된 결정들에 의해서 그리고 역사와 당대 일어나는 사건들에 대한 자의적이고 잘못된 해석에 의해서 왜곡돼 왔다. 그 안개는 이제 걷혔고 미합중국의 거대한 지성과 경영적 원천이 다시 한 번 일어나게 되었다."[21]

잘못된 결정들과 해석들의 안개가 과연 얼마만큼 흩어져 있는가를 재확인하기 바라면서, 미국인들은 그의 업적과 특성을 평가하기를 원하며, 그 신임 대통령이 무엇하고 있는가를 알고 싶어 했다. 첫 재임 30일을 취재하면서, 전임 대통령들에 대하여 기록하였던 것과 마찬가지로, 워싱턴 기자 엘리자베스 드루(Elizabeth Drew)는 다음과 같이 지적하였다—빌 클린턴과 달리—오바마는 백악관에서 끊임없는 회의들로 그 업무를 시작하지 않았다. 그는 그런 방식으로 어수선하게 허락된 나날들을 보내려 하지 않았다.[22] 그는 지미 카터(Jimmy Carter)에서 나타난 것과 같이 사소한 일들에 신경을 쓰는 사람도 아니었다. 그의 수석 보좌관 램 임마누엘(Rahm Emmanuel), 수석 보좌관 대리, 짐 메시나(Jim Messina), 그리고 그의 전(前) 선거 캠페인 매니저 데이비드 악셀로드(David Axelrod)는 그의 행정, 그날그날의 세부사항을 관리하는 책임을 지고 있는 사람들이다. 드루의 한 보좌관은 다음과 같이 말한다. "어떤 날에는 특이하게 침울하고 힘겨운 날도 있었다. 나는 그러한 날들을 선거 캠페인 때 종종 보아 왔다. 그러나 늘 경쾌한 날들과 가벼운 농담을 주고받는 적이 많았다. 그는 재미있는 사람이기도 하였다. 이제 그는 아주 심각한 쪽으로 집중하고 있고 결단하고 있다. 그것은 좀 슬픈 일이다." 드루는 다음과 같이 확신한다. 처음부터, 그 새 대통령이 의도하는 바는 조지 W. 부쉬가 더 이상 백악관에 존재하지 않는 나라임을 부각시키는 일이라는 것이다.

취임식의 극적인 사건이 날마다 냉철한 책임으로 바뀌게 되자, 오바마의 생애는 새로운 국면을 맞이하게 되었다. 집무실의 포부는 권력과 법의 실현으로 대체되었다. 불행하게도, 운명은 그에게 녹녹하지 않았다. 그리고 그가 선거 캠페인에서 예견한 것과 다른 행태로 사건들이 진척되어 갔다. 세계 경제가 붕괴 되었고, 미국에서뿐만이 아니라 경제침체가 세계적으로 거의 공황상태로 진행되었다. 확실히, 오바마의 근본적인 가치관은 남아 있었으며, 그는 그가 마음먹었던 결단들을 보여 주었다. 그는 전국적 건강관리 프로그램에 대한 법률 제정을 약속한 바 있다. 이제 그는 어떻게 그 일이 시행되어야 하는가에 대한 논의를 시작하였고, 클린턴 행정부의 실수를 반복하지 않으려고 애썼다. 그가 지구 온난화를 콘트롤하려는 (이것은 부쉬의 정책과 반대되는 것인데) 것에 대하여 국제적 노력을 지원한다는 사실이 종교 지도자들로부터 긍정적인 평가를 받았다. 정한 기간 내에 에너지 원천을 바꾸려고 하는 노력은 자동차 산업에 지장을 줄 것이고(이미 위기가 닥쳐왔지만), 새로운 정책들이 과학연구와 교육에 거액의 보조금을 지불하게 될 것이고 이민 문제에 걸림돌이 될 것이다. 이 새 대통령은 유년 시절 모슬렘이 다수로 지배적이었던 지역에서 성장했으나 이라크, 파키스탄, 그리고 아프가니스탄의 회교 근본주의자들을 처리하여야 할 필요성에 직면하게 된 것이다.

진행되어 갔던 일들이 대체로, 레이건노믹스(Reaganomics)로부터 오바마노믹스(Obamanomics)로 전환되어졌다고 요약될 수 있다. 로널드 레이건(Ronald Reagan)은 "정부가 문제다"라는 주장으로 국가적 쇄신을 강구하였는데 왜냐하면 정부가 개인적인 자유와 주도권을 제한한다는 것이다. 그는 제리 펄웰(Jerry Falwell)이 이끄는 도덕 다수당으로부터 종교적 지지를 바라고 있었다. 오바마는 더욱 더 공동체 윤리적인 차원에서, 정치적이고 종교적인 근거에 입각하여 이러한 견해의 급진적인 개인주의를 거부하였다. 실질적으로, 신임 대통령으로서, 그는 현실에 직면하여 문제를 해결함에 있어서 거의 선택할 수 있는 것이 없었다.

분명한 사실은 서브프라임 근저당 설정의 붕괴사태의 근저에 경제 문제만 있었던 것이 아니라 도덕성의 문제가 있었다는 사실이다. 종교적 관점에서 이것은 '죄악'이라고 말할 수 있을 것이다. 재정적 위기는 연방 정책이 비효율적이고 무능했기 때문에 속수무책으로 일어나게 되었다. 새 정부가 확신감을 복구하는 것은 절대로 쉬운 일이 아니었다. 아무도 그 누구를 믿는 것 같지 않았다. 프랭클린 루스벨트(Franklin Roosevelt)가 그의 임기 초기에 명언을 남겼듯이, "우리는 두려움 그 자체를 두려워할 뿐 두려워해야 할 그 아무 것도 없다"는 사실이 명백해졌다. 자금의 흐름이 재정 시스템을 통하여 다시 흐르기 시작하기 전에 확신이 먼저 회복되어야 했을 것이다. 2차 부쉬 행정부는 집무 기간 중 대부분, 이 문제에 대하여 부정적이었다.

오바마는 이 빗발치는 요구들을 대신 처리해야만 할 것이다.

오바마의 특성

오바마의 행동 과정을 평가함에 있어서, 2009년 1월 20일에 이르러서야 그가 비로소 제44대 대통령으로 백악관 업무를 개시하였다는 사실을 명심하는 일이 중요하다. 비록 그의 윤리적인 확신과 희망을 주는 이야기들이 그의 서적과 선거 캠페인에서 기록에 남아 있으나, 그의 경제 외교 정책은 여전히 전개되어 가고 있는 와중에 있었다. 오바마가 하는 매일 외교 정책 브리핑은 국내에서 그 회복의 가능성이 거의 없었다는 사실을 알려 주었고, 외국에서의 위기는 통제가 불가능할 정도로 치솟고 있었다. 그가 국제 관계에서 억눌리는 문제들에 직면할 때마다, 수 세기 동안 묵었던 종교적 갈등들이 그의 노력에도 불구하고 지속적인 문제들로 나타났다.

버락 오바마의 인성(人性)에 대한 문제는 그가 대통령에 출마했을 때부터 이미 널리 탐색되었고 또한 국가 언론에서 논쟁되어 왔다. 2008년 8월 후반, 민주당 전당대회(the Democratic National Convention) 개회식 바로 전에, 데이비드 드렐(David von Drehle)은 버락 오바마의 다섯 가지 특징을 다음과 같이 말하였다. "흑인이며, 치유자이고, 급진적이며, 초보자이지만, 그러나 그는 우리들의 미래다." 그는 "미국 심령의 창"이라고 불리어졌다고 한 기자가 설파하였다. 오바마의 부분 부분들이 해석의 여지를 남겨둔 채 공개되었다. 왜냐하면 그 어떤 익숙한 대통령도 여러 가지 해석의 바탕을 남기고 있기 때문이다. 드렐은 다음과 같이 결론지었다. 오바마의 네 가지 얼굴이 그의 승리에 위협을 가하였다는 것이다… 그의 인종, 그의 평화신학, 그의 자유분방함, 그리고 그의 참신함이다. 동시에, 그 기자는 그가 "다섯 번째 얼굴"이라고 불렀던 것은 긍정적인 약속을 표출한다고 언급하였다. "오바마가 내건 슬로건은 '우리는 변화를 확신합니다'이었다. 그리고 이 슬로건은 그 앞에 놓여 있는 업무의 중심을 관통하였다. 그 핵심 용어는 변화가 아니다… 미국 국민들은 이 새로운 치유자, 이 카리스마 넘치는 신비

덩어리, 이 수수께기 같은 인물이 그 변화를 설명할 사람이란 것을 믿고 있단 말인가?"23) 본 드렐은 다음과 같이 묻고 있다. 오바마는 대통령으로서 어떤 얼굴을 드러낼 것인가?

『대담무쌍한 희망』 *The Audacity of Hope*에 나타난 이상주의와 더불어 새 대통령의 전략에 수반되는 실용주의가 드러났다. "사악함, 쓰레기 같은 소리와 속을 알 수 없는 자!"라는 혹평이 그가 대통령직에 경선하고 있는 동안에 심각한 주제와 함께 패러디한 작품으로 『타임』지(紙)에 실렸다. 알려진 대로, 오바마와 공화당 주자인 존 메케인(John MaCain)이 경합을 벌이게 되었다. 동지들을 얻기 위해서, 그리고 정치적 영향력을 얻기 위해서, 오바마는 예를 들어, 일리노이 주 입법부에 있는 동안에, 뒤 쪽에서 주의 깊고 용의주도한 게임을 하고 있었다. 지분은 별로 높지 않았다. 매케인은 때때로 더욱 세상이 떠들썩하게 그리고 극적으로 공공연하게 드러난 게임에서 크게 이기는 듯하였다. 그는 굉장한 위기 관리자였고 동료들에게 감동을 주는 경향이 있다고 『타임』지(紙)가 보도하였다.24)

그 기자는 더 나아가 정치 영역에서 오바마는 포커 게임에서와 같이, 그의 카드를 체스트에 가깝게 쥐고 있었고 게임 전략을 주의 깊게 계산하고 있었다고 말하였다. 그것이 나라 정치로 전이된 상황이다. 이와 대조적으로 매케인은 더욱 더 극적으로 스포트라이트를 넘나들었고 부침(浮沈)이 심하였으며 다시, 그의 "직설 특급"이란 프로로 대중의 인기를 얻었다. 이런 점은 과연 합당한 비교일까? 일련의 정치 평론가들이 그렇다고 판단하였다.

오바마의 행동주의자적 생애 초반에, 그의 개혁주의자 수행을 위한 이상을 제공하였던 것은 설 앨린스키(Saul Alinsky)의 권력 관계 분석이었다. 앨린스키의 말이 맴돌고 있다. 특별히 그는 그의 독자들에게 다음과 같이 조언하였다. "우리가 어떤 사람이 그 자신의 능력으로 스스로 일어나려고 할 때, 우리는 권력에 대하여 이야기한다. 권력이 무엇인가에 대하여 이해가 필요하다. 왜냐하면 그것은 우리들 일상생활 모든 분야에서 행사되고 있는 것이기 때문이다. 우리가 그것에 대하여 알려고 한다면 그래서 특히 이 다원적 구조를 지닌 사회에서 단체와 기관들 사이에 존재하는 권력과 기능의 관계성의 핵심적인 요소를 파악하고자 한다면 권력에 대한 이해가 필요한 것이다. 권력을 알고 두려워하지 않기 위해서 권력을 건설적으로 사용하고 조정하는 것이 필수적이다."

앨린스키는 배후에서 일하는 전략을 주장하였고, 정면 돌파만 필요하다고 보지 않았다. 그러한 교훈은 오바마의 접근 방법에서 여전히 나타나고 있다.25)

하버드 대학에 재학 중일 때, 이 대통령 예정자는 평판이 높은『법대 학보』Law School Review의 편집장으로 선출되었다. 최초의 흑인으로서 명예로운 것이었다. 그 당시에, 하버드 대학 내에서 좌파와 우파 간의 편만된 갈등이 있다는 사실이 널리 알려졌다. 그런데 오바마는 양단간 조정하는 온건파에 속하였다. 그의 일생을 통하여, 그의 정치 철학은 준 종교적 경향을 반영하였고 미국의 꿈을 관철시키는 것이었다. 그의 통찰력이 뚜렷하고 독특한 것을 인식하여 볼 때, 그는 국가적 논쟁을 증가시키는 후기 편파주의자적 접근으로 정치적 개혁을 위한 캠페인을 벌여 왔다고 생각된다.26) 논쟁 처음부터, 그는 미국이 성공이란 열심히 일하는 데 달려 있지 계층 구조 속에 있는 시민의 위치에 달려 있는 것이 아니라는 전통을 수용한다. 노예제도에도 불구하고 말이다.

오바마는 많은 국가의 법적 코드가 종교적 유산에 그 근거를 갖고 있다고 지적하였다. "다인종 가문의 이중 인종적 산물로서 나는 인종에 근거하여 나의 충성심을 제한한 적이 결코 없으며 나의 가치를 인종의 근거로 측량해본 적이 결코 없다."27) 동시에, 이 대통령 예정자는 후기 인종정치의 핵심인물이거나 상징이 되는 것을 노골적으로, 공개적으로 부인(否認)하였다. 그 대신, 그는 미국인들이 그들의 국가를 쪼개진 스크린과 같은 그 무엇으로 이해한다고 말한다. 반면, 그들은 그들이 추구하는 정당한 다인종 사회관을 가져야 할 필요가 있다고 주장하였다. 그럼에도 불구하고, 미국의 현실은 아직 올바르지 않다는 것이다. 옥시덴탈 대학(Occidental College)에 있을 때 자아 집착적이던 십대의 어린 오바마를 인도하며 막강한 긍정적 영향력을 행사하였던 사람은 로저 보쉬(Roger Boesche)였다(그는 정치사상을 가르쳤다). 대학을 나온 이후에, 오바마가 시카고에서 지역사회 봉사자로 근무하였을 때 가장 영향력이 있었던 사람은 그의 상사 제리 켈만(Jerrry Kellman)이었는데 그는 유태인으로 로만 가톨릭 신자였다. 오바마는 로즈랜드(Roseland)에 있는 저소득층을 위하여 일하였고 그 도시 최남단에 위치한 웨스트 풀만(West Pullman), 즉 미국에서 흑인들이 가장 많이 몰려 사는 곳에서 그들에게 동기부여를 하려고 노력하였다.

그가 걸어온 인생 여정

그가 백악관에 입성했을 때 그는 그 자신의 인생 여정과 신앙 과정에서 과연 어디쯤 가고 있었을까? 그를 칭송하는 자들과 비평하는 자들이 다양한 대답들을 내 놓고 있다. 중요한 문제는 그 신임 대통령이 그 자신의 가장 깊은 내면적 요구를 잘 조정하고 있는가 하는 것인데, 그것은 종종 "내면적 악령"이라고 불리어지는 것이다. 그의 성품의 도덕적 종교적 특성은 무엇이었을까? 어떤 내용들이 적용될 수 있을까? 성품을 논한다는 것은 최소한, 매우 어려운 일이다! 듀크 대학(Duke University) 교수로서 종교 심리학을 가르친 제임스 파울러(James Fowler)가 개발한 인생의 단계 과정을 대통령의 '내적 역사'와 관련시켜 볼 때, 한 가지 평판을 내릴 수 있다. 파울러 교수는 그의 구조적 분석을 5,000번 이상 그가 시행하였던 개인적 인터뷰에 기초하고 있다. 그는 동료 심리학자들인 에릭 에릭슨(Erik Erikson), 로렌스 콜버그(Lawrence Kohlberg), 그리고 특별히 진 피아제(Jean Piaget)의 인식론적 발달 이론의 단계를 따라 비판을 시작하였다. 그 주장은 사람들은 그들 자신의 능력만큼 단계별로 진행한다는 것이었다.

파울러는 신앙을 다음과 같이 정의하였다. 즉 그것은 "(1) 개인의 인생에 응집력과 방향을 제공하고, (2) 그것을 믿음과 충성으로 다른 사람들과 연계시키는 것, (3) 개인적인 입장과 공적인 충성심을 더 확대된 범위로 관련시킬 수 있는 것 그리고, (4) 그들로 하여금 궁극적인 문제와 관련하여 인간 삶의 제한적인 조건을 어떻게 직면하고 다루게 하는가의 문제에 대한 것이다."28) 우리들 문제는 어떻게 그 이론적 틀이 오바마의 생애와 행동을 밝혀 줄 수 있는가에 달려 있다. 그 분석은 원초적 신앙(Primal Faith)으로부터 시작된다. 원초적 신앙이란 언어가 존재하기 전에 형성되고, 아이들로 하여금 지나친 근심이나 자아 상실감에 대한 두려움이 없이 그들 부모들로부터 분리될 수 있도록 해 주는 것이다. 파울러의 설명은 더 나아가 두 번째 단계로 나아가는 것인데, 그것은 직관 투사적인 신앙(Intuitive-Projective Faith) 단계이다. 이러한 단계는 언어 획득과 함께 등장한다. 상상력은 담화, 제스처, 그리고 상징들에 의해서 고무(鼓舞)된다. 하나님에 대한 재현은 이 기간에 의식적인 형태로 구성된다.

신화-문자적 신앙(Mythic-Literal Faith)이란 파울러에 따르면, "구체적 실용적 사고(思考)"를 포함한다. 즉, "논리적으로 사고하는 능력을 발전시키는 것은 우리로 하여금 우연성, 공간, 시간, 그리고 숫자의 범주에서 세계의 질서를 잡을 수 있도록 나타내는 것이며, 가상적 믿음으로부터 실제적 믿음을 추려내는 것이고, 환상으로부터 실재(實在)를 드러내게 하는 것이다."

종합적-집합적 믿음(Synthetic-Conventional Faith)은 네 번째 단계인데, "특징적으로 청소년 초기에 추상적으로 사고하는 능력을 가져다주며 자기만의 세계를 의미한다." 어떤 사람들은 그들 자신의 잘못으로 인하여 결코 이 단계에 이르지 못한다.

다섯 번째 단계. 개인 성찰적 신앙(Individuative-Reflective Faith)은 다음과 같은 질문들을 유도한다. 내가 내 부모의 아들이나 딸로서 정의 내려지지 않을 때, 그리고 누구누구의 배우자로서가 아닌 존재가 될 때, 나는 누구인가, 그리고 나는 무슨 일을 하고 있는가에 대한 자각이다. 사람들은 이전에 그들 인생에서 형성한 가치와 신조들을 묻고, 검토하고, 재주장한다. 결국, 여섯 번째 단계가 등장한다. 결합적 신앙(Conjunctive Faith)이다. 때때로 중년에 시작되며, 각 개인들은 그들의 삶 속에서, 반대급부와 양극을 포용하고 통합한다. 그들 스스로를 건설적인 사람들로 또한 고의적은 아닐지라도 파괴적인 사람들로 인식하면서 말이다.

파울러의 마지막, 가장 최고의 단계는 보편화 신앙(Universalizing Faith)이라고 볼 수 있다. "역설과 양극단을 넘어서, 보편화 신앙 단계에 있는 사람들은 존재, 또는 하나님의 권능으로 하나가 되어 뿌리를 내린다. 그러한 사람들은 분단, 억압, 그리고 폭력을 극복하는 데 헌신하고, 사랑과 정의(正義)의 공공복지에 효과적인 대응을 하며 하나님 왕국이 도래하는 실재 속에 산다." 파울러의 분석에서, 이 단계는 조금도 약해지지 않는 헌신과 희생('소명' 또는 '라이프스타일')을 포함하며 그것은 결코 방해받거나 시들지 않는 그 무엇이다.

물론, 심리학적 형태론이나 일반화는 매우 조심스럽게 다루어져야 한다. 어떤 단계에 버락 오바마를 놓을 수 있을까? 6단계 또는 7단계 신앙이라고 할 수 있을까? 부정적으로, 린든 존슨(Lyndon Johnson)이나 빌 클린턴(Bill Cllinton)의 생애에서와 마찬가지로, 리처드 닉슨(Richard Nixon)의 인생이 그들 자신의 신앙고백에도 불구하고, 그 역량을 제대로 발휘하지 못하였다. 확실히, 이 중 그 어느 단계도 꼭 기독교에만 국한되는 것은 아니다. 간디(Gandhi)와 킹(King)은 최고의 단계에 해당하는 자들이다. 이 후기 현대 사회에서, 지배자인 대통령이 얼마나 많이 그들의 본을 따라갈 수 있을까?

한 법대생의 교수 비판

새 대통령 오바마의 확신에 대한 단서를 찾는 데 있어서, 오바마의 지도 하에, 시카고 대학 법대에서 공부하였던 존 윌슨(John K. Wilson)의 평가가 중요하게 남아 있다. 그것은 개인적 접촉에 근거한다. "오바마는 그의 종교를 옷자락에 걸치고 다니지만 당신 얼굴에 그것을 밀어붙이지는 않는다. 그는 그 어떤 종류의 종교로도 모습을 드러내지 않는 정부를 포용하고 있기 때문이다."

"나는 교회와 국가의 분리 원칙을 철저히 신봉하는 사람이다." 그러나 그것은 종교와 정치의 분리는 아니라고 오바마는 설명하였다. 개인적으로, 그는 종교를 순전히 사적(私的)인 행위로 이해하는 세속주의를 부정한다. 만일 종교가 정치와 분리된 상태를 유지할 수 없다면 아마도 그것은 정부의 공공 안녕에 치명타를 가할 것이다. 동시에, 오바마는 긍정적 가치를 지닌 신앙의 문제에 대하여 공적(公的)인 토론을 생각하였는데, 특히 그것이 신자와 불신자 간의 격차를 좁히는 방법이 될 수 있다고 생각하였다.29)

월슨(Wilson)은 오바마가 그의 종교에 대하여 진지하고 개방적으로 이야기할 때, 그가 종교적인 정치가의 냄새를 풍기지 않으려고 아주 조심스럽게 행보를 이어 나갔다고 말하였다. "어떤 사람이 종교에 많이 노출되어 있으나 그 어느 종교에도 교화되지 않은 채 합리적인 세속주의자로 나타난다면, 오바마는 아마도 종교를 거부하는 길을 택하였을 것이다. 그는 아마도 그의 가정교육에 항거하고 기독교나 회교의 근본주의자가 되었을 것이다."

월슨은 오바마의 하나님에 대한 관점이 사려 깊고 종교에 대하여 신중한 접근이었다고 판단한다. 그는 이것 아니면 저것의 상대방의 말을 전혀 듣지 않는 강경파 맹신주의를 거부하고 또한 궁극적으로 아무것도 믿지 않는 약화된 중도파도 거부한다. 대신에, 그는 헌신적인 가치관을 가진 개방적인 태도를 포용하는 제3의 길을 모색하였다.30)

월슨은 오바마의 종교 견해에 대하여 그 자신만의 특별한 의견을 가지고 있다. 하나님은 그에게 행동과 가치관을 서로 맞출 수 있도록 하여 주었으며, 그에게 강하게 섭리하시고 그가 위대한 인도자가 되게 하여 주셨다는 것이다. 기도를 "하나님과의 끊임없는 대화"라고 생각하면서, 그는 그 자신에게 부여된 업무를 수행하기 위하여, 그리고 자신의 도덕적 역량을 유지하기 위하여 기도 생활을 한다고 한다. 요약하건대, 그것은 스스로를 확인하는 방법이라는 것이다. "나는 이것이 정치적으로 내게 이롭다고 하는 것인가, 아니면 이것이 옳은 일이기 때문에 하는 것인가?"31)를 물어 보는 것이다.

제이슨 비아세(Jason Byassee)는 다음과 같이 회고하였다. "버락 오바마가 정치스타로 떠오르는 과정에서 가장 주목받을 만한 점은 그가 예수 그리스도에 대하여 가식이 없이 이야기할 수 있는 능력이다."32)

백악관을 향한 그의 캠페인의 정치적 소용돌이 속에서 오바마가 사적인 이득을 위해서 그의 종교를 드러내지 않았다고 하는 사실은 명백한 일이다. 그의 어머니는 사회 과학자로서 연구하였는데 종교 역사에 관심을 가졌다. 이 분야에서, 그녀는 조셉 캠벨(Joseph Campbell)의 신화와 상징에 관한 저서에서 영감을 얻게 되었다. 사회학적으로 설명할 때, 오바마의 모친은 종교란 제례(祭禮)이고, 공동체성이며, 신조이고 행위라는 것이다. 오바마가 가르쳤던 시카고 대학에서는 가장 위대한 학자 중 한 사람인 미르시아 엘리아데(Mircia Eliade)를 포함하여 저명한 종교사 전문가들이 있었다. 종교 신화의 긴 역사 속에서 가장 중요한 것은 소위 BCE 8세기에서 5세기 간에 걸친 주축(主軸) 시대(Axial Period)라고 불린 시대이다. 이때는 세계의 위대한 종교들, 즉 인도의 불교, 중국의 유교, 그리고 아마도 페르시아의 조로아스터교(이 종교의 예언자들은 시기측정이 가장 어렵다), 이스라엘의 히브리 예언자들, 그리고 그리스의 고전 철학자들이 등장하던 때이다. 이 시기에 알려진 세계의 거대한 종교 체계 내에서 신앙이 내면화되었고 도덕적 영성(靈性)이 자리를 잡았다.

오바마 모친의 유산(遺産)이 그의 내면에 남아 있다고 의심하지 않을 수 없다. 그녀가 바로 그에게 "세계의 위대한 종교들에 대한 지식"을 불어 넣어 준 장본인이다. 그는 모친 앤(Ann)이 "많은 미국인들이 주일학교에서 배운 가치들, 즉 정직성, 공감, 훈련, 절제된 자기만족, 그리고 열심히 일하는 것을 그에게 가르쳐 주었다고 말한다. 그녀는 가난과 불의에 분노하였고, 그 문제들에 무관심한 사람들을 경멸하였다"고 한다. 그는 그가 "나의 어머니의 근본적인 신앙, 즉 사람들의 선함 속에 자리 잡고 있고 우리들에게 주어진 이 짧은 생애 속의 궁극적인 가치"라고 불렀던 것을 결코 버린 적이 없다고 한다.

그러나 오바마는 자신의 길을 갔다. 그가 시카고에서 공무원으로 일했을 때 흑인 공동체 속에서 기독교를 받아들인 것이다. "나는 역사적 흑인 교회에서 계속적으로 진행되는 전통적인 분위기 속에서 매우 편안함을 느꼈고 그 공동체 내의 중요성을 깨닫게 되었습니다. 그리고 매우 어려운 환경 속에서 사람들에게 힘을 주는 그들 문화의 힘, 커다란 비리(非理)에 대항할 수 있도록 용기를 주는 교회의 능력, 그러한 것들이 나에게 깊은 감명을 주었습니다." 오바마는 "나의 믿음을 담을 용기(容器)를 찾고 있었고… 사회 개혁을 일으킬 수 있는 아프리카계 미국인 종교 전통의 힘에 이끌리게 되었습니다"라고 말하였다. 흑인 교회는 또한 그에게 "신앙이란 당신이 의심이 없음을 의미하는 것이 아니고, 또한 당신이 이 세상에 대한 것들을 마지못해 포기하는 것을 뜻하는 것이 아닙니다… 나는 나의 가장 심오하게 자리 잡고 있는 신조들이 뿌리를 내릴 수 있는 공동체나 이야기할 수 있는 전통을 가지고 있지 못하였습니다… 특별한 신앙 공동체에 대한 명백한 헌신이 없다면 나는 항상 어느 정도 격리된 채로 남아 있게 될 것이고, 나의 어머니가 그러했듯이 자유로웠을 것이며 그러나 또한 그녀가 궁극적으로 매우 외로웠듯이 나도 그러하였을 것입니다"라고 말할 수 있었다.

관용: 신앙과 불신앙

윌슨은 다음과 같이 회고한다. "그가 도덕성을 위하여 종교가 필요했다고 믿어서가 아니라… 또는 치료를 받아야 할 개인적 문제들이 있었다고 믿어서가 아니었다… 그에게는 예수가 맹목적으로 예배를 받아야 하는 마술적인 존재가 아니었다. 그는 도덕적인 본보기가 되기 위하여 닮아가야 할 진정한 인격체였던 것이다… 신앙이란 단순히 의심이 없는 상태를 의미하거나 이 세상에 대한 집착을 마지못해 포기하는 것 그 이상이다."[33]

오바마는 다음과 같이 경고하였다. "공적(公的)인 인물들 경우, 하나님의 명령이라고 하면서 그들의 행동을 정당화하거나 합리화하는 엄청난 위험이 있다고 생각합니다… 종교란 크게 반성하면서도 최선의 상태에 머물러 있을 수 있는 것입니다." 그는 어머니의 말씀을 상기하면서 다음과 같이 주장한다. "나는 같은 장소에 도달하는데 많은 길들이 있다고 믿습니다. 그리고 더 높은 권능자가 있음도 확신합니다. 우리들은 인간으로서 서로 서로 관련돼 있다고 믿습니다. 그리고 인종과 문화를 초월하는 가치들이 있다고 믿습니다. 또한 우리를 진보시키는 가치들도 있음을 확신합니다. 이러한 가치들이 살아남을 수 있도록 개인적으로 또는 집단적으로 책임을 져야 할 의무가 있다고 믿습니다."[34]

오바마는 세상에 깔려 있는 종교가 우리 자신들을 위해서 뿐만 아니라 공동의 이익을 위해서 어떻게 다른 사람들을 대접하는가, 그리고 어떻게 행동하기를 열망하는가에 대한 일련의 신조체제라고 계속 발언하고 있다. 요약하건대, 그는 실재에 대한 절대적이고 온전한 지식에 대한 모든 주장들에 대하여서는 회의적(懷疑的)이라는 말이다. "나는 어린 시절부터 그리고 경험들을 통하여 교리(敎理)에 대한 의심을 갖고 자라났습니다. 그리고 나는 진리에 대한 독점적인 지식을 소유하고 있다고 그런 식의 표현에 안주하는 사람이 아닙니다. 그리고 내 믿음이 자동적으로 남에게 전달될 수 있다고 장담하는 사람도 아닙니다."

윌슨(Wilson)은 다음과 같이 결론짓는다. "오바마는 종교를 진실로 존경하고 종교가 엄청나게 많은 미국인들을 움직일 수 있는 능력을 부여하는 것이라고 믿는 일종의 합리주의자이다… 물론, 오바마는 개인적 자유를 위하여 그의 원칙적인 기준을 결코 약화시킨 적이 없는 사람이었다."[35]

백악관에서의 오바마: 특징 있는 선택
– 어떻게 확신이 행동에 영향을 끼치는가에 대한 것

그가 백악관에 입성하자마자, 오바마는 '자선(慈善)을 위한 선택' (Charitable Choice)이라고 알려진 프로그램을 확대하기 위하여 연구하기 시작하였다. 그것은 조지 W. 부쉬가 가장 선호하는 프로젝트였는데 그 당시, 그는 백악관에서 특별한 집무실을 갖고 난리법석을 떤 후에 이 기획을 수립하였다. 그러나 그는 이에 대하여 주요 기금을 모금 하는 데 실패하였다. 오바마 역시, 교회와 국가의 관계에 있어서 실패한 대통령 쪽으로 옮겨 가고 있는 것일까? 대조적으로, 그는 캠페인을 벌이고 있는 동안에 이를 환호하였다. 빌 클린턴도 그가 재임하고 있는 동안에 그 '자선을 위한 선택'을 지지하였다. 이와 흡사하게, 앨 고어(Al Gore)도 그것을 시행할 것을 촉구하였다. 그 기획에 대한 정당성은 다음과 같은 것이었는데 특히, (흑인 교회들과 같이) 궁핍해진 지역에 있는 종교 단체들이 사회복지기관들처럼 필요한 도움을 주는데 잘 준비가 되어 있었다는 점이다. 그들이 교회와 국가의 분리로 주장된 비(非)개종활동 제한 때문에 그러한 자선사업에 방해를 받아서는 안 된다. 이미 수년 동안, 로만 가톨릭과 루터란 교회 기관들은 비차별적 자선 기획을 위하여 거금의 보조금을 받아 왔다. '자비로운 선택'은 교회를 섬기는 기관들을 위하여 모금을 제공하기도 하고, 그렇지 않은 경우에는 불필요한 제한과 정부의 규제를 풀어 보려고 하였다. 믿는 자들은 공적(公的)인 영역에서 단순히 그들의 신앙적 헌신으로 인하여 사회적 봉사 행위에 규제를 받아서는 안 된다. 교회와 국가의 분리 원칙을 위하여, 그들은 비차별적 기반에서 임원들을 채용하여야 할 것이라고 오바마는 주장하였다. 유태인들이나 로만 가톨릭 교인들은 다양한 위치에서 개신교도들과 함께 섞여 살 수 있을 것이다. 이것이 그가 시카고에서 그 자신의 사회복지 프로그램을 시행하였던 방법이다. 그것은 이론상 다 좋았다. 그러나 차별적 정치적 사고(思考)가 개입되었다. 국가적으로 기획된 것으로서, 오바마의 요청은 이러한 점에서, 즉각적인 논쟁을 불러일으켰는데, 교회 기관들이 그들 자신의 영역을 보존하기를 추구하였던 것이 그 논쟁의 원인이었다. 결국 그는 참모들로 하여금 일방적인 결정을 내어 놓기보다는 경우에 따라서 다른 채용 안건들을 지도하는 방식을 채택하였다.36)

예를 들어 오바마가 다니던 시카고의 교회는 그러한 프로그램으로부터 혜택을 입을 것이다. 그로그램은 복합적인 공동체 활동과 더불어 대폭적이고 장기적인 사회복지 대안을 가지고 있었다. 미국의 최대 〈연합 그리스도 교회(the United Church of Christ)〉, 그 교회는 시카고 남부에 위치해 있는데, 교인의 제휴로 이루어진 그런 경우였다. 여기에서 대통령이 될 오바마는 신앙을 고백하였고, 그의 부인과 결혼하였으며 그의 자녀들에게 세례를 받게 하였다. 그 교회 회중은 자타가 공인하는 아프리카인 중심, 흑인임을 부끄러워하지 않음, 떳떳한 크리스천들로서 그 정체성을 지니고 있다. 그 교회가 의도하는 바는 흑인 얼굴을 가지고 백인 교회 행세를 하는 것을 피하는 것이었다. 이러한 모습은 예배를 통하여 확실하게 드러났다. 교회 예배 중, 트리니티(Trinity) 성가대와 성직자들은 밝은색 긴 옷을 입었다. 거대한 성가대는 아프리카 민속 의상을 입고 흔들며 노래하고, 손을 흔들고 아멘을 외치며 예배를 인도한다. 드럼과 탬버린, 심지어는 종종 빨래판 악기로 회중 찬양을 반주하는 교회이다.

흑인 교회의 감정적 무게가 실린 민속 종교의 전통은 (레이건 스타일과 같은) 왜 몇몇 백인 교회에서 나타나는 것 같이 저주스럽고 종말적 예언의 분위기로 나타나지 않는 것일까? 이 세상에는 할 일이 너무 많고, 직면해야 할 문제들이 너무 많으며, 할 린지(Hal Lindsay)의 책『최후의 위대한 지구』 *The Late Great Planet Earth*에서 나오는 형태와 같은 종말론적 재앙을 상상할 여지가 너무 많다. 장기간 동안, 이 저서는 성경과 함께 주요한 베스트셀러였다. 흑인 교회의 윤리를 생각하여 볼 때, 오바마는 실제로 현세적이고 현실 도피주의자가 아니다. "보수주의자들은 흑인 교회를 너무 정치적으로 이해하고, 자유주의자들은 그들의 부흥사적 정서를 인정하지 않으려 한다… 그러나 흑인 교회는 그들이 선호하지 않는 곳에서도 신자들을 만들기를 계속하여 왔으며, 길이 없는 곳에 길을 내시는 하나님을 늘 생각하여 왔다."37)

오바마는 신앙생활에서 그의 입장을 엄격하거나 교리적이지는 않지만 "잘 순항하고 있다"고 말한다. 그는 그의 두 번째 주요 저서 몇 군데에서 "순조로운 상황에서 신앙심이 있는 것과 공적으로 문제를 지적하는 방법으로 종교적 확실성을 주장하는 데는 차이가 있다"고 설명한다. 그는 낙태와 동성애자들의 결혼에 대한 접근에 있어서 까다로운 판단을 내린다. 그의 판단은 낙태는 합법적이어야 하고 동성 결혼은 불법이어야 한다는 것이다. 그러나 그는 너무 늦은 시기에 낙태에 대한 제한을 수용하였고, 남성 동성애자와 여성 동성애자의 시민 연합을 지지하였으며, 그가 취하는 입장에 대하여 절대적인 확실성을 주장하지 않았다.

두 번째 문제: 거주자들의 사회 행동 프로그램

짐 월리스(Jim Wallis) 목사는 국가적으로 거주자 운동을 지도하고 있는데 그는 여러 가지 면에서, 랍비인 러너(Lerner)의 반대 입장에 있는 크리스천 리더이다. 오바마는 신임 대통령으로서 그가 월리스를 기도회에 자기와 친밀한 관계로 초대하였을 때 과연 얼마나 확신과 동의를 얻을 수 있었을까? 우리는 너무 많이 추정하여서는 안 된다. 그러나 그 두 사람은 사회 문제와 종교적인 확신에 관한 한 어떻게 할 것인가에 대하여 공통분모를 가진다. 오바마는 대통령이 되기 이전에, 거주자 기본 정책에 관하여 자주 언급하고 또한 대화를 나누었다. 월리스는 그의 베스트셀러 저서인『하나님의 정치학, 왜 우파는 잘못 이해하고 좌파는 전혀 이해하지 못 하는가』*God's Politics, Why the Right Gets it Wrong and the Left Doesn't Get It*에서 그가 후기 종교 우파 상황이라고 명명한 것을 이미 밝히고 있다. 그는 자신의 2008년 후기에 나온 책에서『대오각성, 후기 종교 우파 미국에서의 신앙과 정치의 부흥』*The Great Awakening, Reviving Faith and Politics in a Post-Religious Right America*이라고 지적한 것에 대하여 설명하고 있다. 월리스는 긍정적인 견해를 가지고 있는데, 특히 오바마 현상에 대하여 그러하다. "우리는 사람들을 갈라놓는 틀로 사용된 편협한 종교적 안건으로부터 더 넓고 깊은 신앙과 가치로 행진해 왔다. 그런데 그것은 우리 시대에 가장 중요한 이슈들에 대하여 다양한 사람들과 그룹들이 함께 교량 역할을 할 수 있게 할 것이다. 왜냐하면 너무나 장구하고 관념적인 종교가 우리 문제들의 큰 부분을 차지하고 있고, 지금은 열심 있는 영성이 우리 문제 해결에 큰 부분을 차지하고 있기 때문이다."[38]

관념적인 것을 부정(否定)한다는 것은—오바마가 정치와 종교에서 그리 한 것처럼—신앙을 부정하기 위한 것이 아니라고 월리스는 강조한다. 관용함과 자유는 시민들이 하나님을 믿는다는 점에서 침묵을 지키고 그냥 앉아 있으라는 뜻이 아니다. 월리스는 다음과 같이 주장한다. "나쁜 종교에 대한 정체성은 세속주의나 그 종교성의 철회가 아니다. 그것에 대한 해답은 더 좋은 종교이다. 사적이건 공적이건 간에. 진실한 신앙은 공적인 적극 참여를 바라는 것이고 정치적으로 새 회원을 선출하자는 것은 아니다.[39] 윌리스에게 문제가 되는 것은 종교가 강탈당함이 없이 정치에 개입할 수 있는가 하는 것이다.

월리스는 기독교 신학자인데 그는 역사적 전통으로부터 세계와 소통하는 사람이다. 그는 신임 대통령이 그의 신앙을 전적으로 배제할 것을 기대할 수 없다고 주장하면서, 특별히 오바마처럼 자기 신앙을 긍정하는 입장에서는 더욱 그러하다고 말한다. "나는 신앙이 관건이라고 믿고 있고 신앙이 사적인 삶 속에서뿐만이 아니라 세계 속에서도 많은 차이를 만든다고 믿는다."[40]

월리스는 "후기 종교 우파" 크리스천 리더들이 극복하기를 원하고 있는 한 가지 딜레마를 밝히고 있는데, 이에 대하여 영국 덜햄(Durham)의 복음주의 사제인 라이트(N. T. Wright)를 언급하였다. "수 세기 동안 교회는 천국에 가기 위한 영혼 구원, 그리고 그 영혼들이 이 어두운 세상의 골짜기를 통과하는 데 의미를 부여하는 일, 또 다른 한편으로는 수많은 사람들과 이 세상을 개선하고, 가난한 자들을 그들의 불행으로부터 구원하는 임무 사이에서 양극화되어 있다"는 것이다. 라이트 사제는 현대 서양인들이 성경말씀에 대하여 그들 자신의 편견을 가져다주고 있다고 항변한다. "내가 이러한 점에 대하여 강연할 때 사람들은 즉시 반발할 것이다. '확실히 예수는 내 왕국은 이 세상에 속한 것이 아니라'고 말씀하셨다고. 그에 대한 대답은 '그것이 아니다'라는 것이다. 예수가 요한복음 18장에서 말씀하신 것은 '내 왕국은 이 세상으로부터 온 것이 아니다'라는 점이다… '예수의 왕국이 이 세상과 함께 시작한 것이 아니다'라는 것이다. 그것은 현세적 왕국이 아니지만, 그럼에도 불구하고 이 세상을 위한 것이라고 하는 점은 극명하게 드러난다. 그것은 그 어느 다른 곳으로부터 온 것이지만 그러나 그것은 이 세상을 위한 것이다."[41]

그러므로 가장 중요한 쟁점은 하나님 왕국의 의미에 대한 것이다. 그에 관한 성경말씀이다. 그에 대한 답변을 찾는 데 있어서 윌리스는 인디애나 주 노틀담 대학(Norte Dame University) 대학의 교수였던 존 요더(John Howard Yoder)를 주목하고 있다. "예수의 사역과 주장은 사람들에게 정치적 선택에 대한 회피로 나타나는 것이 아니라 특별한 사회적, 정치적, 윤리적 선택으로서 나타날 때 가장 잘 이해된다… 만일 하나님이 성경이 말하는 대로, 역사 속에 적극적으로 개입하는 하나님이시라면, 그리고 역사의 과정에 대한 생각이 그 자체로 불합리한 것이 아니며 부적절한 것이 아닌 것이라고 생각한다면"42) 요약하건대, 하나님 왕국은 영혼의 평강만 가져오는 것이 아니라 행동을 요구한다는 것이다. 신비주의적이고 실존적이며 사태의 추이에 대한 영적인 가치하락이 크리스천에게 있어서 합리화돼서는 안 된다.

행동주의자들의 업무상의 원칙

오바마 시대의 하나님의 뜻을 이해하고자 함에 있어서 윌리스(Wallis)는 다원주의적 민주 사회를 위한 건설적이고 정치적인 종교적 업무 수행을 위한 현대적 원칙들을 제안한다. 그 목록은 다음과 같다.43)

1. 하나님은 불의를 미워하신다.
2. 하나님의 왕국은 새로운 질서를 지닌다.
   두 번째 원칙을 정의하면서, 윌리스는 2차 세계대전 동안에 레지스탕스 운동을 주도하였던 불란서 사회학자이면서 신학자였던 자크 엘룰(Jacques Ellul)의 『왕국의 임재』 *The Presence of the Kingdom*란 책을 인용하였다.44) "세계를 보존해 나감에 있어서, 크리스천의 임무는 지칠 줄 모르는 개혁적 힘을 잃어버리지 않는 데 있다… 세계를 판단하도록 요청받고 있으며… 아직 현존하지 않으나 곧 현존할 진리의 이름으로 그렇게 하여야 하며, 그것은 우리가 우리를 둘러싸고 있는 현실보다 더 참되고 더 실제인 진리를 믿기 때문이다."45)
3. 교회는 대안적 공동체이다. 하나님의 왕국은 새로운 질서를 지닌다. 마틴

루터 킹 2세(Martin Luther King, Jr.)는 다음과 같이 말했다. "그러나 우리 사회 체계에서 내가 자랑스럽게 잘 적응하지 못하는 것들이 있고 그리고 여러분들에게 제의하는바, 적응하지 않는 것이 바람직한 것들도 있다. 나는 결코, 폭도들의 법에 적응하려고 한 적이 없다. 나는 결코 나 자신을 그 인종차별적 강포함과 치명적인 결과에 적응시키려고 하지 않는다… 그러한 부적응을 통하여 우리는 인간의 인간에 대한 비인간적인 암담하고 황량한 밤으로부터 자유와 정의가 반짝이는 새벽으로 발돋움할 수 있을 것이다."46) 월리스는 요더(Yoder)를 인용한다. "소수 인종은 양심이 개인을 위하여 할 수 있는 그것을 사회를 위하여 할 수 있다."47)

4. 하나님의 왕국은 구체적인 것들을 시사하면서 세상을 바꾼다… 요더, "하나님의 왕국이란 어떻게 이상적인 사회를 건설하는가에 대한 설명이 아니고 어떻게 그것이 타락한 세상에서 그 책임을 가장 잘 감당할 수 있는가에 있다. 그러므로 크리스천의 증언은 특별한 시간과 공간 속에 주어진 불의(不義)에 대하여 구체적인 비판을 한다는 의미로 항상 스스로 해명하여야 할 것이며 밝혀진 오용(誤用)을 치유하기 위한 개선책을 강구하기 위하여 구체적인 제안들을 하여야 할 것이다."48)

5. 교회는 국가의 양심이다. 정의를 지키며 국가의 폭력을 견제하는 데 버팀목이 되어야 한다.

6. 세계적 관점을 가지라.

7. 공동의 이익을 구하라.

오바마가 과연 얼마나 이 리스트를 수용할 수 있을까? 변화에 대한 부응으로 그는 얼마나 이와 부합할 수 있을까? 오바마가 백악관을 향해 캠페인을 벌였을 때, 대부분의 월리스 입장을 지지하였다는 사실은 논란의 여지가 있다. 월리스의 사상이 이 신임 대통령의 견해로 수용되었다는 점에 있어서, 그 사상들은 더욱 더 보편적, 세속적 용어로 이해되었고, 그 후보자는 특히 종교적 신자들을 위해서 여러 법안을 통과시켰다. 연속적으로 일어나는 질문은 예수가 선포한 하나님 왕국과 이 세상 왕국의 관계는 과연 무엇인가 하는 문제다. 무엇이 적절하고 가능한 것인가?

부정적 단서

정치적으로, 종교란 사회적으로 건설적일 수도 있고 파괴적일 수도 있다. 자산(資産)이 될 수도 있고 책임이 될 수도 있다. 랍비인 마이클 러너(Michael Lerner)의 하나님의 오른손과 왼손에 대한 상징성은 오바마가 다니던 교회에서는 적절한 것으로 판명되었다. 그 일리노이 주 출신 상원의원이 대통령 후보로서 캠페인을 할 때 가장 어려웠던 종교적 문제는 그의 전임 목사였던 예레미야 라이트(Jeremiah A. Wright)의 설교 속에 배어 있었던 위험성에 근거해 있다. 오바마가 캠페인을 벌이고 있을 때, 중요한 극적 사태가 전개되었고, 그 후보자는 시카고에 소재한 그의 트리니티 교회(Trinity Church)를 떠나고 사임할 것을 종용받았다. 2008년 3월 중순경 일인데, 그 은퇴한 트리니티 교회의 전임 목사가 국내적으로 많은 텔레비전 강연을 하고부터다. (녹음테이프의 일부에서 나타났듯이, 그것은 수면 위로 올라오게 되었다.)

애국심과 인종 문제에 관하여, 그 라이트 목사는 2003년 매우 악명 높은 발언을 하게 되었다. "정부는… '하나님이여 미국을 축복하소서'라고 우리가 노래하기를 바란다. '아니다! 하나님이여 미국을 저주하소서!'이다. 무죄한 국민들을 죽인 대가이다. 그것은 성경 말씀이다. 국민을 인간 이하의 취급을 한 미국은 저주를 받아야 할 것이다." 그는 911 공격이 "미국의 자업자득"이라고 말하였다. 2007년 7월 22일에 이르기까지, 그는 "백인 미합중국(the United States of white America)"에 대항하여 거침없이 말하였다. 1년 이상이나, 최고 수반의 자리를 경선해 나아가면서, 오바마는 종교와 인종 문제 관계에 대하여서는 공적으로 충분히 신경을 쓰지 않았다. 이제 그는 폭발적인 이슈들을 가진 채 위기에 직면하여 있다.[49]

여러 가지 면에서, 라이트 목사는 미국의 흑인 신학(black theology)의 학문적 아버지인 제임스 콘(James Cone)에 의하여 영향받았다. 그는 또한『흑인 해방신학』 A Black Theology of Liberation의 저자이기도 하다.50) (오바마는 이에 동의하지 않을 것이다!) "백인 신학은 한결같이 억압자들의 공동체적 통합성을 보존해 오고 있기 때문에", "백인 신학은 전혀 크리스천 신학이 아니다… 이 나라가 전 세계를 통하여 백인 지배력을 추구하고 있는 한, 백인은 적(敵) 그리스도의 상징이 된다. 백인들이 그들의 백인됨을 증오하기 시작하면서 그들의 존재에 대하여, '우리가 어떻게 하면 흑인이 될 수 있을까?'라고 통탄할 때까지 미국에는 평화가 없을 것이다."51)

유튜브(You Tube)에서 재생된 라이트(Wright)의 한 설교가, 그 자신의 스타일과 메시지를 다분히 드러내고 있다. 예수는 시골에서 살았던 가난한 흑인이었다. 그리고 그 문화는 부유한 백인들에 의해서 지배를 당했다. 로마인들은 부유하였고, 이태리 사람들이었으며, 그것은 그들이 유럽인들이었음을 의미하였고, 그 로마인들은 예수의 나라의 모든 것을 지배하였다.

가장 중요하게 남아 있는 사실은 오바마가 그의 전임 목사님이 가장 인상적이고 역사적인 연설을 함으로써 그것이 대통령 캠페인에 잠재적이고 치명적인 일종의 협박적 반응으로 나타났다는 점이다. 그는 필라델피아에 소재한 〈국립 헌법재판소(the National Constitutional Center)〉에서 텔레비전에 출연하기로 예정하였고 웅변가로서 최고의 연설을 하였다. 요약하여 말한다면, 오바마가 다니던 교회에서의 논란이 그에게 종교와 정치에 대한 기념적 사건이 될 만한 기회를 제공하였고 그것은 2008년 캠페인에서 그 어떤 후보자도 언급하지 않았던 문제가 되었다. 그를 지지하는 사람들은 그것을 이전에 링컨, 케네디, 그리고 마틴 루터 킹 2세의 연설과도 비교한다. 더 큰 역사적 과제들에 대하여 연설하면서, 오바마는 그의 청중들로 하여금 인종문제를 파악할 수 있도록 요청하였고 나아가 그것을 초월하여 정치적으로 대담하고 모험적인 이슈들로 끌고 나갔다.

오바마는 그가 일리노이 주 의사당 계단에서 대통령 후보로 출마할 것을 공식적으로 선언한 이래로 아브라함 링컨을 그의 이상으로 삼았다. 그 의

사당은 바로 그 노예 해방자가 옛날에 다음과 같이 연설한 곳이었다. "키가 크고 후리후리하고 자수성가한 스프링필드의 그 변호사는 우리에게 변화된 미래가 가능하다고 이야기한다… 그는 희망찬 권력이 있다고 말한다"라고 오바마가 전해 주면서 동시에 간디와 마틴 루터 킹 2세의 윤리에 대하여서도 인용하였다.[52]

그 후보자의 공격은 특별히 부쉬 2세와 체니 정권을 겨냥한 것이었다. 그 대부분은 바로 이라크 지역의 '바보 같은(stupid)' 전쟁에 대한 것이었다. 미합중국 상원의원에서 국정(國政)으로 향하는 선거에서 이긴 후 얼마 안 되어, 그는 자신의 개혁적 이상을 선언하였는데, 그것은 종교적 확신을 보편적이고 비(非)고백적인 표현으로 해석하는 일이었다. 그의 청중은 보통 있는 정치적인 것 이외의 어떤 것이 있다고 알아차렸다.

"국가로서 이런 일에 대하여 우리가 할 수 있는 것들이 별로 없다고 믿는 자들이 있습니다. 할 수 있는 최선의 것은 정부가 모든 사람들에게 크게 환불해 주는 것뿐이라고 개인적 배당으로 분배하고, 나누어주며, 모든 사람들을 격려하여 그들의 몫을 그들 자신의 건강보험, 은퇴 계획, 자녀들을 보살피고, 교육시키고 하는 등등에 사용할 수 있도록 투자하게 하는 것이라고… 워싱턴에서, 사람들은 이것을 '소유권 협회(the Ownership Society)'라고 부릅니다. 그러나 과거에는 이에 대한 다른 명칭이 있었습니다. 사회진화론(Social Darwinism)입니다. 모든 인간은 다 그 자신을 위하는 것입니다. 이것은 유혹적이지요. 왜냐하면 이것은 그렇게 많은 사고(思考)나 독창성을 요구하지 않기 때문입니다. 그것은 우리로 하여금 다음과 같은 사실을 말하게 합니다. 즉, 사람들의 건강 보험이나 등록금이 그들이 감당할 수 있는 것보다 더 빨리 인상될 수 있다는 것이지요—힘겨운 행운입니다. 또한 실직한 허드렛일을 하는 노동자들이—인생은 불공평하다고 말하게 하는 것입니다. 궁핍하게 태어난 아이들을 보고 남의 힘을 빌리지 않고 스스로 일어나라고 말하는 것과 같습니다.

그러나 문제가 도사려 있었습니다. 그렇게 일이 되지는 않을 것입니다.

그것은 우리 역사를 무시하는 것입니다. 그것은 철도를 가능하게 하고 인터넷을 가능하게 하였던 것이 정부의 연구였다는 사실을 무시하는 처사입니다. 그것은 우리 모두를 번영하게 한 제대로 된 임금과 혜택, 그리고 공립학교들을 통한 거대한 중산층의 창조였습니다. 우리의 경제적 지배는 자유 시장에 대한 믿음과 개인적인 주도권에 달려 있습니다. 그러나 그것은 또한 서로 서로를 위한 상호 간의 배려심에 달려 있습니다. 그것은 모든 사람들이 국가에 의무가 있으며, 우리는 다 같이 같은 배를 타고 있으며, 모든 사람들이 기회를 잡을 수 있다는 것입니다. 그 기회란 우리가 적개심이 없이 정치적 안정을 이룩하는 것이었습니다."[53] 그런 희망의 대담성은 윤리적, 종교적 기반을 가진다.

사회 복음(Social Gospel)

오바마의 포용주의는 명백했다. 그것은 얼마나 급진적이었으며 백악관에서 과연 얼마나 행동으로 옮길 수 있는 것이었을까? 그는 자신의 민주주의에 대한 견해를 개진하면서, 개인주의와 경제적 성공을 넘어서는 견지를 주장하였고, 공동체와 평등성에 우선성을 두었다. 캠페인을 벌이면서, 그는 현 사태에 대하여 구체적이었다. "미국인들은 최소한, 모든 사람들이 열심히 일할 수 있고, 전진할 수 있고, 그들의 꿈을 이룰 수 있는 곳에 공동체를 세워야 합니다." 현 상황에 대하여 예언적으로 설파하면서, 조지 W. 부쉬의 소유권적 사회에 대한 입장을 거부하였다. 그것은 절대적으로 개인주의라는 것이다. 그리고 그 대신에 상호 책임 의식과 평등한 기회를 촉구하였다. 녹스 대학(Knox College) 연설에서, 오바마는 43대 대통령이 개인적인 권한과 자유를 지나치게 강조하였다는 점을 명백히 하였다. 이 후보자의 대안은 그 대신에 공동체와 평등과 개인주의를 미국인들의 꿈에 연결시키는 것이었고, 권리와 책임을 균형 있게 추구하는 데 있었다. 그는 "한 구성요소로서의 개인이라는 국민 개념을 거부하였고 대신 국민을 소속감을 필요로 하는 사회적인 존재로 이해하였으며, 정치적 행위에서 발견되는 도덕적인 구조에 대하여 이야기하였다."

역사에 대하여 윤리적으로 호소하였고, 또한 교육을 강조하면서, 그 일리노이 주 출신 상원의원은 미국에서 종교적 자유를 주창하였던 원조, 제퍼슨(Jefferson)을 인용하였다. 자유 사회에서 필요로 하는 재능과 덕목은 부(富)와 태생, 그리고 또 다른 우연적인 조건과 상관없이 교육되어져야 한다고 그 3대 대통령은 말한 바 있다. 오바마는 그에 대하여 공감을 드러내었고 특별히 신앙 주도적인 기반에 대하여 언급하였다.

"흑인 교회는 그 과거 때문에, 굶주린 자를 먹이고, 헐벗은 자를 입히며, 권력과 주권에 도전하라는 성경적 요청을 친숙하게 이해하고 있다." 오바마는 과학과 기술 분야에 있어서 뿐만 아니라, 교육적 영감을 일깨우는 데 있어서 건국 시조들 중 제퍼슨(Jefferson)만을 생각하고 있는 것은 아니다. 그는 아브라함 링컨을 정부기관 보조로 과학 연구, 인프라 구축, 그리고 고등교육을 위하여 지원한 대통령으로 인용하고 있다. 오바마의 모델은 뉴딜(New Deal) 정책에서처럼 잭슨 스타일 민주주의(Jacksonian democracy)와 같이 다양한 것이며 인권운동에 있어서도 그러하다.

링컨의 경우를 따라가기로 마음먹으면서, 그 대통령은 이론적으로나 이상적인 종교에 대한 발언에서도 분명하였다. 오늘날, 미국적 꿈에 도전하는 세계 경제 때문에, 국민들이 열심히 일해야 한다고 주장한다. "경쟁하기 위하여, 미국은 스스로를 투자할 필요가 있습니다." 부정적 견지에서, 그 후보자는 기금을 모금하는 일은 백악관을 향하여 출마하는 모든 사람들이 저지르는 부패한 죄악이라고 명명하였다. 무엇보다도, 그는 관념적인 전투를 거부하였다. 그는 공동의 불행한 정치적 선택은 회피되어야 하고 중도파에서 그 이슈를 축소시키거나 아니면 "자르고 도망가기"의 과정을 밟아야 하든지 양단간의 결정을 내려야 하는 것이라고 생각한다. 이러한 딜레마를 피하기 위하여, 그는 원칙적으로 이데올로기 바로 그 개념 자체를 거부한다. 그가 판단하기로, 그러한 접근 방식은 사람들로 하여금 너무 자주, 오랫동안 고무된 추정들에 모순되는 사실들을 무시하는 결과를 낳기 때문이다. "더 나은 방법'을 찾기 위해 그는 로버트 케네디나 마틴 루터 킹 2세 목사와 함께, 데오도르 루스벨트와 같은 인물들의 모델들을 주장한다. 특별히 케네디는 "냉철한 머리와 포용력 있는 마음"54)을 연합시킬 수 있었다고 믿는다.

오바마의 종교적 확신이 정치적 행동으로 전환된 형태가 바로 이런 점이다. 『미국적 관점』*American Prospect*지(紙)와의 인터뷰에서, 그 대통령 후보자는 그가 자유주의자인지, 진보주의자인지, 아니면 중도파인지에 대한 질문을 받았다. 오바마는 "도대체 그러한 분류가 어떻게 설정되었는지 못 마땅할 뿐이다"라고 말하면서 "나는 결말이 다가올 때 폴 월스턴(Paul Welstone)이나 로버트 케네디의 목적을 다 공유한다. 그러나 나는 그러한 결과를 어떻게 달성하는가에 있어서, 훨씬 더 불가지론적이고 융통성이 있다"고 후에 진술하였다.55) 동시에 오바마는 단순히 중도적 접근을 추구하거나 그 자신의 유익을 위하여 타협하는 중도주의에 대하여서도 경종을 울렸다. 유권자들이 당파심에 신물이 나 있다고 판단하면서, 그가 강조한 것은 적절성, 성실성, 그리고 공감할 수 있음에 있었다. 때때로 그의 웅변은 상당히 복잡했으나 그는 흑인교회에서 영향받았다고 주장했으며, 또한 법학과 교수로서의 경험, 하와이, 인도네시아, 그리고 아마도 캔자스 지역에서는 수박 겉핥기식의 경험 밖에는 없었다고 말한 바 있다.

사회과학적 평가

정치학자, 마틴 듀피우스(Martin Dupius)와 키스 뵈켈만(Keith Boekelman)은 오바마를 그의 대중과의 소통에 대한 뛰어난 능력, 조직적인 능력, 정치적 비전, 그리고 그의 정서적 지성과 더불어 지적인 능력에 대하여 격찬한다.56) 그가 대통령에 출마할 때에, 제한된 자들이나, 좌파든지 우파든지 정열적 기반을 가진 열성분자들뿐만이 아니라 더 광범위한 다수의 유권자들에게 집중하면서, 그리고 인터넷을 이용하여 그는 고도로 숙련된 전문가들, 소수민족, 여성, 그리고 백인 노동자들을 연합시켰다. 대선 캠페인이 절정에 도달함에 따라, 후보자들은 새로운 단계로 이행하도록 요청받게 되었다. 다음

의견은 『타임』지(紙) 주필인 죠이 클라인(Joe Klein)의 생각이다. "우리는 무언가 특기할 만한 사실을 증언하고 있다. 오바마의 경선은(한 흑인 미국인으로서) 그가 더욱 더 친밀해 짐에도 불구하고 원래의 계획으로부터 멀어져 가고 있다. 그의 확고함은 그의 피부색을 무색하게 하였다. 그는 그의 특성에 대한 내용으로 판단받고 있다… 여러 가지 면에서… 물질에 대한 국가적 욕망, '돼지에게 립스틱'을 바르는 일로 절대 국면(局面)을 돌리지 않기 등은 그의 캠페인에서 나타난 대단히 파격적인 일들이었다."57)

결국 그의 종교적 확신은 정치에 얼마나 영향을 주었을까? 오바마는 우연이 아니라 과연, '실존적으로' 어디에 서 있을까? 후자가 바로 폰 드렐(von Drehl)이—그 후보자가 5가지 면모를 갖추고 있다고 묘사하면서—말하려고 하는 점이다. 오바마는 그 자신의 윤리적인 면모의 원천에 대하여 질문하는 클라인에 대하여 다음과 같이 답한다. "미국 국민이 별로 주목하지 못하는 핵심적인 인물들이 있습니다. 오프라(Ophra), 타이거(Tiger), 마이클 조단(Michael Jordan)과 같은 인물들은 그들의 더 나은 본성을 표출하는 지름길을 사람들에게 제공합니다. 여러분은 이에 대하여 냉소적일 것입니다. 여러분은 아마도 '오프라를 사랑하는 일은 별 것 아니다. 젊은 흑인 남성들이 더 많은 자기의 자산을 기회에 쏟아 붓는 생각을 포용하는 일은 더 어렵다. 그들은 별로 사랑스럽지 않기 때문이다'라고 생각할 것입니다. 그러나 그렇게 생각하지 마십시오. 나는 그것이 더 건강하고 좋은 성품이라고 생각합니다. 나는 오프라가 중단하지 않기를 바랍니다. (그녀는 오바마와 같은 교회의 교인이다.) '나는 오히려 다음과 같이 말할 것입니다.' 당신이 나를 좋게 생각한다면, 기회가 주어질 때 나와 같은 많은 사람들이 있는 것을 알게 될 것입니다."58)

오바마의 도덕적 확신은 그가 백악관에 입성하였을 때 국가적으로 처해 있었던 위기를 다룸에 있어서 명백해졌다. 이기심과 탐욕은 결국 많은 재정이 발생하는 이 세상에서 스스로 열매를 거두었다. 미국을 차치하고라도, 공황의 위험이 온 세계에 번져 나갔다. 원천을 알 수 없는 곳곳에서 담보물들이 팔리고 되팔리고 하였다. 종종 저당 잡힌 물건들이 소위 지렛대 홍정이라고 부르는 것에도 못 미치게 되었다. 미국 전역의 신용카드 빚이 수십억 불에 달하게 되었다. 이런 형태의 재정이 국제 은행 체계 속에서 존중받지 못하게 되었다. 경제학자인 로버트 사무엘슨(Robert Samuelson)은 다음과 같이 전망하였다. "탐욕과 두려움, 그것이 원초적으로 재정시장을 지배한다… 단기간의 보상이 그들로 하여금 장기간의 위험성을 깨닫지 못하게 한다."59)

한 『뉴욕 타임즈』지(紙) 기자는 그 신임 대통령의 반응은 일종의 신중한 규제였다고 강조하였다. 그는 특별히 심사숙고할 시간이 필요하다고 하였고, 그 대신 날마다 일어나는 변동에 잽싸게 성급하게 반응하는 것을 싫어하였다. 오히려 그는 일련의 단계를 밟아 갔다. 그는 풍부한 연구를 하였고, 전문적 기술을 요청하였으며, 모든 가능한 시나리오를 구상하였고, 계획을 수립하고, 반대에 대비하고, 그의 계획을 조정하였으며, 그리고 그것들을 고수하였다.

흑인 공동체로부터 온 결정적 단서
: 커비존 컬드웰(Kirbyjon Caldwel)을 숙고하다.

몇몇 등장되는 인물들이 있었는데, 국가적으로 정치적으로 적극적인 성직자들이 있었고 (라이트 이외에) 오바마가 지지해 주기를 기대하였던 아프리카계 미국인들이 있었다. 그들 중에 릭 워렌(Rick Warren)같은 사람은 오바마를 공적(公的)으로 지지하는 것을 거부하였다. 커비존 컬드웰 같은 목사는 휴스턴에 있는 〈연합 감리교 윈저 빌리지(Windsor Village)〉를 담임하였는데, 민주당으로 그 입장을 바꿨다. 그는 2008년 두 번의 공화당 전당대회에서 조지 W. 부쉬를 소개하였으나 지금은 오바마를 지원하며 입장을 바꾸었다. (옳던 그르던) 『뉴스 위크』지(紙)는 더 나아가 컬드웰을 버락 오바마의 두 번째 목사로 치켜세웠다.60) 컬드웰이 그 민주당 후보를 지원하는 것은 꽤 오랫동안 진행된 사항이었다는 것이 판명되었다. 이전에 그는 부쉬의 목장에서 그의 딸 결혼식 사회를 보았다. 이제 그는 43대 대통령에게 전화를 걸어 공화당 후보를 지지하지 않는다고 말하였다.

여러 가지 면에서, 그 텍사스 출신 목사는 진보파 아프리카계 미국인 목사들의 신(新) 진보계 후기 종교 우파 세대인 라이트(Wright) 목사보다 더 특징적인 인물이었다. 워렌 목사처럼 그는 소형 교회로 출발해서 초대형 교회를 이룩하였다. 그 두 설교가들의 등장이 무언가 오바마의 등장보다 더 압도적인 것이 되었다. 그 나름대로 상황은 선풍적인 대중적 인기를 나타내었다. 워렌은 수개월 동안 그저, 이웃들에게 진정 사람들의 종교적 관심과 그들이 필요로 하는 것이 무엇인가를 탐문하면서 그의 교회 성장에만 힘을 기울였다.

컬드웰 목사는 1960년대의 인종차별에 대한 과거의 기억을 가지고 있었다. 비록 그가 어떻게 인종 차별주의자들이 1960년대에 그의 아버지 옷 가게에 들어가는 트럭을 부서뜨리고 탈취하였고 영업을 방해하였는가, 똑똑히 기억하고 있었지만, 그럼에도 불구하고 그는 협력을 우선하는 후기 종교 우파 종교 부흥운동의 일익을 담당하였다. 휴스턴이 고향인 컬드웰은 미네소타에 소재한 칼튼 대학(Carleton College)을 다녔고, 펜실베니아 대학의 와튼 경영대학원(Wharton School of Business)에서 경영학을 공부하였으며 또한 남감리교 대학(Southern Methodist University)의 퍼킨스 신학교(Perkins School of Theology)를 마쳤다. 그는 개인적으로 비극적인 생을 보낸다. 그의 첫 번째 부인은 아프리카 사역을 떠나는 길에 미키 래란드(Mickey Leland)의 비행기 추락 사고로 사망하였다.

윈저 빌리지(Windsor Village)교회 주일 예배에 참석한 자들에게 커버에 KB라고 큰 글자가 쓰인 주보가 배부되었다. 그 교회의 본관 건물은 이전의 K mart 건물을 멋지게 개조한 것이었는데, 그 주 출입구 앞에 "왕국 건설자들 센터(Kingdom Builders Center)"라고 쓰여 있었다. "와 주셔서 감사합니다"라고 컬드웰은 주보에 썼다. "주님은 우리의 삶 속에서 그리고 우리 공동체 삶 속에서 새로운 일을 하고 계십니다… 우리들은 서로를 돌보고 기독교 공동체를 연마해 나가고 있습니다. 윈저 빌리지 교회 가족은 사람들로 하여금 모든 삶의 분야에서 예수 그리스도의 신실하고 열매가 풍성한 제자들이 되기 위하여 사람들을 양육하고 능력 있게 하는데 큰 강조점을 두고 있습니다. 우리의 전체적인 사역은 적절한 성경적 강해와 가르침, 복합적인 사역과 성장 그룹들, 그리고 치유함을 제공하는 선교 기획을 통하여 수행돼 왔으며 〈더 위대한 휴스턴 공동체(the Greater Houston Community)〉를 통하여 사람과 교육기관에 고무적인 역할을 감당하고 있습니다."

오바마의 선거에 동참하면서, 컬드웰은 그를 지지하기 위하여 심지어 현실에 대비하여 그 자신의 웹 사이트를 개발하기도 하였다. 제임스의 저서가 지적한대로, "행함이 없는 믿음은 죽은 것이다!"라고 그는 새삼 강조하였다. 카트리나(Katrina) 허리케인이 뉴 올리언즈를 덮쳤을 때에, 그는 텍사스 주에서 오가며 그곳 복구 작업을 진두지휘하였다. 간단히 말해서 그는 오바마처럼 행동주의자였던 것이다. 그의 고향 마을에서 그는, 그가 조직하려는 새로운 세부 지역의 개발을 주도하였다. 광역 웹 사이트 서비스 대리점들과 교인들의 회합으로 수천 명의 노인들과 젊은이들에게 만남의 장소를 제공하였다. 그러나 윈저 빌리지 교회는 독립된 초대형 교회가 아니다. 오히려 그것은 미국의 최대 개신교 교단 중 하나로서 그 힘과 지혜를 나타내게 되었는데 그것이 바로 연합 감리교회(United Methodist Church)이다. 간단히 말해서 컬드웰은 혼자가 아니라 책임 있는 교회 사역자였던 것이다.

컬드웰은 그의 교회 회중의 행동양식을 "왕국 건설(Kingdom Building)"이라는 제호로 묘사하고 있다. 그 제호는 신약의 내용을 가리킨다. 예수는 왕국의 복음을 전파하고 회개를 각성시키며 오셨다. 그 주제는 '서저너 운동(Sojourners's movement)'에서 월리스(Wallis)에 의하여 그 나름대로 전개되었다. 예수님 자신은 그의 생애에서 "왕국을 건설한다"는 표현을 쓰지 않았다. 그러나 그는 산상수훈에서 그의 통치가 무엇을 의미하는가를 가르쳤다. 그의 비유는 바로 왕국에 대한 비유였던 것이다. 심령이 가난하고 온유한 자는 복이 있고 천국에 먼저 들어갈 것이다. 예수의 왕국은 이 세상에 속한 것이 아니라고 그는 가르쳤다. 그러나 만일 사람이 천국에 들어갈 것을 선택한다면 그는 그것을 볼 수 있으며, 구체적 삶의 결과로 주어지는 자기의 십자가를 질 것이다. 예수의 제자들은 하늘에 보물을 쌓고자 할 것이며 땅 위에 쌓아 놓지 않을 것이다. 회개하지 않고 교만한 자들은 이 메시지를 이해하지 못할 것이나 죄인들은 구속함을 받을 것이다. 요약해서 말한다면, 예수의 사역은 로마 제국의 약속과 달리, 하나님의 특별한 주도권에 의한 새로운 왕국의 약속을 가지고 있다. 그의 제자들은 구세대와 신세대 중간에 살면서 그 왕국을 준비하도록 부름받았다. 물론, 회의적이고 믿지 않는 자들은 오늘날처럼 그 소명에 귀를 기울이지 않는다.

명백히, 윈저 빌리지 교회의 사명은 현 시대에서 예수를 따르는 일이었다. 확실히, 오바마가 그 이전에 관계하였던 시카고의 〈트리니티 연합 그리스도 교회(Trinity United Church of Christ)〉와 비슷한 점이 있다. 오바마의 첫 번째, 그리고 (소위) 두 번째라고 하는 목사 사이에 구별되는 중요한 차이점이 있다. 그들이 사역하였던 환경은 같지 않았다. 그 텍사스 출신 아프리카계 미국인 회중이 시카고 회중보다 덜 정치적이라고 추정하는 일은 바른 생각이 아닐 것이다. 그 두 목사는 다 정숙주의자가 아니다. 왜 컬드웰은 8년 전, 부쉬가 공화당 전당대회에서 목사에게 그를 소개해 주기를 요청하였을 때 거기에 응하였을까? 그는 진심으로 그 후보자를 좋아하였고 그를 지원 유세하는데 매우 진지하였다. 부쉬는 같은 감리교 신자였고, 그들은 기독교 윤리와 미국적 이상(理想)에 대하여 공통적인 견해를 갖고 있었다. 2008년에 이르러, 그 목사는 부쉬가 실패하였다는 것을 깨닫게 되었다!

컬드웰은 종교 후원 단체인 '체리터블 초이스(Charitable Choice)'를 통하여 부쉬가 그 어느 것도 이룩하지 못하였음을 마지못해 인정하였다. 결국 그것은 43대 대통령 우선권에 속하지 못하였고 자금 조달마저 제대로 하지 못하였다. 그러나 그의 교인들이 궁핍한 자들을 돌보는 영웅적인 일을 떠맡았다. 심지어 그들은 이전의 K mart 건물을 초대형 교회 예배당으로 개조시키기도 하였다. 그의 교인들은 성공적이라고 자처하는 많은 교인들을 포함하고 있었으며, 부유 계층들이 많았고 오바마를 지원하였다. 그 텍사스 출신 목사는 흑인 사회에서 어떤 일이 일어나는가에 둔감하지 않았고 변화가 임박하였음을 믿고 있었다.

결정적 단서, 오바마의 신학자: 라인홀드 니버(Reinhold Niebuhr)

월리스(Wallis)와 컬드웰(Caldwell) 같은 지도자들로부터 영향받은 다양한 종교 사상과 주제들을 오바마는 어떻게 융합시키고 있을까? 한 가지 가능한 답변은 그가 지적인 종합성을 통괄하는 다양성을 매우 환영하였다는 사실이다. 『뉴욕 타임즈』지(紙) 칼럼니스트 데이비드 브룩스(David Brooks)는 대선(大選) 캠페인 동안 어느 날 오후 그와 전화상으로 대화하였던 내용을 회고하고 있다. 그들의 대화는 지쳐 있었고, 대통령 후보자는 곤비하였으며 어딘가 꾀까다롭고 화를 잘 내었다고 브룩스는 말한다. 의견을 나누는 과정에서, 그는 오바마에게 이 세대의 기독교 윤리학자이자, 신학자인 라인홀드 니버(Reinhold Niebuhr)에 대하여 어떻게 생각하는지를 물었다.

니버(1892~1971)는 1930년부터 1960년까지 뉴욕시에 소재한 유니온 신학교(Union Theological Seminary) 교수였다. 브룩스가 전화상으로 니버에 대하여 언급하였을 때, 갑자기 모든 것이 활력을 되찾았다고 그는 말한다. 그 일리노이 주 출신 상원의원은 니버의 저서 『미국 역사의 아이러니』 *The Irony of American History*에 나오는 토론 사례에 대해서 줄기차게 변론하였다.[61] 그 어느 다른 상원의원도 그렇게 소상히 파악하고 비판적인 반응을 나타낸 적이 없다고 브룩스는 결론짓는다. 니버의 권력에 대한 사상, 민주주의, 비극, 그리고 악함에 대하여 그 후보자는 몰두하였다. 그들은 미국 정치에서 공통적으로 회자되는 순진한 민족적 경건성에 도전감을 제공하였기 때문에 그렇게 하였다. 사실상, 그들은 오바마의 슬로건인 '우리는 할 수 있다!(Yes we can!)'를 단순히 지지하지는 않았다.

니버는 『고요한 기도』 *the Serenity Prayer*의 저자로서 인정받게 되었는데,

그 책에는 다음과 같은 문구가 적혀 있다. "하나님이시여, 변하지 않는 것들의 평온함과 함께 은혜를 베푸소서. 그리고 변하여야 할 것들을 변화시킬 수 있는 용기를 주소서. 그리고 사태를 분별할 수 있는 지혜를 주소서." 국내에서나 국제 사회에서나 지지를 호소하던 그 새 행정 최고 수반은 라이홀드 니버가 그의 저서 『도덕적 인간과 부도덕한 사회』 *Moral Man and Immoral Society*에서 적시(摘示)한 현상을 직면하게 될 것이다.62) 니버의 강렬한 통찰력은 사회 심리는 개인 심리와는 다르다는 것이었다. 그것은 즉, 덜 개인적이고 대체로 더욱 상징적이고 관념적인 것이라는 것이다. 개인을 다룸에 있어서, 지도자는 개인적인 접촉을 구축할 수 있고 또한 우정을 쌓아갈 수 있다. 여러 가지 다른 견해와 권력이 요구하는바 적응이 이루어질 수 있다. 더 확대된 그룹들이 함께 할 수 있고 윤리적으로, 그러나 그렇게 민감하지는 않을 것이다. 총체적으로, 거대한 전쟁터에서와 같이, 그들은 자신의 생애에 있어서 원자탄 무기를 포함하여 좀 더 윤리적 의식을 가진 개인들이 용납할 수 없는 폭력적 전략을 사용한다고 말하면서 권력자를 종종 위협하기도 한다. 양심이 더욱 보편적이며 덜 강요받게 되어 버린다.

철학자이자 신학자인 그는 30년 이상 뉴욕시에서 활동한 사회 행동주의자였는데, 그는 기독교 실재론자로서, 국수주의적 사상에 대하여 인식 있는 비판자로 평판이 나 있었다. 과연 그는 그가 소속된 교회의 설교가라기보다 오바마 정부의 신학자인 것일까? 진정, 니버는 현재 예레미야 라이트(Jeremiah Wright)나 오바마 취임식에서 기도했던 그 어느 성직자들보다도 더 적합한 자로서 인정받고 있다. 니버는 제1차 세계대전 직후에 디트로이트에서 〈독일 개혁 교회(German Reformed Church)〉를 섬긴 목사로서 강력하고 효과적인 사회 분석가였다. 그때는 노동자들이 불안한 시대였고 KKK(Ku Klux Klan)의 활동이 그 도시에 극심하던 때였다. 그의 자전적 기록 『길들여진 냉소에 대한 일기』 *The Diary of a Tamed Cynic*에서 그는 그곳에서 있었던 몇 년 간의 경험을 회고적으로 기술하고 있다. 부분적으로 그의 정치와 윤리에 대한 큰 관심 때문에, 목사와 사회 비평가인 그는 뉴욕시에서 윤리학을 가르치도록 초빙받았다. 그리고 2차 대전 이전에는 디트리히 본 훼퍼(Dietrich Bonhoeffer)가 학생들을 가르치게 되었다. 인권투쟁이 일어나는 와중에, 그는 마틴 루터 킹 2세의 통찰력에 영향을 주게 된다. 니버는 이전에, 자유주의자였고, 2차 대전 중에는 내정간섭주의자로 돌아선 평화주의자였다. 우리의 관심은 오바마가 모든 이슈들에 있어서 그와 동의한다는 것에 있는 것이 아니고, 오바마가 몇 가지 점에서 더욱 낙관적이라고('Yes, we can!') 자처한다는 점이다. 하지만 그 교수가 이전에 계속적으로 비슷한 문제들에 대하여 가르쳤기 때문에, 대통령은 그를 회고하게 되었다. 오바마가 니버를 칭송하는 것이 그 신임 대통령이 다른 그 어느 종교적 언급에 있어서보다 더 자신의 근원적 사상을 알려주는 역할을 하고 있다는 사실이다. 오바마는 다음과 같이 설명한 바 있다. "[니버]는 내가 가장 좋아하는 철학자 중 한 사람입니다. 나는 그의 저서 안에서 이 세상에는 심각한 악이 존재한다는 강력한 생각을 갖게 되었고 고생함과 고통이 존재한다는 사실도 깊이 깨닫게 되었습니다. 또한 우리가 이러한 것들을 제거할 수 있다는 믿음 속에서 우리는 겸손하고 온유하여야 합니다. 하지만 우리는 그것을 냉소주의와 무능함에 대한 구실로 삼아서는 안 됩니다. 또한 그것은 어려운 일이라는 것을 깨달으면서 노력을 기울여야 합니다."63)

앤드류 바세비치(Andrew J. Bacevich)는 니버의 저서『미국 역사의 아이러니』*The Irony of American History*의 재판(再版)된 책에 서문을 썼는데, 다음과 같이 주장한다. 이 책에서 니버는 "신화를 이해하고 미국의 정치적 기반을 뒷받침하는 망상을 푸는 열쇠"를 제공하고 있다. 어째서 한 사람의 신학자이며 윤리학자가 미합중국의 외교 정책에 대하여 가장 중요한 책을 썼는가 하고 바세비치는 묻고 있다.64)『훌륭한 사회』*The Good Society*의 저자인 케빈 맷슨(Kevin Mattson)은 다음과 같이 설명한다. "니버는 중요하다… 오늘날 확실하게. 왜냐하면 좌파의 경향을 포함하여 미국의 흐름을 그가 경고하였기 때문이다. 부쉬 행정부가 이라크에서 잘못을 저질러 악한 일을 행하였다는 이해를 할 때 더욱 그러하다."65)

오바마가 니버의 권력의 사용에 대한 비판으로부터 중요한 통찰력을 얻었다는 확신적인 증거가 있다. 오바마의 대통령으로서의 문제점은 그가 선한 의지를 소유하고 있다는 것에 있는 것이 아니라 그것을 어떻게 다스리고 변화를 이끌어 내는가에 달려 있다. 니버는 중동지역에서 전쟁 기간 동안 경제침체와 그에 대한 적절한 언급을 내리고 있다. 그의 생애를 통하여, 그 유니온(Union) 신학교 교수는 더욱 더 실용적이고 현실적인 정치적 관점 때문에, 경건주의 크리스천들과 마찬가지로, 종종 자유주의자들과 의견을 같이하면서 완벽주의자 윤리를 포기하였는데 그렇다고 그에 대하여 냉소적인 자세를 취하지 않았다. 그 시대의 뚜렷한 문제들은 경기침체, 전체주의, 독재, 그리고 2차 대전 중의 공산당, 더 나아가 냉전과 같은 문제들이었다. 민주주의 편에서 항거하거나 싸우지 않는 것은 부도덕한 것으로 여겨졌다고 니버는 주장한다. 인간의 자유가 민주주의를 가능하게 한다고 그는 말한다. 인간의 죄악이 민주주의를 필수적인 것으로 만든다!

미국의 역사가 아더 슐레징거(Arthur Schlesinger Jr.)는 니버를 "20세기 미국 최고의 신학자"라고 명명한다.66)

니버의 현실주의는 냉전 기간 동안에 원자탄 공포를 피하려고 전략을 짰던, 그리고 여전히 공산주의에 대항하였던 정치 사상가들 세대에 중차대하게 공헌하였다. 오바마는 이러한 원칙들이 중동지역에 오늘에 이르기까지 의의가 있다고 이해한다. 미국인에 대한 그 신학자의 비판은 때때로 랍비인 러너(Lerner)가 '하나님의 오른손(the Right Hand of God)'이 종종 들려진다고 말하는 것과 일치하는 순진한 집착과 같다. 니버는 그 입장과 대조적으로 링컨이 "거의 선택된 백성(almost chosen people)"으로서 말하는 국수주의적 열광주의로 미국인을 생각하였다고 말한다. 오바마가 생각하는 좋은 의도가 반드시 성공적인 결말을 가져오는 것은 아니라는 것도 분명한 일이다. 권력과 힘은 국민의 정부에는 필수적인 것이다. 그 힘은 인종 평등을 위한 인권운동 투쟁에 필요한 것이다. 권력과 힘은 세계적으로 자유 민주주의를 위하여 여전히 필요하다.

요약한다면, 알려진 신학자로서, 그리고 기독교 행동주의자로서 니버는 국내의 주요 안건에서와 마찬가지로 국제적인 이슈들, 말하자면 그 새 대통령이 직면한 생소하지 않은 전쟁과 평화, 그리고 경제 현황 같은 것들에 대하여 단호한 마음과 현실적인 접근을 시도하였다. 니버는 종교학자들이 역사적 문제들에 대한 절대적인 해결이 인간의 조정으로 쉽게 해결될 수 있다고 기만하여서는 안 된다고 경고하였다. 유토피아주의자들이 민주주의를 위하여 세계를 안전하게 만들려고 하는 시도는 그들이 정치적 권력의 문제들을 무시하기 때문에 반드시 실패하게 된다. 권력을 행사하는 일은 부도덕한 일이 아니다. 중요한 문제는 그 권력을 어떻게 행사하는가, 그리고 그 권력을 행사함으로써 무엇이 성취되었는가에 있다. 기독교란, 니버가 주장한 바에 따르면 인간의 본성에 대하여 순전한 낙관주의를 말하는 것이 아니다. 그 자신의 접근방식은 오바마의 경우처럼, 여러 측면에서 관념적이라기보다는 실용주의적이다. 어떻게 권력을 사용해야 하는가. 그대들이 말하는 것보다 종종 어떻게 행하여야 하는가가 중요하다는 것이다. 『미국 역사의 아이러니』 *The Irony of American History* 책 속에서 니버는 이렇게 묻고 있다.

오바마는 그가 다양한 조직 속에서 테러리스트의 만행을 직면함에 따라, 이 새로운 세기에 니버의 분석이 적절하다고 확신한다. 니버는 다음과 같이 생각하였다. "우리는 반세기 전만 하여도 전적으로 무책임하였을 뿐만 아니라 사태를 전혀 파악하지 못하였다… 이제 우리는 세계적으로 책임을 통감하는 자리에 섰다."[67]

전쟁과 평화: 테러리스트의 위협

마크 저겐메이어(Mark Jergenmeyer)는 그의 최근 연구, 「하나님의 마음속에 자리 잡은 테러」 "Terror in the Mind of God"에서 미합중국과 그의 동맹국들이 현재 직면한 대안들을 설명하였다.[68] 오바마가 처음 집무를 시작하였을 때 그가 선택할 수 있었던 것에는 다음 사항도 포함되었다. 첫째, '폭력은 폭력으로 파괴하기(Destroying Violence by Violence).'

이것은 부쉬 대통령이 탈레반(Taliban)에 대하여 전쟁을 선포한 이후에 세계 지도자들이 수용한 전략이었다. 실제적으로 무엇이 가능한 것일까? 미국 군대는 처음에 아프가니스탄에서 러시아 군대가 그 이전에 참여하였던 것보다 훨씬 더 성공적이었다. 처음에, 탈레반은 미국의 폭격으로 패배하였는데 그것은 고도로 기술적인 첨단 무기를 사용하였기 때문이다. 그러나 이라크는 잠잠하지 않았다. 여전히, 물라 오마르(Mullah Omar)나 빈 라덴(bin Laden)과 같은 개인적인 테러리스트들이 그들의 은신처에 숨어 있어 그것을 찾아내는 일이 훨씬 더 힘든 작업이 되어 버렸다. 이라크는 혼돈 속에 빠져 버렸고 미합중국의 점령 하에 분파주의 내란 상태가 되어 버렸다. 오바마가 집무를 시작하면서, 아프가니스탄에 대한 테러리스트들 공격이 일어났다. 오바마가 집무하던 첫 번째 달에, 그는 미국의 병력(兵力)을 15,000명으로 증가시킬 것을 명령하였다.

앞서 언급하였던 저자의 두 번째 대안은 '테러리스트들을 테러하기(Terrifying the Terrorist)'에서 드러난다. 아마도 이것은 리비아(Lybia)의 경우에 해당되는데, 259명의 승객이 사망한 1988년 12월 스코틀랜드의 록커비(Lockerbie)에서 폭발한 팬암(Pan Am) 항공 103편에 대한 공격을 지원한 일이었다. 리비아 독재자 무아마르 가다피(Muammar el-Ghadafi)는 종국에 문명화된 세계에 다시 참여하기를 원하였다. 그러나 공포스러운 테러리스트들은 믿을 수 없다. 그들은 아프가니스탄에서 그랬던 것처럼 호전성을 드러낼 것이다.

세 번째 대안은 '테러리즘이 승리한다(Terrorism Wins)'에 대한 것인데, 이것은 종종 팔레스타인의 경우처럼 보인다. 유태인들과 팔레스타인들은 모두 민간인들을 희생시켜 가면서 폭력의 와중에 휩싸였다. 물론, 정부 지도자들이 평화를 위해 기꺼이 협상하고자 하였으나 그렇게 간단한 일이 아니었다. 이집트의 사다트(Sadat)와 이스라엘의 라빈(Rabin)은 암살당했다. 그러나 폭력을 폭력으로 대항하는 일은 끝이 없는 폭력의 연속으로 이어져 나갔다. 이스라엘은 팔레스타인과 거의 영속적인 전투를 개시하게 되었다. 가자(Gaza) 지역에 수천 명의 민간인 희생자들이 생겨났다. 그 새 대통령은 그의 특사로, 그 지역의 평화를 찾기 위하여 전(前) 상원의원이었던 조지 미첼(George Mitchell)을 임명하였다.

저겐스메이어(Jergensmeyer)의 네 번째 제안된 대안은 '정치로부터 종교를 분리하기(Separation of Religion from Politics)'이다. 그는 이 대안을 장기적 전략이라고 부른다. 그는 주장하기를 계몽사상이 종교를 사유화시켰다고 말한다. 물론, 근본주의적 테러리스트들은 그러한 종교의 사유화를 세속주의로 이끄는 원인이라고 보는데 그런 점을 그들이 바로 공격하는 것이다. 교회와 국가의 분리란 관용성과 평화의 정착을 위하여 요구되는 전투적 관념의 비신화화를 의미하고 더 나아가 현대 시대의 문명사회는 이러한 국가의 정책에 의해서 옹호를 받는다. 물론 이 사상은 오늘날까지 신정주의자(神政主義者)들에 의해서 반대받는다.

다섯 번째 대안은 '종교로 치유하기(Healing with Religion)'이다. 세속주의자들은 종교와 관련된 도덕성을 포함하여 관용적인 도덕 가치를 포용한다. 종교적 광신주의가 민중의 삶으로부터 제거되어야 함을 인정하면서, 중요한 질문은 어떻게 신앙적 원천이 이러한 목표를 달성하는데 들어맞는가 하는 것이다. 과연 종교의 다른 종파들 간에, 그리고 여러 다양한 종교들 간의 대화가 성공할 수 있을까? 종교적 충성과 태도에 대한 급진적인 재평가가 필요할 것이다.

실제적으로, 폭력과 정치적 대화에 대한 문제는 전적으로 비(非)지속적인 것이었다. 그 새 대통령은 아마도 다양한 전략들을 채택할 것이다. 선전(宣傳)과 이데올로기는 권력과 지배에 대한 투쟁에 속한다. '하드 파워(hard power: 군사력의 사용, 사망 그리고 파괴)'와 '소프트 파워(soft power: 신조, 확신, 논쟁)'에 대한 것이 종종 그 효율성을 증명하듯이 말이다. 그러한 것이 중동 지역의 상황이다. 역사적 신앙과 이데올로기가 현재 국가와 국민에 대한 충성을 다하기 위하여 경합을 벌이는 것과 같다.

"종교 간 평화가 없는 한 세계의 평화는 없다"고 로만 가톨릭 신학자인 한스 큉(Hans Küung)은 오랫동안 경고해 왔다.[69] 종교 간의 대화와 이해에 대한 부족은 비극적인 세계관을 낳게 한다. 그러한 현상이 테러리스트들과 조직 폭력배들에 의해서 나타나게 되었다. 그 신임 대통령에게는 어떻게 기존의 종교가 보편적 인권을 옹호하기 위하여 도덕적이고 책임감 있는 권력의 사용을 종용할 수 있는가가 문제로 남아 있다. 그리고 어떻게 그 권력이 인권을 방해하고 있는가에 대한 문제도 마찬가지 풀어야 할 과제로 남아 있다.

오바마의 윤리와 세계관의 병존(竝存): 평가와 전망

오바마의 견해는 니버의 주장처럼 비평적 현실주의라고 말할 수 있다. 그러한 주장에서 볼 때, 선한 생각만 드러날 수 없다. 그렇게 결국 드러나게 되었고 그것은 윤리적으로, 세계적으로 퍼져 나갔다. 이러한 주장은 건국 시조들의 계몽사상 주장들 속에서 극명하게 나타나는데 그 계몽사상의 일부를 오바마가 공유하고 있다(그들의 경우, 노예제도로 그 사상이 한계를 드러냈지만 말이다). 미국의 계몽주의사상은 지구상 인류의 삶의 구조에 주어진 도덕성에 대한 내적(內的) 자연법사상을 고취시켰다. 의심할 바 없이, 역사적으로 종교주의자들은 자주 이러한 주장을 부인(否認)하게 되었는데 그것은 특히, 노예제를 실행시킨 것에 기인한다. 로리(Lawrey)의 취임식 기도가 확언하여 준 바와 같이, 마틴 루터 킹 2세와 그의 동료들이 의구심을 가졌던 부분은 그것이 하나님께로부터 부여받았던 권리였는가 하는 생각이다.

물론, 누가 정치적 권력을 잡고 있느냐는 어떻게 그 권력이 분배되느냐와 같이 매우 중요한 문제다. 당연히 현대인들의 생활은 교통과 소통에 있어서 괄목할 만한 기술적 진보로 삶이 향상되었다. 현대인들이 인정하는 소수의 수단만을 명명할지라도 전기, 자동차, 라디오, 텔레비전, 그리고 컴퓨터 같은 것들이 있다. 신 의료 기술은 수명을 더 연장 시킬 수 있다. 전 세계는 이러한 발견들의 혜택을 받기를 열망하고 있지만 그와 더불어 정의로움을 갈망한다. 공정하고 의로운 권력의 사용 말이다. 동시에 현대의 기술은—휴대폰에서 원자탄에 이르기까지—끔찍하기도 하고 희망적이기도 한, 새로운 가능성의 영역을 계속 확보해 나아가게 한다. 지구 온난화 문제와 더불어 원자 무기 경합에 대한 문제를 조정하려는 노력은 적자생존에서 살아남으려는 "동물적 투쟁"에서뿐만이 아니다. 때때로 그러한 현상이 눈에 띠게 드러난다. 민주주의는 좀 더 인간적인 차원에서 공평함과 정의로움을 갈구하면서 좀 덜 동물적인 경쟁으로 드러나게 될 뿐이다.

확실한 것은 그 신임 대통령이 당대의 윤리에 얼마나 영향을 끼칠 수 있는가에 대하여 다양한 제한점들이 존재한다는 사실이다. 종국에는, 많은 제한점들이 오바마 행정부에 나타나게 될 것이라는 것이다. 그 미국 대통령은 정치적 활동을 실현시키기 위하여 힘 쓸 것이지만, 그가 단독적으로 할 수 있는 일은 아니다. 그는 국가의 다양한 종교적 전통을 가진 지도자들과 일하여야 하고, 그들 중 일부는 종교적 자유를 신봉하고 또 다른 사람들은 그렇지 않을 것이다. 최소한, 그는 국제적으로 대화하여야 하고, 그가 동의하지 않는다고 해서 대화를 거부하여서는 안 될 것이다. 종교적 견해의 파열은—하나님의 오른손과 하나님의 왼손—사상적 갈등을 강화시킨다. 이것은 확실히, 중동지역 위기가 가르쳐 준 교훈이었다.

미합중국이 유일한 세계 최강의 국가로 지속된다는 절대적 확실성은 없다. 아시아, 중국, 인도에서 일어나는 개발도상국가의 위대한 힘으로 어떤 일들이 발생할 것인가? 선과 악에 대한 정치적 상징들은 그들이 선전하는 가운데, 전쟁과 평화가 교착되는 와중에서 큰 지지를 얻었다. 국수주의적 지도자들은 실제로 어떤 일들이 진행되는가를 부정(否定)하는 가운데 그들의 전략을 정당화한다. 예를 들면 이라크를 침공한 조지 W. 부쉬는 그 대상을 악마로 취급하고 있다. 미국 대통령들은 대체적으로 국내의 문제와 국제적인 문제들을 주도하도록 요청받고 있다. 실제적으로, 그들의 사회적 양심의 수준은 개인 생활에 있어서 보다 때때로 덜 민감하다. 예를 들면,

해리 트루먼(Harry Truman)의 일본에 대한 원자폭탄 사건이나 미국의 베트남 개입과 같은 사실이 그렇다. 그 전적인 심리적 상태는 별개의 것이다. 즉, 더욱 많은 대량학살과 차별이다. 개인적으로 아는 사람보다 한 국가의 국민을 적으로 간주하는 것은 그리 어려운 일이 아니기 때문이다.

한 지도자가 성공하기 위해서 채택하는 전략과 힘은 복잡한 것이다. 권력, 재정 그리고 군대를 잡고 있는 국가 지도자의 경우, 많은 문제들이 발생한다. 예언자적으로 진리를 말하는 것이 중요하지만, 무언가 성취한다는 것 또한 필수적인 것이기 때문이다. "지옥으로 가는 길은 선한 의도로 포장되어 있다." 대통령들은 평화나 경제적 번영을 주장하는 일로 충분하지 않다는 힘든 사실을 깨닫게 된다. 즉 성공적 지도자란 변화를 가져와야 한다는 사실이다. 예를 들면 링컨이 노예해방을 한 것과 같은 경우다. 정치력을 가진 대통령은 오케스트라의 지휘자와 비교되는데(연주자가 아니라), 그가 여러 가지 악기를 지휘할 때 대화하기도 하고 강요하기도 하면서 광범위한 전략을 사용하는 것과 같다. 정치가란 항상 조급하게 자신의 속마음을 비치거나 그 계획을 알려서는 안 된다. 굳건한 신앙으로 그는 자유의 행동을 추구하여야 하며 그렇게 함으로써, 그의 약속과 계획을 성취시킬 수 있다. 권력을 사용한다는 것이 부도덕한 일이라고 생각하는 것은 잘못된 생각이다. 대통령이란 그들의 직무상, 권력과 군대와 심리전 사이를 늘 왕래한다. 어느 한쪽이 아니라 모두 다를 통괄할 수 있어야 한다. 어떻게 평화와 번영을 보장하는가는 간단한 일이 아니다. 유토피아로 가는 일은 험난하다. 오바마의 꿈은 다름이 아니라, 미합중국 정치구조와 목표를 밑바닥으로부터 다시 일으켜 세우는 것이다. 모두가 걱정하는 것은 그가 과연 변화를 가져오고 그 업무를 담당할 수 있는가에 있으며 과연 그가 위대한 대통령이 될 것인가, 실패하는 대통령이 될 것인가 하는 데 있다.

워싱턴 D.C.에서 행한 외교 정책 관련 연설에서 오바마는 다음과 같이 주장하였다.

"우리가 과연 911사태 이후 그 지나간 날들 무엇을 할 수 있었는가를 잠간 생각하여 봅시다.

우리는 아프가니스탄에 진정한 안정을 지원하는 반면, 911에 책임을 져야 하는 오사마 빈 라덴(Osama bin Laden), 알 카에다(al Qaeda), 탈레반(Taliban), 그리고 테러리스트들을 파멸시키기 위해서 미국의 전 군사력을 배치할 수도 있었을 것입니다.

우리는 세계에 핵무기 방사를 막을 수도 있었고, 21세기의 도전에 부응하기 위하여 20세기 핵 확산 방지의 틀을 최신화할 수도 있었습니다.

우리는 경제를 성장시키고, 지구를 보호하고, 석유 독점을 종식시키기 위하여 대체 에너지 자원에 천문학적 재원을 투자할 수도 있었을 것입니다.

우리는 옛 동맹 국가들과 관계를 강화시킬 수 있었을 것이고, 동반자 관계를 더 형성시킬 수 있었으며, 평화와 번영을 증진시키기 위하여 국제기구를 새롭게 할 수 있었을 것입니다.

우리는 도로와 교량을 신설하고… 모든 미국인들이 대학교육을 받을 수 있도록 할 수 있었고, 경쟁력을 강화시킬 수 있었습니다. 대신에, 우리는 수천 명의 미국인들을 잃어버렸으며, 거의 1조 원의 달러를 소비하였습니다. 그리고 다가오는 위협을 등한시하였습니다. 미국에서 근 5년 이상이나 전투를 벌인 원인 그 모두가 911 공격과는 절대적으로 무관한 것입니다.[70]

만일 미합중국이 국제적으로 그 거대한 힘을 쓰고 유지되기를 바란다면 미국은 세계적인 사회 문제, 즉 빈곤과 질병의 문제에 대처해야만 할 것이라고 오바마는 인식하고 있다. 차세기에 다가올 문제가 아니라 몇 십 년이 못 되어 다가올 지구 온난화와 기후변화 문제는 어떻게 할 것인가? 국제사회를 조정하기 위한 지원으로 차별화하려는 노력은 그의 임기 초반에 시행되었다. 그 44대 대통령이 세계 모 처에서 원자탄이나 수소 폭탄이 발사되었다고 하는 소식을 접하고 어느 날 갑자기 깨어 일어나지 말란 법은 없다. 그러한 가능성은 미국만의 문제가 아니라, 국제적인 문제인 것이다—오바마는 아마도 아침 보안 브리핑에서 그러한 위협에 대한 소식들을 들을 것이다. 세상의 종말은 일어날 수 있다—이 시대의 종말은 제1, 2차 세계대전보다 훨씬 더 끔찍할 것이다.

그가 백악관에서 미국 정책을 담당하고 있는 이상, 그 44대 대통령은 자신의 대통령 된 책임이 외적인 역사, 즉 시간과 공간의 사건들을 초월할 것이라는 점을 분명히 하였다. 그것은 바로 영혼, 정신적인 가치들, 그리고 비전을 제시하는 내적인 역사를 써 내려가는 일이다. (흔히 말하듯, 전쟁과 테러리즘은 무력으로만 이길 수 있는 것이 아니라 전적으로 영적인 전투라는 말이 있듯이.) 만행을 저지르는 사람들에게, 법과 질서는 필요한 것이지만, 인간 존재가 개인과 문화, 그리고 문명세계에 의미 있는 존재로 남기 위해서는 신앙과 희망 또한 중요한 것이다. 진보는 불가피한 것이다. 대통령들은 성공하거나 실패할 수 있다. 시간이 다 치유할 수 있는 것은 아니다. 가장 중요한 문제는 어떻게 국가의 지도자들이—중대한 압박 하에서—인생의 커다란 문제들에 대응하는가 하는 것이다. 간단히 말해서, 그것은 그의 통치력을 초월하는 어떤 힘이 있는 것을 그가 믿는가 하는 것이다. 그 힘은 역사를 지배하고 구속하는 힘이다.

2009년 1월 19일 일요일 저녁, 버락 오바마가 백악관에 입성하기 전날, 취임식에서 우파 성직자, 뉴 햄프셔 주의 성공회 주교인 진 로빈슨(V. Gene Robinson)은 사려 깊고 도전적인 기도를 드렸다. 그는 워싱턴 D.C.의 링컨 기념관(Lincoln Memorial)에 하나님의 임재가 있기를 기원하였고 동시에 미합중국의 종교의 다원성을 인지하였다.[71]

우리들의 다양한 이해를 용납하시는 하나님… 당신이 눈물로 우리를 축복해 주시기를 기도합니다… 수억 명의 사람들이 하루에 1불도 안 되는 돈으로 연명해 나가는 이 세상에서, 그리고 많은 젊은 여성들이 교육의 기회를 기다리며 강간당하고 학대당하는 이 세상에서 수천 명이 영양실조로, 말라리아로 그리고 에이즈로 죽어 가는 이 세상에서…

우리 정치가들이 진실 대신에 쉽게 간단한 '대답'을 듣는 데 길들여진 것을 뉘우치는 축복을 베풀어 주소서—우리 자신들과 이 세계—우리가 미래에 대한 도전을 증가시키기 위하여서 직면해야 하는 세상에 대한 진리를 깨닫게 하소서⋯

그리고 하나님, 당신의 아들 버락(Barrack)을 주심에 감사합니다. 그가 미합중국의 대통령직을 맡게 해 주심에 감사드립니다.

그의 임기 동안 그에게 지혜를 주시고, 링컨 대통령의 화해적 지도자 정신으로 충만하게 하옵소서. 그리고 케네디 대통령의 최선의 노력을 다 바치는 능력을 허락하시고 모든 국민을 위하는 킹 박사(Dr. King)의 꿈을 허락하여 주옵소서. 미합중국의 배가 이 시대에 평온하고 고요한 선장을 필요로 하오니 그에게 평온한 마음을 주옵소서. 그에게 명철한 말을 주옵소서. 우리들이 다가오는 도전에 필요한 개인적이며 공통적인 희생을 하는데 더욱 영감을 얻고 동기가 부여될 수 있도록 말입니다. 그에게 힘을 주옵소서⋯ 그래서 우리가 요청한 일들을 실행할 수 있도록 말입니다. 그가 이 불가능한 사명을 감당하는 데 희열을 느끼게 하시고 결국, 그가 이 국가를 성실함과 번영과 평화롭게 이끌어 갈 수 있도록 하옵소서. 아멘.

1) Cf., F. Forrester Church, ed., *The Essential Tillich*, New York: Macmillan, 1987.

2) *New York Times*, March 15, 2009.

3) Ibid.

4) Posted by Jim Naughton on January 18, 2009.

5) *Huffington Post*, January 27, 2008.

6) Michael Lerner, *The Left Hand of God, Taking Back our Country from the Religious Right*, San Francisco: Harper, 2006, p. 2 et. seq.

7) Ibid.

8) Peter Baker, "The Mindset in the Middle of the Storm", *Newsweek*, November 29, 2008.

9) Fareed Zakaria, "Wanted a Grand New Strategy", *Newsweek*, November 29, 2008.

10) Ibid.

11) Baker, op. cit.

12) Michael Novak, *Chosing Presidents: Symbols and Presidential Leadership*, New Brunswick, N.J.: Transaction Publishers, 1992, p. 44 et seq.

13) Ibid.

14) Ibid.

15) Cf., Barack Obama, Call for Renewal Keynote Speech.

16) "Obama points to Rick Warren, T. D. Jakes as models for faith-driven action", *The Christian Post*, June 25, 2007.

17) Rick Warren, *The Purpose-Driven Life*, Grand Rapids, Michigan: Zondervan, 2002.

18) Naughton, op. cit.

19) Gabriel Marcel, *The Mystery of Being*, Sourh Bend, Indiana: St. Augustine's Press, 2001.

20) Paul Tillich, *Christianity and the Encounter of World Religions*, Minneapolis: Fortress, 1994.

21) Elizabeth Drew, *New York Review of Books*, March 26, 2009, p. 10.

22) Ibid.

23) *Time*, August 21, 2008.

24) *Time*, July 14, 2008, "Candidates' Vices".

25) Saul Alinsky, *Rules for Radicals, a practical primer for realistic radicals*, New York: Random House, 1971.

26) Cf., *The Economist*, July 26–August 1, 2008, p. 15.

27) Martin Dupius and Keith Boeckelman, *Barack Obama, the New Face of American Politics*, Westport, Connecticut: Praeger, 2008, p. 126.

28) James Fowler, *Faithful Change*, Nashville, Tennessee: Abingdon, 1996.

29) John K. Wilson, *This Improbable Quest*, Boulder: Paradigm, 2008, p. 140.

30) Ibid., p. 141

31) Ibid., p. 138.

32) Jason Byassee, "A Visit to Chicago's Trinity UCC", *Christian Century*, May 29, 2007, Vol. 124,

No. 11, pp. 28~23·27. Wilson, op. cit., p. 135.

33) Wilson, op. cit.

34) Ibid., p. 137.

35) Ibid., p. 132.

36) Cf., David A. Sherwood, *Charitable Choice, the challenge and opportunity of faith-based community services*, Botsford, Connecticut: North American Association of Christians in Social Work, 2000.

37) Cf., Dwight N. Hopkins, Race, *Culture and Religion*, Minneapolis: Fortress, 2005.

38) Jim Wallis, *The Great Awakening, Reviving Faith and Politics in a Post-Religious Right America*, New York: HarperCollins, 2008.

39) Ibid.

40) Ibid.

41) Ibid., pp. 54·57.

42) Ibid.

43) Ibid., p. 59 et seq.

44) Ibid., p. 62.

45) Ibid., pp. 63~64.

46) Ibid., p. 66.

47) Ibid.

48) Ibid., p. 67.

49) Cf., Hopkins, op. cit.

50) James Cone, *A Black Theology of Liberation*, Maryknoll, New York: Orbis, 1986.

51) Cf., Evin A. Carruthers, Frederick G. Haynes, Jr., Jeremiah A. Wright, Jr., *Blow the Trumpet in Zion*, Minneapolis, Minnesota: Fortress, 2005.

52) Barack Obama, "Our Past, Future and Vision for America", Springfield, Illinois, February 10, 2007. Obama's speech announcing his candidacy for president, cf., Dupius and Boeckelman, p. 133 et seq.

53) Ibid., p. 104. Obama's statement on Hurricane Katrina Relief at the National Law Center.

54) Ibid., p. 112. "21st Century Schools for a 21st Century Economy".

55) Dupius and Boeckelman, op. cit.

56) Ibid.

57) Joe Klein, "The Obama Surge, Will it Last?", *Time*, October 9, 2008.

58) Ibid.

59) Jim Wallis, "Nightmare on Wall Street", *Sojourners*, November 2008.

60) Cf., Nancy Gibbs, "The Temperament Factor, Who's Best Suited to the Job?", *Time*, October 15, 2008.

61) Lisa Miller, "Obama's Other Pastor", *Newsweek*, October 4, 2008.

62) Reinhold Niebuhr, *Moral Man and Immoral Society*, New York: Scribner, 1932.

63) Reinhold Niebuhr, *The Irony of American History*, New York: Scribner, 1952.

64) Andrew J. Bacevich. Cf, also, David Brooks and E. J. Dionne, "Reinhold Niebuhr and the American Present", *Speaking of Faith*, February 12, 2009.

65) Cf, Kevin Mattson, "Why Obama Matters", *Guardian UK*, December 19, 2007.

66) Cf., Arthur Schlesinger, Jr., "The Long Shadow of Reinhold Niebuhr", *New York Times*, June 22, 1993.

67) Niebuhr, *The Irony of American History.*

68) Mark Juergensmeyer, *Terror in the Mind of God, the global rise of religious violence*, Berkeley: University of California Press, 2002.

69) Hans Küng, Global Responsibility, In Search of a New World Ethic, New York: Crossroad, 1991.

70) Barack Obama, "A New Strategy for a New World", Washington, D.C., July 15, 2008.

71) Naughton, op. cit.